中华经典名著

全本全注全译丛书

郭丹　程小青　李彬源◎译注

左传 中

中華書局

左传中

中册目录

宣公

【题解】

宣公，鲁国第二十任国君。名俀，一作倭，文公之子，敬嬴所生。前609年文公死，鲁襄仲杀嫡子恶而立庶子俀，于次年即位，在位十八年，前591年死，子黑肱立，是为成公。

宣公年间，晋、楚两国对郑、陈的争夺更加激烈。晋、楚两国不断攻伐郑国、陈国，郑、陈两国只好采取"与其来者可也"的策略，即谁来攻打，就归服谁。宣公八年，楚国灭舒蓼后疆界扩大，与吴、越接壤。此年《左传》第一次记载吴、越二国。

宣公十二年，晋、楚发生邲之战，晋国因内部不和而战败，楚庄王因此称霸。晋国追究战败责任，杀了其大夫先縠。宣公十五年，楚国多次攻打宋国后，宋人与楚国讲和。鲁国也派公孙归父与楚国联系言和。此时楚庄王的势力达到顶峰。

宣公十五年，鲁国"初税亩"，即不问有田者所耕田地面积的大小，也不问有田者为何人，一律按亩向耕作者征收实物税。实行"初税亩"，表明鲁国正式宣布废除井田制，承认土地私有权。这是经济制度的重大改革。

元年

【经】

1.1 元年春王正月[①],公即位。

1.2 公子遂如齐逆女[②]。

1.3 三月,遂以夫人妇姜至自齐[③]。

1.4 夏,季孙行父如齐。

1.5 晋放其大夫胥甲父于卫。

1.6 公会齐侯于平州[④]。

1.7 公子遂如齐[⑤]。

1.8 六月,齐人取济西田[⑥]。

1.9 秋,邾子来朝[⑦]。

1.10 楚子、郑人侵陈,遂侵宋。晋赵盾帅师救陈[⑧]。宋公、陈侯、卫侯、曹伯会晋师于棐林[⑨],伐郑。

1.11 冬,晋赵穿帅师侵崇[⑩]。

1.12 晋人、宋人伐郑[⑪]。

【注释】

①元年:鲁宣公元年当周匡王五年,前608。

②公子遂如齐逆女:公子遂为宣公到齐国迎娶齐女。

③遂:公子遂。妇姜:宣公夫人姜氏。

④平州:在今山东莱芜西。

⑤公子遂如齐:此次到齐国是拜谢平州之会。

⑥济西:济水之西。济水发源于今河南济源。鲁国以济西之田赠送给齐国以表谢意。

⑦郕子来朝：宣公新立，郕子来朝见。

⑧晋赵盾帅师救陈：赵盾救陈、宋，楚国撤兵回去。

⑨棐(fěi)林：在今河南新郑东。楚国撤兵，四国在棐林与晋军会师，伐郑问罪。

⑩崇：秦的盟国，地处秦、晋两国之间。

⑪晋人、宋人伐郑：秋季四国伐郑没有成功，因此再伐郑。

【译文】

鲁宣公元年春周历正月，宣公即位。

公子遂到齐国迎娶齐女。

三月，公子遂带着夫人姜氏从齐国回来。

夏，季孙行父到齐国去。

晋国把本国大夫胥甲父放逐到卫国去。

宣公在平州会见齐惠公。

公子遂到齐国去。

六月，齐人得到了鲁国赠送的济西的田地。

秋，郕国国君来朝见。

楚庄王、郑穆公入侵陈国，于是侵入宋国。晋赵盾率领军队救陈。宋文公、陈灵公、卫成公、曹文公在棐林与晋军会师，讨伐郑国。

冬，晋国赵穿率军攻打崇国。

晋人、宋人再次攻打郑国。

【传】

1.1　元年春王正月，公子遂如齐逆女。尊君命也①。

【注释】

①尊君命：此句解释《经》文为何称之为“公子遂”，是由于尊重国君的命令。

【译文】

鲁宣公元年春周历正月，公子遂到齐国迎接齐女。是尊重国君的命令。

1.2　三月，遂以夫人妇姜至自齐。尊夫人也①。

【注释】

①尊夫人：此仍是解释《经》文之意。如果仍称“公子遂”，则公子、夫人并称，显不出二者何人为尊。因此《经》文为表示尊敬夫人，对公子遂就单称“遂”。

【译文】

三月，公子遂带着夫人姜氏从齐国回国。《春秋》是表示尊敬夫人。

1.3　夏，季文子如齐，纳赂以请会①。

【注释】

①纳赂：即下文的送给齐国济西之田，请求让宣公与齐侯会见。

【译文】

夏，季文子到齐国去，送礼物以请求会见齐侯。

1.4　晋人讨不用命者①，放胥甲父于卫②，而立胥克③。先辛奔齐④。

【注释】

①讨：惩罚。不用命：不肯奉命。指文公十二年河曲之役，晋臾骈提议薄秦师于河，赵穿、胥甲当军门阻止出师，使秦军夜遁。

②胥甲父：即胥甲。

③立胥克：以继承其宗族。胥克，胥甲儿子。

④先辛：胥甲的下属。

【译文】

晋人惩罚作战不肯服从命令的人，就把胥甲驱逐到卫国，然后立了胥克。先辛逃亡到齐国去了。

1.5　会于平州，以定公位。

【译文】

宣公和齐惠公在平州相会，以稳定自己的君位。

1.6　东门襄仲如齐拜成。

【译文】

东门襄仲到齐国去拜谢让宣公参加盟会。

1.7　六月，齐人取济西之田，为立公故，以赂齐也[①]。

【注释】

①以赂齐：宣公本是以庶子篡立，曾得到齐国的支持，因此迎娶姜氏，请为平州之会，送齐国济西之田，都是为了结好齐国，以巩固君位。

【译文】

六月，齐人得到了济西的田地，是因为宣公能顺利即位的缘故，以此作为送给齐国的礼物。

1.8 宋人之弑昭公也[①]，晋荀林父以诸侯之师伐宋，宋及晋平，宋文公受盟于晋[②]。又会诸侯于扈，将为鲁讨齐[③]，皆取赂而还。郑穆公曰："晋不足与也[④]。"遂受盟于楚。陈共公之卒[⑤]，楚人不礼焉[⑥]。陈灵公受盟于晋[⑦]。秋，楚子侵陈[⑧]，遂侵宋。晋赵盾帅师救陈、宋。会于棐林，以伐郑也。楚蒍贾救郑，遇于北林[⑨]，囚晋解扬[⑩]。晋人乃还[⑪]。

【注释】

①宋人之弑昭公：弑昭公见文公十六年《传》。

②宋文公受盟于晋：事见文公十七年《传》。

③又会诸侯于扈，将为鲁讨齐：事见文公十五年《传》。

④与：亲附。晋国兴师伐宋，讨宋文公杀昭公之罪，结果收受宋文公之赂而还。为鲁国伐齐，又收受齐赂而还。所以郑穆公说"晋不足与也"。

⑤陈共公之卒：陈共公死在文公十三年。

⑥不礼：指楚国不参加陈国的吊丧仪式。

⑦陈灵公受盟于晋：陈国叛楚亲晋。

⑧楚子侵陈：侵陈即为讨其叛楚之罪。

⑨北林：郑地，在今河南郑州东南。

⑩解扬：晋大夫。

⑪晋人乃还：晋军失利，解扬被抓，只好罢兵回国。

【译文】

宋人杀死昭公的时候，晋荀林父率诸侯军队攻打宋国，宋国和晋国讲和，宋文公在晋国接受了盟约。又在扈地会合诸侯，准备为鲁国去讨伐齐国，结果都因得到了贿赂而撤兵。郑穆公说："晋国不值得亲近和归附它。"于是接受了楚国的盟约。陈共公死的时候，楚国人不参加吊丧仪式。陈灵公因此和晋国结了盟。秋，楚庄王侵入陈国，乘机攻打宋国。晋赵盾率军救陈、宋。晋军和诸侯军在棐林会师，以攻打郑国。楚国的芮贾救援郑国，和晋军在北林遭遇，楚军俘虏了解扬。晋军于是罢兵回国。

1.9　晋欲求成于秦，赵穿曰："我侵崇，秦急崇[①]，必救之[②]。吾以求成焉。"冬，赵穿侵崇。秦弗与成[③]。

【注释】

①急崇：为崇国被侵而急。

②必救之：崇与秦是盟国，所以必救崇。

③弗与成：赵穿本想以侵崇要挟秦国，但秦国不肯就范。

【译文】

晋人希望和秦国讲和，赵穿说："我侵入崇国，秦国必为此而着急，必定会救崇。我们就此提出讲和。"冬，赵穿入侵崇。但秦人并不与之讲和。

1.10　晋人伐郑，以报北林之役[①]。于是晋侯侈[②]，赵宣子为政，骤谏而不入[③]，故不竞于楚[④]。

【注释】

①以报北林之役：北林之役解扬被抓。

②侈：骄狂。

③骤谏：屡次劝谏。不入：不听，听不进去。

④不竞于楚：不能与楚争强。竞，强。

【译文】

晋人攻打郑国，以报复北林之战。此时晋灵公骄狂，赵宣子执政，多次劝谏晋灵公不听，所以晋国不能与楚国争强。

二年

【经】

2.1 二年春王二月壬子[①]，宋华元帅师及郑公子归生帅师[②]，战于大棘[③]。宋师败绩，获宋华元。

2.2 秦师伐晋[④]。

2.3 夏，晋人、宋人、卫人、陈人侵郑[⑤]。

2.4 秋九月乙丑[⑥]，晋赵盾弑其君夷皋[⑦]。

2.5 冬十月乙亥[⑧]，天王崩[⑨]。

【注释】

①二年：鲁宣公二年当周匡王六年，前607。壬子：二月无壬子，此为二月某日。

②公子归生：郑国同姓公族，字子家。时楚郑联盟，故归生受楚之命而伐宋。

③大棘：宋地，在今河南睢县南。

④秦师伐晋：报复上年赵穿伐崇之战。

⑤晋人、宋人、卫人、陈人侵郑：报复大棘之役，晋国召集诸侯攻郑。

⑥乙丑：二十六日。

⑦夷皋：晋灵公。弑君者本是赵穿，《经》文记作赵盾，有讥其失职之意。

⑧乙亥：初六。

⑨天王：周匡王。周匡王死，其弟瑜立，是为定王。

【译文】

鲁宣公二年春周历二月壬子，宋国的华元率军和郑国的公子归生，在大棘交战。宋国战败，华元被俘。

秦军攻打晋国。

夏，晋人、宋人、卫人、陈人入侵郑国。

秋九月二十六日，晋国赵盾杀了他的国君夷皋。

冬十月初六，周匡王去世。

【传】

2.1 二年春，郑公子归生受命于楚，伐宋。宋华元、乐吕御之[①]。二月壬子，战于大棘，宋师败绩。囚华元，获乐吕[②]，及甲车四百六十乘[③]，俘二百五十人，馘百人[④]。

【注释】

①华元：自文公十六年为右师，前后执政达四十余年。乐吕：宋大夫，时为司寇。

②获：不论是“擒获”（活捉）还是“斩获”（杀死）都称“获”，此与“囚”对举，指“斩获”，即杀了乐吕。

③甲车：兵车，因其战马披有盔甲，故称。

④馘（guó）百人：或本作“馘百”。馘，杀敌并割其左耳以献功。

【译文】

鲁宣公二年春，郑国公子归生受楚国之命兴兵伐宋。宋国的华元、乐吕率军抵抗。二月壬子日，双方战于大棘，宋军大败。郑国擒得并囚禁了华元，杀死乐吕，还缴获战车四百六十辆，俘虏宋军二百五十人，割下被杀宋军一百人的左耳以献功。

狂狡辂郑人[①]，郑人入于井。倒戟而出之，获狂狡[②]。君子曰：“失礼违命[③]，宜其为禽也。戎，昭果毅以听之之谓礼[4]。杀敌为果,致果为毅[5]。易之[6],戮也。”

【注释】

①狂狡:宋大夫。辂(yà):迎战。

②获狂狡:狂狡倒拿着戟救郑人,等于授之戟柄,故郑人出来后反将狂狡擒获。

③失礼违命:军法以杀敌为上,狂狡竟以戟救敌,故云失礼违命。

④昭:明白,发扬。果:勇敢。毅:刚毅,毅力。听之:听之于耳,记之于心。

⑤致果:达到或养成果敢的精神。

⑥易之:反其道而行。

【译文】

战斗中宋大夫狂狡迎战郑军时,见郑军一士兵掉入井中,他倒拿着戟将这个士兵救出,但这个士兵被救出井后反将狂狡俘虏了。君子说:“不遵从战争的法则,违背命令,狂狡当然要被擒获。凡用兵之道,应该发扬果毅精神,并使之牢记于心,这叫作‘礼’。敢于杀敌叫‘果’,养成这种果敢精神叫‘毅’。若有违背,就要自取灭亡。”

将战,华元杀羊食士[1],其御羊斟不与[2]。及战,曰:“畴昔之羊[3],子为政[4];今日之事[5],我为政。”与入郑师[6],故败。君子谓:“羊斟非人也,以其私憾,败国殄民[7],于是刑孰大焉?《诗》所谓‘人之无良’者[8],其羊斟之谓乎,残民以逞[9]。”

【注释】

①食(sì):把食物给人吃。

②羊斟:华元的车御。不与(yù):不在其中,指没分到羊肉。

③畴昔：前日。

④子为政：由你做主。

⑤今日之事：指打仗驾车。

⑥与入郑师：把战车赶到郑军中。

⑦殄（tiǎn）：残害。

⑧人之无良：引诗出自《诗经·国风·鄘风·鹑之奔奔》。《诗经·小雅·角弓》作“民之无良”。

⑨以逞：以满足自己的欲望。

【译文】

战斗即将开始前，华元宰羊犒劳将士，他的战车御者羊斟没能吃上。到开战时，羊斟说：“日前的羊肉由你做主，今天打仗驾车，由我做主。”说完驾车驰入郑军，因而宋军大败。君子说：“羊斟真不是人，因个人怨恨而使国家失败、人民遭殃。还有什么罪过比这更大呢？《诗》上所说的‘心地不良的人’，也许指的就是羊斟这种人吧，他不惜以残害人民来满足自己的欲望。”

宋人以兵车百乘、文马百驷以赎华元于郑[①]。半入[②]，华元逃归，立于门外，告而入[③]。见叔牂[④]，曰：“子之马然也[⑤]。”对曰：“非马也，其人也。”既合而来奔[⑥]。

【注释】

①文马：毛色有文采的马。百驷：古代一车由四匹马拉，称“驷”，百驷，即四百匹马。

②半入：赎华元的车马只有一半送入郑国。

③告而入：指讲明情况、报明身份。按，告而入是华元行事一丝不苟的表现。

④叔牂（zāng）：即羊斟。阮芝生《左传杜注拾遗》云：“疑其陷元于

敌，即脱身而逃，不与元同获。”

⑤子之马然也：意为我之被俘，是你的马不听指挥吧。按，这是华元不计前嫌、安慰羊斟的话。

⑥合：答话。羊斟怕华元治罪，故逃往鲁国。

【译文】

宋国用百辆兵车、四百匹毛色有文采的马，向郑国赎取华元。这些东西刚送去一半，华元就逃回来了，他站在城门外，向守城士兵讲明情况后才进去。他见到羊斟说：“上次被俘是因你的马不听指挥才那样的。”羊斟回答说：“不是因为马，而是因为人。”羊斟回答完就逃到了鲁国。

宋城，华元为植①，巡功②。城者讴曰：“睅其目③，皤其腹④，弃甲而复⑤。于思于思⑥，弃甲复来⑦。”使其骖乘谓之曰⑧：“牛则有皮，犀兕尚多⑨，弃甲则那⑩？”役人曰：“从其有皮⑪，丹漆若何⑫？”华元曰：“去之！夫其口众我寡。”

【注释】

①植：主持者。监督工事的将领。

②巡功：巡视检查。

③睅（hàn）：大目，此作动词，鼓出大眼睛。

④皤（pó）：大腹，此作动词，腆着大肚子。

⑤复：逃归。言外指打了败仗逃回来。

⑥于：语助词。思（sāi）：同“偲”，多须貌，大胡子。

⑦复来：指又来巡城。

⑧骖（cān）乘：在车上担任侍卫、陪乘的随从人员。

⑨兕（sì）：类似犀牛的野牛，独角，青色。牛和犀、兕的皮都可以用来制甲。

⑩那(nuó):奈何,怎样。按,以上答歌是华元强作解嘲。

⑪从:同“纵”。

⑫丹漆:红漆。

【译文】

宋国筑城,华元为总监工,巡视筑城的工程。筑城的人唱到:“鼓着大眼珠,挺着大肚皮,丢盔弃甲忙逃离。络腮胡子一大把,弃甲丢盔逃回家。”华元派车上的随从人员以歌答道:“有牛就有皮,犀牛和兕还很多,弃甲丢盔怕什么?”筑城的人又唱道:“纵然皮革多又多,丹漆难得可奈何?”华元说:“回去吧,他们人多嘴多,我们人少嘴少。”

2.2　秦师伐晋,以报崇也,遂围焦①。夏,晋赵盾救焦,遂自阴地②,及诸侯之师侵郑,以报大棘之役③。楚斗椒救郑,曰:“能欲诸侯④,而恶其难乎?”遂次于郑,以待晋师。赵盾曰:“彼宗竞于楚⑤,殆将毙矣⑥。姑益其疾⑦。”乃去之⑧。

【注释】

①焦:在今河南陕县南。

②阴地:在今河南卢氏东北。

③以报大棘之役:大棘之役,郑败宋。赵盾率师救焦之后,又从阴地会同宋、卫、陈诸侯军袭击郑国。

④欲诸侯:欲得诸侯拥护。

⑤彼宗:他的宗族,指斗椒若敖氏之族。竞于楚:若敖氏自子文以来,世为令尹,是楚国强族。竞,强。

⑥将毙:快完蛋了。

⑦益其疾:加重他的疾病,指让斗椒更加骄横。

⑧乃去之:赵盾不敢与楚争锋,借口益其疾而撤兵。

【译文】

秦军攻打晋国,以报复崇之战,于是包围焦地。夏,晋赵盾救焦,于是从阴地会合诸侯军入侵郑国,以报复大棘之役。楚国的斗椒救援郑国,说:“要得到诸侯的拥护,还怕困难吗?”于是驻军在郑国,以等待晋军。赵盾说:“斗椒的宗族在楚国太强了,恐怕要完蛋了。我们姑且加重他的弊病吧。”因此撤离郑国。

2.3 晋灵公不君①:厚敛以雕墙②;从台上弹人,而观其辟丸也③;宰夫胹熊蹯不熟④,杀之,置诸畚⑤,使妇人载以过朝。赵盾、士季见其手⑥,问其故,而患之⑦。将谏,士季曰:“谏而不入,则莫之继也。会请先⑧,不入则子继之。”三进,及溜⑨,而后视之⑩,曰:“吾知所过矣,将改之⑪。”稽首而对曰:“人谁无过?过而能改,善莫大焉。《诗》曰:‘靡不有初,鲜克有终⑫。’夫如是,则能补过者鲜矣。君能有终,则社稷之固也⑬,岂唯群臣赖之。又曰:‘衮职有阙,惟仲山甫补之⑭。’能补过也。君能补过,衮不废矣。”

【注释】

①不君:无道,不合为君之道。

②厚敛:厚赋,指大肆搜刮百姓。雕:绘饰。

③辟丸:躲避弹丸。

④宰夫:诸侯国君的厨工。胹(ér):炖,煮。熊蹯(fán):熊掌,味美难熟。

⑤畚(běn):用植物枝条编成的筐子一类的器具。

⑥士季:范武子,名会,字季。

⑦ 患之:为晋灵公的无道担心。

⑧会：士会。

⑨三进，及溜：进，往前走。溜，房顶瓦垅滴水处，此指屋檐下。

⑩而后视之：古代臣朝君，在升堂见君前，每走一小段，就要行礼一次，每行一次礼，坐在堂上的国君都会看得见，文中晋灵公知道士季要来进谏，想不理他，直到士季往前走了三次，行了三次礼后，才不得不见他。

⑪吾知所过矣，将改之：此句主语是晋灵公。晋灵公抢先开口，以免士会进谏。

⑫靡不有初，鲜（xiǎn）克有终：引诗出自《诗经·大雅·荡》。靡，无。鲜，少。克，能够。终，好结果。

⑬固：保障。

⑭衮（gǔn）职有阙，惟仲山甫补之：引诗出自《诗经·大雅·烝民》。衮，天子之服，此指周宣王。职，职责。仲山甫，周宣王时的卿士，辅佐宣王中兴。士季引用这两句诗，意在劝勉灵公，改过迁善。

【译文】

晋灵公不行为君之道：加重征收赋税来绘饰宫室垣墙；从台上用弹弓射人，以观看群臣躲避弹丸取乐；厨师炖熊掌没有熟透，就把他杀掉，将尸体放在畚箕中，令宫女背着走过朝廷。赵盾、士季见到畚箕中露出的手，问明缘由后，很为此事担忧。他们准备进谏。士季说："如果同时进谏而不被采纳，就没人继续再谏。请让我士季先行入谏，不成功你再继续进谏。"士季向前走了三次，行了三次礼，到了殿堂的屋檐下，晋灵公才不得不见他，说："我知道自己的过错了，我准备改掉它。"士季叩头回答说："谁能没有过错！错而能改，就没有比这再好的了。《诗》上说：'事情无不有好的开头，却很少有好的结果。'正因为这样，所以能补过的人就显得很少。国君能有好的结果，那我们的国家就有了保障，岂止是群臣有了依赖。《诗》里又说：'周宣王有了过错，仲山甫都能及时弥补。'这说的是能补过的事。国君能补过迁善,就不会荒废国君的职事。"

犹不改。宣子骤谏,公患之,使鉏麑贼之①。晨往,寝门辟矣②,盛服将朝③。尚早,坐而假寐④。麑退,叹而言曰:"不忘恭敬⑤,民之主也⑥。贼民之主,不忠;弃君之命,不信。有一于此,不如死也。"触槐而死。

【注释】

①鉏麑(chú ní):晋之大力士。贼:戕害,此指杀害。

②寝门:古礼天子五门,诸侯三门,大夫二门。最内之门曰寝门,即路门。后泛指内室之门。辟:开。

③盛服:朝衣朝冠皆已穿戴好。

④假寐:不解衣冠而睡,此指闭目养神。

⑤不忘恭敬:指早起盛服将朝。

⑥民之主:百姓的依靠。

【译文】

晋灵公依然不改。赵盾屡次进谏,晋灵公对他很是讨厌,就派鉏麑去刺杀他。鉏麑凌晨潜入赵家,见赵盾寝室的门开着,赵盾穿着整齐的朝服,准备上朝,时间尚早,赵盾坐在那里闭目养神。鉏麑退到一旁,暗自叹道:"不忘对国君的恭敬,这是百姓的依靠。暗杀百姓的依靠,这是不忠;丢弃国君的命令,这是不信。不忠与不信,我总占有一样,我不如死去。"鉏麑于是一头撞在槐树上自杀了。

秋九月,晋侯饮赵盾酒,伏甲①,将攻之。其右提弥明知之②,趋登③,曰:"臣侍君宴,过三爵,非礼也④。"遂扶以下,公嗾夫獒焉⑤，明搏而杀之。盾曰："弃人用犬，虽猛何为！"斗且出，提弥明死之⑥。

【注释】

①伏甲：埋伏了甲士。

②右：车右，又称骖乘，与主人同乘一车、担任侍卫的兵士，车右一般由勇力过人者担任。提弥明：车右名。

③趋登：快步登上殿堂。

④臣侍君宴，过三爵，非礼也：古代君宴臣，除正燕礼，还有小燕礼，即小饮酒礼。小饮酒礼不过三爵。此盖小饮酒之礼，所宴者惟赵盾一人。过三爵，超过了三杯酒。

⑤公嗾（sǒu）夫獒（áo）焉：当时赵盾被提弥明扶下殿堂，匆忙之中，晋灵公来不及向武士发布攻杀之令，就临时呼出猛犬，企图咬死赵盾。嗾，唤犬声，此作动词。獒，身长四尺的猛犬。

⑥死之：为之而死。

【译文】

秋九月，晋灵公请赵盾喝酒，预先埋伏下甲士准备攻杀赵盾。赵盾的车右提弥明发觉了，他快步登上殿堂，说："臣子陪侍国君饮酒，超过三杯就是违背礼节。"说完便扶着赵盾下了殿堂，晋灵公急忙唤出猛犬。提弥明徒手与猛犬搏斗，并打死了它。赵盾说："废弃忠良之人而用猛犬，犬虽猛又有何用！"一路且斗且退，提弥明为掩护赵盾被杀。

初，宣子田于首山①，舍于翳桑②，见灵辄饿③，问其病。曰："不食三日矣。"食之，舍其半。问之，曰："宦三年矣④，未知母之存否，今近焉⑤，请以遗之。"使尽之，而为之箪食与肉⑥，置诸橐以与之⑦。既而与为公介⑧，倒戟以御公徒⑨，而免之。问何故。对曰："翳桑之饿人也。"问其名居[10]，不告而退，遂自亡也。

【注释】

①田：打猎。首山：又名首阳山，在今山西永济东南。

②翳(yì)桑：地名，在首阳山间。

③灵辄：人名。饿：非常饥饿。

④宦：贵族的仆隶，此作动词。

⑤近焉：离家不远了。

⑥箪(dān)：盛饭菜用的圆形小竹筐。

⑦橐(tuó)：口袋。

⑧与：参与，此作担任解。公介：灵公的甲士。

⑨倒戟：倒戈。

⑩名居：姓名和居所。

【译文】

从前，赵盾曾到首山打猎。在翳桑休息时，见到一个叫灵辄的人饿得厉害，赵盾问他得了什么病。他说："已经三天没吃饭了。"赵盾拿了食物给他吃，他把食物留下一半。赵盾问他为何这样，他说："出来当贵族的仆隶已经三年了，不知老母是否还健在，现在离家不远了，请让我把这些食物留给老母吃。"赵盾让他全都吃掉，另外又为他准备了一小筐的饭和肉，将它放在布袋里交给灵辄。灵辄后来做了晋灵公的甲士，他将戟掉过头来，以抵御灵公手下的伏兵，使赵盾终免于大难。赵盾问为何这样，他回答说："我是翳桑那个饿倒的人。"赵盾又问他的姓名、住处，他没有回答就退出去了，并自己逃亡他处。

乙丑，赵穿攻灵公于桃园[1]。宣子未出山而复[2]。大史书曰[③]:“赵盾弑其君[④]。”以示于朝。宣子曰:“不然。”对曰:“子为正卿,亡不越竟,反不讨贼[⑤],非子而谁?”宣子曰:“乌呼!‘我之怀矣,自诒伊戚’[⑥],其我之谓矣!”孔子曰:“董狐,古之良史也,书法不隐[⑦]。赵宣子,古之良大夫也,为法受恶。惜也,越竟乃免[⑧]。”

【注释】

①攻:当为“杀”之误,一本作“煞”,即“杀”。桃园:晋灵公的园囿名。

②未出山而复:未走出晋国国境,听说晋灵公被杀死,就又返回。

③大史:太史,朝廷史官,此指晋太史董狐。

④赵盾弑其君:董狐认为晋君被杀,赵盾负有主要责任,故作如此记载。

⑤贼:指赵穿。

⑥我之怀矣,自诒伊戚:《诗经·国风·邶风·雄雉》云:“我之怀矣,自诒伊阻”,与此仅一字之差,或以为此即引《雄雉》诗,或以为乃先秦逸诗。怀,此指怀念祖国。诒,给。一本此二句前无“诗曰”二字。

⑦书法:记史的原则,下文的“法”即“书法”之省略。

⑧越竟乃免:孔子认为,赵盾如果出境,则君臣之义绝,可以不负弑君的责任,返回后,也不必讨伐逆贼,故云“越境乃免”。

【译文】

这月二十六日,赵穿在桃园杀了晋灵公。此时赵盾出奔,他还未走出晋国山界就又返回朝廷。史官董狐记道:“赵盾弑其君。”并将史书出示于朝廷给群臣看。赵盾说:“事实不是这样。”董狐说:“你身为执政大臣,出奔却没走出国境,回来也不讨伐逆贼,不是你弑君又是谁?”赵盾说："哎呀，《诗》里说'我太怀念故国，反而给自己带来悲戚'，这说的大概就是我吧！"孔子说："董狐，是古代的好史官，他以不曲意隐讳作为记史的原则。赵盾是古代的好大夫，为了坚持记史的原则而蒙受弑君的恶名。太可惜了，他如果走出国境，就可以免去这个恶名。"

宣子使赵穿逆公子黑臀于周而立之①。壬申②，朝于武宫③。

【注释】

①公子黑臀(tún)：晋文公少子，即晋成公，在位七年。《史记·晋世家》谓其母为周女，故久居于周。

②壬申：十月初三。

③朝于武宫：晋国新君即位，必先朝祭于武宫。武宫，晋武公的神庙，在曲沃。

【译文】

赵盾派赵穿去周接回公子黑臀并立他为君。十月初三，公子黑臀朝祭于武宫，即位为君。

2.4 初，丽姬之乱①，诅无畜群公子②，自是晋无公族③。及成公即位，乃宦卿之適子而为之田④，以为公族。又宦其余子⑤，亦为余子⑥。其庶子为公行⑦。晋于是有公族、余子、公行⑧。

【注释】

①丽：同"骊"。骊姬之乱见僖公四年《传》。

②诅(zǔ)：神前盟誓。无畜群公子：骊姬之乱时，献公骊姬不让太

子以外的诸公子留在国内，以免争夺君位。自献公、骊姬以至惠、怀、文、襄、灵诸公，晋国一直实行此令。畜，收留。群公子，《国语·晋语二》韦《注》云："群公子，献公之庶孽及先君之支庶也。"

③公族：官名，公族大夫。周初时已有，职责为教训公室子弟。

④宦：授予官职。適：同"嫡"，嫡子。为：给予。

⑤余子：指嫡子的同母弟弟。

⑥余子：此"余子"为官名，专管上句"余子"之事。

⑦ 庶子：妾生儿子。公行(háng)：官名，掌管诸侯的兵车。

⑧晋于是有公族、余子、公行：晋成公为增强公室，重新设置这三种官职。

【译文】

当初，骊姬之乱的时候，曾在神前盟誓，要求不要收留诸公子，从此晋国就没有公族这一官职。到了成公即位，就把官职授予卿的嫡子，并分给祭田，且任用他们为公族大夫。又把官职授予卿的其他儿子，让他们担任余子的官职。其他妾生的儿子担任公行之职。晋国从此有了公族、余子、公行三种官职。

赵盾请以括为公族①，曰："君姬氏之爱子也②。微君姬氏③，则臣狄人也④。"公许之。冬，赵盾为旄车之族⑤，使屏季以其故族为公族大夫⑥。

【注释】

①括：赵盾的异母弟，即僖公二十四年的屏括。

②君姬氏：指赵姬，晋文公之女，嫁给赵衰，生赵括。

③微：非，如果没有。

④臣狄人：赵盾生母叔隗为狄女，幼时随母居于狄，后赵姬坚持，才

接赵盾、叔隗回晋，并以赵盾为嫡子，因此赵盾说如果没有赵姬，我将终老于狄。参见僖公二十四年《传》。

⑤赵盾为旄(máo)车之族：赵盾本为嫡子，应任公族大夫，现让与赵括，自己便任余子而以正卿兼掌旄车之族，平日教训卿之余子，战时则率之掌君之戎车。旄车之族，官名，即余子。旄车，诸侯所乘兵车。

⑥屏季：赵括。其：指赵盾。故族：赵夙以来的族属。

【译文】

赵盾请求让赵括担任公族大夫，说："他是君姬氏的爱子。如果没有君姬氏，那么下臣将始终是狄人了。"成公同意了。冬，赵盾自任余子而掌管旄车之族，让赵括统率赵盾过去统率的赵氏宗族作为公族大夫。

三年

【经】

3.1 三年春王正月[①]，郊牛之口伤[②]，改卜牛[③]。牛死，乃不郊。犹三望[④]。

3.2 葬匡王。

3.3 楚子伐陆浑之戎[⑤]。

3.4 夏，楚人侵郑[⑥]。

3.5 秋，赤狄侵齐[⑦]。

3.6 宋师围曹。

3.7 冬十月丙戌[⑧]，郑伯兰卒[⑨]。

3.8 葬郑穆公。

【注释】

①三年：鲁宣公三年当周定王元年，前606。

②郊牛之口伤：郊祭前先要占卜选择牛，吉利就养起来作为牺牲。现在选择的牛口受了伤。郊，郊祭，夏历正月祈谷的祭礼。

③改卜牛：选择其他的牛再占卜。

④望：望祭，祭山川。

⑤楚子：楚庄王。名侣。陆浑之戎：允姓之戎人，原居于陆浑，今甘肃敦煌西，僖公二十二年迁于伊川，今河南嵩县及伊川一带。

⑥楚人侵郑：郑国与晋国讲和，楚国因此进攻郑。

⑦赤狄：狄有赤狄、白狄之分，赤狄分布在今山西长治一带，白狄在陕西北部。

⑧丙戌：二十三日。

⑨郑伯兰：郑穆公。

【译文】

鲁宣公三年春周历正月，郊祭前所占卜选择的牛嘴巴受了伤，再占卜选择其他的牛。改卜的牛又死了，于是不举行郊祭。但仍举行三次望祭。

安葬周匡王。

楚庄王攻打陆浑的戎人。

夏，楚人入侵郑国。

秋，赤狄人入侵齐国。

宋军围攻曹国。

冬十月二十三日，郑穆公兰去世。

安葬郑穆公。

【传】

3.1　三年春，不郊，而望，皆非礼也[①]。望，郊之属也[②]。不郊亦无望，可也。

【注释】

①非礼：牛受伤、死了，就不举行郊祭，是非礼；而举行望祭，也是非礼。杜预《春秋左传注》曰："言牛虽伤、死，当更改卜取其吉者，郊不可废也。"

②郊之属：望祭是郊祭中的一种。

【译文】

鲁宣公三年春，不举行郊祭，而举行望祭，都是不合礼制的。望祭，本是郊祭的一种。不举行郊祭，也不举行望祭，这是可以的。

3.2 晋侯伐郑，及郔[①]。郑及晋平，士会入盟。

【注释】

①郔(yán)：即隐公元年《传》的廪延，在今河南滑县。

【译文】

晋成公攻打郑国，一直打到郔地。郑国和晋人讲和，晋士会到郑国去缔结盟约。

3.3 楚子伐陆浑之戎，遂至于雒[①]，观兵于周疆[②]。定王使王孙满劳楚子[③]。楚子问鼎之大小、轻重焉[④]。对曰："在德不在鼎。昔夏之方有德也，远方图物[⑤]，贡金九牧[⑥]，铸鼎象物[⑦]，百物而为之备[⑧]，使民知神、奸[⑨]。故民入川泽山林，不逢不若[⑩]。螭魅罔两[⑪]，莫能逢之。用能协于上下[⑫]，以承天休[⑬]。桀有昏德[⑭]，鼎迁于商，载祀六百[⑮]。商纣暴虐，鼎迁于周。德之休明[⑯]，虽小，重也。其奸回昏乱[⑰]，虽大，轻也。天祚明德[⑱]，有所厎止[⑲]。成王定鼎于郏鄏[⑳]，卜世三十，卜年七百[㉑]，天所命也。周德虽衰，天命未改。鼎之轻重，未可问也。”

【注释】

①雒：雒水，今作洛水，发源于陕西洛南。楚军到伊川后稍北行，即可到达洛阳南之洛水旁。

②观兵：陈兵示威。

③王孙满：周共王儿子圉的曾孙，时为周大夫。

④楚子问鼎之大小、轻重：鼎，指九鼎，相传为夏禹时所铸。夏、商、周三代以九鼎作为王权的象征，楚庄王问九鼎之大小轻重，有取代周王朝之意。

⑤图物：描绘各地奇异的事物。

⑥贡金九牧：即“九牧贡金”，意谓天下贡金。金，铜。九牧，古将中国分成九州，九牧即九州的长官。

⑦象物：把奇物形象铸在鼎上。

⑧百物：亦即万物。

⑨奸：恶物，坏东西。

⑩不若：不顺，指不顺利的事，不顺眼的怪物。

⑪螭魅（chī mèi）：又作魑魅，山之鬼怪。罔（wǎng）两：又作蝄蜽、魍魉，木石之怪。

⑫用：因。协于上下：上下团结。

⑬休：保佑。

⑭桀：夏桀。昏德：指无道。

⑮载、祀：皆纪年之称。《尔雅·释天》谓：“夏曰岁，商曰祀，周曰年，唐、虞曰载。”此泛称。六百：商享国约六百四十年，此举整数。

⑯休明：美善光明。

⑰奸回：奸邪。

⑱祚(zuò):福,此作动词,赐福。

⑲底(zhǐ)止:终止,指最终的年限。

⑳成王定鼎于郏(jiá)鄏(rǔ):周成王在郏鄏营建东都洛阳,名王城,并迁九鼎于此。郏,山名。鄏,地名。郏鄏均在今河南洛阳境内,此指洛阳。

㉑卜世三十,卜年七百:按,王孙满是周大夫,似不应自云国家灭亡时间。

【译文】

楚王征伐陆浑之戎,因而来到洛水,在周都城郊陈兵炫耀。周定王派王孙满慰劳楚王。楚王问鼎的大小与轻重。王孙满回答说:"鼎的大小轻重,在于持鼎者的德行,而不在鼎本身。从前夏朝,当它有德的时候,将远方的山川物产,都画成图,又用九州长官进贡的铜铸成鼎,并把图画也铸在鼎上,天下百物鼎上均已具备,这样人民就知道什么是神,什么是奸。因而人民入山林,涉川泽时,就不会遇到不顺心的事。魑魅魍魉等鬼怪也不会再碰上。因而能上下协调,以接受上天的福佑。夏桀道德昏昧,九鼎被迁到商朝,商朝享国六百年。商纣王暴虐,九鼎又被搬迁到周朝。如果道德美善光明,鼎虽小,也是重的。如果奸邪昏乱,鼎再大,也是轻的。上天赐福给有光明品德的人,也是有时间的期限的。周成王把九鼎安放在郏鄏,占卜问得传世三十,又占卜问得传年七百,这些都是上天的旨意。周王朝的德行虽然已衰弱,但上天的旨意并未改变,鼎的轻重是不能问的。"

3.4 夏,楚人侵郑,郑即晋故也。

【译文】

夏,楚人入侵郑国,因为郑国亲近晋国的缘故。

3.5　宋文公即位三年[①]，杀母弟须及昭公子，武氏之谋也。使戴、桓之族攻武氏于司马子伯之馆，尽逐武、穆之族[②]。武、穆之族以曹师伐宋。秋，宋师围曹，报武氏之乱也。

【注释】

①即位三年：即宋文公二年，头年即位，第二年改元。

②尽逐武、穆之族：以上事见文公十八年《传》。

【译文】

宋文公即位的第三年，杀了同母弟须和昭公之子，这都是武氏策划的。宋人让戴、桓的族人在司马子伯的客馆攻打武氏，把武、穆之族全部驱逐出去。武、穆之族带领曹军来攻打宋国。秋，宋军围攻曹国，以报复武氏之乱。

3.6　冬，郑穆公卒。初，郑文公有贱妾曰燕姞[①]，梦天使与己兰，曰："余为伯鯈[②]。余，而祖也[③]。以是为而子。以兰有国香[④]，人服媚之如是[⑤]。"既而文公见之，与之兰而御之[⑥]。辞曰[⑦]："妾不才，幸而有子[⑧]。将不信[⑨]，敢征兰乎[⑩]！"公曰："诺。"生穆公，名之曰兰。

【注释】

①燕姞(jí)：南燕国之女，姞姓。

②伯鯈(tiáo)：南燕国之祖先。

③而：你。

④国香：其香全国第一。

⑤服：佩戴。媚：爱，喜欢。

⑥御之：让她侍寝。

⑦辞：陈辞，陈说。

⑧幸而有子：指怀有身孕。

⑨将：假如。

⑩征兰：以兰作为信物。

【译文】

冬，郑穆公去世。当初，郑文公有一个地位很低的妃子叫燕姞，燕姞梦见上天的使者送给自己一支兰草，对她说："我是伯儵。我是你的祖先。你拿这个作为你的儿子吧。因为兰的香味全国第一，人们佩戴它，也会像爱它一样的爱你。"不久，文公见到燕姞，给她一支兰草并要她侍寝。燕姞对文公说："贱妾低贱不才，受恩宠而怀了孩子。假如不信，可以拿兰草作为信物！"文公说："好啊。"后来生了穆公，取名就叫兰。

文公报郑子之妃曰陈妫[①]，生子华、子臧。子臧得罪而出[②]。诱子华而杀之南里[③]，使盗杀子臧于陈、宋之间。又娶于江[④]，生公子士。朝于楚，楚人鸩之，及叶而死[⑤]。又娶于苏[⑥]，生子瑕、子俞弥。俞弥早卒。洩驾恶瑕，文公亦恶之，故不立也[⑦]。公逐群公子，公子兰奔晋，从晋文公伐郑[⑧]。石癸曰[⑨]："吾闻姬、姞耦[⑩]，其子孙必蕃[⑪]。姞，吉人也[⑫]，后稷之元妃也[⑬]。今公子兰，姞甥也。天或启之，必将为君，其后必蕃，先纳之，可以亢宠[⑭]。"与孔将钼、侯宣多纳之，盟于大宫而立之[⑮]。以与晋平[⑯]。

【注释】

①报：奸污亲属之妻叫报。郑子：子仪，文公叔父。陈妫(guī)：子仪娶陈女为妻，妫为陈姓。

②子臧得罪而出：僖公十六年郑杀太子华，子臧也同时逃亡。僖公

二十四年八月，郑伯恶其好聚鹬冠，使盗杀之。

③诱子华而杀之南里：僖公七年宁母之盟，子华请齐国杀洩氏等三族，齐国拒绝。子华因此得罪于郑。十六年子华被杀。南里，郑地，在今河南新郑南。

④娶于江：又娶江女。

⑤叶：楚地，在今河南叶县南。

⑥苏：即隐公十一年《传》的温地。

⑦ 不立：不立子瑕为太子。僖公三十一年公子瑕出奔楚。

⑧从晋文公伐郑：伐郑事见僖公三十年《传》，“以其无礼于晋，且贰于楚也”。

⑨石癸：即郑大夫石甲父。

⑩姬、姞耦(ǒu)：指姬姓与姞姓宜结为配偶。郑国姬姓。

⑪蕃：繁盛。

⑫吉人：姞，从吉得声，石癸便从读音上来解释。

⑬后稷之元妃也：后稷的元妃也是姞姓，周人由后稷开始兴盛，由此断定姬、姞通婚，子孙必繁。

⑭亢宠：指可让公子兰长久保持宠信。亢，杜预《春秋左传注》：“亢，极也。”极宠，极受宠信。

⑮大宫：郑国祖庙。

⑯与晋平：此事同见于僖公三十年《传》。以上集中郑文公多年事加以总叙。

【译文】

郑文公奸污了郑子仪的妃子叫陈妫的，生了子华、子臧。子臧获罪逃离了郑国。文公把子华诱骗出来杀死在南里，又让杀手在陈国、宋国之间把子臧杀死。文公又娶了江国之女，生了公子士。公子士去楚国朝见，楚人让他喝了毒酒，到了叶地就死了。郑文公又在苏地娶了个妻子，生了子瑕、子俞弥。俞弥早死。洩驾讨厌子瑕，文公也讨厌他，所以不立子瑕为太子。文公驱逐众公子，公子兰逃奔到晋国，曾跟随晋文公攻打郑国。石癸说："我听说姬姓、姞姓宜于通婚，他的后代子孙必定繁盛。姞，就是吉祥之人，是后稷的原配嫡妻啊。现在这个公子兰，是姞姓的外甥，上天恐怕是要开启光大他吧，他必定会成为国君，他的后代也一定会繁盛。先接纳他回来，让他成为国君，可以长久保有宠信。"因此就和孔将钼、侯宣多接他回国，在郑国祖庙盟誓而立他为国君。以此和晋国讲和了。

穆公有疾，曰："兰死，吾其死乎！吾所以生也。"刈兰而卒[①]。

【注释】

①刈(yì)：割。

【译文】

郑穆公生病了，说："兰草死了，我也恐怕要死了吧！我是因为兰草而出生的啊！"割了兰草，郑穆公就死了。

四年

【经】

4.1 四年春王正月[①]，公及齐侯平莒及郯[②]。莒人不肯。公伐莒，取向[③]。

4.2 秦伯稻卒[④]。

4.3 夏六月乙酉[⑤]，郑公子归生弑其君夷[⑥]。

4.4 赤狄侵齐。

4.5 秋，公如齐[⑦]。

4.6 公至自齐。

4.7　冬，楚子伐郯。

【注释】

①四年：鲁宣公四年当周定王二年，前605。

②公及齐侯平莒及郯（tán）：莒与郯不和，鲁宣公和齐惠公出面调停。郯，国名，己姓少皞氏的后裔，故城在今山东郯城西南。

③向：在今山东莒县南。向本为小国，隐公二年有"莒人入向"的记载，因此鲁从莒人手里夺取向。

④秦伯稻：秦共公。

⑤乙酉：二十六日。

⑥郑公子归生弑其君夷：上年郑穆公死，儿子夷立，是为灵公。此时又为归生与公子宋所杀。

⑦公如齐：鲁宣公去齐国，对齐表示友好和顺服。

【译文】

鲁宣公四年春周历正月，宣公和齐惠公调停莒和郯两国讲和。莒人不肯。宣公攻打莒国，夺取了向。

秦共公稻去世。

夏六月二十六日，郑国的公子归生杀了他的国君夷。

赤狄人入侵齐国。

秋，宣公到齐国去。

宣公从齐国返回。

冬，楚庄王攻打郑国。

【传】

4.1 四年春，公及齐侯平莒及郯，莒人不肯。公伐莒，取向，非礼也。平国以礼[①]，不以乱[②]。伐而不治[③]，乱也。以乱平乱，何治之有？无治，何以行礼？

【注释】

①平国：平定国与国之间的纠纷。

②乱：指用兵。

③伐而不治：攻打别国就不能太平，就是乱。

【译文】

鲁宣公四年春，宣公和齐惠公调停莒国和郯国的纠纷，莒人不肯讲和。宣公攻打莒国，夺取向地，这不符合礼。调停诸侯间的不和应该用礼，而不是用乱。攻打别国就不能太平，就是乱。以乱来解决乱，怎么可能太平？不能太平，怎么施行礼义？

4.2　楚人献鼋于郑灵公[①]。公子宋与子家将见[②]。子公之食指动，以示子家，曰："他日我如此[③]，必尝异味[④]。"及入，宰夫将解鼋[⑤]，相视而笑[⑥]。公问之，子家以告。及食大夫鼋，召子公而弗与也[⑦]。子公怒，染指于鼎[⑧]，尝之而出。公怒，欲杀子公。子公与子家谋先[⑨]。子家曰："畜老，犹惮杀之，而况君乎？"反谮子家[⑩]，子家惧而从之。夏，弑灵公。书曰"郑公子归生弑其君夷"，权不足也[⑪]。君子曰："仁而不武，无能达也[⑫]。"凡弑君，称君，君无道也；称臣，臣之罪也[⑬]。

【注释】

①鼋(yuán)：大鳖。

②公子宋：子公。子家：公子归生。将见：将进见郑灵公。

③如此：指食指动。

④异味：指新奇的美味。

⑤解鼋：鼋已煮熟，准备切成块。

⑥相视而笑：二人为子公的预言准确而笑起来。

⑦召子公而弗与：把子公叫来又偏不给他吃，以使子公预言失灵。

⑧染指于鼎：把指头蘸在鼎里。

⑨子公与子家谋先：子公和子家商量准备先于郑灵公发难。

⑩反谮(zèn)子家：子家不同意杀灵公，子公反过来在灵公面前诬陷子家。

⑪权不足：此句解释《经》文意思：子公之位高于子家，子家权力不足，在子公胁迫下一起弑君，因此《经》文把子家归为祸首。

⑫仁而不武，无能达也：子家本不愿意弑君，是仁；知道子公的阴谋而不加以讨伐反而参与其罪，是不勇武。因此说仁爱而不勇武，总是行不通的。达，通。

⑬“凡弑君”五句：解释《经》文体例。凡弑君，称君，君无道也，杜预《春秋左传注》：“称君，谓唯书君名，而称国以弑，言众所共绝也。”称臣，臣之罪也，孔《疏》引杜预《释例》曰：“称臣者，谓书弑者之名，以垂来世，终为不义，而不可赦也。”

【译文】

楚人献给郑灵公一只大鳖。公子宋和子家准备去进见郑灵公。子公的食指突然动了起来，他给子家看，说：“往日我这样，一定要吃到新鲜美味了。”到了朝廷，厨师正将大鳖切成块，二人相视笑了起来。郑灵公问笑什么，子家把刚才的事告诉了灵公。到了灵公把大鳖分给大家时，把子公叫来而偏不给他吃。子公受了侮辱发怒了，自己上前把手指头蘸在鼎里，尝了味道走出去。灵公也发怒了，要杀子公。子公与子家先商量要杀灵公。子家说：“牲口老了，要杀它尚且还有顾虑，更何况国君？”子公反过来在灵公面前诬陷子家。子家害怕了，只好跟着子公干。夏，杀了郑灵公。《春秋》记载说“郑公子归生杀了他的国君夷”，这是子家权位不足的缘故。君子说：“仁爱而不勇武，是行不通的。”凡是杀死国君，《春秋》记载国君名字，是国君无道；记下臣子的名字，说明臣下有罪过。

郑人立子良[①]，辞曰："以贤[②]，则去疾不足；以顺[③]，则公子坚长。"乃立襄公[④]。

【注释】

①子良：公子去疾，穆公庶子。

②以贤：以贤而论。

③以顺：按年龄长幼。

④襄公：公子坚。

【译文】

郑国人要立子良为国君，子良推辞说："以贤而论，那么去疾不够格；按年龄长幼论，那么公子坚更年长。"于是立了公子坚为襄公。

襄公将去穆氏[①]，而舍子良[②]。子良不可，曰："穆氏宜存，则固愿也[③]。若将亡之，则亦皆亡，去疾何为[④]？"乃舍之，皆为大夫[⑤]。

【注释】

①穆氏：穆公诸子，即襄公的兄弟们。

②舍子良：不驱逐子良。因子良让位。

③固愿：本来的愿望，即希望穆公诸子都留下。

④何为：意为留下来干什么。

⑤皆为大夫：穆公之子十三人，后以罕、驷、丰、游、印、国、良七族著，谓之"七穆"。

【译文】

襄公准备驱逐穆公的其他儿子，而让子良留下。子良不同意，说："穆公的儿子应该留下来，这也是我本来的愿望。如果要驱逐，就都驱逐，我留下来干什么呢？"于是穆公的儿子们都留下来，都被封为大夫。

4.3　初，楚司马子良生子越椒①，子文曰："必杀之！是子也，熊虎之状而豺狼之声，弗杀，必灭若敖氏矣②。谚曰：'狼子野心。'是乃狼也，其可畜乎③？"子良不可。子文以为大戚④。及将死，聚其族，曰："椒也知政⑤，乃速行矣，无及于难。"且泣曰："鬼犹求食⑥，若敖氏之鬼不其馁而⑦！"

【注释】

①司马子良：斗伯比之子，令尹子文的弟弟，司马乃其官职。子越椒：即斗椒。

②若敖：楚武王之祖，其后人以若敖为氏。

③其：犹岂，难道。畜：养。

④戚：忧虑。

⑤知政：执政。

⑥犹：如果。

⑦若敖氏之鬼：指其祖先。不其馁：指因子孙灭绝，无人祭祀而挨饿。馁，饿。

【译文】

当初，楚司马子良生了子越椒，子文说："一定要杀了他！这个孩子，熊虎的模样豺狼的声音；不杀，必定灭绝若敖氏啊。俗话说：'狼子野心。'这人是只狼，难道能够养他吗？"子良不同意。子文因此非常担心。等到子文将死的时候，召集他的族人，说："如果斗椒执政，你们一定要快点离开，不要遭遇到祸难。”并且哭着说：“鬼如果要求食，若敖氏的鬼不是要挨饿吗？”

及令尹子文卒，斗般为令尹①，子越为司马②。蒍贾为工正③，谮子扬而杀之④。子越为令尹，己为司马。子越又恶之，乃以若敖氏之族，圄伯嬴于轑阳而杀之⑤，遂处烝野⑥，将攻王。王以三王之子为质焉⑦，弗受。师于漳澨⑧。秋七月戊戌⑨，楚子与若敖氏战于皋浒⑩。伯棼射王⑪，汰辀⑫，及鼓跗⑬，著于丁宁⑭。又射，汰辀，以贯笠毂⑮。师惧，退⑯。王使巡师曰⑰：“吾先君文王克息⑱，获三矢焉，伯棼窃其二，尽于是矣⑲。”鼓而进之，遂灭若敖氏。

【注释】

①斗般为令尹：斗般即下文的子扬，子文之子，与庄公二十八年、三十年《传》中的斗般不是同一人。文公十二年，成嘉为令尹，斗般是接替成嘉担任令尹。子文之后的令尹依次是子玉、吕臣、子上、成大心、成嘉、斗般。

②子越：即子越椒，斗椒。

③蒍贾：孙叔敖的父亲。

④谮子扬：蒍贾为子越在楚王面前诬陷子扬，子扬因此被杀。

⑤圄(yǔ)伯嬴于轑(liáo)阳而杀之：子越又杀了蒍贾。圄，囚禁。伯嬴，蒍贾的字。轑阳，楚地，在今河南南阳。

⑥烝野：在今河南新野。

⑦王以三王之子为质：楚庄王以此作为讲和的条件。三王之子，楚文王、成王、穆王的子孙。

⑧漳澨(shì)：漳水边。漳水发源于湖北南漳西南，东南流入长江。

此漳澨在湖北荆门西，漳水东岸。

⑨戊戌：初九。

⑩皋浒：在今湖北襄阳西。

⑪伯棼：斗椒的字。

⑫汰（tài）：掠过。此指箭力量很强地飞过去。辀（zhōu）：车辕。

⑬鼓跗（fū）：鼓架。古代元帅亲自掌旗鼓。楚庄王亲自领兵，亲自掌鼓。

⑭丁宁：即“钲”，形似钟而狭长，行军中传令收兵的乐器。

⑮笠毂（gǔ）：车盖柄。笠，车盖。

⑯退：子椒两箭都几乎射中庄王，庄王因此退兵。

⑰巡师：循师，遍告军队。

⑱文王克息：庄公十年，楚俘蔡哀侯，蔡哀侯因向楚文王赞美息妫美貌，文王遂灭息。见庄公十四年《传》。

⑲尽于是：子椒已射过两箭，庄王告诉部下子椒神箭已用完，不必惧怕，以鼓舞士气。

【译文】

等到令尹子文死去，斗般做令尹，子越为司马。蒍贾做工正，他在楚王面前诬陷子扬，子扬因此被杀。子越做了令尹，蒍贾自己做司马。子越又厌恶蒍贾，于是率若敖氏的族人把蒍贾囚禁在轑阳而后又杀了他，于是就驻扎在烝野，准备攻打楚王。楚王用三代楚君的子孙作为人质，子越不接受。楚庄王发兵驻扎在漳澨。秋七月初九，楚庄王和若敖氏在皋浒交战。子越用箭射庄王，箭力量很大，飞过车辕，越过鼓架，射在了铜钲上。再射一箭，又飞过车辕，射中车盖柄。庄王的军队害怕了，就退兵。楚庄王派人到军中宣扬说：“我们的先君文王攻克息国的时候，缴获了三支神箭，伯棼偷去了二支，已全部用完了。”于是击鼓进军，就此灭了若敖氏。

初，若敖娶于䢵[①]，生斗伯比[②]。若敖卒，从其母畜于䢵，淫于䢵子之女[③]，生子文焉。䢵夫人使弃诸梦中[④]。虎乳之[⑤]。䢵子田，见之，惧而归。以告，遂使收之[⑥]。楚人谓乳穀，谓虎於菟，故命之曰斗穀於菟[⑦]。以其女妻伯比[⑧]，实为令尹子文。

【注释】

①䢵：即“郧”，在今湖北安陆。

②斗伯比：斗椒的祖父。

③淫于䢵子之女：斗伯比与䢵国国君女儿私通。

④䢵夫人：䢵女母亲。梦：云梦泽。古时云梦泽横跨长江南北，此指江北云梦泽。

⑤乳：喂奶。

⑥以告，遂使收之：䢵夫人把女儿私生子的事告诉䢵子，䢵子让人收留了子文。

⑦斗穀於菟：楚方言把乳叫做“穀(gòu)”，把虎叫做“於菟(wū tú)。子文吃过老虎的奶，因此按照楚方言把他叫做“斗穀於菟”。

⑧以其女妻伯比：原是私通，现在正式嫁给伯比。

【译文】

当年，若敖在䢵国娶妻，生了斗伯比。若敖死，斗伯比跟着他母亲在䢵国长大，后来和䢵国国君的女儿私通，生了子文。䢵夫人把子文丢弃在云梦泽中。有老虎来给他喂奶。䢵君打猎时，见到老虎和子文，害怕而返回。䢵夫人把女儿私生子的事告诉䢵君，䢵君就让人收养了子文。楚人把奶叫做“穀”，把虎叫做“於菟”，所以就把这个小孩叫作“斗穀於菟”。䢵君就把女儿正式嫁给伯比。斗穀於菟就是令尹子文。

其孙箴尹克黄使于齐[①]，还，及宋，闻乱[②]。其人曰[③]：“不可以入矣[④]。”箴尹曰：“弃君之命，独谁受之[⑤]？君，天也，天可逃乎[⑥]？”遂归，复命，而自拘于司败[⑦]。王思子文之治楚国也，曰：“子文无后，何以劝善[⑧]？”使复其所[⑨]，改命曰生。

【注释】

①其孙：指子文之孙，斗般之子，名叫克黄。箴尹：又作“鍼尹”，楚官名。

②乱：斗椒之乱。

③其人：克黄的随从。

④不可以入：楚庄王灭若敖氏，克黄为若敖后代，回去也可能被杀。

⑤独：语气词，无实际意义。

⑥天可逃乎：君命如天命，不可违背，就是逃亡了也无人收留。

⑦司败：楚国主管司法的官。

⑧子文无后，何以劝善：子文为令尹，治理楚国有功，不杀克黄，用以表彰子文，鼓励人们向善。

⑨复其所：恢复克黄箴尹之官。

【译文】

子文的孙子箴尹克黄出使齐国，返回时到宋国，就听说国内发生斗椒之乱。他的随从说：“不能回国内去了。”箴尹说：“抛弃了国君的命令，谁还能接纳你呢？国君，就是上天，天命难道可以违背吗？”于是仍然回到国内报告使命，并且自动请司败把他拘禁起来。楚王想到子文治理楚国有功劳，说：“如果子文没了后代，那么还用什么来劝人们行善呢？”因此恢复了克黄的官职，并让他改名叫“生”。

4.4 冬，楚子伐郑，郑未服也。

【译文】

冬，楚庄王攻打郑国，因为郑国还是不肯归服。

五年

【经】

5.1 五年春①，公如齐。

5.2 夏，公至自齐。

5.3 秋九月，齐高固来逆叔姬②。

5.4 叔孙得臣卒③。

5.5 冬，齐高固及子叔姬来④。

5.6 楚人伐郑。

【注释】

①五年春：鲁宣公五年当周定王三年，前604。

②高固：齐大夫。

③叔孙得臣：庄叔。

④子叔姬：叔姬已出嫁，所以称子。

【译文】

鲁宣公五年春，宣公到齐国去。

夏，宣公从齐国回国。

秋九月，齐国的高固来迎娶叔姬。

叔孙得臣去世。

冬，齐国的高固和子叔姬来鲁国。

楚人攻打郑国。

【传】

5.1　五年春，公如齐，高固使齐侯止公①，请叔姬焉②。

【注释】

①止：扣留。

②请叔姬：强迫宣公将叔姬嫁给高固。

【译文】

鲁宣公五年春，宣公到齐国行聘，高固让齐惠公扣留宣公，强迫宣公将鲁叔姬嫁与高固。

5.2　夏，公至自齐，书，过也①。

【注释】

①过也：宣公答应高固的婚事，有失国君的身份。

【译文】

夏，宣公从齐国回国，《春秋》记载此事，表示宣公有过错。

5.3　秋九月，齐高固来逆女，自为也①。故书曰："逆叔姬。"卿自逆也②。

【注释】

①自为也：指高固为自己来鲁国迎接叔姬。

②卿自逆：诸侯娶妻，派卿大夫出国迎接。卿大夫以下娶妻，必须亲自去迎接，《经》文是点明高固是为自己迎娶。

【译文】

秋九月，齐高固来迎娶叔姬，是为自己迎娶。所以《春秋》记载说：

"迎娶叔姬。"是点明卿大夫为自己迎娶。

5.4 冬，来，反马也[1]。

【注释】

①反马：女子嫁给大夫以上身份的，乘娘家之车，驾娘家之马。婚后三个月，夫家留下车而送还马，叫反马之礼。郑玄云"留车，妻之道也"，谓做妻子的不敢自认为必能长久居于夫家，恐一旦被出，将乘此车回娘家；又云"反马，婿之义也"，谓夫家表示以后不会发生出妇之事。

【译文】

冬，高固和叔姬来鲁国，是来行反马之礼。

5.5 楚子伐郑。陈及楚平。晋荀林父救郑，伐陈。

【译文】

楚庄王攻打郑国。陈国和楚国讲和。晋国荀林父救援郑国，并攻打陈国。

六年

【经】

6.1 六年春[1]，晋赵盾、卫孙免侵陈[2]。

6.2 夏四月。

6.3 秋八月，螽[3]。

6.4 冬十月。

【注释】

①六年：鲁宣公六年当周定王四年，前603。

②孙免：卫大夫。

③螽(zhōng)：螽斯虫。

【译文】

鲁宣公六年春，晋国赵盾、卫国孙免联合讨伐陈国。

夏四月。

秋八月，螽斯虫成灾。

冬十月。

【传】

6.1　六年春，晋、卫侵陈，陈即楚故也。

【译文】

鲁宣公六年春，晋国、卫国联合入侵陈国，因为陈国又亲近楚国。

6.2 夏，定王使子服求后于齐[①]。

【注释】

①子服：周王室大夫。

【译文】

夏，周定王派子服到齐国求娶齐女为王后。

6.3　秋，赤狄伐晋，围怀及邢丘[①]。晋侯欲伐之。中行桓子曰[②]："使疾其民[③]，以盈其贯[④]。将可殪也[⑤]。《周书》曰：'殪戎殷[⑥]。'此类之谓也。"

【注释】

①怀:在今河南武陟西南。刑丘:在河南温县东。两地相近。

②中行桓子:荀林父。

③疾其民:意为让他肆虐为害百姓。疾,病,作“虐待”解。

④盈其贯:钱穿满了绳索,表示积累到极点。此指恶贯满盈。盈,满。贯,古代穿钱的绳索,即钱串。

⑤殪(yì):一举歼灭。

⑥殪戎殷:此句见《尚书·康诰》。灭绝大国殷。戎,大。周人称殷商为大国殷。

【译文】

秋,赤狄攻打晋国,包围怀地和邢丘。晋成公准备攻打它。中行桓子说:“先让他肆虐为害百姓吧,等到恶贯满盈,可以一举歼灭他。《周书》里面说:‘一举歼灭大国殷。’说的就是这个意思。”

6.4 冬,召桓公逆王后于齐[①]。

【注释】

①召(shào)桓公:周王卿士。

【译文】

冬,召桓公到齐国为周定王迎娶王后。

6.5 楚人伐郑,取成而还。

【译文】

楚国人攻打郑国,郑国与楚讲和,楚国撤兵。

6.6　郑公子曼满与王子伯廖语①,欲为卿。伯廖告人曰:“无德而贪②,其在《周易》《丰》䷶之《离》䷝,弗过之矣③。”间一岁④,郑人杀之。

【注释】

①公子曼满、王子伯廖:二人都是郑大夫。

②无德而贪:此指曼满。

③其在《周易》《丰》䷶之《离》䷝,弗过之矣:《周易》之《丰》卦上爻由阴变阳,则成为《离》卦。杜预注:“《丰》上六曰:‘丰其屋,蔀其家,窥其户,阒其无人,三岁不觌,凶。’义取无德而大其屋,不过三岁,必灭亡。”即王子伯廖引《丰》卦上六的爻辞,论定公子曼满不出三年,必然遭祸。

④间一岁:中间隔一年。

【译文】

郑公子曼满告诉王子伯廖说,自己想做卿。伯廖和别人说:“他无德行而又贪婪,就是应了《周易》《丰》卦变为《离》卦的兆象了,不出三年,必然灭亡。”只隔一年,郑国人就把他杀了。

七年

【经】

7.1　七年春①,卫侯使孙良夫来盟②。

7.2　夏,公会齐侯伐莱③。

7.3　秋,公至自伐莱。

7.4　大旱。

7.5　冬,公会晋侯、宋公、卫侯、郑伯、曹伯于黑壤④。

【注释】

①七年：鲁宣公七年当周定王五年，前602。

②孙良夫：孙桓子，卫大夫。

③莱：国名，在今山东昌乐东南。

④黑壤：即黄父，在今山西翼城东北。

【译文】

鲁宣公七年春，卫成公派孙良夫来鲁国结盟。

夏，宣公会合齐惠公攻打莱国。

秋，宣公从伐莱回国。

鲁国大旱。

冬，宣公和晋成公、宋文公、卫成公、郑襄公、曹文公在黑壤会见。

【传】

7.1 七年春，卫孙桓子来盟，始通①，且谋会晋也②。

【注释】

①始通：宣公即位已经七年，卫国才来结盟，所以说“始通”。

②谋会晋：商量黑壤之会。

【译文】

鲁宣公七年春，卫国孙桓子来结盟，才开始和鲁国通好，并且商量和晋君的会见。

7.2 夏，公会齐侯伐莱，不与谋也①。凡师出，与谋曰“及”，不与谋曰“会”。

【注释】

①不与谋：指齐国伐莱，鲁国事先并未参与策划，只是派兵相助。

【译文】

夏，宣公会合齐惠公攻打莱国，鲁国并未事先参与策划。凡是出兵，事先参与策划的叫做“及”，不参与策划的叫做“会”。

7.3　赤狄侵晋，取向阴之禾[1]。

【注释】

①向阴：即隐公十一年的向，在今河南济源南。

【译文】

赤狄入侵晋国，割取向阴的禾稻。

7.4　郑及晋平，公子宋之谋也[1]，故相郑伯以会[2]。冬，盟于黑壤，王叔桓公临之[3]，以谋不睦[4]。

【注释】

①公子宋：子公。

②相郑伯，担任郑襄公的相礼。

③王叔桓公临之：王叔不参与会盟，奉天子之命只到会监临。王叔桓公，周王卿士。

④谋不睦：商量对付不服从晋国的国家。

【译文】

郑国和晋国讲和，这是公子宋的谋略，所以公子宋担任郑襄公的相礼参加诸侯之会。冬，诸侯在黑壤结盟。王叔桓公到会监临，以商量对付不服从晋国的国家。

晋侯之立也[①]，公不朝焉，又不使大夫聘，晋人止公于会[②]。盟于黄父，公不与盟[③]。以赂免[④]。故黑壤之盟不书，讳之也[⑤]。

【注释】

①晋侯之立：晋成公即位在鲁宣公二年。

②止公于会：晋成公即位，鲁宣公自己不去朝见，也不派大夫聘问，是失礼失敬。所以晋国拘留了宣公。

③公不与盟：诸侯会盟，先会后盟。宣公因被晋国囚禁，会后没有参加结盟。

④以赂免：鲁贿赂晋国，宣公才得以被释放。

⑤讳之：宣公没有参加结盟，《春秋》为隐讳这个耻辱，所以只记会见，不记结盟。

【译文】

晋成公即位的时候，鲁宣公不去朝见，也不派大夫去聘问，晋人于是在黑壤之会上拘留了宣公。在黄父结盟，宣公没有参加结盟。因贿赂了晋国，宣公才得以被释放回国。所以黑壤之盟《春秋》不记载，是隐讳了宣公被拘留这件事。

八年

【经】

8.1 八年春[①]，公至自会。

8.2 夏六月，公子遂如齐，至黄乃复[②]。

8.3 辛巳[③]，有事于大庙[④]，仲遂卒于垂[⑤]。壬午[⑥]，犹绎[⑦]。万入[⑧]，去籥[⑨]。

8.4 戊子[⑩]，夫人嬴氏薨[⑪]。

8.5 晋师、白狄伐秦[12]。

8.6 楚人灭舒蓼[13]。

8.7 秋七月甲子，日有食之，既[14]。

8.8 冬十月己丑[15]，葬我小君敬嬴。雨，不克葬[16]。庚寅[17]，日中而克葬。

8.9 城平阳[18]。

8.10 楚师伐陈[19]。

【注释】

①八年：鲁宣公八年当周定王六年，前601。

②黄：齐邑，在今山东淄博。与隐公元年和桓公八年的黄不是同一地。复：回国。

③辛巳：十六日。

④有事：指禘祭，即三年终丧后举行一次的大祭。

⑤仲遂：公子遂。垂：齐邑。

⑥壬午：十七日。

⑦ 绎：祭祀的次日又祭。鲁宣公接连两天举行祭祀。

⑧ 万：万舞。

⑨籥(yuè)：籥舞。籥是乐器，吹奏以和舞蹈。

⑩戊子：二十三日。

⑪嬴氏：鲁宣公母亲敬嬴。

⑫白狄：狄人中的一支。在今陕西延安、安塞一带。

⑬舒蓼：群舒中的一国。鲁文公十四年楚庄王曾伐舒蓼，今年灭了它。

⑭七月甲子，日有食之，既：七月无日食，十月甲子朔有全食，“七”为“十”之误。既，日全食。

⑮己丑：二十六日。

⑯克：能。

⑰庚寅：二十七日。

⑱平阳：鲁邑，在今山东新泰西北。

⑲楚师伐陈：陈与晋讲和，楚即进攻陈国。

【译文】

鲁宣公八年春，宣公从黑壤之会回国。

夏六月，公子遂到齐国去，走到黄地便返回来了。

十六日，在太庙举行禘祭，仲遂死于垂地。十七日，又举行祭祀。举行了万舞，免去了籥舞。

二十三日，夫人嬴氏去世。

晋军和白狄一同攻打秦国。

楚人灭了舒蓼国。

秋七月三十日，有日食，是日全食。

冬十月二十六日，安葬宣公母亲敬嬴。下雨，不能够下葬。二十七日，中午才能够下葬。

在平阳筑城。

楚军攻打陈国。

【传】

8.1　八年春，白狄及晋平。夏，会晋伐秦①。晋人获秦谍②，杀诸绛市，六日而苏③。

【注释】

①会晋：指白狄会合晋国攻打秦国。

②谍：间谍。

③苏：复生，复活。

【译文】

鲁宣公八年春，白狄和晋国讲和。夏，白狄会合晋国攻打秦国。晋人抓获了秦国的间谍，把他杀死在绛城的街市上，六天之后他又复活了。

8.2 有事于大庙，襄仲卒而绎，非礼也①。

【注释】

①非礼：宣公大祭于太庙时，公子遂的死讯传来了，宣公仍于第二天举行绎祭，而不为公子遂致哀，所以说非礼。《礼记·檀弓下》："仲遂卒于垂，壬午犹绎，万入去籥。仲尼曰：'非礼也。卿卒不绎。'"

【译文】

在太庙举行祭祀，襄仲去世仍举行绎祭，这是不合礼制的。

8.3 楚为众舒叛①，故伐舒蓼，灭之。楚子疆之②，及滑汭③。盟吴、越而还④。

【注释】

①众舒：即文公十二年所谓"群舒"。

②疆之：为之划定疆界。

③滑：河水名，在今安徽合肥东。汭(ruì)：河水的弯曲处。

④盟吴、越而还：楚灭舒蓼后，疆域与吴、越接壤。在《左传》中这是吴、越两国的第一次记载。吴，姬姓国，据说是周太王之子泰伯、仲雍的后代，据有今江苏、上海大部及安徽、浙江的一部分，建都于吴，即今苏州。越，姒姓国，相传始祖是夏代少康的庶子无余，

有浙江杭州以南东至海之地。建都会稽，即今浙江绍兴。

【译文】

楚国因为舒姓诸国的背叛，所以攻打舒蓼，并灭了它。楚庄王于是划定疆界，一直到达滑水的弯曲处。和吴国、越国结盟后回去。

8.4 晋胥克有蛊疾①，郤缺为政②。秋，废胥克，使赵朔佐下军③。

【注释】

①蛊(gǔ)疾：神经错乱的病。

②郤缺为政：此时赵盾已死，郤缺代替赵盾为执政。

③赵朔：赵盾儿子。代替胥克。

【译文】

晋胥克患了神经错乱的毛病，郤缺为执政。秋，罢免了胥克，让赵朔任下军佐。

8.5 冬，葬敬嬴。旱，无麻①，始用葛茀②。雨，不克葬，礼也。礼，卜葬③，先远日④，辟不怀也⑤。

【注释】

①麻：大麻，皮可织布或搓绳子，可作引柩入穴的绳索，亦即"绋"。

②葛：藤本植物。茀(fú)：通"绋"。

③卜葬：占卜选择下葬日。

④先远日：占卜葬日时，先占卜较远的日子，由远及近，以此表示不急于下葬，有孝心。

⑤辟不怀：避免孝子不怀念其亲。古人尽量迟葬，以表示孝心。下

雨推迟葬敬嬴，也是有孝心的表现。

【译文】

冬，安葬敬嬴。天旱，没有麻做茀，开始改用葛做茀。天下雨，不能够下葬，合于礼。依照礼，占卜葬日，先占卜较远的日子，以避免认为孝子不怀念其亲。

8.6　城平阳，书，时也。

【译文】

在平阳筑城，《春秋》加以记载，因为合于时令。

8.7　陈及晋平。楚师伐陈，取成而还。

【译文】

陈国和晋国讲和。楚军又攻打陈国，因陈国又来讲和而撤兵。

九年

【经】

9.1　九年春王正月①，公如齐。

9.2　公至自齐。

9.3　夏，仲孙蔑如京师②。

9.4　齐侯伐莱③。

9.5　秋，取根牟④。

9.6　八月，滕子卒⑤。

9.7　九月，晋侯、宋公、卫侯、郑伯、曹伯会于扈⑥。

9.8 晋荀林父帅师伐陈。

9.9 辛酉[7],晋侯黑臀卒于扈[8]。

9.10 冬十月癸酉[9],卫侯郑卒[10]。

9.11 宋人围滕。

9.12 楚子伐郑。

9.13 晋郤缺帅师救郑。

9.14 陈杀其大夫泄冶[11]。

【注释】

①九年:鲁宣公九年当周定王七年,前600。

②仲孙蔑:孟献子,公孙敖之孙,文伯穀之子。

③莱:国名,在今山东昌黄东南。

④根牟:国名,在今山东沂水南。

⑤滕子:滕昭公。

⑥扈:郑地,在今河南原阳西。

⑦ 辛酉:此年九月无辛酉日,《经》文记日有误。

⑧晋侯黑臀卒于扈:诸侯会见后,晋成公死在扈地。黑臀,晋成公。

⑨癸酉:十五日。

⑩卫侯郑:卫成公。

⑪陈杀其大夫泄冶:泄冶因劝阻陈灵公与夏姬通奸而被杀。

【译文】

鲁宣公九年春周历正月,宣公到齐国去。

宣公从齐国返回。

夏,仲孙蔑到京师。

齐惠公攻打莱国。

秋,夺取根牟。

八月，滕昭公去世。

九月，晋成公、宋文公、卫成公、郑襄公、曹文公在扈地相会。

晋荀林父率军攻打陈国。

九月辛酉，晋成公黑臀在扈地去世。

冬十月十五日，卫成公去世。

宋人围攻滕国。

楚庄王攻打郑国。

晋郤缺率军队救郑国。

陈国杀了他们的大夫泄冶。

【传】

9.1 九年春，王使来征聘①。夏，孟献子聘于周②。王以为有礼，厚贿之。

【注释】

①王使：周定王使者。征聘：示意鲁国派使者往周聘问。征，召。

②周：即京师。

【译文】

鲁宣公九年春，周王使者来鲁示意鲁国派人去周聘问。夏，孟献子到周聘问。周王认为有礼，赠与厚礼。

9.2 秋，取根牟，言易也。

【译文】

秋，夺取根牟，《春秋》说“取”，表示很容易。

9.3　滕昭公卒。

【译文】

滕昭公去世。

9.4　会于扈，讨不睦也[①]。陈侯不会[②]。晋荀林父以诸侯之师伐陈。晋侯卒于扈，乃还。

【注释】

①讨不睦：晋、楚相争，亲楚国者，就是不睦于晋。

②陈侯不会：陈国上年又与楚国讲和，所以不参加扈之会。

【译文】

晋国与诸侯在扈地会见，准备攻打不服从晋的国家。陈灵公不参加。晋荀林父率诸侯军队攻打陈国。因晋成公在扈地去世，于是罢兵回去。

9.5　冬，宋人围滕，因其丧也。

【译文】

冬，宋人围攻滕国，因为滕国有丧事。

9.6　陈灵公与孔宁、仪行父通于夏姬[①]，皆衷其衵服[②]，以戏于朝。泄冶谏曰："公卿宣淫[③]，民无效焉[④]，且闻不令[⑤]。君其纳之[⑥]！"公曰："吾能改矣。"公告二子[⑦]，二子请杀之，公弗禁，遂杀泄冶。孔子曰："《诗》云：'民之多辟，无自立辟[⑧]。'

其泄冶之谓乎。”

【注释】

①孔宁、仪行父：陈国之卿。孔宁，即公孙宁。夏姬：郑穆公之女，陈大夫御叔之妻，夏徵舒的母亲。夏姬为春秋时期有名的淫乱之女。

②衷：贴身的内衣，此作动词，指穿在里面。衵（rì）服：内衣，贴身衣服。

③宣淫：宣扬淫乱。

④无效：无所效法。

⑤闻：名声，声誉。不令：不善，不美。

⑥纳之：指把衵衣收藏起来。

⑦ 二子：即孔宁、仪行父。

⑧民之多辟，无自立辟：见《诗经·大雅·板》。辟，邪，邪恶。自立辟，自立法度而危及自身。辟，法度。

【译文】

陈灵公和卿大夫孔宁、仪行父三人都与夏姬通奸。三人都把夏姬的贴身内衣穿在自己身上，还要在朝廷上互相开玩笑。泄冶劝他们说：“国君和卿大夫宣扬淫乱，百姓就无所效法了，而且不会有好名声。国君您赶快把夏姬的内衣收藏起来吧！”陈灵公说：“我能改过啊。”陈灵公把此事告诉了孔宁和仪行父。二人请求杀了泄冶，灵公没有禁止，于是二人杀了泄冶。孔子说：“《诗》里说：‘百姓多行邪恶，就不要再去自立法度了。’说的就是泄冶了！”

9.7　楚子为厉之役故[①]，伐郑。晋郤缺救郑。郑伯败楚师于柳棼[②]。国人皆喜，唯子良忧曰[③]：“是国之灾也，吾死无日矣[4]。”

【注释】

①厉之役:指宣公六年楚人伐郑之事。

②柳棼:郑地,今地不详。

③子良:公子去疾。

④是国之灾也,吾死无日矣:楚国伐郑,主要原因是郑国参加了宣公七年的黑壤之盟,归服了晋国。现郑虽打败了楚军,但子良担心楚必报复,更大的灾祸将临头。

【译文】

楚庄王因为厉之战的缘故,攻打郑国。晋国的郤缺救援郑国。郑军在柳棼打败了楚军。国内人都很高兴,唯独子良很担心,说:“这是国家的灾难啊,我们离死没有多少日子了。”

十年

【经】

10.1 十年春[1],公如齐。

10.2 公至自齐。

10.3 齐人归我济西田[2]。

10.4 夏四月丙辰,日有食之[3]。

10.5 己巳[4],齐侯元卒[5]。

10.6 齐崔氏出奔卫[6]。

10.7 公如齐。

10.8 五月,公至自齐。

10.9 癸巳[7],陈夏徵舒弑其君平国[8]。

10.10　六月，宋师伐滕[9]。

10.11　公孙归父如齐[10]。葬齐惠公。

10.12　晋人、宋人、卫人、曹人伐郑[11]。

10.13　秋，天王使王季子来聘[12]。

10.14　公孙归父帅师伐邾，取绎[13]。

10.15　大水。

10.16　季孙行父如齐[14]。

10.17　冬，公孙归父如齐[15]。

10.18　齐侯使国佐来聘[16]。

10.19　饥[17]。

10.20　楚子伐郑[18]。

【注释】

①十年：鲁宣公十年当周定王八年，前599。

②齐人归我济西田：宣公元年，鲁为报答齐国支持立宣公，赠齐以济西之田，现齐人归还。

③夏四月丙辰，日有食之：此当为前599年3月6日的日环食。丙辰，初一。

④己巳：十四日。

⑤齐侯元：齐惠公。惠公死，儿子顷公即位。

⑥崔氏：齐大夫崔杼。

⑦癸巳：初八。

⑧夏徵舒：陈大夫，夏姬的儿子。平国：陈灵公。

⑨六月，宋师伐滕：上年冬，宋国包围滕国，此时攻打。

⑩公孙归父：鲁国公子遂儿子，字子家。

⑪晋人、宋人、卫人、曹人伐郑：郑国又归顺楚国，晋再伐郑。

⑫王季子：据《传》文，王季子即刘康公，周王同母弟。
⑬取绎：文公十三年，邾文公迁都于绎。此外又另设绎邑。归父所攻取的绎邑，即另设的绎邑。
⑭季孙行父如齐：齐顷公即位，行父前往祝贺。
⑮公孙归父如齐：解释伐邾之事。
⑯齐侯：齐顷公。国佐：齐卿，国归父之子国武子。
⑰饥：饥荒。水灾之后出现饥荒。
⑱楚子伐郑：郑与楚讲和，楚再伐郑。

【译文】

鲁宣公十年春，宣公到齐国去。

宣公从齐国返回。

齐人归还我济西的田地。

夏四月初一，发生日食。

十四日，齐惠公去世。

齐国崔氏逃奔卫国。

宣公到齐国去。

五月，宣公从齐国返回。

八日，陈国夏徵舒杀了他的国君平国。

六月，宋军攻打滕国。

公孙归父到齐国。安葬齐惠公。

晋人、宋人、卫人、曹人攻打郑国。

秋，周王派王季子来鲁国聘问。

公孙归父率军攻打邾国，攻取绎。

鲁国发大水。

季孙行父到齐国。

冬，公孙归父到齐国。

齐顷公派国佐来聘问。

鲁国发生饥荒。

楚庄王攻打郑国。

【传】

10.1　十年春，公如齐。齐侯以我服故[1]，归济西之田。

【注释】

①以我服故：齐国支持立宣公，因此宣公年年朝齐表示顺服。

【译文】

鲁宣公十年春，宣公到齐国去。齐惠公因为鲁国表示顺服，所以归还济西的田地。

10.2　夏，齐惠公卒。崔杼有宠于惠公[1]，高、国畏其逼也[2]，公卒而逐之，奔卫。书曰“崔氏”，非其罪也，且告以族，不以名[3]。凡诸侯之大夫违[4]，告于诸侯曰：“某氏之守臣某，失守宗庙[5]，敢告。”所有玉帛之使者则告，不然，则否[6]。

【注释】

①崔杼：即《经》文的“崔氏”。此时虽年少，但受宠而专权。

②高、国：指齐国的高氏、国氏两大族，世为上卿。

③不以名：指齐国使者来报告只说崔氏，未指名。“书曰”几句解释《经》意。

④违：离开本国。

⑤失守宗庙：离开本国的委婉说法。依惯例，某人离开本国，应向诸侯报告，说明是“某氏之守臣某”，如崔氏，则应说“崔氏之守臣杼”，但齐国没有这样做。

⑥所有玉帛之使者则告,不然,则否:友好往来的国家就发给通告,否则,就不通告。此为解释诸侯大夫离国赴告的原则。玉帛之使者,指友好关系的国家。

【译文】

夏,齐惠公去世。崔杼很受惠公的宠爱,高氏、国氏害怕崔氏的威逼,惠公死后就驱逐了崔杼,崔杼逃奔到卫国。《春秋》记载说"崔氏",因为并非崔杼的罪过,而且报告此事时只报告族氏未报告名。凡诸侯大夫离开本国,通告诸侯时应说:"某氏的守臣某,失守宗庙,谨此报告。"凡是有友好关系的国家就相通告,否则,就不通告。

10.3 公如齐奔丧。

【译文】

宣公到齐国奔丧。

10.4 陈灵公与孔宁、仪行父饮酒于夏氏[①]。公谓行父曰:"徵舒似女。"对曰:"亦似君[②]。"徵舒病之[③]。公出,自其厩射而杀之[④]。二子奔楚[⑤]。

【注释】

①夏氏:即夏徵舒家。

②"公谓行父"四句:并非指夏徵舒真的像他们二人,而是二人以此取乐,等于说是对方的私生子。

③病:恨。

④之:指陈灵公。

⑤二子奔楚:《史记·陈杞世家》:"孔宁、仪行父皆奔楚,灵公太子

午奔晋。徵舒自立为陈侯。”

【译文】

陈灵公与孔宁、仪行父一起在夏家喝酒取乐。陈灵公对行父说：“夏徵舒长得像你。”行父回答说：“也像国君你啊。”夏徵舒很愤恨。陈灵公走出去的时候，夏徵舒在马厩射死陈灵公。孔宁、仪行父二人逃奔楚国。

10.5　滕人恃晋而不事宋，六月，宋师伐滕。

【译文】

滕国人依恃着晋国而不侍奉宋国，六月，宋军攻打滕国。

10.6　郑及楚平。诸侯之师伐郑，取成而还。

【译文】

郑国和楚国讲和。诸侯的军队攻打郑国，因郑国讲和而罢兵。

10.7　秋，刘康公来报聘。

【译文】

秋，刘康公来鲁国回报上年孟献子对周王的聘问。

10.8　师伐邾，取绎。

【译文】

鲁军攻打邾国，攻取了绎地。

10.9 季文子初聘于齐[1]。

【注释】

①初聘：齐顷公即位，季文子就去聘问，所以说初聘。

【译文】

季文子初次聘问于齐。

10.10 冬，子家如齐[1]，伐邾故也。

【注释】

①子家：公孙归父。鲁国以大国侵凌小国，怕齐国怪罪，因此派子家前往解释。

【译文】

冬，子家到齐国去，是因为攻打邾国的缘故。

10.11 国武子来报聘。

【译文】

国武子来回报季文子的聘问。

10.12 楚子伐郑。晋士会救郑，逐楚师于颍北[1]。诸侯之师戍郑[2]。

【注释】

①颍：颍水，发源于河南登封西，东南流向，经禹州等地。颍北，当在今禹州北。

②诸侯之师戍郑：诸侯军留下一部分戍守郑国。

【译文】

楚庄王攻打郑国。晋士会救援郑国，在颍水北边赶走了楚军。诸侯部分军队留下戍守郑国。

10.13 郑子家卒①。郑人讨幽公之乱②，斫子家之棺而逐其族③。改葬幽公，谥之曰灵④。

【注释】

①子家：郑大夫公子归生。

②幽公之乱：指宣公四年，子家与公子宋杀灵公。幽公，郑灵公。

③斫（zhuó）子家之棺：郑人撬开子家的棺材，以暴露他的尸体。斫，砍。

④谥之曰“灵”：郑灵公初谥“幽”，后改为“灵”。

【译文】

郑国子家去世。郑人清算杀害幽公的动乱，把子家的棺木撬开并驱逐他的家族。改葬郑幽公，并改谥为“灵”。

十一年

【经】

11.1 十有一年春王正月①。

11.2 夏，楚子、陈侯、郑伯盟于辰陵②。

11.3 公孙归父会齐人伐莒。

11.4 秋，晋侯会狄于欑函③。

11.5 冬十月，楚人杀陈夏徵舒。

11.6 丁亥④，楚子入陈。纳公孙宁、仪行父于陈⑤。

【注释】

①十有一年：鲁宣公十一年当周定王九年，前598。

②陈侯：陈灵公被杀不久，此陈侯可能是夏徵舒。辰陵：陈地，在今河南淮阳西。

③欑函：狄地。

④丁亥：十一日。

⑤纳公孙宁、仪行父于陈：上年二人逃亡楚国。公孙宁，即孔宁。

【译文】

鲁宣公十一年春周历正月。

夏，楚庄王、陈侯、郑襄公在辰陵结盟。

鲁国公孙归父会同齐人攻打莒国。

秋，晋景公前往欑函与狄人相会。

冬十月，楚人杀了陈国夏徵舒。

十一日，楚庄王进入陈国国都。护送公孙宁、仪行父回陈国。

【传】

11.1　十一年春，楚子伐郑，及栎①。子良曰②："晋、楚不务德而兵争，与其来者可也③。晋、楚无信，我焉得有信？"乃从楚④。夏，楚盟于辰陵，陈、郑服也。

【注释】

①栎：郑地，在今河南禹州。

②子良：郑大夫公子去疾。

③与其来者：谁来攻打就归顺谁。

④乃从楚：从鲁宣公元年至今，晋国五次伐郑，楚国七次加兵，有时郑国一年中受到晋、楚的交相攻击，所以子良主张采取顺风倒的策略。

【译文】

鲁宣公十一年春，楚庄王进攻郑国，到达栎地。子良说：“晋国和楚国不致力于建立仁德而只知道争用武力，我们只好谁来攻打就归顺谁好了。晋国和楚国都不讲信用，我们还能够讲信用吗？”于是又归顺楚国。夏，楚庄王在辰陵结盟，因为陈、郑又归顺楚国了。

11.2 楚左尹子重侵宋①，王待诸郔②。令尹蒍艾猎城沂③，使封人虑事④，以授司徒⑤。量功命日⑥，分财用⑦，平板干⑧，称畚筑⑨，程土物⑩，议远迩⑪，略基趾⑫，具糇粮⑬，度有司⑭。事三旬而成，不愆于素⑮。

【注释】

①左尹：楚官名。子重：楚庄王之弟，公子婴齐。

②郔(yán)：在今河南项城南。

③蒍艾猎：孙叔敖。沂：楚邑，在今河南正阳。楚庄王以沂作为向北进攻的起点。

④封人：管理、镇守边疆的地方官，兼掌建筑城郭之事。虑事：考虑工程计划。

⑤以授司徒：封人是司徒的属官，虑事完备，要向司徒报告。

⑥量功命日：计量工程，规定日期。

⑦ 分财用：分配材料和用具。财，通“材”。

⑧ 平板干：取平夹板和支柱。板，筑墙的夹板。干，筑墙时树在两头的支柱。

⑨称畚筑：运土和筑土速度相等，不使窝工。称，相称。畚，装土的畚箕。筑，筑土杵。

⑩程土物：土方与材木皆先计算出来，预先准备好不致停工待料。

程,计量。土,土方量。物,材木。

⑪议远迩:研究远近,好就近取材。迩,近。

⑫略:巡视。基趾:城郭的边界。

⑬具糇(hóu)粮:预先准备好夫役的干粮。糇粮,干粮。

⑭度:审察选拔。有司:此指工程各方面的负责人。

⑮愆(qiān):超出。素:原定计划。

【译文】

楚国派左尹子重入侵宋国,楚庄王自己在郔地等待消息。令尹蒍艾猎在沂地筑城,派封人考虑工程计划,再向司徒报告。他们计量工程,规定日期,分配材料和用具,取平夹板和支柱,规划好运土和筑土的速度,计算好土方量和木料,研究取材的远近,巡视城郭的四至,准备好干粮,选拔工程负责人。工程三十天完成,没有超出预定计划。

11.3　晋郤成子求成于众狄①。众狄疾赤狄之役②,遂服于晋。秋,会于欑函,众狄服也。是行也,诸大夫欲召狄③。郤成子曰:"吾闻之,非德,莫如勤④,非勤,何以求人?能勤,有继⑤。其从之也⑥。《诗》曰:'文王既勤止⑦。'文王犹勤,况寡德乎⑧?"

【注释】

①郤成子:郤缺。求成:和好。

②疾:憎恨。赤狄之役:被赤狄奴役。

③召狄:指召狄人前来会见,因为晋大夫认为晋侯前去,有失身份。

④非德,莫如勤:指不能以德服人,就必须自己勤谨。

⑤有继:事情能成功。

⑥其:祈使语气词,还是。从:就,前往。

⑦文王既勤止：引诗见《诗经·周颂·赉》。

⑧ 寡德：少德行，寡德之人。

【译文】

晋郤成子与狄人各部族谋求和好。狄人各部族憎恨赤狄对他们的奴役，因此顺服晋国。秋，相会于欑函，因为狄人各部族归服了。在这次会见前，晋国大夫们要召狄人前来会见。郤成子说："我听说，不能以德服人，就不如自己勤劳，自己不勤劳，怎么要求别人服我？能勤劳，事情便能成功。还是我们去吧。《诗》里说：'文王已经勤劳了。'文王尚且勤劳了，更何况寡德之人呢？"

11.4　冬，楚子为陈夏氏乱故，伐陈。谓陈人无动[①]，将讨于少西氏[②]。遂入陈，杀夏徵舒，轘诸栗门[③]。因县陈[④]。陈侯在晋[⑤]。

【注释】

①动：惊恐。

②少西氏：指夏徵舒家族。少西，夏徵舒祖父名。

③轘(huàn)：车裂。栗门：陈城门。

④县：作动词，灭掉陈国，以其地设为楚县。

⑤陈侯：指陈灵公太子午，当时避乱在晋国。

【译文】

冬，楚庄王为了陈国夏氏动乱的缘故，攻打陈国。楚人告诉陈人不要惊慌，楚将讨伐少西氏。于是攻进陈国，杀了夏徵舒，在陈国的栗门车裂。把陈国设为楚国的一个县。陈侯当时在晋国。

申叔时使于齐[①]，反，复命而退[②]。王使让之，曰："夏徵舒为不道，弑其君，寡人以诸侯讨而戮之[3]，诸侯、县公皆庆寡人[4]，女独不庆寡人，何故？"对曰："犹可辞乎[5]？"王曰："可哉！"曰："夏徵舒弑其君，其罪大矣；讨而戮之，君之义也。抑人亦有言曰[6]：'牵牛以蹊人之田[7]，而夺之牛。'牵牛以蹊者，信有罪矣；而夺之牛，罚已重矣[8]。诸侯之从也[9]，曰讨有罪也。今县陈，贪其富也。以讨召诸侯，而以贪归之[10]，无乃不可乎？"王曰："善哉！吾未之闻也。反之[11]，可乎？"对曰："吾侪小人所谓取诸其怀而与之也[12]。"乃复封陈[13]。乡取一人焉以归，谓之夏州[14]。故书曰："楚子入陈，纳公孙宁、仪行父于陈。"书有礼也[15]。

【注释】

①申叔时：楚大夫。

②复命而退：指申叔时复命后就退下，不祝贺灭陈的胜利。

③以诸侯：率领诸侯军。伐陈时有属国诸侯参加。

④县公：县令。

⑤辞：作动词，陈辞，陈说。

⑥抑：转折连词，不过。

⑦蹊(xī)：小路，此作动词，指践踏别人的田。

⑧已：太。

⑨从：从楚伐陈。

⑩归：结束。

⑪反之：恢复陈国。

⑫吾侪(chái)小人：当时习惯用语。吾侪，我辈。

⑬复封陈：恢复陈国，立陈成公。

⑭乡取一人焉以归，谓之夏州：意为取陈国每乡一人归楚，聚居一

地，取名夏州，以彰扬楚国伐陈的武功。

⑮书有礼也：《史记·陈杞世家》亦载此事，末云："孔子读史记至楚复陈，曰：'贤哉楚庄王！轻千乘之国而重一言。'"

【译文】

申叔时出使齐国，返回到国内，回复命令后就退下了。楚王派人责备他，说："夏徵舒行无道之事，杀死他的国君，寡人率领诸侯讨伐他并且诛杀了他，诸侯、县公都向寡人庆贺，唯独你不向寡人庆贺，什么缘故啊？"申叔时回答说："我还可以陈述理由吗？"楚王说："可以啊。"申叔时回答说："夏徵舒杀了他的国君，他的罪够大了；您讨伐他并诛杀他，您是在行仁义啊。不过人们也说：'牵着牛以践踏别人的田，就夺走他的牛。'牵牛践踏别人，确实是有错的；但夺走他的牛，惩罚就太重了。诸侯跟随楚国攻打陈国，说是讨伐有罪。现在把陈国设为楚国的一个县，那是贪图它的财富了。以讨伐有罪召集诸侯，而以贪婪结束，恐怕不可以吧？"楚庄王说："好啊！我还没听说过这样的道理呢。恢复陈国，可以吗？"申叔时回答说："这就是我们这些小人所说的'从别人怀里夺过来再还给他'呀。"于是就恢复陈国并立了国君。取陈国每乡一个人归楚，聚于一地，取名夏州。所以《春秋》记载说："楚王入陈。护送公孙宁、仪行父回陈。"这样记载，是认为楚庄王贤明有礼。

11.5　厉之役①，郑伯逃归，自是楚未得志焉②。郑既受盟于辰陵，又徼事于晋③。

【注释】

①厉之役：指宣公六年楚人伐郑之役。

②未得志：指郑国的策略是"与其来者"，所以虽多次与楚讲和，并未真正服楚。

③郑既受盟于辰陵，又徼(yāo)事于晋：本年夏，郑国在辰陵与楚结

盟后，并没有断绝同晋国的来往。此段本与下年“十二年春，楚子围郑”相连，今被分裂置此。徼事，请求侍奉。徼，求。

【译文】

历地那次战役，郑襄公逃回，从此以后楚国并未能得志。郑国在辰陵虽然接受了盟约，又请求事奉晋国。

十二年

【经】

12.1 十有二年春①，葬陈灵公。

12.2 楚子围郑。

12.3 夏六月乙卯②，晋荀林父帅师及楚子战于邲③，晋师败绩。

12.4 秋七月。

12.5 冬十有二月戊寅④，楚子灭萧⑤。

12.6 晋人、宋人、卫人、曹人同盟于清丘⑥。

12.7 宋师伐陈。卫人救陈。

【注释】

①十有二年：鲁宣公十二年当周定王十年，前597。

②乙卯：六月无乙卯，此为六月某日。

③邲(bì)：郑地，在今河南郑州西北，荥阳东北。

④戊寅：初八。

⑤萧：诸侯国名，本为宋邑，后为附庸国，在安徽萧县西北。

⑥清丘：在今河南濮阳东南。

【译文】

鲁宣公十二年春，安葬陈灵公。

楚庄王围攻郑国。

夏六月乙卯日，晋国荀林父率军和楚庄王在邲地交战，晋军失败。

秋七月。

冬十二月初八，楚庄王灭了萧国。

晋人、宋人、卫人、曹人在清丘结盟。

宋军攻打陈国。卫人救援陈国。

【传】

12.1　十二年春，楚子围郑，旬有七日。郑人卜行成，不吉；卜临于大宫[①]，且巷出车[②]，吉。国人大临[③]，守陴者皆哭[④]。楚子退师。郑人修城。进复围之，三月，克之。入自皇门[⑤]，至于逵路[⑥]。郑伯肉袒牵羊以逆[⑦]，曰："孤不天[⑧]，不能事君，使君怀怒以及敝邑，孤之罪也，敢不唯命是听？其俘诸江南[⑨]，以实海滨，亦唯命；其翦以赐诸侯[⑩]，使臣妾之[⑪]，亦唯命。若惠顾前好[⑫]，徼福于厉、宣、桓、武[⑬]，不泯其社稷[⑭]，使改事君，夷于九县[⑮]，君之惠也，孤之愿也，非所敢望也。敢布腹心[⑯]，君实图之。"左右曰："不可许也，得国无赦。"王曰："其君能下人[⑰]，必能信用其民矣，庸可几乎[⑱]？"退三十里而许之平。潘尪入盟[⑲]，子良出质[⑳]。

【注释】

①临于大宫：哭于祖庙。临，哭。大宫，诸侯国太祖之庙，此指郑国的祖庙。

②巷出车：把兵车陈于里巷之间，准备巷战。按，"临于大宫"及"巷出车"表明郑人有死战到底的决心。

③国人大临：城中之人皆哭于大宫。

④守陴(pí)者皆哭:守城将士不得哭于大宫,故哭于陴上。守陴者,即守城者。陴,城上的女墙。

⑤皇门:郑都城门名。

⑥逵路:大路。

⑦ 郑伯:郑襄公。肉袒牵羊:表示愿意服罪受刑。肉袒,脱去上衣,赤裸肩背。

⑧ 不天:不能秉承天意。

⑨俘诸江南:指被放逐于江南。

⑩翦:消灭。

⑪臣妾之:做诸侯的奴仆。

⑫前好:楚郑二国世有盟誓之好。

⑬徼(yāo)福:求福。厉、宣:周厉王、周宣王。郑桓公是周厉王的少子、宣王是庶弟,宣王时始封于郑。桓、武:郑桓公、郑武公。郑武公是郑桓公之子。桓公、武公皆郑开国贤君。

⑭泯:灭。

⑮夷于九县:意即愿为楚之属国,而保留其社稷,如当时的陈、蔡等国。楚国曾将吞灭的小国置为县,如上年县陈;郑国土地较大,非仅一县,故云九县。夷,等同。九,虚数,非实指。

⑯布腹心:披露心里的话。

⑰能下人:能屈居于他人之下。

⑱庸:难道,哪里。几:通“冀”,希望。

⑲潘尫(wāng):楚大夫,一称师叔。

⑳子良:即公子去疾,郑襄公之弟,以仁让忠良闻名于当时。

【译文】

鲁宣公十二年春天,楚庄王发兵包围郑国都城,有十七天。郑君臣以占卜问与楚求和之事,结果不吉利;又以占卜问哭于郑祖庙,然后陈车于巷准备巷战之事,结果大吉。都城里的人大哭于祖庙,守城的士兵也全都哭了。楚庄王命令退兵，郑人乘机修复了城墙。不久楚军又向前推进，又包围了郑都，三个月后，将其攻克。从皇门攻入，一直打到通衢大道。郑襄公脱去上衣袒露肩背，牵着羊以迎接楚王进城，说："孤得不到天的佑助，没能事奉好君王，使君王生气，来到敝城，这是孤的罪过，我岂敢不唯命是从？要是把我俘虏到江南，充实楚国海滨无人之地，我也将唯命是从；如果灭亡郑，将其赐给诸侯国，让郑国人做他们的臣妾，我也依然唯命是从。如果君王施予恩惠，顾念过去两国的友好，向周厉王、宣王、郑桓公、武公求福，不灭掉这个国家，让它改而事奉君王，等同于楚国的诸县，那可真是君王的恩德、我的愿望，但这并非我所敢于希望的。我大胆地向君王坦布我的心事，唯请君王考虑。"庄王左右的人都说："不能答应郑君的要求，既已得人之国，就不宜再赦免它。"庄王说："郑国之君能屈居于他人之下，就一定能凭诚信使用他的人民，这样的国家，我们岂可希望得到？"命令全军后退三十里，并答应郑国的求和。楚派潘尫入城结盟，郑派子良入楚为质。

12.2　夏六月，晋师救郑。荀林父将中军①，先縠佐之②；士会将上军③，郤克佐之④；赵朔将下军⑤，栾书佐之⑥。赵括、赵婴齐为中军大夫⑦，巩朔、韩穿为上军大夫⑧，荀首、赵同为下军大夫⑨。韩厥为司马⑩。

【注释】

①荀林父：晋大夫，又称桓子、荀伯、中行氏。晋三军以中军为首，中军将即三军的统帅。

②先縠(hú)：先轸的后裔，又名原縠，本人采食于彘，又称彘子。邲之役，因刚愎自用而为楚所败，后又招狄攻晋，终为晋人所杀。

③士会：字季，名会，亦称士季、随季、随会、随武子、范武子、范会。

④郤克：晋大夫，亦称郤献子、郤伯。

⑤赵朔：赵盾之子，晋成公的女婿，亦称赵庄子。

⑥栾书：晋名将，亦称栾武子、栾伯。

⑦赵括：赵盾的异母弟，亦称屏括、屏季。赵婴齐：赵括的同母弟，亦称赵婴、楼婴。中军大夫：指中军将佐之外的官，三军皆置有“大夫”。

⑧巩朔：晋大夫，亦称巩伯、士庄伯。韩穿：晋大夫韩简的同族。

⑨荀首：荀林父之弟，亦称知(zhì)庄子、知氏。赵同：赵括的同母兄，亦称原同、原叔。

⑩韩厥：韩简之孙，晋之名臣，亦称韩献子。司马：掌军政、军赋的官。

【译文】

夏六月，晋出兵救郑。荀林父率中军，先縠辅助他；士会率上军，郤克辅助他；赵朔率下军，栾书辅助他。赵括、赵婴齐为中军大夫。巩朔、韩穿为上军大夫，荀首、赵同为下军大夫，韩阙为司马。

及河，闻郑既及楚平，桓子欲还①，曰：“无及于郑而剿民②，焉用之？楚归而动③，不后。”随武子曰④：“善。会闻用师，观衅而动⑤。德、刑、政、事、典、礼不易⑥，不可敌也，不为是征⑦。楚军讨郑⑧，怒其贰而哀其卑⑨。叛而伐之，服而舍之，德、刑成矣。伐叛，刑也；柔服⑩，德也。二者立矣。昔岁入陈⑪，今兹入郑，民不罢劳⑫，君无怨讟⑬，政有经矣⑭。荆尸而举⑮，商、农、工、贾不败其业，而卒乘辑睦⑯，事不奸矣⑰。蒍敖为宰⑱，择楚国之令典⑲，军行，右辕，左追蓐，前茅虑无，中权，后劲⑳。百官象物而动㉑，军政不戒而备㉒，能用典矣㉓。其君之举也㉔，内姓选于亲㉕，外姓选于旧㉖；举不失德，赏不失劳；老有加惠，旅有施舍。君子小人，物有服章[27]。贵有常尊，贱有等威[28]，礼不逆矣。德立、刑行，政成、事时、典从、礼顺[29]，若之何敌之？见可而进，知难而退，军之善政也。兼弱攻昧[30]，武之善经也[31]。子姑整军而经武乎[32]！犹有弱而昧者，何必楚？仲虺有言曰[33]：'取乱侮亡。'兼弱也。《汋》曰：'於铄王师，遵养时晦[34]。'耆昧也[35]。《武》曰：'无竞惟烈[36]。'抚弱耆昧，以务烈所[37]，可也。"彘子曰[38]："不可。晋所以霸，师武、臣力也。今失诸侯[39]，不可谓力；有敌而不从，不可谓武。由我失霸，不如死[40]。且成师以出[41]，闻敌强而退，非夫也[42]。命为军师，而卒以非夫，唯群子能[43]，我弗为也。"以中军佐济[44]。

【注释】

①桓子：荀林父的谥号。

②无及于郑：郑已降楚，救郑已来不及。剿：劳苦。

③楚归而动：意谓等楚兵返回后再动兵伐郑，责其降楚。

④随武子：士会。

⑤衅：间隙，机会。

⑥不易：不违背常规。

⑦不为是征：即"不征是"，不贸然进攻。

⑧军：或本作"君"。

⑨贰：贰于楚而亲晋。卑：指郑襄公卑辞以求服楚。

⑩柔服：用怀柔之道对待服罪的国家。

⑪昔岁入陈：即上年入陈杀夏徵舒事。

⑫罢（pí）：疲劳，衰弱。

⑬讟（dú）：怨言，怨谤。

⑭有经:符合常法。

⑮荆尸:是楚武王创造的一种作战阵法。举:举兵。

⑯卒:步兵。乘:战车上的甲士。辑睦:和睦。

⑰奸:犯,干扰,抵触。

⑱蒍敖:即宣公十一年传的蒍艾猎,孙叔敖。宰:楚之令尹。

⑲令典:好的政令和法典。令,善。

⑳"右辕"五句:右、左、前、中、后都指军队。右辕,右军夹辕(即夹车),保护兵车前进。辕,此指将军之战车。左追蓐,左军搜寻粮食刍薪。蓐,草,用以喂军马及人睡卧时铺地。茅,通"旄",指"旄旌",即饰以旄牛尾巴的旌旗。古代军制,前军探道时,以旌为标志告诉后军。虑无,侦查有无敌人的踪迹。后劲,以精兵作为殿后。

㉑象物而动:物,指绘有各种鸟兽图案的旗帜。古代行军,以各种不同的旗帜作行动的标志,如,举日章(绘有太阳的旗帜,下仿此)则昼行,举月章则夜行,举龙章则行水,举虎章则行林,举鸟章则行陂,举蛇章则行泽,举鹊章则行陆,举狼章则行山等(见《管子·兵法》)。

㉒戒:下令戒备。

㉓用典:运用法典。

㉔举:举用人才。

㉕内姓:同姓。亲:王室支系中亲近的人。

㉖外姓:异姓。旧:指贵族世家。

㉗物有服章:衣饰器物各有标志和文采。

㉘贱有等威:竹添光鸿云:"威、畏通,言贱者有等之可畏,而不苟犯尊也。"

㉙事时:办事合于时宜。典从:法典人人服从。

㉚兼弱:兼并弱小国家。攻昧:攻取政治上昏昧的国家。

㉛善经：指治军的好方法，好原则。

㉜经武：加强武备。

㉝仲虺(huǐ)：商汤的左相，姓任。

㉞於(wū)铄王师，遵养时晦：引《诗》出《诗经·周颂·酌》。汋，亦作酌。於，感叹词，有赞美之意。铄，盛大。遵，顺着。养，取。时，通"是"，此。晦，昏昧之人。

㉟耆(qí)昧：攻昧。耆，致，此指攻伐。

㊱无竞惟烈：引《诗》出《诗经·周颂·武》。无竞，无止境。烈，功业。

㊲务：致力于，寻求。烈所：功业之所在。

㊳彘子：先縠。

㊴诸侯：指郑国。

㊵不如死：晋国从文公以来，称霸已久，先縠认为不与楚会战将丢掉霸主地位。

㊶成师：整顿军队。

㊷夫：大丈夫。

㊸群子：你们这些人。

㊹以中军佐济：指挥中军佐所部渡河。济，渡河。

【译文】

晋军来到黄河边，听说郑国已经跟楚国讲和，荀林父想撤军回去，说："救郑国既然已经来不及，又使士卒非常劳苦，再进军又有何用？等楚军撤走后再兴师伐郑，为时也不晚。"士会说："对。士会听说凡用兵，必须见有机可乘，然后才可发动进攻。凡德行、刑罚、政令、事务、典则、礼仪不违背常道的国家，都是不可抵挡的，这样的国家是不能征讨的。楚军讨伐郑国，恼怒它的三心二意，哀怜它的谦卑。郑国反叛，就讨伐它，服罪就赦免它，楚国的德行、刑罚都已具备。讨伐反叛者，这是用刑罚；怀柔服罪者，这是施德行。这二者楚国都已树立起来了。去年伐陈国，今年又征讨郑国，人民不觉得疲劳，国君也不被人所怨恨诽谤，这说明楚之政令合乎常道。楚举兵出征，摆开阵势，国内的商贩、农夫、工匠、店主并没废弃他们的本职，步卒、甲士和睦相处，这说明楚国的事务是互不抵触的。蔿敖为楚之宰相，能斟酌选择适于楚国的好法典，行军打仗时，右军随将军战车之所向而进退，左军负责寻找草蓐，前军以旄旌为标志，探查有无敌人的踪迹，中军负责权衡一切，后军以劲旅殿后。军中百官根据不同的旗帜，采取不同的行动，军中政令，不待主帅下令警戒，士卒就已有所防备，这说明楚国善于运用典则。楚君录用人才，同姓的从亲族中选拔，异姓的从旧臣中选拔；选拔而不遗漏有德者，赏赐而不遗漏有功者；老者受优待，旅客得馈赠。君子小人，其衣饰器物都各有标志和章纹，以别尊卑。高贵者有不变的尊位，卑贱者有威仪之等差，这说明楚之礼仪不悖有序。德行树立，刑罚施行，政令完备，事务适时，典则人人服从，礼仪和谐顺畅，我们怎能与之为敌？见到有利就前进，知道艰难就撤退，这是治军的良好准则。兼并弱小之国，攻讨昏昧之国，这是用兵的良好韬略。你姑且先整顿军队，经营武备吧，诸侯中尚有弱小或昏昧的国家，何必非伐楚不可？仲虺说过：‘攻取内乱之国，凌辱衰亡之国。’说的就是兼并弱者。《汋》说：‘伟大而强盛的王师，它顺从民意，攻取昏昧之王。’说的就是攻取昏昧者。《武》说：‘武王功业强盛无比。’说明安抚弱者、攻取昏昧、以求功业之所在，是可以的。”先縠说：“不行。晋国之所以称霸诸侯，是因为军队勇武，群臣尽力，现在失去了郑国，不能说尽到了力；遇到敌人，却不敢与之周旋，不能说勇武。因为我失去霸主的地位，还不如死去。况且整顿军队出征，听说敌人强大就撤退，这不是大丈夫。受命为军中主帅，而最终却不能像个大丈夫，唯有诸位能做到，我不做这样的人。”他带领自己中军副帅的部属渡过了黄河。

知庄子曰①：“此师殆哉②！《周易》有之，在《师》䷆之《临》䷒③，曰：‘师出以律，否臧，凶④。’执事顺成为臧⑤，逆为否。众散为弱，川壅为泽[6]，有律以如己也[7]，故曰律。否臧[8]，且律竭也。盈而以竭，夭且不整[9]，所以凶也。不行谓之《临》[10]，有帅而不从，临孰甚焉[11]！此之谓矣。果遇[12]，必败，彘子尸之[13]，虽免而归[14]，必有大咎。”韩献子谓桓子曰[15]：“彘子以偏师陷[16]，子罪大矣。子为元帅，师不用命，谁之罪也？失属亡师[17]，为罪已重，不如进也。事之不捷，恶有所分[18]。与其专罪[19]，六人同之，不犹愈乎[20]？”师遂济。

【注释】

①知庄子：荀首。

②殆：危险。

③在《师》䷆之《临》䷒：《师》卦卦形为《坎》下《坤》上。《临》卦卦形为《兑》下《坤》上。从《师》变成《临》，即由《坎》变为《兑》，其卦形唯初爻不同，故下文即《师·初六》爻辞。

④师出以律，否（pǐ）臧，凶：《师卦·初六》爻辞。师出以律，出师必须以法制号令指挥军队。否，不。臧，善。

⑤执事：行事。

⑥众散为弱，川壅为泽：此二句解释卦象。《师》变为《临》，是由于《坎》变为《兑》。“坎”象征众，“兑”象征柔弱，因此“坎”变为“兑”是众变为弱之象。“坎”代表大川，“兑”代表泽；“坎”变为“兑”又象征流动的川水因壅塞而变成沼泽。

⑦有律：指有纪律，即听从法制号令。如己：顺从自己，指就像自己指挥自己一样。

⑧否臧：指将佐不服从主帅，军纪实施不顺利。暗指先縠不服从主帅指挥，自己先渡河。

⑨盈而以竭，夭且不整：此是承上面“众散”两句卦象而言。盈而以

竭，《坎》为川，川水盈满，川壅为泽，泽水易竭；又师出不以律，则律竭，两竭字相应，故曰“盈而以竭”。川壅为泽，是水被阻塞。众散，是不整。夭，塞。

⑩不行谓之《临》：从《师》卦变成《临》卦，唯下卦从《坎》变成《兑》，坎为水，兑为泽，说明水因堵塞不通畅而积聚成沼泽，故云“不行之谓《临》”。

⑪临孰甚焉：军中号令不行，这是最严重的“临”。

⑫遇：遇敌。

⑬尸：主，承受。

⑭免：免于战死。

⑮韩献子：韩厥。

⑯偏师：此指先縠所率领的中军佐的军队。

⑰属：属国，此指郑国。

⑱恶：罪责。

⑲专罪：指元帅一人承担罪责。

⑳愈：好过，胜过。

【译文】

知庄子说：“先縠的这支队伍危险呀！《周易》有这样的情况，从《师》卦变成《临》卦，爻辞说：‘行军出征，须有法度纪律，若纪律不好，则凶。’办事顺从主帅、完成使命，这叫善，反之则为否。众心涣散，力量就削弱，江河堵塞，就会变成沼泽地，行军有纪律，进退一如己意，这叫律。军纪实施得不好，说明军队已经败坏穷竭了。水由充盈而枯竭，堵塞而不通畅，这是凶险之兆。水流不通畅叫做《临》，有主帅却不听从，还有什么比这种《临》更严重的？这里讲的就是先縠这样的人。要是他带兵与敌人相遇，必败无疑，他遭遇此祸，即使能免于一死而回来，也一定有大难。”韩阙对荀林父说：“先縠带领部分军队陷于敌阵，您的罪过可大了。您身为元帅，而军队却不听从命令，这是谁的罪过？失去属国，丧失军队，罪过是很重的，不如进军更好。要是战事不胜，罪过可由大家共同分担。与其由你一人独担罪责，不如我们六人共同承担，这不是更好吗?”于是全军遂渡过黄河。

楚子北师次于郔①。沈尹将中军②，子重将左③，子反将右④，将饮马于河而归。闻晋师既济，王欲还，嬖人伍参欲战⑤。令尹孙叔敖弗欲，曰:“昔岁入陈，今兹入郑，不无事矣⑥。战而不捷，参之肉其足食乎⑦?”参曰:“若事之捷，孙叔为无谋矣⑧。不捷，参之肉将在晋军，可得食乎?”令尹南辕、反旆⑨，伍参言于王曰:“晋之从政者新⑩，未能行令。其佐先縠刚愎不仁，未肯用命。其三帅者，专行不获⑪，听而无上，众谁适从？此行也，晋师必败。且君而逃臣，若社稷何⑫?”王病之⑬，告令尹改乘辕而北之⑭，次于管以待之⑮。

【注释】

①郔(yán):地名，在今河南郑州北，靠近黄河。

②沈尹:楚大夫，余不详。

③子重:公子婴齐的字，楚庄王之弟，楚之正卿，亦称左尹子重。

④子反:公子侧的字，原为宋国公子，仕楚为正卿，后为大司马，亦称大司马侧。

⑤嬖(bì):受宠之人。伍参:伍子胥的曾祖父。

⑥不无事:非无战事。

⑦参之肉其足食乎:言外之意即，若战而不胜，虽杀伍参不足以谢国人。

⑧孙叔:孙叔敖。

⑨令尹南辕、反旆(pèi):意指准备撤退回国。敌人在北，车当北辕，

今南辕，是回车。反旆，军旗也掉过头来。反，返回，掉头。

⑩从政者新：荀林父于邲之战前数月才任中军之将，故云。从政者，指荀林父。

⑪专行不获：在主帅的统帅下，不能专行己意。

⑫君而逃臣，若社稷何：以君逃臣，有辱国家。僖公二十八年《传》云："以君辟臣，辱也。"君，指楚王。臣，指晋臣，荀林父等。

⑬病之：对伍参君逃臣的话感到不舒服。

⑭改乘辕而北之：改变车辕的方向向北。意为准备迎战。

⑮管：地名，在今河南郑州北二里。

【译文】

楚王率军北上，驻扎于郔地。沈尹率中军，子重率左军，子反率右军，准备饮马于黄河然后回师。听说晋军已经渡过黄河，楚王想撤军，其宠幸小臣伍参想交战。令尹孙叔敖不想打，说："去年伐陈，今年征郑，不是没有战争之事。战而不胜，伍参的肉够全国人吃吗？"伍参说："如果作战胜利了，孙叔敖就是无谋之人了。如果不胜，伍参的肉将在晋军之中，能吃得到吗？"令尹把车辕转而向南，把军旗也掉转方向。伍参对楚王说："晋国的执政者新任不久，无法推行军令。副将先縠倔强固执，缺乏仁心，不肯听令。三军之帅想自主行事也无法办到，士卒即使想听令也不知谁是主帅，不知该听谁的。此一仗，晋军必败。况且国君逃避臣子，这对国家的社稷之神如何交代？"楚庄王对"君避臣"很是忌讳，传令令尹，让他将战车再转而北上，驻扎在管地等待晋军。

晋师在敖、鄗之间①。郑皇戌使如晋师②，曰："郑之从楚，社稷之故也，未有贰心。楚师骤胜而骄③，其师老矣④，而不设备，子击之，郑师为承⑤，楚师必败。"彘子曰："败楚服郑，于此在矣，必许之。"栾武子曰⑥："楚自克庸以来⑦，其君无日不讨国人而训之于民生之不易、祸至之无日、戒惧之不可以怠[8]。在军，无日不讨军实而申儆之于胜之不可保、纣之百克而卒无后[9]，训之以若敖、蚡冒筚路蓝缕以启山林[10]。箴之曰[11]：'民生在勤，勤则不匮[12]。'不可谓骄。先大夫子犯有言曰：'师直为壮，曲为老[13]。'我则不德，而徼怨于楚[14]，我曲楚直，不可谓老。其君之戎，分为二广，广有一卒，卒偏之两[15]。右广初驾[16]，数及日中[17]；左则受之，以至于昏。内官序当其夜[18]，以待不虞，不可谓无备。子良，郑之良也。师叔[19]，楚之崇也。师叔入盟，子良在楚，楚、郑亲矣。来劝我战，我克则来，不克遂往，以我卜也[20]！郑不可从。"赵括、赵同曰："率师以来，唯敌是求。克敌、得属[21]，又何俟？必从彘子。"知季曰[22]："原、屏，咎之徒也[23]。"赵庄子曰[24]："栾伯善哉[25]！实其言[26]，必长晋国。"

【注释】

①敖、鄗(qiāo)：二山名，在今河南荥泽境内。

②皇戌：郑卿。

③骤胜：屡胜。楚庄王自灭庸以后，屡伐陈、宋，又伐陆浑戎而观兵于周疆，又灭舒，去年又伐陈，今年又伐郑，屡次取胜。

④老：士气衰竭。

⑤承：后继。

⑥栾武子：栾书。

⑦克庸：楚克庸在文公十六年。

⑧其君：指楚庄王。讨：治。训：教导。于：以。

⑨军实：指军中将士。申儆(jǐng)：再三告诫。

⑩若敖、蚡(fén)冒：均为楚国的远祖。若敖，名熊仪。当周幽王之

世。蚡冒，楚武王之兄。谥为“厉王”。筚(bì)路：用竹木编成的车。筚，以荆柴编物。路，通“辂”，大车。蓝缕：同“褴褛”，破旧的衣服。启山林：指开辟山林，垦拓荒野。

⑪箴：规劝。

⑫匮：缺乏，不足。

⑬师直为壮，曲为老：子犯之言见僖公二十八年《传》城濮之战时。

⑭徼：求。

⑮其君之戎，分为二广，广有一卒，卒偏之两：广、卒、偏、两均楚国军队中的编制。楚王亲兵分为左右两部，每部叫广。楚以十五乘兵车为一偏，一卒有两偏，两偏为三十乘。一广就是一卒。之，与。

⑯初驾：先驾。

⑰数：数其时刻。

⑱内官：王左右亲近之臣。序：依照次序。

⑲师叔：潘尪。

⑳以我卜也：意为以我方之胜负决定其从晋或从楚。

㉑得属：指郑可从属晋国。

㉒知季：知庄子荀首。

㉓原、屏，咎之徒也：意谓按赵括、赵同之言行事是自取殃咎之道。原，赵同。屏，赵括。徒，通“途”，道路。

㉔赵庄子：赵朔。

㉕栾伯：栾书。

㉖实：实践，履行。

【译文】

晋军驻扎在敖、鄗两山之间。郑国派卿大夫皇戌出使晋军，说：“郑国跟从楚国，是为了国家社稷的缘故，对晋国并无二心。楚军因屡胜而骄傲，士卒疲劳，又不设防，你们攻击他，郑军为后继，楚军必败。”先縠说："打败楚国，降服郑国，就在这一战，一定要答应郑国要求。"栾书说："楚国自攻克庸国以来，其君没有一天不在治理楚民，并教导他们注意：人生之艰难不易，灾祸没几天就会到来，警戒、畏惧之心不可懈怠。在军中，没有一天不在治理将士，并一再告诫他们注意：胜利无法长保，殷纣王虽然百战百胜，但最终亡国绝后。又用若敖、蚡冒乘着简朴柴车穿着破旧衣服，以开辟山林的事迹来教导楚人。还用良言规劝道：'人之生计在于勤，勤则不匮乏。'故而不能说楚军已经骄傲了。先大夫子犯曾经说过：'军队理直则士气盛壮，理曲则士气衰老。'这次是我们做事不符合道德，跟楚结下怨恨，我们理曲，楚国理直，不能说楚军士气衰老。楚君亲兵的战车，分为左右二广，每广有兵车一'卒'，一卒有兵车两偏。右广在鸡鸣时即驾车巡视，时至中午而止；然后由左广接替，直到黄昏。近臣依次值夜班，以防不测，故不能说楚军无备。子良，是郑国的贤良。师叔，是楚人所崇敬的大夫。师叔入郑结盟，子良在楚为质，楚、郑亲密极了。郑国来劝我们与楚交战，我们胜了他们就来归附，不胜就倒向楚国，这是以战之胜负作占卜来决定是否归服我。郑国的要求不能答应。"赵括、赵同说："率军而来，所求的就是与敌交战。战胜敌人，得到属国，还等什么？一定得听先縠的话。"荀首说："按照赵同、赵括的话，那是取祸之道。"赵朔说："栾书说得太好了，按栾书的话去做，必能使晋国长治久安。"

楚少宰如晋师[①]，曰："寡君少遭闵凶[②]，不能文[③]。闻二先君之出入此行也[④]，将郑是训定[⑤]，岂敢求罪于晋？二三子无淹久[⑥]！"随季对曰[⑦]："昔平王命我先君文侯曰[⑧]：'与郑夹辅周室[⑨]，毋废王命。'今郑不率[⑩]，寡君使群臣问诸郑，岂敢辱候人[⑪]？敢拜君命之辱[⑫]。"彘子以为谄[⑬]，使赵括从而更之，曰："行人失辞[⑭]。寡君使群臣迁大国之迹于郑[⑮]，曰：'无辟敌[16]！'群臣无所逃命[17]。"

【注释】

①少宰：官名，其人不详。

②闵凶：忧患。

③文：辞令。

④二先君：指楚成王、楚穆王。出入此行：楚成王、楚穆王都曾征讨过郑国。

⑤将郑是训定：此为倒装句，即"将训定郑"。

⑥淹：久。

⑦随季：随武子士会。

⑧文侯：晋文侯，名仇，周平王时曾与郑武公共定周室。

⑨夹辅：共同辅佐。

⑩率：遵从。

⑪岂敢辱候人：士会言外之意是：我们不想与楚军交战，因而也不敢劳驾楚军的候人。候人，斥候。军中侦伺敌情者。或曰指古代掌管整治道路稽查奸盗，或迎送宾客的官员。

⑫辱：指"二三子无淹久"。

⑬谄：奉承。

⑭行人：使者。此行人指随季。

⑮迁大国之迹于郑：此句为委婉的外交辞令，指把楚国赶出郑国。大国，指楚。迹，足迹。

⑯辟：躲避。

⑰无所逃命：指非与楚军决战不可。

【译文】

楚国少宰来到晋军，说："寡君年少时就遭受忧患困苦，不善于文辞。听说我们二先君也曾来往于这条路上，那是为了教导、平定郑国的，岂敢得罪晋国？你们诸位无须久留此地。”士会回答说：“从前周平王命令我先君文侯说：‘与郑国一同辅佐周王室，不得废弃我周王的命令。’现在郑国不遵从，寡君派群臣向郑国问罪，岂敢劳驾你们侦查的士兵？我谨拜谢贵国君王的命令。”先縠认为这是在讨好楚王，立即叫赵括去更正，说：“外交官讲错了话，寡君派群臣把大国的足迹移出郑国，说：‘不要躲避敌人。’下臣们无法逃避命令。”

楚子又使求成于晋，晋人许之，盟有日矣①。楚许伯御乐伯，摄叔为右，以致晋师②。许伯曰：“吾闻致师者，御靡旌摩垒而还③。”乐伯曰：“吾闻致师者，左射以菆④，代御执辔，御下⑤，两马、掉鞅而还⑥。”摄叔曰：“吾闻致师者，右入垒⑦，折馘、执俘而还⑧。”皆行其所闻而复。晋人逐之，左右角之⑨。乐伯左射马而右射人，角不能进。矢一而已⑩。麋兴于前，射麋丽龟⑪。晋鲍癸当其后，使摄叔奉麋献焉，曰：“以岁之非时⑫，献禽之未至⑬，敢膳诸从者⑭。”鲍癸止之⑮，曰：“其左善射，其右有辞⑯，君子也。”既免。

【注释】

①盟有日：已约定结盟日期。

②致晋师：向晋军挑战。按，楚王既与晋军讲和，又令人挑战，表示不欲讲和，使晋军将帅相疑。

③靡旌：指疾驰。车疾驰时，军旗会倾斜在一边。靡，倾斜。摩：迫近。垒：军垒，古代在作战的阵地外围都筑有营垒，如近代的碉堡。

④左：车左，古代兵车，若非元帅，则御者居中，射者居左，执戈、盾者居右。故此“左”即乐伯自称。菆(zōu)：一种质地坚硬的箭。

⑤下：下车。

⑥两马：古代战车由四匹马拉，两马在中为“服”，两马在边为“骖”，两马，即排比其马，使之两两整齐。时车右入垒挑战，车在垒外等待，故御者以“两马”示其从容不迫。两，作动词，排比。掉：整理。鞅：古代用马拉车时安在马脖子上的皮套子。

⑦右：车右。

⑧折馘(guó)：杀敌割取左耳。执俘：生擒敌人。

⑨左右角之：张开左右翼从旁夹攻。

⑩矢一：只剩一支箭。

⑪射麋丽龟：此为古代善射的表现。丽，附着。龟，动物背脊中央耸起的部分。

⑫非时：指不是献禽兽的季节。西周、春秋时，每年夏中，各地都有专门负责猎取禽兽的人（即下文的“兽人”）来献禽兽，邲之役在初夏，故云“非时”。

⑬禽：走兽的总称。

⑭膳：进献。

⑮止之：阻止部下，不再追赶。

⑯有辞：善辞令。

【译文】

楚王又派使者与晋国求和，晋人答应了，结盟之事指日可待。楚国的许伯为乐伯驾战车，摄叔为车右，向晋军挑战。许伯说：“我听说挑战时，御者须快速驾车，使车上旌旗倾斜，擦过敌方营垒然后回还。”乐伯说：“我听说挑战时，车左射以菆矢，代御者执缰绳，让御者下车，将驾车的马两两排列整齐，调整马颈上的皮带，然后回还。”摄叔说：“我听说挑战时，车右冲入敌垒，杀敌割下左耳，抓获敌人然后回来。”三人全都按他们所听说的去做，然后回来。晋人追击他们，张开左右翼以夹击。乐伯向左射马向右射人，夹击者无法前进，他的箭只剩下一支。突然一只麋鹿出现在面前，他箭射麋鹿正中脊背。晋将鲍癸在后面追赶，乐伯叫摄叔将麋鹿献给他，说："现在还不是献禽兽的季节，奉禽兽的人还没到，我冒昧地将它作为食物进献给你们的随从。"鲍癸停止追击，说："楚军的车左善射，车右很有口才，他们都是君子啊。"乐伯等三人都因此而免于被俘。

晋魏锜求公族未得①，而怒，欲败晋师。请致师，弗许。请使②，许之。遂往，请战而还。楚潘党逐之③，及荧泽④，见六麋，射一麋以顾献⑤，曰："子有军事，兽人无乃不给于鲜⑥？敢献于从者。"叔党命去之⑦。赵旃求卿未得⑧，且怒于失楚之致师者⑨，请挑战，弗许。请召盟⑩，许之。与魏锜皆命而往。郤献子曰⑪："二憾往矣⑫，弗备，必败。"彘子曰："郑人劝战，弗敢从也。楚人求成，弗能好也。师无成命⑬，多备何为？"士季曰："备之善。若二子怒楚，楚人乘我⑭，丧师无日矣。不如备之。楚之无恶，除备而盟，何损于好？若以恶来，有备，不败。且虽诸侯相见，军卫不彻⑮，警也。"彘子不可。士季使巩朔、韩穿帅七覆于敖前⑯，故上军不败⑰。赵婴齐使其徒先具舟于河⑱，故败而先济。

【注释】

①魏锜(qí)：亦称厨武子、吕锜。公族：公族大夫。

②使：作为使者前往楚军。

③潘党：潘尪之子，亦称叔党。

④荧泽：地名，荥泽，时为泽薮，东汉时堙塞为平地，在今河南荥阳东。

⑤顾献：回过头来献给追赶的潘党。

⑥兽人：主管田猎的官。鲜：新鲜禽兽。

⑦ 去之：命部下离去不追赶。

⑧ 赵旃(zhān)：赵穿之子。

⑨失楚之致师者：指上文乐伯等致晋师，鲍癸放走了他们。

⑩召盟：召楚人来结盟。

⑪郤献子：郤克。

⑫ 二憾：两个挟有私怨的人。指魏锜与赵旃。

⑬ 成命：一成不变的命令。

⑭ 乘我：乘机袭击我方。

⑮ 彻：撤除。

⑯ 七覆：伏兵七处。敖：敖山。

⑰ 上军不败：士会为上军将，作了应变措施，故不败。

⑱ 先具舟于河：事先在黄河边预备了船只。

【译文】

晋国的魏锜想做公族大夫，未得满足，心甚恼怒，他想让晋军失败。他请求去挑战，没有允许。请求出使楚军，得到了允许。他前往楚军，竟向楚军请战才回去。楚军潘党去追赶他，追到荧泽，见到六只麋鹿，魏锜射中一只，回过头献给潘党说："你有军事在身，负责猎取禽兽的人恐怕来不及供应时鲜吧，我冒昧地将这献给你的随从人员。"潘党下令撤回，不再追击。晋国的赵旃想做卿而没成功，而且气愤放走楚军的挑战者。他请求挑战，未得允许。请求去楚军营中召楚人结盟，得到了允许。他与魏锜一同受命前往楚军。郤克说："两个挟有私怨的人去了，我们如不防备，必然会失败。"先縠说："郑人劝我们作战，我们不敢听从。楚人要讲和，我们又不能表示友好。作战却没有始终如一的策略，多作防备又有何用？"士会说："还是防备的好。如果那两个人激怒了楚人，楚人乘机袭击我方，我军的败亡是没几天的事。不如加以防备。楚人要是没有恶意，我们撤除戒备而结盟，对于和好又有何损害？要是怀着恶意来，有备就不败。再说就是两国诸侯相见，军中的卫士也并不撤去，这也是有所警戒呀。”先縠不同意设防。士会跟巩朔、韩穿率兵埋伏于敖山前的七个地方，所以上军未被打败。赵婴齐派他的部属预先在黄河边准备舟船，所以战败后能先渡过黄河。

潘党既逐魏锜，赵旃夜至于楚军，席于军门之外①，使其徒入之。楚子为乘广三十乘，分为左右。右广鸡鸣而驾，日中而说②；左则受之，日入而说。许偃御右广，养由基为右③；彭名御左广，屈荡为右④。乙卯，王乘左广以逐赵旃。赵旃弃车而走林，屈荡搏之⑤，得其甲裳⑥。晋人惧二子之怒楚师也，使軘车逆之⑦。潘党望其尘⑧，使骋而告曰：“晋师至矣。”楚人亦惧王之入晋军也，遂出陈⑨。孙叔曰：“进之。宁我薄人，无人薄我。《诗》云：‘元戎十乘，以先启行⑩。’先人也⑪。《军志》曰：‘先人有夺人之心。’薄之也。”遂疾进师，车驰卒奔，乘晋军。桓子不知所为，鼓于军中曰：“先济者有赏。”中军、下军争舟⑫，舟中之指可掬也⑬。

【注释】

①席：席地而坐。

②说（shuì）：解驾，休止。

③许偃御右广，养由基为右：许偃、养由基皆楚臣。养由基，春秋时著名的神箭手，亦称养叔。

④彭名御左广，屈荡为右：彭名、屈荡亦皆楚臣。杜预《春秋左传注》：“楚王更迭载之，故各有御、右。”

⑤屈荡搏之：屈荡为车右，下车与赵旃搏斗。

⑥甲裳：古人之甲革制，分上身甲衣与下身甲裳。

⑦轼(tún)车：防守用的兵车。

⑧潘党望其尘：潘党因逐魏锜而还在道中。

⑨陈：同“阵”。

⑩元戎十乘，以先启行(háng)：引《诗》出《诗经·小雅·六月》。元戎，大兵车。用以冲击敌方军阵。启行，开道。行，道路。

⑪先人也：抢在敌人之先，取得主动。

⑫中军、下军争舟：赵婴齐为中军大夫，预先准备了渡船，但先渡河者仅为其所率领之部，中军之其他部分则仍未济，故与下军互争舟。

⑬舟中之指可掬：晋之中军、下军为了争船，竞相用手攀附船舷，船上的人恐人多船沉，便用刀乱砍争船者的手，致使“舟中之指可掬”。掬，双手合捧。

【译文】

潘党赶走魏锜之后，赵旃于夜里来到楚军阵前，在军门外席地而坐，派他的部下冲进楚军。楚王有广车三十乘，分为左右两部。右广鸡鸣时驾车，中午时卸车；左广接替右广，到太阳下山后卸车。许偃为右广主车的御者，养由基为车右；彭名为左广主车的御者，屈荡为车右。六月乙卯日，楚王乘左广之车追击赵旃。赵旃弃车逃入林中，屈荡和他搏斗，缴获他的下身甲裳。晋人怕魏锜、赵旃二人激怒楚军，就派防卫用的战车去迎接他们。潘党望见飞扬的尘土，就派人驰车报告楚军说：“晋军来了。”楚人也怕楚王深入晋军，于是就出兵列阵。孙叔敖说：“前进，宁可我们逼近敌人，也不能让敌人逼近我们。《诗》上说：‘大兵车十辆，在前面开路。’这是说要抢在敌人之先。《军志》说：‘先发制人，就能夺敌人的士气。’这是说要主动逼近敌人。”于是急速进军，战车飞驰，士卒奔跑，掩杀晋军。荀林父不知所措，在军中击鼓喊道：“先渡过黄河的有赏。”中军、下军争着上船，船中被砍下的手指多到都可以用双手捧了。

晋师右移[①]，上军未动。工尹齐将右拒卒以逐下军[②]。楚子使唐狡与蔡鸠居告唐惠侯曰[③]："不穀不德而贪，以遇大敌，不穀之罪也。然楚不克，君之羞也。敢藉君灵[④]，以济楚师。"使潘党率游阙四十乘[⑤]，从唐侯以为左拒[⑥]，以从上军。驹伯曰[⑦]："待诸乎[⑧]？"随季曰："楚师方壮[⑨]，若萃于我[⑩]，吾师必尽。不如收而去之，分谤生民[⑪]，不亦可乎？"殿其卒而退[⑫]，不败。

【注释】

①右移：黄河在晋军右方，晋军退过河去，所以说右移。

②工尹齐：楚大夫。工尹，官名。齐，人名。拒：方形战阵。

③唐狡、蔡鸠居：皆楚大夫。唐惠侯：唐国国君。唐，小国名，春秋时为楚之属国，在今湖北随州西北。

④藉君灵：借国君您的福。

⑤游阙：兵车的一种，可以在战场巡游，何处需要，即投入补充。

⑥以为左拒：作左方阵。

⑦驹伯：郤克之子，名锜，时与其父同在军中。

⑧待诸：御之，抵御楚军。

⑨壮：气盛，斗志昂扬。

⑩萃：兵力集中。

⑪分谤：指上军也退兵不战，以此分担战败的罪名。

⑫殿其卒：士会以上军帅亲自为其军殿后。

【译文】

晋军向右转移，上军没有动。楚将工尹齐率领右方阵士卒追击晋之下军。楚王派唐狡和蔡鸠居告诉唐惠侯说："不穀无德而贪功，遇到了强敌，这是不穀的罪过。然而楚军不能取胜，您也将蒙受耻辱，我冒昧地想借助您的威灵以帮助楚军。”楚王派潘党率流动补阙战车四十乘，跟从唐侯作为左方阵，以追击晋之上军。驹伯说：“要抵御楚军吗？”士会说：“楚军士气正盛，若集中兵力攻我上军，我军必然全军覆灭。不如收兵撤离，共同分担失败的恶名，使士卒得以生还，这不是也可以吗？”士会亲自为其士卒殿后以撤退，故上军得以不败。

王见右广，将从之乘。屈荡户之①，曰：“君以此始，亦必以终②。”自是楚之乘广先左③。

【注释】

①户：同“扈”，阻止。

②君以此始，亦必以终：指楚庄王开始时乘左广追逐赵旃，屈荡认为必须坚持乘左广到结束。

③先左：原先楚之广车，由右广鸡鸣时先驾，日中后由左广接替，自此役后，改由左广先驾，右广日中接替，故云“先左”。

【译文】

楚王见到右广的战车，准备改乘右广。屈荡阻止说：“君王从乘左广开始出战，也应当乘左广结束。”从此楚国的广车改为左广先驾。

晋人或以广队不能进①，楚人惎之脱扃②。少进，马还③，又惎之拔旆投衡④，乃出。顾曰：“吾不如大国之数奔也⑤。”

【注释】

①广：此泛指战车。队：同“坠”，指陷入。

②惎（jì）：教。扃（jiōng）：兵车前面的横板，用以遮拦兵器，防其

掉落。

③还(xuán):盘旋不进。

④拔旆(pèi)投衡:拔掉军旗放在车前横木上,此举为减少风的阻力。一说将军旗与衡都拔下扔掉,这样车轻马便,容易操控。

⑤吾不如大国之数奔也:这是晋人解嘲的话,言外之意即:你们经常打败仗,很有逃跑的经验。数奔,多次逃跑。

【译文】

晋国人有的兵车陷入泥坑不能前进,楚人教他们把车前的拦板卸掉,车稍微前进了一段,马又盘旋不进,楚人又教他们拔掉军旗,放在车辕端的横木上,这些兵车最终才得以逃脱。晋军却回过头对楚人说:"我们不像你们大国经常败逃啊。"

赵旃以其良马二济其兄与叔父①,以他马反。遇敌不能去,弃车而走林。逢大夫与其二子乘②,谓其二子无顾③。顾曰:"赵傁在后④。"怒之,使下,指木曰:"尸女于是⑤。"授赵旃绥⑥,以免。明日以表尸之⑦,皆重获在木下⑧。

【注释】

①济:救助。

②逢大夫:晋人,逢是氏。

③无顾:不要回头看。

④赵傁(sǒu):此指赵旃。傁,同"叟",对长辈的敬称。

⑤尸女:收你的尸骨。女,通"汝"。

⑥绥:用手挽以登车的绳索。逢大夫的车不能容多人,故使其二子下车,让赵旃上车。

⑦表:标记,依标记去找两个儿子的尸体。

⑧重获：两具尸体重叠而卧。获，被杀。

【译文】

赵旃用他的好马二匹，帮助其兄与叔父逃脱，而自己则用其他的马驾车返回。遇到敌人无法逃脱，只好弃车跑入林中。晋逢大夫和他的两个儿子乘着战车，他交代两个儿子不要回头看。儿子却回头看，说："赵老在后面。"逢大夫发怒了，叫儿子下车，指着一棵树说："就在这里收你们的尸体。"将登车用的绳子交给赵旃，让他上车，使他得以免去大难。第二天，逢大夫按标记去找尸体，儿子全被杀，尸体重叠在树下。

楚熊负羁囚知䓨[①]。知庄子以其族反之[②]，厨武子御[③]，下军之士多从之。每射，抽矢，菆[④]，纳诸厨子之房[⑤]。厨子怒曰："非子之求[⑥]，而蒲之爱[⑦]，董泽之蒲[⑧]，可胜既乎[⑨]？"知季曰："不以人子，吾子其可得乎[⑩]？吾不可以苟射故也[⑪]。"射连尹襄老[⑫]，获之，遂载其尸。射公子穀臣[⑬]，囚之。以二者还[⑭]。

【注释】

①熊负羁：楚大夫。知䓨(yīng)：荀首的儿子，字子羽。

②知庄子：荀首。族：部属，也指家兵。反之：重新回来寻找儿子。

③厨武子：魏锜。

④菆(zōu)：好箭。

⑤纳诸厨子之房：御者魏锜在车的前部，荀首在他的身后，如果抽出的是好箭，就不射，顺手装进魏锜的箭袋。房，箭袋。

⑥非子之求：不求子。

⑦蒲之爱：即爱蒲。蒲，蒲柳，又名赤杨，其干坚直，可以制箭。爱，舍不得。

⑧董泽：晋地名，即今山西闻喜东北之董氏陂，盛产蒲柳。

⑨胜：尽。既：通“摡”，取。

⑩其：犹岂，难道。

⑪吾不可以苟射故也：荀首言外之意即：他并非舍不得好的箭矢，而是要选一个能换回儿子的楚人来射。苟射，随便射。

⑫连尹：楚官名。襄老：人名。

⑬公子穀臣：楚庄王之子。

⑭二者：指襄老和公子穀臣。

【译文】

楚大夫熊负羁把知罃囚禁起来。荀首带着他的部属返回战场，魏锜为他驾车，下军的很多士卒都跟他回来。荀首每次射箭，抽到坚硬的蒩矢时，都把它放到魏锜的箭袋里。魏锜愤怒地说：“你不是在心疼儿子，而是在心疼蒲柳之矢，董泽的蒲柳，能用得完吗？”荀首说：“不用他人之子交换，我的儿子难道可以得到吗？这是我不随便射箭的缘故啊。”射中连尹襄老，将他射死，用车载回他的尸体。射中公子穀臣，将他囚禁起来。带着这两个人回去。

及昏，楚师军于邲。晋之余师不能军，宵济，亦终夜有声①。

【注释】

①有声：呼喊声不断。

【译文】

到了黄昏，楚军进驻于邲。晋之残余军队溃不成军，连夜渡河，通宵都是渡河的呼喊声。

丙辰[①],楚重至于邲[②],遂次于衡雍[③]。潘党曰:“君盍筑武军[④],而收晋尸以为京观[⑤]?臣闻克敌必示子孙,以无忘武功。”楚子曰:“非尔所知也。夫文[⑥],止戈为武[⑦]。武王克商,作《颂》曰:‘载戢干戈,载櫜弓矢。我求懿德,肆于时夏,允王保之[⑧]。’又作《武》[⑨],其卒章曰:‘耆定尔功[⑩]。’其三曰:‘铺时绎思,我徂维求定[⑪]。’其六曰:‘绥万邦,屡丰年[⑫]。’夫武,禁暴、戢兵、保大、定功、安民、和众、丰财者也[⑬],故使子孙无忘其章[⑭]。今我使二国暴骨[⑮],暴矣;观兵以威诸侯,兵不戢矣;暴而不戢,安能保大?犹有晋在,焉得定功?所违民欲犹多[⑯],民何安焉?无德而强争诸侯,何以和众[⑰]?利人之几[⑱],而安人之乱,以为己荣,何以丰财?武有七德,我无一焉,何以示子孙?其为先君宫[⑲],告成事而已[⑳]。武非吾功也。古者明王伐不敬,取其鲸鲵而封之[㉑],以为大戮,于是乎有京观,以惩淫慝[㉒]。今罪无所[㉓],而民皆尽忠以死君命,又何以为京观乎?”祀于河,作先君宫,告成事而还。

【注释】

①丙辰:六月无乙卯,亦无丙辰,大约是在七月十三、七月十四日。

②重:辎重。

③衡雍:郑国地名,在今河南原武西北。

④武军:显示军功的军垒。

⑤京观(guàn):积尸封土其上叫“京观”。京,高丘。观,古建筑名,形似城阙,取其可观示四方。

⑥文:文字。

⑦止戈为武:“武”字的甲骨文像人持戈而行,时人因此借以解释为

有力量能控制战争,令干戈止息,这才是真正的武。但这本非武字的本义。

⑧"载戢(jí)干戈"五句:引《诗》出《诗经·周颂·时迈》。载,助词。戢,收藏。櫜(gāo),放弓箭的囊鞘,弓袋。此作动词。时,通"是",这个。允,信,确实。

⑨《武》:即《诗经·周颂·武》。一说指周初的《大武》乐章。

⑩耆(zhǐ):致,使之得到。

⑪铺时绎思,我徂维求定:语出《诗经·周颂·赉》,并非《武》篇第三章。庄王所引,与今本《诗经》篇次不同。铺,颁布。时,此指代先王的功业、美德。绎,推演,发扬光大。思,助词。徂,往,指往征纣王。

⑫绥万邦,屡丰年:语出《诗经·周颂·桓》,亦非《武》篇第六章。绥,安定。

⑬禁暴:止戈为武是禁暴。戢兵:戢干戈、櫜弓矢是戢兵。保大:允王保之是保大。定功:耆定尔功是定功。安民:我徂求定是安民。和众:绥万邦是和众。丰财:屡丰年是丰财。

⑭章:功勋卓著叫章。

⑮暴骨:暴露尸骨。

⑯违民欲:违背百姓的意愿。

⑰和众:调和众人。

⑱几:危。

⑲为先君宫:为诸先王修建神庙。

⑳告成事:报告战事的胜利。

㉑鲸鲵:大鱼名,比喻吞灭小国的首恶之人。

㉒淫慝(tè):指不敬之国。

㉓所:处所,此指罪之所在。

【译文】

七月十四日，楚军的辎重运抵邲地，军队便驻扎在衡雍。潘党说："君王何不修筑一座显耀武功的军垒，收聚晋人尸体造一座城阙似的坟丘呢？下臣听说战胜敌人后，一定要将这件事昭告后代子孙，以此让他们不忘武功。"楚王说："这不是你所知道的。从文字的结构看，'止'和'戈'组合而成为'武'字。周武王灭掉商朝，作《颂》诗云：'收藏起干戈，将弓矢放进囊鞘。我求的是美德，并将此心公布于华夏，这样才能成就王业，保有天下。'又作《武》篇，最后一章云：'获得并巩固你的功业。'第三章云：'铺陈先王的功德，并加以发扬光大，我出师征讨，求的是天下安定。'第六章云：'安定万邦，屡获丰年。'所谓武，就是禁止暴力、消弭战争、保有强大、巩固功业、安定人民、使民众和谐、财物丰厚，目的是使后代子孙无忘其显赫功德。现在我使二国将士暴露尸骨，这是暴；夸示兵力，以威势压服诸侯，使战争无法消弭；强暴而不消弭战争，怎能保住强大？晋国还在，怎能说功业已经巩固？违背人民愿望的事还很多，人民怎能安定？无德又与诸侯强争，怎能使人民和谐？以他人之危来利己，以他人之乱来安己，以败晋来作为自己的荣誉，这怎能使自己的财货丰厚呢？武有七种品德，我一种也没有，用什么来昭示子孙？给先王建造神庙，不过是将成功之事告诉先王罢了。用武不是我所要做的事。古代明主讨伐不敬之国，杀其首恶，埋其尸骸，以土封之，把这当做大杀戮，于是才有宫阙似的坟丘，这是为了惩处邪恶。现在无法确指晋人罪在何处，而晋人又全都尽忠于国君，愿为国君的命令而死，我们怎能去建造宫阙似的坟丘呢？"楚人祭祀了黄河，建造了先王的神庙，向先王报告了战事的成功然后回国。

12.3 是役也，郑石制实入楚师①，将以分郑②，而立公子鱼臣③。辛未④，郑杀仆叔及子服。君子曰："史佚所谓'毋怙乱'者⑤，谓是类也。《诗》曰：'乱离瘼矣，爰其适归⑥？'归于怙乱者也夫[⑦]。”

【注释】

①石制:郑国大夫,字子服。

②分郑:按,石制欲分裂郑国,准备将其一半送给楚国,另一半立鱼臣为君,而自己则意欲专宠得权,故将楚军引入郑都城。

③公子鱼臣:字仆叔,郑国同姓公族。

④辛未:七月二十九日。

⑤毋怙乱:按,史佚此言常为人所引。

⑥乱离瘼(mò)矣,爰其适归:引《诗》出《诗经·小雅·四月》,第二句的原意是“何处是我们的归宿”,君子引此诗时,将其作另一种解释。瘼,病,作状语,形容乱离之甚。爰,何。

⑦归于怙乱者也夫:此变用原诗之意,指祸患归罪于恃人之乱以为己利者也。

【译文】

这次战役,事实上是郑国的石制把楚军引入了都城,他想分裂郑国而立公子鱼臣为君。七月二十九日,郑国杀了鱼臣和石制。君子说:“史佚所说的‘不要倚仗动乱’,说的就是这种人。《诗》里说:‘人们陷于乱离的痛苦之中,这要归罪于何人呢?’归罪于倚仗乱离而谋私利的人吧!”

12.4　郑伯、许男如楚。

【译文】

郑襄公、许昭公到楚国。

12.5 秋，晋师归，桓子请死，晋侯欲许之。士贞子谏曰[①]："不可。城濮之役，晋师三日谷，文公犹有忧色。左右曰：'有喜而忧，如有忧而喜乎？'公曰：'得臣犹在[②]，忧未歇也。困兽犹斗，况国相乎[③]！'及楚杀子玉，公喜而后可知也[④]，曰：'莫余毒也已。'是晋再克而楚再败也[⑤]。楚是以再世不竞[⑥]。今天或者大警晋也[⑦]，而又杀林父以重楚胜[⑧]，其无乃久不竞乎[⑨]？林父之事君也，进思尽忠，退思补过，社稷之卫也，若之何杀之？夫其败也，如日月之食焉[⑩]，何损于明？"晋侯使复其位。

【注释】

①士贞子：士会的庶子，名渥浊，亦称士贞伯、士伯。

②得臣：字子玉，楚令尹，城濮之战中楚军主帅。

③国相：指子玉。

④知：见。

⑤晋再克而楚再败：城濮之战，楚败晋胜，子玉又战败自杀，等于是晋二次胜仗，楚二次败仗。

⑥再世：指成王、穆王两世。不竞：不强。

⑦大警晋：对晋国严厉的警告。

⑧杀林父以重楚胜：再杀荀林父，等于是楚得两次胜利。

⑨久不竞：长此将一蹶不振。

⑩如日月之食：指暂时现象。

【译文】

秋天，晋军回到国内，荀林父请求处死自己，晋景公想答应他的请求。士贞子劝谏说："不行。城濮之战，晋军连着三天吃缴获来的楚军的粮食，国君文公仍面有忧色。左右说：'有了喜事还在忧虑，如果有忧虑那反倒高兴吗?'文公说:'得臣还在,忧虑还无法消除。被困的野兽还想搏斗一番,何况一国的宰相?'到楚王杀了得臣,文公才喜形于色,说:'没有谁能害我了。'这是晋国两次胜利而楚国两次失败,所以楚国一连两代都无法振兴。这次失败,大概上天想要严厉警告晋国,但我们又要杀掉荀林父来增加楚国的胜利,这样做晋国恐怕也会长久无法振兴起来。荀林父事奉国君,进,想着如何竭尽忠诚;退,想着如何弥补过失,这是国家的卫士,怎能杀掉他?他这次战败,如同日食月食,何损于日月的光明?"晋景公让荀林父官复原职。

12.6　冬,楚子伐萧,宋华椒以蔡人救萧①。萧人囚熊相宜僚及公子丙②。王曰:"勿杀,吾退。"萧人杀之。王怒,遂围萧。萧溃。申公巫臣曰③:"师人多寒。"王巡三军,拊而勉之④,三军之士,皆如挟纩⑤。遂傅于萧⑥。

【注释】

①宋华椒以蔡人救萧:萧为宋的附属国,所以宋派华椒救萧。

②熊相宜僚、公子丙:皆楚大夫。

③申公巫臣:字子灵,申县县尹。

④拊:抚慰。

⑤纩(kuàng):丝绵。

⑥傅:逼近。

【译文】

冬,楚庄王攻打萧国,宋华椒率领蔡人救援萧国。萧人囚禁了熊相宜僚和公子丙。楚王说:"不要杀他们,我退兵。"萧人杀了二人。楚王大怒,于是围攻萧。萧国溃败。申公巫臣说:"军队士兵都很寒冷。"楚王巡视三军,抚慰并勉励士兵们,三军士兵都心里热乎乎的如同披上了丝绵。军队于是逼近了萧国。

还无社与司马卯言[①]，号申叔展[②]。叔展曰："有麦曲乎[③]？"曰："无。""有山鞠穷乎[④]？"曰："无[⑤]。""河鱼腹疾奈何[⑥]？"曰："目于眢井而拯之[⑦]。""若为茅绖[⑧]，哭井则己[⑨]。"明日，萧溃。申叔视其井，则茅绖存焉，号而出之[⑩]。

【注释】

①还无社：萧国大夫。司马卯：楚大夫。

②号(háo)：呼喊。申叔展：楚大夫。

③麦曲：酿酒用的酵母。

④山鞠穷：即芎䓖，产于四川的叫川芎，一种中药。可治头风头痛、风湿痹痛等症。

⑤无：申叔展与还无社的对话是暗语。申叔展问此两样东西，暗示还无社逃于泥泽中躲避，还无社不解其意，因此回答说"无"。

⑥河鱼腹疾：当时习语，喻因水湿而得的风湿病。暗示还无社逃到低下处。

⑦目于眢(yuān)井而拯之：还无社已理解申叔展之意，回答将藏于枯井中。眢井，无水枯井。

⑧茅绖(dié)：茅草绳子。申叔展要还无社在井上放一草绳作为标志。

⑨哭井则己：听到井上哭声就是自己。

⑩号：哭有声无泪叫号。

【译文】

还无社对司马卯说，把申叔展喊出来。叔展问："有麦曲吗？"还无社说："没有啊。""有山鞠穷吗？"回答说："没有。""潮湿得了风湿病怎么办呢？”回答说：“看看枯井上就能救我。”“你在井上放一根绳子，在井上哭的人就是我。”第二天，萧人溃败，申叔看见井上的绳子在那儿，就大声号哭，把还无社救出来了。

12.7　晋原縠、宋华椒、卫孔达、曹人同盟于清丘①，曰：“恤病，讨贰②。”于是卿不书，不实其言也③。

【注释】

①原縠：即先縠。

②恤病，讨贰：邲之战败后，晋国怕诸侯背叛自己，因此为清丘之盟，订立恤病讨贰之盟。恤病，周济有困难的国家。讨贰，讨伐有二心的国家。

③不实其言：虽有盟约，但未实行。杜预《春秋左传注》：“宋伐陈，卫救之，不讨贰也。楚伐宋，晋不救，不恤病也。”实，实行。

【译文】

晋原縠、宋华椒、卫孔达、曹人一起在清丘结盟，说：“要周济有困难的国家，讨伐有二心的国家。”此次盟会《春秋》没有记载卿的名字，是因为没有实践盟约。

12.8　宋为盟故，伐陈①。卫人救之②。孔达曰：“先君有约言焉③，若大国讨④，我则死之。”

【注释】

①伐陈：陈归服楚，宋实践清丘之盟而伐陈。

②卫人救之：卫国背清丘之盟。

③先君有约言焉：此为孔达救陈的托词，意为卫成公与陈共公有旧

好。先君，指卫成公。

④大国：指晋国。

【译文】

宋因为盟约的原因，攻打陈国。卫人救援陈国。孔达说："先君与陈人有言在先，如果晋国来讨罪，我就为此而死。"

十三年

【经】

13.1 十有三年春[1]，齐师伐莒。

13.2 夏，楚子伐宋。

13.3 秋，螽。

13.4 冬，晋杀其大夫先縠[2]。

【注释】

①十有三年：鲁宣公十三年当周定王十一年，前596。

②晋杀其大夫先縠：晋杀先縠并灭其族。

【译文】

鲁宣公十三年春，齐军攻打莒国。

夏，楚庄王攻打宋国。

秋，螽斯虫成灾。

冬，晋国杀了他的大夫先縠。

【传】

13.1 十三年春，齐师伐莒，莒恃晋而不事齐故也。

【译文】

鲁宣公十三年春，齐军攻打莒国，因为莒国依附晋国，不事奉齐国的缘故。

13.2 夏，楚子伐宋，以其救萧也①。君子曰："清丘之盟，唯宋可以免焉②。"

【注释】

①楚子伐宋，以其救萧也：去年宋华椒救萧。

②宋可以免：清丘之盟约定恤病讨贰，只有宋没有背约，可以免于被人讥议。

【译文】

夏，楚庄王攻打宋国，因为宋国救助萧国。君子说："清丘之盟，只有宋国可以免于被批评。"

13.3 秋，赤狄伐晋，及清①，先縠召之也②。

【注释】

①清：即清原，在今山西稷山东南。

②先縠召之：邲之战，先縠不服从命令而导致失败，恐惧，故召狄。

【译文】

秋，赤狄攻打晋国，一直打到清地，是先縠招引赤狄来的。

13.4 冬，晋人讨邲之败与清之师，归罪于先縠而杀之，尽灭其族。君子曰："恶之来也①，已则取之，其先縠之谓乎。"

【注释】

①恶:指刑戮。

【译文】

晋国人清算邲之战的失败和清地战败的责任,归罪于先縠因而把他杀了,并且把他全族也灭了。君子说:"刑戮加身,是咎由自取,这说的就是先縠啊!"

13.5 清丘之盟,晋以卫之救陈也,讨焉[①]。使人弗去[②],曰:"罪无所归[③],将加而师。"孔达曰:"苟利社稷,请以我说[④],罪我之由。我则为政,而亢大国之讨[⑤],将以谁任?我则死之。"

【注释】

①讨:派人上门责问。

②弗去:不肯离开。

③罪无所归:指找不出罪魁祸首。

④请以我说:就解释是我的主谋。说,解释,说明。

⑤亢:当,面对。

【译文】

清丘的盟会上,晋人因为卫国救援陈国,派人来问罪。使者不肯离开,说:"如果找不出祸首,将加兵于你们卫国。"孔达说:"如果对国家社稷有利,请拿我作为祸首对晋人解说吧,罪过由于我啊。我是执政大臣,面对大国的责罚,难道能诿罪于他人?我愿意为此而死。"

十四年

【经】

14.1　十有四年春[1]，卫杀其大夫孔达。

14.2　夏五月壬申[2]，曹伯寿卒[3]。

14.3　晋侯伐郑。

14.4　秋九月，楚子围宋。

14.5　葬曹文公。

14.6　冬，公孙归父会齐侯于谷[4]。

【注释】

①十有四年：鲁宣公十四年当周定王十二年，前595。

②壬申：十一日。

③曹伯寿：曹文公。

④公孙归父：鲁国的子家。谷：齐地名，在今山东东阿。

【译文】

鲁宣公十四年春，卫国杀了他的大夫孔达。

夏五月十一日，曹文公寿去世。

晋景公攻打郑国。

秋九月，楚庄王围攻宋国。

安葬曹文公。

冬，公孙归父在谷地会见齐顷公。

【传】

14.1　十四年春，孔达缢而死[1]。卫人以说于晋而免。遂告于诸侯曰："寡君有不令之臣达[2]，构我敝邑于大国[3]，既伏其罪矣,敢告。”卫人以为成劳[4],复室其子[5],使复其位[6]。

【注释】

①孔达缢而死:此事承接上年《传》末。孔达自缢而死以承担责任。

②不令:不善。

③构:构怨,制造仇怨。

④成劳:旧勋。当时习惯语。此指孔达助卫成公复国。

⑤室:动词,娶妻。

⑥复其位:承袭父亲禄位。

【译文】

鲁宣公十四年春,孔达自缢而死。卫国人以此向晋国解释而免于被讨伐。卫国于是向诸侯各国通告说:“我们国君有不良之臣孔达,在敝国和大国之间制造仇怨,已经服罪被杀了,谨此通告。”卫人认为孔达有功劳,让孔达的儿子娶妻,并让他承袭父亲的禄位。

14.2 夏,晋侯伐郑,为邲故也[1]。告于诸侯,蒐焉而还[2]。中行桓子之谋也。曰:“示之以整[3],使谋而来[4]。”郑人惧,使子张代子良于楚[5]。郑伯如楚,谋晋故也[6]。郑以子良为有礼,故召之。

【注释】

①为邲故:邲之战晋败,郑背晋亲楚,晋因此讨伐。

②蒐(sōu)焉而还:晋军并未入郑,只是阅兵以炫耀一下兵力,以示晋虽败于邲,兵力并不受损伤,由此向郑施加压力。蒐,阅兵。

③整:指队伍整齐,军纪严明。

④使谋而来:指让郑国好好考虑重新归服晋。

⑤子张：又叫伯张、公孙黑肱。穆公之孙。代子良：子良宣公十二年为质于楚。

⑥谋晋故：晋威吓郑国，郑反而求救于楚。

【译文】

夏，晋景公攻打郑国，因为邲之战的缘故。晋国昭告诸侯，阅兵结束后就回国。这是中行桓子的计谋。他说："向他们显示一下我军的整肃，让郑国好好考虑要不要重新归服我晋国。"郑人害怕了，派子张代替子良到楚国去。郑襄公到楚国去，商量如何对付晋国。郑国认为子良知礼节，所以召他回来。

14.3　楚子使申舟聘于齐①，曰："无假道于宋②。"亦使公子冯聘于晋③，不假道于郑。申舟以孟诸之役恶宋④，曰："郑昭宋聋⑤，晋使不害，我则必死。"王曰："杀女，我伐之⑥。"见犀而行⑦。及宋，宋人止之⑧，华元曰："过我而不假道，鄙我也⑨。鄙我，亡也⑩。杀其使者必伐我，伐我亦亡也。亡一也。"乃杀之。楚子闻之，投袂而起⑪，屦及于窒皇⑫，剑及于寝门之外⑬，车及于蒲胥之市⑭。秋九月，楚子围宋。

【注释】

①申舟：楚大夫，名无畏，一作毋畏，亦称文之无畏，字子舟。

②无假道于宋：楚使聘于齐，须经过宋国，按规定须向宋国公开借道，庄王说"无假道于宋"，是对宋国的藐视，含有挑衅之意。

③公子冯（píng）：楚之同姓公族。

④申舟以孟诸之役恶宋：鲁文公十年，宋昭公陪同楚穆王在孟诸打猎，因宋昭公违背楚王之命，申舟遂以执法官的身份，责打宋昭公的御者，以示惩罚。孟诸，泽名，在今河南商丘东北。

⑤郑昭宋聋:意指郑国明白,宋国昏聩。昭,眼明。聋,耳聋。

⑥杀女,我伐之:楚庄王知宋必杀申舟,为了攻宋服宋,正要以此为借口。

⑦犀:申舟儿子。

⑧止之:扣留申舟。

⑨鄙我:以我为鄙。鄙,边邑,此作动词。古代凡过他国之境,本应公开要求借道,否则,就是视他国为本国边境之地。

⑩亡也:不向我借道,是将宋国当做楚边境,等于亡国。

⑪投袂(mèi):一甩袖子。投,挥。袂,袖子。

⑫屦(jù)及于窒皇:古代脱鞋入室,席地而坐,庄王怒而出,忘了穿鞋,到了寝宫门外,送鞋的人才赶上。屦,鞋。窒皇,即绖皇,正殿前的庭院。

⑬剑及于寝门之外:剑也是到宫门外才送上。

⑭车及于蒲胥之市:车驾到蒲胥之市才追上。蒲胥,楚郢都内的街市名。

【译文】

楚庄王派申舟到齐国去聘问,说:“不要向宋国借道。”又派公子冯到晋国聘问,也不向郑国借道。申舟因为孟诸的事情得罪宋国,说:“郑国明白,宋国昏聩,聘晋的使者不会被害,我则必死无疑。”楚庄王说:“宋国要是杀了你,我就征讨它。”申舟让自己的儿子申犀进见庄王,然后才出发。到了宋国,宋人拦住了他。宋华元说:“经过我国而不借道,这是把我国当做他们的边邑。把我国当做边邑,就是亡国。杀其使者,楚必伐我,伐我也是亡国,反正是一样的亡国。”于是杀了申舟。楚王听到这消息,拂袖而起,随从一直追到寝宫门外庭院里才给他穿上鞋子,追到寝宫的殿门外才给他送上佩剑,车驾追到蒲胥街市才赶上他。秋九月,楚庄王围攻宋国。

14.4 冬,公孙归父会齐侯于谷[1]。见晏桓子[2],与之言鲁,乐[3]。桓子告高宣子曰[4]:“子家其亡乎[5]!怀于鲁矣[6]。怀必贪,贪必谋人[7]。谋人,人亦谋己。一国谋之,何以不亡[8]?”

【注释】

①公孙归父会齐侯于谷:归父会见齐侯,是商量如何与楚言和。

②晏桓子:晏婴父亲。晏,晏邑,以邑为氏。

③乐:很得意。公孙归父受宠于鲁宣公,因此得意。

④高宣子:高固。

⑤亡:逃离鲁国。

⑥怀:留恋其宠。

⑦谋人:算计别人。

⑧何以不亡:宣公十八年,公孙归父逃奔齐国。

【译文】

冬,公孙归父在谷地会见齐顷公。见到晏桓子,和他谈到鲁国时,很是得意。桓子告诉高宣子说:“子家恐怕要逃离鲁国了!他留恋于鲁国的宠信了。怀宠必贪婪,贪婪必定算计别人。算计别人,别人也算计自己。一国之人都算计他,他能不逃亡吗?”

14.5 孟献子言于公曰[1]:“臣闻小国之免于大国也,聘而献物[2],于是有庭实旅百[3],朝而献功[4],于是有容貌采章[5],嘉淑而有加货[6],谋其不免也。诛而荐贿[7],则无及也。今楚在宋,君其图之。”公说[8]。

【注释】

①孟献子:即仲孙蔑。

②聘而献物：派人去聘问，并进献财物。

③庭实旅百：诸侯朝见天子或相互聘问，将许多礼物陈列于庭内。

④朝：国君亲自到大国朝觐。献功：进献治国或征伐之功。

⑤容貌采章：各色珠玉绶带、羽毛齿革等装饰品，用以进献。

⑥嘉淑：美善之物。加货：额外所加的礼物。

⑦荐贿：进献财物。荐，进献。

⑧ 说：同“悦”。

【译文】

孟献子对宣公说：“臣下听说小国要想免于大国的征讨，就要派人去聘问，并进献财物。因此就有进献的百件礼品摆在庭中，国君亲自去朝见并进献功劳，于是就有珠玉齿革等各色装饰品，在这些美好的礼物外再加额外的财礼，以此来谋求不免的罪过。如果等到大国来责罚了再进献财物，那就来不及了。现在楚军还在宋国，国君应该好好考虑一下！”宣公听了很高兴。

十五年

【经】

15.1　十有五年春①，公孙归父会楚子于宋。

15.2　夏五月，宋人及楚人平②。

15.3　六月癸卯③，晋师灭赤狄潞氏④，以潞子婴儿归⑤。

15.4　秦人伐晋。

15.5　王札子杀召伯、毛伯⑥。

15.6　秋，螽。

15.7　仲孙蔑会齐高固于无娄⑦。

15.8　初税亩⑧。

15.9　冬，蝝生⑨。

15.10　饥。

【注释】

①十有五年：鲁宣公十五年当周定王十三年，前594。

②宋人及楚人平：楚国从去年九月围宋，前后达九个月之久，宋才与楚讲和。

③癸卯：十八日。

④潞：赤狄的一支，其国在今山西潞城东北。狄族尚在氏族社会，因此国名带“氏”字。

⑤潞子婴儿：潞国君，名婴儿。

⑥王札子：王子捷，与召伯、毛伯三人都是周王卿士。

⑦ 无娄：杞国之地，今地不详。

⑧ 初税亩：鲁国开始按亩征税。

⑨蝝(yuán)：一种有翅膀的大蚁，能吃谷子。

【译文】

鲁宣公十五年春，公孙归父在宋国和楚庄王会见。

夏五月，宋人和楚人讲和。

六月十八日，晋军灭了赤狄潞氏，俘虏了潞君婴儿回国。

秦人攻打晋国。

王札子杀了召伯、毛伯。

秋，螽斯虫成灾。

仲孙蔑在无娄会见齐国高固。

开始按亩征税。

冬，蝝虫成灾。

发生饥荒。

【传】

15.1 十五年春,公孙归父会楚子于宋。

【译文】

鲁宣公十五年春,公孙归父在宋国会见楚庄王。

15.2 宋人使乐婴齐告急于晋①,晋侯欲救之②。伯宗曰③:"不可。古人有言曰:'虽鞭之长,不及马腹④。'天方授楚⑤,未可与争。虽晋之强,能违天乎?谚曰:'高下在心⑥。'川泽纳污,山薮藏疾⑦,瑾瑜匿瑕⑧,国君含垢⑨,天之道也,君其待之。"乃止。

【注释】

①乐婴齐:宋公族,华元的族弟。

②晋侯欲救之:依清丘之盟,晋应救宋。

③伯宗:晋大夫。

④虽鞭之长,不及马腹:意指楚国不是晋国所宜攻击的对象。鞭长,比喻晋之强大。马腹,喻所击非宜。

⑤天方授楚:指楚正得天命而强大。

⑥高下在心:遇事能屈伸,必须心中有数。高下,犹言屈伸。

⑦薮(sǒu):草野。疾:毒害之物。指蛇蝎等毒虫。

⑧瑾瑜:美玉。瑕:玉上的疵点。

⑨国君含垢:喻指国君也可忍受一时之辱,不必以不救宋为耻。

【译文】

宋人派乐婴齐到晋国告急求援,晋景公想救宋。大夫伯宗说:"不能救。古人有过这样的话:'马鞭虽长,也打不到马腹。'上天正把强盛授予楚国，我们不可与之争锋。晋国虽然强大，可是能违背天的旨意吗？俗话说：‘或高或低，或屈或伸，一切全由我心来裁度。’江河湖泽可以容纳污泥浊水，山林草莽可以藏毒害之物，美玉也隐藏着瑕疵，国君忍受耻辱，这也是天的常道。国君还是再等等吧。”晋景公于是停止发兵。

使解扬如宋①，使无降楚，曰：“晋师悉起，将至矣②。”郑人囚而献诸楚。楚子厚赂之，使反其言③。不许。三而许之④。登诸楼车⑤，使呼宋人而告之。遂致其君命⑥。楚子将杀之，使与之言曰：“尔既许不穀，而反之，何故？非我无信，女则弃之⑦。速即尔刑⑧。”对曰：“臣闻之，君能制命为义⑨，臣能承命为信⑩，信载义而行之为利。谋不失利，以卫社稷，民之主也。义无二信⑪，信无二命⑫。君之赂臣，不知命也⑬。受命以出，有死无霣⑭，又可赂乎？臣之许君，以成命也⑮。死而成命，臣之禄也⑯。寡君有信臣，下臣获考死⑰，又何求？”楚子舍之以归⑱。

【注释】

①解扬：晋大夫。宣公元年曾被楚俘获，不知何时已归晋。

②晋师悉起，将至矣：晋已决定不救宋，却叫解扬去诈称晋将发兵，要宋坚守。

③反其言：说相反的话。即让解扬告诉宋人晋不肯出兵相救。

④三：多次。威逼再三。

⑤楼车：兵车的一种，较高，用于望敌。

⑥遂致其君命：解扬登上楼车后，并未按楚王的意思办，而是把晋君的命令如实地传达给宋国。致，送达，传达。

⑦女则弃之：指解扬自己先丢弃了信用。

⑧即尔刑：去接受死刑。即，就。

⑨制命：制定正确的命令。

⑩承命：奉行命令。

⑪义无二信：言外之意，即下臣不能既承担晋君的命令，又承担楚君的命令。

⑫信无二命：讲信用就不能接受两种命令。意为既受晋君之命，就不受楚王之命。

⑬不知命：不知“信无二命”。

⑭霣(yǔn)：此指废弃。

⑮臣之许君，以成命也：解释之所以答应庄王，是为了完成晋君的使命。

⑯禄：福。

⑰考死：死得其所。考，终极。

⑱舍：赦免。

【译文】

晋派解扬到宋国去，叫宋人不要投降楚国，说：“晋军已经全部出发了，就要到达了。”解扬路经郑国时，郑人将他抓获，并献给楚军。楚王给他大量财物，要他对宋人说相反的话，解扬不答应，威逼再三他才答应。解扬登上楼车，楚人要他呼叫宋人并把情况告诉他们。解扬却乘机传达了晋君的命令。楚王要杀掉他，派人对他说：“你既然已答应我，却又反悔，这是何故？不是我们不讲信义，是你违背了诺言。你赶快去接受死刑吧。”解扬回答说：“下臣听说，国君能制定正确的命令叫义，臣子能承担命令叫信，以臣子的信去贯彻君主的义并加以推广叫利。谋划而不失去利，并以此来捍卫社稷，这是百姓的领袖。贯彻义不能有两种相互矛盾的信，守信的臣子也不能同时接受两种相互矛盾的命令。君王赠给臣下财物，说明君王不懂得命令的含义。臣下接受寡君的命令出使于外,宁死也不废弃寡君的命令,又怎么可以因财物而改变呢?臣下之所以应许君王,是为了完成寡君的命令。身虽死但能完成命令,这是臣下的福气。寡君有守信的臣子,下臣得以善终,我还求什么呢?”楚庄王于是赦免了解扬,让他回国去了。

夏五月,楚师将去宋①,申犀稽首于王之马前②,曰:“毋畏知死而不敢废王命③,王弃言焉④。”王不能答。申叔时仆⑤,曰:“筑室反耕者⑥,宋必听命。”从之。宋人惧,使华元夜入楚师,登子反之床⑦,起之,曰:“寡君使元以病告⑧,曰:‘敝邑易子而食,析骸以爨⑨。虽然,城下之盟,有以国毙⑩,不能从也⑪。去我三十里,唯命是听。’”子反惧,与之盟,而告王。退三十里。宋及楚平,华元为质⑫。盟曰:“我无尔诈,尔无我虞⑬。”

【注释】

①夏五月,楚师将去宋:楚围宋已九月,《公羊传》及《史记·宋微子世家》俱谓楚军粮尽,故欲离开。

②申犀:申舟儿子犀。

③毋畏:申舟。

④王弃言:上年楚庄王许诺宋杀申舟,必伐宋,今要撤兵,是食言。

⑤仆:为王驾车。

⑥筑室反耕者:筑室是在城外盖起房子。反耕者是让因楚军到来而逃亡的农民回来种田。这是楚军的策略,造成不想撤离的假象,以逼迫宋国屈服。

⑦子反:即公子侧,时为楚军主帅。

⑧病:此指严重的困难。

⑨析骸以爨(cuàn):拆了尸骨当柴烧。爨,烧火煮饭。

⑩以国毙:指全国牺牲。

⑪从:从命,指与楚订立城下之盟。

⑫华元为质:华元为质于楚,后宋以公子围龟换回。

⑬虞:欺骗。

【译文】

夏五月,楚军准备撤离宋国。申犀在楚王马前叩头说:“毋畏明知要死但也不敢废弃君王的命令,可君王却抛弃了自己的诺言。”楚王无法回答。申叔时正好为楚王驾车,他说:“建好房子,让耕田的人回来,宋国就一定听命于楚国。”楚庄王采纳了他的计策。宋人害怕了,派华元深夜潜入楚军阵营,登上子反之床,把子反拉起来,说:“寡君让华元将严重的困难都告诉你们,说:‘敝国城内已经是交换儿子杀了吃,劈碎骸骨当柴烧,即使这样,兵临城下而被迫结盟,我们宁可让国家灭亡,也不能从命。你们撤离我城三十里,我们就唯命是听。’”子反害怕了,与华元私下订立盟约,然后报告楚王。楚庄王命令大军后退三十里。宋与楚讲和结盟,华元入楚作人质。盟誓说:“我不骗你,你也不欺我。”

15.3 潞子婴儿之夫人,晋景公之姊也。酆舒为政而杀之,又伤潞子之目。晋侯将伐之,诸大夫皆曰:“不可。酆舒有三俊才[①],不如待后之人[②]。”伯宗曰:“必伐之。狄有五罪,俊才虽多,何补焉?不祀[③],一也;耆酒[④],二也;弃仲章而夺黎氏地[⑤],三也;虐我伯姬[⑥],四也;伤其君目,五也。怙其俊才,而不以茂德[⑦],兹益罪也。后之人或者将敬奉德义以事神人,而申固其命[⑧],若之何待之[⑨]?不讨有罪,曰‘将待后’,后有辞而讨焉[⑩],毋乃不可乎?夫恃才与众[⑪],亡之道也。商纣由之,故灭。天反时为灾[⑫],地反物为妖[⑬],民反德为乱[⑭]。

乱则妖灾生。故文，反正为乏[15]。尽在狄矣[16]。”晋侯从之。六月癸卯[17]，晋荀林父败赤狄于曲梁[18]。辛亥[19]，灭潞。酆舒奔卫，卫人归诸晋，晋人杀之[20]。

【注释】

①俊才：突出的才能。

②待后之人：等待潞国无俊才然后攻伐。

③不祀：不祭祀其祖先。

④耆：同“嗜”。古人认为嗜酒亡国。

⑤弃仲章而夺黎氏地：仲章曾劝阻酆舒夺黎氏地，酆舒废黜仲章。仲章，潞国的贤人。黎，小国名，原在山西长治西南，后迁于黎城。

⑥虐：杀。伯姬：潞子夫人，晋景公之姊。

⑦茂德：美德。

⑧申固其命：巩固国家命运。

⑨若之何待之：意指酆舒的后人若能奉行德义，敬祀鬼神，则国运巩固，不好讨伐了。

⑩后有辞：指酆舒的后人有了理由。

⑪众：人多。

⑫天反时为灾：天应寒而暑，应暑而寒，时令反常，则成灾害。

⑬地反物为妖：地上的事物反其常性，则谓之妖怪。

⑭反德：行事违反准则。

⑮故文，反正为乏：文，字。小篆“正”与“乏”二字字形似相反。伯宗这里是望文生义，借以说明酆舒反其道而行，必走向困境。

⑯尽在狄：指上面所说的灾、妖、乱、乏，狄人都齐备。

⑰癸卯：十八日。

⑱曲梁：在今山西潞城北。

⑲辛亥：二十六日。

⑳晋人杀之：晋人杀酆舒。

【译文】

潞国国君婴儿的夫人，是晋景公的姐姐。酆舒在潞国当政时，杀了潞子夫人，又伤了潞子的眼睛。晋景公准备攻打酆舒，诸大夫都说："不行。酆舒有三项突出的才能，不如等待他的后任时再去攻打。"伯宗却说："一定要攻打他。狄人有五大罪状，即使俊才再多，于国何补呢？他不祭祀祖先，这是第一项罪；嗜酒，是第二项罪；废黜仲章而夺取黎氏的土地，是第三项罪；杀了我伯姬，是第四项罪；伤了他国君的眼睛，是第五项罪。依仗着他的俊才，而不是美德，此乃增加他的罪恶。潞国后任的人或者可能将会敬畏和奉行德义而侍奉神人，因而巩固国家的命运，怎么能等到后任的人呢？今天不讨伐有罪之人，说什么'等待他们的后任'，以后的后任者有了理由我们再去讨伐，那恐怕就不可以了。如果依恃着所谓的才能和人多，那是亡国之道啊。商纣就是由此而行，所以灭亡。天违反时令就是灾害，地违反物性成为妖异，百姓行事违反准则就是乱。百姓乱了天灾地妖就都来了。所以从字形上看，'正'字反过来就是'乏'字。这些毛病，狄人都具备了。"晋景公听从了伯宗的话。六月十八日，晋荀林父在曲梁打败了赤狄，二十六日，灭了潞国。酆舒逃奔到卫，卫人把他押送到晋国，晋人杀了他。

15.4　王孙苏与召氏、毛氏争政①，使王子捷杀召戴公及毛伯卫，卒立召襄②。

【注释】

①王孙苏与召氏、毛氏争政：三人都是周王卿士，争夺执政权。

②召襄：召戴公之子。

【译文】

王孙苏和召氏、毛氏争夺执政权，派了王子捷杀了召戴公和毛伯卫，最终立了召襄。

15.5　秋七月，秦桓公伐晋，次于辅氏①。壬午②，晋侯治兵于稷③，以略狄土④，立黎侯而还⑤。及雒⑥，魏颗败秦师于辅氏⑦，获杜回，秦之力人也⑧。

【注释】

①辅氏：晋地，在今陕西大荔。晋伐赤狄，秦乘机攻晋。

②壬午：二十七日。

③治兵：演习，检阅军队。稷：晋地，在今山西稷山县南。

④略：强取。晋虽灭了潞国，其余狄人未服，因此继续攻取狄人土地。

⑤立黎侯：潞国夺取黎氏地，晋恢复黎国，立黎侯。

⑥雒：晋地，在今陕西大荔东南。

⑦ 魏颗：晋大夫。

⑧力人：大力士。

【译文】

秋七月，秦桓公攻打晋国，驻扎在辅氏。二十七日，晋景公在稷地检阅军队，并攻取狄人的土地，立了黎国国君后才回国。到雒地时，晋大夫魏颗在辅氏打败秦军，俘虏了秦国的大力士杜回。

初，魏武子有嬖妾①，无子。武子疾，命颗曰："必嫁是。"疾病②，则曰："必以为殉③！"及卒，颗嫁之，曰："疾病则乱④，吾从其治也⑤。"及辅氏之役，颗见老人结草以亢杜回⑥，杜回踬而颠[7]，故获之。夜梦之曰："余，而所嫁妇人之父也[8]。尔用先人之治命，余是以报。"

【注释】

①魏武子：魏犨，魏颗父亲。

②疾病：病重，病危。病，指病重。

③殉：以活人殉葬。古代有以妻妾殉葬的习俗。

④乱：神志不清。

⑤治：相对于"乱"而言，指神志清楚。

⑥亢：遮拦。此指结草绳遮拦杜回。

⑦踬(zhì)：被绊倒。颠：仆倒在地。

⑧而：你。

【译文】

当初，魏武子有一个宠爱的小妾，没有儿子。魏武子病了，命令魏颗说："我死了，一定要把她嫁出去。"到了病重时，却说："一定要让她殉葬！"魏武子死后，魏颗把她嫁出去了，说："人病重时神志不清，我依照他神志清楚时的话做。"到了辅氏之役，魏颗看见一个老人用草绳拦住杜回，杜回被绊倒在地，所以魏颗抓住了杜回。夜里魏颗梦见老人对他说："我，就是你所嫁出去的女子的父亲。你依照你先父神志清楚时的命令行事，我以此来报答你。"

15.6 晋侯赏桓子狄臣千室[1]，亦赏士伯以瓜衍之县[2]，曰："吾获狄土，子之功也。微子，吾丧伯氏矣[3]。"羊舌职说是赏也[4]，曰："《周书》所谓'庸庸祗祗'者[5]，谓此物也夫[6]。士伯庸中行伯[7]，君信之，亦庸士伯，此之谓明德矣。文王所以造周，不是过也。故《诗》曰：'陈锡哉周[8]。'能施也[9]。率是道也[10]，其何不济？”

【注释】

①狄臣：狄人奴隶。按，此亦包括奴隶耕种的土地。千室：千家。

②士伯：士贞子。瓜衍之县：即今山西孝义北的瓜城。

③伯氏：荀林父。宣公十二年，士伯劝阻杀掉荀林父，因此赏士伯。

④羊舌职：晋叔向的父亲。说：悦，对这样的赏赐感到高兴。

⑤庸庸祗祗：语出《尚书·周书·康诰》，意为文王能重用可用之人，尊敬可尊敬之人。庸，用。祗，敬。

⑥此物：此类。此以晋景公比周文王。

⑦士伯庸中行伯：士伯认为中行桓子为可用。庸，用。这里是意动用法，认为可用。

⑧陈锡哉周：引诗见《诗经·大雅·文王》，意为把利益布施天下，创立周朝。陈，布施。锡，赐予。哉周，造周。

⑨能施：能施恩于人。

⑩率：遵循。

【译文】

晋景公奖赏桓子狄人奴隶上千家，同时把瓜衍之县赏给士伯，说：“我能收获狄人的土地，是你的功劳。没有你，我就失去伯氏了。”羊舌职对这样的赏赐感到高兴，说：“《周书》上说‘用可用之人、敬可敬之人’，说的就是这类的事情啊。士伯能用中行伯，国君信任他，也重用士伯，这就叫作明德啊。周文王之所以能建立周朝，也不过如此。所以《诗》里说：‘利益布施天下而创立周朝。’就是说能施恩于人。遵循此道而行，还有什么不能成功？”

15.7 晋侯使赵同献狄俘于周[1]，不敬。刘康公曰[2]：“不及十年，原叔必有大咎[3]，天夺之魄矣[4]。”

【注释】

①献狄俘于周：晋献狄俘于周王，既是报捷，又是尊王。

②刘康公：王季子。

③原叔必有大咎：鲁成公八年，晋杀赵同。原叔，赵同。

④魄：魂魄。

【译文】

晋景公派赵同到周朝去进献狄人俘虏，赵同进献时不恭敬。刘康公说："不到十年，原叔必定有大祸，上天要夺走他的魂魄了。"

15.8 初税亩[①]，非礼也。谷出不过藉[②]，以丰财也[③]。

【注释】

①初税亩：殷、周以来，实行井田制。鲁国初税亩，即不问有田者所耕田地面积的大小，也不问有田者为何人，一律按亩向耕作者征收实物税。实行初税亩，表明鲁国正式宣布废除井田制，承认土地私有权。初，开始。

②藉：借，借民力以耕田。井田制有私田，也有公田，农奴对于公田有进行无偿劳动的义务，即所谓藉法。

③丰财：《左传》作者认为，过去的征税方法是所征的稻谷不超过"藉法"的规定，这是用以丰富财货的办法，比初税亩好。

【译文】

鲁国从此开始按田亩多少征税，这不合于礼制。过去的征税方法是所征稻谷不超过"藉法"的规定，这可以因此丰富财货。

15.9 冬，蝝生，饥。幸之也[①]。

【注释】

①幸之：即卒（niè）之，罪之。《穀梁传》云："其曰蝝，非税亩之灾也。"《左传》则认为鲁蝝虫成灾，又饥荒，是天降罪的结果。

【译文】

冬，蝝虫成灾，发生大饥荒。天降罪啊。

十六年

【经】

16.1　十有六年春王正月①。晋人灭赤狄甲氏及留吁②。

16.2　夏，成周宣榭火③。

16.3　秋，郯伯姬来归④。

16.4　冬，大有年⑤。

【注释】

①十有六年：鲁宣公十六年当周定王十四年，前593。

②甲氏、留吁：赤狄的两支，甲氏在今山西屯留北，留吁在屯留南。

③成周：周之东都，在河南洛阳东。宣榭：土台上所建的堂式建筑，用以习射讲武。

④郯伯姬：鲁国女，郯君夫人。

⑤大有年：五谷大熟。

【译文】

鲁宣公十六年春周历正月。晋人灭了赤狄的甲氏和留吁。

夏，成周城里的宣榭发生火灾。

秋，郯伯姬回到鲁国。

冬，五谷大丰收。

【传】

16.1 十六年春，晋士会帅师灭赤狄甲氏及留吁、铎辰[1]。

【注释】

①铎辰：也是赤狄的一支，在今山西潞城、屯留附近。

【译文】

鲁宣公十六年春，晋士会率军灭了赤狄的甲氏和留吁、铎辰。

三月，献狄俘[1]。晋侯请于王。戊申[2]，以黻冕命士会将中军[3]，且为大傅[4]。于是晋国之盗逃奔于秦[5]。羊舌职曰："吾闻之，'禹称善人[6]，不善人远'，此之谓也夫。《诗》曰：'战战兢兢，如临深渊，如履薄冰[7]。'善人在上也[8]。善人在上，则国无幸民[9]。谚曰：'民之多幸，国之不幸也。'是无善人之谓也。"

【注释】

①献狄俘：向周王献俘。

②戊申：二十七日。

③黻（fú）冕：指当时卿大夫礼服。黻，古代礼服上黑青相间的花纹，此指上衣。冕，礼帽。

④大傅：太傅，晋主礼刑之近官。士会灭狄有功，被任命为中军帅并兼太傅，以为褒奖。

⑤晋国之盗逃奔于秦：指士会治国有方，晋国的盗贼都逃跑到秦国去了。

⑥称：举荐，任用。

⑦战战兢兢，如临深渊，如履薄冰：引《诗》见《诗经·小雅·小旻》，

形容恐惧戒慎的样子。

⑧善人在上：指善人执政。

⑨无幸民：百姓心中不存侥幸之想。

【译文】

三月，向周王进献狄人俘虏。晋景公向周王请求，二十七日，把黻冕等礼服赐给士会并任命他为中军帅，并且加太傅之号。此后，晋国的盗贼都逃走到秦国去了。羊舌职说："我听说，'禹任用了好人，坏人都远远地离开了'，说的就是这个情况。《诗》里说：'战战兢兢，如同面临深渊，如同踩着薄冰。'是有好人在上啊。好人执政，那么国内百姓就不会心存侥幸。谚语说：'百姓多存侥幸，国家就不幸了。'这是说没有善人呀。"

16.2　夏，成周宣榭火，人火之也[①]。凡火，人火曰火，天火曰灾[②]。

【注释】

①人火之：是人把它烧着的。

②天火：天降的火。此句解释《经》文书火之例。

【译文】

夏，成周城里的宣榭着火，是人把它烧着的。凡是火灾，人烧着的叫做"火"，天降的火叫做"灾"。

16.3　秋，郯伯姬来归，出也。

【译文】

秋，郯伯姬回到鲁国，是被遗弃回来。

16.4 为毛、召之难故[1]，王室复乱。王孙苏奔晋。晋人复之[2]。冬，晋侯使士会平王室[3]，定王享之，原襄公相礼[4]。殽烝[5]。武子私问其故[6]。王闻之，召武子曰："季氏[7]，而弗闻乎？王享有体荐，宴有折俎[8]。公当享[9]，卿当宴[10]。王室之礼也[11]。"武子归而讲求典礼，以修晋国之法[12]。

【注释】

①毛、召之难：毛、召之难在去年。

②晋人复之：晋将王孙苏送回去。

③平王室：调和王室的纠纷。平，调和。

④原襄公：周大夫。相礼：盟会或祭祀的助手，叫相，或相礼。

⑤殽烝：古代祭祀、宴会，杀牲放在俎上叫烝。将整牲放于俎，不煮熟，叫全烝，祭天所用。将半牲放于俎，叫房烝，也叫体荐。把肉切成大块放于俎，叫殽烝，也叫折俎。殽烝宾主可吃，全烝、房烝只是虚设，不能吃。殽，通"肴"，荤菜。

⑥武子：士会，字季，谥武。私问其故：周定王既设享礼，依下文，应用体荐；现用殽烝，士会因此偷偷问原襄公。

⑦季氏：士会。周王以字称之。

⑧享有体荐，宴有折俎：享、宴在此意义有别，享有体荐，是设宴杀牲，只具形式，宾主并不饮食；宴有折俎，则一起食用。体荐，即房烝。折俎，即殽烝。

⑨公当享：天子对诸侯用享礼。公，指诸侯。

⑩卿当宴：对诸侯之卿，则设宴礼。卿，诸侯之卿。

⑪王室之礼：诸侯之卿来，虽为之设享礼，仍用宴礼之法，进献殽烝。享礼用来教导恭敬节俭，宴礼用来表示慈爱恩惠，此是王室待宾之礼。

⑫武子归而讲求典礼，以修晋国之法：此指士会回国后，讲求典礼修明法度，这是尊王的表示。

【译文】

因为毛、召之难的缘故，周王室又发生内乱。王孙苏逃亡到晋国。晋国把他送回去让他复位。冬，晋景公让士会调和王室的纠纷，周定王用享礼招待他，原襄公担任相礼。设了郩烝。武季偷偷地问原襄公这是为什么。周王听到了，召武子说："季氏，你没有听说过吗？天子设享礼有体荐，设宴礼有折俎。天子对诸侯用享礼，诸侯对卿用宴礼。这是王室的礼仪啊。"武子回国后，讲求典礼，并修明晋国的法度。

十七年

【经】

17.1　十有七年春王正月庚子①，许男锡我卒②。

17.2　丁未，蔡侯申卒③。

17.3　夏，葬许昭公。

17.4　葬蔡文公。

17.5　六月癸卯，日有食之④。

17.6　己未⑤，公会晋侯、卫侯、曹伯、邾子同盟于断道⑥。

17.7　秋，公至自会。

17.8　冬十有一月壬午，公弟叔肸卒⑦。

【注释】

①十有七年：鲁宣公十七年当周定王十五年，前592。庚子：二十四日。

②许男锡我：许昭公。许昭公死，其子灵公立。

③丁未：二月初二。蔡侯申：蔡文公。蔡文公死，子景侯固立。

④六月癸卯，日有食之：六月无日食，且朔日为六月乙巳。史家认为是宣公七年六月癸卯有日食，误记为此年。或认为是《经》文错简。

⑤己未：六月十五日。

⑥断道：晋地，在今山西济源西南。

⑦ 壬午：十一日。叔肸(xī)：鲁宣公同母弟。

【译文】

鲁宣公十七年春周历正月二十四日，许昭公锡我去世。

二月二日，蔡文公申去世。

夏，安葬许昭公。

安葬蔡文公。

六月癸卯日，有日食。

六月十五日，鲁宣公和晋景公、卫穆公、曹宣公、邾国国君在断道结盟。

秋，鲁宣公从断道之盟回国。

冬十一月十一日，宣公弟叔肸去世。

【传】

17.1 十七年春，晋侯使郤克征会于齐[①]。齐顷公帷妇人使观之[②]。郤子登，妇人笑于房[③]。献子怒[④]，出而誓曰：“所不此报，无能涉河[⑤]。”献子先归，使栾京庐待命于齐[⑥]，曰：“不得齐事，无复命矣[⑦]。”郤子至，请伐齐，晋侯弗许。请以其私属[⑧]，又弗许。

【注释】

①征会于齐：召齐顷公赴断道之会。征，召。

②帷：以布帛围起来作为帐幕，有如后来的屏风。妇人：指齐顷公母亲萧同叔子。

③郤子登，妇人笑于房：据传郤克是跛子，萧同叔子见他登台阶，笑出声来。郤克使齐，齐顷公让妇人围观，本是不敬，妇人讥笑他，更是不敬。登，上台阶。房，东西厢房。

④献子：即郤克。

⑤所不此报，无能涉河：所，假设连词，如果。无能涉河，指河为誓，不报此仇就不再渡黄河而东。按，此事成为成公二年齐、晋鞍之战的导火线。又据《穀梁传》成公元年记载："季孙行父秃，晋郤克眇，卫孙良夫跛，曹公子手偻，同时而聘于齐。齐使秃者御秃者，使眇者御眇者，使跛者御跛者，使偻者御偻者。萧同姪子处台上而笑之。闻于客。"可参考。

⑥栾京庐：郤克使齐的副手。待命于齐：留在齐国，必使齐顷公赴会，才能回国。

⑦不得齐事，无复命矣：郤克受辱先归，未完成使命，因此要栾京庐完成。不得齐事，不能完成使齐赴会的使命。

⑧私属：家族之兵。

【译文】

鲁宣公十七年春，晋景公派郤克到齐国去请齐侯参加盟会。齐顷公接见郤克时用帷帐做屏风让妇人观看。郤克登台阶上朝，妇人在厢房看到他那样子笑了出来。郤克发怒了，出来时发誓说："如果不报此仇，就再也不渡河而东！"郤克就先回国去了，让栾京庐在齐国待命，说："不能完成使齐赴会的使命，就不要回来复命。"郤克回到晋国，请求攻打齐国，晋景公不同意。请求用他的宗族之兵伐齐，晋景公也不答应。

齐侯使高固、晏弱、蔡朝、南郭偃会①。及敛盂②，高固逃归③。夏，会于断道，讨贰也④。盟于卷楚⑤，辞齐人⑥。晋人执晏弱于野王[7]，执蔡朝于原[8]，执南郭偃于温[9]。苗贲皇使[10]，见晏桓子[11]。归，言于晋侯曰："夫晏子何罪？昔者诸侯事吾先君，皆如不逮[12]，举言群臣不信，诸侯皆有贰志[13]。齐君恐不得礼[14]，故不出，而使四子来。左右或沮之[15]，曰：'君不出，必执吾使。'故高子及敛盂而逃。夫三子者曰：'若绝君好，宁归死焉[16]。'为是犯难而来[17]，吾若善逆彼以怀来者[18]，吾又执之，以信齐沮[19]，吾不既过矣乎[20]？过而不改，而又久之[21]，以成其悔，何利之有焉？使反者得辞[22]，而害来者，以惧诸侯，将焉用之[23]？"晋人缓之，逸[24]。秋八月，晋师还[25]。

【注释】

①高固：高宣子，齐卿。晏弱：晏桓子。蔡朝、南郭偃：皆齐大夫。

②敛盂：卫地，在今河南濮阳东南。

③高固逃归：高固听说郤克受辱怨齐，怕此去有祸，中途逃回。

④讨贰：此时宋已与楚讲和，郑、陈、蔡已附楚，"贰"泛指这些背晋亲楚之国。

⑤卷楚：即断道。或曰卷楚与断道不是一地，但相距不远。

⑥辞齐人：齐顷公不亲自参加，只派四位大臣去，因此晋拒绝齐国参加盟会。

⑦野王：卫地名，在今河南沁阳。

⑧原：在今河南济源北。

⑨温：在今河南温县西稍南。

⑩苗贲(bēn)皇：楚斗椒之子，宣公四年楚灭若敖氏，逃奔晋国，晋以苗邑赐之，因以为氏。苗，在今河南济源西南。

⑪见晏桓子：苗贲皇出使经过野王，见到晏桓子。

⑫不逮：不及。

⑬举言群臣不信，诸侯皆有贰志：指诸侯有二心，是因为晋群臣不讲信用。苗贲皇本意指晋君，不敢直指，托言群臣。举，皆。

⑭不得礼：不被礼待。

⑮左右：指齐君近臣。沮：阻止。

⑯若绝君好，宁归死焉：意谓与其因为我们不去而断绝友好关系，不如去了之后回去被处死。

⑰犯难：冒险。

⑱善逆彼以怀来者：应盛情款待他们，使来晋国的人怀恋思念。若，应该。

⑲以信齐沮：使齐人阻止前来的预言得到证实。

⑳既过：已经做错。过，错误。

㉑久之：久扣齐使不放。

㉒反者：指高固。得辞：得逃归之理由，指有了借口。

㉓将焉用之：苗贲皇之意，是要晋景公以信用折服诸侯。

㉔缓之，逸：有意放松了看管，晏桓子先逃回。

㉕晋师还：诸侯参加盟会，有军队随从。晋盟会之师回国。

【译文】

齐顷公派高固、晏弱、蔡朝、南郭偃四人参加盟会。到了敛盂这个地方，高固先逃回齐国。夏，诸侯在断道会见，准备讨伐背晋亲楚的国家。同时在卷楚订立盟约，而拒绝齐人参加。晋人在野王抓住了晏弱，在原地抓住蔡朝，在温地抓住南郭偃。苗贲皇出使，途中见到晏桓子。回到晋国，对晋景公说："晏子有什么罪呢？从前诸侯们事奉我们的先君，都唯恐赶不上，都是因为晋国群臣不讲信用，所以诸侯有二心。齐君是担心不能得到礼遇，所以不出来，而派四个臣子来。齐君的左右有人劝阻他，说：'国君不去，晋人一定会抓走我们的使者。'所以高固到达敛盂就跑回去了。其他三个人说：'如果因我们不来而断绝了国君间的友好，宁可来了之后回去被处死。'因此他们冒险而来。我们应该好好地迎接款待他们以使来者留恋，可我们却又逮捕了他们，这样就证实了齐人的劝阻是对的，我们不是已经做错了吗？错了而不改，还扣住齐使者久久不放，以造成他们的后悔，这有什么好处呢？这样让先逃回去的人有了理由，又伤害了来参加会见的人，以使诸侯害怕，这还有什么用呢？”于是晋人有意放松了看守，晏桓子逃回。秋八月，晋军回国。

17.2 范武子将老[①]，召文子曰[②]：“燮乎！吾闻之，喜怒以类者鲜[③]，易者实多[④]。《诗》曰：‘君子如怒，乱庶遄沮。君子如祉，乱庶遄已[⑤]。’君子之喜怒，以已乱也。弗已者，必益之[⑥]。郤子其或者欲已乱于齐乎？不然，余惧其益之也[⑦]。余将老，使郤子逞其志[⑧]，庶有豸乎[⑨]。尔从二三子唯敬[⑩]。”乃请老，郤献子为政[⑪]。

【注释】

①范武子：士会，初封随，称随武子，后改封范，称范武子，其后子孙皆称范。老：告老退休。

②文子：士会之子士燮。

③以类：合乎礼法。类，法。

④易者：反其道而行，指迁怒。易，反。

⑤“君子如怒”四句：引《诗》见《诗经·小雅·巧言》。沮、已，止歇。庶，庶几，也许，也许可以。遄（chuán），速。祉（zhǐ），喜。

⑥弗已者，必益之：不能止其乱，必增加其乱。

⑦ 惧其益之：郤克使齐受辱发怒，或许能阻止齐国之乱，否则，也可能增加祸乱。

⑧ 逞其志：满足心愿。逞，快，满足。

⑨庶有豸（zhì）：祸乱庶几可以解除。豸，解决。

⑩二三子：指晋国诸大夫。

⑪郤献子为政：郤克代士会为中军帅。

【译文】

范武子准备告老退休，把文子叫来说："燮啊！我听说，一个人的喜怒合乎礼法的是很少的，反其道而行的却很多。《诗》里说：'君子如果发怒，祸乱庶几可以很快阻止。君子如果喜悦，祸乱或许很快可以停歇。'君子的喜怒，应是用来阻止祸乱的。不能止其乱，必定反增加其乱。郤克或许是想在齐国阻止祸乱吧。否则的话，我担心他会增加祸乱呢。我要告老了，就让郤克满足他的心愿吧，祸乱或许可以解除。你跟随着诸位大夫，一定要恭敬从事。"于是请求告老退休。郤克执政。

17.3　冬，公弟叔肸卒，公母弟也。凡大子之母弟，公在曰公子，不在曰弟。凡称弟，皆母弟也[①]。

【注释】

①"凡大子之母弟"五句：按通例，庶出便不得称公子称弟。此几句解释《经》文称公子、称弟的通例。

【译文】

冬，宣公的弟弟叔肸去世，他是宣公的同母兄弟。凡太子的同母兄弟，国君在世就叫公子，不在就称弟。凡称为弟，都是同母兄弟。

十八年

【经】

18.1　十有八年春[①]，晋侯、卫世子臧伐齐[②]。

18.2　公伐杞。

18.3　夏四月。

18.4 秋七月，邾人戕鄫子于鄫[3]。

18.5 甲戌[4]，楚子旅卒[5]。

18.6 公孙归父如晋[6]。

18.7 冬十月壬戌[7]，公薨于路寝。

18.8 归父还自晋，至笙[8]。遂奔齐。

【注释】

①十有八年：鲁宣公十八年当周定王十六年，前591。

②世子：嫡长子。

③戕(qiāng)：杀害。鄫：姒姓国，在今山东枣庄东。

④甲戌：初七。

⑤楚子旅：楚庄王。楚庄王在位二十三年。楚国国君死去被《春秋》记载从此开始。

⑥公孙归父如晋：公孙归父想借晋国之力铲除三桓势力，请求晋援助。

⑦壬戌：二十六日。

⑧笙：鲁国边境之地，今地不详。

【译文】

鲁宣公十八年春，晋景公、卫国世子臧攻打齐国。

宣公攻打杞国。

夏四月。

秋七月，邾人到鄫国杀死了鄫子。

初七，楚庄王旅去世。

公孙归父到晋国去。

冬十月二十六日，鲁宣公在路寝去世。

归父从晋国回国，到达笙地。于是逃奔到齐国去了。

【传】

18.1　十八年春，晋侯、卫大子臧伐齐，至于阳谷[①]。齐侯会晋侯盟于缯[②]，以公子强为质于晋。晋师还[③]。蔡朝、南郭偃逃归[④]。

【注释】

①阳谷：齐地，在今山东阳谷北。

②缯(zēng)：地名，在阳谷附近。

③晋师还：齐国求和，晋国撤兵。

④蔡朝、南郭偃逃归：齐与晋结盟，看守松懈，故二人得以逃归。

【译文】

鲁宣公十八年春，晋景公、卫太子臧攻打齐国，到达阳谷。齐顷公在缯地会见晋景公，让公子强到晋国做人质。晋军撤回国。蔡朝、南郭偃逃回。

18.2　夏，公使如楚乞师，欲以伐齐。

【译文】

夏，鲁宣公派人到楚国请求军队，准备以此攻打齐国。

18.3　秋，邾人戕鄫子于鄫。凡自内虐其君曰弑[①]，自外曰戕[②]。

【注释】

①自内虐其君曰弑：国内杀死国君叫弑。

②戕(qiāng)：他国国君派人来杀死国君叫戕。此解释《经》文惯例。

【译文】

秋，邾人在鄫国杀害鄫子。凡是由国内人杀死国君叫弑，自外来杀害国君叫戕。

18.4 楚庄王卒，楚师不出[①]。既而用晋师[②]，楚于是乎有蜀之役[③]。

【注释】

①楚庄王卒，楚师不出：此应接上文“夏，公使如楚乞师”。鲁本请楚发兵，因楚庄王去世而作罢。

②既而用晋师：此即成公二年的鞌之战。此处疑有错简。楚师不出，鲁便求助晋师伐齐。

③蜀之役：在成公二年冬，鲁用晋师，楚认为鲁国背楚亲晋，因此攻袭鲁军。蜀，鲁地，在今山东泰安附近。

【译文】

楚庄王去世，楚军不出动。后来就用晋军伐齐，楚国因此有蜀地之战。

18.5 公孙归父以襄仲之立公也[①]，有宠[②]，欲去三桓[③]，以张公室。与公谋，而聘于晋，欲以晋人去之。冬，公薨。季文子言于朝曰：“使我杀適立庶以失大援者[④]，仲也夫[⑤]。”臧宣叔怒曰[⑥]：“当其时不能治也，后之人何罪？子欲去之，许请去之[⑦]。”遂逐东门氏[⑧]。子家还[⑨]，及笙，坛帷[⑩]，复命于介[⑪]。既复命，袒、括发[⑫]，即位哭[⑬]，三踊而出[⑭]。遂奔齐。书曰：“归父还自晋。”善之也[⑮]。

【注释】

①襄仲之立公：文公十八年，襄仲杀太子恶及视而立宣公。

②有宠：公孙归父为襄仲之子，因此有宠。

③三桓：鲁国的孟孙、叔孙、季孙三个家族，皆出于桓公，故称三桓。此时三桓势力已大，掌握鲁国政权，凌驾于鲁君之上。

④適：同“嫡”。失大援：失去大国的援助。

⑤仲也夫：按，季文子知公孙归父之谋，宣公一死，便欲以“杀嫡立庶”之罪驱逐东门氏。仲，襄仲。

⑥臧宣叔：臧孙许，臧文仲辰之子。

⑦许请去之：臧孙许时为鲁司寇，主行刑，因此请求除去公孙归父。许，臧孙许。

⑧东门氏：襄仲的族号。

⑨子家还：鲁驱逐东门氏时，子家使晋未回国。子家，公孙归父字。

⑩坛：筑土为坛。帷：用帷幕围住土坛。

⑪复命于介：古代礼制，使者出使，得知其君死讯，如果已入所聘之国国境，则仍须完成使命。返国后，在死君灵前复命。公孙归父此时已闻知君死，家被逐，因此在途中为坛帷，让副手坐其中以代宣公，向他报告完成使命的情况。介，归父的副手。使者有上介、众介，上介为副手，众介为助手，此指上介。

⑫袒（tǎn）：左袒，解去左边外衣，露出内衣。括发：以麻束发。古人加冠时，先用锦束发，叫缅（xǐ）；再加安发簪，叫笄（jī）。初遭丧，先去冠，二日后去缅笄，于是以麻束发。此则不能返国，归父亦依其仪行之。

⑬即位哭：归父就自己之位而哭。

⑭三踊：三顿足。古代遭丧，有擗踊之仪。擗犹椎胸，踊犹顿足。男踊女擗，表示哀痛之至。

⑮善之：赞许他，赞许公孙归父仍不失礼仪。

【译文】

公孙归父因为其父襄仲当年立宣公，因此有宠，他准备驱逐三桓，张大鲁公室的势力。他与宣公谋划，然后到晋国聘问，准备借晋人的力量除去三桓。冬，宣公去世。季文子在朝廷上说："让我们杀了嫡子而立庶子以致失去大国的援助的，就是襄仲啊！"臧宣叔发怒说："当时不能治襄仲的罪，他的后人又有何罪呢？你如果要除掉他，我臧孙许请求去除掉他。"于是把东门氏全族驱逐出鲁国。公孙归父返回鲁国，到达笙地，筑了土坛并用帷幕围起来，向副手行复命的礼仪。复命仪式结束后，他解去左边的外衣、以麻束发，并按照礼节到规定的位置上哭奠，顿足三次然后才出去。于是逃亡到齐国。《春秋》记载说："归父还自晋。"是赞许他仍不失礼仪。

成公

【题解】

成公，鲁国第二十一任君主。名黑肱，为鲁宣公儿子，母穆姜。前590年承袭鲁宣公即位，时年尚幼。在位十八年间执政为季孙行父、仲孙蔑、叔孙侨如。前573年薨，子襄公姬午立。

鲁成公期间，诸侯争霸继续，晋国的霸业仍然稳固。成公二年，因齐顷公对晋使郤克的不敬，引发了鞍之战。此役齐国大败，齐顷公险些被俘。成公十六年，晋、楚发生鄢陵之战。楚共王亲自参战，结果楚国大败，中军将子反自杀。成公六年，吴寿梦称王。吴国开始崛起。成公七年，吴国开始攻楚，吴入州来，楚子重、子反疲于奔命。此后，楚国不断受到吴国骚扰，不胜其烦，国势大受影响。成公十五年，晋三郤杀伯宗，成公十七年，晋厉公杀三郤，晋国内乱。成公十八年，晋栾书、中行偃杀晋厉公。这一时期，争霸斗争仍然激烈，但各国内部的纷争也不断加剧。

元年

【经】

1.1　元年春王正月①，公即位②。

1.2 二月辛酉③,葬我君宣公。

1.3 无冰④。

1.4 三月,作丘甲⑤。

1.5 夏,臧孙许及晋侯盟于赤棘⑥。

1.6 秋,王师败绩于茅戎⑦。

1.7 冬十月。

【注释】

①元年:鲁成公元年当周定王十七年,前590。

②公:即鲁成公姬黑肱,其时年尚幼。

③辛酉:二十七日。

④无冰:古代有在周正二月取冰、藏冰之礼。若天气暖和,不能结冰,则无法行此礼。

⑤丘甲:周制,九夫为井,四井为邑,四邑为丘,四丘为甸。每甸出车一乘,戎马四匹,牛二十头,甲士三人,步卒七十二人。今鲁国每甸所赋令每丘出之,是为重敛。范文澜《中国通史简编》则云"就是一丘出一定数量的军赋,丘中人各按所耕田数分摊,不同于公田制农夫出同等的军赋",视之为军赋改革,且与宣公十五年"初税亩"联系。

⑥晋侯:即晋景公。赤棘:晋地名,今地不详。

⑦茅戎:戎人的一支,其地在今河南修武。

【译文】

鲁成公元年春周历正月,成公即位。

二月二十七日,安葬我国国君鲁宣公。

没有结冰。

三月,制定丘甲制。

夏，臧孙许和晋景公在赤棘结盟。

秋，周王室的军队被茅戎打得大败。

冬十月。

【传】

1.1　元年春，晋侯使瑕嘉平戎于王[①]，单襄公如晋拜成[②]。刘康公徼戎[③]，将遂伐之。叔服曰[④]："背盟而欺大国[⑤]，此必败。背盟，不祥；欺大国，不义；神人弗助，将何以胜？"不听，遂伐茅戎。三月癸未[⑥]，败绩于徐吾氏[⑦]。

【注释】

①瑕嘉：即文公十三年《传》的"詹嘉"。平戎于王：杜预以为此乃调停文公十三年周、戎之间因郩垂之役引起的仇怨。

②单襄公：周王卿士。

③刘康公：王季子，谥号康公。食采邑于刘，在今河南偃师。徼戎：乘讲和时戎人不防备之际进行袭击，侥幸败之。

④叔服：周王室内史。

⑤大国：此指晋国。

⑥癸未：十九日。

⑦徐吾氏：茅戎一支，此指其所在地。

【译文】

鲁成公元年春，晋景公派遣瑕嘉调解周天子和戎人的冲突，单襄公去晋国拜谢调解成功。刘康公打算乘戎人不备以侥幸攻伐取胜。叔服说："背弃盟约而又欺骗大国，这一定会失败。背弃盟约就是不祥，欺骗大国就是不义，神明、百姓都不会帮助我们，将要如何去取胜？"刘康公没有听从，于是就去进攻茅戎。三月十九日，在徐吾氏地方被打得大败。

1.2 为齐难故[1]，作丘甲。

【注释】

①齐难：宣公十七年断道之盟，鲁、晋诸国联盟，以齐为敌。十八年，鲁又向楚国乞师，欲伐齐；楚未出师，故须防齐国之侵。

【译文】

鲁国为了防备齐国入侵，定出丘甲的制度。

1.3 闻齐将出楚师，夏，盟于赤棘。

【译文】

鲁国听说齐国准备邀楚军前来进攻，夏，和晋国在赤棘结盟。

1.4 秋，王人来告败。

【译文】

秋，周定王的使者来我国报告战败的情况。

1.5 冬，臧宣叔令修赋、缮完、具守备[1]，曰："齐、楚结好，我新与晋盟，晋、楚争盟[2]，齐师必至。虽晋人伐齐，楚必救之，是齐、楚同我也。知难而有备[3]，乃可以逞[4]。"

【注释】

①修赋：整顿军赋，即实施作丘甲的政令。缮完：修治城郭。

②争盟：争当盟主。

③难：祸难。

④逞：解除祸难。

【译文】

冬，臧宣叔命令整顿军赋、修治城郭、完成防御设施，说："齐国和楚国结成友好，我国最近和晋国订了盟约。晋国和楚国争夺盟主，齐国的军队一定会来攻打我国。虽然晋国进攻齐国，楚国必然去救它，这就是齐、楚两国一起与我为敌。预计到祸难而有所防备，祸难就能得以解除。"

二年

【经】

2.1 二年春①，齐侯伐我北鄙②。

2.2 夏四月丙戌③，卫孙良夫帅师及齐师战于新筑④，卫师败绩。

2.3 六月癸酉⑤，季孙行父、臧孙许、叔孙侨如、公孙婴齐帅师会晋郤克、卫孙良夫、曹公子首及齐侯战于鞍⑥，齐师败绩。

2.4 秋七月，齐侯使国佐如师。己酉⑦，及国佐盟于袁娄⑧。

2.5 八月壬午⑨，宋公鲍卒⑩。

2.6 庚寅⑪，卫侯速卒⑫。

2.7 取汶阳田。

2.8 冬，楚师、郑师侵卫。

2.9 十有一月，公会楚公子婴齐于蜀⑬。

2.10 丙申⑭，公及楚人、秦人、宋人、陈人、卫人、郑人、齐人、曹人、邾人、薛人、鄫人盟于蜀。

【注释】

①二年:鲁成公二年当周定王十八年,前589。

②齐侯:指齐顷公。

③丙戌:二十九日。

④孙良夫:卫国大夫,孔林父之父。新筑:卫地名,在今河北魏县南。

⑤癸酉:十七日。

⑥叔孙侨如:叔孙得臣之子,又称宣伯。文公十一年,叔孙得臣伐鄋瞒获长狄侨如,因以名己子。公孙婴齐:又称仲婴齐,谥声伯,叔肸之子。鞍:齐地名,在今山东济南。

⑦己酉:二十三日。

⑧袁娄:即爰娄,在今山东淄博。

⑨壬午:二十七日。

⑩宋公鲍:宋文公。

⑪庚寅:初五。

⑫卫侯速:即卫穆公。

⑬公子婴齐:即子重,楚国令尹。蜀:鲁地名,在今山东泰安附近。

⑭丙申:十二日。

【译文】

鲁成公二年春,齐顷公攻打我国北部边境。

夏四月二十九日,卫国的孙良夫率军与齐军在新筑交战,卫军大败。

六月十七日,季孙行父、臧孙许、叔孙侨如、公孙婴齐率领军队会合晋国的郤克、卫国的孙良夫、曹国的公子首与齐顷公在鞍地交战,齐军大败。

秋七月,齐顷公派国佐到诸侯军中。二十三日,各国与国佐在袁娄结盟。

八月二十七日,宋文公鲍去世。

九月初五，卫穆公速去世。

收取汶水以北的田地。

冬，楚军、郑军侵袭卫国。

十一月，鲁成公与楚国公子婴齐在蜀地相会。

十二日，鲁成公及楚人、秦人、宋人、陈人、卫人、郑人、齐人、曹人、邾人、薛人、鄫人在蜀地会盟。

【传】

2.1　二年春，齐侯伐我北鄙，围龙①。顷公之嬖人卢蒲就魁门焉②，龙人囚之。齐侯曰："勿杀！吾与而盟③，无入而封④。"弗听，杀而膊诸城上⑤。齐侯亲鼓，士陵城⑥。三日，取龙，遂南侵，及巢丘⑦。

【注释】

①龙：古地名，在今山东泰安东南。

②门：攻城。

③而：你。

④封：边境。

⑤膊（pò）：暴露，陈尸于城上。

⑥陵城：登上城墙。

⑦巢丘：古地名，在今山东泰安。

【译文】

鲁成公二年春，齐顷公进攻我国北部边境，包围了龙地。齐顷公的宠臣卢蒲就魁攻打城门，龙人把他擒获。齐顷公说："不要杀他！我和你们盟誓，不进入你们的境内。"龙人不听，杀了卢蒲就魁，暴尸城上。齐顷公亲自击鼓，兵士爬上城墙。三天，占领了龙地。就此向南侵袭，到达巢丘。

2.2 卫侯使孙良夫、石稷、甯相、向禽将侵齐[①]，与齐师遇。石子欲还，孙子曰："不可。以师伐人，遇其师而还，将谓君何？若知不能[②]，则如无出[③]。今既遇矣，不如战也。"

【注释】

①石稷：即石成子，石碏四世孙。甯相：甯俞子。向禽将：名禽将。侵齐：《史记·卫康叔世家》："穆公十一年，孙良夫救鲁伐齐。"则司马迁认为卫侵齐为救鲁。

②不能：指不能战。

③如：应当。

【译文】

卫穆公派遣孙良夫、石稷、甯相、向禽将率兵侵袭齐国，和齐军相遇。石稷打算撤回，孙良夫说："不行。带领军队攻打人家，遇上敌人就回去，怎么对国君交代呢？如果知道打不过，就应当不出兵。如今既然和敌军相遇，不如一战。"

夏，有……[①]

【注释】

①此处原文阙脱，所缺或为叙述新筑战事。

【译文】

夏，有……

石成子曰："师败矣。子不少须[①]，众惧尽。子丧师徒，何以复命？"皆不对。又曰："子，国卿也。陨子[②]，辱矣。子以众退，我此乃止[③]。"且告车来甚众[④]。齐师乃止，次于鞫居[5]。新筑人仲叔于奚救孙桓子[6]，桓子是以免。

【注释】

①少须：指坚持一阵顶住敌军。须，等待。

②陨：损失。

③子以众退，我此乃止：石稷见其他人不愿继续抵抗，就让大军先撤退，自己留下抵挡。

④且告车来甚众：此为石稷通告军中以安定军心。且，同时。车来甚众，指从新筑来的援军战车。

⑤鞫(jū)居：古地名，不知其详，或曰在今河南封丘。

⑥新筑人：指新筑大夫。孙桓子：指孙良夫。

【译文】

石稷说："军队战败了，您如不坚持顶一阵，恐怕会全军覆灭。您丧失了军队，如何回报君命？"大家都不回答。石稷又说："您，是国家的卿。损失了您，对国家是一种耻辱。您带着众人撤退，我留下来抵挡。"同时向全军通告大批援军的战车已来到。齐军于是停止前进，驻扎在鞫居。新筑大夫仲叔于奚救援孙良夫，孙良夫因此得免于难。

既[1]，卫人赏之以邑。辞，请曲县、繁缨以朝[2]，许之。仲尼闻之曰："惜也，不如多与之邑。唯器与名[3]，不可以假人，君之所司也。名以出信[4]，信以守器[5]，器以藏礼[6]，礼以行义，义以生利，利以平民[7]，政之大节也。若以假人，与人政也。政亡，则国家从之，弗可止也已。"

【注释】

①既：事过之后。

②曲县：周礼，诸侯之乐，室内三面悬乐器，形曲，谓之“曲县”。也叫轩县、曲悬。大夫仅左右两面悬挂，曰“判县”。县，指悬挂着的钟、磬等乐器。繁（pán）缨：古代天子、诸侯所用辂马的带饰。繁，马腹带。缨，马颈革。仲叔于奚请“曲县”、“繁缨”，是以大夫而僭越用诸侯之礼。

③器：指车马服饰乐器等物件。名：爵位名号。二者是人君用以明等级、指挥、统治臣民的工具。

④名以出信：有某种爵号，即赋予某种威信。

⑤信以守器：有某种威信，即能保持其所得器物。

⑥器以藏礼：制定各种器物，以示尊卑贵贱，体现当时之礼。藏，体现。

⑦平：治理。

【译文】

战后，卫国人把城邑赏给仲叔于奚。仲叔于奚辞谢，而请求得到诸侯用的曲县、用繁缨饰马朝见，卫穆公同意了。孔子听说了这件事，说：“可惜啊，还不如多给他几个城邑。只有器物和名号不能假借给别人，这是国君所掌管的。名号用来赋予威信，威信用来保持器物，器物用来体现礼制，礼制用来推行道义，道义用来产生利益，利益用来治理百姓，这是政事的大纲。如果把名位、礼器假借给别人，就是授予人政权。政权丢失，国家也会跟着灭亡，这是无法阻止的。”

2.3 孙桓子还于新筑，不入①，遂如晋乞师。臧宣叔亦如晋乞师。皆主郤献子②。晋侯许之七百乘。郤子曰：“此城濮之赋也③。有先君之明与先大夫之肃④，故捷。克于先大夫，无能为役⑤，请八百乘。”许之。郤克将中军，士燮佐上军，栾书将下军，韩厥为司马，以救鲁、卫。臧宣叔逆晋师，且道之[6]。季文子帅师会之。

【注释】

①不入：指不入国都。

②主郤献子：以郤克为主人。郤克为中军帅、执政大臣，皆曾为齐顷公母所笑，与齐有怨，发誓报仇，因此二人通过他的关系请求出兵。

③赋：兵员数量。

④先君：指晋文公。先大夫：指先轸、狐偃等先辈大夫。肃：敏捷。

⑤役：仆役。

⑥道：做向导。

【译文】

孙桓子回到新筑，不进国都，就到晋国请求出兵。臧宣叔也到晋国请求出兵。两人都通过郤克向晋景公请求。晋景公答应派兵车七百辆。郤克说："这是城濮之战我军的兵车数。因为有先君的明察和先大夫们的敏捷才能，所以得胜。我郤克和先大夫们相比，连做他们的仆役都嫌无能，请派八百乘兵车。"晋景公同意了。郤克率领中军，士燮辅佐上军，栾书率领下军，韩厥做司马，出兵救援鲁国和卫国。臧宣叔迎接晋军，并作为向导开路。季文子率领军队和他们会合。

及卫地，韩献子将斩人，郤献子驰，将救之，至则既斩之矣。郤子使速以徇[1]，告其仆曰："吾以分谤也[2]。"

【注释】

①徇：陈尸示众。

②分谤：分担责任。

【译文】

到达卫国境内，韩厥将要杀人，郤克飞车赶去，准备救下那个人。等赶到时，已经杀了。郤克让人赶快把死者尸体在军中示众，告诉自己的御者说："我用这样的做法来分担人们对韩厥的非议。"

师从齐师于莘①。六月壬申②，师至于靡笄之下③。齐侯使请战，曰："子以君师，辱于敝邑，不腆敝赋④，诘朝请见⑤。"对曰："晋与鲁、卫，兄弟也⑥。来告曰：'大国朝夕释憾于敝邑之地⑦。'寡君不忍，使群臣请于大国，无令舆师淹于君地⑧。能进不能退，君无所辱命。"齐侯曰："大夫之许，寡人之愿也；若其不许，亦将见也。"齐高固入晋师，桀石以投人⑨，禽之而乘其车⑩，系桑本焉⑪，以徇齐垒，曰："欲勇者贾余余勇⑫。"

【注释】

①莘：卫地名，在今山东莘县北。为从卫至齐之要道。

②壬申：十六日。

③靡笄：山名，即今山东济南千佛山。

④不腆：不厚。

⑤诘朝：次日早晨。

⑥晋与鲁、卫，兄弟也：晋、鲁、卫皆是姬姓诸侯国，故云。

⑦大国：指齐国。释憾：发泄愤恨。敝邑：鲁、卫自称。

⑧舆师：众多军队。

⑨桀：举起。

⑩禽：同"擒"。

⑪桑本：连根的桑树。本，根。

⑫贾：买。

【译文】

晋、鲁、卫联军在莘地追上齐军。六月十六日，军队到达靡笄山下。齐顷公派人请战，说："您带领贵国国君的军队光临敝邑，敝国将以不强大的军队，请求和你们在明天早晨相见决战。"郤克回答说："晋和鲁、卫是兄弟国家，鲁、卫前来告诉我们说：'大国不分日夜到敝邑土地上发泄气愤。'寡君于心不忍，派我们这些下臣们来向大国请求，不要使我们的军队过久地停留在贵国。我们只能前进不能后退，用不着再劳动您的命令。"齐顷公说："大夫允许决战，正是寡人的愿望；如果您不允许，也要兵戎相见的。"齐国的高固冲入晋军中，举起石头投掷晋军，抓获晋兵而抢坐上他的战车，把桑树根系在车上，遍行齐军中，说："需要勇气的人可以来买我多余的勇气！"

癸酉①，师陈于鞍。邴夏御齐侯②，逢丑父为右③。晋解张御郤克④，郑丘缓为右⑤。齐侯曰："余姑翦灭此而朝食⑥。"不介马而驰之⑦。郤克伤于矢，流血及屦，未绝鼓音，曰："余病矣⑧！"张侯曰⑨："自始合⑩，而矢贯余手及肘⑪，余折以御，左轮朱殷⑫，岂敢言病⑬。吾子忍之！"缓曰："自始合，苟有险，余必下推车，子岂识之⑭？然子病矣！"张侯曰："师之耳目，在吾旗鼓，进退从之⑮。此车一人殿之⑯，可以集事⑰，若之何其以病败君之大事也？擐甲执兵⑱，固即死也。病未及死，吾子勉之！"左并辔，右援枹而鼓⑲，马逸不能止，师从之。齐师败绩。逐之，三周华不注⑳。

【注释】

①癸酉：十七日。

②邴夏:齐国大夫。

③逢丑父:齐国大夫。

④解张:晋国大夫。

⑤郑丘缓:晋国大夫,郑丘为复姓。

⑥翦灭:消灭。朝食:早饭。

⑦不介马:马不披甲。介,甲。

⑧病:身负重伤,意指不能再坚持。

⑨张侯:指解张。张是其字,侯是其名。

⑩合:交战。

⑪矢贯余手及肘:意谓张侯中两箭,一箭贯手,一箭贯肘。贯,穿。

⑫殷(yān):赤黑色。

⑬岂敢言病:《荀子·议兵篇》:“将死鼓,御死辔。”意谓各尽力于职责,故解张不敢言病。

⑭子岂识之:你哪里知道呢?杨伯峻云:“虽同在一车中,主将不知车右下推车,足见主将受伤甚重而又专心于击鼓。”

⑮师之耳目,在吾旗鼓,进退从之:《孙子·军争篇》引《军政》曰:“言不相闻,故为金鼓;视不相见,故为旌旗。夫金鼓、旌旗者,所以一人之耳目也。人既专一,则勇者不得独进,怯者不得独退,此用众之法也。”

⑯殿:镇守。

⑰集:完成。

⑱擐(huàn):穿。

⑲右援枹(fú)而鼓:右手拿鼓槌代郤克击鼓。援,引。枹,鼓槌。

⑳华(huà)不注:山名,在今山东济南。

【译文】

十七日,齐、晋两军在鞍地摆开阵势。邴夏为齐顷公驾车,逢丑父为车右。晋国的解张为郤克驾车,郑丘缓为车右。齐顷公说:“我们姑且消灭了这些人后再吃早饭。”马不披甲，飞驰而出。郤克受了箭伤，血流到鞋子上，但是鼓声没有停歇过，说：“我受了重伤了！”解张说：“从一开始交战，箭就射穿了我的手和肘，我折断了箭杆继续驾车，左边的车轮都染成深红色，哪里敢说受伤？您还是忍着点吧！”郑丘缓说：“从一开始交战，只要遇到险阻，我必定下车推车，您哪里知道呢？不过您真是受了重伤了！”解张说：“军队的耳目，在于我们的旌旗和鼓声，前进后退都要听从旗鼓的指挥。这辆战车有一个人镇守着，就可以完成战斗任务。怎能因为受伤而败坏国君的大事呢？身披盔甲，拿起武器，本来就是抱定必死的决心。现在受伤还没到死的程度，你还是尽力而为吧！”于是，用左手总揽马缰，右手拿起鼓槌击鼓，马失去控制一直向前不能停止，军队也就跟着冲上去。齐军大败，晋国追赶齐军，绕华不注山跑了三圈。

韩厥梦子舆谓己曰[1]：“且辟左右[2]。”故中御而从齐侯[3]。邴夏曰：“射其御者，君子也[4]。”公曰：“谓之君子而射之[5]，非礼也。”射其左，越于车下[6]。射其右，毙于车中，綦毋张丧车[7]，从韩厥，曰：“请寓乘[8]。”从左右，皆肘之[9]，使立于后。韩厥俛[10]，定其右。逢丑父与公易位[11]。将及华泉[12]，骖絓于木而止[13]。丑父寝于轏中[14]，蛇出于其下，以肱击之[15]，伤而匿之，故不能推车而及。韩厥执絷马前[16]，再拜稽首，奉觞加璧以进[17]，曰：“寡君使群臣为鲁、卫请，曰：‘无令舆师陷入君地。’下臣不幸，属当戎行[18]，无所逃隐。且惧奔辟，而忝两君[19]，臣辱戎士，敢告不敏[20]，摄官承乏[21]。”丑父使公下，如华泉取饮[22]。郑周父御佐车[23]，宛茷为右[24]，载齐侯以免。韩厥献丑父，郤献子将戮之。呼曰：“自今无有代其君任患者[25]，有一于此，将为戮乎！”郤子曰：“人不难以死免其君。我戮之不祥，赦之以劝事君者。”乃免之。

【注释】

①子舆：韩厥之父。

②且辟左右：古代军制，天子、诸侯亲为元帅，或其他人为元帅，立于兵车之中，在鼓之下。若非元帅，则御者在中，本人在左。韩厥为司马，应在车左，主射。辟，躲避。

③中御：站在车中央，代替御者。

④射其御者，君子也：邴夏所谓“君子”指身份较高。

⑤谓之君子而射之：齐顷公所谓“君子”指道德高尚。

⑥越：坠。

⑦綦毋(qí wú)张：晋国大夫，姓綦毋名张。

⑧寓乘：搭乘。寓，寄。

⑨肘之：用肘将綦毋张向后推，不让他立于左右，以免被杀。

⑩俛：同“俯”。

⑪逢丑父与公易位：韩厥未曾见过逢丑父和齐侯，不能分辨其面貌。古代兵服，国君与将佐相同，故易位即足以欺骗敌人。

⑫华泉：华不注山下之泉。

⑬骖(cān)：左右两旁的马。絓(guà)：绊住。

⑭辗(zhàn)：栈车。用竹木制成的车子。

⑮肱(gōng)：小臂。

⑯韩厥执絷(zhí)马前：执絷为当时军帅见敌国君主之礼。絷，绊马索。

⑰奉觞加璧：敬酒献玉。

⑱属：适合，恰当。戎行：兵车的行列。

⑲忝(tiǎn)：羞辱。

⑳不敏：当时惯用谦辞，不才。

㉑摄官承乏：此为当时辞令，实际意为将执行任务，俘虏齐侯。摄，代理。承乏，谦辞，表示某事由于缺乏人手，只能由自己承当。乏，缺乏人手。

㉒丑父使公下，如华泉取饮：意即让齐顷公就此逃走。

㉓郑周父：齐国大夫。佐车：诸侯的副车。

㉔宛茷：齐国大夫。

㉕任患：担当祸患。

【译文】

韩厥梦见父亲子舆对他说："明天交战不要站在战车左右两侧。"因此韩厥就在中间驾车追赶齐顷公。邴夏说："射那个驾车人，他是个君子。"齐顷公说："认为他是君子而射他，这不合于礼。"射车左，车左死在车下。射车右，车右死在车里。綦毋张丢了战车，跟上韩厥说："请让我搭乘您的战车。"上车后准备站在车左或车右，韩厥用肘推他，使他站在自己身后。韩厥弯下身子，放稳车右的尸体。逢丑父和齐顷公乘机互换位置。快到华泉时，骖马被树木绊住了，车停了下来不能前进。前几天，逢丑父睡在栈车里，有一条蛇爬到他身边，他用手臂去打蛇，被蛇咬伤，没有声张，因此这时不能用臂推车，被韩厥赶上。韩厥握着马缰走到马前，下拜叩头，捧着酒杯加上璧献上，说："寡君派遣臣下们为鲁、卫两国请命，说：'不要让军队久留齐国的土地。'下臣不幸，正好在军中服役，不能逃避责任。而且也怕奔走逃避会成为两国国君的耻辱。下臣勉强充当一名战士，谨向国君禀告我的无能，但由于人手缺乏，不得不承当这个职位。"逢丑父让齐顷公下车，去华泉取水。郑周父驾驭副车，宛茷为车右，载上齐顷公使之免于被俘。韩厥献上逢丑父，郤克准备杀死他。逢丑父喊叫说："到现在为止还没有能代替他的国君受难的人，有一个这样的人在这里，还要被杀死吗？"郤克说："一个人不怕牺牲自己来使自己的国君免于祸患，我杀了他是不吉利的。赦免他用来勉励事奉国君的人吧。"于是赦免了逢丑父。

齐侯免，求丑父，三入三出[①]。每出，齐师以帅退[②]。入于狄卒[③]，狄卒皆抽戈楯冒之[④]。以入于卫师，卫师免之[⑤]。遂自徐关入[⑥]。齐侯见保者[⑦]，曰："勉之！齐师败矣。"辟女子[⑧]，女子曰："君免乎？"曰："免矣。"曰："锐司徒免乎[⑨]？"曰："免矣。"曰："苟君与吾父免矣，可若何[⑩]？"乃奔。齐侯以为有礼，既而问之，辟司徒之妻也[⑪]。予之石窌[⑫]。

【注释】

①三入三出：指齐顷公三次出入晋军，企图救出逢丑父。杨伯峻曰："第一次入、出晋师，第二次入、出狄卒，第三次入、出卫师。狄卒、卫师皆晋之友军。"

②齐师以帅退：齐顷公每自敌军出，齐军均拥护之后退。

③狄卒：指参加晋军的狄人步卒。

④狄卒皆抽戈楯(dùn)冒之：狄卒皆抽戈与盾以护卫齐顷公。楯，同"盾"。冒，遮拦，庇护。

⑤免：不加伤害。

⑥徐关：地名，在今山东临淄。

⑦保者：守卫城邑的人。

⑧辟：使行人避开。

⑨锐司徒：官名，主管锋利军械。锐司徒为女子之父。

⑩可若何：还要怎样。意谓不必再担心了。

⑪辟司徒：官名，主管军中营垒之事。辟，同"壁"。

⑫石窌(liù)：齐地名，在今山东长清东南。

【译文】

齐顷公免于被俘以后，寻找逢丑父，在晋军中三进三出。每次出来的时候，齐军都簇拥着护卫他后退。冲入狄人的军队中，狄人士兵都拿起戈和盾护卫他。冲入卫军中，卫军也不让他受伤害。于是，齐顷公就从徐关进入齐都。齐顷公见到守城军队，说："你们努力吧！齐军战败了！"齐顷公的前卫让一女子让路，这个女子问："国君免于祸难了吗？"说："免了。"又问："锐司徒免于祸难了吗？"说："免了。"女子说："如果国君和我父亲都免于祸难了，还要怎么样？"便跑开了。齐顷公认为她知礼，不久后查问，才知道她是辟司徒的妻子，便赐给她石窌作为封邑。

晋师从齐师，入自丘舆[①]，击马陉[②]。

【注释】

①丘舆：在今山东益都西南。

②马陉：在丘舆之北。

【译文】

晋军追赶齐军，从丘舆进入齐国，攻打马陉。

齐侯使宾媚人赂以纪甗、玉磬与地[①]。"不可，则听客之所为[②]。"宾媚人致赂，晋人不可，曰："必以萧同叔子为质，而使齐之封内尽东其亩[③]。"对曰："萧同叔子非他，寡君之母也。若以匹敌，则亦晋君之母也。吾子布大命于诸侯，而曰：'必质其母以为信。'其若王命何？且是以不孝令也。《诗》曰：'孝子不匮，永锡尔类[④]。'若以不孝令于诸侯，其无乃非德类也乎[⑤]？先王疆理天下[⑥]，物土之宜[⑦]，而布其利[⑧]。故《诗》曰：'我疆我理，南东其亩[⑨]。'今吾子疆理诸侯，而曰'尽东其亩'而已，唯吾子戎车是利，无顾土宜，其无乃非先王之命也乎？反先王则不义，何以为盟主？其晋实有阙[⑩]。

四王之王也[11]，树德而济同欲焉[12]。五伯之霸也[13]，勤而抚之[14]，以役王命[15]。今吾子求合诸侯，以逞无疆之欲[16]。《诗》曰：'布政优优，百禄是遒[17]。'子实不优[18]，而弃百禄，诸侯何害焉！不然，寡君之命使臣则有辞矣，曰：'子以君师辱于敝邑，不腆敝赋，以犒从者。畏君之震[19]，师徒桡败[20]，吾子惠徼齐国之福，不泯其社稷，使继旧好，唯是先君之敝器、土地不敢爱。子又不许，请收合余烬[21]，背城借一[22]。敝邑之幸，亦云从也。况其不幸，敢不唯命是听。'"

【注释】

①宾媚人：即国佐。纪甗(yǎn)、玉磬：二者均为齐灭纪国时获得的珍宝。甗，古代炊器。磬，乐器。

②客：指晋国。

③封内：境内。东其亩：古代多南亩，若田垄改为东西向，道路也随之东西向，晋在齐之西，日后兵车入齐境时易于通行。亩，此指田垄。

④孝子不匮，永锡尔类：引《诗》见《诗经·大雅·既醉》。匮，竭尽。锡，赏赐。类，同类的人。

⑤非德类：不符合道德法则。

⑥疆：定疆界。理：分地理。

⑦物：考察。

⑧布其利：做有利于生产的布置。布，布置。

⑨我疆我理，南东其亩：引《诗》见《诗经·小雅·信南山》。意谓我划定疆界，分别地理，南向东向开辟田亩。

⑩阙：过失。

⑪四王之王(wàng)：指舜、禹、汤、武统一天下。四王，指舜、禹、汤、武。

⑫树德：树立德政。济：满足。同欲：诸侯共同的愿望。

⑬五伯：指夏之昆吾，商之大彭、豕韦，周之齐桓公、晋文公。

⑭勤：勤劳。抚之：安抚其他诸侯。

⑮役王命：服役于天子之命。

⑯无疆：无止境。

⑰布政优优，百禄是遒：引《诗》见《诗经·商颂·长发》。意谓推行宽仁之政，百种的幸福都将聚集在他身上。布，施行。优优，和缓宽大的样子。遒，聚集。

⑱不优：即“不优优”。

⑲震：威严。

⑳桡(náo)败：失败。

㉑余烬：烧残的灰，比喻残余的军队。

㉒背城借一：在自己的城下决一死战。

【译文】

齐顷公派遣宾媚人把纪甗、玉磬和土地送给战胜诸国以求和，指示他“如果对方不同意讲和，就听任他们怎么办”。国佐献上财礼，晋国人不同意，说：“一定要以萧同叔子作为人质，而且把齐国境内的田垄全都改成东西走向。”国佐回答说：“萧同叔子不是别人，是寡君的母亲。如果从对等地位来说，也就是晋国国君的母亲。您在诸侯中发布重大命令，反而说：‘一定要把他的母亲作为人质才能取信。’将怎样对待周天子的命令呢？而且这样做，就是用不孝来号令诸侯。《诗》说：‘孝子的孝心没有穷尽，他永远把自己的孝思分给同类的人。’如果以不孝来号令诸侯，那恐怕不符合道德准则吧！先王把天下的土地划分疆界、区分地理，因地制宜，以获取应得的利益。所以《诗》说：‘我划定疆界、分别地理，南向东向开辟田亩。’如今您让诸侯定疆界、分地理，却说‘把田垄全部改成东向’而已，只考虑方便自己兵车通行，不顾土地是否适宜，恐怕不符合先王的政令吧！违反先王的遗命就是不合道义，怎么能做诸侯的盟主呢？晋国在这点上确实是有过失的。四王之所以能统一天下，是因为他们能树立德行，满足诸侯的共同愿望。五伯之所以成就霸业，是因为他们勤劳而安抚诸侯，共同为天子效命。如今您要求会合诸侯，来满足自己没有止境的欲望。《诗》说：‘政事的推行宽大和缓，各种福禄都将积聚到你身上。’您如果不肯宽和施政，而丢弃一切福禄，这对诸侯又有什么害处呢？如果您不肯答应讲和，寡君命令我使臣，还有一番话要说：‘您带领贵国国君的军队光临敝邑，敝邑只能以自己微薄的力量来犒劳您的随从。畏惧贵国国君的威严，我们的军队战败了。承蒙您惠临为齐国求福，如果不灭亡我们的国家，让齐、晋两国继续过去的友好关系，那么先君留下的破旧器物和土地，我们是不敢爱惜的。您如果又不允许，我们就只能请求收拾残兵败将，背靠自己的城墙决一死战。如果敝邑侥幸取胜，也还是会依从贵国的。如果不幸而败，岂敢不唯命是从？’”

鲁、卫谏曰：“齐疾我矣！其死亡者，皆亲昵也。子若不许，仇我必甚。唯子则又何求？子得其国宝，我亦得地，而纾于难[1]，其荣多矣！齐、晋亦唯天所授，岂必晋？”晋人许之，对曰：“群臣帅赋舆[2]，以为鲁、卫请。若苟有以藉口[3]，而复于寡君，君之惠也。敢不唯命是听。”

【注释】

①纾难：解除祸患。纾，缓。

②赋舆：指兵车。

③若苟有以藉口：意谓若稍有所得。若苟，同义词连用，如果。

【译文】

鲁、卫两国劝谏郤克说：“齐国痛恨我们了！他们死去和溃散的，都是宗族亲戚。您如果不肯答应,他们必然更加仇恨我们。即使是您,还有什么可希求的?如果您得到齐国的宝器,我们得到土地,又解除了祸患,这荣耀也就很多了。齐国和晋国都是上天眷顾的国家,难道一定只有晋国永久胜利吗?"晋国人答应了鲁、卫的意见,回答说:"下臣们率领兵车来为鲁、卫两国请命,只要有所交代能让我们可以向国君复命,就是国君的恩惠了。岂敢不唯命是从?"

禽郑自师逆公①。

【注释】

①禽郑自师逆公:鲁公从鲁国来与晋军相会,禽郑从军中出迎。禽郑,鲁国大夫。

【译文】

禽郑从军中去迎接鲁成公。

秋七月,晋师及齐国佐盟于爰娄①,使齐人归我汶阳之田②。公会晋师于上鄍③,赐三帅先路三命之服④,司马、司空、舆帅、候正、亚旅⑤,皆受一命之服。

【注释】

①爰娄:地名,在今山东临淄。

②汶阳之田:汶水之北的田地。僖公元年,鲁已将汶阳之田归于季氏。齐后又取之,今又归鲁。

③上鄍(míng):齐、卫二国交界之地,在今山东阳谷。

④三帅:指郤克、士燮与栾书。先路:天子、诸侯乘车叫路,卿大夫接受天子、诸侯所赐之车也叫路。三命之服:卿大夫所受的最高

等级的礼服。三命,诸侯任命卿,有一命、再命、三命之分。三命是最高等级的命令,表示尊贵。

⑤司马:指韩厥。司空:主管军事工程之官。舆帅:主管兵车之官。候正:主管侦察谍报之官。亚旅:上大夫的别称。

【译文】

秋七月,晋军和齐国国佐在爰娄结盟,让齐国归还我国汶阳的田地。成公在上鄍会见晋军,赐给晋军三位主将先路和三命的车服,司马、司空、舆帅、候正、亚旅都接受了一命的车服。

2.4 八月,宋文公卒。始厚葬:用蜃炭①,益车马②,始用殉③,重器备④。椁有四阿⑤,棺有翰桧⑥。

【注释】

①蜃炭:用蜃烧成灰。蜃,大蚌蛤。或曰,蜃指用蜃烧成的灰。炭,指木炭,在棺椁外置炭是当时贵族丧葬习惯。此二物用以吸湿。

②益车马:增加车马的数量。益,增加。古代天子、诸侯用车马随葬。

③殉:用人殉葬。

④重(chóng)器备:增加随葬用品。重,增加。器备,指用品。

⑤椁(guǒ):棺外套棺。四阿:本古代天子宫室宗庙建筑形式,墓穴仿此,用于椁上。

⑥翰:棺木旁的装饰。桧(guì):棺木上的装饰。两种装饰皆天子所用。

【译文】

八月,宋文公去世。开始厚葬:使用蜃炭,增加陪葬的车马,开始用活人殉葬,用很多器物陪葬。椁有四阿,棺有翰、桧等装饰。

君子谓："华元、乐举①，于是乎不臣。臣，治烦去惑者也②，是以伏死而争③。今二子者，君生则纵其惑④，死又益其侈⑤，是弃君于恶也。何臣之为⑥？"

【注释】

①华元、乐举：皆为宋国执政大臣。

②烦：乱。去惑：解除惑乱。

③伏死而争：冒死谏诤。

④纵其惑：任其作恶。

⑤益其侈：指为其厚葬。

⑥何臣之为：即"为何臣"。

【译文】

君子说："华元、乐举，在这件事上有失为臣之道。作为臣子，是为国君去烦乱解迷惑的，因此要冒死谏诤。现在这两个人，国君活着时放纵他去作恶，死了又增加他的奢侈，这是把国君置于邪恶中，算是什么臣子？"

2.5　九月，卫穆公卒，晋三子自役吊焉①，哭于大门之外②。卫人逆之，妇人哭于门内，送亦如之。遂常以葬。

【注释】

①三子：指郤克、士燮与栾书。

②哭于大门之外：邻国官员奉命来吊，吊者应进门升堂哭吊。但郤克等三人未奉晋君之命，于率军队返国复命途中，顺便吊唁，因而不能依常礼，只在大门之外哭吊。

【译文】

九月，卫穆公去世，晋国三位主将从战地率兵返国途中前往吊唁，在大门之外哭吊。卫国人迎接他们，女人们在门内哭，送行时也是如此。以后别国官员来吊唁就依此例直到下葬。

2.6　楚之讨陈夏氏也[①]，庄王欲纳夏姬[②]。申公巫臣曰："不可。君召诸侯，以讨罪也[③]；今纳夏姬，贪其色也。贪色为淫，淫为大罚。《周书》曰：'明德慎罚[④]。'文王所以造周也。明德，务崇之之谓也；慎罚，务去之之谓也。若兴诸侯，以取大罚，非慎之也。君其图之！"王乃止。子反欲取之[⑤]，巫臣曰："是不祥人也[⑥]。是夭子蛮[⑦]，杀御叔[⑧]，弑灵侯[⑨]，戮夏南[⑩]，出孔、仪[⑪]，丧陈国[⑫]，何不祥如是？人生实难，其有不获死乎？天下多美妇人，何必是？"子反乃止。王以予连尹襄老。襄老死于邲[⑬]，不获其尸，其子黑要烝焉[⑭]。巫臣使道焉，曰："归！吾聘女。"[⑮]又使自郑召之，曰："尸可得也，必来逆之。"[⑯]姬以告王，王问诸屈巫。对曰："其信！知罃之父[⑰]，成公之嬖也，而中行伯之季弟也[⑱]，新佐中军，而善郑皇戌，甚爱此子[⑲]。其必因郑而归王子与襄老之尸以求之[⑳]。郑人惧于邲之役而欲求媚于晋，其必许之。"王遣夏姬归。将行，谓送者曰："不得尸，吾不反矣。"巫臣聘诸郑，郑伯许之。

【注释】

①楚之讨陈夏氏：楚庄王因夏徵舒弑陈灵公而讨之。事在宣公十一年。

②夏姬：夏徵舒的母亲。

③讨罪：指讨伐夏徵舒弑君之罪。

④明德慎罚：引文见《尚书·康诰》。意谓文王能宣扬道德，小心惩罚，因此创立周王朝。

⑤子反：指公子侧。

⑥是：此，指夏姬。

⑦夭子蛮：使子蛮早死。夭，早死。昭公二十八年《传》说夏姬杀三夫，子蛮或是其第一个丈夫。

⑧御叔：夏姬第二个丈夫，夏徵舒之父。

⑨灵侯：指陈灵公，因与夏姬通奸而被夏徵舒所杀。

⑩夏南：即夏徵舒。

⑪出孔、仪：孔宁、仪行父亦与夏姬通奸，夏徵舒弑灵公，二人因此逃奔楚国。

⑫丧陈国：楚讨伐夏徵舒，因而灭陈，后又复陈。以上事见宣公十一、十二年《传》。

⑬襄老死于邲：襄老在宣公十二年邲之战中被知庄子荀首射死。

⑭黑要(yāo)：襄老之子。

⑮"巫臣使道焉"三句：意谓巫臣派人示意夏姬，让她先设法回其娘家郑国，然后巫臣聘她为妻。道，通"导"。

⑯"又使自郑召之"三句：巫臣又让郑国召夏姬回国，对她说回国可以得到襄老尸体。

⑰知䓨之父：即知庄子荀首。邲之战，知䓨被楚人俘获。

⑱中行伯之季弟：荀首是中行伯荀林父的小弟弟。

⑲此子：指知䓨。

⑳王子：指楚公子穀臣，为荀首俘虏，见宣公十二年《传》。

【译文】

楚国攻打陈国夏氏时，楚庄王想收纳夏姬。申公巫臣说："不行。

君王召集诸侯，是为了讨伐有罪；如今收纳夏姬，是贪恋她的美色。贪恋美色叫做淫，淫便要受到重大处罚。《周书》说：‘宣扬道德，谨慎惩罚。’文王因此而创立周朝。宣扬道德，是说要致力于提倡它；谨慎惩罚，是说要致力于避免它。如果出动诸侯的军队，反而得到重大处罚，就不是谨慎避免了。君王还是考虑一下吧！”楚庄王便打消了收纳夏姬的想法。子反想要娶夏姬，巫臣说：“这是个不吉利的人啊！她使子蛮早死，使御叔被杀，灵侯被弑，夏南遭戮，孔宁、仪行父逃亡在外，陈国因此被灭亡，有什么不吉利的能与她相比？人生在世实在很不容易，如果娶了夏姬，恐怕也将不得好死吧！天下美貌的女人很多，为何一定要娶她？”子反也打消了娶夏姬的想法。楚庄王把夏姬给了连尹襄老。襄老在邲之战中被杀死，没有要回尸首。他的儿子黑要和夏姬私通。巫臣派人向夏姬示意，说：“你回到郑国去，我娶你为妻。”又派人从郑国召她，说：“襄老的尸首可以得到，但一定要亲自来迎接。”夏姬把这话报告楚庄王。楚庄王询问巫臣的意见。巫臣回答说：“这话应该可信。知罃的父亲，是晋成公的宠臣，又是荀林父的弟弟，新近做了中军佐，和郑国的皇戌交情很好，非常喜爱这个儿子。他一定会通过郑国归还王子和襄老的尸首而要求交换知罃。郑国人担心邲之战得罪了晋国，必然要讨好于晋国，他们一定会答应。”楚庄王就打发夏姬回郑国。将要动身时，夏姬对送行的人说：“得不到襄老的尸首，我就不回来了。”巫臣在郑国聘她为妻，郑襄公同意了。

及共王即位，将为阳桥之役①，使屈巫聘于齐，且告师期。巫臣尽室以行②。申叔跪从其父③，将适郢，遇之，曰：“异哉！夫子有三军之惧④，而又有《桑中》之喜⑤，宜将窃妻以逃者也⑥。”及郑，使介反币⑦，而以夏姬行。将奔齐，齐师新败⑧，曰：“吾不处不胜之国。”遂奔晋，而因郤至⑨，以臣于晋。晋人使为邢大夫[10]。子反请以重币锢之[11]，王曰：“止！其自为谋也则过矣[12]。其为吾先君谋也则忠[13]。忠，社稷之固也，所盖多矣[14]。且彼若能利国家，虽重币，晋将可乎？若无益于晋，晋将弃之，何劳锢焉。”

【注释】

①阳桥之役：见下文。阳桥，鲁地名，在今山东泰安西北。

②尽室：带走全部家室和财产。

③申叔跪：申叔时之子。

④夫子：指巫臣。有三军之惧：巫臣因军事使命去齐国，应慎戒从事，所以说“三军之惧”。

⑤《桑中》之喜：暗指巫臣与夏姬的私约。桑中，本卫国地名，在今河南淇县。《诗经·国风·鄘风》有《桑中》篇，为民间男女幽会的恋歌。

⑥宜：殆，大概，恐怕。

⑦介：副使。

⑧齐师新败：此指鞍之战，齐败于晋。

⑨郤至：郤克的族侄。

⑩邢：晋邑名，在今河南温县东北。

⑪锢：禁锢，等于说永不录用。

⑫自为谋：为自己打算。指娶夏姬而逃。

⑬为吾先君谋：指劝庄王不娶夏姬。

⑭盖：覆盖，在此意为保护。

【译文】

到了楚共王即位，将要发动阳桥战役，派巫臣去齐国聘问，同时把出兵的日期告诉齐国。巫臣带上全家及一切家财前往。申叔跪跟着他的父亲将要到郢都去，碰上巫臣，说：“奇怪呀！这个人有肩负军事重任的戒惧之心,却又有'桑中'幽会的喜悦之色,大概是要带别人的妻子私奔吧!"到了郑国,巫臣派副使带回财礼,就带着夏姬走了。他原准备逃亡到齐国,齐国新近战败,巫臣说:"我不住在不打胜仗的国家。"于是逃亡到晋国,通过郤至的关系,作了晋国的臣子。晋国人让他做邢地的大夫。子反请求送重礼要求晋国不要录用巫臣,楚共王说:"别那样做!他为自己打算是有罪过的,他为我的先君打算则是忠诚的。忠诚,便使国家巩固,所能保护的东西就多了。而且他如果能有利于晋国,即使送去重礼,晋国会同意永不录用吗?如果对晋国没有好处,晋国将会丢弃他,哪用得着我们求他永不录用呢?"

2.7 晋师归,范文子后入①。武子曰②:"无为吾望尔也乎③?"对曰:"师有功,国人喜以逆之,先入,必属耳目焉④,是代帅受名也,故不敢。"武子曰:"吾知免矣。"

【注释】

①范文子:指士燮。

②武子:士会,士燮父亲。

③望:盼望。

④属耳目:众人耳目都集中于我一个人。属,专注。

【译文】

晋军回到国内,范文子最后进城。他的父亲范武子说:"你不知道我也在盼望你吗?"范文子回答说:"军队打了胜仗,国内的人们高兴地迎接他们。先进城的人,一定格外受到人们的注意,这是代替统帅接受荣誉,所以我不敢走在前面。"武子说:"你这样谦让,我认为可以免于祸害了。"

郤伯见[①]，公曰："子之力也夫！"对曰："君之训也，二三子之力也，臣何力之有焉！"范叔见[②]，劳之如郤伯[③]。对曰："庚所命也[④]，克之制也[⑤]，燮何力之有焉！"栾伯见[⑥]，公亦如之，对曰："燮之诏也[⑦]，士用命也，书何力之有焉！"

【注释】

①郤伯：指郤克。

②范叔：范文子。

③劳：慰劳。

④庚所命：荀庚将上军，未出战，士燮为上军佐，应受命于上军将。庚，指荀庚，荀林父之子。

⑤克之制：郤克为中军帅，节制上军。

⑥栾伯：指栾书。下军帅。

⑦燮之诏：《国语·晋语五》作："书也受命于上军，以命下军之士。"燮，士燮。诏，指示。

【译文】

郤克进见，晋景公说："这是您的功劳啊！"郤克回答说："这是国君的教导，诸位将帅的功劳，下臣有什么功劳呢？"范文子进见，晋景公像对郤伯一样慰劳他。范文子回答说："这是荀庚的命令，郤克的节制，我士燮有什么功劳呢？"栾书进见，晋景公也这样慰劳他。栾书回答说："这是士燮的指示，将士们效命，我栾书有什么功劳呢？"

2.8　宣公使求好于楚[①]。庄王卒，宣公薨，不克作好。公即位，受盟于晋[②]，会晋伐齐[③]。卫人不行使于楚，而亦受盟于晋，从于伐齐。故楚令尹子重为阳桥之役以救齐。将起师，子重曰："君弱[④]，群臣不如先大夫，师众而后可。《诗》曰：

‘济济多士，文王以宁[5]。’夫文王犹用众，况吾侪乎？且先君庄王属之曰[6]：‘无德以及远方，莫如惠恤其民[7]，而善用之。’”乃大户[8]，已责[9]，逮鳏[10]，救乏[11]，赦罪，悉师[12]，王卒尽行。彭名御戎，蔡景公为左，许灵公为右。二君弱[13]，皆强冠之[14]。

【注释】

①宣公使求好于楚：宣公十八年鲁曾派使者去楚国乞师伐齐。

②受盟于晋：指去年与晋盟于赤棘。

③会晋伐齐：即本年之鞍之战。

④君弱：时楚共王年仅十二三岁。

⑤济济多士，文王以宁：引《诗》见《诗经·大雅·文王》。意谓有了众多的人才，文王才得以安宁。

⑥属：嘱托。

⑦惠恤其民：体恤百姓。

⑧大户：清理户口。

⑨已责：免除积欠的赋税。已，止。责，同“债”。

⑩逮鳏(guān)：施舍及于鳏夫。鳏，丧偶的男人。

⑪乏：生活困难者。

⑫悉师：出动全部军队。

⑬二君弱：指蔡景公、许灵公二人年少。

⑭强冠之：不到成年，却勉强举行冠礼。为车左、车右，一定要在行冠礼以后。

【译文】

鲁宣公曾派遣使者到楚国要求建立友好关系，由于楚庄王去世，鲁宣公也去世，没能建立友好关系。鲁成公即位，接受了晋国的盟约，会同晋国攻打齐国。卫国人不派使者去楚国聘问，也接受了晋国的盟约，随晋国攻打齐国。因此楚国的令尹子重发动阳桥战役来救齐国。将要发兵时，子重说："国君年幼，臣下们又比不上先大夫，军队人数众多然后才可以取胜。《诗》说：'有众多的人才，文王才借以得到安宁。'文王尚且使用众多人才，何况是我们这些人呢？再说先君庄王把国君嘱托给我们说：'如果没有德行播及远方，不如加恩体恤百姓，而好好地使用他们。'"于是楚国就清查户口，免除拖欠的赋税，施舍鳏夫，救济困乏，赦免罪人，动员全部军队，楚王的亲军也全部出动。彭名驾驭战车，蔡景公作为车左，许灵公作为车右。两国国君还没有成年，都勉强为他们举行冠礼。

冬，楚师侵卫，遂侵我师于蜀[①]。使臧孙往，辞曰："楚远而久，固将退矣。无功而受名，臣不敢。"楚侵及阳桥，孟孙请往[②]，赂之以执斫、执针、织纴[③]，皆百人。公衡为质[④]，以请盟，楚人许平。

【注释】

①蜀：鲁地，在今山东泰安附近。

②孟孙：即孟献子仲孙蔑。

③执斫：木工。执针：裁缝。织纴(rèn)：织布工。

④公衡：鲁成公之子。

【译文】

冬，楚军侵袭卫国，接着从蜀地进攻我国。鲁成公派臧孙到楚军中求和。臧孙辞谢说："楚军远离本国为时已久，本来就要撤退了。没有退兵的功劳而得到这份荣誉，下臣不敢。"楚军进攻到达阳桥，孟孙请求前往，送给楚军木工、缝工、织工各一百人，以公衡作为人质，请求结盟。

楚国人答应讲和。

十一月，公及楚公子婴齐、蔡侯、许男、秦右大夫说、宋华元、陈公孙宁、卫孙良夫、郑公子去疾及齐国之大夫盟于蜀[①]。卿不书，匮盟也[②]。于是乎畏晋而窃与楚盟，故曰匮盟。蔡侯、许男不书，乘楚车也，谓之失位。君子曰："位其不可不慎也乎！蔡、许之君，一失其位，不得列于诸侯，况其下乎？《诗》曰：'不解于位，民之攸塈[③]。'其是之谓矣。"

【注释】

①右大夫：秦国官名。说（yuè）：人名。

②匮盟：缺乏诚意的会盟。

③不解（xiè）于位，民之攸塈（jì）：引《诗》见《诗经·大雅·假乐》。意谓在高位的人不懈怠，百姓才能得到休息。解，通"懈"。攸，语助词，无义。塈，休息。

【译文】

十一月，鲁成公和楚国公子婴齐、蔡景侯、许灵公、秦国右大夫说、宋国华元、陈国公孙宁、卫国孙良夫、郑国公子去疾以及齐国的大夫在蜀地结盟。《春秋》没有记载卿的名字，这是因为这次结盟缺乏诚意。在这种情况下他们害怕晋国而偷偷和楚国结盟，所以说"结盟缺乏诚意"。《春秋》没有记载蔡景侯、许灵公，是因为他们乘坐楚国的战车，这叫做失去身份。君子说："身份是不可以不谨慎对待的啊！蔡、许两国国君，一旦失去身份，就不能排列在诸侯之中，何况在他们之下的人呢！《诗》说：'在高位的人不懈怠，百姓就能得到休息。'说的就是这种情况了。"

楚师及宋，公衡逃归。臧宣叔曰："衡父不忍数年之不宴[①]，以弃鲁国，国将若之何？谁居[②]？后之人必有任是夫！国弃矣。"

【注释】

①衡父：即公衡。宴：安宁。

②居：语末助词，表疑问。

【译文】

楚军到达宋国，公衡逃了回来。臧孙许说："公衡不肯忍耐几年的不安宁，因此抛弃鲁国，国家将怎么办？谁来承担祸患？他的后代一定会有人承担祸患的！他抛弃了国家！"

是行也[①]，晋辟楚[②]，畏其众也。君子曰："众之不可以已也[③]。大夫为政，犹以众克，况明君而善用其众乎？《大誓》所谓商兆民离，周十人同者[④]，众也。"

【注释】

①是行：指阳桥之役。

②辟：避开。

③已：止。

④《大誓》所谓商兆民离，周十人同者：昭公二十四年《传》亦引《大誓》，作"纣有亿兆夷人，亦有离德；余有乱臣十人，同心同德"。《大誓》，即《泰誓》，《尚书》篇名，今存者为伪书。

【译文】

在这次军事行动中，晋军避开楚军，是因为畏惧楚军人数众多。君子说："大众是不可以不重视的。楚国大夫执政，尚且可以利用大众来战胜敌人，何况是贤明的国君而善于使用大众的呢？《大誓》所说商朝亿万人离心离德，周朝十个人同心同德，就是说使用大众的重要性。”

2.9 晋侯使巩朔献齐捷于周，王弗见，使单襄公辞焉，曰：“蛮夷戎狄，不式王命[①]，淫湎毁常[②]，王命伐之，则有献捷，王亲受而劳之，所以惩不敬，劝有功也。兄弟甥舅[③]，侵败王略[④]，王命伐之，告事而已[⑤]，不献其功，所以敬亲昵、禁淫慝也[⑥]。今叔父克遂[⑦]，有功于齐，而不使命卿镇抚王室[⑧]，所使来抚余一人[⑨]，而巩伯实来，未有职司于王室，又奸先王之礼[⑩]，余虽欲于巩伯[⑪]，其敢废旧典以忝叔父[⑫]？夫齐，甥舅之国也[⑬]，而大师之后也[⑭]，宁不亦淫从其欲以怒叔父[⑮]，抑岂不可谏诲[⑯]？”士庄伯不能对[⑰]。王使委于三吏[⑱]，礼之如侯伯克敌使大夫告庆之礼，降于卿礼一等。王以巩伯宴[⑲]，而私贿之[⑳]。使相告之曰[㉑]：“非礼也，勿籍。”

【注释】

①式：用。

②淫：淫于女色。湎：沉湎于酒。毁常：败坏常规制度。

③兄弟：指同姓诸侯。甥舅：指异姓诸侯。

④略：法度。

⑤告事：报告讨伐情况。

⑥淫慝：凶恶奸邪。

⑦克：能够。遂：成功。

⑧命卿：经天子任命的卿。

⑨余一人：周王专用的自称。

⑩奸：违反。

⑪欲：好，喜欢。

⑫其：犹“岂”，难道。忝：辱。叔父：指晋侯。

⑬夫齐，甥舅之国也：当时王后是齐女。

⑭大师：即太师，此指齐国始祖吕尚，也就是姜太公。

⑮宁：岂。不：语助词，无义。从：同“纵”。

⑯不可谏诲：不可救药。

⑰士庄伯：即巩朔。

⑱使委于三吏：让三吏接待巩朔。三吏，指三公，即司徒、司马、司空。

⑲以：与。

⑳私贿：告庆之礼本无赠礼，现赠以礼品，故曰私贿。

㉑相(xiàng)：相礼者，司仪。

【译文】

晋景公派遣巩朔到周进献齐国的俘虏，周定王不肯接见他，派单襄公辞谢，说：“蛮夷戎狄，不遵奉天子的命令，沉湎酒色，败坏纲常，天子命令讨伐他们，就有了进献俘虏的礼仪。天子亲自接受并加以慰劳，这是用来惩罚不敬、勉励有功。如果兄弟甥舅之国侵犯败坏天子的法度，天子命令讨伐他，只要向天子报告一下情况就行了，不用进献俘虏，这是用来尊敬亲近、禁止邪恶。如今叔父能成功，在齐国建立功勋，却不派遣曾受天子任命的卿来安抚王室，所派来安抚我的使者，却只是巩伯，他在王室中又没有担任职务，这事违背了先王的礼制。我虽然喜爱巩伯，但又岂敢废除旧典来羞辱叔父？齐国和周室是甥舅之国，而且是姜太公的后代，叔父攻打齐国，难道是齐国放纵了私欲以激怒了叔父？或是齐国已经不可谏诤和教诲了呢？”巩朔不能回答。周定王把接待的事情交给三公，让他们按照诸侯战胜敌人派大夫来朝告庆的礼仪接待他，比接待卿的礼节低一等。周定王和巩伯饮宴，私下送给他财礼，让相礼者告诉他说：“这是不合于礼制的，不要记载在史册上。”

三年

【经】

3.1 三年春王正月[①],公会晋侯、宋公、卫侯、曹伯伐郑[②]。

3.2 辛亥[③],葬卫穆公。

3.3 二月,公至自伐郑。

3.4 甲子[④],新宫灾[⑤]。三日哭[⑥]。

3.5 乙亥[⑦],葬宋文公[⑧]。

3.6 夏,公如晋。

3.7 郑公子去疾帅师伐许[⑨]。

3.8 公至自晋。

3.9 秋,叔孙侨如帅师围棘[⑩]。

3.10 大雩。

3.11 晋郤克、卫孙良夫伐廧咎如[⑪]。

3.12 冬十有一月,晋侯使荀庚来聘。

3.13 卫侯使孙良夫来聘。

3.14 丙午[⑫],及荀庚盟。

3.15 丁未[⑬],及孙良夫盟。

3.16 郑伐许。

【注释】

①三年:鲁成公三年当周定王十九年,前588。

②晋侯、宋公、卫侯、曹伯:指晋景公、宋共公、卫定公、曹宣公。

③辛亥:二十八日。

④甲子:十二日。

⑤新宫:鲁宣公庙。灾:遭天火。

⑥三日哭:依礼,先君庙遭火焚,须哭三日。

⑦乙亥:二十三日。

⑧葬宋文公:去年八月宋文公去世,今年二月始葬,相距七月,天子七月而葬,诸侯五月。可见宋文公僭用天子之礼。

⑨公子去疾:即子良。

⑩棘:地名,在今山东肥城。

⑪廧咎如:赤狄的一支,隗姓。在今河南安阳西南。

⑫丙午:二十八日。

⑬丁未:二十九日。

【译文】

鲁成公三年春,周历正月,鲁成公会合晋景公、宋共公、卫定公、曹宣公攻打郑国。

二十八日,安葬卫穆公。

二月,鲁成公从伐郑的战役中回国。

十二日,鲁宣公庙遭天火。哭泣三日。

二十三日,安葬宋文公。

夏,鲁成公去晋国。

郑公子去疾率军攻打许国。

鲁成公从晋国回来。

秋,叔孙侨如率军围攻棘邑。

举行求雨的祭祀。

晋郤克、卫孙良夫攻打廧咎如。

冬十一月,晋景公派荀庚来我国聘问。

卫定公派孙良夫来我国聘问。

二十八日,与荀庚订立盟约。

二十九日,与孙良夫订立盟约。

郑国攻打许国。

【传】

3.1　三年春，诸侯伐郑[①]，次于伯牛[②]，讨邲之役也，遂东侵郑。郑公子偃帅师御之[③]，使东鄙覆诸鄤[④]，败诸丘舆[⑤]。皇戌如楚献捷。

【注释】

①诸侯：即晋与鲁、宋、卫、曹等国。

②伯牛：郑地名，在郑国西部，今地不详。

③公子偃：郑穆公儿子子游。

④覆：埋伏。鄤(màn)：郑地名，在郑国东部，今地不详。

⑤丘舆：郑地名，在郑国东部，今地不详。

【译文】

鲁成公三年春，诸侯联军进攻郑国，驻扎在伯牛，这是讨伐邲之战郑国欺骗晋国之罪，于是就从东边侵袭郑国。郑国的公子偃率军抵御，命令东部边境的军队在鄤地设下埋伏，在丘舆击败了敌军。皇戌去楚国进献俘虏。

3.2　夏，公如晋，拜汶阳之田。

【译文】

夏，鲁成公去晋国，拜谢晋国让齐国退还汶阳的田地之事。

3.3　许恃楚而不事郑，郑子良伐许。

【译文】

许国依仗与楚国友好而不事奉郑国，郑国的子良攻打许国。

3.4　晋人归公子穀臣与连尹襄老之尸于楚，以求知罃。于是荀首佐中军矣，故楚人许之。王送知罃，曰："子其怨我乎？"对曰："二国治戎①，臣不才，不胜其任，以为俘馘。执事不以衅鼓②，使归即戮③，君之惠也。臣实不才，又谁敢怨？"王曰："然则德我乎？"对曰："二国图其社稷，而求纾其民④，各惩其忿⑤，以相宥也⑥，两释累囚以成其好。二国有好，臣不与及⑦，其谁敢德？"王曰："子归，何以报我？"对曰："臣不任受怨，君亦不任受德，无怨无德，不知所报。"王曰："虽然，必告不穀。"对曰："以君之灵，累臣得归骨于晋，寡君之以为戮，死且不朽。若从君之惠而免之，以赐君之外臣首⑧；首其请于寡君，而以戮于宗⑨，亦死且不朽。若不获命，而使嗣宗职⑩，次及于事，而帅偏师，以修封疆⑪。虽遇执事⑫，其弗敢违⑬。其竭力致死，无有二心，以尽臣礼，所以报也。"王曰："晋未可与争。"重为之礼而归之。

【注释】

①治戎：交战。

②衅鼓：以血涂鼓，祭鼓，古代有以俘囚祭鼓者。此处指处死。

③即戮：回去就被诛戮。

④纾：缓解，指得到平安。

⑤惩：抑止。忿：愤怒。

⑥宥（yòu）：赦免。

⑦不与及：指两国都为社稷，并非为己。

⑧外臣：卿大夫对异国国君自称外臣。首：荀首，知罃的父亲。

⑨首其请于寡君，而以戮于宗：荀首不但是知罃之父，且是荀氏小宗宗子，于本族成员有杀戮之权，然先须得国君同意。宗，宗庙。

⑩宗职：家族世袭的官职。

⑪以修封疆：参与边境的战事。

⑫执事：指楚王。

⑬其：将，作副词。违：逃避。

【译文】

晋国人把公子縠臣和连尹襄老尸首归还给楚国，要求换回知罃。当时荀首已经任中军佐，所以楚国人答应了。楚共王为知罃送别，说："你怨恨我吗？"知罃回答说："两国交战，下臣没有才能，不能胜任职务，所以做了俘虏。君王的左右没有用我的血来祭鼓，而让我回国受死，这是君王对我的恩惠。下臣实在没有才能，又敢怨恨谁呢？"楚共王说："那么你感激我吗？"知罃回答说："两国为自己的国家利益打算，希望让百姓得到安宁，各自抑止自己的愤怒，求得互相原谅，两边都释放俘虏，建立友好关系。两国友好，下臣不曾与谋，又敢感激谁呢？"楚共王说："你回去，用什么报答我？"知罃回答说："下臣既没有什么可怨恨的，君王也不值得感恩，没有怨恨没有恩德，就不知道该报答什么。"楚共王说："尽管这样，你一定要告诉我你的想法。"知罃说："承君王的福佑，我这被囚的下臣能够回到晋国，寡君如果加以诛戮，死且不朽。如果由于君王的恩惠而受到赦免，把下臣赐给君王的外臣荀首，荀首向我君请求而把下臣杀戮在自己的宗庙中，也死得其所。如果得不到我君诛戮的命令，而让下臣继承宗子的职位，按次序承担晋国的政事，率领部分军队保卫边疆，虽然碰到君王的左右，我也不敢违背礼义回避，竭尽全力以至于死，没有二心，以尽到为臣的职责，这就是所报答于君王的。"楚共王说："晋国是不能够与它相争的呀！"于是就对知罃重加礼遇后放他回晋国去。

3.5　秋，叔孙侨如围棘，取汶阳之田。棘不服，故围之。

【译文】

秋，叔孙侨如包围棘邑，占取了汶阳的田地。由于棘人不服从，所以包围了棘邑。

3.6　晋郤克、卫孙良夫伐廧咎如，讨赤狄之余焉。廧咎如溃，上失民也[①]。

【注释】

①上失民：指廧咎如首领失去百姓的拥护。

【译文】

晋国的郤克、卫国的孙良夫进攻廧咎如，讨伐赤狄人的残余。廧咎如溃败，这是由于他们的首领失去百姓的拥护。

3.7　冬十一月，晋侯使荀庚来聘，且寻盟。卫侯使孙良夫来聘，且寻盟。公问诸臧宣叔曰："中行伯之于晋也[①]，其位在三[②]。孙子之于卫也，位为上卿，将谁先[③]？"对曰："次国之上卿，当大国之中[④]，中当其下，下当其上大夫。小国之上卿当大国之下卿，中当其上大夫，下当其下大夫。上下如是，古之制也。卫在晋，不得为次国。晋为盟主，其将先之。"丙午，盟晋，丁未，盟卫，礼也。

【注释】

①中行伯：即荀庚，荀林父之子。

②其位在三：指荀庚为上军帅，为第三，列于中军帅郤克、中军佐荀首之后。

③先：指先接待而结盟。

④中：中卿。

【译文】

冬十一月，晋景公派遣荀庚前来我国聘问，并重温过去的盟约。卫定公也派遣孙良夫前来我国聘问，并重温过去的盟约。鲁成公向臧宣叔询问说："中行伯在晋国，位次排列第三；孙良夫在卫国，位次是上卿，应该让谁在前？"臧宣叔回答说："次等国家的上卿，相当于大国的中卿，中卿相当于大国的下卿，下卿相当于大国的上大夫。小国的上卿，相当于大国的下卿，中卿相当于大国的上大夫，下卿相当于大国的下大夫。位次的上下如此，这是古代的制度。卫国对晋国来说，称不上是次等国家。晋国为盟主，应该让它先行礼。"二十八日，和晋国结盟。二十九日，和卫国结盟。这是合于礼的。

3.8 十二月甲戌①，晋作六军②。韩厥、赵括、巩朔、韩穿、荀骓、赵旃皆为卿③，赏鞌之功也。

【注释】

①甲戌：二十六日。

②作六军：僖公二十七年，晋作三军，此时增设新中、上、下三军，扩大为六军。

③韩厥、赵括、巩朔、韩穿、荀骓、赵旃：六人在鞌之战中有功，提升为新三军的将佐。上、中、下三军原各有将佐，计六卿；今增置新三军，亦各有将、佐，增六人为卿。

【译文】

十二月二十六日，晋国编成六个军。韩厥、赵括、巩朔、韩穿、荀骓、赵旃都做了卿，这是为了犒赏他们在鞍之战中的功劳。

3.9　齐侯朝于晋，将授玉①。郤克趋进曰②："此行也，君为妇人之笑辱也③，寡君未之敢任④。"晋侯享齐侯。齐侯视韩厥⑤，韩厥曰："君知厥也乎⑥？"齐侯曰："服改矣。"韩厥登⑦，举爵曰："臣之不敢爱死，为两君之在此堂也⑧。"

【注释】

①授玉：古代诸侯相见，有授玉受玉之礼，此时正要举行授玉仪式。

②趋进：快步进入。

③妇人之笑：即宣公十七年郤克为齐顷公母所笑之事。

④寡君未之敢任：按，郤克此语犹在发泄其被笑之怨。任，担当。

⑤视：仔细看。

⑥知：认识。

⑦登：上堂。

⑧臣之不敢爱死，为两君之在此堂也：意谓两君如今在堂上宴会和好，正是我在作战中奋勇追逐之目的。爱，惜。

【译文】

齐顷公到晋国去朝见，将要举行授玉仪式。郤克快步走上前说："这一次，国君是因为妇人的嬉笑而受辱，寡君不敢受礼。"晋景公设宴招待齐顷公。齐顷公注视着韩厥。韩厥说："国君认识我韩厥吗？"齐顷公说："服装换过了。"韩厥登上台阶，举起酒杯说："下臣在战斗中不惜一死，为的就是两位国君现在在这个堂上和睦共处啊。"

3.10　荀罃之在楚也①，郑贾人有将置诸褚中以出②。既谋之，未行，而楚人归之。贾人如晋，荀罃善视之③，如实出己，贾人曰:"吾无其功,敢有其实乎?吾小人,不可以厚诬君子[④]。"遂适齐。

【注释】

①荀罃:即知罃。

②褚(zhǔ):装衣物的大口袋。

③视:看待。

④诬:骗。

【译文】

荀罃在楚国时,有个郑国商人准备把他藏在装衣物的大口袋里带出楚国。已经商量好了,还没有实施,楚国人就把他放回来了。这个商人到晋国去,荀罃待他很好,好像他真的救了自己一样。商人说:"我没有那样的功劳,岂敢接受这样的实惠?我是小人,不能这样来欺骗君子。"于是就到齐国去了。

四年

【经】

4.1 四年春[①],宋公使华元来聘[②]。

4.2 三月壬申[③],郑伯坚卒[④]。

4.3 杞伯来朝[⑤]。

4.4 夏四月甲寅[⑥],臧孙许卒。

4.5 公如晋。

4.6 葬郑襄公。

4.7 秋,公至自晋。

4.8 冬,城郓[⑦]。

4.9　郑伯伐许[8]。

【注释】

①四年：鲁成公四年当周定王二十年，前587。

②宋公：即宋共公。

③壬申：此日应为二月二十五日，《经》文日月有误。

④郑伯坚：即郑襄公。

⑤杞伯：即杞桓公。

⑥甲寅：初八。

⑦郓：鲁地名，在今山东郓城东。郓有东郓、西郓，此为西郓。

⑧郑伯：指郑悼公。

【译文】

鲁成公四年春，宋共公派华元来我国聘问。

三月壬申日，郑襄公坚去世。

杞桓公来我国朝见。

夏四月初八，臧孙许去世。

鲁成公去晋国。

安葬郑襄公。

秋，鲁成公从晋国回国。

冬，修筑郓地城墙。

郑悼公攻打许国。

【传】

4.1　四年春，宋华元来聘，通嗣君也[1]。

【注释】

①嗣君：指宋共公。

【译文】

鲁成公四年春，宋国的华元来我国聘问，是为他们新继位的国君通好。

4.2 杞伯来朝，归叔姬故也[①]。

【注释】

①归叔姬故：杞伯要休弃叔姬，先来朝鲁，说明原因。

【译文】

杞桓公来我国朝见，是为了要休弃叔姬回鲁国的缘故。

4.3 夏，公如晋，晋侯见公，不敬。季文子曰："晋侯必不免。《诗》曰：'敬之敬之！天惟显思，命不易哉！[①]'夫晋侯之命在诸侯矣，可不敬乎？"

【注释】

①敬之敬之！天惟显思，命不易哉：引《诗》见《诗经·周颂·敬之》，意谓做事必须认真严肃，天监临在上而无所不照，获得与保守天命极不容易。敬，戒慎。显，明。思，语气词，无义。不易，即"难"。

【译文】

夏，鲁成公去晋国。晋景公会见成公，不恭敬。季文子说："晋景公一定难以免除祸患。《诗》说：'处事谨慎又谨慎，天理昭彰不可欺，保全国运实在不容易！'晋景公的命运决定于诸侯，怎么可以不恭敬呢？"

4.4 秋,公至自晋,欲求成于楚而叛晋,季文子曰:“不可。晋虽无道,未可叛也。国大臣睦,而迩于我,诸侯听焉,未可以贰。《史佚之志》有之[1],曰:‘非我族类[2],其心必异。’楚虽大,非吾族也,其肯字我乎[3]?”公乃止。

【注释】

①史佚:西周初年的史官。

②族类:种族。

③其:犹“岂”,难道。字:爱。

【译文】

秋,成公从晋国回到鲁国,想要向楚国请求和好而背叛晋国。季文子说:“不行。晋国虽然无道,但尚不能背叛。晋国国家广大、群臣和睦,而且靠近我国,诸侯听他的命令,不能有二心。《史佚之志》有这样的话:‘不是我相同的种族,他的心意必然不同。’楚国虽然土地广大,但不是我们的同族,他怎么肯爱护我们呢?”成公就打消了这个念头。

4.5 冬十一月,郑公孙申帅师疆许田[1],许人败诸展陂[2]。郑伯伐许,取钼任、泠敦之田[3]。

【注释】

①公孙申:即叔申。疆:划定界限。

②展陂:地名,在今河南许昌西北。

③钼任(rén)、泠敦:皆为地名,在今河南许昌。

【译文】

冬十一月,郑国的公孙申率军划定所占许国田地的疆界,许国人在展陂打败了他。郑悼公攻打许国,占领了钼任、泠敦的田地。

晋栾书将中军，荀首佐之，士燮佐上军，以救许伐郑，取汜、祭[1]。

【注释】

①汜(fán)：应作氾(sì)，郑地名，在今河南荥阳西北。祭：郑地名，在今河南郑州北。

【译文】

晋将栾书率领中军，荀首作为副帅，士燮为上军副帅，去救援许国，攻打郑国，占领了汜地、祭地。

楚子反救郑，郑伯与许男讼焉[1]。皇戌摄郑伯之辞[2]，子反不能决也，曰："君若辱在寡君[3]，寡君与其二三臣共听两君之所欲，成其可知也[4]。不然，侧不足以知二国之成[5]。"

【注释】

①讼：两人争是非曲直。

②摄：代。

③辱在寡君：屈驾去问候寡君。在，问候。

④成：平息争讼。

⑤侧：即公子反之名。

【译文】

楚国的子反率军救援郑国，郑悼公和许灵公在子反面前互相指责对方，皇戌代表郑悼公发言。子反无法判定谁是谁非，说："二位国君如果肯屈驾去问候寡君，寡君和他几个臣子共同听取两国国君的意见，是非曲直就可以判明了。否则，我不足以确定哪一国有理。"

4.6　晋赵婴通于赵庄姬[1]。

【注释】

①晋赵婴通于赵庄姬：赵婴，又名楼婴，赵婴齐。是赵衰之子，赵盾之异母弟。赵庄姬，晋成公之女，赵盾之子赵朔之妻。赵朔谥号“庄”，因此称庄姬。按，此句应与下年《传》“原、屏放诸齐”云云连读。

【译文】

晋国的赵婴和赵庄姬私通。

五年

【经】

5.1　五年春王正月[1]，杞叔姬来归。

5.2　仲孙蔑如宋。

5.3　夏，叔孙侨如会晋荀首于谷[2]。

5.4　梁山崩[3]。

5.5　秋，大水。

5.6　冬十有一月己酉[4]，天王崩[5]。

5.7　十有二月己丑[6]，公会晋侯、齐侯、宋公、卫侯、郑伯、曹伯、邾子、杞伯同盟于虫牢[7]。

【注释】

①五年：鲁成公五年当周定王二十一年，前586。

②谷：齐地名，在今山东东阿。

③梁山：在今陕西韩城，离黄河不远。据《传》，梁山崩塌，黄河因之壅塞。

④己酉：十二日。

⑤天王：即周定王。

⑥己丑：二十三日。

⑦虫牢：郑地名，在今河南封丘北。

【译文】

鲁成公五年春周历正月，杞叔姬被休回国。

仲孙蔑去宋国。

夏，叔孙侨如在谷地与晋荀首相会。

梁山发生山崩。

秋，发大水。

冬十一月十二日，周定王去世。

十二月二十三日，成公会同晋景公、齐顷公、宋共公、卫定公、郑悼公、曹宣公、邾定公、杞桓公一起在虫牢结盟。

【传】

5.1　五年春，原、屏放诸齐[①]。婴曰："我在，故栾氏不作[②]。我亡，吾二昆其忧哉[③]！且人各有能有不能[④]，舍我何害？"弗听。婴梦天使谓己："祭余，余福女。"使问诸士贞伯[⑤]，贞伯曰："不识也。"既而告其人曰[⑥]："神福仁而祸淫，淫而无罚，福也。祭，其得亡乎[⑦]？"祭之，之明日而亡。

【注释】

①五年春，原、屏放诸齐：此句接上年《传》末句"晋赵婴通于赵庄姬"。原，赵同，亦称原同、原叔。屏，赵括，亦称屏括、屏季。原、屏为同母兄弟，与赵婴、赵盾是异母兄弟。

②栾氏不作：指栾书等人不会作乱。栾氏，指栾书等人，此时栾书

将中军，为晋国执政。作，作乱。

③吾二昆：指赵同、赵括二人，均为赵婴之兄。昆，兄。

④人各有能有不能：此句意谓我虽乱伦，但能保护赵氏，而原、屏却不能。

⑤士贞伯：又称士贞子、士渥浊、贞伯。

⑥既而告其人：于礼，士贞子不当告赵婴，但于私可以己意告其使者。其人，指赵婴派去询问的人。

⑦亡：通“无”。指免于受罚。或曰，亡即逃亡、放逐之意。

【译文】

鲁成公五年春，赵同、赵括把赵婴放逐到齐国。赵婴说：“有我在，所以栾氏不敢作乱。我走后，我的两位兄长恐怕就有忧患了。再说人们各有所能，也有所不能，赦免我又有什么坏处？”赵同、赵括不听。赵婴做梦梦见天使对他说：“祭祀我，我保佑你。”他派人去向士贞伯请教。士贞伯说：“我不知道。”不久士贞伯又告诉别人说：“神灵保佑仁爱的人，而降祸给淫邪的人。淫邪而没有受到惩罚，这就是福了。祭祀了难道就能免除祸患？”赵婴祭祀了神，第二天就被放逐。

5.2　孟献子如宋，报华元也。

【译文】

孟献子去宋国，是回报华元对鲁国的聘问。

5.3　夏，晋荀首如齐逆女，故宣伯饫诸谷①。

【注释】

①宣伯：叔孙侨如。饫(yùn)：给在野外的行人赠送粮食。

【译文】

夏，晋国的荀首去齐国迎亲，所以宣伯在谷地馈送食物给他。

5.4 梁山崩，晋侯以传召伯宗[①]。伯宗辟重[②]，曰："辟传！"重人曰[③]："待我，不如捷之速也[④]。"问其所，曰："绛人也。"问绛事焉，曰："梁山崩，将召伯宗谋之。"问："将若之何？"曰："山有朽壤而崩，可若何？国主山川。故山崩川竭，君为之不举[⑤]，降服[⑥]，乘缦[⑦]，彻乐[⑧]，出次[⑨]，祝币[⑩]，史辞以礼焉[⑪]。其如此而已，虽伯宗若之何？"伯宗请见之，不可。遂以告而从之。

【注释】

①传(zhuàn)：传车，古代驿站专用的车辆，每到一中途站换车换马，御者继续前进，速度极快。伯宗：晋国大夫。

②重：重车，装载货物的车。以人力拉行。

③重人：押送重车之人。

④捷：走捷径。

⑤不举：饮食不杀牲，菜肴简单，不奏乐。

⑥降服：不着华丽衣服，穿白衣、戴白绢帽。

⑦缦：无彩饰的车。

⑧彻乐：不奏音乐。

⑨出次：离开寝宫，住于郊外。

⑩祝币：太祝陈列献神的礼物。祝，太祝，祭祀时司告鬼神的人。

⑪史辞：太史读祭神文辞。

【译文】

梁山发生山崩，晋景公用传车召见伯宗。伯宗在路上叫装载货物的重车让道，说："为传车让路！"押送重车的人说："与其等我让道，不如走捷径来得快。"伯宗问他是哪里人，他回答说："绛城人。"伯宗问起绛城的事情。押车人说："梁山发生山崩，打算召见伯宗商量。"伯宗问："应该怎么办？"押车人回答说："山因为有了腐朽的土壤而崩塌，又能怎么办？山川是国家的根本，所以遇到山崩川竭，国君就要为此减膳撤乐、穿素服、乘坐没有彩饰的车子、不奏音乐、离开寝宫住到郊区、太祝陈列献神的礼物，太史宣读祭文，以礼祭祀山川之神。这样做就可以了，即使是伯宗来还能怎么样？"伯宗邀请押车人一起去见晋景公，他不同意。于是伯宗就把押车人的话告诉了晋景公，晋景公照着做了。

5.5　许灵公愬郑伯于楚①。六月，郑悼公如楚，讼，不胜。楚人执皇戌及子国②。故郑伯归，使公子偃请成于晋。秋八月，郑伯及晋赵同盟于垂棘③。

【注释】

①许灵公愬郑伯于楚：此去年事。愬，控告。

②楚人执皇戌及子国：皇戌代郑伯申诉，不胜，故楚人执之。子国，郑穆公之子公子发。

③垂棘：晋地名，在今山西潞城北。

【译文】

许灵公向楚国控告郑悼公。六月，郑悼公去楚国争讼，没有获胜，楚国人拘留了皇戌和子国。所以郑悼公回国后，派遣公子偃到晋国要求讲和。秋八月，郑悼公和晋国的赵同在垂棘结盟。

5.6　宋公子围龟为质于楚而归①，华元享之。请鼓噪以出，鼓噪以复入，曰："习攻华氏。"宋公杀之。

【注释】

①公子围龟:字子灵,宋文公之子。杜预以为他是代华元在楚为质者。

【译文】

宋国的公子围龟在楚国当人质后回到宋国,华元设享礼招待他。围龟请求打鼓呼叫着出了华元的大门,又打鼓呼叫着进去,说:“我这是演习进攻华氏。”宋共公把他杀了。

5.7　冬,同盟于虫牢,郑服也。诸侯谋复会①,宋公使向为人辞以子灵之难②。

【注释】

①复会:再次会见。

②向为人:卫大夫,宋桓公后人。

【译文】

冬,鲁成公和诸侯们在虫牢结盟,是因为郑国顺服晋国。诸侯商议再次聚会,宋共公派向为人以发生子灵事件为由辞谢了。

5.8　十一月己酉,定王崩。

【译文】

十一月十二日,周定王去世。

六年

【经】

6.1　六年春王正月①,公至自会②。

6.2　二月辛巳[3]，立武宫[4]。

6.3　取鄟[5]。

6.4　卫孙良夫帅师侵宋。

6.5　夏六月，邾子来朝[6]。

6.6　公孙婴齐如晋。

6.7　壬申[7]，郑伯费卒[8]。

6.8　秋，仲孙蔑、叔孙侨如帅师侵宋。

6.9　楚公子婴齐帅师伐郑。

6.10　冬，季孙行父如晋。

6.11　晋栾书帅师救郑。

【注释】

①六年：鲁成公六年当周简王元年，前585。

②会：指虫牢之会。

③辛巳：十六日。

④武宫：纪念武功的建筑。

⑤鄟(zhuān)：鲁国的附庸国，在今山东郯城东北。

⑥邾子：即邾定公。

⑦壬申：初九。

⑧郑伯费：即郑悼公。

【译文】

鲁成公六年春周历正月，成公从虫牢之会回国。

二月十六日，建立武宫。

占领鄟国。

卫孙良夫率领军队侵袭宋国。

夏六月，邾定公来我国朝见。

公孙婴齐去晋国。

初九，郑悼公费去世。

秋，仲孙蔑、叔孙侨如率领军队侵袭宋国。

楚公子婴齐率领军队攻打郑国。

冬，季孙行父去晋国。

晋国的栾书率领军队救援郑国。

【传】

6.1 六年春，郑伯如晋拜成，子游相[①]，授玉于东楹之东[②]。士贞伯曰："郑伯其死乎？自弃也已[③]！视流而行速[④]，不安其位，宜不能久[⑤]。"

【注释】

①子游：公子偃的字。相：相礼。

②授玉：古代诸侯相见，有授玉受玉之礼。东楹：古代堂上有东西两大柱，叫东楹、西楹，两楹之中叫中堂。

③自弃：不尊重自己。行授玉礼，如宾主身份相当，授受玉应在两楹之间。如宾身份低于主人，授受玉在中堂与东楹之间，即在东楹之西。晋景公与郑悼公皆一国之君，依当时常礼，应授受玉于两楹之间。郑悼纵以为晋景为霸主，不敢行平等身份之礼，亦当在中堂与东楹之间。今晋景安详缓步，而郑悼则快步又过谦，竟至东楹之东授玉，尤见自卑。

④视流：谓其东张西望。流，如流水。

⑤宜：殆，大概。

【译文】

鲁成公六年春，郑悼公去晋国拜谢晋同意讲和之事，子游任相礼，在东楹的东边行授玉之礼。士贞伯说："郑悼公恐怕要死了吧？自己太不尊重自己！目光流动不停而走路又快，很不安地坐在自己的位子上，大概不能活多久了。"

6.2 二月，季文子以鞌之功立武宫，非礼也。听于人以救其难①，不可以立武。立武由己，非由人也。

【注释】

①听于人以救其难：鞌之战是鲁向晋请求出兵，故军事行动均听命于晋人。

【译文】

二月，季文子由于鞌之战的功勋建立武宫，这是不合于礼的。听从别人的指挥来解救本国的灾难，不能标榜武功。建立武宫要靠自己取胜才行，不是靠别人的功劳。

6.3 取鄟，言易也。

【译文】

占领鄟国，《春秋》用"取"字，是说事情完成得很容易。

6.4 三月，晋伯宗、夏阳说①，卫孙良夫、甯相，郑人，伊、雒之戎②，陆浑③，蛮氏侵宋④，以其辞会也。师于鍼⑤，卫人不保⑥。说欲袭卫，曰："虽不可入，多俘而归，有罪不及死。"伯宗曰："不可。卫唯信晋，故师在其郊而不设备。若袭之，是弃信也。虽多卫俘，而晋无信，何以求诸侯？"乃止。师还，卫人登陴⑦。

【注释】

①夏阳说(yuè):晋国大夫。

②伊、雒之戎:居于今伊河、洛河之间的戎人。

③陆浑:即《传》的陆浑之戎。允姓之戎人,原居于陆浑,在今甘肃敦煌西。僖公二十二年秦、晋迁之于伊川。

④蛮氏:即昭公十六年的戎蛮。今指居于河南临汝一带的少数民族。

⑤鍼(qián):卫邑名,离卫都帝丘不远,在今河南濮阳附近。

⑥不保:不设防。卫有孙良夫、甯相率师参加联军,故联军驻扎在其郊外,卫不加守备。

⑦师还,卫人登陴:此侵宋回国之师疑仅晋师及卫师,其余郑师等不必再经卫回国。此时卫人登城设防。陴,城上的女墙。

【译文】

三月,晋国伯宗、夏阳说,卫国孙良夫、甯相,郑国人,伊、雒的戎人,陆浑,蛮氏侵袭宋国,是因为宋国拒绝参加盟会。军队驻扎在鍼地,卫国人不设防。夏阳说想袭击卫国,说:"虽然未必能攻入都城,多抓一些俘虏回去,国君即使怪罪也不至于死。"伯宗说:"不行。卫国因为相信晋国,所以军队驻扎在郊外而不加防守。如果袭击他,是背信弃义。虽然能多抓些卫国俘虏,但晋国因此失去了信义,用什么去获得诸侯的拥戴?"于是就停止了行动。军队回国。卫国人登上了城墙守卫。

6.5 晋人谋去故绛[①]。诸大夫皆曰:"必居郇、瑕氏之地[②],沃饶而近盬[③],国利君乐,不可失也。"韩献子将新中军,且为仆大夫[④]。公揖而入[⑤]。献子从。公立于寝庭[⑥],谓献子曰:"何如?"对曰:"不可。郇、瑕氏土薄水浅,其恶易觏[⑦]。易觏则民愁,民愁则垫隘[⑧],于是乎有沉溺重腿之疾[⑨]。不如新田，土厚水深，居之不疾，有汾、浍以流其恶，且民从教，十世之利也。夫山、泽、林、盬，国之宝也。国饶，则民骄佚。近宝，公室乃贫[10]，不可谓乐。"公说，从之。夏四月丁丑[11]，晋迁于新田[12]。

【注释】

①故绛：指以前的晋都绛，即翼：在今山西翼城。

②郇：在今山西临猗西南。瑕：在今山西芮城南。

③盬(gǔ)：古盐池名，今叫解池。

④仆大夫：官名，掌管宫中之事。

⑤揖而入：按当时礼，朝毕，国君遍揖群臣后退入路门内。

⑥寝：即路寝，也叫正寝，是君主处理政事的宫室。

⑦恶：污秽脏物。覯(gòu)：通"构"，成，积聚。

⑧垫隘：羸弱。

⑨沉溺：湿气，指风湿病。重：通"肿"。腿(zhuì)：脚肿。

⑩近宝，公室乃贫：孔颖达认为国都近宝，百姓都将弃农就商，贫富兼并悬殊。贫者无以供官府，富者又不能多征，国家赋税将因之减少。近宝，指上文的"近盬"。

⑪丁丑：十三日。

⑫新田：晋国新都绛（旧都称故绛），在今山西侯马。

【译文】

晋国人计划离开故都绛城，大夫们都说："一定要住在郇、瑕氏的地方，那里肥沃富饶且靠近盐池，国家有利，国君快乐，不可以失掉那地方。"此时韩献子正为新中军将，且兼任仆大夫。晋景公朝罢向群臣作揖而后退入路门，韩献子跟着。晋景公站在正寝外边的庭院里，对韩献子说："怎么样？"韩献子回答说："不行。郇、瑕氏土薄水浅，污秽肮脏的东西容易积聚。污秽的东西容易积聚，百姓就愁苦，百姓愁苦便身体羸弱，在这种情况下就会生风湿脚肿的疾病。不如迁到新田去，那里土厚水深，住在那里不会生病，有汾水、浍水带走产生的污秽物，而且百姓顺从教导，子孙十代可以安享其利。深山、大泽、森林、盐池，是国家的宝藏。国家富饶，百姓就容易骄傲放荡。靠近宝藏，大家争利，国家财富就少。不能说是快乐。”晋景公听了很满意，依从了他的话。夏四月十三日，晋国迁都到新田。

6.6 六月，郑悼公卒。

【译文】

六月，郑悼公去世。

6.7 子叔声伯如晋[1]。命伐宋。

【注释】

①子叔声伯：指公孙婴齐。

【译文】

子叔声伯去晋国，晋国命令鲁国攻打宋国。

6.8 秋，孟献子、叔孙宣伯侵宋，晋命也。

【译文】

秋，孟献子、叔孙宣伯侵袭宋国，是奉了晋国的命令。

6.9 楚子重伐郑，郑从晋故也。

【译文】

楚国的子重攻打郑国，是因为郑国顺服晋国的缘故。

6.10 冬，季文子如晋，贺迁也[1]。

【注释】

①贺迁：指祝贺晋国迁都新田。

【译文】

冬，季文子去晋国，是为了祝贺晋国迁都。

6.11 晋栾书救郑，与楚师遇于绕角[1]。楚师还，晋师遂侵蔡。楚公子申、公子成以申、息之师救蔡[2]，御诸桑隧[3]。赵同、赵括欲战，请于武子[4]，武子将许之。知庄子、范文子、韩献子谏曰[5]："不可。吾来救郑，楚师去我，吾遂至于此[6]，是迁戮也[7]。戮而不已，又怒楚师，战必不克。虽克，不令[8]。成师以出[9]，而败楚之二县[10]，何荣之有焉？若不能败，为辱已甚[11]，不如还也。"乃遂还。

【注释】

①绕角：在今河南鲁山东南。

②申、息之师：楚国的两支强劲部队。申、息，指楚国的申县和息县。

③桑隧：在今河南确山东。

④武子：指栾书。

⑤知庄子、范文子：即荀首和士燮。

⑥此：指蔡地。

⑦迁戮：把杀戮移到别人身上。此指侵蔡。

⑧令：善。

⑨成师：整顿军队。

⑩楚之二县：指申、息二县之师。

⑪已：太。

【译文】

晋国的栾书救援郑国，和楚军在绕角相遇。楚军撤退，晋军就侵袭蔡国。楚国公子申、公子成带领申、息二县的军队去救援蔡国，在桑隧抵抗晋军。赵同、赵括想要出战，向栾武子请求，栾武子打算答应。知庄子、范文子、韩献子劝谏说："不行。我们来救援郑国，楚军不与我们交战，我们于是到了这里，这是把杀戮转移到别人头上。不停止杀戮，又激怒楚军，战争一定不能得胜。即便战胜，也不是好事。整顿军队出国，仅仅打败楚国两个县的军队，有什么光荣呢？如果不能打败他们，那耻辱就太大了，还不如撤回去。"于是晋军就回国去了。

于是军帅之欲战者众，或谓栾武子曰："圣人与众同欲，是以济事。子盍从众？子为大政①，将酌于民者也②。子之佐十一人，其不欲战者，三人而已。欲战者可谓众矣。《商书》曰：'三人占，从二人③。'众故也。"武子曰："善钧从众④。夫善，众之主也。三卿为主，可谓众矣。从之，不亦可乎？"

【注释】

①大政：执政大臣。

②酌于民：斟酌百姓的意见行事。

③三人占，从二人：语见《尚书·洪范》，意谓三人占卜，各人的判断未必相同，听从两个相同的。

④钧：通“均”，平均，相当。

【译文】

此时，军中将领想出战的占多数，有人对栾武子说：“圣人的愿望和大众相同，所以能成功。您何不听从大家的意见？您是执政大臣，应当斟酌百姓的意见。您的辅佐十一人，不想出战的，不过三个人。想出战的人可以说是多数。《商书》说：‘三个人占卜，听从相同的两个人。’因为是多数的缘故。”栾武子说：“各人的美德相同，才服从多数。美德，是大众服从的主导。现在有三位卿这样认为，可以说是多数了。依从他们，不也是可以的吗？”

七年

【经】

7.1　七年春王正月①，鼷鼠食郊牛角②，改卜牛。鼷鼠又食其角，乃免牛。

7.2　吴伐郯③。

7.3　夏五月，曹伯来朝④。

7.4　不郊，犹三望。

7.5　秋，楚公子婴齐帅师伐郑。

7.6　公会晋侯、齐侯、宋公、卫侯、曹伯、莒子、邾子、杞伯救郑。八月戊辰⑤，同盟于马陵⑥。

7.7　公至自会。

7.8　吴入州来⑦。

7.9　冬，大雩。

7.10　卫孙林父出奔晋⑧。

【注释】

①七年:鲁成公七年当周简王二年,前584。

②鼷(xī)鼠:一种极小的鼠,咬人及牛马的皮肤成疮。郊牛:准备用于郊祭的牛。

③吴伐郯:吴,姬姓诸侯国。建都于吴,即今江苏苏州。此时吴国君主是寿梦。郯,国名,己姓少皞氏的后裔,故城在今山东郯城西南。按,吴见于《经》始于此。

④曹伯:曹宣公。

⑤戊辰:十一日。

⑥马陵:卫地名,在今河北大名东南。

⑦州来:国名,在今安徽凤台。

⑧孙林父:孙良夫之子,谥号为"文"。

【译文】

鲁成公七年春周历正月,鼷鼠咬坏郊祭用牛的角,占卜另外选定用牛。鼷鼠又咬坏那只牛的角,于是不用牛祭祀。

吴国攻打郯国。

夏五月,曹宣公来我国朝见。

不举行郊祭,仍然望祭三处。

秋,楚公子婴齐率领军队攻打郑国。

成公会合晋景公、齐顷公、宋共公、卫定公、曹宣公、莒子、邾子、杞桓公救援郑国。八月十一日,一起在马陵结盟。

成公从马陵之会回国。

吴国人攻入州来。

冬,举行盛大的求雨雩祭。

卫国孙林父逃亡到晋国。

【传】

7.1　七年春，吴伐郯，郯成。季文子曰："中国不振旅①，蛮夷入伐②，而莫之或恤③，无吊者也夫④！《诗》曰：'不吊昊天，乱靡有定⑤。'其此之谓乎！有上不吊⑥，其谁不受乱？吾亡无日矣！"君子曰："知惧如是，斯不亡矣。"

【注释】

①中国：当时华夏各国的总称。振旅：军队胜利归来称振旅。

②蛮夷：指吴国。

③恤：忧虑。

④吊(dì)者：善君。此指霸主。吊，善。

⑤不吊昊天，乱靡有定：引《诗》见《诗经·小雅·节南山》。意谓上天不仁，动乱频仍没有安定的时候。

⑥上：霸主。

【译文】

鲁成公七年春，吴国进攻郯国，郯国和吴国讲和。季文子说："中原诸国不能震慑蛮夷，蛮夷打了进来，却没有人对此感到担忧，这是因为没有霸主的缘故吧！《诗》说：'上天不仁，祸乱频仍没有安定的时候。'说的就是这种情况吧！有在诸侯之上的霸主却不善，还有谁不受到祸乱？我们离灭亡不远了。"君子说："像这样知道戒惧，就不会灭亡了。"

7.2　郑子良相成公以如晋，见，且拜师。

【译文】

郑国的子良相礼郑成公一起去晋国，朝见晋景公，同时拜谢去年晋国出兵救郑的事。

7.3　夏，曹宣公来朝。

【译文】

夏，曹宣公前来我国朝见。

7.4　秋，楚子重伐郑，师于汜[1]。诸侯救郑。郑共仲、侯羽军楚师[2]，囚郧公钟仪[3]，献诸晋。八月，同盟于马陵，寻虫牢之盟，且莒服故也[4]。晋人以钟仪归，囚诸军府[5]。

【注释】

①汜（fàn）：指南汜，在今河南襄城。

②军：包围。

③郧公钟仪：郧县县尹名钟仪。郧，诸侯国名，在今湖北安陆。此时当已被楚所灭，故有县尹。

④莒服：莒本属齐，齐服晋，莒也服晋。

⑤军府：军用储藏库，用以囚禁战俘。

【译文】

秋，楚国的子重攻打郑国，军队驻扎在汜地。诸侯救援郑国。郑国的共仲、侯羽包围楚军，囚禁郧公钟仪，把他献给晋国。八月，鲁成公和众诸侯一起在马陵结盟，重温在虫牢的盟约，同时是因为莒国顺服的缘故。晋国人把钟仪带回国，囚禁在军府。

7.5　楚围宋之役[1]，师还，子重请取于申、吕以为赏田[2]，王许之。申公巫臣曰："不可。此申、吕所以邑也，是以为赋[3]，以御北方[4]。若取之，是无申、吕也。晋、郑必至于汉。”王乃止。子重是以怨巫臣。子反欲取夏姬[5]，巫臣止之，遂取以行，子反亦怨之。及共王即位，子重、子反杀巫臣之族子阎、子荡及清尹弗忌及襄老之子黑要[6]，而分其室[7]。子重取子阎之室，使沈尹与王子罢分子荡之室[8]，子反取黑要与清尹之室。巫臣自晋遗二子书[9]，曰：“尔以谗慝贪婪事君[10]，而多杀不辜。余必使尔罢于奔命以死[11]。”

【注释】

①楚围宋之役：宣公十四年九月至十五年五月，楚围宋九个月，因华元夜登子反之床告以宋情而与宋平。

②吕：古国名，姜姓，故城在今河南南阳西。此时则早灭于楚。

③是以为赋：申、吕就靠这些田地供给军赋。

④以御北方：申、吕二县在楚国北边，申、吕不存，不能抵御北方诸侯，晋、郑必南侵。

⑤取：同“娶”。

⑥子阎、子荡及清尹弗忌：皆巫臣族人。清尹，楚国官名。

⑦室：家族的财产，包括土地、人口、房屋、器具等。

⑧沈尹：楚沈县尹。王子罢（pí）：可能是楚共王的兄弟。

⑨二子：子重、子反。

⑩谗慝：奸邪。

⑪罢（pí）：疲劳，衰弱。

【译文】

楚国包围宋国那一次战役，楚军回国，子重请求取得申邑、吕邑田地作为赏田。楚庄王答应了。申公巫臣说：“不行。申、吕两地之所以为城邑，就是靠这些田地供给军赋，以抵御北方。如果让私人占有这些田地，这就不能成为申邑和吕邑。晋国和郑国一定会进逼到汉水。”楚庄王便撤回了命令。子重因此而怨恨巫臣。子反想娶夏姬，巫臣阻止他，结果自己反而娶了夏姬逃到晋国，子反因此也怨恨巫臣。到了楚共王即位，子重、子反杀了巫臣的族人子阎、子荡和清尹弗忌以及襄老的儿子黑要，并且瓜分他们的家产。子重取得了子阎的家产，让沈尹和王子罢瓜分子荡的家产，子反取得黑要和清尹弗忌的家产。巫臣从晋国写信给子反、子重两人，说：“你们用邪恶贪婪事奉国君，杀了许多无罪的人，我一定要让你们疲于奔命而死。”

巫臣请使于吴，晋侯许之。吴子寿梦说之①。乃通吴于晋。以两之一卒适吴②，舍偏两之一焉③。与其射御，教吴乘车，教之战陈，教之叛楚④。置其子狐庸焉，使为行人于吴⑤。吴始伐楚、伐巢、伐徐⑥。子重奔命。马陵之会，吴入州来。子重自郑奔命。子重、子反于是乎一岁七奔命。蛮夷属于楚者，吴尽取之，是以始大，通吴于上国⑦。

【注释】

①寿梦：据《史记·吴太伯世家》，是吴国自太伯以来的第十九位国君。季札的父亲。

②两之一卒：合两偏成一卒之车，即兵车三十辆。

③舍偏两之一：留其卒之一偏，即留下十五辆给吴。

④“与其射御”四句：意谓巫臣帮吴国训练军队，教吴军车战，使其成为楚国东部最危险的敌人。

⑤行人：外交官。

⑥巢：国名，偃姓，今安徽巢湖东北有居巢古城址，即古巢国。徐：嬴姓诸侯国，在今安徽泗县西北。

⑦上国：中原诸国。

【译文】

巫臣请求出使吴国，晋景公同意了。吴王寿梦很喜欢他。于是巫臣就使吴国和晋国通好，带领了晋国的三十辆兵车去吴国，留下十五辆给吴国。送给吴国射手和御者，教吴国人使用兵车，教他们安排战阵，教他们背叛楚国。巫臣又把自己的儿子狐庸留在吴国，让他担任吴国的行人。吴国开始进攻楚国、进攻巢国、进攻徐国，子重奉命奔驰救援。马陵盟会时，吴军攻入州来，子重从郑国奉命赶去救援。就这样，子重、子反一年之中七次奉命奔驰以抵御吴军。那些从属于楚国的蛮夷，吴国全部加以攻取，因此开始强大起来，得以和中原诸国通问往来。

7.6　卫定公恶孙林父。冬，孙林父出奔晋。卫侯如晋，晋反戚焉①。

【注释】

①戚：卫地，在今河南濮阳北。

【译文】

卫定公厌恶孙林父。冬，孙林父离开卫国逃亡到晋国。卫定公去晋国，晋国把戚地还给卫国。

八年

【经】

8.1　八年春①，晋侯使韩穿来言汶阳之田，归之于齐。

8.2　晋栾书帅师侵蔡。

8.3　公孙婴齐如莒。

8.4 宋公使华元来聘。

8.5 夏，宋公使公孙寿来纳币。

8.6 晋杀其大夫赵同、赵括。

8.7 秋七月，天子使召伯来赐公命[②]。

8.8 冬十月癸卯[③]，杞叔姬卒[④]。

8.9 晋侯使士燮来聘。

8.10 叔孙侨如会晋士燮、齐人、邾人伐郯。

8.11 卫人来媵[⑤]。

【注释】

①八年：鲁成公八年当周简王三年，前583。

②召伯：召桓公，周王室卿士。

③癸卯：二十三日。

④杞叔姬：杞叔姬于成公五年被休弃回鲁，今死。

⑤来媵：据礼，一国国君之女嫁与另一国国君，其他同姓国应送女子陪嫁。此指鲁共姬嫁与宋共公，卫国来送女陪嫁。媵，送陪嫁之女。

【译文】

鲁成公八年春，晋景公派遣韩穿来我国通知有关汶阳之田的事，叫我国把田地归还给齐国。

晋国的栾书率领军队侵袭蔡国。

公孙婴齐去莒国。

宋共公派华元来我国聘问。

夏，宋共公派公孙寿来我国送聘礼。

晋国杀死他们的大夫赵同、赵括。

秋七月，周简王派召伯来我国赐给成公仪物命服。

冬十月二十三日，杞叔姬去世。

晋景公派士燮来我国聘问。

叔孙侨如会同晋国的士燮、齐国人、邾国人攻打郯国。

卫国人送来陪嫁之女。

【传】

8.1　八年春，晋侯使韩穿来言汶阳之田，归之于齐。季文子饯之[①]，私焉，曰："大国制义以为盟主[②]，是以诸侯怀德畏讨，无有贰心。谓汶阳之田，敝邑之旧也，而用师于齐，使归诸敝邑[③]。今有二命[④]，曰：'归诸齐。'信以行义，义以成命，小国所望而怀也。信不可知，义无所立，四方诸侯，其谁不解体[⑤]？《诗》曰：'女也不爽，士贰其行。士也罔极，二三其德[⑥]。'七年之中[⑦]，一与一夺，二三孰甚焉！士之二三，犹丧妃耦[⑧]，而况霸主？霸主将德是以[⑨]，而二三之，其何以长有诸侯乎？《诗》曰：'犹之未远，是用大简[⑩]。'行父惧晋之不远犹而失诸侯也[⑪]，是以敢私言之。"

【注释】

①饯：设酒食送行。

②制义：处理事务合乎道义。

③而用师于齐，使归诸敝邑：鞍之战后，晋逼齐把汶阳之田归还鲁国。用师于齐，指鞍之战。

④二命：不同的命令。

⑤解体：涣散，瓦解。

⑥"女也不爽"四句：引《诗》见《诗经·国风·卫风·氓》，是一首弃妇诗。意谓女方毫无过失，始终如一；男方行为有过错，行事没

有定准，行为前后不一致。罔极，无准则。二三，前后不一致。

⑦七年之中：鞍之战在成公二年，距今七年。

⑧妃耦：配偶。

⑨以：用。

⑩犹之未远，是用大简：引《诗》见《诗经·大雅·板》。意谓谋略没有远见，我因此竭力规劝。犹，同“猷”，谋划。简，仅作“谏”。

⑪行父：季文子之名。

【译文】

鲁成公八年春，晋景公派遣韩穿来鲁国通知关于汶阳之田的事，要求我国把田地归还给齐国。季文子设宴为韩穿饯行，和他私下交谈，说：“大国处理事务合乎道义因而成为诸侯盟主，因此诸侯感怀德行害怕受到讨伐，没有产生叛离的异心。大国说汶阳之田，是敝国原来的领土，因而对齐国用兵，让齐国把田地还给敝邑。现在又有不同的命令，说：‘把田地归还给齐国。’信用用来推行道义，道义用来完成命令，这是小国所盼望而感怀的。信用不能得知，道义无所树立，四方的诸侯，怎能不离心涣散？《诗》说：‘我做妻子没有过失，是你男子太无情。是是非非没有标准，前后不一败坏德行。’七年当中，忽而给予忽而夺走，还有比这更前后不一的吗？一个男人前后不一，尚且要失去配偶，何况是霸主？霸主应该唯德是用，却前后不一，他怎么能长久得到诸侯的拥护呢？《诗》说：‘谋略缺乏远见，因此极力劝谏。’行父我害怕晋国没有深谋远虑而失去诸侯，所以大胆私下和您说这番话。”

8.2 晋栾书侵蔡①，遂侵楚，获申骊②。楚师之还也，晋侵沈③，获沈子揖初④，从知、范、韩也⑤。君子曰：“从善如流，宜哉！《诗》曰：‘恺悌君子，遐不作人⑥。’求善也夫！作人，斯有功绩矣。”是行也，郑伯将会晋师，门于许东门，大获焉。

【注释】

①晋栾书侵蔡：事见成公六年："晋栾书救郑，与楚师遇于绕角。楚师还，晋师遂侵蔡。"

②申骊：楚国大夫。

③沈：诸侯国名，在今河南平舆。

④沈子揖初：指沈国国君，名揖初。

⑤从知、范、韩：栾书听从荀首等三人的建议。知、范、韩，指知庄子荀首、范文子士燮、韩献子韩厥。

⑥恺悌君子，遐不作人：引《诗》见《诗经·大雅·旱麓》，意谓恭敬随和的君子，为什么不起用人才。遐不，何不。作人，起用人才。

【译文】

晋国栾书率军侵袭蔡国，接着又侵袭楚国，俘虏了申骊。楚军回国时，晋军又侵袭沈国，俘虏了沈国国君揖初，这是听从了荀首、士燮、韩厥等人意见的结果。君子说："从善如流，这是多么恰当啊！《诗》说：'恭敬随和的君子，为什么不起用人才？'这就是求取善人啊！起用人才，这就有功绩了。"这次行动，郑成公准备会合晋军，经过许国，攻打许国国都的东门，俘获很多。

8.3　声伯如莒，逆也。

【译文】

声伯去莒国，是为自己迎亲。

8.4　宋华元来聘，聘共姬也[①]。

【注释】

①共姬：鲁成公姊妹，穆姜所生，嫁与宋共公，称共姬。

【译文】

宋国华元来我国聘问，为宋共公聘共姬为夫人。

8.5 夏，宋公使公孙寿来纳币①，礼也。

【注释】

①公孙寿：宋司城荡之子，让司城一职于子荡意诸。纳币：送聘礼给女家。

【译文】

夏，宋共公派公孙寿来我国送聘礼，这是合乎礼的。

8.6 晋赵庄姬为赵婴之亡故，谮之于晋侯，曰："原、屏将为乱。"栾、郤为征①。六月，晋讨赵同、赵括。武从姬氏畜于公宫②。以其田与祁奚③。韩厥言于晋侯曰："成季之勋④，宣孟之忠⑤，而无后，为善者其惧矣。三代之令王皆数百年保天之禄⑥。夫岂无辟王⑦，赖前哲以免也。《周书》曰：'不敢侮鳏寡⑧。'所以明德也。"乃立武，而反其田焉⑨。

【注释】

①栾、郤为征：栾氏、郤氏为庄姬之谮作证。征，通"证"。

②武：赵武，赵朔与赵庄姬所生。从：跟随。畜：养。公宫：晋景公之宫。

③以其田与祁奚：田为氏族之主要财产，赵氏被灭，故晋侯收其田赏于他人。祁奚，晋国大夫，字黄羊。

④成季：赵衰。

⑤宣孟：赵盾。

⑥令王：贤明的君王。

⑦辟王：指昏君。辟，邪僻。

⑧不敢侮鳏寡：句见《尚书·康诰》。

⑨乃立武，而反其田焉：按，《史记·赵世家》记载赵氏被灭与赵武复立相当曲折精彩，与此不同，即后来各种戏剧影视《赵氏孤儿》之底本。然全采战国传说，不是信史。

【译文】

晋国的赵庄姬为了赵婴被放逐的缘故，在晋景公面前诬陷赵同与赵括，说："赵同、赵括将要作乱。"栾氏、郤氏为她作证。六月，晋国讨伐赵同、赵括。赵武跟随庄姬寄住在晋景公宫中，免于被杀。晋景公把赵氏的田地赐给祁奚。韩厥对晋景公说："以赵衰的功勋，赵盾的忠诚，却没有继承他们爵位的后代，做好事的人就要害怕了。三代时的贤明君王，都能够几百年保持上天赐予的禄位。这几百年中间难道就没有邪僻的人？但都靠着他祖先的贤明得以免除祸难。《周书》说：'不敢欺侮鳏夫寡妇。'就是用这样的做法来发扬道德。"于是晋景公立赵武为赵氏继承人，归还他赵氏的田地。

8.7　秋，召桓公来赐公命[①]。

【注释】

①召桓公：召公，周王室卿士。赐命：天子赐予诸侯爵服等赏命，是赏赐诸侯的一种荣宠。

【译文】

秋，召桓公来我国向鲁成公颁赐仪物命服。

8.8 晋侯使申公巫臣如吴，假道于莒。与渠丘公立于池上[①]，曰："城已恶[②]！"莒子曰："辟陋在夷，其孰以我为虞[③]？"对曰："夫狡焉思启封疆以利社稷者，何国蔑有[④]？唯然[⑤]，故多大国矣，唯或思或纵也[⑥]。勇夫重闭[⑦]，况国乎？"

【注释】

①渠丘公：即成公十四年《经》的莒子朱。莒为夷国，国君无谥号，以地名为号。渠丘，莒国地名，在今山东莒县北。池：护城河。

②恶：坏。

③虞：企望。此指觊觎。

④蔑有：无有。

⑤唯然：正因为这样。

⑥或思或纵：有的小国考虑预防故得存，有的小国放纵不备故亡国。

⑦重闭：重重关闭门户。

【译文】

晋景公派遣申公巫臣去吴国，向莒国借路。巫臣和渠丘公站在护城河边，说："城墙坏得太厉害了！"渠丘公说："敝国偏僻简陋，处在蛮夷之地，有谁会把敝国作为觊觎的目标呢？"巫臣说："想开辟疆土以利于自己国家的狡诈之人，哪个国家没有？正因为如此，所以有了这么多大国，不过受觊觎的小国有的警惕防备而得存，有的放纵不备而灭亡。勇敢的人尚且要层层关闭好内外门户，何况国家？"

8.9 冬，杞叔姬卒。来归自杞，故书。

【译文】

冬，杞叔姬去世。由于她被杞君休弃回国，所以《春秋》加以记载。

8.10　晋士燮来聘，言伐郯也，以其事吴故。公赂之，请缓师。文子不可[①]，曰："君命无贰，失信不立[②]。礼无加货[③]，事无二成[④]。君后诸侯[⑤]，是寡君不得事君也[⑥]。燮将复之[⑦]。"季孙惧，使宣伯帅师会伐郯。

【注释】

①文子：即士燮。

②失信不立：不能完成使命为失信，失信则难以自立。

③礼无加货：除规定的礼物外，不得再有所馈赠。

④二成：两头都满意。意谓出师与缓师，二者只取其一。言外拒绝缓师。

⑤后：鲁不出兵，是后。

⑥不得事君：意谓将与鲁绝交。

⑦复之：以此向晋侯复命。

【译文】

晋国的士燮来我国聘问，告知要进攻郯国，因为郯国奉事吴国。鲁成公送给他财礼，请求迟些时候再出兵。士燮不答应，说："国君的命令不能违背，失去信义就难以自立。除规定的礼物外，不应该增加财币，出师缓师不能两全其美。国君后于诸侯出兵，这样寡君就不能事奉国君了。我将如此向寡君回报。"季孙听了这话很害怕，派宣伯率军会合晋军攻打郯国。

8.11　卫人来媵共姬，礼也。凡诸侯嫁女，同姓媵之，异姓则否。

【译文】

卫国人送女来鲁国作为共姬的陪嫁，这是合乎礼的。凡是诸侯女儿出嫁，同姓诸侯送女作为陪嫁，异姓的不送。

九年

【经】

9.1 九年春王正月[①]，杞伯来逆叔姬之丧以归。

9.2 公会晋侯、齐侯、宋公、卫侯、郑伯、曹伯、莒子、杞伯，同盟于蒲[②]。

9.3 公至自会。

9.4 二月伯姬归于宋[③]。

9.5 夏，季孙行父如宋致女[④]。

9.6 晋人来媵。

9.7 秋七月丙子[⑤]，齐侯无野卒[⑥]。

9.8 晋人执郑伯。

9.9 晋栾书帅师伐郑。

9.10 冬十有一月，葬齐顷公。

9.11 楚公子婴齐帅师伐莒。庚申[⑦]，莒溃。楚人入郓[⑧]。

9.12 秦人、白狄伐晋。

9.13 郑人围许。

9.14 城中城[⑨]。

【注释】

①九年：鲁成公九年当周简王四年，前582。

②蒲：卫地名，在今河南长垣。

③伯姬：嫁于宋后称共姬。

④致女：古代诸侯女儿出嫁三月，派大夫聘问，称致女。

⑤丙子：七月无丙子，此为七月中某一日。

⑥齐侯无野：即齐顷公，无野是其名。

⑦庚申：十七日。

⑧郓：鲁地，鲁有东西二郓，此为东郓，在今山东沂水东。郓当时属莒。

⑨中城：内城，指鲁都曲阜的内城。

【译文】

鲁成公九年春周历正月，杞桓公来我国迎接叔姬的尸体回国。

鲁成公会合晋景公、齐顷公、宋共公、卫定公、郑成公、曹宣公、莒渠丘公、杞桓公，一起在蒲地结盟。

鲁成公从蒲之会回国。

二月，伯姬出嫁到宋国。

夏，季孙行父去宋国慰问伯姬。

晋国人送女来作陪嫁。

秋七月丙子日，齐顷公无野去世。

晋国人拘禁郑成公。

晋国的栾书率领军队攻打郑国。

冬十一月，安葬齐顷公。

楚公子婴齐率领军队攻打莒国。十七日，莒国溃散。楚国人攻入郓地。

秦国人、白狄攻打晋国。

郑国人包围许国。

修筑鲁都内城城墙。

【传】

9.1 九年春,杞桓公来逆叔姬之丧[1],请之也[2]。杞叔姬卒,为杞故也[3]。逆叔姬,为我也[4]。

【注释】

①丧:已入棺的尸体。

②请之:因鲁国的请求,杞桓公来迎丧。

③为杞故:叔姬之死,是由于为杞所弃绝。

④为我:即鲁请之。

【译文】

鲁成公九年春,杞桓公来鲁国接回叔姬的灵柩,这是应我国的请求而来。杞叔姬去世,是由于被杞国遗弃的缘故。杞桓公来接回叔姬的灵柩,是为了我国的颜面。

9.2 为归汶阳之田故,诸侯贰于晋。晋人惧,会于蒲,以寻马陵之盟[1]。季文子谓范文子曰:"德则不竞[2],寻盟何为?"范文子曰:"勤以抚之,宽以待之,坚强以御之,明神以要之,柔服而伐贰[3],德之次也[4]。"是行也,将始会吴,吴人不至。

【注释】

①马陵之盟:在成公七年。

②竞:强。

③柔服:笼络顺服者。

④德之次:晋国不能修德而强争诸侯,比德等而下之。

【译文】

由于晋国让鲁国把汶水以北的田地归还齐国的缘故,诸侯对晋国产生了叛离之心。晋国人畏惧，在蒲地和诸侯相会，以重温在马陵的盟约。季文子对范文子说："晋国德行已经衰弱，重温旧盟做什么？"范文子说："用勤勉来安抚诸侯，用宽厚来对待诸侯，用坚强来驾驭诸侯，用盟誓来约束诸侯，笼络顺服的而讨伐有二心的，这也是次一等的德行。"这一次会议，晋国准备开始与吴国会见，吴国人没有来。

9.3　二月，伯姬归于宋。

【译文】

二月，伯姬出嫁到宋国。

9.4　楚人以重赂求郑，郑伯会楚公子成于邓[①]。

【注释】

①邓：诸侯国名，曼姓，其地在今河南祁县。庄公十六年为楚文王所灭。

【译文】

楚国人送重礼要求郑国归服他们，郑成公和楚国公子成在邓地相会。

9.5　夏，季文子如宋致女，复命，公享之。赋《韩奕》之五章[①]。穆姜出于房[②]，再拜，曰："大夫勤辱[③]，不忘先君[④]，以及嗣君[⑤]，施及未亡人[⑥]。先君犹有望也！敢拜大夫之重勤。"又赋《绿衣》之卒章而入[⑦]。

【注释】

①《韩奕》之五章:《韩奕》为《诗经·大雅》篇名,第五章写韩姞嫁与韩侯,生活安乐快活。季文子以此说明伯姬在宋快乐。

②穆姜:宣公夫人,伯姬之母。房:古代宫室,路寝之北中间叫室,东西两房叫房。

③勤辱:辛劳。

④先君:指宣公。

⑤嗣君:指成公。

⑥施(yì):延及。未亡人:古代寡妇自称之辞。

⑦《绿衣》之卒章:《绿衣》为《诗经·国风·邶风》中的一篇,其最后一章有"我思古人,实获我心"两句,意谓想念我的故人,正合我的心意,借此表示对伯姬的思念以及表明季文子所赋正合心意。

【译文】

夏,季文子去宋国慰问伯姬,回国复命,鲁成公设宴招待他。季文子赋《韩奕》的第五章,穆姜从房里出来,两次下拜,说:"大夫辛勤,不忘记先君以及嗣君,延及我这个未亡人,先君也是如此期望你的。谨拜谢大夫加倍的辛勤。"又赋《绿衣》的最后一章后才进去。

9.6 晋人来媵,礼也。

【译文】

晋国人送女来作陪嫁,这是合乎礼的。

9.7 秋,郑伯如晋。晋人讨其贰于楚也,执诸铜鞮[①]。

【注释】

①铜鞮（tí）：在今山西沁县南，此地有晋国别宫。

【译文】

秋，郑成公去晋国。晋国人讨伐他叛晋顺服楚国，在铜鞮拘捕了他。

9.8　栾书伐郑，郑人使伯蠲行成[1]，晋人杀之，非礼也。兵交，使在其间可也[2]。

【注释】

①伯蠲：郑国大夫。

②使在其间：使者可来往于两国之间。

【译文】

晋国栾书攻打郑国，郑国人派遣伯蠲求和，晋国人把他杀了，这是不合乎礼的。两国交兵，使者可以在其间往来。

楚子重侵陈以救郑[1]。

【注释】

①侵陈以救郑：此前陈国已弃楚从晋，因此子重侵陈。

【译文】

楚国的子重侵袭陈国以救援郑国。

9.9　晋侯观于军府，见钟仪。问之曰："南冠而絷者[1]，谁也？"有司对曰："郑人所献楚囚也。"使税之[2]。召而吊之[3]。再拜稽首。问其族[4]，对曰："泠人也[5]。"公曰："能乐乎？"对曰："先父之职官也，敢有二事？"使与之琴，操南音[6]。公曰："君王何如？"对曰："非小人之所得知也。"固问之[7]，对曰："其为大子也，师、保奉之[8]，以朝于婴齐而夕于侧也[9]。不知其他。"公语范文子，文子曰："楚囚，君子也。言称先职，不背本也。乐操土风[10]，不忘旧也。称大子，抑无私也[11]。名其二卿[12]，尊君也。不背本，仁也；不忘旧，信也；无私，忠也；尊君，敏也[13]。仁以接事，信以守之，忠以成之，敏以行之。事虽大，必济。君盍归之[14]，使合晋、楚之成？"公从之，重为之礼，使归求成。

【注释】

①南冠：楚式帽子。絷（zhí）：拘囚，拘捕。

②税：通"脱"，解开刑具。

③吊：慰问。

④族：此指世官。

⑤泠人：亦作伶人，乐官。

⑥南音：南方各地乐调，此指楚乐。

⑦固：再三。

⑧奉：事奉。

⑨婴齐：令尹子重。侧：司马子反。

⑩土风：本乡本土的乐调，此指南音。

⑪抑：发语词，无义。无私：晋景公问楚君，钟仪答以楚君为太子时之事，表明楚君自幼而贤，以此表示其称赞楚君非出阿谀之私。

⑫名其二卿：依时礼，下对上才称名。钟仪在晋景公前直呼子重、子反之名，是尊敬景公的表现。

⑬敏：通达事理。

⑭盍：何不。

【译文】

晋景公视察军用仓库，见到钟仪。问看管的人说："戴着南方人的帽子而被囚禁的人是谁？"主管官吏回答说："是郑国人所献的楚国俘虏。"晋景公让人把他释放出来，召见他，并表示慰问。钟仪再拜叩头。晋景公问他世系职业，他回答说："是乐官。"晋景公说："能够奏乐吗？"钟仪回答说："这是我先人所掌管的职务，我岂敢从事其他工作呢？"晋景公让人给钟仪琴，他弹奏的是南方的乐调。晋景公说："你们的君王怎么样？"钟仪回答说："这不是小人所能知道的。"晋景公再三问他，他回答说："他做太子时，师保奉事他，每天早晨向婴齐请教，晚上向侧请教。我不知道别的事。"晋景公把这件事告诉范文子。文子说："这个楚囚是个君子。言辞中举出先人的职官，这是不忘根本；奏乐奏家乡的乐调，这是不忘故旧；列举楚君做太子时之事，这是没有私心；对二卿直呼其名，这是尊崇国君。不忘根本，是仁；不忘故旧，是守信；没有私心，是忠诚；尊崇国君，是敏达。用仁来处理事情，用信来坚持，用忠来完成，用敏来执行。哪怕再大的事情也能成功。国君何不放他回去，让他结成晋、楚之间的友好。"晋景公听从了范文子的话，对钟仪重加礼遇，让他回国去替晋国求和。

9.10　冬十一月，楚子重自陈伐莒，围渠丘。渠丘城恶①，众溃，奔莒。戊申②，楚入渠丘。莒人囚楚公子平，楚人曰："勿杀！吾归而俘③。"莒人杀之。楚师围莒。莒城亦恶，庚申④，莒溃。楚遂入郓，莒无备故也。

【注释】

①渠丘城恶：见成公八年《传》。

②戊申:初五。

③而:你,你们。

④庚申:十七日。

【译文】

冬十一月,楚国子重从陈国出发攻打莒国,包围了渠丘。渠丘城池破败,大众溃散,逃亡到莒城。初五,楚军攻入渠丘。莒国人俘虏了楚公子平。楚国人说:"不要杀他,我们放回你们的俘虏。"莒国人把公子平杀了,楚军包围了莒城。莒城的城墙也破败,十七日,莒国溃败。楚军就进入郓城,这是由于莒国没有设防的缘故。

君子曰:"恃陋而不备,罪之大者也;备豫不虞①,善之大者也。莒恃其陋,而不修城郭,浃辰之间②,而楚克其三都③,无备也夫!《诗》曰:'虽有丝、麻,无弃菅、蒯;虽有姬、姜,无弃蕉萃。凡百君子,莫不代匮④。'言备之不可以已也。"

【注释】

①备豫不虞:防备意外。

②浃(jiā)辰:由戊申到庚申,恰经历地支一遍,即十二日。浃,遍。辰,指从子到亥十二辰。

③三都:指渠丘、莒与郓。

④"虽有丝、麻"六句:引《诗》不见今《诗经》,杜预《春秋左传注》认为是逸诗。菅(jiān)、蒯(kuǎi),皆草本植物,丝、麻、菅、蒯都可以用来编织鞋子绳索,但有上等、下等之分。姬、姜,指美女。蕉萃,即"憔悴",面容枯槁。代匮,更替着缺乏,或缺此,或缺彼。匮,缺乏。

【译文】

君子说："凭借地处偏僻而不设防备，这是罪中的大罪；防备意外，这是善中的大善。莒国凭借地处偏僻而不修治城郭，十二天之间，楚军攻克了它的三个城邑，这是由于没有防备的缘故啊！《诗》里说：'虽然有了丝和麻，不要丢弃菅和蒯；虽然有了美人，不要丢掉憔悴人。凡是君子，没有不碰上缺此少彼的时候。'说的就是防备不可以停止。"

9.11　秦人、白狄伐晋，诸侯贰故也①。

【注释】

①贰：二心。晋国失盟主之德，尤其是逼鲁国返汶阳之田于齐国，莒国受楚国侵伐而不救，使诸侯对晋国产生二心，于是秦国与白狄乘机伐晋。

【译文】

秦国人、白狄攻打晋国，是由于诸侯对晋国产生了叛离之心的缘故。

9.12　郑人围许，示晋不急君也。是则公孙申谋之①，曰："我出师以围许，为将改立君者，而纾晋使，晋必归君。"

【注释】

①公孙申：即叔申，郑国大夫。

【译文】

郑国人包围许国，这是向晋国表示他们并不急于救出郑成公。这是公孙申出的计谋，他说："我们出兵包围许国，假装打算另立国君的样子，而暂时不派使者去晋国，晋国一定会放我们国君回来。"

9.13 城中城，书，时也。

【译文】

修筑内城城墙，《春秋》记载这件事，是因为合乎时令。

9.14 十二月，楚子使公子辰如晋[1]，报钟仪之使，请修好结成[2]。

【注释】

①公子辰：据下年《传》，字子商，官太宰。

②结成：缔结和约。

【译文】

十二月，楚共王派公子辰到晋国，回报钟仪的使命，请求恢复友好关系，缔结和约。

十年

【经】

10.1 十年春[1]，卫侯之弟黑背帅师侵郑[2]。

10.2 夏四月，五卜郊，不从，乃不郊。

10.3 五月，公会晋侯、齐侯、宋公、卫侯、曹伯伐郑[3]。

10.4 齐人来媵。

10.5 丙午[4]，晋侯獳卒[5]。

10.6 秋七月，公如晋。

10.7 冬十月。

【注释】

①十年：鲁成公十年当周简王五年，前581。

②黑背：即《传》之子叔黑背，卫穆公子，定公弟，以子叔为氏。

③晋侯：时晋景公疾，晋人立太子为君，为晋厉公。

④丙午：初六。

⑤晋侯獳(nòu)：晋景公。

【译文】

鲁成公十年春，卫定公的弟弟黑背率领军队侵袭郑国。

夏四月，五次占卜定郊祀的日期，都不吉利，于是不举行郊祀。

五月，鲁成公会合晋厉公、齐灵公、宋共公、卫定公、曹宣公攻打郑国。

齐国人送女来作陪嫁。

六月初六，晋景公獳去世。

秋七月，鲁成公去晋国。

冬十月。

【传】

10.1　十年春，晋侯使籴茷如楚[①]，报大宰子商之使也[②]。

【注释】

①籴茷(dí fèi)：晋国大夫。

②子商：公子辰。

【译文】

鲁成公十年春，晋景公派遣籴茷去楚国，这是回报太宰子商出使晋国。

10.2　卫子叔黑背侵郑，晋命也。

【译文】

卫国的子叔黑背侵袭郑国，是执行晋国的命令。

10.3　郑公子班闻叔申之谋[①]。三月，子如立公子繻[②]。夏四月，郑人杀繻，立髡顽[③]。子如奔许。栾武子曰："郑人立君，我执一人焉，何益？不如伐郑而归其君，以求成焉。"晋侯有疾。五月，晋立大子州蒲以为君，而会诸侯伐郑。郑子罕赂以襄钟[④]，子然盟于脩泽[⑤]，子驷为质[⑥]。辛巳[⑦]，郑伯归。

【注释】

①叔申之谋：即上年《传》所谓"我出师以围许，为将改立君者，而纾晋使，晋必归君"。

②子如：即公子班。

③髡(kūn)顽：据襄公七年《经》、《传》，为郑成公太子郑僖公。

④子罕：郑穆公之子公子喜。襄钟：郑襄公庙的钟。

⑤子然：郑穆公之子。脩泽：郑国地名，在今河南原阳西南。

⑥子驷：郑穆公之子公子騑。

⑦辛巳：十一日。

【译文】

郑国的公子班听说了叔申的计谋。三月，公子班立公子繻为国君。夏四月，郑国人杀死公子繻，立髡顽为国君。公子班逃亡到许国。栾武子说："郑国人立了国君，我们抓的就是一个普通人，有什么好处？不如攻打郑国，把他们的国君送回去，以此求和。"这时晋景公生病。五月，晋国立太子州蒲为国君，会合诸侯进攻郑国。郑国的子罕把郑襄公宗庙中的钟献给晋国，子然和诸侯在脩泽结盟，子驷作为人质。十一日，郑成公回到国内。

10.4　晋侯梦大厉[①]，被发及地[②]，搏膺而踊[③]，曰："杀余孙[④]，不义。余得请于帝矣[⑤]！"坏大门及寝门而入。公惧，入于室。又坏户。公觉，召桑田巫[⑥]。巫言如梦。公曰："何如？曰："不食新矣[⑦]。"公疾病[⑧]，求医于秦。秦伯使医缓为之[⑨]。未至，公梦疾为二竖子[⑩]，曰："彼[⑪]，良医也。惧伤我，焉逃之？"其一曰："居肓之上[⑫]，膏之下[⑬]，若我何？"医至，曰："疾不可为也。在肓之上，膏之下，攻之不可[⑭]，达之不及[⑮]，药不至焉，不可为也。"公曰："良医也。"厚为之礼而归之。六月丙午，晋侯欲麦[⑯]，使甸人献麦[⑰]，馈人为之[⑱]。召桑田巫，示而杀之[⑲]。将食，张[⑳]，如厕，陷而卒。小臣有晨梦负公以登天[㉑]，及日中，负晋侯出诸厕，遂以为殉。

【注释】

①晋侯：指晋景公。厉：恶鬼，也叫厉鬼。

②被（pī）：同"披"。

③搏膺：捶胸。踊：跳跃。

④杀余孙：当指成公八年晋侯杀赵同、赵括事。孙，后代。据此，则大厉是赵氏祖先的幻影。

⑤得请于帝：指鬼已诉于上帝，上帝允许他为子孙报仇。

⑥桑田：地名，在今河南灵宝。桑田本虢邑，晋灭虢后并入晋。

⑦不食新：意谓景公将死在尝新麦之前。新，新麦。

⑧疾病：病重。

⑨医缓：秦国名医。名缓。为：诊治。

⑩疾为二竖子：疾病变为两个小孩。竖子，小孩。

⑪彼：指秦医缓。

⑫肓（huāng）：胸腹之间的横膈膜。

⑬膏：心脏下方有脂肪处。

⑭攻：指灸。

⑮达：指针。

⑯欲麦：即食新。

⑰甸人：主管藉田，并供给野物。

⑱馈人：为诸侯主持饮食之官。为之：煮好新麦。

⑲示而杀之：示以新麦，见其预言不准。

⑳张：通“胀”，肚子发胀。

㉑小臣：宦官。

【译文】

晋景公梦见一个大恶鬼，长发拖到地上，捶胸跳跃，说：“你杀了我的子孙，这是不义。我请求为子孙复仇，已经得到上帝的允许了！”鬼毁坏了宫门及寝门走进来。晋景公害怕，躲进内室，厉鬼又毁掉了内室的门。晋景公醒来，召见桑田的巫人问吉凶。巫人叙述的情况与晋景公的梦境一样。晋景公问：“怎么样？”巫人说：“国君吃不到新收的麦子了！”晋景公病重，向秦国请求良医。秦桓公派医缓去晋国为他诊治。医缓还没有到达，晋景公又梦见疾病变成两个小孩，一个说：“他是个良医，我们恐怕会受到他的伤害，往哪儿逃好呢？”另一个说：“我们待在肓之上，膏之下，他能拿我们怎么样？”医缓来了，说：“病已不能治了，在肓之上，膏之下，艾灸不能用，针刺够不着，药力也达不到，不能治了。”晋景公说：“真是好医生啊。”于是赠送给他丰厚的礼物让他回去。六月初六，晋景公想吃麦饭，让甸人献上新麦，馈人烹煮。做好后召桑田巫人来，让他看了煮好的新麦饭，然后把他杀了。景公将要进食，突然肚子发胀，便上厕所，跌进厕坑里死了。有个宦官早晨梦见背着晋景公登天，到了中午，他把晋景公从厕坑里背出来，于是就以他作为殉葬。

10.5　郑伯讨立君者，戊申[①]，杀叔申、叔禽[②]。君子曰："忠为令德，非其人犹不可，况不令乎[③]？"

【注释】

①戊申：初八。

②叔禽：叔申之弟。

③忠为令德，非其人犹不可，况不令乎：意谓忠诚本是美德，但所忠之人不合适。其人，指郑成公。

【译文】

郑成公讨伐拥立新君的人，六月初八，杀了叔申、叔禽。君子说："忠诚是美德，但所忠的对象不合适，反害己身，何况本人又不善呢？"

10.6　秋，公如晋。晋人止公，使送葬。于是籴茷未反。

【译文】

秋，鲁成公去晋国。晋国人把成公留住，让他给晋景公送葬。当时籴茷还没有回来。

10.7　冬，葬晋景公。公送葬，诸侯莫在。鲁人辱之[①]，故不书，讳之也。

【注释】

①辱之：以此为辱。

【译文】

冬，安葬晋景公。鲁成公送葬，诸侯没有一个到场的。鲁国人以此为辱，所以《春秋》不加记载，这是有意隐讳。

十一年

【经】

11.1 十有一年春王三月[①]，公至自晋。

11.2 晋侯使郤犨来聘[②]，己丑[③]，及郤犨盟。

11.3 夏，季孙行父如晋。

11.4 秋，叔孙侨如如齐[④]。

11.5 冬十月。

【注释】

①十有一年：鲁成公十一年当周简王六年，前580。

②晋侯：指晋厉公。郤犨(chōu)：郤克从兄弟。

③己丑：二十四日。

④叔孙侨如：宣伯。

【译文】

鲁成公十一年春周历三月，成公从晋国回来。

晋厉公派郤犨来我国聘问，二十四日，与郤犨订立盟约。

夏，季孙行父去晋国。

秋，叔孙侨如去齐国。

冬十月。

【传】

11.1 十一年春,王三月,公至自晋。晋人以公为贰于楚,故止公。公请受盟,而后使归。

【译文】

鲁成公十一年春,周历三月,鲁成公从晋国回来。晋国人认为成公与楚国通好,所以扣留了他。成公请求接受盟约,晋国才让他回国。

11.2 郤犨来聘,且莅盟。

【译文】

郤犨来我国聘问,同时参加结盟。

11.3 声伯之母不聘[①],穆姜曰:“吾不以妾为姒[②]。”生声伯而出之[③],嫁于齐管于奚。生二子而寡,以归声伯。声伯以其外弟为大夫[④],而嫁其外妹于施孝叔[⑤]。郤犨来聘,求妇于声伯。声伯夺施氏妇以与之。妇人曰:“鸟兽犹不失俪[⑥],子将若何?”曰:“吾不能死亡。”妇人遂行,生二子于郤氏。郤氏亡[⑦],晋人归之施氏,施氏逆诸河,沉其二子。妇人怒曰:“己不能庇其伉俪而亡之[⑧],又不能字人之孤而杀之[⑨],将何以终?”遂誓施氏[⑩]。

【注释】

①声伯:公孙婴齐。不聘:没有举行媒聘之礼就和叔肸同居。《礼记·内则》云“聘则为妻”,不聘则为妾。

②姒(sì):妯娌,古代妯娌之间年长者为姒,年幼者为娣。穆姜为鲁宣公夫人,声伯之父叔肸与宣公为同胞兄弟,则穆姜与声伯之母为妯娌。穆姜认为声伯之母非明媒正娶,因此不当她为嫂嫂。

③出:被遗弃。

④外弟:指其母与管于奚所生儿子。下句外妹指其母与管于奚所生之女。

⑤施孝叔:鲁惠公五世孙。

⑥俪:配偶。

⑦郤氏亡:成公十七年,郤氏被灭。

⑧己:自己。伉俪(kàng lì):夫妻、配偶。

⑨字:养育。人:他人,指郤氏。

⑩誓施氏:发誓再不与施氏为夫妻。

【译文】

声伯的母亲嫁过来时没有举行媒聘之礼,穆姜说:"我不能称一个小妾为嫂嫂。"声伯的母亲生了声伯后,就被遗弃,嫁给了齐国的管于奚。她生了两个孩子后又守寡,便靠声伯过日子。声伯让外弟担任大夫,而把外妹嫁给施孝叔。郤犨前来聘问,向声伯求鲁女为妻。声伯把他外妹从施孝叔那儿夺走,嫁给郤犨。他外妹对丈夫说:"鸟兽尚且不肯丢失配偶,你打算怎么办?"施孝叔说:"我不能为你而死去或逃亡。"声伯的外妹就跟着郤犨走了,在郤家生了两个孩子。郤氏被灭,晋国人又把她送还给施孝叔。施孝叔在黄河边迎接她,把她的两个孩子丢进河里。她发怒说:"自己不能保护配偶而让她离开,又不能够养育别人的孤儿而杀死他们,这样的人怎么会有好结果?"于是就发誓再也不做施氏的妻子。

11.4　夏,季文子如晋报聘,且莅盟也。

【译文】

夏，季文子去晋国回报聘问，并参加结盟。

11.5 周公楚恶惠、襄之逼也①，且与伯舆争政②，不胜，怒而出。及阳樊③，王使刘子复之④，盟于鄄而入⑤。三日，复出奔晋。

【注释】

①周公楚：周公阅的后代。惠、襄：指周惠王、周襄王的后裔族人。

②伯舆：周王室卿士。

③阳樊：即隐公十一年《传》之樊地，在今河南济源，此时为晋邑。

④刘子：刘康公。

⑤鄄：周邑，今地不详。

【译文】

周公楚讨厌周惠王、周襄王族人的逼迫，同时又和伯舆争夺政权，没有取胜，发怒而离开。到达阳樊，周简王派刘康公去请他回来，在鄄地订立盟约后入进国都。三天后，周公楚再次离开逃亡到晋国。

11.6 秋，宣伯聘于齐，以修前好①。

【注释】

①以修前好：鞍之战以前之友好关系。

【译文】

秋，宣伯到齐国聘问，以重修以往的友好关系。

11.7 晋郤至与周争鄇田①，王命刘康公、单襄公讼诸晋。

郤至曰："温，吾故也，故不敢失。"刘子、单子曰："昔周克商，使诸侯抚封[2]，苏忿生以温为司寇[3]，与檀伯达封于河[4]。苏氏即狄，又不能于狄而奔卫[5]。襄王劳文公而赐之温[6]，狐氏、阳氏先处之[7]，而后及子。若治其故，则王官之邑也，子安得之？"晋侯使郤至勿敢争。

【注释】

①鄇(hóu)：温的别邑，在今河南武陟西南。

②抚：有。

③苏忿生：周武王时为司寇。

④檀伯达：檀为周邑，在今河南济源。伯达封于此，因此叫檀伯达。封于河，檀与温都在黄河北，且近于河，所以说封于河。

⑤苏氏即狄，又不能于狄而奔卫：鲁庄公十九年周室五大夫之乱，苏子叛王，先逃于卫，大概后来又逃到狄，又与狄不和。僖公十年，狄人伐灭之，苏子奔卫。

⑥襄王劳文公而赐之温：此事见僖公二十五年。王子带之乱，周襄王逃至氾，晋文公护送其入于王城，襄王与之阳樊、温、原、欑茅之田。

⑦狐氏：狐溱，僖公二十五年晋使之为温大夫。阳氏：指阳处父，温曾为阳处父采邑。

【译文】

晋国的郤至和周王室争夺鄇的田地，周简王命令刘康公、单襄公到晋国争讼。郤至说："温地，过去就是我的封邑，所以我不敢丢失。"刘康公、单襄公说："以前周朝战胜商朝，让诸侯拥有封地。苏忿生拥有温地担任司寇，和檀伯达被封在黄河边。苏氏投奔狄人，又和狄人不和逃到卫国。襄王为了慰劳文公而赐给他温地，狐氏、阳氏先住在这里，后来才轮到你。如果要追溯过去，那么它是周天子属官的封邑，您怎么能得到它？”晋厉公下令使郤至不敢再争。

11.8　宋华元善于令尹子重，又善于栾武子。闻楚人既许晋籴茷成[①]，而使归复命矣。冬，华元如楚，遂如晋，合晋、楚之成。

【注释】

①闻楚人既许晋籴茷成：事在前一年春。

【译文】

宋国华元和楚令尹子重友好，又和晋国栾武子相善，他听说楚国人已经同意晋国籴茷求和，而让他回国复命。冬，华元去楚国，接着去晋国，安排晋、楚两国和好的事情。

11.9　秦、晋为成，将会于令狐[①]。晋侯先至焉，秦伯不肯涉河，次于王城[②]，使史颗盟晋侯于河东[③]。晋郤犨盟秦伯于河西。范文子曰：“是盟也何益？齐盟[④]，所以质信也[⑤]。会所[⑥]，信之始也。始之不从，其何质乎？”秦伯归而背晋成。

【注释】

①令狐：在今山西临猗西。在黄河东。

②王城：秦地，在今陕西大荔东。在黄河之西。

③史颗：秦国大夫。

④齐：同“斋”，盟誓前须斋戒，以表示诚信。

⑤质信：以保证信用。

⑥会所：约定盟会的地点。

【译文】

秦、晋两国和好，准备在令狐相会。晋厉公先到，秦桓公不肯渡过黄河，驻扎在王城，派史颗与晋厉公在河东订立盟约。晋国的郤犫则和秦桓公在河西订立盟约。范文子说："这样的结盟有什么好处？斋戒盟誓，是为了保证信用。约定会见地点，是信用的开始。连开始都不遵从，盟约可以相信吗？"秦桓公回去就背弃了和晋国的友好盟约。

十二年

【经】

12.1 十有二年春[1]，周公出奔晋[2]。

12.2 夏，公会晋侯、卫侯于琐泽[3]。

12.3 秋，晋人败狄于交刚[4]。

12.4 冬十月。

【注释】

①十有二年：鲁成公十二年当周简王七年，前579。

②周公：即周公楚。

③琐泽：晋国地名，在今河北涉县。

④狄：指白狄，此时赤狄已灭。交刚：今地所在不详。

【译文】

鲁成公十二年春，周公离开周都逃亡到晋国。

夏，成公与晋厉公、卫定公在琐泽相会。

秋，晋国人在交刚打败狄人。

冬十月。

【传】

12.1　十二年春，王使以周公之难来告[①]。书曰："周公出奔晋。"凡自周无出，周公自出故也。

【注释】

①王使以周公之难来告：周公楚奔晋在去年夏，《经》文记在今年，因周于今年春才来报告。

【译文】

鲁成公十二年春，周简王的使者来我国通告周公楚的祸难。《春秋》记载说："周公离开周都出逃到晋国。"凡是从周朝外逃的不能称为"出"，这是周公楚自己要出逃，所以才用"出"字。

12.2　宋华元克合晋、楚之成。夏五月，晋士燮会楚公子罢、许偃[①]。癸亥[②]，盟于宋西门之外，曰："凡晋、楚无相加戎，好恶同之，同恤灾危，备救凶患。若有害楚，则晋伐之。在晋，楚亦如之。交贽往来[③]，道路无壅[④]，谋其不协，而讨不庭[⑤]。有渝此盟，明神殛之，俾队其师[⑥]，无克胙国[⑦]。"郑伯如晋听成[⑧]，会于琐泽，成故也。

【注释】

①公子罢(pí)、许偃：皆为楚国大夫。

②癸亥：初四。

③交贽：指使者往来。贽，使者聘问所带的礼物。

④壅：堵塞。

⑤不庭：不朝。此指不服晋、楚的诸侯。

⑥俾(bǐ)：使。队：同"坠"。

⑦胙国：保佑国家。

⑧郑伯如晋听成：晋、楚和好，郑作为楚的盟国，去晋受命。听，受。

【译文】

宋国华元成功使晋、楚两国和好。夏五月，晋国的士燮会见楚国的公子罢、许偃。初四，在宋国西门之外结盟，誓词说："凡是晋、楚两国，不以兵戎相见，要好恶相同，一起救济灾难危困，无保留地救援饥荒祸患。如果有危害楚国的，晋国就攻打它；对晋国，楚国也是这样做。两国使者往来聘问，道路没有阻隔，共同协商对付不顺服的国家，讨伐背叛的诸侯。谁要是违背盟约，神灵就要诛杀他，使他的军队颠覆，不能享有国家。"郑成公去晋国听受和约，和诸侯在琐泽相会，这是由于晋、楚和好的缘故。

12.3　狄人间宋之盟以侵晋，而不设备。秋，晋人败狄于交刚。

【译文】

狄人乘晋国人在宋国与楚国结盟的机会侵袭晋国，自己却又不加防备。秋，晋国人在交刚打败了狄人。

12.4　晋郤至如楚聘，且莅盟。楚子享之，子反相，为地室而县焉[①]。郤至将登[②]，金奏作于下[③]，惊而走出。子反曰："日云莫矣[④]，寡君须矣[⑤]，吾子其入也！"宾曰[⑥]："君不忘先君之好，施及下臣，贶之以大礼[⑦]，重之以备乐[⑧]。如天之福，两君相见，何以代此。下臣不敢。"子反曰："如天之福，两君相见，无亦唯是一矢以相加遗[⑨]，焉用乐？寡君须矣，吾子其入也！"宾曰："若让之以一矢[⑩]，祸之大者，其何福之为？世之治也，诸侯间于天子之事[11]，则相朝也，于是乎有享、宴之礼。享以训共俭，宴以示慈惠[12]。共俭以行礼，而慈惠以布政。政以礼成，民是以息。百官承事，朝而不夕[13]，此公侯之所以扞城其民也[14]。故《诗》曰：'赳赳武夫，公侯干城[15]。'及其乱也，诸侯贪冒[16]，侵欲不忌，争寻常以尽其民[17]，略其武夫，以为己腹心、股肱、爪牙[18]。故《诗》曰：'赳赳武夫，公侯腹心[19]。'天下有道，则公侯能为民干城，而制其腹心。乱则反之。今吾子之言，乱之道也，不可以为法。然吾子，主也，至敢不从？"遂入，卒事[20]。归，以语范文子。文子曰："无礼必食言，吾死无日矣夫！"

【注释】

①县：悬挂钟鼓。

②登：登堂。

③金奏：奏九种《夏》乐，先击钟镈，后击鼓磬，叫做金奏。金，指钟镈乐器。杨伯峻以为"此金奏，应是奏《九夏》之一之《肆夏》。据襄四年《传》，《肆夏》本是天子享元侯乐曲，春秋时诸侯相见亦用此乐曲。稍后，诸侯卿大夫亦有用此乐曲者"。

④日云莫：意谓时间已经不早。云，语助词，无义。莫，同"暮"。

⑤须：等待。

⑥宾：指郤至。

⑦贶(kuàng)：赐予。

⑧备乐：指金奏。

⑨无亦唯是一矢以相加遗：意谓晋、楚两君只有战争才相见。无，语首助词，无义。加遗，同义词连用。加、遗，赠与。

⑩让：借为"饷"，用酒食招待。此指用箭来款待。

⑪间：闲暇。

⑫享以训共俭，宴以示慈惠：享礼设有酒食，但并不吃喝，只是用来教导恭敬节俭。宴礼则宾主一起吃喝，以表示慈爱恩惠。

⑬朝：白天谒见叫朝。夕：晚上谒见叫夕。

⑭扞城：干城。干，盾牌。干和城都比喻捍卫者，此作动词，捍卫。

⑮赳赳武夫，公侯干城：引《诗》见《诗经·国风·周南·兔罝》，意谓赳赳武士，是公侯的卫士。

⑯贪冒：同义词连用，贪、冒，贪婪。

⑰寻常：八尺曰寻，一丈六尺曰常。指尺寸之地。尽其民：驱使人民从事战争而死亡。

⑱腹心、股肱、爪牙：皆同义词，得力的助手。

⑲赳赳武夫，公侯腹心：引《诗》见《诗经·国风·周南·兔罝》，意谓赳赳武士，是公侯的得力助手。郤至将“公侯干城”与“公侯腹心”相对，此古人“断章取义”，不必与《诗经》原意相合。

⑳卒事：完成会盟之事。

【译文】

晋国的郤至去楚国聘问，同时参加盟会。楚共王设享礼招待他，子反担任相礼，在地下室悬挂钟鼓等乐器。郤至将要登堂，下面击起了钟镈鼓磬，郤至惊慌地退了出来。子反说：“时间不早了，寡君在等着，请您还是进去吧！”郤至说：“贵国君王不忘记我们先君之间的友好关系，推爱及于下臣，赐我以盛大的礼仪，再加上成套的音乐。如果上天降福，让我们两国国君相见，还能增加什么礼节呢？下臣不敢接受。”子反说：“如果上天降福，让我们两国国君相见，也只能用一支箭彼此相赠，哪里用得着奏乐？寡君在等着，请您还是进去吧！”郤至说：“如果用一支箭来款待，这是祸患中的大祸患，还说什么降福？当天下大治的时候，诸侯在完成天子使命的闲暇之时，就互相朝见，在这种情况下就有了享、宴的礼仪。享礼用来教导恭敬俭约，宴礼用来表示慈爱恩惠。恭敬俭约用来推行礼仪，慈爱恩惠用来施行政教。政教凭借礼仪来完成，百姓因此得以休养生息。百官承担政事，白天朝见，不在晚上相会，这是公侯所用以捍卫他们百姓的措施，所以《诗》说：‘赳赳武士，是公侯的卫士。’等到动乱的时世，诸侯贪图私利，侵夺的欲望无所顾忌，为了争夺尺寸之地而致百姓于死亡之地，网罗他的武士，作为自己的心腹、股肱、爪牙。所以《诗》说：‘赳赳武士，是公侯的得力助手。’天下有道，那么公侯就能做百姓的捍卫者，制约好他的心腹。天下动乱就出现相反情况。现在您的话，是动乱之道，不能用来作为行动的准则。然而您是主人，我郤至岂敢不服从？”于是就进去，把事情办完。郤至回去把情况告诉了范文子。范文子说：“无礼的人，必然说话不算数，我们离死的日子不远了。”

冬，楚公子罢如晋聘，且莅盟。十二月，晋侯及楚公子罢盟于赤棘①。

【注释】

①赤棘：晋地名，今地不详。

【译文】

冬，楚国公子罢去晋国聘问，同时参加盟会。十二月，晋厉公和楚公子罢在赤棘结盟。

十三年

【经】

13.1　十有三年春①，晋侯使郤锜来乞师②。

13.2　三月，公如京师。

13.3　夏五月，公自京师，遂会晋侯、齐侯、宋公、卫侯、郑伯、曹伯、邾人、滕人伐秦。

13.4 曹伯卢卒于师[3]。

13.5 秋七月,公至自伐秦。

13.6 冬,葬曹宣公。

【注释】

①十有三年:鲁成公十三年当周简王八年,前578。

②郤锜:又称驹伯。

③曹伯卢:即曹宣公。

【译文】

鲁成公十三年春,晋厉公派郤锜来我国请求出兵。

三月,成公去京师。

夏五月,成公从京师离开,于是会合晋厉公、齐灵公、宋共公、卫定公、郑成公、曹宣公、邾国人、滕国人攻打秦国。

曹宣公卢在军中去世。

秋七月,成公从伐秦的前线回国。

冬,安葬曹宣公。

【传】

13.1 十三年春,晋侯使郤锜来乞师,将事不敬[1]。孟献子曰:“郤氏其亡乎!礼,身之干也。敬,身之基也。郤子无基。且先君之嗣卿也[2],受命以求师,将社稷是卫,而惰[3],弃君命也。不亡何为?”

【注释】

①将事:处理事务。

②嗣卿：郤锜父郤克为景公上卿，郤锜为厉公卿，故云。

③惰：即“将事不敬”。

【译文】

鲁成公十三年春，晋厉公派郤锜来我国请求出兵，处理事务时态度不恭敬。孟献子说：“郤氏恐怕要灭亡了吧！礼仪，是身体的躯干；恭敬，是身体的基础。郤子却没有基础。而且他的父亲是先君的卿，他又是国君的卿，接受命令来请求出兵，打算以此保卫国家，却怠惰，这是抛弃国君的命令。他不灭亡还能怎样？”

13.2　三月，公如京师。宣伯欲赐①，请先使②。王以行人之礼礼焉③。孟献子从。王以为介而重贿之④。

【注释】

①宣伯：叔孙侨如。欲赐：想要得到周王的赏赐。

②先使：先出使去通报。

③王以行人之礼礼焉：按普通使节的礼节接待他，不加赏赐。

④介：成公的副使。

【译文】

三月，鲁成公去京师。宣伯想要得到周王的赏赐，请求先去通报。周简王以对待行人的礼仪来接待他。孟献子跟着成公。周简王把他作为成公的副使，重重地赏赐他。

公及诸侯朝王，遂从刘康公、成肃公会晋侯伐秦。成子受脤于社①，不敬。刘子曰：“吾闻之，民受天地之中以生②，所谓命也③。是以有动作礼义威仪之则，以定命也④。能者养以之福⑤，不能者败以取祸。是故君子勤礼⑥，小人尽力，勤礼莫如致敬，尽力莫如敦笃[7]。敬在养神[8]，笃在守业[9]。国之大事，在祀与戎。祀有执膰[10]，戎有受脤，神之大节也。今成子惰，弃其命矣，其不反乎？”

【注释】

①成子：成肃公。受脤（shèn）于社：古代出兵祭社，祭毕，以社肉颁赐诸人，谓之受脤。

②民受天地之中以生：古人以为人是得天地中和之气而生的。中，中和之气。

③命：生命。

④定命：固定、福佑生命。

⑤之福：致福。之，作动词用。

⑥勤礼：勤于礼法。

⑦敦笃：敦厚笃实。

⑧养神：供奉鬼神。

⑨守业：各安本分。

⑩执膰（fán）：祭祀宗庙后把祭肉分发给有关人员。

【译文】

鲁成公和诸侯朝觐周简王，接着跟着刘康公、成肃公会合晋厉公攻打秦国。成肃公在社神庙接受祭肉的时候不恭敬。刘康公说：“我听说，百姓得到天地的中和之气而降生，这就是所谓的生命。因此就有了动作、礼义、威仪的准则，用来福佑天命。有能力的人保持这些准则可以得到福分，没有能力的人败坏这些准则就足以取祸。所以君子勤于礼法，小人竭尽能力。勤于礼法莫过于恭敬，竭尽能力莫过于敦厚笃实。恭敬在于供奉神灵，笃实在于各安本分。国家的大事，在于祭祀与战争。祭祀有分配祭肉之礼，战争有接受祭肉之礼，这是侍奉神灵的关键所在。现在成子在接受祭肉时懒惰不恭，这是丢弃他的生命了，他恐怕回不来了吧?”

13.3　夏四月戊午晋侯使吕相绝秦[①],曰:“昔逮我献公,及穆公相好,戮力同心,申之以盟誓,重之以昏姻[②]。天祸晋国,文公如齐,惠公如秦[③]。无禄,献公即世,穆公不忘旧德,俾我惠公用能奉祀于晋[④]。又不能成大勋,而为韩之师[⑤]。亦悔于厥心,用集我文公[⑥],是穆之成也。文公躬擐甲胄,跋履山川,踰越险阻,征东之诸侯,虞、夏、商、周之胤而朝诸秦[⑦],则亦既报旧德矣。郑人怒君之疆埸,我文公帅诸侯及秦围郑[⑧]。秦大夫不询于我寡君,擅及郑盟[⑨]。诸侯疾之,将致命于秦。文公恐惧,绥静诸侯,秦师克还无害,则是我有大造于西也[⑩]。无禄,文公即世。穆为不吊[⑪],蔑死我君[⑫],寡我襄公,迭我崤地[⑬],奸绝我好[⑭],伐我保城,殄灭我费滑[⑮],散离我兄弟,挠乱我同盟[⑯],倾覆我国家。我襄公未忘君之旧勋,而惧社稷之陨,是以有崤之师。犹愿赦罪于穆公,穆公弗听,而即楚谋我[⑰]。天诱其衷[⑱],成王陨命,穆公是以不克逞志于我[⑲]。穆、襄即世,康、灵即位。康公,我之自出[⑳],又欲阙翦我公室,倾覆我社稷,帅我蝥贼,以来荡摇我边疆,我是以有令狐之役[㉑]。康犹不悛,入我河曲,伐我涑川,俘我王官,翦我羁马,我是以有河曲之战[㉒]。东道之不通[㉓],则是康公绝我好也。

【注释】

①戊午:初五。吕相:晋大夫魏锜之子,亦称魏相,因食邑为吕,故又称吕相。成公十一年,秦、晋二国在令狐结盟,至期,晋厉公先

到，而秦桓公却临时变卦，不欲前往，后秦又挑唆白狄和楚国伐晋。晋得知此事，便派吕相使秦，数秦之罪，与之绝交。

②昏姻：婚姻，指晋献公将女儿嫁给秦穆公。

③天祸晋国，文公如齐，惠公如秦：指晋骊姬之乱。献公的夫人骊姬为了立自己的儿子为太子，遂设计陷害太子申生及其他公子，致使公子重耳逃奔狄、齐等国，公子夷吾逃奔梁、秦等国。

④献公即世，穆公不忘旧德，俾我惠公用能奉祀于晋：晋献公去世后不久，秦国即护送夷吾回晋国即位，是为晋惠公。古代唯有国君才有资格主持国家祭祀，故"奉祀于晋"即"为晋之国君"。

⑤又不能成大勋，而为韩之师：晋惠公回国即位后，背信弃义，没有兑现他当初对秦许下的诺言，秦穆公兴兵伐晋，战于韩原，晋大败，惠公被俘。事见僖公十五年。按，韩之战是晋咎由自取，非秦之错。这是晋人强词夺理。

⑥亦悔于厥心，用集我文公：惠公死后，其子怀公即位，这时秦穆公又护送公子重耳回国夺取君位，是为晋文公。集，成就。

⑦"文公躬擐甲胄"五句：此事《春秋》三传都不见记载。

⑧郑人怒君之疆埸(yì)，我文公帅诸侯及秦围郑：围郑事见僖公三十年。晋文公当年流亡到郑国时，郑文公没有给他应有的礼遇，城濮之战，郑与楚联盟，晋文公即位后，遂邀秦穆公兴师问罪。郑并未侵犯秦之边境，吕相所言，实为诬枉之词。又，当时围郑的只有晋、秦二国军队，所谓"帅诸侯"，亦为不实之词。怒，此作"侵犯"解。埸，边界。

⑨秦大夫不询于我寡君，擅及郑盟：郑烛之武说秦王，秦与郑盟而独自退兵。

⑩"诸侯疾之"六句：欲攻秦军的是狐偃，无所谓"诸侯"。此亦晋国的夸大之词。绥静，安抚，说服。克，能够。大造，大功。

⑪不吊(dì)：不祥，不善。

⑫蔑死我君：一本作“蔑我死君”，文义较通顺。

⑬迭我崤地：僖公三十二年，秦过晋而伐郑，并未侵犯晋之崤山，相反，倒是晋军于崤山伏击了秦师，故“迭我崤地”亦为诬枉之辞。迭，通“轶”，突然进犯。

⑭奸绝：断绝，拒绝。奸，通“扞”，排斥。

⑮殄灭我费（bì）滑：秦袭郑不成，回师时遂把滑国灭掉。费滑，滑国。费，滑国都城，在今河南偃师附近。

⑯散离我兄弟，挠乱我同盟：指郑、滑二国，二国与晋同为姬姓，又是同盟关系。

⑰即楚谋我：楚臣斗克本囚于秦，秦在崤山败于晋侯，遂释斗克，以求与楚结盟。即，接近。

⑱天诱其衷：当时习惯语，意指天保佑我。诱，本义是诱导、开导，此作“开”解。衷，内心。

⑲成王陨命，穆公是以不克逞志于我：因楚成王为其子所杀，遂使秦楚结盟不成。

⑳康公，我之自出：这里指秦康公乃晋之外甥。康公之母穆姬乃晋献公女儿。

㉑帅我蝥贼，以来荡摇我边疆，我是以有令狐之役：令狐之役在文公七年。晋襄公死后，群臣因太子夷皋年幼，欲立晋文公之子、襄公庶弟公子雍为君。时公子雍客居于秦，晋遂派人往迎，秦康公亦派兵护送。后襄公夫人极力要立太子夷皋（即晋灵公），群臣只好依从，并派兵在令狐抵拒秦军和公子雍，史称“令狐之役”。吕相这里说“荡摇我边疆”乃片面之词。蝥贼，本指两种食禾苗的害虫，此指晋之公子雍。令狐，晋地名，在今山西临猗。

㉒“入我河曲”五句：河曲之战在文公十二年。秦人欲报令狐之役，而有此战。河曲，晋地名，在今山西永济。涑（sù）川，河名，流经山西西南部，最后注入黄河。王官，晋地名，在今山西闻喜。羁

马，晋地名，在今山西永济。

㉓东道之不通：此指秦晋两国断绝邦交关系。晋在秦的东边，故云。

【译文】

夏，四月初五，晋厉公派吕相与秦断绝交往，说："自从我国献公与秦穆公相互友好以来，二国协力同心，又用盟誓加以明确，用婚姻加深关系。后来上天降灾祸给晋国，文公逃亡齐国，惠公逃亡秦国。不幸，献公去世，但穆公仍不忘旧日恩德，使我国惠公能回到晋国主持祭祀。但没能将这一大功业完成好，于是导致了韩原之战。穆公对俘获惠公一事心中颇为后悔，因而又促成我国文公回国即位，这些都是穆公的功劳成就。我国文公亲自披甲戴胄，跋涉山川，穿越险阻，征伐东方的诸侯，让虞、夏、商、周的后代，都到秦国朝见，这样我们也可以算是报答了秦国往日的恩德了。郑国人侵犯国君的边境，我国文公率领诸侯与秦国一起包围郑国。可是秦国大夫不征询我国寡君的意见，擅自和郑国订了盟约。诸侯对这事都很憎恨，都准备与秦国拼死一战。文公担心，赶紧说服诸侯，使秦军得以安然回国，这说明我晋国是大有功于秦国的。不幸，文公去世。秦穆公不肯来吊唁，蔑视我已故的国君，欺负我们襄公，突袭我国崤地，断绝与我国和好，攻打我国边境城堡，灭掉我国的盟友滑国，离间我们兄弟之邦，扰乱我们同盟之国，妄图颠覆我国家。我襄公没有忘记秦君旧日的恩德，但又惧怕国家遭到灭亡，因而才有崤之战。我国国君仍然希望向穆公解释我们的罪过，但穆公不答应，而勾结楚国算计我国。幸亏老天开眼，楚成王丧命，使穆公对我晋国的算计没能得逞。穆公、襄公去世，康公、灵公即位。秦康公是我晋国的外甥，却又想削弱我晋国公室，颠覆我国家，率领我晋国的败类，前来骚扰我国边疆。所以我国才发动了令狐之役。秦康公仍不悔悟，又侵入我河曲，攻打我涑川，掳掠我王官，损害我羁马，我晋国所以又发动了河曲之战。秦国往东的道路不通畅，就是由于秦康公与我们断绝友好关系而造成的。

“及君之嗣也[①]，我君景公引领西望曰：‘庶抚我乎！’君亦不惠称盟[②]，利吾有狄难[③]，入我河县，焚我箕、郜[④]，芟夷我农功[⑤]，虔刘我边陲[⑥]。我是以有辅氏之聚[⑦]。君亦悔祸之延，而欲徼福于先君献、穆，使伯车来[⑧]，命我景公曰：‘吾与女同好弃恶，复修旧德，以追念前勋。’言誓未就，景公即世，我寡君是以有令狐之会[⑨]。君又不祥，背弃盟誓。白狄及君同州[⑩]，君之仇雠，而我之昏姻也。君来赐命曰：‘吾与女伐狄。’寡君不敢顾昏姻，畏君之威，而受命于吏。君有二心于狄，曰：‘晋将伐女。’狄应且憎[⑪]，是用告我。楚人恶君之二三其德也，亦来告我曰：‘秦背令狐之盟，而来求盟于我，昭告昊天上帝、秦三公、楚三王曰[⑫]：“余虽与晋出入[⑬]，余唯利是视。”不穀恶其无成德，是用宣之，以惩不壹[⑭]。’诸侯备闻此言，斯是用痛心疾首，昵就寡人。寡人帅以听命，唯好是求。君若惠顾诸侯，矜哀寡人，而赐之盟，则寡人之愿也。其承宁诸侯以退[⑮]，岂敢徼乱。君若不施大惠，寡人不佞[⑯]，其不能以诸侯退矣。敢尽布之执事，俾执事实图利之！”

【注释】

①君：此指秦桓公。

②不惠称盟：不肯举行盟会。称，举。

③有狄难：指宣公十五年，晋灭赤狄潞氏国事。按，把“灭狄”说成“有难”，这也是吕相故意歪曲事实。

④箕：晋城邑，在今山西蒲县东北的箕城。郜(gào)：晋城邑，在今山西祁县西。

⑤芟(shān):本义是“除草”,这里作割除、抢割解。

⑥虔刘我边陲:屠杀我国边界人民。虔刘,劫掠,杀戮。陲,边疆,边地。

⑦辅氏之聚:宣公十五年,秦桓公伐晋,晋败秦军于辅氏。辅氏,晋地名,在今陕西大荔东。

⑧伯车:秦桓公之子。名鍼,又称后子。

⑨我寡君:此指晋厉公。令狐之会:在成公十一年。

⑩白狄:狄族的一支,居住在今陕西北部一带。州:此指雍州,古九州之一。包括今陕西、甘肃二省及青海的一部分。

⑪狄应且憎:狄人一方面接受秦人警告,一方面憎恶秦人这种行为。

⑫秦三公:指秦穆公、康公、共公。楚三王:指楚成王、穆王、庄王。

⑬与晋出入:指与晋来往。

⑭以惩不壹:按,此时晋、楚已经和解,所以楚将秦之谋告晋。

⑮承宁:止息,安定。

⑯不佞:当时习语,不才,不敏。

【译文】

“等到国君继位后,我国君景公伸长脖子西望说:‘秦国大概会安抚我们吧!’可是国君仍不肯加恩结盟,反而利用我国有赤狄作乱的机会,侵入我黄河沿岸的县邑,焚烧我箕、郜两城,抢割、毁坏我国的庄稼,杀戮我边境的人民,所以我国将兵卒聚于辅氏,以抵御秦军。国君对两国灾祸的漫延也感到后悔,求福于先君献公、穆公,派伯车来我国,命令我景公说:‘我和你共同和好,抛弃怨恨,重新恢复旧日的恩德,以追念前人的功业。’盟约尚未达成,景公就去世了。所以寡君又有与贵国国君的令狐的盟会。可是贵国国君又萌不良之心,背弃了盟誓。白狄与贵国国君同住在雍州之内,他们是贵国国君的仇敌,但却是我晋国的婚姻亲属之国。贵国国君传来命令说:‘我与你晋国共同征讨狄。’寡君不敢顾念婚姻的关系，畏惧贵国国君的威灵，因而接受你的使臣传来的命令。但贵国国君又分心倾向于狄，对狄人说：‘晋国准备征伐你们。’狄人表面应和但心中却很憎恨，因而将这话告诉我们。楚人也憎恨贵国国君的前后不一，也来告诉我们说：‘秦人违背令狐的盟会，却来要求和我们结盟，并对着皇天上帝、秦三公、楚三王明白宣誓道：“我虽然与晋国往来，但我是唯利是从。”我厌恶秦国无专一道德，因而将他的话揭露出来，以惩治他的言行不一。’诸侯全都听到这些话，因而对秦国感到痛心疾首，都来亲近我寡君。寡君率领诸侯以听从贵国国君的命令，所要求的仅仅是友好。贵国国君如果友好仁慈地顾念诸侯，哀怜我寡君，赐予我们以盟约，那可真是我寡君的愿望。我们将接受贵国国君的命令，使诸侯安宁并让其退走，哪里还敢谋求战乱。贵国国君若不愿施予恩惠，寡人不才，也就无法叫诸侯退兵了。我大胆地将我们的意见全都陈述于贵国国君的办事人员，以便让办事人员予以认真考虑。”

秦桓公既与晋厉公为令狐之盟，而又召狄与楚，欲道以伐晋①，诸侯是以睦于晋。晋栾书将中军，荀庚佐之。士燮将上军，郤锜佐之。韩厥将下军，荀罃佐之。赵旃将新军，郤至佐之。郤毅御戎②，栾鍼为右③。孟献子曰：“晋帅乘和④，师必有大功。”五月丁亥⑤，晋师以诸侯之师及秦师战于麻隧⑥。秦师败绩，获秦成差及不更女父⑦。曹宣公卒于师。师遂济泾⑧，及侯丽而还⑨。迓晋侯于新楚⑩。

【注释】

①道：引导。

②郤毅：郤至之弟，又称步毅。

③栾鍼：栾书之子。

④晋帅乘和：指晋军上下团结一致。帅，军帅。乘，车上的甲士。

⑤丁亥：初四。

⑥麻隧：秦地名，在今陕西泾阳北。

⑦成差：秦国大夫。不更女父：不更为秦国爵名，女父为其名，也为大夫。刘劭《爵制》云“不更者为车右”，此不更或即车右。

⑧师遂济泾：据《国语·鲁语下》，当时诸侯军队俱不肯渡泾水，晋叔向见鲁叔孙豹，鲁军始先渡河，各国军队乃随之渡河。泾，泾水。

⑨侯丽：秦地名，在泾水南岸，今陕西泾阳，或曰在今陕西礼泉。

⑩迓：迎。新楚：秦地名，在今陕西大荔。

【译文】

秦桓公和晋厉公在令狐结盟后，又召来狄人和楚人，想引导他们进攻晋国，诸侯因此与晋国和睦。晋国的栾书率领中军，荀庚作为辅佐；士燮率领上军，郤锜作为辅佐；韩厥率领下军，荀罃作为辅佐；赵旃率领新军，郤至作为辅佐。郤毅驾驭战车，栾鍼作为车右。孟献子说：“晋国的将领和甲士上下团结一致，军队必然能建立大功。”五月初四，晋军率领诸侯的军队和秦军在麻隧作战，秦军大败，俘虏了秦国的成差和不更女父。曹宣公在军中去世。军队于是渡过泾水，到达侯丽然后回去，在新楚迎接晋厉公。

成肃公卒于瑕①。

【注释】

①瑕：晋地名，在今山西芮城南。

【译文】

成肃公在瑕地去世。

13.4　六月丁卯夜[①]，郑公子班自訾求入于大宫[②]，不能[③]，杀子印、子羽[④]。反军于市，己巳[⑤]，子驷帅国人盟于大宫[⑥]，遂从而尽焚之，杀子如、子駹、孙叔、孙知[⑦]。

【注释】

①丁卯：十五日。

②郑公子班自訾求入于大宫：郑公子班奔许已十年，此时入郑。訾，郑国地名。当在郑国南部，今地不详。大宫，郑国祖庙。

③不能：不得入太宫。

④子印、子羽：皆郑穆公子。

⑤己巳：十七日。

⑥子驷：即公子騑。郑穆公之子。

⑦子如：即公子班。子駹（máng）：子如之弟。孙叔：子如之子。孙知：子駹之子。

【译文】

六月十五夜，郑国的公子班从訾地请求进入祖庙，没有获得同意，就杀了子印、子羽，回来驻扎在市上。十七日，子驷率领国内的人们在祖庙结盟，人们于是跟着子驷把公子班的军营全部烧毁，杀了公子班及子駹、孙叔、孙知。

13.5　曹人使公子负刍守[①]，使公子欣时逆曹伯之丧[②]。秋，负刍杀其大子而自立也，诸侯乃请讨之。晋人以其役之劳[③]，请俟他年。冬，葬曹宣公。既葬，子臧将亡[④]，国人皆将从之。成公乃惧[⑤]，告罪，且请焉，乃反，而致其邑[⑥]。

【注释】

①负刍：曹宣公庶子。

②欣时：也是曹宣公庶子。

③其役：伐秦之役。

④子臧：公子欣时字。

⑤成公：曹成公，即负刍。

⑥致其邑：把采邑还给成公。

【译文】

曹国人派公子负刍守国，派公子欣时去迎接曹宣公的灵柩。秋，公子负刍杀了曹宣公的太子而自立为国君，诸侯就请求讨伐他。晋国人因为伐秦战役疲劳，请求等以后再说。冬，安葬曹宣公。安葬以后，公子欣时准备离开曹国，国人都要跟着他逃亡。曹成公负刍才感到恐惧，承认罪过，而且请求子臧留下来不要出走。子臧这才返回来，却把采邑还给了曹成公。

十四年

【经】

14.1 十有四年春王正月[①]，莒子朱卒[②]。

14.2 夏，卫孙林父自晋归于卫。

14.3 秋，叔孙侨如如齐逆女。

14.4 郑公子喜帅师伐许[③]。

14.5 九月，侨如以夫人妇姜氏至自齐[④]。

14.6 冬十月庚寅[⑤]，卫侯臧卒[⑥]。

14.7 秦伯卒[⑦]。

【注释】

①十有四年：鲁成公十四年当周简王九年，前577。

②莒子朱：即成公八年《传》之莒渠丘公，名季佗。莒子朱在位三十二年，死后子密州即位，称黎比公。

③公子喜：郑穆公子，字子罕。

④妇姜氏：姜氏即齐女。时宣公夫人尚在，于姜氏为婆婆，所以称为“妇”。

⑤庚寅：十六日。

⑥卫侯臧：即卫定公。

⑦秦伯：即秦桓公。

【译文】

鲁成公十四年春周历正月，莒渠丘公朱去世。

夏，卫国孙林父从晋国回到卫国。

秋，叔孙侨如去齐国迎亲。

郑国公子喜率领军队攻打许国。

九月，侨如带着成公夫人姜氏从齐国回来。

冬，十月十六日，卫定公臧去世。

秦桓公去世。

【传】

14.1　十四年春，卫侯如晋，晋侯强见孙林父焉[①]。定公不可。夏，卫侯既归，晋侯使郤犨送孙林父而见之。卫侯欲辞，定姜曰[②]：“不可。是先君宗卿之嗣也[③]，大国又以为请，不许，将亡。虽恶之，不犹愈于亡乎[④]？君其忍之！安民而宥宗卿[⑤]，不亦可乎？”卫侯见而复之。

【注释】

①晋侯强见孙林父：成公七年，孙林父因卫定公讨厌他而逃亡到晋国，晋厉公有意让卫国君臣二人相见，是想让卫定公接纳孙林父回国。

②定姜：卫定公夫人。

③先君宗卿：孙氏出于卫武公，与卫君同宗，孙良夫又是当时的卫国执政大臣，所以说“先君宗卿”。先君，指卫定公之父卫穆公。宗卿，此指孙林父之父孙良夫。

④愈：胜过。

⑤宗卿：此指孙林父。因曾承袭孙良夫执卫国之政。

【译文】

鲁成公十四年春，卫定公去晋国，晋厉公坚持要卫定公接见孙林父，卫定公不答应。夏，卫定公回国后，晋厉公派郤犨送孙林父去见他。卫定公想要推辞，定姜说：“不行。孙林父是先君宗卿的后人，大国又为他求情，如果不答应，国家将会灭亡。虽然讨厌他，总比亡国强些吧？国君还是忍耐一下吧！安定百姓而赦免宗卿，不也是可行吗？”卫定公便接见了孙林父，并且恢复了他的官职和采邑。

卫侯飨苦成叔①，甯惠子相②。苦成叔傲。甯子曰：“苦成家其亡乎！古之为享食也，以观威仪、省祸福也③。故《诗》曰：‘兕觥其觩，旨酒思柔。彼交匪傲，万福来求④。’今夫子傲，取祸之道也⑤。”

【注释】

①苦成叔：郤犨。苦成，地名，在今山西运城东，是郤犨采邑。

②甯惠子：卫国大夫甯殖。

③省：省察，检查。

④“兕(sì)觥(gōng)其觩(qiú)”四句：引《诗》见《诗经·小雅·桑扈》，意谓兕觥交错的享宴中，只有不骄不傲，才能聚集万福。兕觥，犀牛角制成的酒杯。觩，兽角弯曲貌。旨酒，甜酒。思，语助词，无义。彼，通“匪”。交，骄傲。求，聚集。

⑤取祸之道：按，此为成公十七年晋杀三郤伏笔。

【译文】

卫定公设享礼招待苦成叔，甯惠子任相礼。苦成叔表现出傲慢的神色。甯惠子说：“苦成叔恐怕要被灭亡了吧！古代举行享礼，是用来观察威仪、省察祸福的，所以《诗》说：‘弯弯角杯，柔和甜酒。不骄不傲，聚集万福。’现在这个人态度傲慢，是取祸之道啊！”

14.2　秋，宣伯如齐逆女。称族，尊君命也①。

【注释】

①称族，尊君命也：此解释《经》称“叔孙侨如”之意：尊重国君的命令，所以称他的族名“叔孙”。

【译文】

秋，宣伯到齐国迎亲。《春秋》称他的族名“叔孙”，是因为尊重国君的命令。

14.3　八月，郑子罕伐许①，败焉。戊戌②，郑伯复伐许。庚子③，入其郛④。许人平以叔申之封⑤。

【注释】

①子罕：即公子喜。

②戊戌：二十三日。

③庚子：二十五日。

④郛：外城。

⑤叔申之封：即成公四年叔申划定的许国疆界。

【译文】

八月，郑国子罕攻打许国，战败。二十三日，郑成公再次攻打许国。二十五日，攻入许国外城。许国人以承认叔申划定的许国疆界为条件与郑国讲和。

14.4 九月，侨如以夫人妇姜氏至自齐。舍族①，尊夫人也。故君子曰："《春秋》之称②，微而显③，志而晦④，婉而成章⑤，尽而不污⑥，惩恶而劝善。非圣人，谁能修之？"

【注释】

①舍族：指《经》文不称"叔孙"。

②称：说，记述。指其遣词造句。

③微而显：指用词细密而意义显明。

④志而晦：指记载史实而意义深远。

⑤婉而成章：指表达婉转曲折而顺理成章。

⑥尽而不污：指记事穷尽而无所歪曲。

【译文】

九月，侨如带着夫人姜氏从齐国而来。《春秋》不称他族名，是由于尊重夫人。所以君子说："《春秋》的记载，言辞细密而意义显明，记载史实而意义深远，表达婉转而顺理成章，记事穷尽而无所歪曲，警戒邪恶而奖励善良。如果不是圣人，谁能编撰？"

14.5　卫侯有疾，使孔成子、甯惠子立敬姒之子衎以为大子[①]。冬十月，卫定公卒。夫人姜氏既哭而息，见大子之不哀也，不内酌饮[②]，叹曰："是夫也，将不唯卫国之败，其必始于未亡人！乌呼！天祸卫国也夫！吾不获鱄也使主社稷[③]。"大夫闻之，无不耸惧[④]。孙文子自是不敢舍其重器于卫[⑤]，尽置诸戚[⑥]，而甚善晋大夫[⑦]。

【注释】

①孔成子：卫国孔达之子孔烝钼。敬姒：卫定公妾。衎（kàn）：卫献公名。

②内：同"纳"。酌饮：依古礼，死者殡后，妻妾皆应粗食饮水。此酌饮指饮水。

③鱄（zhuān）：衎的同母弟。

④耸：通"悚"，惧。

⑤舍：放置。重器：贵重之器。通常指祭祀之器。卫：卫国都城。

⑥戚：本孙氏采邑，孙林父逃亡到晋国，晋国将戚归还卫国。孙林父返国，卫侯又将戚还给他。

⑦而甚善晋大夫：此为襄公十四年孙林父、甯殖逐卫献公伏笔。

【译文】

卫定公有病，让孔成子、甯惠子立敬姒的儿子衎作为太子。冬十月，卫定公去世。夫人姜氏哭丧后休息，看到太子并不哀伤，就连水也喝不下去，叹息说："这个人啊，不仅将要败坏卫国，而且必然从我这个未亡人身上开始动手。天啊！这是上天降祸给卫国吧！让我不能得到鱄来主持国家的机会。"大夫们听到以后，无不感到恐惧。孙文子从此不敢把他的宝器放在都城，而都放在戚邑，同时尽量和晋国的大夫们交好。

十五年

【经】

15.1 十有五年春王二月①,葬卫定公。

15.2 三月乙巳②,仲婴齐卒③。

15.3 癸丑④,公会晋侯、卫侯、郑伯、曹伯、宋世子成、齐国佐、邾人同盟于戚⑤。晋侯执曹伯归于京师。

15.4 公至自会。

15.5 夏六月,宋公固卒⑥。

15.6 楚子伐郑⑦。

15.7 秋八月庚辰⑧,葬宋共公。

15.8 宋华元出奔晋。

15.9 宋华元自晋归于宋。

15.10 宋杀其大夫山⑨。

15.11 宋鱼石出奔楚⑩。

15.12 冬十有一月,叔孙侨如会晋士燮、齐高无咎、宋华元、卫孙林父、郑公子䲡、邾人会吴于钟离⑪。

15.13 许迁于叶⑫。

【注释】

①十有五年:鲁成公十五年当周简王十年,前576。

②乙巳:初三。

③仲婴齐:鲁仲遂之子,公孙归父之弟。

④癸丑:十一日。

⑤宋世子成:其时宋共公病,故其世子与盟。

⑥宋公固：即宋共公。

⑦楚子：楚共王。

⑧庚辰：初十。

⑨山：即荡泽，官司马，公孙寿之孙。

⑩鱼石：公孙目夷之曾孙，官左师。

⑪钟离：诸侯国名，地在今安徽凤阳东北。时在吴、楚交界处，或已灭。此钟离当是属于吴国的一部分。鰌(qiū)：人名。

⑫叶：地名，在今河南叶县。

【译文】

鲁成公十五年春周历二月，安葬卫定公。

三月初三，仲婴齐去世。

十一日，成公会合晋厉公、卫献公、郑成公、曹成公、宋世子成、齐国佐、邾国人，一起在戚地结盟。晋厉公把曹成公抓起来送往京师。

成公从盟会回国。

夏六月，宋共公固去世。

楚共王攻打郑国。

秋八月初十，安葬宋共公。

宋国的华元出逃到晋国。

宋国的华元从晋国回到宋国。

宋国杀了他们的大夫山。

宋国的鱼石出逃到楚国。

冬十一月，叔孙侨如会合晋国士燮、齐国高无咎、宋国华元、卫国孙林父、郑国公子鰌、邾国人在钟离与吴国人相会。

许国迁移到叶地。

【传】

15.1　十五年春，会于戚，讨曹成公也[①]。执而归诸京师。

书曰："晋侯执曹伯。"不及其民也。凡君不道于其民，诸侯讨而执之，则曰某人执某侯。不然，则否②。

【注释】

①讨曹成公：曹成公之罪是杀宣公太子而自立为君。

②"凡君不道于其民"五句：此为解释《经》文"晋侯执曹伯"之意，说明《经》文记载诸侯被逮捕的义例。这就是所谓《春秋》的"微言大义"。

【译文】

鲁成公十五年春，诸侯们在戚地会盟，是为了讨伐曹成公。把曹成公抓起来送到京师。《春秋》记载说："晋侯执曹伯。"这是因为曹成公没有危害他的百姓。凡是国君对百姓无道，诸侯讨伐且逮捕了他，就说"某人执某侯"，否则就不这样记载。

诸侯将见子臧于王而立之①，子臧辞曰："《前志》有之②，曰：'圣达节，次守节，下失节③。'为君，非吾节也。虽不能圣，敢失守乎？"遂逃，奔宋。

【注释】

①子臧：曹公子欣时。

②《前志》：古书名。

③圣达节，次守节，下失节：意谓圣人能进能退，能上能下，通达节操；其次者只能保守节操；下等的唯名利是图，无节操可言。

【译文】

诸侯准备让子臧进见周王而立他为曹国国君。子臧辞谢说："《前志》有这样的话，说：'圣人通达节义，其次者保守节义，最下者失去节义。'做国君,不合乎我的节义。我虽然比不上圣人,又岂敢失去节义呢?"于是逃亡到宋国。

15.2 夏六月,宋共公卒。

【译文】

夏六月,宋共公去世。

15.3 楚将北师[1],子囊曰[2]:"新与晋盟而背之,无乃不可乎?"子反曰:"敌利则进,何盟之有?"申叔时老矣,在申,闻之,曰:"子反必不免。信以守礼,礼以庇身,信礼之亡,欲免得乎?"

【注释】

①北师:指侵袭郑、卫。

②子囊:楚庄王之子,楚共王弟公子贞。

【译文】

楚国准备向北方出兵,子囊说:"刚刚与晋国结盟而背弃盟约,恐怕不可以吧?"子反说:"敌情有利于我们就前进,管它什么盟约?"申叔时已经年老,住在采邑申地,听说这件事后说:"子反一定难以免于祸难。信用是用来保持礼义的,礼义是用来庇护自身的,信用、礼义都没有了,还想免于祸难吗?"

楚子侵郑,及暴隧[1],遂侵卫,及首止[2]。郑子罕侵楚,取新石[3]。

【注释】

①暴隧：即暴，在今河南原阳。

②首止：卫地名，在今河南睢县东南。

③新石：楚国邑名，在今河南叶县。

【译文】

楚共王侵袭郑国，到达暴隧，于是又入侵卫国，到达首止。郑国的子罕侵袭楚国，攻取了新石。

栾武子欲报楚，韩献子曰："无庸①，使重其罪，民将叛之。无民，孰战？"

【注释】

①庸：用。

【译文】

晋国的栾武子想要报复楚国，韩献子说："不用，让他们加重自己的罪过，百姓就会背叛他们。失去了民心，谁为他们打仗？"

15.4 秋八月，葬宋共公。于是华元为右师，鱼石为左师，荡泽为司马，华喜为司徒①，公孙师为司城②，向为人为大司寇③，鳞朱为少司寇④，向带为大宰⑤，鱼府为少宰⑥。荡泽弱公室，杀公子肥。华元曰："我为右师，君臣之训，师所司也。今公室卑而不能正，吾罪大矣。不能治官⑦，敢赖宠乎⑧？"乃出奔晋。

【注释】

①华喜：华父督的玄孙。

②公孙师：宋庄公孙。

③向为人：宋桓公后代。

④鳞朱：鳞矔孙。

⑤向带：宋桓公之后。

⑥鱼府：宋桓公之后。

⑦不能治官：指不能尽职。

⑧赖宠：以得到宠信为利。赖，利。

【译文】

秋八月，安葬宋共公。在这时，华元任右师，鱼石任左师，荡泽任司马，华喜任司徒，公孙师任司城，向为人任大司寇，鳞朱任少司寇，向带任太宰，鱼府任少宰。荡泽要削弱公室的力量，杀了公子肥。华元说："我担任右师，国君与臣下的教导，这是师所执掌的。现在公室衰落我却不能拨正，我的罪过大了。做官不能尽到职责，岂敢以倚仗得到宠信而取利呢？"于是出逃到晋国。

二华，戴族也[①]；司城，庄族也[②]；六官者，皆桓族也[③]。鱼石将止华元，鱼府曰："右师反，必讨，是无桓氏也。"鱼石曰："右师苟获反，虽许之讨，必不敢。且多大功[④]，国人与之[⑤]，不反，惧桓氏之无祀于宋也[⑥]。右师讨，犹有戌在[⑦]，桓氏虽亡，必偏[⑧]。"鱼石自止华元于河上[⑨]。请讨，许之，乃反。使华喜、公孙师帅国人攻荡氏，杀子山。书曰："宋杀大夫山。"言背其族也[⑩]。

【注释】

①戴族：指宋戴公之后。族，氏族。

②庄族：指宋庄公之后。

③六官者，皆桓族也：六官，指鱼石、荡泽、向为人、鳞朱、向带、鱼府。桓族，指宋桓公之后。

④多大功：华元自文公十六年为右师执政以来，已三十余年，就《左传》所记大功主要有宣公十五年之劫子反以解宋围，以及成公十二年谋求晋、楚之成等。

⑤与：拥戴。

⑥不反，惧桓氏之无祀于宋也：不让华元回国，恐怕国人会群起而攻，桓族可能会被全部消灭。

⑦戌：向戌，即合左师，也是桓族。

⑧偏：一部分。

⑨河：黄河。

⑩言背其族：此说明《经》文不称子山族名的缘故：荡氏本宋公族，反欲削弱、危害公室，故书其名，不书其氏，以示其罪。族，宗族。

【译文】

华元、华喜，是戴公的族人；司城公孙师，是庄公的族人；其他六大臣都是桓公的族人。鱼石准备阻止华元逃亡，鱼府说："右师如果回来，一定会讨伐荡泽，这样就会没有我们桓氏一族了。"鱼石说："右师如果能回来，即使允许他讨伐，他也一定不敢。而且他建立了许多功勋，国人拥护他，他不回来，我担心我们桓氏一族在宋国无立身之地了。右师如果讨伐，还有向戌能免，桓氏一族即使灭亡，也必然只是灭亡掉一部分。"鱼石亲自在黄河边上劝阻华元别走。华元请求讨伐荡泽，鱼石答应了，华元这才回来。派遣华喜、公孙师率领国内的人们进攻荡氏，杀了荡泽。《春秋》记载说"宋杀其大夫山"，称名而不称族，是说荡泽背弃了自己的宗族。

鱼石、向为人、鳞朱、向带、鱼府出舍于睢上①。华元使止之，不可。冬十月，华元自止之，不可。乃反。鱼府曰：

"今不从，不得入矣。右师视速而言疾，有异志焉[②]。若不我纳，今将驰矣。"登丘而望之，则驰。骋而从之[③]，则决睢澨[④]，闭门登陴矣[⑤]。左师、二司寇、二宰遂出奔楚。华元使向戌为左师，老佐为司马[⑥]，乐裔为司寇，以靖国人。

【注释】

①睢上：离宋都不远的濉河边。

②右师视速而言疾，有异志焉：指从华元的眼神和说话中，知其并非真心挽留他们。

③骋而从之：五人驱车跟随华元。

④睢澨(shì)：睢河的堤防。

⑤陴(pí)：墙。

⑥老佐：宋戴公五世孙。

【译文】

鱼石、向为人、鳞朱、向带、鱼府离开都城居住在睢水边。华元派人劝阻他们，不听。冬十月，华元亲自去劝阻他们，他们还是不同意，华元就回来了。鱼府说："现在不听从华元的话，以后就不能进入国都了。右师眼睛转动很快而且说话很急，他已另有打算了。如果不接纳我们，现在就要疾驰而去了。"他们登上山头一看，就看到华元疾驰而去。众人驱车跟着他，他已经掘开睢水堤防，关闭城门，登城设防了。左师、二司寇、二宰就逃亡到楚国。华元任命向戌为左师、老佐为司马、乐裔为司寇，以安定国人。

15.5　晋三郤害伯宗[①]，谮而杀之，及栾弗忌[②]。伯州犁奔楚[③]。韩献子曰："郤氏其不免乎！善人，天地之纪也，而骤绝之[④]，不亡何待？"

【注释】

①三郤:郤锜、郤犨、郤至。伯宗:晋国大夫,孙伯纠之子。

②栾弗忌:晋国大夫,伯宗党羽。

③伯州犁:伯宗之子。

④骤:屡次。先后杀害两人,故曰"骤"。

【译文】

晋国的三郤陷害伯宗,诬陷他使他被杀,连带杀了栾弗忌。伯州犁逃亡到楚国。韩献子说:"郤氏恐怕难以免除祸难吧!善人,是天地的纲纪,而先后加以杀害,不灭亡还等什么?"

初,伯宗每朝,其妻必戒之曰:"'盗憎主人,民恶其上①。'子好直言,必及于难。"

【注释】

①盗憎主人,民恶其上:为当时俗语,言主人未得罪盗贼,而盗贼憎恨主人;统治者未得罪百姓,而百姓常厌恶统治者。

【译文】

当初,伯宗每次朝见,他的妻子一定会劝诫他说:"'盗贼无缘故地憎恨主人,百姓无缘故地讨厌统治者。'您喜欢直言不讳,一定会蒙受祸难。"

15.6　十一月,会吴于钟离,始通吴也。

【译文】

十一月,诸侯与吴国在钟离相会,这是开始和吴国往来。

15.7　许灵公畏逼于郑，请迁于楚。辛丑[1]，楚公子申迁许于叶[2]。

【注释】

①辛丑：初三。

②楚公子申迁许于叶：许迁之后，其本土被郑占有，郑人称之为“旧许”。此后许成为楚的附庸。

【译文】

许灵公害怕郑国的逼迫，请求把国家迁到楚国去。十一月初三，楚国公子申把许国迁到叶地。

十六年

【经】

16.1　十有六年春王正月[1]，雨，木冰[2]。

16.2　夏四月辛未[3]，滕子卒[4]。

16.3　郑公子喜帅师侵宋。

16.4　六月丙寅朔，日有食之[5]。

16.5　晋侯使栾黡来乞师[6]。

16.6　甲午晦[7]，晋侯及楚子、郑伯战于鄢陵[8]。楚子、郑师败绩。

16.7　楚杀其大夫公子侧[9]。

16.8　秋，公会晋侯、齐侯、卫侯、宋华元、邾人于沙随[10]，不见公。

16.9　公至自会。

16.10　公会尹子[11]，晋侯、齐国佐、邾人伐郑。

16.11 曹伯归自京师⑫。

16.12 九月，晋人执季孙行父，舍之于苕丘⑬。

16.13 冬十月乙亥⑭，叔孙侨如出奔齐。

16.14 十有二月乙丑⑮，季孙行父及晋郤犨盟于扈⑯。

16.15 公至自会。

16.16 乙酉⑰，刺公子偃。

【注释】

①十有六年：鲁成公十六年当周简王十一年，前575。

②木冰：气象学之雾凇，今北方人又称树挂，冷却的雨滴或云雾滴在树木上结成冰。《经》文作者认为是异常现象，因此加以记载。

③辛未：初五。

④滕子：滕文公。

⑤六月丙寅朔，日有食之：此为前575年5月9日的日全食。丙寅朔，初一。

⑥栾黡(yǎn)：栾书之子，一称栾桓子、桓主。

⑦甲午晦：六月二十九日。晦，每月最后一天。

⑧鄢陵：即隐公元年《传》之鄢，在今河南鄢陵北。

⑨公子侧：子反。

⑩沙随：宋地名，在今河南宁陵北。

⑪尹子：尹武公，周王卿士。

⑫曹伯：曹成公。

⑬苕(tiáo)丘：晋地名，今地不详。

⑭乙亥：十二日。

⑮乙丑：初三。

⑯扈：郑地名，在今河南原阳西。

⑰乙酉：二十三日。

【译文】

鲁成公十六年春周历正月，下雨，沾附在树上凝结成冰。

夏，四月初五，滕文公去世。

郑国公子喜率领军队侵袭宋国。

六月初一，发生日食。

晋厉公派栾黡来我国请求出兵。

六月二十九日，晋厉公与楚共王、郑成公在鄢陵交战。楚共王、郑国军队战败。

楚国杀死他们的大夫公子侧。

秋，成公与晋厉公、齐灵公、卫献公、宋国华元、邾国人在沙随相会，晋厉公不肯接见成公。

成公从沙随之会回国。

成公会同尹武公、晋厉公、齐国国佐、邾国人攻打郑国。

曹成公从京师回国。

九月，晋国人拘捕了季孙行父，安置在苕丘。

冬十月十二日，叔孙侨如出逃到齐国。

十二月初三，季孙行父与晋国郤犨在扈地结盟。

成公从盟会回国。

二十三日，杀死公子偃。

【传】

16.1　十六年春，楚子自武城使公子成以汝阴之田求成于郑①。郑叛晋，子驷从楚子盟于武城。

【注释】

①武城：在今河南南阳北。汝阴：汝水之南，在河南郏县与叶县之间。

【译文】

鲁成公十六年春，楚共王从武城派公子成以割让汝水以南田地为条件向郑国求和。郑国背叛晋国，子驷前往武城与楚共王结盟。

16.2 夏四月，滕文公卒。

【译文】

夏四月，滕文公去世。

16.3 郑子罕伐宋，宋将钼、乐惧败诸汋陂[1]。退，舍于夫渠[2]，不儆[3]，郑人覆之[4]，败诸汋陵[5]，获将钼、乐惧。宋恃胜也。

【注释】

①将钼、乐惧：皆宋国大夫。汋陂：宋地名，在今河南商丘。

②夫渠：离汋陂不远。

③儆：警戒。

④覆：伏兵袭击。

⑤汋陵：地名，在今河南宁陵南。

【译文】

郑国的子罕进攻宋国，宋国的将钼、乐惧在汋陂打败了他。宋军退兵，驻扎在夫渠，不加警备。郑军设伏兵袭击，在汋陵打败宋军，俘虏了将钼、乐惧。宋国败在仗恃打了胜仗而不加戒备。

16.4 卫侯伐郑，至于鸣雁[1]，为晋故也。

【注释】

①鸣雁：地名，在今河南杞县北。

【译文】

卫献公攻打郑国，到达鸣雁，是为了晋国而出兵。

16.5 晋侯将伐郑，范文子曰[①]："若逞吾愿[②]，诸侯皆叛，晋可以逞[③]。若唯郑叛，晋国之忧，可立俟也[④]。"栾武子曰[⑤]："不可以当吾世而失诸侯，必伐郑。"乃兴师。栾书将中军，士燮佐之。郤锜将上军，荀偃佐之[⑥]。韩厥将下军，郤至佐新军，荀罃居守[⑦]。郤犨如卫，遂如齐，皆乞师焉。栾黡来乞师，孟献子曰[⑧]："有胜矣。"戊寅[⑨]，晋师起。

【注释】

①范文子：即士燮，亦称范叔。

②逞吾愿：满足我使晋国政治安定、国家强盛的愿望。逞，意为满足。

③逞：作"行、做"解释。

④立俟：站着就能等得到、看得见。

⑤栾武子：即栾书。

⑥荀偃：字伯游，即中行献子，一称中行偃，荀林父之孙，荀庚之子。

⑦荀罃：即知罃，一称知武子，知庄子荀首之子。居守：留守国内。

⑧孟献子：仲孙蔑。

⑨戊寅：此指四月十二日。

【译文】

晋厉公准备征讨郑国，范文子说："如果满足我的愿望，那么只有当诸侯全都背叛我们时，我们才能出兵征讨。如果只有郑国背叛而我们也同样出兵，那么晋国的忧患，马上就会到来。”栾书说：“不能在我们这一代失去诸侯的拥护，一定得征伐郑国。”于是出兵伐郑。栾书率中军，士燮辅佐他。郤锜率上军，荀偃辅佐他。韩厥率下军，郤至辅佐新军，荀罃留守晋都。郤犨前往卫国，接着去齐国，都是为了请求出兵援助。栾黡也前来我国请求出兵，孟献子说：“晋国胜算在握了。”四月十二日，晋军出发。

郑人闻有晋师，使告于楚，姚句耳与往[①]。楚子救郑，司马将中军[②]，令尹将左[③]，右尹子辛将右[④]。过申[⑤]，子反入见申叔时，曰：“师其何如？”对曰：“德、刑、详、义、礼、信[⑥]，战之器也[⑦]。德以施惠，刑以正邪，详以事神，义以建利，礼以顺时，信以守物。民生厚而德正，用利而事节，时顺而物成。上下和睦，周旋不逆[⑧]，求无不具，各知其极[⑨]。故《诗》曰：‘立我烝民，莫匪尔极[⑩]。’是以神降之福，时无灾害，民生敦厖[⑪]，和同以听，莫不尽力以从上命，致死以补其阙。此战之所由克也。今楚内弃其民，而外绝其好，渎齐盟[⑫]，而食话言，奸时以动[⑬]，而疲民以逞。民不知信，进退罪也。人恤所底[⑭]，其谁致死？子其勉之！吾不复见子矣。”姚句耳先归，子驷问焉，对曰：“其行速，过险而不整。速则失志[⑮]，不整丧列。志失列丧，将何以战？楚惧不可用也。”

【注释】

①姚句(gōu)耳：郑国大夫。

②司马：楚官名。此司马为公子侧，字子反。

③令尹：楚官名。此令尹为公子婴齐，字子重。

④右尹：楚官名。子辛：即公子壬夫，字子辛。

⑤申：地名，在今河南南阳北。

⑥详：通“祥”，指用心精诚专一。

⑦器：器用，手段。

⑧周旋：举动。逆：悖逆。

⑨极：标准，原则。

⑩立我烝民，莫匪尔极：引《诗》出《诗经·周颂·思文》，意谓周祖先后稷安置众民，无不合乎准则。烝，众。

⑪敦：富厚。厖(máng)：大，富足。

⑫齐：同“斋”，斋戒，古代盟誓前须斋戒沐浴。

⑬奸时以动：鄢陵之战在周历四月(夏历二月)，正是春耕季节，故云“奸时以动”。

⑭恤：忧虑。底(zhǐ)：往。

⑮志：心志，此指思虑。

【译文】

郑国人听说有晋军进犯，就派人向楚国报告，大夫姚句耳也一同前往。楚共王率兵救郑，由司马子反率中军，令尹子重率左军，右尹子辛率右军。经过申地时，子反拜见了申叔时，问：“这次交战，结果会怎样？”申叔时回答说：“道德、刑罚、赤诚、义理、礼法、信用，都是战争取胜的必备条件。道德用来施予恩惠，刑罚用来纠正邪恶，赤诚用来事奉神灵，义理用来获取利益，礼法用来顺应时势，信用用来保有万物。人民生活富裕，道德就自然纯正；使用人民若于国有利，则办事就会有节制；顺应时势，事情就会成功。上下和睦，行为处事就不会受阻，凡是有所求的都无不具备，各人都懂得行事的准则。所以《诗》上说：‘先王治理我民众，让他们无不懂得行为的准则。’因而神灵降下幸福，一年四季都没灾害，人民生活富足，同心协力，听从指挥，无不尽心尽力，服从上面的命令，甘愿牺牲生命以弥补国家的损失。这就是战争之所以取胜的原因。现在楚国，对内抛弃他的人民，对外弃绝友好国家，亵渎斋戒盟誓之事，说过的话不兑现，违背农时而兴师动武，以百姓的疲劳来满足自己的欲望。人民不懂得什么是信义，进退都可能获罪。士卒对奔赴前线心感忧虑，还有谁肯卖命送死？你努力自勉吧，我不会再见到您了。”姚句耳先回到郑国，子驷问他，他回答说：“楚师行军甚速，经过险要地段时也不加整饬。行军过速，就会考虑不周，不加整饬，就会失去应有的队形队列。考虑不周，队列丧失，凭什么作战？我怕楚军靠不住。”

五月，晋师济河。闻楚师将至，范文子欲反，曰：“我伪逃楚，可以纾忧。夫合诸侯，非吾所能也，以遗能者。我若群臣辑睦以事君，多矣[①]。”武子曰：“不可。”

【注释】

①多：足够。

【译文】

五月，晋军渡过黄河。听说楚军就要到达，士燮想撤军回去，说：“我们假装逃避楚军，这样可以缓解国内的忧患。会合诸侯，不是我们所能办到的，把这留给有能力的人吧。如果我们群臣能和衷共济事奉国君，那也就足够了。”栾书说：“不行。”

六月，晋、楚遇于鄢陵。范文子不欲战，郤至曰：“韩之战[①]，惠公不振旅[②]；箕之役[③]，先轸不反命[④]；邲之师[⑤]，荀伯不复从[⑥]。皆晋之耻也。子亦见先君之事矣。今我辟楚，又益耻也。”文子曰：“吾先君之亟战也[⑦]，有故。秦、狄、齐、楚皆强，不尽力，子孙将弱。今三强服矣，敌楚而已。唯圣人能外内无患，自非圣人[8]，外宁必有内忧。盍释楚以为外惧乎？”

【注释】

①韩之战：指僖公十五年的秦晋韩之战，晋国战败，惠公被俘。韩，晋地名，在今陕西韩城南。

②不振旅：失败。振旅，治兵而归，胜利而归。

③箕之役：指鲁僖公三十三年的晋狄箕之战，晋军主帅先轸战死。箕，地名，在今山西太谷东。

④不反命：没有活着回来。

⑤邲之师：指宣公十二年的晋楚邲之战，晋国战败。邲，郑地名，在今河南郑州。

⑥不复从：也指失败。从，周旋。

⑦亟（qì）：屡次。

⑧自非：若非。

【译文】

六月，晋楚两军在鄢陵相遇。士燮不想交战，郤至说：“韩之战，惠公不能凯旋而归；箕之战，先轸未能回军复命；邲之战，荀伯战败，不能再与楚军周旋。这些都是晋国的耻辱。以上先君的事情您也见过吧。现在我们如果躲避楚军，这是又给晋国增添耻辱。”士燮说：“我们先君之所以屡次征战，这是有原因的。秦、狄、齐、楚，都是强国，如果不尽力征战，子孙恐怕将被削弱。现在秦、狄、齐三强国已经归服了，敌手只有一个楚国。唯有圣人才能做到国内外均无忧患，我们不是圣人，国外安宁必然出现国内的忧患。何不放过楚国，把它当成引起戒惧的外部国家呢？”

甲午晦，楚晨压晋军而陈。军吏患之。范匄趋进[1]，曰：“塞井夷灶，陈于军中[2]，而疏行首[3]。晋、楚唯天所授，何患焉?”文子执戈逐之,曰:“国之存亡,天也。童子何知焉?”栾书曰:“楚师轻窕,固垒而待之,三日必退。退而击之,必获胜焉。”郤至曰:“楚有六间[④],不可失也:其二卿相恶[⑤];王卒以旧[⑥];郑陈而不整;蛮军而不陈[⑦];陈不违晦[⑧];在陈而嚣,合而加嚣,各顾其后,莫有斗心。旧不必良,以犯天忌,我必克之。”

【注释】

①范匄(gài):士燮之子,一称范宣子。时年尚幼,故其父称之为“童子”。

②塞井夷灶,陈于军中:古代军中须凿井垒灶以取水炊饭,由于楚军逼近,晋军阵地变小,故范匄建议塞井夷灶,列阵于军中。陈,同“阵”。

③疏行首:将行列间道路隔宽。行首,行道。古人作战,行列欲其疏阔,如《司马法·定爵篇》“凡陈行惟疏”,《淮南子·道应训》“疏队而击之”。

④间:间隙,空子。

⑤二卿相恶:二卿指子反和子重。二人不和,故战败后子重逼子反自杀。

⑥旧:旧家子弟。

⑦蛮:指楚王带来的楚国南方的蛮族军队。

⑧陈不违晦:古代迷信,晦日不宜布阵作战,但楚军却不回避,故郤至说这也是楚军的一间。

【译文】

六月二十九日,这是六月的最后一天,楚军在清晨逼近晋军并摆开阵势。晋军吏为此担心。范匄跑进营帐,说:“填掉井铲平灶,在军中摆开阵势，并使行列间道路疏阔。晋、楚都是上天所眷顾的国家，怕什么？”士燮拿起戈赶走他，说：“国家的存亡是由天决定的，小孩懂得什么？”栾书说：“楚军轻浮急躁，我们只要固守营垒以等待，三天后楚军必退。等其退时再出击，必获全胜。”郤至说：“楚军有六处弱点，这次的机会不可丢失：两位卿相互仇视；楚王的亲兵都是旧家子弟；郑军虽摆开阵势，但军容不整；虽有南蛮军队，但并未摆开阵势；布阵而不避开晦日；士卒在军阵中喧哗说话，两军相遇后喧哗更甚，各自想着逃脱的后路，全无斗志。旧家子弟未必都是精兵，晦日布阵犯了天忌，我军必定能打败楚军。”

楚子登巢车以望晋军①，子重使大宰伯州犁侍于王后②。王曰：“骋而左右③，何也？”曰：“召军吏也。”“皆聚于军中矣！”曰：“合谋也。”“张幕矣。”曰：“虔卜于先君也④。”“彻幕矣！”曰：“将发命也。”“甚嚣，且尘上矣！”曰：“将塞井夷灶而为行也。”“皆乘矣，左右执兵而下矣⑤！”曰：“听誓也。”“战乎？”曰：“未可知也。”“乘而左右皆下矣！”曰：“战祷也。”伯州犁以公卒告王。苗贲皇在晋侯之侧⑥，亦以王卒告。皆曰：“国士在，且厚，不可当也。”苗贲皇言于晋侯曰：“楚之良，在其中军王族而已⑦。请分良以击其左右，而三军萃于王卒⑧，必大败之。”公筮之，史曰：“吉。其卦遇《复》䷗⑨，曰：‘南国蹙，射其元王中厥目⑩。’国王伤，不败何待？”公从之。

【注释】

①巢车：一种高大的兵车，如树上的鸟巢，可以登之而瞭望敌人。宣公十五年《传》又谓之“楼车”。

②大宰：官名，掌王族事务。大，同“太”。伯州犁：晋大夫伯宗之子，因其父被杀而奔楚。

③骋而左右：晋国兵车向左右两方驰骋。这句是楚王的话。按，以下这段凡不加“曰”的，皆楚王所说，凡加“曰”的，皆伯州犁回答的话。

④虔卜于先君：古代行军，必将前代国君主位载在车上同行。此乃在先君主位前诚心问卜。

⑤左右：春秋时，一般的兵车，将领居左，车右居右。

⑥苗贲皇：原为楚臣，斗椒之子，宣公四年奔晋。

⑦王族：与下文的“王卒”，均指楚王的亲兵。

⑧萃：聚集。

⑨《复》䷗：复卦，《震》卦在下，《坤》卦在上。

⑩南国蹴(cù)，射其元王中阙目：这两句是史官根据《复》卦的卦象、卦爻辞而作的归纳。蹴，同“蹙”，窘迫。元王，最高之王。

【译文】

楚共王登上巢车瞭望晋军，子重叫太宰伯州犁侍立于楚共王后面。楚共王问：“战车时左时右地奔驰，这是何故？”伯州犁回答说：“这是在召集军吏。”“全都聚集于军帐之中！”说：“这是在一同谋划军务。”“帐幕拉开了。”说：“这是在虔诚地向先君问卜。”“帐幕又撤去了。”说：“就要发布命令了。”“喧哗得很，连尘土都飞扬起来了。”说：“即将填井平灶布列行阵。”“全都登上战车，但将领和车右又都拿着兵器下来了。”说：“要去听取主帅的誓师号令。”“要出战了吗？”说：“还不知道。”“上了战车，可是将领和车右又全都下车了！”说：“要作战前的祈祷。”伯州犁将晋厉公亲兵的情况禀报给楚共王。苗贲皇站在晋厉公旁边，也将楚共王亲兵的情况禀报给晋厉公。晋厉公左右的人都说：“楚国的杰出人才，全在军中，而且人数众多，这是不可抵挡的。”苗贲皇对晋厉公说：“楚国的精兵，仅仅是中军的亲兵而已。请将我们的精兵分成两部分，分别攻击他们的左右军，再集中三军攻其亲兵，必能大败楚军。”晋厉公进行占筮，史官说：“吉利。得到《复》卦，该卦意思说：‘南国艰难窘迫，射他的元首，中其一目。’国君窘迫，国王受伤，楚国此时不败还要拖到何时？”晋厉公遵从占筮结果出战。

有淖于前，乃皆左右相违于淖①。步毅御晋厉公②，栾鍼为右③。彭名御楚共王，潘党为右。石首御郑成公，唐苟为右。栾、范以其族夹公行。陷于淖，栾书将载晋侯，鍼曰：“书退④，国有大任，焉得专之。且侵官，冒也；失官⑤，慢也；离局⑥，奸也。有三罪焉，不可犯也。”乃掀公以出于淖。

【注释】

①违：避开。

②步毅：即郤毅，郤至之弟，郤克的同族。

③栾鍼：栾书之子，栾黡之弟。

④书退：《礼记·曲礼》上“君前臣名”，古代在国君前群臣之间皆直呼其名，故栾鍼于其父栾书也直呼其名。

⑤失官：若元帅载国君于己车，必将抛弃自己作为元帅的职责。

⑥离局：离开自己的部属。

【译文】

晋军的前面有一个泥坑，晋军全都左右绕行，避开泥坑。步毅为晋厉公驾车，栾鍼为车右。彭名为楚共王驾车，潘党为车右。石首为郑成公驾车，唐苟为车右。栾氏、范氏带领着他们的家族士兵左右夹护着晋厉公前进。战车陷入泥坑之中，栾书准备让晋厉公乘坐自己的战车，栾鍼说：“栾书你走开，国家有许多重大任务，哪能由你一人独占。而且侵夺他人职责，这是冒犯；丢弃本人职守，这是怠慢；离开自己的部属，这是错误的。这三条罪过，都是不可触犯的。”于是他托起晋厉公的坐车，将它推出泥坑。

癸巳[1]，潘尪之党与养由基蹲甲而射之[2]，彻七札焉[3]。以示王，曰：“君有二臣如此，何忧于战？”王怒曰：“大辱国[4]。诘朝尔射[5]，死艺[6]。”吕锜梦射月[7]，中之，退入于泥。占之，曰：“姬姓，日也。异姓，月也，必楚王也[8]。射而中之，退入于泥，亦必死矣。”及战，射共王中目。王召养由基，与之两矢，使射吕锜，中项，伏弢[9]。以一矢复命。

【注释】

①癸巳：这是上文“甲午晦”的前一天，即六月二十八日。以下补叙癸巳日的事情。

②潘尪之党：即潘尪之子潘党。养由基：楚国名将，善射。蹲甲：把甲积叠起来。

③彻：穿透。七札：革甲内外厚薄复叠七层。札，编织甲的皮革。

④大辱国：楚共王认为为将应有勇有谋，而潘、养二人仅以“彻七札”的匹夫之勇就说“何忧于战”，显然是“不尚智谋”的表现，因而楚共王发怒，骂他们是“大辱国”。

⑤诘朝：第二天早晨。

⑥死艺：只凭射艺，恐怕要死在这武艺上。

⑦吕锜：即晋国的魏锜。

⑧姬姓，日也。异姓，月也，必楚王也：古代以日比天子，以月比臣、诸侯，周天子与晋侯均姬姓，故云“日也”，楚王芈姓，为异姓诸侯，故云“月也”。

⑨弢(tāo)：弓衣，盛弓的套子。

【译文】

六月二十八日，楚大夫潘尫的儿子潘党与楚大夫养由基堆叠起皮甲衣比赛射箭，二人都射透七层皮甲。他们拿着这些皮甲给楚王看，说："君王有两位如此能耐的臣子，还担忧什么与晋交战？"楚王发怒道："太羞辱国家了。明天早上，你们要是射箭，就会死在这射技上面。"这天晚上，晋将吕锜做梦朝月亮射箭，射中了，但后退时又掉入泥坑里。他为这个梦进行占卜，占梦的人说："姬姓，是太阳。异姓，是月亮，必定是楚王。你射中他，但后退时又掉入泥坑里，你也必死无疑。"到第二天交战时，吕锜射中楚共王眼睛。楚共王召来养由基，给他两支箭，要他去射吕锜，他一箭射中吕锜的脖子，吕锜伏在弓套上死去。养由基拿着剩下的一支箭去复命。

郤至三遇楚子之卒，见楚子必下，免胄而趋风①。楚子使工尹襄问之以弓②，曰："方事之殷也，有韎韦之跗注③，君子也。识见不穀而趋④。无乃伤乎？"郤至见客，免胄承命，曰："君之外臣至⑤，从寡君之戎事，以君之灵，间蒙甲胄⑥，不敢拜命。敢告不宁⑦，君命之辱，为事之故，敢肃使者⑧。"三肃使者而退。

【注释】

①免胄而趋风：脱下头盔快步走。这是臣见君时的恭敬表现。

②工尹：官名。襄：人名。问：春秋时，向某人问候时，一般须送上礼物以表示情意。

③韎(mèi)：赤黄色。韦：熟牛皮。跗(fū)注：当时的军服，衣裤相连，裤脚系在踝跗之上。

④不穀：不善。这是春秋时诸侯国君的谦称。

⑤君：此指楚共王。外臣：古代臣子在他国国君之前自称“外臣”。文中工尹襄代表楚共王，故郤至亦自称“外臣”。

⑥间：参与。蒙：披着，穿着。

⑦宁：通“慭”，受伤。

⑧肃：肃拜。古代的一种行礼方式，身略俯折，与今之作揖相似。本古代妇女所行礼节，男子则以拜或顿首等以示恭敬。无论拜与顿首，都必须折腰。而古礼，甲胄之士不拜，故只行肃拜之礼。

【译文】

郤至三次遇到楚共王的亲兵，每次见到楚共王时都要下车，脱去头盔，疾走如风。楚共王派工尹襄送给他一张弓，说：“正当战事激烈之时，有个身穿金黄色皮军装的人，他真是个君子。见到不穀就快步走。他莫非受伤了？”郤至接见楚军来客，脱下头盔并接受楚共王的问候，说：“君王的外臣郤至，跟随寡君来作战，托楚君的威灵，参与披戴铠甲和头盔，所以无法拜受君王慰劳的旨意。我冒昧地告诉您，我并没受伤，对于君王的问候，我感到惭愧，因为战事的缘故，我冒昧地向您作揖行礼。”他向使者作了三次揖后才退去。

晋韩厥从郑伯，其御杜溷罗曰：“速从之！其御屡顾，不在马，可及也。”韩厥曰：“不可以再辱国君[①]。”乃止。郤至从郑伯，其右茀翰胡曰：“谍辂之[②]，余从之乘而俘以下。”郤至曰：“伤国君有刑。”亦止。石首曰：“卫懿公唯不去其旗，是以败于荧[③]。”乃内旌于弢中。唐苟谓石首曰：“子在君侧，败者壹大[④]。我不如子，子以君免，我请止。”乃死。

【注释】

①不可以再辱国君：吕锜已射中楚共王一目，羞辱过一个国君；若

追及郑成公，是羞辱第二个国君，故韩厥说："不可以再辱国君。"

②谍：侦察兵，此指轻兵。辂(yà)：迎战，此指拦击。

③卫懿公唯不去其旗，是以败于荧：闵公二年，卫与狄战于荧泽，卫军大败，卫懿公因不去其旗，被狄人认出而被杀。卫懿公，春秋初年卫国国君，名赤。荧，荧泽，地名，在黄河之北，今河南淇县。

④败者壹大：指战败者应专心一意保护国君。壹，专心一意。大，此指国君。

【译文】

晋韩厥追赶郑成公，他的御者杜溷罗说："赶快追赶！他的御者屡屡回顾，心不在驭马，可以赶上。"韩厥说："不能再羞辱国君了。"因而停止了追击。郤至追赶郑成公，他的车右茀翰胡说："派遣轻兵拦击，我从后面登上他的车将他俘获抓下。"郤至说："伤害国君是要受处罚的。"也停止了追击。郑成公的御者石首说："卫懿公就是因为不拿掉车上的旗帜，所以才在荧泽打了败仗。"他们于是把旗帜放进弓套里。车右唐苟对石首说："您在国君的旁边，战败者应一心保护国君。这方面我不如您，您带着国君逃走，我请留下。"唐苟因此而战死。

楚师薄于险，叔山冉谓养由基曰①："虽君有命②，为国故，子必射！"乃射。再发，尽殪。叔山冉搏人以投，中车折轼。晋师乃止。囚楚公子筏。

【注释】

①叔山冉：楚之勇士，复姓叔山，名冉。

②君有命：楚共王曾责潘党、养由基二人"尔射，死艺"，言外之意即禁止其射箭。

【译文】

楚军在一险要地段受到晋军的逼迫，叔山冉对养由基说："虽然有国君的禁令，但为了国家，你也一定要射箭！”养由基便箭射晋军。他连发二箭，所射尽死。叔山冉捉住晋人，又将他向晋军投去，投中战车，折断车前横木。晋军这才停止追击。晋军俘获、囚禁了楚国的公子茷。

栾鍼见子重之旌，请曰：“楚人谓：‘夫旌，子重之麾也①。’彼其子重也。日臣之使于楚也，子重问晋国之勇。臣对曰：‘好以众整②。’曰：‘又如何？’臣对曰：‘好以暇③。’今两国治戎，行人不使，不可谓整；临事而食言，不可谓暇。请摄饮焉④。”公许之。使行人执榼承饮⑤，造于子重，曰：“寡君乏使，使鍼御持矛⑥，是以不得犒从者，使某摄饮。”子重曰：“夫子尝与吾言于楚，必是故也，不亦识乎⑦？”受而饮之。免使者而复鼓。

【注释】

①夫旌，子重之麾也：栾鍼识子重之旗帜，盖由楚军被俘者所供。旗帜上书姓氏，是战国以后制度。

②整：整齐，严整。

③暇：从容。

④摄饮：栾鍼为晋厉公车右，不能离开，故请求派人代为献酒。摄，代。

⑤榼(kē)：装食物的器具。承：奉。

⑥御持矛：侍于侧而持矛，指为晋厉公的车右。御，侍。

⑦识(zhì)：记。此指记忆力强。

【译文】

栾鍼看见子重的旗帜，向晋厉公请求道：“楚人说：‘那面旗帜是子重的旗帜。’那个人大概就是子重。从前下臣出使楚国时，子重问晋人勇武的表现。下臣回答说：'喜欢部队整饬周密。'又问：'还有什么？'下臣回答说：'喜欢从容不迫。'现在两国交战，不派使者，不能说是整饬周密；遇到战事就自食其言，不能说是从容不迫。请派人代下臣向子重进酒。"晋厉公答应了。派使者拿着食盒和酒，到子重那里，说："寡君缺乏人才，让栾鍼持矛侍立于寡君之侧，所以无法来犒劳你的随从人员，派我来代为进酒。"子重说："那位先生曾跟我在楚国交谈过，必定是为了那次交谈的缘故，他的记忆力真是太好了。"收下酒并喝下。送走使者后又重新擂鼓。

旦而战，见星未已。子反命军吏察夷伤①，补卒乘，缮甲兵，展车马②，鸡鸣而食，唯命是听。晋人患之。苗贲皇徇曰："蒐乘补卒，秣马利兵，修陈固列，蓐食申祷③，明日复战。"乃逸楚囚④。王闻之，召子反谋。榖阳竖献饮于子反，子反醉而不能见。王曰："天败楚也夫！余不可以待。"乃宵遁。

【注释】

①夷：创伤。

②展：排列。

③蓐食：厚食，战前让士卒饱餐。一说，黎明清晨，尚未起床，就在寝席被蓐上吃早饭，极言进食之早。申祷：再次祈祷求胜。

④乃逸楚囚：故意放松警惕，让楚军俘虏逃走。按，晋军"逸楚囚"的目的，是想借楚囚的口告诉楚王：晋军亦早有准备。

【译文】

这天，从清晨开始交战，到晚上星星出来了还没结束。子反命令军吏去查点伤员，补充士卒战车，修理甲胄和兵器，排列好兵车战马，天亮鸡鸣时就进食，要绝对服从命令。晋人很担心。苗贲皇向军中传令说：“检阅战车，补充士卒，喂饱战马，磨快兵器，整顿军阵，巩固行列，早早地进食，再三地祈祷，明日再战。”晋人故意放走楚军俘虏。楚共王听了这些俘虏的报告后，忙召子反商量。子反的小臣穀阳竖献酒给子反，子反喝醉了，不能去见楚共王。楚共王说：“天败楚国啊！我不能坐以待毙。”因而连夜逃走。

晋入楚军，三日谷。范文子立于戎马之前[①]，曰：“君幼，诸臣不佞，何以及此？君其戒之！《周书》曰：‘唯命不于常’[②]，有德之谓。”

【注释】

①戎马：晋厉公的车马。

②唯命不于常：语出《尚书·周书·康诰》。意谓天命之所在并非一成不变的。常，不变的规律。

【译文】

晋军攻入楚军营垒，一连三天，吃缴获来的楚军粮食。士燮站在晋厉公兵车的马前，说：“国君年幼，诸臣无才，凭什么取得这种战果？国君要警惕啊！《周书》说‘天命之所在并非一成不变的’，说的是有德者才能享有天命。”

楚师还及瑕[①]。王使谓子反曰：“先大夫之覆师徒者[②]，君不在[③]。子无以为过，不穀之罪也。”子反再拜稽首曰：“君赐臣死，死且不朽。臣之卒实奔，臣之罪也。”子重使谓子反曰：“初陨师徒者[④]，而亦闻之矣！盍图之[⑤]？”对曰：“虽微先大夫有之，大夫命侧，侧敢不义？侧亡君师，敢忘其死？”王使止之，弗及而卒。

【注释】

①瑕：随国地名，随为楚之附庸国，故楚军得以在瑕地歇息。

②先大夫：指子玉，子反的父亲。

③君不在：子玉在城濮之战中为令尹、中军之帅，败于晋军，时楚成王不在军中，故失败的责任应由子玉承担，而这次楚共王在军中，故下文共王说“不穀之罪也”。

④初陨师徒者：此指子玉。陨，损失。

⑤盍图之：按，子重要子反考虑一下子玉的下场，其用意是逼其自杀。

【译文】

楚军撤回到瑕地，楚共王派人对子反说：“先大夫使楚军覆败，当时国君不在军中。您不要认为自己这次有过错，这是不穀的罪过。”子反对来人拜了两拜，叩头说：“国君赐臣以死，臣虽死而不朽。臣的士卒确实有溃败逃奔的，这是臣的罪过。”子重派人对子反说：“当初那位使楚军受挫的人，你大概也听说过了吧，你何不考虑考虑？”子反回答说：“即使没有先大夫那件事，大夫命令侧考虑，侧岂敢不义而偷生？侧损失了君王的军队，岂敢忘记先大夫的自杀？”楚共王派人去制止，但还没赶到，子反就自杀了。

战之日，齐国佐、高无咎至于师①。卫侯出于卫，公出于坏隤②。宣伯通于穆姜③，欲去季、孟④，而取其室。将行，穆姜送公，而使逐二子。公以晋难告⑤，曰：“请反而听命。”姜怒，公子偃、公子钼趋过⑥，指之曰：“女不可，是皆君也。”公待于坏隤，申宫儆备⑦，设守而后行，是以后。使孟献子守于公宫[8]。

【注释】

①高无咎:高固之子。

②坏陨:鲁地名,在今山东曲阜。

③宣伯:叔孙侨如。穆姜:鲁成公之母。

④季、孟:指季文子和孟献子。

⑤晋难:即晋国让鲁国出兵会同伐郑。

⑥公子偃、公子钼:二人皆为成公庶弟。

⑦申宫:即司宫,即守官。申,司。儆备:即加强戒备。

⑧使孟献子守于公宫:按,季文子随从成公率兵去会晋伐郑,孟献子留守公宫,可见成公无意于去此二人。前言"请反而听命"托词而已。

【译文】

作战的时候,齐国国佐、高无咎到达军中。卫献公从卫国出来,鲁成公从坏陨出来。宣伯和穆姜私通,想要去掉季、孟两人而占取他们的家财。成公将要出行,穆姜送他,让他驱逐季文子和孟献子。成公以要应晋国要求出兵的事敷衍她,说:"请等我回来后再听取您的命令。"穆姜很生气,公子偃、公子钼快步走过,穆姜指着他们说:"你不同意,这两个人都可以是国君。"鲁成公便在坏陨等待,防护宫室,加强戒备,设置守卫后出行,所以迟到了。他让孟献子在公宫留守。

16.6 秋,会于沙随,谋伐郑也。宣伯使告郤犨曰:"鲁侯待于坏陨以待胜者。"郤犨将新军,且为公族大夫,以主东诸侯[1]。取货于宣伯而诉公于晋侯[2],晋侯不见公。

【注释】

①主东诸侯：主持东部诸侯如齐、鲁等的招待事宜。

②诉：诽谤。

【译文】

秋，诸侯在沙随相会，商议进攻郑国。宣伯派人告诉郤犨说："鲁侯在坏陨等着，以观望谁是胜利者。"郤犨率领新军，并且担任公族大夫，主持对东方诸侯的接待联络事务。他从宣伯那里收取贿赂而在晋厉公面前毁谤鲁成公，晋厉公因此不肯接见鲁成公。

16.7　曹人请于晋曰："自我先君宣公即世①，国人曰：'若之何？忧犹未弭②。'而又讨我寡君，以亡曹国社稷之镇公子③，是大泯曹也④。先君无乃有罪乎？若有罪，则君列诸会矣⑤。君唯不遗德刑，以伯诸侯。岂独遗诸敝邑⑥？敢私布之。"

【注释】

①即世：去世。曹宣公死于成公十三年。

②忧：指曹宣公死，太子为负刍所杀。弭：止息。

③亡曹国社稷之镇公子：指成公十五年子臧因曹成公被持而奔宋。镇，重。

④泯：灭。

⑤列诸会：即"列之于会"。之，指先君曹宣公。会，指宣公十七年断道会盟等。

⑥遗：失。

【译文】

曹国人向晋国请求说："自从我国先君宣公去世，国内的人们说：'怎么办？忧患还没有消除。'而贵国又讨伐我国寡君，因而使主持我们曹国国政的公子臧逃亡，这是在大举削弱我们曹国。莫非是由于先君有罪？可是如果有罪，那么国君又让他参加会盟了。国君正因为不丢失德行和刑罚，所以才能称霸诸侯。难道唯独丢弃敝邑？谨在此私下向国君表达真情。”

16.8 七月，公会尹武公及诸侯伐郑[1]。将行，姜又命公如初。公又申守而行[2]。诸侯之师次于郑西。我师次于督扬[3]，不敢过郑。子叔声伯使叔孙豹请逆于晋师[4]。为食于郑郊。师逆以至。声伯四日不食以待之，食使者而后食。

【注释】

①尹武公：即《经》文的尹子。

②申守：即前文“申宫儆备”。

③督扬：郑地名，在郑国东部。

④子叔声伯：鲁国的公孙婴齐。叔孙豹：叔孙侨如之弟。

【译文】

七月，鲁成公会合尹武公和诸侯进攻郑国。成公将要出行，穆姜又像以前一样命令成公。成公又在宫中设了防备以后才出行。诸侯的军队驻扎在郑国西部，我国的军队驻扎在督扬，不敢经过郑国。子叔声伯派叔孙豹请求晋军前来迎接我军，又在郑国郊外为晋军准备饭食。晋军为迎接我军而来到。声伯等着他们四天没有吃饭，直到让晋国的使者吃了饭以后自己才吃。

16.9 诸侯迁于制田[1]。知武子佐下军[2]，以诸侯之师侵陈，至于鸣鹿[3]。遂侵蔡。未反，诸侯迁于颍上[4]。戊午[5]，郑子罕宵军之[6]，宋、齐、卫皆失军[7]。

【注释】

①制田：郑地名，在今河南新郑东北。

②知武子：即荀罃。鄢陵之役留守晋国，此次出军。

③鸣鹿：地名，在今河南鹿邑西。

④颍上：颍水之旁，在今河南禹州。

⑤戊午：二十四日。

⑥宵军：夜间出兵。

⑦失军：溃不成军。

【译文】

诸侯的军队迁移到制田。知武子作为下军副帅，率领诸侯的军队入侵陈国，到达鸣鹿。于是就侵袭蔡国。还没有回兵，诸侯又迁移到颍上。七月二十四日，郑国的子罕发动夜袭，宋国、齐国、卫国都溃不成军。

16.10　曹人复请于晋，晋侯谓子臧："反，吾归而君。"子臧反，曹伯归。子臧尽致其邑与卿而不出①。

【注释】

①致：交出。卿：指所任卿职。不出：不出仕。

【译文】

曹国人再次请求晋国，晋厉公对子臧说："你回去吧，我让你们国君回国。"子臧回国，曹成公也回来了。子臧把他的封邑和卿的职位全部交出去而不再做官。

16.11　宣伯使告郤犨曰："鲁之有季、孟，犹晋之有栾、范也，政令于是乎成。今其谋曰：'晋政多门，不可从也。宁事齐、楚，有亡而已，蔑从晋矣[①]。’若欲得志于鲁，请止行父而杀之，我毙蔑也[②]，而事晋，蔑有贰矣[③]。鲁不贰，小国必睦。不然，归必叛矣[④]。”

【注释】

①蔑从晋：意谓即令亡国，不从晋国。蔑，不。

②蔑：仲孙蔑，即孟献子，当时留守公宫。

③蔑：无。

④归必叛：指季孙行父归鲁必叛晋。

【译文】

叔孙侨如派人告诉郤犨说：“鲁国有季氏、孟氏，就好像晋国有栾氏、范氏，政令就是由这些宗族制订的。如今他们商议说：‘晋国的政令出自多门，不能服从。宁可事奉齐国和楚国，哪怕亡国，也不要跟从晋国了。’晋国如果要在鲁国行使自己的意志，请拘留季孙行父并把他杀了，我杀了仲孙蔑事奉晋国，这样就没有背叛晋国的人了。鲁国不背叛晋国，其他小国必然亲附晋国。不这样，季孙行父回国后就必然背叛晋国。”

九月，晋人执季文子于苕丘。公还，待于郓[①]，使子叔声伯请季孙于晋。郤犨曰：“苟去仲孙蔑而止季孙行父，吾与子国，亲于公室[②]。”对曰：“侨如之情[③]，子必闻之矣。若去蔑与行父，是大弃鲁国而罪寡君也。若犹不弃，而惠徼周公之福，使寡君得事晋君，则夫二人者，鲁国社稷之臣也。若朝亡之[④]，鲁必夕亡。以鲁之密迩仇雠[⑤]，亡而为仇，治之何及？”郤犨曰：“吾为子请邑[⑥]。”对曰：“婴齐，鲁之常隶也[⑦]，敢介大国以求厚焉[⑧]！承寡君之命以请，若得所请，吾子之赐多矣。又何求?”范文子谓栾武子曰:“季孙于鲁,相二君矣[9]。妾不衣帛,马不食粟,可不谓忠乎?信谗慝而弃忠良,若诸侯何?子叔婴齐奉君命无私,谋国家不贰,图其身不忘其君。若虚其请[10],是弃善人也。子其图之!”乃许鲁平,赦季孙。

【注释】

①郓:鲁地名,在今山东郓城东。鲁有二郓,此为西郓。

②吾与子国,亲于公室:即让你持鲁国之政,且亲声伯甚于鲁公室。国,国政。

③侨如之情:指叔孙侨如与穆姜通奸及欲夺季、孟财产的事。

④之:指季、孟二人。

⑤密迩:紧靠,靠近。仇雠:指齐、楚诸国。

⑥请邑:请求封邑。

⑦常隶:指地位低下的小臣。此为声伯谦辞。

⑧介:依仗。厚:厚禄,指封邑。

⑨二君:指宣公和成公。

⑩虚其请:意谓拒绝他的请求。

【译文】

九月,晋国人在苕丘拘捕了季孙行父。成公回国,停留在郓地,派子叔声伯向晋国请求放回季孙。郤犨说:“如果除掉仲孙蔑而留下季孙行父,我让你任鲁国执政,对你比对公室还亲。”声伯回答说:“侨如的情况,您一定听到了。如果去掉仲孙蔑和季孙行父,是大大削弱鲁国而加罪寡君。如果还不弃鲁国,而承蒙您向周公求福,让寡君能够事奉晋君,那么这两人就是鲁国的社稷之臣。早晨如果除掉他们,鲁国晚上一定灭亡。鲁国靠近晋国的仇敌,灭亡鲁国便帮助了仇敌,那时还来得及补救吗?”郤犨说:“我为您请求封邑。”声伯回答说:“婴齐我是鲁国的小臣,岂敢仗恃大国以求取厚禄?我奉寡君的命令前来请求,如果所请得到应允,您对我的恩赐就很多了,我还求什么?”范文子对栾武子说:“季孙在鲁国,辅助过两个国君。妾不穿丝绸,马不吃粮食,难道他不是个忠臣吗?听信奸邪而丢弃忠良,怎么向诸侯交代?子叔婴齐接受国君的命令而没有私心,为国家谋划也忠心不二,为自己打算而不忘国君。如果拒绝他的请求,这是丢弃善人啊!您还是考虑一下吧!”于是就允许鲁国讲和,赦免了季孙行父。

冬十月,出叔孙侨如而盟之①,侨如奔齐。十二月,季孙及郤犨盟于扈。归,刺公子偃,召叔孙豹于齐而立之②。

【注释】

①出:放逐。盟之:与诸大夫盟。

②召叔孙豹于齐而立之:立叔孙豹为叔孙氏之后。

【译文】

冬十月,放逐叔孙侨如,并和大夫们设立盟誓,侨如逃亡到齐国。十二月,季孙和郤犨在扈地结盟。回到国内,杀死了公子偃,把叔孙豹从齐国召回,让他继承叔孙氏官职。

齐声孟子通侨如①,使立于高、国之间②。侨如曰:“不可以再罪。”奔卫,亦间于卿。

【注释】

①声孟子:齐灵公之母,宋国女。

②高、国:指高氏、国氏,为齐国世袭上卿。

【译文】

齐国的声孟子和叔孙侨如私通，让他位于高氏、国氏之间。侨如说："不能再犯罪了。"便逃亡到卫国，也位于各卿之间。

16.12　晋侯使郤至献楚捷于周，与单襄公语，骤称其伐[①]。单子语诸大夫曰："温季其亡乎[②]！位于七人之下[③]，而求掩其上[④]。怨之所聚，乱之本也。多怨而阶乱[⑤]，何以在位？《夏书》曰：'怨岂在明？不见是图[⑥]。'将慎其细也。今而明之，其可乎？"

【注释】

①伐：功劳。

②温季：即郤至。温为其采邑。

③位于七人之下：郤至时仅是新军佐，其上尚有栾书、士燮、郤锜、荀偃、韩厥、荀罃、郤犨等七人。

④掩：盖过。

⑤阶：阶梯。

⑥怨岂在明？不见是图：此两句本逸书，后人编入《古文尚书》之《五子之歌》。意谓怨恨不只在明处，尚须注意不易见的细微怨恨，要谨慎其细微处。

【译文】

晋厉公派遣郤至去宗周进献对楚国作战的战利品，郤至和单襄公说话，屡次夸耀自己的功劳。单襄公对大夫们说："郤至恐怕要被杀吧！他的官位在七人之下，而想要盖过他的上级。聚集怨仇，是祸乱的根本。多招怨恨而自造祸乱的阶梯，怎么还能据有官位？《夏书》说：'怨恨难道只是在看得到的地方？看不到的倒更要防备。'这是说在细微之处也要谨慎从事。如今郤至把看不到的怨恨公开化了，难道可以吗？”

十七年

【经】

17.1　十有七年春[①]，卫北宫括帅师侵郑[②]。

17.2　夏，公会尹子、单子、晋侯、齐侯、宋公、卫侯、曹伯、邾人伐郑。

17.3　六月乙酉[③]，同盟于柯陵[④]。

17.4　秋，公至自会。

17.5　齐高无咎出奔莒。

17.6　九月辛丑[⑤]，用郊。

17.7　晋侯使荀罃来乞师。

17.8　冬，公会单子、晋侯、宋公、卫侯、曹伯、齐人、邾人伐郑。

17.9　十有一月，公至自伐郑。

17.10　壬申[⑥]，公孙婴卒于狸脤[⑦]。

17.11　十有二月丁巳朔，日有食之[⑧]。

17.12　邾子貜且卒[⑨]。

17.13　晋杀其大夫郤锜、郤犨、郤至。

17.14　楚人灭舒庸[⑩]。

【注释】

①十有七年：鲁成公十七年当周简王十二年，前574。

②北宫括：卫成公曾孙。

③乙酉：二十六日。

④柯陵：郑地名，在郑国西部，今河南临颍北。

⑤辛丑：十三日。

⑥壬申：十一月无壬申，恐记日有误。

⑦狸脤：地名，今地不详。

⑧十有二月丁巳朔，日有食之：此为前574年10月22日之日全食。

⑨貜且（jué jū）：邾定公名。

⑩舒庸：群舒之一，偃姓国，在今安徽舒城一带。

【译文】

鲁成公十七年春，卫国北宫括率领军队侵袭郑国。

夏，成公会合尹武公、单襄公、晋厉公、齐灵公、宋平公、卫献公、曹成公、邾国人攻打郑国。

六月二十六日，一起在柯陵结盟。

秋，成公从盟会回国。

齐国高无咎出逃到莒国。

九月十三日，举行郊祭。

晋厉公派荀罃来我国请求出兵。

冬，成公会合单襄公、晋厉公、宋平公、卫献公、曹成公、齐国人、邾国人攻打郑国。

十一月，成公从伐郑的前线回国。

壬申日，公孙婴齐在狸脤去世。

十二月初一，发生日食。

邾定公貜且去世。

晋国杀了他们的大夫郤锜、郤犨、郤至。

楚国人灭亡舒庸。

【传】

17.1　十七年春，王正月，郑子驷侵晋虚、滑①。卫北宫括救晋，侵郑，至于高氏[②]。夏五月，郑大子髡顽、侯獳为质于楚[③]，楚公子成、公子寅戍郑。

【注释】

①虚：晋邑名，在今河南偃师。滑：费滑，姬姓国，在今河南偃师。后被秦灭，又归于晋。

②高氏：地名，在今河南禹州西南。

③侯獳：郑国大夫，与僖公二十八年《传》的曹国大夫侯獳不是同一人。

【译文】

鲁成公十七年春，周历正月，郑国子驷侵袭晋国的虚、滑两地。卫国的北宫括救援晋国，侵袭郑国，到达高氏。夏五月，郑国太子髡顽和侯獳到楚国作人质，楚国公子成、公子寅戍守郑国。

17.2　公会尹武公、单襄公及诸侯伐郑，自戏童至于曲洧[①]。

【注释】

①戏童：地名，又称戏，在今河南巩义、登封一带。曲洧：即今河南洧川。

【译文】

鲁成公会合尹武公、单襄公以及诸侯攻打郑国，从戏童打到曲洧。

17.3　晋范文子反自鄢陵，使其祝宗祈死[①]，曰："君骄侈而克敌，是天益其疾也。难将作矣！爱我者惟祝我[②]，使我速死，无及于难，范氏之福也。"六月戊辰[③]，士燮卒。

【注释】

①祝宗：卿大夫之家有祝史，主持宗庙祷祝，祝宗为祝只之长。

②祝：诅咒。

③戊辰：初九。

【译文】

晋国的范文子从鄢陵战役回国后，让他的祝宗祈求让他早点死去，说："国君骄侈而战胜了敌人，这是上天加重他的毛病，祸难将要到来了。爱我的人只有诅咒我，让我快点死去，不要遭受祸难，这是范氏的福气。"六月初九，范文子去世。

17.4 乙酉，同盟于柯陵，寻戚之盟也①。

【注释】

①戚之盟：在成公十五年。

【译文】

六月二十六日，诸侯一起在柯陵结盟，是重温戚地的盟约。

17.5 楚子重救郑，师于首止①。诸侯还。

【注释】

①首止：地名，在今河南睢县东南。

【译文】

楚国子重援救郑国，军队驻扎在首止。诸侯退兵回国。

17.6 齐庆克通于声孟子①，与妇人蒙衣乘辇而入于闳②。鲍牵见之③，以告国武子④，武子召庆克而谓之⑤。庆克久不出，而告夫人曰："国子谪我[⑥]！"夫人怒。国子相灵公以会，高、鲍处守。及还，将至，闭门而索客[⑦]。孟子诉之曰："高、鲍将不纳君，而立公子角[⑧]。国子知之[⑨]。"秋七月壬寅[⑩]，刖鲍牵而逐高无咎[⑪]。无咎奔莒，高弱以卢叛[⑫]。齐人来召鲍国而立之[⑬]。

【注释】

①庆克：齐国大夫，庆封之父。

②蒙衣：为当时妇女外出的习俗。庆克当时是男扮女装。辇：人力推挽的车。闳(hóng)：宫中夹道之门，巷门。

③鲍牵：鲍叔牙曾孙。

④国武子：国佐。

⑤谓：告诉。

⑥谪：责备。

⑦闭门而索客：灵公将返，关闭城门，检查旅客，本警戒预防措施。

⑧公子角：齐顷公之子。

⑨知之：参与其事。

⑩壬寅：十三日。

⑪刖(yuè)：砍足，古代的一种酷刑。

⑫高弱：高无咎之子。卢：高氏采邑，在今山东长清西南。

⑬鲍国：鲍牵之弟，谥文子，此时在鲁国。

【译文】

齐国的庆克和声孟子私通，与一妇人同穿女衣一起坐辇进入宫中的巷门。鲍牵见到了，报告了国武子。武子把庆克召来，告诉他这件事。庆克躲在家里很久不出门，而报告声孟子说："国子责备我。"声孟子发怒。国武子作为齐灵公的相礼参加会盟，高无咎、鲍牵留守。等到齐灵公回国，将要到达都城时，高、鲍关闭城门，检查旅客。声孟子诬陷说：“高、鲍两人打算不接纳国君进城，立公子角为君，国佐参与了这件事。”秋，七月十三日，齐灵公砍去鲍牵的双脚，放逐了高无咎。高无咎逃亡到莒国。高弱带领卢地百姓发动叛乱。齐国人来我国召回鲍国，让他继承鲍氏的职位。

初，鲍国去鲍氏而来为施孝叔臣①。施氏卜宰②，匡句须吉③。施氏之宰有百室之邑。与匡句须邑，使为宰，以让鲍国，而致邑焉。施孝叔曰：“子实吉④。”对曰：“能与忠良，吉孰大焉！”鲍国相施氏忠，故齐人取以为鲍氏后。仲尼曰：“鲍庄子之知不如葵⑤，葵犹能卫其足。”

【注释】

①施孝叔：鲁惠公五世孙。

②卜宰：占卜选择家臣之长。

③匡：鲁国邑名。句须：匡邑宰，因以匡为氏。

④子：指匡句须。

⑤鲍庄子：鲍牵。知：同“智”。葵：古代人常吃的一种蔬菜，往往不等叶老便摘下来食用，让它再长嫩叶而不伤其根。

【译文】

当初，鲍国离开鲍氏而来我国做施孝叔的家臣。施氏占卜决定家宰人选，匡句须吉利。施氏的家宰有一百家的采邑。施氏给了匡句须采邑，让他担任家宰，他却把这职位让给鲍国，并把采邑也给了鲍国。施孝叔说：“占卜确定你是吉利的。”匡句须回答说：“能够给忠良，还有比这再大的吉利吗？”鲍国辅助施氏很忠诚，所以齐国人让他回国作为鲍氏的继承人。孔子说：“鲍牵的智慧还不如葵菜，葵菜尚且能保护自己的脚。”

17.7 冬，诸侯伐郑。十月庚午[①]，围郑。楚公子申救郑，师于汝上[②]。十一月，诸侯还。

【注释】

①庚午：十二日。

②汝：汝水，当时为楚、郑两国交界线。

【译文】

冬，诸侯进攻郑国。十月十二日，包围郑国都城。楚国公子申救援郑国，军队驻扎在汝水边上。十一月，诸侯退兵回国。

17.8 初，声伯梦涉洹[①]，或与己琼瑰[②]，食之，泣而为琼瑰，盈其怀。从而歌之曰："济洹之水，赠我以琼瑰。归乎！归乎！琼瑰盈吾怀乎！"惧不敢占也[③]。还自郑，壬申，至于狸脤而占之，曰："余恐死，故不敢占也。今众繁而从余三年矣，无伤也[④]。"言之，之莫而卒[⑤]。

【注释】

①洹：洹水，即今安阳河，在河南境内。

②琼瑰：似玉的美石制的珠子。

③惧不敢占：古人死后，口含石珠。声伯疑为凶梦，故不敢卜问。

④今众繁而从余三年矣，无伤也：声伯最初以为是凶梦，如今从属既多，且相随三年，故认为琼瑰满怀，可能应验在此，认为是吉梦，因敢于占卜而又云无伤。众，从属。

⑤之莫：即"至暮"。

【译文】

当初，声伯梦见自己趟过洹水，有人给自己琼瑰，他吃下去，哭出来的眼泪都成了琼瑰，落满了怀抱。他接着唱道："渡过了洹水，赠给我琼瑰。回去吧！回去吧！琼瑰装满我怀内！"声伯醒来后心中害怕，不敢占梦。这次从郑国回来，十一月壬申日，到达狸脤而占此梦，说："我害怕会死，所以不敢占卜。如今这么多人跟随我已经三年了，没有妨碍了。"说了这件事，到晚上就死了。

17.9 齐侯使崔杼为大夫，使庆克佐之，帅师围卢。国佐从诸侯围郑，以难请而归。遂如卢师，杀庆克，以谷叛①。齐侯与之盟于徐关而复之②。十二月，卢降。使国胜告难于晋③，待命于清④。

【注释】

①谷：齐地名，在今山东东阿。

②徐关：地名，在今山东临淄。

③国胜：国佐之子。

④清：齐国邑名，在今山东聊城西。

【译文】

齐灵公任命崔杼为大夫，派庆克辅佐他，率领军队包围卢地。国佐跟随诸侯包围郑国，以齐国发生祸难为由请求回国。于是就去包围卢地的军队中，杀死庆克，率领谷地百姓发动叛乱。齐灵公与国佐在徐关订立盟约后恢复了他的官职。十二月，卢地投降。齐灵公派遣国胜去晋国报告发生的祸难，让他在清地等候命令。

17.10 晋厉公侈，多外嬖①。反自鄢陵②，欲尽去群大夫，而立其左右。胥童以胥克之废也③，怨郤氏，而嬖于厉公。郤锜夺夷阳五田④，五亦嬖于厉公。郤犨与长鱼矫争田⑤，执而梏之，与其父母妻子同一辕，既，矫亦嬖于厉公。栾书怨郤至[6]，以其不从己而败楚师也[7]，欲废之。使楚公子茷告公曰[8]："此战也，郤至实召寡君[9]。以东师之未至也[10]，与军帅之不具也[11]，曰：'此必败！吾因奉孙周以事君[12]。'"公告栾书，书曰："其有焉！不然，岂其死之不恤，而受敌使乎[13]？君盍尝使诸周而察之[14]！"郤至聘于周，栾书使孙周见之。公使觇之[15]。信。遂怨郤至。

【注释】

①外嬖：此指下文的胥童、夷阳五、长鱼矫等人。

②反自鄢陵：指上一年晋与楚战于鄢陵之后返回晋国。

③胥童：胥克之子。胥克之废：宣公八年，郤缺因胥克有蛊疾而废其下军佐。胥克，晋文公时大臣胥臣之孙。

④夷阳五：又作夷羊五，复姓夷羊，名五。

⑤长鱼矫：复姓长鱼，名矫。

⑥栾书：亦称栾武子、栾伯。

⑦不从己而败楚师：按，晋、楚鄢陵之战中，晋军主帅栾书主张先固守而后再出击，时为新军之帅的郤至则主张速战，厉公用郤至之谋而败楚，故栾书对郤至颇为不满。

⑧公子茷：晋、楚鄢陵之战中，晋俘楚公子茷以归。

⑨寡君：此指楚共王。

⑩东师：此指齐、鲁、卫等东方诸侯国军队，他们与晋均为同盟关系。

⑪军帅之不具：晋师有上、中、下、新，共四军，本应有八位将佐。但当时荀罃以下军佐留守晋都，郤犨以新军将往各国求援，因而参战的将佐实际上只有六位。

⑫孙周：晋襄公的曾孙，名周，即后来的晋悼公。

⑬受敌使：指鄢陵之战中，楚共王派使者问候郤至，并送给他一把弓。

⑭使诸周而察之：时孙周在周侍奉单襄公。按，晋自献公之后，群公子一律居外，而不留在国内，故孙周在周而不在晋。

⑮觇（chān）：伺察。

【译文】

晋厉公很骄纵，有许多宠幸的臣子。从鄢陵回来后，想罢免所有的大夫，然后立自己左右的宠臣。胥童因为父亲胥克被罢免，因而怨恨郤氏，他自己则颇得厉公宠幸。郤锜夺去了夷阳五的田地，夷阳五后来也得宠于厉公。郤犨与长鱼矫争夺田地，郤犨将长鱼矫抓起来戴上镣铐，把他和他的父母一同绑在一根车辕上，事后不久，长鱼矫也得到了厉公的宠爱。栾书怨恨郤至，因为他不赞同自己的谋略竟然打败了楚军，因而想撤郤至的职。他让楚公子茷跟厉公说："那次鄢陵之战，是郤至把寡君召来的。因为当时东方诸侯国军队还没到，晋军将佐也未到齐，因而郤至说：'此战晋必败，我借此机会立孙周为君来侍奉国君。'"厉公把这话告诉栾书，栾书说："也许有这回事，不然的话，他难道会不考虑一下死的危险，而接受敌方使者的礼物？国君何不试着派他出使周王室而观察他一下。"郤至到周王室聘问，栾书叫孙周去见郤至。厉公派人侦察，果然有郤至和孙周会面的事。厉公于是很恨郤至。

厉公田，与妇人先杀而饮酒①，后使大夫杀。郤至奉豕，寺人孟张夺之，郤至射而杀之。公曰："季子欺余。"

【注释】

①与妇人先杀而饮酒：按当时之礼，国君与大夫射猎时，妇人不得参与。

【译文】

晋厉公有一次打猎时，和女人一道先射杀禽兽并饮酒助兴，然后才叫众大夫去射杀。郤至奉献上射死的一头野猪，宦官孟张要夺他的野猪，郤至将他射死了。厉公说："郤至在欺负我。"

厉公将作难，胥童曰："必先三郤，族大，多怨。去大族，不逼，敌多怨，有庸[①]。"公曰："然。"郤氏闻之，郤锜欲攻公，曰："虽死，君必危。"郤至曰："人所以立，信、知、勇也。信不叛君，知不害民，勇不作乱。失兹三者，其谁与我？死而多怨，将安用之？君实有臣而杀之，其谓君何？我之有罪，吾死后矣！若杀不辜，将失其民，欲安得乎？待命而已！受君之禄，是以聚党，有党而争命，罪孰大焉！"壬午[②]，胥童、夷羊五帅甲八百，将攻郤氏。长鱼矫请无用众，公使清沸魋助之[③]，抽戈结衽[④]，而伪讼者。三郤将谋于榭[⑤]。矫以戈杀驹伯、苦成叔于其位[⑥]。温季曰："逃威也[⑦]！"遂趋。矫及诸其车，以戈杀之。皆尸诸朝。

【注释】

①庸：功劳，成功。

②壬午：二十六日。

③清沸魋(tuí)：厉公的宠臣。

④抽戈结衽：长鱼矫与清沸魋两人各抽戈，衣襟相结。

⑤榭：建于台上的房子。

⑥驹伯：郤锜。苦成叔：郤犨。

⑦逃威也：上文郤至说"待命而已"，言愿受君命而死，而此时长鱼矫、清沸魋以戈相威胁，乃出于私恨，而非君命，他不愿这样死

去，故曰"逃威也"。威，威胁。

【译文】

晋厉公准备发难，胥童说："一定要先除掉三郤，三郤家族大，仇家多。除掉大家族，国君就不会受逼迫；讨伐仇多恨大之人，容易成功。"厉公说："对。"郤氏家族听到这消息，郤锜想攻打厉公，说："我们即使死了，国君也必定危险。"郤至说："人之所以能立身于世，靠的是信义、明智、勇敢。信义使人不会背叛国君，明智使人不会残害人民，勇敢使人不会发动祸乱。失去这三者，谁还会拥护我们？因叛乱而死只会招来更多的怨恨，这对我们有什么用处？国君拥有臣子，他杀了臣子，你能说国君什么？我如果有罪，那么我现在死已经晚了！国君如果杀害无罪之臣，那么他将失去他的人民，他想平安无事，办得到吗？我们还是听候处置的命令吧！接受国君赐予的禄位，才能集聚成郤氏族党，有了族党却与国君的命令相抗争，没有什么罪过会比这更大！"十二月二十六日，胥童、夷羊五率领甲兵八百名，准备攻打郤氏家族。长鱼矫请求不要动用这么多人，厉公就派清沸魋帮助他。长鱼矫和清沸魋各自抽戈在手，系起衣襟，装出吵架争斗的样子。三郤准备在榭里和他们二人商谈。到商谈时，长鱼矫用戈将郤锜、郤犨杀死在座位上。郤至说："这是用武力威胁，我快逃吧。"于是快步跑出。长鱼矫追到他的坐车，就用戈杀了他。三人的尸体全都陈列于朝廷殿堂上。

胥童以甲劫栾书、中行偃于朝[①]。矫曰："不杀二子，忧必及君。"公曰："一朝而尸三卿，余不忍益也。"对曰[②]："人将忍君。臣闻乱在外为奸，在内为轨[③]。御奸以德，御轨以刑。不施而杀，不可谓德；臣逼而不讨，不可谓刑[④]。德刑不立，奸轨并至。臣请行。"遂出奔狄。公使辞于二子，曰："寡人有讨于郤氏，郤氏既伏其辜矣。大夫无辱[⑤]，其复职位。"皆再拜稽首曰："君讨有罪，而免臣于死，君之惠也。二臣虽死，敢忘君德。"乃皆归。公使胥童为卿。

【注释】

①中行偃：即荀偃，字伯游，又称中行献子。

②对曰：主语应当是栾书和中行偃。

③轨：通"宄"，犯法作乱。

④"不施而杀"四句：意为对朝廷外的平民动乱，应先施恩惠；对朝廷内的臣子威逼国君，则应立即以武力讨伐。

⑤辱：指胥童劫持栾书、中行偃之事。

【译文】

胥童带着甲兵在朝廷殿堂上劫持了栾书、中行偃。长鱼矫说："不杀掉这两个人，忧患一定会延及到国君身上。"厉公说："一天之内把三位卿的尸体陈列于朝廷殿堂上，我不忍心再增加了。"长鱼矫回答说："可是他人会对国君忍心的。下臣听说动乱发生在朝廷之外的叫奸，发生在朝廷之内的叫轨。用德行来对付奸，用刑罚来对付轨。对百姓不先施恩惠就加以杀戮，不能说是有德行；臣子威逼国君却不加以讨伐，不能说是用了刑罚。德行与刑罚如不能建立，奸和轨就会一同出现。请让下臣出走吧。"他们于是投奔到狄人那里。厉公派人向栾书、荀偃二人说："寡人讨伐郤氏，郤氏已经伏罪了。二位大夫不会再有可羞辱之事了，请二位还是恢复原来的职位吧。"二人拜了又拜，叩头说："国君讨伐有罪之人，又免去下臣的死罪，这是国君的恩惠啊。我们二位臣子就是死了，也不敢忘记国君的恩德。"二人于是全都回去了。厉公叫胥童做卿。

公游于匠丽氏①，栾书、中行偃遂执公焉。召士匄②，士匄辞。召韩厥，韩厥辞，曰："昔吾畜于赵氏，孟姬之谗[3]，吾能违兵[4]。古人有言曰'杀老牛莫之敢尸'[5]，而况君乎？二三子不能事君，焉用厥也？"

【注释】

①匠丽氏：晋厉公的宠臣。

②士匄(gài)：晋大臣，士燮之子，又称范匄，范宣子。

③孟姬之谗：成公八年，孟姬谗杀赵同、赵括，栾氏、郤氏也乘机诬陷赵氏。孟姬，又称赵庄姬，晋成公之女，赵盾之子赵朔之妻。

④吾能违兵：在孟姬之谗时，韩厥极力为赵氏说话，使晋君终于立赵武(赵盾之孙)为赵氏继承人。违兵，不肯用兵。言外之意即：我对赵氏尚不肯用兵，何况对国君。

⑤杀老牛莫之敢尸：古人认为牛有功于人，因而当牛衰老无用之时，也没人敢主张将其宰杀掉。尸，主。

【译文】

晋厉公到匠丽氏那里游玩，栾书、中行偃乘机把他抓了起来。二人去请士匄，士匄推辞不来。又去请韩厥，韩厥也推辞不来，说："过去我由赵氏抚养长大，孟姬谗害赵氏时，我都能做到不参与用兵。古人有过这样的话：'即使是宰杀老牛，也没人敢做主。'何况是国君？你们几个人连国君都不能事奉，又哪能用得上我呢？"

17.11　舒庸人以楚师之败也，道吴人围巢[1]，伐驾[2]，围釐、虺[3]，遂恃吴而不设备。楚公子橐师袭舒庸，灭之。

【注释】

①道：引导。巢：国名，偃姓，今安徽巢湖东北有居巢古城址，即古

巢国。

②驾：地名，在今安徽无为。

③釐：地名，在今安徽无为。虺：地名，在今安徽庐江。

【译文】

舒庸人由于楚军的战败，引导吴国人包围巢地，进攻驾地，包围釐地和虺地，因此就依仗着吴国而不设防。楚国公子橐师入侵舒庸，灭亡了舒庸。

17.12 闰月乙卯晦①，栾书、中行偃杀胥童。民不与郤氏，胥童道君为乱，故皆书曰："晋杀其大夫②。"

【注释】

①闰月乙卯晦：闰十二月二十九日。晦，古称每月的最后一天为"晦"。

②故皆书曰："晋杀其大夫"：称晋，表明杀三郤与胥童符合晋国人民的意愿。这是《左传》作者解释《春秋》的微言大义。

【译文】

闰十二月二十九日，这天是月底的最后一天，栾书、中行偃杀掉胥童。人民不拥护郤氏，胥童引诱厉公作乱，故而《春秋》一并写作："晋杀其大夫。"

十八年

【经】

18.1 十有八年春王正月①，晋杀其大夫胥童。

18.2 庚申②，晋弑其君州蒲③。

18.3 齐杀其大夫国佐④。

18.4 公如晋⑤。

18.5　夏，楚子、郑伯伐宋。宋鱼石复入于彭城[6]。

18.6　公至自晋。

18.7　晋侯使士匄来聘[7]。

18.8　秋，杞伯来朝。

18.9　八月，邾子来朝。

18.10　筑鹿囿[8]。

18.11　己丑[9]，公薨于路寝。

18.12　冬，楚人、郑人侵宋。

18.13　晋侯使士鲂来乞师[10]。

18.14　十有二月，仲孙蔑会晋侯、宋公、卫侯、邾子、齐崔杼同盟于虚朾[11]。

18.15　丁未[12]，葬我君成公。

【注释】

①十有八年：鲁成公十八年当周简王十三年，前573。

②庚申：初五。

③州蒲：指晋厉公。

④国佐：即国武子。

⑤公如晋：指晋悼公新即位，鲁成公前往朝贺。

⑥彭城：今江苏徐州。

⑦晋侯：晋厉公前已被杀，此晋侯乃晋悼公。

⑧鹿：地名。囿：帝王蓄养禽兽的园林。

⑨己丑：初七。

⑩士鲂(fáng)：晋国大夫，士会之子，食邑于彘，又称彘季。

⑪仲孙蔑：即孟献子。虚朾(chēng)：又名虚，宋地名，在今河南延津东。

⑫丁未：二十六日。

【译文】

鲁成公十八年春周历正月，晋国杀了他们的大夫胥童。

初五，晋国杀死了他们的君主晋厉公州蒲。

齐国杀了本国的大夫国佐。

鲁成公去晋国。

夏，楚共王、郑成公攻打宋国。宋国的鱼石复回国进入彭城。

鲁成公从晋国回来。

晋悼公派士匄来我国聘问。

秋，杞桓公来我国朝见。

八月，邾宣公来我国朝见。

修筑鹿囿的围墙。

初七，鲁成公在路寝去世。

冬，楚国人、郑国人侵袭宋国。

晋悼公派士鲂来我国请求出兵。

十二月，仲孙蔑会合晋悼公、宋平公、卫献公、邾宣公、齐国的崔杼在虚朾结盟。

二十六日，安葬我国国君鲁成公。

【传】

18.1　十八年春王正月庚申，晋栾书、中行偃使程滑弑厉公[①]，葬之于翼东门之外，以车一乘[②]。使荀罃、士鲂逆周子于京师而立之[③]，生十四年矣。大夫逆于清原[④]。周子曰："孤始愿不及此。虽及此，岂非天乎[⑤]！抑人之求君，使出命也，立而不从，将安用君？二三子用我今日，否亦今日[⑥]，共而从君[⑦]，神之所福也。"对曰："群臣之愿也，敢不唯命是听。"庚午[8]，盟而入，馆于伯子同氏[9]。辛巳[10]，朝于武宫，逐不臣者七人[11]。周子有兄而无慧[12]，不能辨菽麦[13]，故不可立。

【注释】

①程滑：晋国大夫。

②葬之于翼东门之外，以车一乘：晋厉公在匠丽氏被捉，即在此被杀。依古代礼制，被杀之君不葬于先君墓址内，匠丽氏在翼地，因此葬厉公于晋国旧都翼。又依礼，诸侯死，随葬之车七乘，今只有一乘，是不以国君之礼对待，只简单草率埋葬了厉公。

③士鲂：士会之子，食邑于彘，又称彘季。周子：孙周，晋悼公。

④清原：晋地名，在今山西稷山东南。

⑤岂非天乎：按，归之于天，表示并非群臣推戴之力。

⑥二三子用我今日，否亦今日：成公十六年《传》云"晋政多门"，悼公未即位，即表示将收回政权。

⑦共：通"恭"，恭敬。

⑧庚午：十五日。

⑨伯子同：晋国大夫。

⑩辛巳：二十六日。

⑪不臣者：指厉公死党如夷羊五之属以及不尽臣责的人。

⑫无慧：即白痴。

⑬菽麦：豆与麦。比喻极易识别的事物。

【译文】

鲁成公十八年春周历正月初五，晋国的栾书、中行偃派程滑杀死晋厉公，葬在翼地的东门外，只用了一辆车随葬。派遣荀罃、士鲂去京师迎接周子回国立为国君，这时周子才十四岁。大夫们在清原迎接他，周子说："我开始的愿望并没有想要这样。现在虽然到这地步，难道不是上天的意志吗？不过人们要求有国君，是为了让他发布命令。立了国君后又不服从，要国君有什么用？各位要我做国君是在今天，不要我做国君也在今天说清楚，恭敬而服从国君，这是神灵所保佑的。”大夫们回答说：“这是下臣们的愿望，岂敢不唯命是听。”十五日，周子与大夫们订立盟约后才进入国都，住在伯子同氏家里。二十六日，周子在武宫朝见，放逐了不合臣道的大夫七人。周子有个哥哥是白痴，分不清豆类和麦子，所以不能立为国君。

18.2　齐为庆氏之难故，甲申晦①，齐侯使士华免以戈杀国佐于内宫之朝②。师逃于夫人之宫③。书曰：“齐杀其大夫国佐。”弃命④，专杀⑤，以谷叛故也。使清人杀国胜。国弱来奔⑥，王湫奔莱⑦。庆封为大夫⑧，庆佐为司寇。既，齐侯反国弱，使嗣国氏，礼也。

【注释】

①甲申晦：正月二十九日。

②士：掌刑之官。华免：人名。内宫之朝：齐侯休息、安寝之宫的前堂。朝，内宫前堂。

③师：指在内宫之朝的众人。

④弃命：指抛弃会师伐郑之命而先归。

⑤专杀：专权杀人，指杀庆克。

⑥国弱：国胜之弟。

⑦王湫：国佐党羽。

⑧庆封：与下句之庆佐皆为庆克之子。大夫：齐国的大夫相当于诸侯之卿。

【译文】

齐国由于庆氏祸难的缘故，正月二十九日，齐灵公派士华免用戈在内宫的前堂把国佐杀死，众人逃进了夫人的宫里。《春秋》记载说："齐杀其大夫国佐。"这是由于国佐废弃国君的命令，专权杀人，带领谷地百姓叛乱的缘故。灵公让清地的人杀死国胜。国弱逃亡到我国，王湫逃亡到莱地。齐灵公任命庆封为大夫，庆佐为司寇。后来，齐灵公让国弱回国，要他继承国氏宗嗣，这是合于礼的。

18.3　二月乙酉朔①，晋侯悼公即位于朝。始命百官，施舍、已责②，逮鳏寡，振废滞③，匡乏困，救灾患，禁淫慝，薄赋敛，宥罪戾，节器用，时用民，欲无犯时。使魏相、士魴、魏颉、赵武为卿④。荀家、荀会、栾黡、韩无忌为公族大夫⑤，使训卿之子弟共俭孝弟。使士渥浊为大傅，使修范武子之法。右行辛为司空⑥，使修士芀之法⑦。弁纠御戎⑧，校正属焉⑨，使训诸御知义⑩。荀宾为右，司士属焉⑪，使训勇力之士时使⑫。卿无共御，立军尉以摄之⑬。祁奚为中军尉⑭，羊舌职佐之，魏绛为司马⑮，张老为候奄⑯。铎遏寇为上军尉⑰，籍偃为之司马⑱，使训卒乘亲以听命⑲。程郑为乘马御⑳，六驺属焉㉑，使训群驺知礼。凡六官之长，皆民誉也。举不失职，官不易方㉒，爵不逾德，师不陵正，旅不逼师㉓，民无谤言，所以复霸也。

【注释】

①二月乙酉朔：二月初一。

②施舍：赐予财物。已责：免除百姓对国家拖欠的债务。责，同

"债"。

③振废滞：起用被免职和长期没有升迁的贤良。

④魏相：吕相，魏锜之子。魏颉：魏颗之子。

⑤韩无忌：韩厥长子。

⑥右行辛：或曰为晋文公时贾华之后，又称贾辛。

⑦士蒍之法：士蒍曾为晋献公司空。

⑧弁纠：栾纠。

⑨校正：掌马之官。

⑩诸御：驾驭一般兵车的御者。相对于驾驭国君兵车的御戎而言。

⑪司士：主管车右之官。

⑫勇力之士：此指车右的预备队。车右一般选勇力之士充任。时使：至战时选用为车右。

⑬卿无共御，立军尉以摄之：以前各军将佐之御者都有定员定人，此时则取消此定员定人，而立军尉兼代。卿，指各军将佐。共，通"供"，配备。

⑭祁奚：祁黄羊。

⑮魏绛：魏犨之子。谥为庄子。

⑯候奄：即成公二年《传》的候正，主掌侦察之官。

⑰铎遏寇：复姓铎遏，寇为其名。

⑱籍偃：籍谈之父。

⑲亲：和睦亲近。

⑳乘马御：国君乘车的仆御。

㉑六驺(zōu)：六闲之驺。闲即马厩，每闲有马二百一十六匹。六闲之驺有一百零八人，由程郑率领。驺，官名，主管驾车与卸车。

㉒方：常规。

㉓师不陵正，旅不逼师：旅、师、正皆为军职。正大于师，师大于旅，为各军各部门之长。

【译文】

二月初一，晋悼公在朝廷上即位。开始任命百官，赏赐众人，免除百姓对国家的欠债，施惠遍及鳏夫、寡妇，起用被废黜和长居下位的贤良，救济贫困，援救灾难，禁止邪恶，减轻赋税，宽恕罪过，节约器用，按时用民，个人的欲望不与农时相冲突。派魏相、士鲂、魏颉、赵武为卿。荀家、荀会、栾黡、韩无忌为公族大夫，让他们教育卿的子弟恭敬、节俭、孝顺、友爱。任命士渥浊为太傅，让他学习范武子治国的法度。任命右行辛为司空，让他学习士蒍建都城宫室的法度。任命弁纠驾驭战车，主管马的校正归他管辖，让他训练御者们明白道义。任命荀宾作为车右，司士官归他管辖，让他训练勇士们待时而用。规定卿不用固定的御者，设立军尉兼管这些事。任命祁奚为中军尉，羊舌职辅佐他。魏绛为中军司马，张老为中军候奄。铎遏寇为上军尉，籍偃为上军司马，让他训练步兵车兵和睦亲近，听从命令。任命程郑为乘马御，国君的六驺归他管辖，让他训练马匹知道礼仪进退。凡是各部门的长官，都是百姓赞誉的人。举拔的人不失职，做官的人不改变常规，任命的爵位不超过德行，师不凌驾于正之上，旅不逼迫师，百姓没有怨言，所以晋国又成为诸侯的领袖。

18.4　公如晋，朝嗣君也①。

【注释】

①嗣君：此指新君晋悼公。

【译文】

鲁成公去晋国，是去朝见新国君晋悼公。

18.5　夏六月，郑伯侵宋，及曹门外①。遂会楚子伐宋，取朝郏[②]。楚子辛、郑皇辰侵城郜[③]，取幽丘[④]，同伐彭城，纳宋鱼石、向为人、鳞朱、向带、鱼府焉，以三百乘戍之而还。书曰“复入”，凡去其国，国逆而立之，曰“入”；复其位，曰“复归”；诸侯纳之，曰“归”；以恶曰复入。宋人患之。西钼吾曰：“何也？若楚人与吾同恶[⑤]，以德于我，吾固事之也，不敢贰矣。大国无厌，鄙我犹憾[⑥]。不然，而收吾憎[⑦]，使赞其政，以间吾衅，亦吾患也。今将崇诸侯之奸而披其地[⑧]，以塞夷庚[⑨]。逞奸而携服[⑩]，毒诸侯而惧吴、晋。吾庸多矣[⑪]，非吾忧也。且事晋何为？晋必恤之。”

【注释】

①曹门：宋国都城西北门。

②朝郏：地名，在今河南夏邑。

③子辛：公子壬夫，曾任楚国右尹、令尹。皇辰：郑国大夫。城郜：在今安徽萧县。

④幽丘：亦在今安徽萧县。

⑤同恶：指同恶鱼石等人。

⑥鄙我：以我为其边鄙。

⑦吾憎：指宋所憎恶的鱼石等人。

⑧崇诸侯之奸：指尊崇鱼石等人。披其地：指楚国夺取彭城封给鱼石。披，分。

⑨塞夷庚：夷，平。庚，道路。彭城为各国间往来之要道，今由楚国派兵驻扎，故云塞其通道。

⑩逞奸：使鱼石等乱臣得快其意。携服：使本来服楚之国渐生离心。携，叛离。

⑪庸：功，此指利益。

【译文】

夏六月，郑成公侵袭宋国，到达宋国曹门外。接着就会合楚共王攻打宋国，占领了朝郏。楚国子辛、郑国的皇辰入侵城部，占取了幽丘。一起进攻彭城，把宋国的鱼石、向为人、鳞朱、向带、鱼府送回宋国，用三百辆战车留守后回国。《春秋》记载说“复入”，凡是离开自己的国家，本国人迎接他回国而拥立他，称为“入”；让他恢复原来的职位，称为“复归”；诸侯送他回国的，称为“归”；用不正当手段回国的，称为“复入”。宋国人担心这件事。西钼吾说：“有什么可担心的？如果楚国人和我们同仇敌忾，施恩德给我们，我们本来是会事奉他们的，不敢有三心二意。现在这个大国的欲望没有个止境，即使把我国作为他们的边邑还会觉得不满足。否则，收留我们所讨厌的人，让他们辅助政事，等候机会打击我们，也是我们的祸害。如今他们却尊崇诸侯的乱臣，而且分给他们土地，阻塞了各国之间的通道，使乱臣得以快意而使服从他们的国家离心，触犯诸侯而威胁吴国、晋国，我们的利益就多啦，这不是我们的忧患。而且事奉晋国是为了什么？晋国必然会来救助我们。”

18.6 公至自晋。晋范宣子来聘①，且拜朝也。君子谓：“晋于是乎有礼。”

【注释】

①范宣子：范匄，士匄。

【译文】

鲁成公从晋国回国。晋国的范宣子来我国聘问，同时答拜成公对晋君的朝见。君子说：“晋国在这件事情上合乎礼。”

18.7 秋，杞桓公来朝，劳公，且问晋故。公以晋君语之。

杞伯于是骤朝于晋而请为昏[①]。

【注释】

①骤:疾速。

【译文】

秋,杞桓公前来我国朝见,慰劳成公,同时询问晋国的消息。成公把晋君贤明的情况告诉他。杞桓公因此很快朝见晋国并请求通婚。

18.8 七月,宋老佐、华喜围彭城,老佐卒焉。

【译文】

七月,宋国的老佐、华喜包围彭城,老佐死于这次战役中。

18.9 八月,邾宣公来朝,即位而来见也。

【译文】

八月,邾宣公前来我国朝见,这是由于他新即位而来进见。

18.10 筑鹿囿,书,不时也。

【译文】

鲁国建造鹿囿的围墙,《春秋》记载,是因为不合时令。

18.11 己丑,公薨于路寝,言道也[①]。

【注释】

①言道：指合于正常情况。

【译文】

初七，鲁成公在路寝中去世，这是说属于正常情况。

18.12 冬十一月，楚子重救彭城，伐宋，宋华元如晋告急。韩献子为政，曰："欲求得人[①]，必先勤之[②]。成霸、安强[③]，自宋始矣。"晋侯师于台谷以救宋[④]，遇楚师于靡角之谷[⑤]。楚师还。

【注释】

①得人：得到诸侯拥护。

②勤：劳。

③安强：抑制强楚。

④台谷：地名，今地不详。

⑤靡角之谷：地名，在彭城附近。

【译文】

冬十一月，楚国的子重救援彭城，攻打宋国。宋国的华元去晋国告急。这时韩献子执政，说："想要得到诸侯的拥护，一定要先为他们付出勤劳。成就霸业，抑制强楚，从宋国开始。"晋悼公率军从台谷出发以救援宋国，与楚军在靡角之谷相遇，楚军退回国内。

18.13 晋士鲂来乞师。季文子问师数于臧武仲[①]，对曰："伐郑之役，知伯实来[②]，下军之佐也。今彘季亦佐下军[③]，如伐郑可也。事大国，无失班爵而加敬焉[④]，礼也。"从之。

【注释】

①问师数:问出多少军队。臧武仲:臧孙纥,臧宣叔之子。

②知伯:荀罃。

③彘季:士鲂。

④班爵:爵位次序。

【译文】

晋国的士鲂前来我国请求出兵。季文子向臧武仲询问出兵的数量,臧武仲回答说:"攻打郑国的战役,是知伯来请求出兵的,他是下军佐。如今士鲂也是下军佐,出兵数与攻打郑国时相同就可以了。事奉大国,不要弄乱来使的爵位次序,同时加等对待,这是合于礼的。"季文子听从了他的建议。

18.14　十二月,孟献子会于虚朾,谋救宋也。宋人辞诸侯而请师以围彭城。孟献子请于诸侯,而先归会葬。

【译文】

十二月,孟献子和诸侯在虚朾相会,策划救援宋国。宋国人辞谢诸侯,而请求出兵包围彭城。孟献子向诸侯请求,先回国参加成公的葬礼。

18.15　丁未,葬我君成公,书,顺也。

【译文】

十二月二十六日,安葬我国国君成公,《春秋》这样记载,是表示诸事顺当。

襄公

【题解】

襄公，鲁国第二十二任君主，名午，成公之子，定姒所生。前572年即位，即位时年仅四岁，在位三十一年。前542年死，子昭公稠立。襄公即位时年幼，但朝廷中有季孙氏、叔孙氏、孟孙氏辅佐，虽然也存在大族专权的情况，但国内局势相对平稳。外交上，鲁国注意有礼、有利、有节，较好地处理了与晋国及其他诸侯国的关系。襄公十一年，鲁国作三军，季孙氏、叔孙氏、孟孙氏三分公室而各有其一。

襄公二十二年(前551)，孔子出生。

襄公时期，晋楚争霸，晋国较有优势，是有力的盟主。襄公十一年，晋国已九合诸侯，诸侯国大都归顺，晋国基本稳定了霸主地位。但是，齐、秦等国仍然不服，继续发生冲突，终于在襄公十八年爆发平阴之战。在这次战役中，晋国率领诸侯共同讨伐齐国，齐国败北。此后几年齐国对晋国的态度时有反复。襄公二十七年，各诸侯在宋国召开了弭兵大会。

在晋、楚争霸的斗争中，晋国在晋悼公时期政治清明，上下团结，楚国无法与之抗衡。晋平公时期国君生活淫逸，政治不如悼公时期，但朝廷多国家栋梁，因此仍然保持盟主地位。至襄公后期，晋国公室卑弱，已呈现政在大夫的端倪。

郑国作为小国处于晋、楚两大国之间，由于重要的战略位置，一直是两国争夺的焦点。这种情况下，郑国周旋于大国之间，艰难地争取生存空间。襄公十一年萧鱼之会，郑国终于归服晋国。襄公三十年，子产为政，终于安定郑国。

元年

【经】

1.1 元年春王正月①，公即位②。

1.2 仲孙蔑会晋栾黡、宋华元、卫甯殖、曹人、莒人、邾人、滕人、薛人围宋彭城③。

1.3 夏，晋韩厥帅师伐郑，仲孙蔑会齐崔杼、曹人、邾人、杞人次于鄫④。

1.4 秋，楚公子壬夫帅师侵宋⑤。

1.5 九月辛酉⑥，天王崩⑦。

1.6 邾子来朝⑧。

1.7 冬，卫侯使公孙剽来聘⑨。晋侯使荀罃来聘。

【注释】

①元年：鲁襄公元年当周简王十四年，前572。

②公即位：襄公即位，时年仅四岁。襄公，名午。成公之子，定姒所生。

③仲孙蔑会晋栾黡、宋华元、卫甯殖、曹人、莒人、邾人、滕人、薛人围宋彭城：诸侯应宋之请，围宋彭城。事见成公十八年《经》、《传》。

④鄫(zēng)：郑地，在今河南睢县东南。

⑤公子壬夫：即成公十八年《传》的子辛，子反之弟。

⑥辛酉：十五日。

⑦天王崩：周简王去世。

⑧邾子来朝：邾宣公朝鲁。

⑨公孙剽：卫定公弟子叔黑背之子。

【译文】

鲁襄公元年春周历正月，襄公即位。

仲孙蔑会同晋栾黡、宋华元、卫甯殖、曹国人、莒国人、邾国人、滕国人、薛国人率领的军队围困宋国彭城。

夏，晋国韩厥率领军队攻打郑国，仲孙蔑会同齐国崔杼、曹国人、邾国人、杞国人率领的军队驻扎在鄫地。

秋，楚公子壬夫率领军队入侵宋国。

九月十五日，周简王去世。

邾宣公前来朝见。

冬，卫献公派公孙剽前来聘问，晋悼公也派荀罃前来聘问。

【传】

1.1 元年春己亥[①]，围宋彭城。非宋地，追书也[②]。于是为宋讨鱼石，故称宋，且不登叛人也[③]，谓之宋志。彭城降晋[④]，晋人以宋五大夫在彭城者归，置诸瓠丘[⑤]。齐人不会彭城，晋人以为讨。二月，齐大子光为质于晋。

【注释】

①己亥：正月无己亥，“己亥”当为“乙亥”之误。乙亥即正月二十五日。

②围宋彭城。非宋地，追书也：此时彭城已为鱼石所据，彭城后又归宋，《经》书“宋彭城”，是后来追记。

③故称宋，且不登叛人也：彭城此时虽为鱼石所据，但不承认它属于鱼石，故仍将其列于宋国名下。不登，不记载。叛人，指鱼石等人。

④彭城降晋：彭城投降晋国，晋后来又将彭城归还宋国，事见襄公二十六年声子之言。

⑤瓠(hù)丘：壶丘，在今山西垣曲东南。

【译文】

鲁襄公元年春正月二十五日，诸侯包围宋国彭城。此时彭城已不是宋国的地盘，但彭城后来又归宋，《春秋》这是后来的追记。当时是为宋国收复彭城而讨伐鱼石，所以说“宋彭城”，而且不记载叛人的名字，这是宋人的意愿。彭城投降晋国，晋人将占据彭城的原宋五大夫鱼石等人带回去，把他们安置在瓠丘。齐人不参加彭城之役，晋人因此要讨伐它。二月，齐太子光到晋国当人质。

1.2 夏五月，晋韩厥、荀偃帅诸侯之师伐郑①，入其郛②，败其徒兵于洧上③。于是东诸侯之师次于鄫④，以待晋师。晋师自郑以鄫之师侵楚焦、夷及陈⑤。晋侯、卫侯次于戚⑥，以为之援。

【注释】

①晋韩厥、荀偃帅诸侯之师伐郑：韩厥为中军帅，荀偃为副帅，故《经》文仅记韩厥一人。

②郛：郭，外城。

③徒兵：步兵。洧(wěi)：洧水。今曰双洎河。源出河南登封，东流入贾鲁河。

④东诸侯：即鲁、齐、曹、邾、杞等国。

⑤晋师自郑以鄫之师侵楚焦、夷及陈：陈为楚盟国，故连及侵陈。焦、夷，二地本为陈地，焦当今安徽亳州，夷在亳州东南。

⑥戚：卫地，在今河南濮阳北。

【译文】

夏五月，晋国韩厥、荀偃率领诸侯国的军队攻打郑国，攻入它的外城，在洧水边击败了郑国步兵。当时东诸侯的军队驻扎在鄫地，等待晋师的到来。晋军从郑国率领驻扎于鄫的诸侯之师入侵楚国的焦、夷以及楚之盟国陈国。晋悼公、卫献公驻扎在戚地，作为后援。

1.3　秋，楚子辛救郑①，侵宋吕、留②。郑子然侵宋③，取犬丘④。

【注释】

①子辛：即公子壬夫。

②侵宋吕、留：侵宋以救郑。吕、留，皆宋邑名。吕，在今徐州东南。留，在今沛县东南，徐州北。

③子然：郑穆公子。

④犬丘：在今河南永城西北。

【译文】

秋，楚国子辛出兵救郑，入侵宋国吕、留二地。郑国子然也侵入宋国，占领了犬丘。

1.4　九月，邾子来朝，礼也。

【注释】

①九月，邾子来朝，礼也：邾宣公因襄公即位来朝。此时周天子崩，

依礼诸侯当守丧，应暂停朝聘之礼。因天子新丧，讣告未到，诸侯不知而仍行朝聘之礼，故仍书之曰“礼也”。

【译文】

九月，邾宣公前来朝见，这是履行礼仪。

1.5 冬，卫子叔、晋知武子来聘①，礼也。凡诸侯即位，小国朝之，大国聘焉，以继好、结信、谋事、补阙②，礼之大者也。

【注释】

①子叔：公孙剽。知武子：荀罃。

②阙：过失。

【译文】

冬，卫国子叔、晋国知武子前来聘问，也是符合礼仪的。凡是诸侯新君即位，小国要来朝见，大国要来聘问，从而得以继续以往的友好关系，取得彼此相互信任，以及商议国事和弥补过失，这是礼仪中的大事。

二年

【经】

2.1 二年春王正月①，葬简王。

2.2 郑师伐宋。

2.3 夏五月庚寅②，夫人姜氏薨③。

2.4 六月庚辰④，郑伯睔卒⑤。

2.5 晋师、宋师、卫甯殖侵郑⑥。

2.6 秋七月，仲孙蔑会晋荀罃、宋华元、卫孙林父、曹人、邾人于戚。

2.7　己丑[7]，葬我小君齐姜。

2.8　叔孙豹如宋[8]。

2.9　冬，仲孙蔑会晋荀罃、齐崔杼、宋华元、卫孙林父、曹人、邾人、滕人、薛人、小邾人于戚，遂城虎牢[9]。

2.10　楚杀其大夫公子申。

【注释】

①二年：鲁襄公二年当周灵王元年，前571。

②庚寅：十八日。

③夫人姜氏：即后文所说齐姜，成公夫人，谥齐。

④庚辰：应为七月初九。按，杨伯峻注，“庚寅距庚辰五十日。杜注，‘庚辰，七月九日’，是也。”

⑤郑伯睔(gùn)卒：郑成公去世。睔，郑成公名。

⑥晋师、宋师、卫甯殖侵郑：三国之晋、宋率师者名位不高，唯甯殖为卫卿，因此特举出甯殖名。诸侯趁郑丧期进攻郑国。一说谓鲁成公二年，“卫侯速卒”，而当年楚师郑师即侵卫。此次郑丧，卫亦率师侵之，以牙还牙，故书其主帅名。

⑦己丑：十八日。

⑧叔孙豹：穆叔。杨伯峻注，“叔孙豹于是始参与鲁政”。

⑨遂城虎牢：指诸侯在虎牢筑城以逼郑。虎牢，即隐公元年的“制”地，在今河南荥阳。

【译文】

鲁襄公二年春周历正月，安葬周简王。

郑军攻打宋国。

夏五月十八日，夫人姜氏去世。

七月初九，郑成公睔去世。

晋军、宋军、卫国甯殖率领军队侵袭郑国。

秋七月，仲孙蔑同晋荀罃、宋华元、卫孙林父、曹国人、邾国人在戚相会。

七月十八日，安葬我国夫人齐姜。

叔孙豹到宋国。

冬，仲孙蔑和晋荀罃、齐崔杼、宋华元、卫孙林父、曹国人、邾国人、滕国人、薛国人、小邾国人在戚相会，于是在虎牢筑城。

楚国杀了他们的大夫公子申。

【传】

2.1　二年春，郑师侵宋，楚令也①。

【注释】

①郑师侵宋，楚令也：杨伯峻注："彭城本宋地，楚取之以纳鱼石等。"去年彭城降晋，因此楚命令郑国攻宋。

【译文】

鲁襄公二年春，郑军侵袭宋国，这是楚国的命令。

2.2　齐侯伐莱①，莱人使正舆子赂夙沙卫以索马牛②，皆百匹，齐师乃还。君子是以知齐灵公之为"灵"也③。

【注释】

①莱：国名，在今山东昌乐东南。

②正舆子：莱国贤大夫。夙沙卫：齐灵公幸臣，曾任齐国少傅。索马牛：精选的牛马。索，选择。

③君子是以知齐灵公之为"灵"也：伐莱之事，可见齐灵公贪鄙。后

来齐灵公废太子光而立牙，并使夙沙卫为少傅，终乱齐国。事见襄公十九年《传》。灵，谥号。《谥法》，不勤成名曰灵，任本性，不见贤思齐。属于恶谥。

【译文】

齐灵公攻打莱国，莱国人派正舆子贿赂夙沙卫精选的马、牛各一百匹，于是齐军撤兵。君子由此而知道齐灵公之所以谥为“灵”的缘故。

2.3 夏，齐姜薨。初，穆姜使择美槚①，以自为榇与颂琴②，季文子取以葬③。

【注释】

①穆姜：鲁宣公夫人，成公之母。槚（jiǎ）：即楸（qiū），木材细密，可制器具及棺木。

②榇（chèn）：内棺，这里泛指棺材。颂琴：一种古琴。穆姜制以殉葬。

③季文子取以葬：季文子将穆姜的梓棺及颂琴拿来安葬齐姜，有报仇之意。成公十六年，穆姜与叔孙侨如私通，欲去季、孟，因成公不许而未遂。穆姜此时已无权势，被软禁于东宫。

【译文】

夏，齐姜去世。当初，穆姜派人选择质地上乘的槚木，用它们为自己做了一副棺材和颂琴，季文子把它们拿来安葬齐姜。

君子曰：“非礼也。礼无所逆。妇，养姑者也①。亏姑以成妇，逆莫大焉②。《诗》曰：‘其惟哲人，告之话言，顺德之行③。’季孙于是为不哲矣。且姜氏，君之妣也④。《诗》曰：‘为酒为醴，烝畀祖妣。以洽百礼，降福孔偕⑤。’”

【注释】

①姑：婆婆。古代称丈夫的父母为舅姑，即公婆。

②亏姑以成妇，逆莫大焉：齐姜为成公夫人，穆姜是齐姜的婆婆，将穆姜的棺木与颂琴给齐姜下葬，作者认为此举于礼不顺。

③其惟哲人，告之话言，顺德之行：引《诗》出《诗经·大雅·抑》。哲，明智，有智慧。

④且姜氏，君之妣(bǐ)也：姜氏，指穆姜。君，指鲁襄公。妣，祖母，穆姜为鲁襄公祖母。后文"祖妣"并列指祖父、祖母。

⑤为酒为醴，烝畀(zhēng bì)祖妣。以洽百礼，降福孔偕：引《诗》出《诗经·周颂·丰年》。作者引此诗，意在说明后人本应向祖妣献礼才是，今季文子亏姑以成妇，于礼不合。烝，进。畀，给予。洽，协和。孔，很。偕，普遍。

【译文】

君子指出："这是不符合礼的。礼不能有所不顺。媳妇是奉养婆婆的，亏损婆婆以成就媳妇，没有比这更大的不顺了。《诗》说：'只有明哲的人，才可以把好话告诉他，让他顺德而行。'季孙在这件事上是不明智的。况且穆姜还是国君襄公的祖母啊。《诗》说：'酿造美酒与甜醪，献给祖父母。用以谐和各种礼仪，祖父母将会普降福气。'"

2.4　齐侯使诸姜、宗妇来送葬①。召莱子，莱子不会②，故晏弱城东阳以逼之③。

【注释】

①齐侯使诸姜、宗妇来送葬：杨伯峻注："《礼记·檀弓下》云，'妇人不越疆而吊人'。出国境吊丧尚且不可，出国境送丧更不合当时之礼。"诸姜，与齐同姓嫁给齐大夫的妇女。宗妇，同姓大夫的妻子。

②召莱子，莱子不会：莱为齐毗邻小国，齐召莱君，让他与诸姜、宗妇一同去鲁国送葬，此有意凌蔑莱国，莱君因此不来。

③晏弱：即晏桓子。东阳：齐边境城邑。

【译文】

齐灵公派遣嫁给大夫的宗女和同姓大夫的妻子前来送葬。召莱子同去，莱子不来，所以晏弱在东阳筑城以胁迫他。

2.5　郑成公疾，子驷请息肩于晋[①]。公曰："楚君以郑故，亲集矢于其目[②]，非异人任，寡人也[③]。若背之，是弃力与言[④]，其谁昵我？免寡人，唯二三子！"

【注释】

①子驷请息肩于晋：郑此时服从楚国，楚国对郑国要求甚多，郑不堪重负，所以子驷请求顺服晋国以解除对楚国的负担。子驷，公子骓(fēi)。

②楚君以郑故，亲集矢于其目：指成公十六年晋、楚鄢陵之战，楚共王为晋吕锜射中眼睛事。

③非异人任，寡人也：即非任异人，指楚共王伤目不是为别人，而是为了郑成公自己。

④力：功劳。言：自己的誓言。

【译文】

郑成公生病，子驷请求顺服晋国以解除对楚国的负担。成公说："楚君由于郑国的缘故，他的眼睛都被箭射中，承受这样的灾祸不是为了别人，正是为了寡人我啊。如果背弃楚国，这是丢弃楚国的功劳和自己的誓言，还会有谁亲近我们？能让我免于犯错的，就全在于各位了！"

秋七月庚辰[1]，郑伯睔卒。于是子罕当国[2]，子驷为政，子国为司马[3]。晋师侵郑，诸大夫欲从晋。子驷曰："官命未改[4]。"

【注释】

①庚辰：初九。

②子罕：公子喜，郑穆公之子。当国：主持国事。

③子国：公子发，郑穆公之子。

④官命未改：指郑成公不愿弃楚之言。官命，指成公之令。春秋时，旧君死，新君第二年改元。此时成公虽死，但没下葬，新君不得发布新命令，因此说"官命未改"。

【译文】

秋七月初九，郑成公睔去世。当时子罕主持国事，子驷处理政务，子国为司马。晋军侵犯郑国，大夫们想要顺从晋国。子驷说："国君的命令还没有改变。"

会于戚，谋郑故也。孟献子曰[1]："请城虎牢以逼郑[2]。"知武子曰[3]："善。鄫之会，吾子闻崔子之言，今不来矣[4]。滕、薛、小邾之不至，皆齐故也[5]。寡君之忧不唯郑[6]。䓨将复于寡君，而请于齐[7]。得请而告[8]，吾子之功也。若不得请，事将在齐[9]。吾子之请，诸侯之福也[10]，岂唯寡君赖之。"

【注释】

①孟献子：即鲁卿仲孙蔑。

②虎牢：本属郑国西北边境的险要之地，此时为晋所占。

③知武子：即知罃，又名荀罃。

④鄫之会，吾子闻崔子之言，今不来矣：鄫之会在去年，孟献子曾参加。知罃虽未与会，而晋有韩厥、荀偃，故知罃可知会议情况。会上齐崔杼可能有于晋不满之言。

⑤滕、薛、小邾之不至，皆齐故也：滕、薛、小邾皆近齐小国，听命于齐。

⑥寡君之忧不唯郑：意谓忧郑之外更忧齐。若齐、郑、楚联盟，晋则难以称霸。

⑦罃将复于寡君，而请于齐：以此报告晋君，并请齐相会，以考验齐国。

⑧得请而告：得齐允许，便告诉诸侯共同在虎牢筑城。

⑨事将在齐：将伐齐。事，指战事。

⑩诸侯之福：意谓能够在虎牢筑城，足以使郑降服，楚不能争，可免于战争。

【译文】

诸侯在戚相会，是为了讨论对付郑国的办法。孟献子说："请在虎牢筑城来逼迫郑国。"知武子说："好主意。鄫地的盟会，您是听到齐国崔杼的话的，现在他果然不来了。滕、薛、小邾也都不到会，这都是由于齐国的缘故。我们国君的忧患不仅仅是郑国。我将向我的国君汇报，同时向齐国发出会见的请求。如果请求得到同意，便告知诸侯共同在虎牢筑城，这是您的功劳。如果不被同意，战事就将在齐国发生。您的请求，是诸侯的福气，岂独我国国君依靠它。"

2.6　穆叔聘于宋，通嗣君也①。

【注释】

①穆叔聘于宋，通嗣君也：穆叔，叔孙豹。襄公新立，使叔孙豹聘于宋，以示通好之意。

【译文】

穆叔到宋国聘问，向他们通报新君即位。

2.7 冬，复会于戚，齐崔武子及滕、薛、小邾之大夫皆会，知武子之言故也①。遂城虎牢，郑人乃成。

【注释】

①齐崔武子及滕、薛、小邾之大夫皆会，知武子之言故也：因知罃说“事将在齐”，齐人害怕，所以率滕、薛、小邾参加会见。崔武子，崔杼。

【译文】

冬，再次在戚地相会，齐国崔武子以及滕、薛、小邾等国的大夫都与会了，这是由于知武子那一番话的缘故。于是在虎牢筑城，郑国人于是与晋媾和。

2.8 楚公子申为右司马，多受小国之赂，以逼子重、子辛①，楚人杀之。故书曰：“楚杀其大夫公子申。”

【注释】

①以逼子重、子辛：逼迫子重、子辛，欲夺其权势。

【译文】

楚公子申为右司马，大量收受小国的贿赂，以威逼子重、子辛，楚国人便把他杀了。所以《春秋》记载说：“楚国杀了他们的大夫公子申。”

三年

【经】

3.1 三年春[①],楚公子婴齐帅师伐吴[②]。

3.2 公如晋[③]。

3.3 夏四月壬戌[④],公及晋侯盟于长樗[⑤]。

3.4 公至自晋。

3.5 六月,公会单子、晋侯、宋公、卫侯、郑伯、莒子、邾子、齐世子光。己未[⑥],同盟于鸡泽[⑦]。

3.6 陈侯使袁侨如会[⑧]。

3.7 戊寅[⑨],叔孙豹及诸侯之大夫及陈袁侨盟。

3.8 秋,公至自会。

3.9 冬,晋荀罃帅师伐许。

【注释】

①三年:鲁襄公三年当周灵王二年,前570。

②楚公子婴齐帅师伐吴:公子婴齐,即子重。按,吴楚争强自此开始。

③公如晋:襄公即位后第一次朝晋。

④壬戌:二十五日。

⑤长樗(chū):在晋国都的郊外。

⑥己未:二十三日。

⑦鸡泽:古地名。在今河北邯郸东北。

⑧陈侯使袁侨如会:陈国想背楚投晋,所以派袁侨参加鸡泽之会。

⑨戊寅:六月无戊寅,应为七月十三日。

【译文】

鲁襄公三年春，楚国公子婴齐率师攻打吴国。

襄公前往晋国。

夏四月二十五日，襄公和晋悼公在长樗结盟。

襄公从晋回国。

六月，襄公和单顷公以及晋悼公、宋平公、卫献公、郑僖公、莒犁比公、邾宣公并齐国太子光相会。二十三日，在鸡泽结盟。

陈成公派袁侨到会。

七月十三日，叔孙豹和各国大夫以及陈国袁侨结盟。

秋，襄公自盟会回国。

冬，晋荀罃率军攻打许国。

【传】

3.1　三年春，楚子重伐吴，为简之师①，克鸠兹②，至于衡山③。使邓廖帅组甲三百、被练三千以侵吴④。吴人要而击之，获邓廖。其能免者，组甲八十、被练三百而已。

【注释】

①简之师：经过挑选的军队。

②鸠兹：吴邑。在今安徽芜湖东南。

③衡山：吴地名。即横山，今安徽当涂东北。

④组甲：用丝带子联缀的铠甲，车兵服用。被练：用帛联缀的铠甲，步卒服用。

【译文】

鲁襄公三年春，楚国子重攻吴，组织起一支经过挑选的军队，攻下鸠兹，到达衡山。派邓廖率领穿组甲的车兵三百人、穿被练的步兵三千人侵袭吴国。吴人拦腰攻击楚军，俘获邓廖。逃脱的不过组甲八十人、被练三百人。

子重归，既饮至三日[①]，吴人伐楚，取驾[②]。驾，良邑也。邓廖，亦楚之良也。君子谓："子重于是役也，所获不如所亡[③]。"楚人以是咎子重。子重病之，遂遇心疾而卒[④]。

【注释】

①饮至：出征奏凯，至宗庙祭祀宴饮庆功之礼。

②驾：楚邑，在今安徽无为。

③子重于是役也，所获不如所亡：子重伐吴，吴反攻子重，两相比较，楚损失更惨重。

④心疾：指精神病。

【译文】

子重回国，举行凯旋饮至之礼三天后，吴国攻打楚国，夺取了驾。驾是上等城邑，邓廖也是楚国良将。君子认为："子重在这次战役中所得到的不如所失去的。"楚国人由此怪罪子重。子重对此很烦恼，便得了精神错乱症而死去。

3.2　公如晋，始朝也[①]。夏，盟于长樗。孟献子相，公稽首[②]。知武子曰："天子在，而君辱稽首，寡君惧矣[③]。"孟献子曰："以敝邑介在东表，密迩仇雠，寡君将君是望，敢不稽首？"

【注释】

①公如晋，始朝也：襄公始朝霸主。

②孟献子相，公稽首：襄公此时仅六七岁，所以需由孟献子作为相礼者。

③天子在，而君辱稽首，寡君惧矣：鲁君只有对周王才行稽首礼，知武子表示晋悼公不敢当。

【译文】

襄公前往晋国，这是初次去朝见。夏，在长樗结盟。孟献子作为相礼者，襄公行稽首大礼。知武子说："有天子在那里，而有辱贵君行稽首大礼，我的国君感到害怕。"孟献子说："由于敝国地处东海边，紧挨着仇国，敝国国君唯有希望贵君支持，岂敢不行稽首之礼？"

3.3 晋为郑服故，且欲修吴好①，将合诸侯。使士匄告于齐曰②："寡君使匄，以岁之不易③，不虞之不戒，寡君愿与一二兄弟相见，以谋不协④，请君临之，使匄乞盟。"齐侯欲勿许，而难为不协，乃盟于耏外⑤。

【注释】

①欲修吴好：晋见吴逐渐强大，足以困楚，故欲与吴国修好。

②士匄：范匄，范宣子。

③不易：这里指诸侯间的纠纷。易，平安。

④不协：实暗指齐国多有异志。见去年七月戚之会《传》文及注可知。

⑤耏(ér)外：在齐都临淄西北郊近耏水处。耏，耏水，即时水。

【译文】

晋国因为郑国顺服了，而且想要和吴国修好，准备会合诸侯。派士匄告知齐国说："敝国君派我前来，是由于近来诸侯间纠纷不少，对意外变故又没有戒备，敝国君愿意和几位兄弟相见，共同商量解决彼此间的不和睦，请国君您光临，派我先来请求结盟。”齐国君本想不答应，又不敢表示心怀异志，就在耏水边结盟。

3.4　祁奚请老[①]，晋侯问嗣焉[②]。称解狐，其仇也[③]，将立之而卒；又问焉，对曰：“午也可[④]。”于是羊舌职死矣[⑤]，晋侯曰：“孰可以代之？”对曰：“赤也可[⑥]。”于是使祁午为中军尉，羊舌赤佐之。

【注释】

①祁奚：祁黄羊，又称祁大夫。祁奚此时为中军尉。

②嗣：接替者。

③称解(xiè)狐，其仇也：解狐与祁奚有私仇。称，举荐。仇，仇家。

④午：祁午，祁奚的儿子。

⑤羊舌职：叔向父亲，此时为佐中军尉。

⑥赤：羊舌赤，字伯华，羊舌职之子。

【译文】

祁奚请求告老退休，晋悼公询问接替的人。举荐解狐，这是他的仇家，将要任命时解狐死了；又问谁可胜任，回答说：“祁午可以。”这时羊舌职死了，晋悼公问：“谁可以代替他？”回答说：“羊舌赤可以。”于是任命祁午为中军尉，羊舌赤为副职。

君子谓：“祁奚于是能举善矣。称其仇，不为谄。立其子，不为比。举其偏，不为党。《商书》曰：‘无偏无党，王道荡荡[①]。’其祁奚之谓矣！解狐得举，祁午得位，伯华得官，建一官而三物成[②]，能举善也夫！唯善，故能举其类。《诗》云：‘惟其有之，是以似之[③]。’祁奚有焉。”

【注释】

①无偏无党，王道荡荡：引文出自《尚书·洪范》。

②一官：指中军尉。三物：指得举、得位、得官。

③惟其有之，是以似之：引《诗》出《诗经·小雅·裳裳者华》。意谓祁奚有这样的善德，故其所举荐的人也有类似的善德。杜预《春秋左传注》："唯有德之人能举似己者。"

【译文】

君子认为："祁奚在这件事上可以算能举荐贤才了。推荐自己的私仇，不是谄媚。安排儿子，不是偏私。推举副手，不为结党。《商书》说：'不偏私不结党，先王正道浩浩荡荡。'这说的就是祁奚啊！解狐能得到推举，祁午得到任命，伯华获得官位，设立一个官位而成就三件事，这是由于能够举荐贤人的缘故啊！因为他贤明，所以能够举荐他的同类。《诗》说：'正因为有这美德，因而所举荐的人也像他那样。'祁奚就是如此。"

3.5 六月，公会单顷公及诸侯[①]。己未[②]，同盟于鸡泽。

【注释】

①单顷公：即《经》之单子，周王卿士。

②己未：二十三日。

【译文】

六月，襄公会见单顷公与诸侯。二十三日，一起在鸡泽结盟。

晋侯使荀会逆吴子于淮上[①]，吴子不至[②]。

【注释】

①晋侯使荀会逆吴子于淮上：要由此会与吴国结好，因此派人迎接吴子。吴子，吴王寿梦。淮上，淮水北，约在今安徽凤台境内。

②吴子不至：吴国因路远未能赴会。

【译文】

晋悼公派荀会在淮河边迎接吴王寿梦，吴王寿梦没来。

3.6　楚子辛为令尹，侵欲于小国[①]。陈成公使袁侨如会求成[②]，晋侯使和组父告于诸侯[③]。秋，叔孙豹及诸侯之大夫及陈袁侨盟，陈请服也[④]。

【注释】

①楚子辛为令尹，侵欲于小国：侵害勒索小国，贪鄙无厌，因此小国厌楚。侵欲，侵吞贪求。

②陈成公使袁侨如会求成：陈国亦背楚投晋，因此请求加盟。袁侨，袁涛涂四世孙。

③和组父：晋大夫。

④叔孙豹及诸侯之大夫及陈袁侨盟，陈请服也：鸡泽之盟本已结束，因陈国请盟，因此诸侯与陈国再次结盟。

【译文】

楚国子辛任令尹，不断侵害勒索小国。陈成公为此派袁侨到会请求加盟，晋悼公派和组父把这事向诸侯通告。秋，叔孙豹和诸侯的大夫以及陈袁侨再次结盟，这是由于陈国请求顺服的缘故。

3.7　晋侯之弟扬干乱行于曲梁[①]，魏绛戮其仆[②]。晋侯怒，谓羊舌赤曰："合诸侯，以为荣也。扬干为戮，何辱如之？必杀魏绛,无失也[3]!"对曰:"绛无贰志,事君不辟难[4],有罪不逃刑,其将来辞[5],何辱命焉?"言终,魏绛至,授仆人书[6],将伏剑。士鲂、张老止之。公读其书,曰:"日君乏使,使臣斯司马[7]。臣闻师众以顺为武,军事有死无犯为敬。君合诸侯,臣敢不敬?君师不武,执事不敬,罪莫大焉。臣惧其死,以及扬干,无所逃罪。不能致训[8],至于用钺[9]。臣之罪重,敢有不从以怒君心?请归死于司寇[10]。"公跣而出[11],曰:"寡人之言,亲爱也。吾子之讨,军礼也。寡人有弟,弗能教训,使干大命,寡人之过也。子无重寡人之过[12],敢以为请。"

【注释】

①晋侯之弟扬干乱行于曲梁:此指在鸡泽之会上扬干乱行。乱行,扰乱军队行列。曲梁,在鸡泽附近。

②魏绛戮其仆:魏绛时为中军司马,主管晋军军法,故能行戮。不能戮扬干,故戮其仆。仆,车夫。

③必杀魏绛,无失也:羊舌赤时为中军尉佐,职位高于司马,故晋侯可以命其杀魏绛。

④辟:逃避。

⑤来辞:自己前来供状解释。

⑥仆人:接受官员紧急奏事之官。

⑦斯:同"司",担任的意思。

⑧致训:事前不能教导众人。

⑨钺(yuè):大斧。这里指大刑。

⑩司寇:国家的司法官。

⑪公跣(xiǎn)而出:古人入室脱履,出室要穿上。悼公恐魏绛自杀,来不及穿履,故赤脚而出。跣,赤足。

⑫重(chóng):再。

【译文】

晋悼公弟弟扬干在曲梁扰乱军队的行列,魏绛杀了他的车夫。悼公发怒,对羊舌赤说:“会合诸侯是引以为荣的事,现在扬干受到羞辱,还有什么比这更大的侮辱?一定要杀掉魏绛,不要耽误了!”羊舌赤回答:“魏绛并没有二心异志,事奉君主不避危难,有了罪不逃避惩罚,他会来供状解释的,何必劳驾您下命令呢?”话音刚落,魏绛就来了,把一封信交给传事官后,就要拔剑自杀。士鲂、张老劝阻了他。悼公读信,信上说:“以前君主缺少使唤的人,派我担任司马。我听说军旅以服从命令为武,军中之事以宁死不犯军纪为敬。您会合诸侯,下臣岂敢不敬?君主的军队有不服从军令的,办事的人有不严肃执行军法的,罪过没有比这更大的了。我害怕自己因不严肃执行军法而犯死罪,所以处理了扬干,这罪过无可逃避。我没能事先进行教导,以至于要动用大刑。我的罪很重,哪里敢不服从刑罚,而使君主发怒?请求回去死在司寇那里。”悼公光着脚跑出来,说道:“我的话,是出于对兄弟的亲爱。你杀死扬干的车夫,是执行军法。我有弟弟,却没有教育好,使他犯了军令,这是我的过错。请别让我错上加错,拜托你了!”

晋侯以魏绛为能以刑佐民矣,反役①,与之礼食②,使佐新军③。张老为中军司马④,士富为候奄⑤。

【注释】

①反役:从鸡泽之役归来。

②礼食:国君在太庙宴请臣子称“礼食”。

③佐新军:司马位为大夫,佐新军则位列于卿。

④张老为中军司马:张老本是候奄,此是提升。

⑤士富:士会的别族。

【译文】

晋悼公由此认为魏绛能够用刑罚来治理人民，从盟会回国，就在太庙设宴款待他，并提拔他为新军副帅。张老任中军司马，士富当候奄。

3.8 楚司马公子何忌侵陈，陈叛故也。

【译文】

楚国司马公子何忌侵袭陈国，是因为陈国背叛楚国的缘故。

3.9 许灵公事楚，不会于鸡泽。冬，晋知武子帅师伐许。

【译文】

许灵公事奉楚国，不参加鸡泽会盟。冬，晋国知武子率领军队攻打许国。

四年

【经】

4.1 四年春王三月己酉①，陈侯午卒②。

4.2 夏，叔孙豹如晋③。

4.3 秋七月戊子④，夫人姒氏薨⑤。

4.4 葬陈成公。

4.5 八月辛亥⑥，葬我小君定姒。

4.6 冬，公如晋。

4.7 陈人围顿⑦。

【注释】

①四年：鲁襄公四年当周灵王三年，前569。己酉：三月无己酉，此处记载当有误。

②陈侯午卒：陈成公去世。

③叔孙豹如晋：回报荀蓥聘鲁，叔孙豹到晋聘问。

④戊子：二十八日。

⑤姒(sì)氏：成公妾，襄公母。即下文“小君定姒”，定为谥号。

⑥辛亥：二十二日。

⑦顿：靠近陈的小国。

【译文】

鲁襄公四年春周历三月己酉，陈成公午去世。

夏，叔孙豹前往晋国聘问。

秋七月二十八日，夫人姒氏去世。

安葬陈成公。

八月二十二日，安葬我国夫人定姒。

冬，襄公前往晋国。

陈国军队包围顿国。

【传】

4.1　四年春，楚师为陈叛故，犹在繁阳[①]。韩献子患之[②]，言于朝曰：“文王帅殷之叛国以事纣，唯知时也[③]。今我易之，难哉[④]！”

【注释】

①楚师为陈叛故，犹在繁阳：去年楚公子何忌率师侵陈，陈不服，因此楚师仍驻扎在繁阳。繁阳，蔡地名。在今河南新蔡北。

②韩献子：即韩厥，时为中军帅，当政。

③文王帅殷之叛国以事纣，唯知时也：相传当时天下分为九州，文王得其六州，仍率领背叛商朝的国家去事奉纣王，是因时机未到。

④今我易之，难哉：认为晋未能服楚，此时接受楚的叛国陈不是时候。

【译文】

鲁襄公四年春，楚军因为陈国背叛的缘故，还驻扎在繁阳。韩献子为此感到担忧，在朝廷上说："文王率领背叛商朝的国家去事奉纣王，是因为他知道时机未到。现在我们改变文王的做法，未能服楚而接受楚的叛国陈，想要成功称霸难哪！"

4.2　三月，陈成公卒。楚人将伐陈，闻丧乃止[①]。陈人不听命。臧武仲闻之，曰："陈不服于楚，必亡。大国行礼焉，而不服，在大犹有咎，而况小乎[②]？"夏，楚彭名侵陈[③]，陈无礼故也。

【注释】

①闻丧乃止：当时人以为乘丧期伐人，是为无道。

②"大国行礼焉"四句：楚不伐陈丧是知礼，陈不因此而归服楚是无礼。咎，灾祸。

③彭名：楚国大夫。

【译文】

三月，陈成公去世。楚国准备攻打陈国，听到陈国有丧事便停止了军事行动。陈国不听从楚国的命令。臧武仲听说了这种情况，说道："陈国不肯顺服楚国，一定灭亡。大国按礼行事，小国却不顺服，这么做对大国来说尚且有灾祸，何况小国呢？”夏，楚国彭名攻打陈国，这是由于陈国无礼的缘故。

4.3 穆叔如晋，报知武子之聘也①。晋侯享之，金奏《肆夏》之三②，不拜。工歌《文王》之三③，又不拜。歌《鹿鸣》之三④，三拜⑤。韩献子使行人子员问之⑥，曰：“子以君命，辱于敝邑。先君之礼，藉之以乐⑦，以辱吾子。吾子舍其大⑧，而重拜其细⑨，敢问何礼也？”对曰：“三《夏》⑩，天子所以享元侯也⑪，使臣弗敢与闻。《文王》，两君相见之乐也，使臣不敢及⑫。《鹿鸣》，君所以嘉寡君也，敢不拜嘉⑬？《四牡》，君所以劳使臣也⑭，敢不重拜？《皇皇者华》，君教使臣曰：‘必咨于周⑮。’臣闻之：‘访问于善为咨，咨亲为询，咨礼为度，咨事为诹⑯，咨难为谋。’臣获五善⑰，敢不重拜？”

【注释】

①穆叔如晋，报知武子之聘也：知䓨聘鲁在襄公元年。穆叔，即叔孙豹。

②金奏：奏九种《夏》乐，先击钟镈，后击鼓磬，叫做金奏。《肆夏》之三：乐章名，其辞今亡。三，三章，据《国语·鲁语》记载这三章为《肆夏》、《樊遏》、《渠》。

③工：乐工。《文王》之三：指《诗经·大雅》中的《文王》、《大明》、《绵》三曲。

④《鹿鸣》之三：指《诗经·小雅》中的《鹿鸣》、《四牡》、《皇皇者华》三曲。

⑤三拜：每奏完一曲，穆叔一拜谢，共三拜谢。

⑥行人：外交官。

⑦藉：进献。

⑧大：指《肆夏》之三和《文王》之三。

⑨重(chóng)拜：一、再、三拜。细：指《鹿鸣》之三。

⑩《三夏》：即《肆夏》之三曲。

⑪元侯：诸侯之长。

⑫及：参预，与闻。

⑬《鹿鸣》，君所以嘉寡君也，敢不拜嘉：《鹿鸣》中有“我有嘉宾”等句，穆叔认为这是晋侯用来嘉奖鲁君的，因此拜谢。

⑭《四牡》，君所以劳使臣也：《四牡》中有“岂不怀归，王事靡盬”等句，是慰劳使臣的诗。

⑮咨：询问。周：忠信之人。

⑯事：政事。诹(zōu)：咨询。

⑰五善：指咨、询、度、诹、谋五种善道，都指询问。

【译文】

穆叔去往晋国是为了回报知武子的聘问，晋悼公设享礼招待他。钟镈奏《肆夏》等三章，穆叔不拜谢。乐工歌唱《大雅》中《文王》等三篇，穆叔又没拜谢。歌唱《小雅》中《鹿鸣》等三篇，穆叔三次拜谢。韩献子派行人子员去问他，说：“您奉国君的命令，光临敝国。我国按先王的礼仪，用音乐来招待您。您舍弃重大的音乐而再三拜谢细小的乐歌，敢问这是什么礼仪？”穆叔回答道：“《肆夏》三曲是天子用来招待诸侯领袖的，使臣不敢听赏。《文王》是两国国君相见的音乐，使臣不敢参预。《鹿鸣》是贵国国君用来嘉奖我国国君的，岂敢不拜谢这嘉奖？《四牡》是贵国国君用来慰劳使臣的，哪敢不再拜？《皇皇者华》，是贵国国君借以教导使臣说：‘一定要向忠信的人咨询。’下臣听说：‘向善人访求询问就是咨，咨询亲戚就是询，咨询礼仪就是度，咨询事情就是诹，咨询困难就是谋。’下臣得到这五种善道，岂敢不再拜？”

4.4　秋，定姒薨。不殡于庙[①]，无榇[②]，不虞[③]。匠庆谓季文子曰[④]："子为正卿，而小君之丧不成[⑤]，不终君也[⑥]。君长，谁受其咎？"

【注释】

①殡：停棺待葬。

②榇（chèn）：内棺。

③虞：祭礼，也叫反哭。死者葬后，送殡者返回祭祀并安死者之灵。虞祭时必哭，故称反哭。此时襄公年幼，权在季文子手中，季文子于是不以夫人之礼葬定姒。

④匠庆：名庆的木匠。或即鲁大匠，掌管宫室土木建造的官员。

⑤不成：不以夫人之礼安葬。

⑥不终君：使国君不能为其生母送终而尽其情。

【译文】

秋，定姒去世。不把棺木停放在祖庙，没有内棺，没举行虞祭。木匠庆对季文子说："您是正卿，而夫人的丧事不完备，这使国君不能为他母亲送终。国君长大后，谁将受到责罚？"

初，季孙为己树六槚于蒲圃东门之外[①]。匠庆请木，季孙曰："略[②]。"匠庆用蒲圃之槚，季孙不御[③]。君子曰："《志》所谓'多行无礼[④]，必自及也'，其是之谓乎！"

【注释】

①蒲圃：鲁国场圃名。

②略：简略，指不必选良木。季文子不愿献出槚木，故如此说。

③御：阻止。

④《志》:古书名。

【译文】

当初,季文子在蒲圃东门外为自己种了六棵檟树。木匠庆请示用来给定姒做棺木的木料,季文子说:"简单点吧。"木匠庆使用了蒲圃的檟树,季孙未加阻止。君子说:"《志》所说的'多作不合礼仪的事,祸患一定会发生在自己身上',说的就是这种情况吧!"

4.5 冬,公如晋听政[①],晋侯享公。公请属鄫[②],晋侯不许。孟献子曰:"以寡君之密迩于仇雠,而愿固事君,无失官命[③]。鄫无赋于司马,为执事朝夕之命敝邑,敝邑褊小[④],阙而为罪[⑤],寡君是以愿借助焉!"晋侯许之。

【注释】

①听政:听取晋国对给晋贡赋数额的要求。

②请属鄫:请求晋侯同意以鄫国为鲁之附庸。鄫,姒姓国,在今山东枣庄东。

③官命:指晋君之令。

④褊(biǎn):狭小。

⑤阙:指贡赋不足。

【译文】

冬,襄公到晋国听取晋国的贡赋要求,晋悼公设享礼款待。襄公请求把鄫国作为鲁国的属国,晋悼公没答应。孟献子说:"敝国君紧挨着仇国,却愿意一心一意事奉晋国,没有耽误您的命令。鄫国没有向贵国司马交纳贡赋,而您的左右执事却不断向敝国索求,敝国狭小,不能满足需求便是罪过,我国国君因此想得到鄫国作为帮助!"晋悼公答应了。

4.6 楚人使顿间陈而侵伐之[①]，故陈人围顿。

【注释】

①顿：靠近陈的小国，姬姓，在今河南项城西。间陈：钻陈国的空子。

【译文】

楚国让顿国乘陈不备而侵袭陈国，所以陈国人包围顿国。

4.7 无终子嘉父使孟乐如晋[①]，因魏庄子纳虎豹之皮，以请和诸戎[②]。晋侯曰："戎狄无亲而贪，不如伐之。"魏绛曰："诸侯新服，陈新来和，将观于我。我德，则睦；否，则携贰。劳师于戎，而楚伐陈，必弗能救，是弃陈也。诸华必叛[③]。戎，禽兽也。获戎失华，无乃不可乎！《夏训》有之曰[④]：'有穷后羿……'[⑤]"公曰："后羿何如？"对曰："昔有夏之方衰也，后羿自鉏迁于穷石[⑥]，因夏民以代夏政[⑦]。恃其射也，不修民事，而淫于原兽[⑧]。弃武罗、伯困、熊髡、尨圉[⑨]，而用寒浞[⑩]。寒浞，伯明氏之谗子弟也[⑪]。伯明后寒弃之[⑫]，夷羿收之[⑬]，信而使之，以为己相。浞行媚于内[⑭]，而施赂于外，愚弄其民，而虞羿于田[⑮]。树之诈慝[⑯]，以取其国家，外内咸服。羿犹不悛[⑰]，将归自田，家众杀而亨之[⑱]，以食其子。其子不忍食诸，死于穷门[⑲]。靡奔有鬲氏[⑳]。浞因羿室[㉑]，生浇及豷[㉒]，恃其谗慝诈伪，而不德于民。使浇用师，灭斟灌及斟寻氏[㉓]。处浇于过[㉔]，处豷于戈[㉕]。靡自有鬲氏，收二国之烬[㉖]，以灭浞而立少康[㉗]。少康灭浇于过，后杼灭豷于戈[㉘]，有穷由是遂亡，失人故也。昔周辛甲之为大史也[㉙]，命百官，官箴王阙[㉚]。

于《虞人之箴》曰[31]:‘芒芒禹迹[32],画为九州[33],经启九道[34]。民有寝庙,兽有茂草,各有攸处[35],德用不扰[36]。在帝夷羿,冒于原兽[37],忘其国恤[38],而思其麀牡[39]。武不可重[40],用不恢于夏家[41]。兽臣司原[42],敢告仆夫[43]。’《虞箴》如是,可不惩乎[44]?”于是晋侯好田,故魏绛及之。

【注释】

①无终:国名,在今山西太原一带。嘉父:无终国君名。《春秋》对蛮夷或小国之国国君常称子。孟乐:无终使臣。

②因魏庄子纳虎豹之皮,以请和诸戎:晋国此时国力强盛,声威大振,戎人因此也来请和。魏庄子,即魏绛。

③诸华:指中原诸国。

④《夏训》:夏书。

⑤有穷后羿(yì):这里是魏绛的话还没讲完,晋悼公突然插问。有穷,夏代国名。后,君主。羿,国君名。

⑥钽(jū):古地名。在今河南滑县东。穷石:即穷谷,在今河南洛阳南。

⑦因夏民以代夏政:相传禹之孙太康荒淫失国,夏人立其弟仲康。仲康死,儿子相立,后羿遂推翻相而夺取王位。因,依靠。

⑧原兽:田兽,田猎。

⑨武罗、伯困、熊髡(kūn)、龙圉(máng yǔ):四人都是后羿的贤臣。

⑩寒浞(zhuó):后羿相。寒,本为部落名,在今山东潍坊。寒浞以部落名为氏。

⑪伯明:寒国国君。谗:奸诈。

⑫伯明后寒:即寒后伯明,寒国国君伯明。后,君王。

⑬夷羿:后羿。

⑭行媚于内：指浞与后羿妻妾通奸。

⑮虞：同“娱”。

⑯慝(tè)：邪恶。

⑰悛(quān)：悔改。

⑱亨：同“烹”，煮。

⑲穷门：穷国城门。或曰穷门即穷石。

⑳靡：夏朝人，曾事奉羿。有鬲(gé)氏：部落名。地在今山东德州东南。

㉑室：妻妾。

㉒浇(ào)及豷(yì)：浞和后羿妻妾通奸所生两个儿子。

㉓斟灌：部落名。在今山东范县北。斟寻：也是部落名。在今河南偃师东北。

㉔过：部落名。在今山东莱州西北，近海。

㉕戈：部落名。在宋、郑之间。

㉖烬：遗民。

㉗少康：夏后相之子，相传他在有鬲氏的帮助下，攻杀寒浞，恢复了夏朝统治。

㉘后杼：少康子。

㉙辛甲：本为殷商大臣，后为周太史。大史：即太史。

㉚箴(zhēn)：规诫。阙：过失。

㉛虞人：掌管田猎之官。

㉜芒芒：邈远的样子。禹迹：大禹治水的痕迹，指中国国土。

㉝画：分。

㉞九：泛指多数。

㉟攸处：所处。

㊱德：指人与兽的本质而言。用：因。

㊲冒：贪恋。

㊳国恤：国家的忧患。

㊴麀(yōu)牡：泛指各种禽兽。麀，雌鹿。牡，雄兽。

㊵武：田猎。重：多次，意即过度。

㊶用不恢于夏家：意谓因此使国家灭亡。用，因。恢，扩大。

㊷兽臣：虞人自称。司：主管。原：原兽，田猎。

㊸仆夫：这里不敢直言告诉君主，以仆夫代称。

㊹惩：引以为戒。

【译文】

无终国国君嘉父派孟乐到晋国去，通过魏绛献上虎豹皮，请求晋国和各部落戎人媾和。晋悼公说："戎狄不认亲情而贪婪，不如攻打他们。"魏绛说："诸侯才归顺，陈国刚来讲和，都在观察我们的行动。我们有德，他们就亲近我们；否则就将背叛我们。劳动军队去打戎人，一旦楚国进攻陈国，我们肯定无法救援，这就是丢弃陈国。这样中原诸国一定会背叛我们。戎人犹如禽兽，得到戎而失去中原，恐怕不合适吧？《夏训》有这样的话：'有穷后羿……'"晋悼公说："后羿怎么样呢？"魏绛回答说："从前正当有夏衰落的时候，后羿从鉏迁徙到穷石，借用夏朝民众的力量夺取了夏朝政权。倚仗自己精于射箭，他不致力于治理百姓，而沉湎于打猎。废弃武罗、伯因、熊髡、尨圉而任用寒浞。寒浞本是伯明氏的奸诈子弟。寒君伯明抛弃了他，却被后羿所接纳，信任并重用他，作为自己的辅相。寒浞在内宫对女人献媚，在外广布恩惠以收买人心。愚弄民众，而且引诱后羿沉迷于田猎。扶植奸诈邪恶者，由此夺取了后羿的家和国，朝廷内外都顺从归附。后羿还不知悔改，当他准备从狩猎处回家时，手下人把他杀死并煮了他，强迫他的儿子吃。后羿的儿子不忍心吃，又被杀死在有穷国的城门。在这种局面下，靡逃亡到了有鬲氏部落。寒浞霸占了后羿的妻妾，与她们生了浇和豷，仗着他的奸邪诈伪而不对百姓施德。派浇出兵，消灭了斟灌氏、斟寻氏。把浇安置在过，让豷住在戈。靡从有鬲氏那里收容二国遗民，用他们消灭了寒浞而拥立少康。少康在过灭掉了浇，后杼在戈灭掉了豷，有穷氏因此而灭亡，这都是因为失去民众的缘故啊。当初辛甲任周太史时，命令百官都来劝诫天子的过失。《虞人之箴》中就说：‘大禹走过的邈远辽阔的大地，划分为九州，开辟了众多的道路。民众有住处有宗庙，野兽有丰盛茂密的青草，人兽各有所处，互不干扰。后羿身居帝位，却一心贪恋打猎，忘记国家的忧患，想的只是飞禽走兽。田猎之事不能太频繁，那样做不利于扩大夏朝国力，其后果是导致国家的灭亡。我主管的是田猎之事，谨以此规劝君主的左右。’《虞箴》都这样说，能不引以为戒吗？”当时晋悼公爱好打猎，所以魏绛委婉地说了这件事。

公曰：“然则莫如和戎乎？”对曰：“和戎有五利焉：戎狄荐居[①]，贵货易土[②]，土可贾焉，一也。边鄙不耸[③]，民狎其野[④]，穑人成功[⑤]，二也。戎狄事晋，四邻振动，诸侯威怀，三也。以德绥戎，师徒不勤[⑥]，甲兵不顿[⑦]，四也。鉴于后羿，而用德度[⑧]，远至迩安，五也。君其图之！”公说[⑨]，使魏绛盟诸戎，修民事，田以时。

【注释】

①荐居：逐水草而居。荐，草。

②易土：轻视土地。

③耸：恐惧。

④民狎其野：习居其边野而心安。狎，习。

⑤穑人：疑为当时管理边鄙农田之人。

⑥师徒：指将士。勤：劳。

⑦顿：疲劳。

⑧德度：道德法度。

⑨说：同“悦”。

【译文】

晋悼公说：“那么就没有比跟戎人修好更好的对策吗？”魏绛回答：“与戎人讲和有五个好处：戎狄逐水草而居，重财宝而轻土地，可以向他们收买土地，这是其一。边境不再恐惧，民众安心于农事，农夫可获收成，这是其二。戎狄事奉晋国，四边邻国都受到震动，诸侯们慑服于我们的威严，这是其三。用德行安抚戎人，将士免去辛劳，武器不被损坏，这是其四。有鉴于后羿失国的教训，而使用道德法度，远方国家来朝，近邻国家安定，这是其五。请国君您好好考虑考虑吧！”晋悼公很满意魏绛这一番话，就派他与各部戎人媾和，又致力于治理民事，打猎合乎时令。

4.8 冬十月，邾人、莒人伐鄫。臧纥救鄫[①]，侵邾，败于狐骀[②]。国人逆丧者皆髽[③]。鲁于是乎始髽，国人诵之曰[④]：“臧之狐裘，败我于狐骀。我君小子[⑤]，朱儒是使[⑥]。朱儒！朱儒！使我败于邾。”

【注释】

①臧纥：鲁国臧孙纥。晋国已同意以鄫为鲁的附属国，鲁因此救鄫。

②狐骀(tāi)：古地名。在今山东滕州东南。

③逆：迎接。髽(zhuā)：古代妇女丧服的露髻，用麻束发。

④诵：讽刺。

⑤小子：指襄公，当时他有生母定姒之丧，故称。

⑥朱儒：即“侏儒”，矮人，这里指臧孙纥，他身材矮小。

【译文】

冬十月，邾国、莒国攻打鄫国。臧孙纥出兵救鄫，侵袭邾国，在狐骀被打败。鲁国人去迎接死亡将士以麻系发。鲁国从此有了以麻系发的丧葬习俗，民众编了首歌谣讽刺说："穿狐裘的臧孙纥，让我国败在狐骀。我们国君小孩子，派个侏儒去打仗。侏儒啊侏儒，使我们败给了邾。"

五年

【经】

5.1　五年春①，公至自晋。

5.2　夏，郑伯使公子发来聘②。

5.3　叔孙豹、鄫世子巫如晋③。

5.4　仲孙蔑、卫孙林父会吴于善道④。

5.5　秋，大雩⑤。

5.6　楚杀其大夫公子壬夫⑥。

5.7　公会晋侯、宋公、陈侯、卫侯、郑伯、曹伯、莒子、邾子、滕子、薛伯、齐世子光、吴人、鄫人于戚。

5.8　公至自会。

5.9　冬，戍陈⑦。

5.10　楚公子贞帅师伐陈⑧。

5.11　公会晋侯、宋公、卫侯、郑伯、曹伯、齐世子光救陈。

5.12　十有二月，公至自救陈。

5.13　辛未⑨，季孙行父卒⑩。

【注释】

①五年：鲁襄公五年当周灵王四年，前568。

②公子发：郑国大夫，子产之父。

③叔孙豹、鄫世子巫如晋：鄫已是鲁国的附属国，所以派太子巫与叔孙豹前往朝晋。

④善道：古地名。在今安徽盱眙北。

⑤雩(yú)：为求雨举行的祭礼。

⑥公子壬夫：楚令尹子辛。

⑦戍陈：诸侯各国都派兵戍守陈国，以防楚国进攻。《经》文特别记载了鲁国。

⑧公子贞：楚庄王之子子囊。

⑨辛未：二十日。

⑩季孙行父：季文子。

【译文】

鲁襄公五年春，襄公从晋国回国。

夏，郑僖公派公子发来鲁国聘问。

叔孙豹、鄫世子巫去晋国。

仲孙蔑、卫孙林父和吴国人在善道会晤。

秋，举行了盛大的求雨祭礼。

楚国杀了他们的大夫公子壬夫。

襄公在戚与晋悼公、宋平公、陈哀公、卫献公、郑僖公、曹成公、莒犁比公、邾宣公、滕悼公、薛伯、齐太子光、吴国人、鄫国人相会。

襄公从盟会回国。

冬，派兵到陈国防守。

楚国公子贞带兵攻打陈国。

襄公和晋悼公、宋平公、卫献公、郑僖公、曹成公、齐太子光救援陈国。

十二月，襄公从救陈战地回国。

二十日，季文子去世。

【传】

5.1　五年春，公至自晋。

【译文】

鲁襄公五年春，襄公从晋国回国。

5.2　王使王叔陈生诉戎于晋[1]，晋人执之。士鲂如京师，言王叔之贰于戎也。

【注释】

①王叔陈生：周王卿士。诉：控告。

【译文】

周灵王派王叔陈生到晋国控告戎人侵凌周王室，晋国人拘禁了他。士鲂到京师，向周灵王说明王叔与戎人相勾结。

5.3　夏，郑子国来聘[1]，通嗣君也。

【注释】

①子国：公子发。

【译文】

夏，郑国子国前来聘问，通报郑僖公即位之事。

5.4　穆叔觌鄫大子于晋[1]，以成属鄫。书曰："叔孙豹、鄫大子巫如晋。"言比诸鲁大夫也[2]。

【注释】

①觌(dí):相见。

②比诸鲁大夫:鄫已为鲁的附属国,所以其国的太子就等同于鲁国大夫。

【译文】

穆叔在晋国和鄫国太子会晤,以完成鄫附属于鲁国的手续。《春秋》记载说:"叔孙豹、鄫国太子巫到晋国去。"这样说是由于鄫国已是鲁国附属国,鄫国太子的身份和鲁国大夫相当。

5.5 吴子使寿越如晋①,辞不会于鸡泽之故②,且请听诸侯之好③。晋人将为之合诸侯,使鲁、卫先会吴,且告会期。故孟献子、孙文子会吴于善道。

【注释】

①吴子:名乘,字寿梦。寿越:吴国大夫。

②辞:解释并表示歉意。

③听:听从。

【译文】

吴国君派寿越去晋国,就未参加鸡泽盟会一事加以解释并表示歉意。同时请求听从命令与诸侯交好。晋国准备为此会合诸侯,使鲁、卫二国先与吴国会面,并告知盟会时间。因此孟献子、孙文子和吴国人在善道相会。

5.6 秋,大雩,旱也。

【译文】

秋，举行盛大的求雨祭礼，是因为天旱。

5.7 楚人讨陈叛故[①]，曰：“由令尹子辛实侵欲焉。”乃杀之。书曰：“楚杀其大夫公子壬夫。”贪也。

【译文】

楚国人质问陈国背叛自己的缘故，陈国说道：“是由于令尹子辛侵害小国以满足私欲。”便杀了子辛。《春秋》记载：“楚国杀了其国大夫公子壬夫。”是由于他贪婪。

君子谓：“楚共王于是不刑[①]。《诗》曰：‘周道挺挺，我心扃扃；讲事不令，集人来定[②]。’已则无信，而杀人以逞，不亦难乎？《夏书》曰：‘成允成功[③]。’”

【注释】

①于是：对于此事。不刑：惩处不当。

②周道挺挺，我心扃扃(jiǒng)；讲事不令，集人来定：所引《诗》已佚失，今本《诗经》未收。周道，大路。挺挺，笔直的样子。扃扃，明察的意思。讲事，谋事。集人，聚集贤人。

③成允成功：做好信用才能完成功业。按，此为逸书，后来被收入《古文尚书·大禹谟》。

【译文】

君子说：“楚共王在这件事上用刑不当。有《诗》说：‘大路笔直，我心明察；遇事处理不当，应聚集贤人共同商定。’自己不讲信用，却用杀人来立威，不是很成问题吗？《夏书》说：‘做好信用才能完成功业。’”

5.8 九月丙午[①]，盟于戚，会吴，且命戍陈也。穆叔以属鄫为不利[②]，使鄫大夫听命于会。

【注释】

①丙午：二十三日。

②穆叔以属鄫为不利：鄫为鲁附属国，鲁需保卫鄫，负担加重。

【译文】

九月二十三日，诸侯在戚地会盟，是为了和吴国相会，并且要求诸侯戍守陈国。穆叔认为把鄫国作为属国对鲁不利，就让鄫国大夫以独立国家身份出席会议听取盟主命令。

5.9 楚子囊为令尹。范宣子曰："我丧陈矣！楚人讨贰而立子囊，必改行，而疾讨陈。陈近于楚，民朝夕急，能无往乎[①]？有陈，非吾事也，无之而后可。"冬，诸侯戍陈。子囊伐陈。十一月甲午[②]，会于城棣以救之[③]。

【注释】

①往：归于楚。

②甲午：十二日。

③城棣：古地名。在今河南原阳北。

【译文】

楚国子囊任令尹。范宣子说："我国将要失去陈国了！楚国人讨伐有二心的人而立子囊，必定会改变以往的做法而很快攻打陈国。陈国与楚国邻近，民众终日惶急，能不归附楚国吗？保有陈国，对我国没什么意义，放弃陈国反而更好。"冬，诸侯戍守陈国。子囊攻打陈国。十一月十二日，诸侯在城棣相会以援救陈国。

5.10　季文子卒[①]。大夫入敛，公在位。宰庀家器为葬备[②]，无衣帛之妾，无食粟之马，无藏金玉，无重器备[③]。君子是以知季文子之忠于公室也。相三君矣，而无私积，可不谓忠乎？

【注释】

①季文子卒：季文子久执鲁国之政，历宣、成、襄三世。

②宰：家臣之长。庀(pǐ)：备具。

③无重：无双份。器备：一切用具。

【译文】

季文子去世。按大夫礼仪入殓，襄公亲自前来看视。家宰收集家中器皿作为葬器，家中没有穿丝绸的妾，没有以粮食饲养的马，没有收藏金器玉器，没有双份的用具。君子由此而看到季文子对公室的忠心。他辅佐了三代君主，却没有私人积蓄，能不说是忠心吗？

六年

【经】

6.1　六年春王三月壬午[①]，杞伯姑容卒[②]。

6.2　夏，宋华弱来奔[③]。

6.3　秋，葬杞桓公。

6.4　滕子来朝。

6.5　莒人灭鄫。

6.6　冬，叔孙豹如邾[④]。

6.7　季孙宿如晋[⑤]。

6.8　十有二月，齐侯灭莱。

【注释】

①六年：鲁襄公六年当周灵王五年，前567。壬午：初二。

②杞伯姑容：杞桓公，名姑容，在位七十年，为春秋诸侯在位最长久者。

③华弱：华椒之子。

④叔孙豹如邾：鲁与邾讲和。

⑤季孙宿：季文子之子，继承父职为卿。

【译文】

鲁襄公六年春周历三月初二，杞桓公姑容去世。

夏，宋国华弱被逐，逃奔鲁国。

秋，杞国安葬桓公。

滕成公朝鲁。

莒国人灭亡鄫国。

冬，叔孙豹前往邾国。

季孙宿去往晋国。

十二月，齐灵公灭了莱国。

【传】

6.1　六年春，杞桓公卒，始赴以名，同盟故也。

【译文】

鲁襄公六年春天，杞桓公去世，开始在讣告上写他的名字，是因为同盟国的缘故。

6.2　宋华弱与乐辔少相狎①，长相优②，又相谤也。子荡怒③，以弓梏华弱于朝④。平公见之，曰："司武而梏于朝⑤，难以胜矣！”遂逐之。夏，宋华弱来奔。

【注释】

①狎：亲昵。

②优：调戏。

③子荡：即乐辔。

④梏：用弓套住脖子，像戴枷似的。

⑤司武：司马。指华弱。成公十八年，宋司马老佐死于围彭城之役，华弱应是之后代之。

【译文】

宋国华弱与乐辔从小关系亲密，长大互相嘲戏又相互诽谤。乐辔发怒，在朝堂上用弓套住华弱的脖子。平公见了，说道：“官居司马却在朝堂上被套着脖子，难以在征战中取胜了！”就驱逐了他。夏，宋国华弱逃奔鲁国。

司城子罕曰[①]：“同罪异罚，非刑也。专戮于朝[②]，罪孰大焉！”亦逐子荡。子荡射子罕之门，曰：“几日而不我从！”子罕善之如初[③]。

【注释】

①司城：司空。

②专：专横。戮：羞辱。

③子罕善之如初：意谓子罕虽心有是非，而终不敢触怒恶人。

【译文】

司空子罕说：“同罪而不同罚，这是不合刑法的。专横地在朝廷上侮辱人，还有比这更大的罪过吗！”也把乐辔逐出国。乐辔一箭射在子罕的门上，说道："用不着几天你也会落到和我一样的下场！"子罕于是善待乐辔如初。

6.3　秋，滕成公来朝，始朝公也。

【译文】

秋，滕成公来鲁国朝见，这是他首次朝见襄公。

6.4　莒人灭鄫，鄫恃赂也[①]。

【注释】

①莒人灭鄫，鄫恃赂也：鄫为鲁附属国，必送财物与鲁，因此依仗鲁而不防备。其实上年戚之会，鲁已让鄫独立，因此鲁未能救援鄫国。

【译文】

莒国灭了鄫国，这是由于鄫国仗着已经给鲁送过财物而没加防备的缘故。

6.5　冬，穆叔如邾，聘，且修平[①]。

【注释】

①且修平：襄公四年，鲁曾为救鄫而与邾战，败于狐骀，如今鄫已亡于莒，故鲁与邾修好。

【译文】

冬，穆叔到邾国，聘问，并且讲和。

6.6 晋人以鄫故来讨，曰："何故亡鄫？"季武子如晋见，且听命。

【译文】

晋国人以鄫国被灭一事来问责我国，说："为什么让鄫亡国？"季武子到晋国觐见，并表示愿听凭处置。

6.7 十一月，齐侯灭莱，莱恃谋也①。

【注释】

①莱恃谋：指襄公二年"莱人使正舆子赂夙沙卫以索马牛"。

【译文】

十一月，齐灵公灭莱国，这是由于莱国倚仗着用了谋略而未加以防备的缘故。

于郑子国之来聘也①，四月，晏弱城东阳，而遂围莱。甲寅②，堙之环城③，傅于堞④。及杞桓公卒之月⑤，乙未⑥，王湫帅师及正舆子、棠人军齐师⑦，齐师大败之。丁未⑧，入莱。莱共公浮柔奔棠。正舆子、王湫奔莒，莒人杀之。四月，陈无宇献莱宗器于襄宫⑨。晏弱围棠，十一月丙辰⑩，而灭之。迁莱于郳。高厚、崔杼定其田⑪。

【注释】

①于郑子国之来聘也：指子国聘鲁的那一年，即去年。

②甲寅：去年四月无甲寅，恐记日有误。

③堙(yīn)：堆土成山。

④堞：陴，女墙。

⑤杞桓公卒之月：杞桓公卒在今年三月。则围城达一年之久。

⑥乙未：十五日。

⑦王湫：齐国佐党羽，成公十八年，齐杀国佐时逃奔莱国。棠：莱国城邑。在今山东平度东南。

⑧丁未：二十七日。

⑨陈无宇：陈桓子，陈敬仲玄孙。襄宫：齐襄公庙。杨伯峻曰："襄公至灵公已八代，依旧礼，襄公庙应早已不存。且何故不献于他庙而独献于襄公之庙？疑'襄'当作'惠'……惠公曾于鲁宣七年及九年伐莱，故献莱宗器于其庙。"

⑩十一月丙辰：按照《经》文，应为十二月初十。

⑪高厚：高固儿子。定其田：勘察划定莱国土地。齐既灭莱，当将其土地分与齐人，先由高厚、崔杼勘定其疆界。

【译文】

在郑国子国前来聘问的那一年，四月，晏弱在东阳再次筑城，接着包围了莱国。四月甲寅，沿着莱国都城堆土为山，紧紧挨着女墙。在杞桓公去世那一月的十五日，王湫领兵和正舆子以及棠邑军队迎战齐军，被齐师打得大败。二十七日，攻入莱国。莱共公浮柔逃往棠邑。正舆子、王湫逃奔莒国，莒国人杀了他们。四月，陈无宇把莱国宗庙里的宝器献到襄公庙。晏弱包围棠邑，十二月初十，攻灭棠邑。把莱国民众迁往郳地。高厚、崔杼去勘察划定莱国土地，以便分配。

七年

【经】

7.1　七年春①，郯子来朝②。

7.2　夏四月，三卜郊，不从，乃免牲。

7.3　小邾子来朝。

7.4　城费③。

7.5　秋，季孙宿如卫。

7.6　八月，螽。

7.7　冬十月，卫侯使孙林父来聘。壬戌④，及孙林父盟。

7.8　楚公子贞帅师围陈⑤。

7.9　十有二月，公会晋侯、宋公、陈侯、卫侯、曹伯、莒子、邾子于鄬⑥。郑伯髡顽如会⑦，未见诸侯，丙戌⑧，卒于鄵⑨。

7.10　陈侯逃归。

【注释】

①七年：鲁襄公七年当周灵王六年，前566。

②郯(tán)：国名。己姓，或云嬴姓，在今山东郯城。

③费：地名。季氏私邑。

④壬戌：二十一日。

⑤公子贞：即子囊。

⑥鄬(wéi)：郑地名。约在今河南鲁山。

⑦髡(kūn)顽：郑僖公名。

⑧丙戌：十六日。

⑨鄵(cào)：郑地名。郑僖公中途被杀，没能参加鄬之会，《经》文不言“弑”而说“卒”。

【译文】

鲁襄公七年春，郯国国君前来朝见。

夏四月，三次为郊祭占卜都不吉利，于是不用牺牲。

小邾穆公前来朝见。

在费筑城。

秋，季孙宿前往卫国。

八月，蝗虫成灾。

冬十月，卫献公派孙林父来鲁国聘问。二十一日，与孙林父订立盟约。

楚国公子贞带兵包围陈国。

十二月，襄公在郏地和晋悼公、宋平公、陈哀公、卫献公、曹成公、莒犁比公、邾宣公相会。郑僖公髡顽赴会，没有和诸侯相见，十六日，在鄵去世。

陈哀公逃回国。

【传】

7.1 七年春，郯子来朝，始朝公也。

【译文】

鲁襄公七年春，郯国国君来鲁朝见，这是他首次朝见襄公。

7.2 夏四月，三卜郊，不从，乃免牲。孟献子曰："吾乃今而后知有卜、筮。夫郊祀后稷，以祈农事也。是故启蛰而郊①，郊而后耕。今既耕而卜郊②，宜其不从也。"

【注释】

①启蛰（zhé）：古代节气名。在雨水前，为夏正正月之中气。

②今既耕而卜郊：据《夏小正》"正月农及雪泽"，则古代耕田似乎在今农历正月。鲁国用周正，四月相当于农历二月，已经耕过田了。

【译文】

夏四月，三次为郊祭占卜都不吉利，于是不用牺牲。孟献子说："我从今而后才知道卜和筮的灵验。郊祭祭祀后稷，是为了祈求农业丰收。因此一到启蛰节气就举行郊祭，然后开始耕作。现在已经耕作才为郊祭举行占卜，难怪神明不同意了。"

7.3　南遗为费宰①。叔仲昭伯为隧正②，欲善季氏，而求媚于南遗，谓遗："请城费，吾多与而役③。"故季氏城费。

【注释】

①南遗：季氏家臣。宰：县宰。

②叔仲昭伯：名带，惠伯之孙。隧正：掌徒役之官。

③而：你。

【译文】

南遗担任费邑县宰。叔仲昭伯任隧正，想讨好季氏，因而向南遗献殷勤，对南遗说："您去提出在费邑筑城的要求，我多派给你劳役。"因此季氏在费筑城。

7.4　小邾穆公来朝，亦始朝公也。

【译文】

小邾国穆公前来朝见，也是首次朝见襄公。

7.5　秋，季武子如卫，报子叔之聘①，且辞缓报，非贰也。

【注释】

①报子叔之聘：回报子叔在襄公元年的聘鲁。子叔，卫国大夫公孙剽。

【译文】

秋，季武子到卫国去，回报子叔的聘问，并解释所以晚来回报的原委，说明不是出于对卫国有二心。

7.6 冬十月，晋韩献子告老[①]。公族穆子有废疾[②]，将立之。辞曰："《诗》曰：'岂不夙夜，谓行多露[③]。'又曰：'弗躬弗亲，庶民弗信[④]。'无忌不才，让，其可乎？请立起也[⑤]！与田苏游[⑥]，而曰好仁。《诗》曰：'靖共尔位，好是正直。神之听之，介尔景福[⑦]。'恤民为德，正直为正[⑧]，正曲为直[⑨]，参和为仁[⑩]。如是，则神听之，介福降之[⑪]。立之，不亦可乎？"庚戌[⑫]，使宣子朝，遂老。晋侯谓韩无忌仁，使掌公族大夫[⑫]。

【注释】

①告老：退休。

②穆子：即下文的无忌，韩厥长子，此时为公族大夫。废疾：久治不愈的疾病或残废。

③岂不夙夜，谓行多露：引《诗》见《诗经·国风·召南·行露》。《行露》本为男女婚姻诉讼之诗，这里仅取其中二句借以说明自己有病，不能早晚跟随国君。谓，奈何。行，道路。

④弗躬弗亲，庶民弗信：引《诗》见《诗经·小雅·节南山》。表明自己有病，不能躬亲办事，因此不能取信于众。

⑤起：无忌弟，谥宣子。

⑥田苏：晋国贤人。

⑦靖共尔位，好是正直。神之听之，介尔景福：引《诗》见《诗经·小雅·小明》，意思是谦恭谨慎于职守，喜爱那正直的人，神灵将会听到，赐给你大福。靖，谦恭。共，通“恭”。介，帮助。景，大。

⑧正直：正己心。

⑨正曲：正他人之曲。

⑩参和：德、正、直三者合而为一。

⑪介：大。

⑫庚戌：初九。

⑫公族大夫：公族大夫不止一人，这里是指担任首席公族大夫。

【译文】

冬十月，晋国韩献子告老退休。公族大夫穆子无忌患有残疾，准备让他继任为卿。无忌推辞说：“《诗》上说：‘难道不想早晚赶着前来，无奈路上露水太大。’又说：‘有事不能亲临，就不能取信于众。’我不具备这方面的才干，让给别人，这样可以吧？请任命起吧！他和田苏交往，田苏称道他‘好仁’。《诗》说：‘谦恭谨慎地做好本职之事，喜爱正直之人，神明将会听到这一切，赐给你大福。’体恤人民是德，校正己心是正，纠正他人之曲是直，德、正、直三者合而为一是仁。这样做，神明将会听到这一切，赐给你大福。任命起，不是很合适的吗？”初九，让韩起朝见，韩献子于是退休。晋悼公认为韩无忌有仁德，便让他担任首席公族大夫。

7.7 卫孙文子来聘，且拜武子之言，而寻孙桓子之盟[①]。公登亦登[②]。叔孙穆子相，趋进，曰：“诸侯之会，寡君未尝后卫君。今吾子不后寡君，寡君未知所过。吾子其少安[③]！”孙子无辞，亦无悛容[④]。穆叔曰：“孙子必亡。为臣而君，过而不悛，亡之本也。《诗》曰：‘退食自公，委蛇委蛇[⑤]。’谓从者也。

衡而委蛇必折[6]。”

【注释】

①孙桓子：即孙良夫，孙文子之父，成公三年聘鲁并结盟。

②公登亦登：按礼仪规矩，国君和贵宾登阶上殿，国君先登二级，然后贵宾登一级。现在鲁襄公登阶，孙林父随之同登，是无礼的行为。

③安：止。使脚步稍停。

④悛：改悔。

⑤退食自公，委蛇（wēi yí）委蛇：引《诗》见《诗经・国风・召南・羔羊》。原意为退朝回家吃饭，从容自得。这里是说只有顺从于君主的人才会从容自得。委蛇，从容自得的样子。

⑥衡：专横。

【译文】

卫国孙文子前来聘问，同时答谢季武子的解释，并重温孙桓子和我国结盟的友好关系。襄公登上台阶，孙文子也并肩而登。叔孙穆子相礼，快步上前说：“诸侯间相会，我国国君的地位不比卫君低，从来没有走在卫君后面。现在您不走在我国国君后面，我国国君不知道犯了什么过错而受此轻蔑。您还是稍停一下吧！”孙文子没有解释，也没有愧悔的样子。穆叔说道：“孙文子必会逃亡。作为臣子却自以为可以和国君并肩，有过错而不思悔改，这是逃亡的根本原因。《诗》说：‘从朝堂回家吃饭，从容又自得。’说的是小心顺从的人。这样专横而且满不在乎，必定要遭受挫折。”

7.8　楚子囊围陈，会于鄬以救之。

【译文】

楚国子囊包围陈国，诸侯在郧地会面准备救援陈国。

7.9 郑僖公之为大子也，于成之十六年，与子罕适晋，不礼焉[①]。又与子丰适楚，亦不礼焉。及其元年，朝于晋。子丰欲诉诸晋而废之，子罕止之。及将会于郧，子驷相，又不礼焉。侍者谏，不听，又谏，杀之。及鄵，子驷使贼夜弑僖公，而以疟疾赴于诸侯。简公生五年[②]，奉而立之。

【注释】

①焉：指子罕。子罕及下文子丰都是郑穆公儿子，是僖公长辈。

②简公：僖公之子。

【译文】

郑僖公当太子的时候，在鲁成公十六年，和子罕前往晋国，对子罕无礼。又和子丰去楚国，同样也无礼。在他即位元年，到晋国朝见。子丰准备向晋国控告并废黜他，子罕阻止了他。等到将要去郧地与诸侯相会时，子驷相礼，又对子驷无礼。侍者劝谏，僖公不听，侍者又劝谏，僖公就杀了侍者。到了鄵地，子驷派人在夜间杀死僖公，而以生疟疾而死讣告诸侯。简公当时五岁，被立为郑国国君。

7.10 陈人患楚[①]。庆虎、庆寅谓楚人曰[②]："吾使公子黄往而执之[③]。"楚人从之。二庆使告陈侯于会，曰："楚人执公子黄矣！君若不来，群臣不忍社稷宗庙，惧有二图[④]。"陈侯逃归。

【注释】

①陈人患楚：楚国围陈。

②庆虎、庆寅：陈国执政大夫。

③公子黄：哀公弟。

④二图：将改立国君。

【译文】

陈国人忧虑楚国的围攻。庆虎、庆寅对楚国人说："我们让公子黄到你们那儿，请拘捕他。"楚国人听从了。庆虎、庆寅让人到会上报告陈哀公说："楚国人抓了公子黄！国君如果不回来，群臣不忍心国家被楚国灭亡，恐怕会有别的图谋。"陈哀公逃回国了。

八年

【经】

8.1 八年春王正月[①]，公如晋。

8.2 夏，葬郑僖公。

8.3 郑人侵蔡，获蔡公子燮。

8.4 季孙宿会晋侯、郑伯、齐人、宋人、卫人、邾人于邢丘[②]。

8.5 公至自晋。

8.6 莒人伐我东鄙。

8.7 秋九月，大雩。

8.8 冬，楚公子贞帅师伐郑。

8.9 晋侯使士匄来聘[③]。

【注释】

①八年：鲁襄公八年当周灵王七年，前565。

②邢丘：在今河南温县东。

③士匄：即范宣子。

【译文】

鲁襄公八年春周历正月，襄公到晋国。

夏，安葬郑僖公。

郑国军队侵袭蔡国，俘获蔡国公子燮。

季孙宿和晋悼公、郑简公、齐国人、宋国人、卫国人、邾国人在邢丘相会。

襄公从晋国回来。

莒国军队攻打我国东部边境。

秋九月，举行祈雨的盛大祭祀。

冬，楚国公子贞领兵攻打郑国。

晋悼公派士匄来我国聘问。

【传】

8.1 八年春，公如晋，朝，且听朝聘之数。

【译文】

鲁襄公八年春，襄公到晋国朝聘，同时听取晋国要求朝贡礼物的数目。

8.2 郑群公子以僖公之死也，谋子驷。子驷先之。夏四月庚辰①，辟杀子狐、子熙、子侯、子丁②。孙击、孙恶出奔卫③。

【注释】

①庚辰：十二日。

②辟：罪。借口有罪。

③孙击、孙恶：二人是子狐之子。

【译文】

郑国公子们由于僖公之死，谋划杀死子驷。子驷抢先下手。夏四月十二日，借口某个罪名杀掉子狐、子熙、子侯、子丁。孙击、孙恶出逃到卫国。

8.3 庚寅[①]，郑子国、子耳侵蔡[②]，获蔡司马公子燮。郑人皆喜，唯子产不顺[③]，曰："小国无文德，而有武功，祸莫大焉。楚人来讨[④]，能勿从乎？从之，晋师必至。晋、楚伐郑，自今郑国不四五年，弗得宁矣[⑤]。"子国怒之曰："尔何知？国有大命[⑥]，而有正卿[⑦]。童子言焉[⑧]，将为戮矣[⑨]。"

【注释】

①庚寅：二十二日。

②子耳：子良之子。

③子产：公孙侨，子国之子。不顺：不随从附和。

④楚人来讨：蔡、楚为盟国，侵蔡必引起楚人讨伐。

⑤晋、楚伐郑，自今郑国不四五年，弗得宁矣：子产认为郑国介于晋、楚二大国之间，无论从谁，皆不得安宁。

⑥大命：发兵兴师的命令。

⑦正卿：指子驷，当时他专国政。

⑧童子：此时子产年纪尚幼，父亲可称其子为"童子"。

⑨将为戮矣：《荀子·臣道篇》引逸诗云："国有大命，不可以告人，妨其躬身。"亦明哲保身之意。

【译文】

二十二日，郑国子国、子耳攻打蔡国，掳获蔡国司马公子燮。郑国人都很高兴，唯独子产不随声附和，说："小国没有文治德行，却有武功，再没有比这更大的祸患了。楚国人前来讨伐，我们能够不顺从吗？听从楚国，晋国的军队又必然来攻。晋、楚两国都来攻打郑国，从今以后郑国至少在四五年内不得安宁了。"子国对他发怒道："你知道什么？国家有发兵的重大命令，自有正卿做主。小孩子谈论这些，将会有杀身之祸。"

8.4　五月甲辰①，会于邢丘，以命朝聘之数，使诸侯之大夫听命。季孙宿、齐高厚、宋向戌、卫甯殖、邾大夫会之。郑伯献捷于会，故亲听命②。大夫不书，尊晋侯也。

【注释】

①甲辰：初七。

②郑伯献捷于会，故亲听命：此会一般由各国大夫参加，郑简公要到会献伐蔡的俘虏，因此亲自听命。

【译文】

五月初七，在邢丘相会，晋国颁布朝聘财物的数目，要诸侯的大夫们到会听取命令。季孙宿、齐国高厚、宋国向戌、卫国甯殖、邾国大夫参加会见。郑简公要在会上奉献俘虏，所以亲自前来听取命令。《春秋》没有记载各国大夫的名字，是出于对晋悼公的尊重。

8.5　莒人伐我东鄙，以疆鄫田①。

【注释】

①疆鄫田：莒人已灭鄫，鲁国入侵其西境，所以莒国攻打鲁国东境，

以划定鄫地疆界。

【译文】

莒国侵犯我国东境，以划定鄫地疆界。

8.6 秋九月，大雩，旱也。

【译文】

秋九月，举行盛大求雨祭礼，是因为天旱。

8.7 冬，楚子囊伐郑，讨其侵蔡也。子驷、子国、子耳欲从楚①，子孔、子蟜、子展欲待晋②。子驷曰："《周诗》有之曰：'俟河之清，人寿几何？兆云询多，职竞作罗③。'谋之多族，民之多违，事滋无成④。民急矣，姑从楚以纾吾民⑤。晋师至，吾又从之。敬共币帛⑥，以待来者，小国之道也。牺牲玉帛，待于二竟⑦，以待强者而庇民焉。寇不为害，民不罢病⑧，不亦可乎？"

【注释】

①子驷、子国、子耳欲从楚：据襄公二十二年《传》，子驷曾随襄公朝晋，晋悼公不以礼待，所以子驷欲从楚。

②子孔：穆公之子。子蟜：公孙虿(chài)，谥桓子，子游之子。子展：公孙舍之，谥桓子，子罕之子。

③"俟河之清"四句：这是逸诗。"俟河之清，人寿几何"，意为黄河自古浑浊，传说五百年才清一次，因此说人生短暂，难待河清。"兆云询多，职竞作罗"，意为占卜实在太多，等于为自己编织罗网。兆，占卜。云，语助词。询，信，实在。职，当。竞，语助词。

④谋之多族，民之多违，事滋无成：子驷想要一个人专断，所以这样说。滋，益，更加。

⑤纾：缓和。

⑥共：通“供”。

⑦二竟：郑楚、郑晋边境。竟，通“境”。

⑧罢：疲乏。

【译文】

冬，楚国子囊攻打郑国，讨伐他侵袭蔡国。子驷、子国、子耳意欲顺从楚国，子孔、子蟜、子展想要等待晋国的救援。子驷说：“《周诗》这样说：‘等待黄河清澈，人生能有多长寿命？占卜实在太多，等于为自己编织罗网。’主意太多，百姓则多数不能跟从，事情更不可能成功。百姓现在处于危急之中，暂且顺从楚国以缓解我国百姓的苦难。晋国军队到了，我们再顺从晋国。恭恭敬敬地献上财物，等待他人的到来，这是小国的求生之道。把牺牲玉帛，放在二国边境上，以等待强有力者来庇护百姓吧。这样一来敌寇不造成祸害，百姓不疲乏劳困，不也是可行的吗？”

子展曰：“小所以事大，信也。小国无信，兵乱日至，亡无日矣。五会之信①，今将背之，虽楚救我，将安用之？亲我无成②，鄙我是欲③，不可从也。不如待晋。晋君方明，四军无阙④，八卿和睦⑤，必不弃郑。楚师辽远，粮食将尽，必将速归，何患焉？舍之闻之⑥：‘杖莫如信⑦。’完守以老楚⑧，杖信以待晋，不亦可乎？”

【注释】

①五会：指襄公三年会于鸡泽，五年会于戚，又会于城棣，七年会于郏，八年会于邢丘。

②无成：无终，无好结果。

③鄙我是欲：意谓楚国想要将我国变成其边邑。鄙，边鄙之地。

④四军：中、上、下、新四军。无阙：兵员配备完整。

⑤八卿：四军将佐。据襄公九年《传》，八卿为荀䓨、士匄、荀偃、韩起、栾黡、士鲂、赵武、魏绛。

⑥舍之：子展名。

⑦杖莫如信：没有比信用更值得倚仗的了。杖，凭恃，依靠。

⑧完守：整治守备。老楚：使楚军疲惫无士气。

【译文】

子展说："小国用以事奉大国的，是靠讲信用。小国不讲信用，兵祸战乱将时时到来，离亡国的日子就不远了。五次盟会树立的信用，现在打算背弃掉，即便楚国会来救援，又有什么用呢？楚国的亲近对我国不会有好结果，它是要把我国纳入其边界，决不可顺从。不如等待晋国。晋国国君正当贤明，四军兵员配备完整，八卿和睦相处，一定不会丢弃郑国。楚军大老远前来，粮食很快就将吃完，必定很快撤兵回国，怕什么呢？我听说：'没有比信用更值得倚仗的了。'整治守备以使楚军疲惫无士气，坚守信用以等待晋国，不也是可行的吗？"

子驷曰："《诗》云：'谋夫孔多，是用不集。发言盈庭，谁敢执其咎？如匪行迈谋，是用不得于道①。'请从楚，騑也受其咎②。"

【注释】

①"谋夫孔多"六句：引《诗》见《诗经·小雅·小旻》。意思是出主意的人很多，所以不能有所成。发言的人挤满庭院，谁敢承担过错？一边走路一边和人商量，因此无所得。孔，很。集，成就。匪，彼。行迈，走路，行、迈为同义词连用。道，道路。

②骓：子驷名。

【译文】

子驷说："《诗》说：'出主意的人很多，所以不能有所成。发言的人挤满庭院，谁敢承担过错？就如一边走一边和路人商量，当然是无所得。'请顺从楚国吧，我来承担责任。"

乃及楚平，使王子伯骈告于晋[①]，曰："君命敝邑：'修而车赋[②]，儆而师徒[③]，以讨乱略[④]。'蔡人不从，敝邑之人，不敢宁处，悉索敝赋[⑤]，以讨于蔡，获司马燮，献于邢丘。今楚来讨曰：'女何故称兵于蔡[⑥]？'焚我郊保[⑦]，冯陵我城郭[⑧]。敝邑之众，夫妇男女[⑨]，不遑启处[⑩]，以相救也。翦焉倾覆[⑪]，无所控告。民死亡者，非其父兄，即其子弟。夫人愁痛[⑫]，不知所庇。民知穷困，而受盟于楚，孤也与其二三臣不能禁止[⑬]。不敢不告。"

【注释】

①王子伯骈：郑国大夫。

②车赋：车乘。

③儆（jǐng）：戒备。

④乱略：叛乱侵夺。略，乱。

⑤赋：军赋，指兵力。

⑥称兵：举兵。

⑦郊保：郊外的城堡。保，同"堡"。

⑧冯陵：攻犯，侵略。冯、陵，同义词。

⑨夫妇男女：指全部居民。夫妇，已嫁娶者。男女，未嫁娶者或鳏夫寡妇。

⑩遑：闲暇。启处：安居休息。启，小跪。处，安坐。

⑪翦焉：将要倾覆的样子。

⑫夫人：人人。

⑬孤：郑简公自指。

【译文】

于是和楚国媾和，派王子伯骈向晋国报告，说："贵国国君命令敝国：'整备你们的战车，让你们军队保持戒备，去讨伐动乱。'蔡国人不顺从，敝国人不敢安居，集中了全部兵力，去攻打蔡国，擒获其司马公子燮，奉献给了邢丘的盟会。现在楚国前来讨伐，说：'你们为什么对蔡国用兵？'焚毁了敝国郊外的城堡，侵犯我们的城郭。敝国民众，无论男女老少，无暇休息片刻，互相救援。国家即将倾覆，无处控告求助。民众死亡逃难的，不是父兄，就是子弟，人人哀愁悲痛，不知道在哪里可以得到庇护。民众意识到已经山穷水尽，只好接受楚国的盟约，寡人和几位臣子无法禁止，不敢不向贵国报告。"

知武子使行人子员对之曰①："君有楚命，亦不使一介行李告于寡君②，而即安于楚。君之所欲也，谁敢违君？寡君将帅诸侯以见于城下，唯君图之！"

【注释】

①知武子：即荀罃，时任晋国中军帅。

②行李：即行人，使者。

【译文】

知武子派外交使节子员回答说："贵国君主受到楚国的讨伐，也不派一名使节告诉敝国国君，却马上向楚国顺服。这是你们所希望的，谁敢反对？敝国君主将要带领诸侯和你们在城下相见，请你们国君好好准备吧！"

8.8 晋范宣子来聘[①]，且拜公之辱，告将用师于郑。公享之，宣子赋《摽有梅》[②]。季武子曰[③]："谁敢哉！今譬于草木[④]，寡君在君，君之臭味也[⑤]。欢以承命，何时之有？"武子赋《角弓》[⑥]。宾将出，武子赋《彤弓》[⑦]。宣子曰："城濮之役，我先君文公献功于衡雍，受彤弓于襄王[⑧]，以为子孙藏。匄也，先君守官之嗣也[⑨]，敢不承命？"君子以为知礼。

【注释】

①范宣子：即士匄，时任中军佐。

②《摽（piào）有梅》：《诗经·国风·召南》中诗篇名，本意是说求婚男子应及时行事，士匄借此希望鲁国及时出兵讨郑。摽，落。

③季武子：当时襄公年幼，享宴中季武子相礼。

④譬于草木：因赋《摽有梅》，所以季武子说以草木为喻。

⑤寡君在君，君之臭（xiù）味也：意思是晋国君是花木，鲁国君只是其所发出的气味，比喻两国形同一体。臭味，气味。

⑥《角弓》：《诗经·小雅》中诗篇名。季武子取其中兄弟婚姻，互相不要疏远之意。

⑦《彤弓》：《诗经·小雅》中诗篇名。本意为天子赐给有功诸侯的诗歌，这里借以希望晋悼公继承文公的霸业。

⑧我先君文公献功于衡雍，受彤弓于襄王：僖公二十八年城濮之战后，周王策命晋侯为侯伯，并赐之彤弓等。

⑨匄也，先君守官之嗣也：士匄曾祖郤缺在文公时任卿，士匄自己继承士会、士燮为卿。

【译文】

晋国范宣子前来聘问，并拜谢襄公的朝见，报告准备向郑国用兵。襄公设享礼款待，范宣子即席赋《摽有梅》诗句。季武子说："谁敢不及时呢！现在用草木作比喻，对于贵国国君来说，敝国国君只是其气味罢了。高高兴兴地接受命令，哪儿会拖延时间呢？”季武子赋《角弓》诗句。宾客将要退席，季武子又赋《彤弓》诗句。范宣子说：“城濮一战，敝国先君文公在衡雍奉献战功，在襄王那里接受了彤弓，作为子孙的宝藏。我是先君官员的后嗣，岂敢不接受您的命令？”君子认为范匄懂得礼仪。

九年

【经】

9.1　九年春①，宋灾②。

9.2　夏，季孙宿如晋。

9.3　五月辛酉③，夫人姜氏薨④。

9.4　秋八月癸未⑤，葬我小君穆姜。

9.5　冬，公会晋侯、宋公、卫侯、曹伯、莒子、邾子、滕子、薛伯、杞伯、小邾子、齐世子光伐郑。十有二月己亥⑥，同盟于戏⑦。

9.6　楚子伐郑。

【注释】

①九年：鲁襄公九年当周灵王八年，前564。

②灾：天火叫灾，即不知起因的火。

③辛酉：二十九日。

④姜氏：穆姜，鲁成公母亲，下文称“小君”。

⑤癸未：二十三日。

⑥己亥：十二月无己亥，此应为十一月初十。

⑦戏：即戏童。在今河南巩义、登封一带。

【译文】

鲁襄公九年春，宋国发生火灾。

夏，季孙宿到晋国去。

五月二十九日，夫人穆姜去世。

秋八月二十三日，安葬我国夫人穆姜。

冬，襄公会合晋悼公、宋平公、卫献公、曹成公、莒犁比公、邾宣公、滕成公、薛伯、杞孝公、小邾穆公、齐太子光讨伐郑国。十一月初十，诸侯在戏地结盟。

楚共王攻打郑国。

【传】

9.1 九年春，宋灾。乐喜为司城以为政[①]。使伯氏司里[②]，火所未至，彻小屋，涂大屋[③]；陈畚挶[④]，具绠缶[⑤]，备水器；量轻重[⑥]，蓄水潦[⑦]，积土涂[⑧]；巡丈城[⑨]，缮守备[⑩]，表火道[⑪]。使华臣具正徒[⑫]，令隧正纳郊保[⑬]，奔火所。使华阅讨右官[⑭]，官庀其司[⑮]。向戌讨左[⑯]，亦如之。使乐遄庀刑器[⑰]，亦如之。使皇郧命校正出马[⑱]，工正出车[⑲]，备甲兵，庀武守。使西钼吾庀府守[⑳]。令司宫、巷伯儆宫[㉑]。二师令四乡正敬享[㉒]，祝宗用马于四墉[㉓]，祀盘庚于西门之外[㉔]。

【注释】

①乐喜：即子罕。为司城以为政：以司城之职主持国政。

②伯氏：宋大夫。司里：管辖城内街巷。里，里巷。

③彻小屋，涂大屋：拆除小屋，留出空地以隔火；大屋以泥涂上，使不易烧着。

④陈：陈列。挶(jū)：抬土的器具。

⑤绠(gěng):汲水绳索。缶(fǒu):汲水器。

⑥量轻重:按各人力量大小分配任务。

⑦蓄水潦:在水塘里蓄上水以备汲取。水潦,水塘。

⑧涂:泥土。

⑨丈城:城郭四周。

⑩缮守备:修理防守之具,戒备因火灾发生内患外寇。

⑪表火道:标记火道,使人知趋避。火道,起火时焚烧的方向。

⑫华臣:华元之子,时为司徒。具正徒:调集常备的徒卒。

⑬隧正:一隧之长。隧,五县为隧。纳郊保:调集远郊城堡的徒卒。

⑭华阅:华元之子,继承华元为右师。讨:治,管理。右官:右师所管属官。

⑮庀(pǐ):治理。

⑯向戌:向戌时为左师。

⑰乐遄:为司寇,主管刑法。

⑱皇郧:文公十一年《传》中皇父充石的后人,为宋国司马。校正:主管马匹。

⑲工正:掌管战车。

⑳西钼吾:为太宰。庀:同"庇",保护。府守:国库。

㉑司宫:宫内宦官之长。巷伯:主管宫中巷、寝门户的宦官。儆:戒备。

㉒二师:右师与左师。乡正:宋都有四乡,每乡一乡正,即乡大父。敬享:祭祀群神。

㉓祝宗:祝史之长。用马于四墉:杀马以祭四城神灵。墉,城。

㉔祀盘庚于西门之外:盘庚是殷商十世之君,宋人为远祖。他曾迁都于今河南安阳安阳河两岸之殷墟,宋都今商丘,殷墟在其西北,故祀于西门之外。

【译文】

鲁襄公九年春，宋国发生火灾。乐喜以司城之职主持国政。他派伯氏管辖城中所有街巷，凡是火没烧到的地方，统统把小屋拆掉，大屋涂上泥巴；预备运土器具，备好打水的绳、罐，备齐贮水器；根据各项工作的轻重安排人力，把水塘蓄满水，堆积灭火的沙土；巡视城防，修缮守卫工具，标明火势发展的趋向。派华臣调集常备的徒卒，命令隧正调集郊外各城堡士兵，奔赴火灾现场。派华阅主管右师属官，令他们恪尽职守。向戌主管左师属官，同样要恪尽职守。派乐遄管好刑器，属官也各守其职。派皇郧命令校正牵出马匹，工正推出战车，准备好衣甲兵器，守卫好武器库。派西钼吾保护好府库守备。命司宫、巷伯加强宫内警戒。左、右师命令四乡的乡正祭祀群神，祝宗在四城用马祭祀神灵，在西门外祭祀盘庚。

晋侯问于士弱曰①："吾闻之，宋灾于是乎知有天道②，何故？"对曰："古之火正③，或食于心④，或食于咮⑤，以出内火⑥。是故咮为鹑火，心为大火⑦。陶唐氏之火正阏伯居商丘⑧，祀大火，而火纪时焉⑨。相土因之⑩，故商主大火。商人阅其祸败之衅⑪，必始于火，是以日知其有天道也⑫。"公曰："可必乎⑬？"对曰："在道⑭。国乱无象⑮，不可知也。"

【注释】

①士弱：士渥浊之子，谥庄子。

②宋灾于是乎知有天道：宋因火灾而知天道。

③火正：上古火官名，职掌祭火星，为五行官之一。火正为祝融。

④食：配食，祔祭。心：星名。二十八宿之一，东方苍龙七宿的第五宿，有星三颗。

⑤咮(zhòu):星宿名,柳宿的别名。

⑥出内火:杨伯峻曰:“有二义,一谓心宿二见与伏;一谓心宿二见,陶冶用火。”

⑦咮为鹑火,心为大火:柳宿即鹑火星,心宿为大火星。

⑧阏(è)伯:相传为高辛氏苗裔。

⑨火纪时:根据大火星的移动轨迹而定时节。

⑩相土:殷商先祖。

⑪阅:观察。衅:征兆。

⑫日:往日。

⑬必:肯定。

⑭在道:意思是上述经验不一定,在于国家治乱之道。

⑮国乱无象:国家动乱,上天不给预兆。

【译文】

晋悼公向士弱询问说:“我听说,宋国因发生了火灾,从而知天道,这是什么缘故呢?”士弱回答说:“古时候火正祭火星时,有的用心宿配祭,有的用柳宿配祭,因为火星运行于这两个星宿之间。因此柳宿又称鹑火,心宿又称大火。陶唐氏的火正阏伯居住在商丘,祭祀大火,并用火星来确定时节。相土继承了他的做法,所以商朝祭祀的主星是大火。商人考察他们祸乱败亡的预兆,一定从火灾开始,所以过去自以为掌握了天道。”悼公说:“可以肯定吗?”回答说:“不,还得看有道还是无道。国家动乱而上天不显示相应的预兆,那是无法预知的。”

9.2 夏,季武子如晋,报宣子之聘也①。

【注释】

①宣子之聘:范宣子聘鲁在去年。

【译文】

夏天，季武子去晋国，这是为了回报范宣子的聘问。

9.3　穆姜薨于东宫[1]。始往而筮之，遇《艮》之八䷳[2]。史曰："是谓《艮》之《随》䷐。《随》，其出也[3]。君必速出[4]。"姜曰："亡[5]。是于《周易》曰：'《随》，元、亨、利、贞，无咎[6]。'元，体之长也[7]；亨，嘉之会也[8]；利，义之和也[9]；贞，事之干也[10]。体仁足以长人[11]，嘉德足以合礼[12]，利物足以和义[13]，贞固足以干事[14]。然，故不可诬也[15]，是以虽《随》无咎[16]。今我妇人，而与于乱[17]，固在下位，而有不仁[18]，不可谓元。不靖国家[19]，不可谓亨。作而害身[20]，不可谓利。弃位而姣[21]，不可谓贞。有四德者，《随》而无咎。我皆无之，岂《随》也哉[22]？我则取恶，能无咎乎？必死于此[23]，弗得出矣。"

【注释】

①穆姜薨于东宫：穆姜是襄公祖母，与叔孙侨如私通，曾逼成公去季孙、孟孙，不果，后被迫迁于东宫即被打入冷宫。参见成公十六年《传》。

②《艮》之八䷳：《艮》之八即《艮》卦变为《随》卦，除第二爻不变外，其余五爻都变了。

③《随》，其出也：史官根据卦名的含义做解释，认为《随》卦是随人而行，有出走之象。

④君：指穆姜。

⑤亡：不。

⑥《随》，元、亨、利、贞，无咎：这是《随》卦卦辞。

⑦元，体之长也：元，首，它处于身体最高处。

⑧亨，嘉之会也：亨是享宴中主宾相会。亨，享。

⑨利，义之和也：利是道义的总和。

⑩贞，事之干也：诚信坚强是办好事情的根本。贞，信。干，本体。

⑪体仁足以长人：体现了仁就足以领导别人，才够得上“元”。

⑫嘉德足以合礼：有嘉德足以协调礼仪，才够得上“亨”。合，通“洽”，协调。

⑬利物足以和义：利物足以总括道义，才够得上“利”。利物，利人。

⑭贞固足以干事：诚信坚强足以办好事情，才够得上“贞”。按，以上是穆姜根据《随》卦卦辞指出元、亨、利、贞的意蕴。

⑮然，故不可诬也：这样，本不可以欺骗。然，这样。故，通“固”。诬，欺骗。

⑯是以虽《随》无咎：只有具备元、亨、利、贞四德，即便得到《随》卦也不会有灾祸。

⑰与于乱：指想要除去季氏、孟氏及欲废掉鲁成公。

⑱固在下位，而有不仁：处在下位而参与作乱。下位，古代男尊女卑，妇女处下位。不仁，指参与作乱。

⑲不靖国家：乱鲁而让国家不得安定。靖，安定。

⑳作而害身：如此作为，终被囚于东宫，是害了自身。

㉑弃位而姣：穆姜本应在夫死后守未亡人之道，当守太后之仪，反而修饰美色，私通叔孙侨如，是“弃位而姣”。姣，美，好。

㉒我皆无之，岂《随》也哉：穆姜自己也意识到四德均无，不能“无咎”，不可能离开东宫。

㉓必死于此：穆姜自料必死于东宫。

【译文】

穆姜在东宫去世。当初住进去的时候，曾占筮预测吉凶，得到《艮》卦变为八。太史说：“这叫做《艮》卦变为《随》卦。随，是出走的意思。您一定能很快出去。”穆姜说：“不。这卦象在《周易》里说：‘《随》，元、亨、利、贞，没有灾祸。’元，是躯体的最高处；亨，是嘉礼中的宾主相会；利，是道义的总和；贞，是诚信为事情的主体。体现了仁就足以领导别人，有嘉德足以协调礼仪，有利于众人就足以总括道义，本体坚固足可办好事情。这些本来都是不能欺骗的，因此虽然得到《随》卦而没有灾祸。现在我身为妇人而参与作乱，处在低下的地位而有没有仁德，不能说是元。使国家不安定，不能说是亨。作乱而自害身，不能说是利。不守本分而打扮得娇艳招摇，不能说是贞。有上面所说这四种德行的，即便得到《随》卦而可以没有灾祸。我四德俱无，难道能合于《随》卦的卦义吗？我自取邪恶，能够没有灾祸吗？肯定要死在这里，不可能出去了。”

9.4 秦景公使士雃乞师于楚①，将以伐晋，楚子许之。子囊曰：“不可。当今吾不能与晋争。晋君类能而使之②，举不失选③，官不易方④。其卿让于善，其大夫不失守⑤，其士竞于教⑥，其庶人力于农穑⑦。商工皂隶，不知迁业⑧。韩厥老矣，知罃禀焉以为政⑨。范匄少于中行偃而上之⑩，使佐中军。韩起少于栾黡，而栾黡、士鲂上之，使佐上军⑪。魏绛多功，以赵武为贤，而为之佐⑫。君明臣忠，上让下竞⑬。当是时也，晋不可敌⑭，事之而后可。君其图之！”王曰：“吾既许之矣⑮。虽不及晋⑯，必将出师。”秋，楚子师于武城⑰，以为秦援。秦人侵晋，晋饥，弗能报也⑱。

【注释】

①士雃(qiān)：秦国大夫。

②类能而使之：按人的能力区别使用。

③举不失选：举拔人才，得其所选。

④官不易方：任用官员不改变政策。方，法术，这里指政策、政令。

⑤不失守：不失职守。

⑥其士竞于教：士都努力于教训。

⑦庶人力于农穑：庶人致力于农事。

⑧迁业：改变职业。

⑨禀：继承，这里指韩厥退休后知罃接替他担任中军将。

⑩范匄少于中行偃而上之：范匄虽然年少，但中行偃让他高于自己。

⑪韩起少于栾黡，而栾黡、士鲂上之，使佐上军：中行偃让范匄佐中军，自己将上军。栾黡宜任上军佐，但他让于士鲂，士鲂又让于韩起。

⑫魏绛多功，以赵武为贤，而为之佐：魏绛本应将新军，但他让给了赵武，自己为新军佐。

⑬下：指士、庶人、工商、皂隶。竟：努力。

⑭晋不可敌：晋国国内安定，上下团结，无法与之对抗。

⑮吾既许之：我已经答应秦国出兵。

⑯虽不及晋：虽然不如晋国强大。

⑰武城：楚地，今河南南阳北。

⑱晋饥，弗能报也：晋国因饥荒不能还击。但明年还是伐秦。

【译文】

秦景公派士雃向楚国请求出兵，准备攻打晋国，楚共王答应了。子囊曰："不行。目前我国不能和晋国对抗。晋国君主根据各人的能力加以使用，举荐人才没有不恰当的，任命官员没有改变政策法令。卿能把职位让给善人，大夫不失职守，士努力教育民众，百姓致力于农事。各行各业安心本职不想改变职业。韩厥已经退休，知罃继承其职当政。范匄比中行偃年轻，但中行偃让他地位在自己之上，让他辅佐中军。韩起比栾黡年轻，而栾黡、士鲂使他排位在自己之上，让他辅佐上军。魏绛功劳很多，却认为赵武贤能而甘愿做他的辅佐。国君贤明臣下忠诚，在上者谦让在下者努力。在目前这个时候，晋国是不可战胜的，只能事奉他为妙。请您认真考虑！”共王说：“我已经答应秦国了，我国虽然比不上晋国，但也一定要出兵。”秋天，楚共王驻军于武城，充当秦国的后援。秦国侵袭晋国，晋国正遭受饥荒，无力还击。

9.5　冬十月，诸侯伐郑①。庚午②，季武子、齐崔杼、宋皇郧从荀罃、士匄门于鄟门③。卫北宫括、曹人、邾人从荀偃、韩起门于师之梁④。滕人、薛人从栾黡、士鲂门于北门⑤。杞人、郳人从赵武、魏绛斩行栗⑥。甲戌⑦，师于汜⑧，令于诸侯曰：“修器备⑨，盛糇粮⑩，归老幼，居疾于虎牢，肆眚⑪，围郑。”

【注释】

①诸侯伐郑：去年郑与楚讲和，又据襄公二十二年《传》子产之言得知，这年六月郑国曾朝楚，因此晋国讨伐郑国。

②庚午：十一日。

③季武子、齐崔杼、宋皇郧从荀罃、士匄门于鄟(zhuān)门：这里指鲁、齐、宋军队跟随晋中军攻东门。鄟门，郑都城的东门。

④卫北宫括、曹人、邾人从荀偃、韩起门于师之梁：卫、曹、邾军队随晋上军攻郑西门。梁，郑都城的西门。荀偃、韩起将上军。

⑤滕人、薛人从栾黡、士鲂门于北门：滕、薛军队随晋下军攻郑北门。

⑥杞人、郳人从赵武、魏绛斩行栗：杞、郳军随晋新军砍伐道路两旁的栗树。郳，即《经》中的小邾。行栗，道路两旁的栗树。斩行栗，或开路，或用来做器材。

⑦甲戌：十五日。

⑧氾(fán)：东氾水，在今河南中牟西南。

⑨器备：攻守之器。

⑩糇(hóu)粮：干粮。

⑪肆眚(shěng)：宽赦有罪的人。肆，宽免。眚，过错，罪。

【译文】

冬十月，诸侯攻打郑国。二十一日，季武子、齐国崔杼、宋国皇郧随从荀罃、士匄进攻鄟门。卫国北宫括、曹国和邾国人马随从荀偃、韩起攻打师之梁门。滕国和薛国军队跟从栾黡、士鲂进攻北门。杞国、小邾国人马随同赵武、魏绛砍伐路边的栗树。十五日，军队驻扎在氾水边上，晋悼公命令诸侯道："整修好作战器械，备足干粮，把老人小孩送回去，把有病的人留在虎牢，赦免有罪的人，包围郑国。"

郑人恐，乃行成。中行献子曰[①]："遂围之，以待楚人之救也，而与之战[②]。不然，无成。"知武子曰[③]："许之盟而还师，以敝楚人[④]。吾三分四军[⑤]，与诸侯之锐，以逆来者，于我未病，楚不能矣。犹愈于战[⑥]。暴骨以逞[⑦]，不可以争。大劳未艾[⑧]。君子劳心，小人劳力，先王之制也。"诸侯皆不欲战，乃许郑成。十一月己亥[⑨]，同盟于戏，郑服也。

【注释】

①中行献子：即荀偃。

②以待楚人之救也，而与之战：荀偃主张待楚军援郑时与楚决战，败楚而使郑国最终服晋。

③知武子：即知罃。

④许之盟而还师，以敝楚人：同意郑求和的请求，楚国一定会因讨

伐郑国而疲惫。敝，疲惫。

⑤三分四军：晋有中、上、下、新四军，而分为三部，轮番作战。

⑥犹愈于战：胜过围郑等待楚军决战的做法。

⑦暴骨以逞：决战必有死亡，以白骨暴露于野求得一时的快意。

⑧大劳未艾：更大的疲劳还没有完结。艾，止息。

⑨己亥：初十。

【译文】

郑国人害怕了，便求和。荀偃说："完成对郑国的包围，等待楚国人来救郑的时候再和他交战。不然的话，就没有真正的顺服。"知䓨说："应同意他们结盟的请求然后退兵，让楚国攻打郑国而困乏。我们把四军分为三部分，会同诸侯精锐部队共同迎击前来的楚军，对我们来说不疲乏，楚国人却承受不了。这比与楚国决战来得好。暴露骸骨以求一时的快意，不能用这样的方法与楚军争强。更大的疲劳还没有结束。君子用智，小人用力，这是先王的规制。"诸侯也都不想作战，于是就答应郑国媾和。十一月初十，诸侯在戏地结成同盟，因为郑国已经顺服了。

将盟，郑六卿，公子骓、公子发、公子嘉、公孙辄、公孙虿、公孙舍之及其大夫、门子[①]，皆从郑伯。晋士庄子为载书[②]，曰："自今日既盟之后，郑国而不唯晋命是听[③]，而或有异志者，有如此盟[④]。"公子骓趋进曰："天祸郑国，使介居二大国之间[⑤]。大国不加德音，而乱以要之[⑥]，使其鬼神不获歆其禋祀[⑦]，其民人不获享其土利，夫妇辛苦垫隘[⑧]，无所厎告[⑨]。自今日既盟之后，郑国而不唯有礼与强可以庇民者是从[⑩]，而敢有异志者，亦如之。"荀偃曰："改载书[⑪]。"公孙舍之曰："昭大神要言焉[⑫]。若可改也，大国亦可叛也。"知武子谓献子曰："我实不德，而要人以盟[13]，岂礼也哉！非礼，何以主盟？姑盟而退，修德息师而来[14]，终必获郑，何必今日？我之不德，民将弃我，岂唯郑？若能休和[15]，远人将至，何恃于郑？"乃盟而还。

【注释】

①公子騑：即子驷。公子发：即子国。公子嘉：即子孔。公孙辄：即子耳。公孙虿：即子蟜(jiǎo)。公孙舍之：即子展。门子：卿的嫡子。

②士庄子：即士弱。载书：盟书。

③而：如果。

④有如此盟：依照盟书所记处罚。

⑤介居：夹处。

⑥乱：战乱。要：要挟。

⑦歆：祭祀时神灵先享受其气。禋(yīn)祀：祭祀。

⑧垫隘：困顿，羸(léi)弱。

⑨无所厎(zhǐ)告：无处诉说。厎告，转达话语。子驷对晋以兵相逼表示不满。

⑩郑国而不唯有礼与强可以庇民者是从：意思是谁有礼而且强大，可以保护郑国，郑国就服从他。

⑪改载书：荀偃反对子驷的话，所以提出修改盟辞。

⑫昭大神要言：盟约已经报告神灵了。要言，指盟约。

⑬要：要挟。

⑭息师：休整军队。

⑮休和：安逸和睦。

【译文】

将要结盟时，郑国的六卿公子騑、公子发、公子嘉、公孙辄、公孙虿、公孙舍之和大夫、卿的嫡子都跟随郑简公。晋国士庄子制作盟书，说："从今天盟誓以后，郑国如果不对晋国唯命是听，或者有别的想法，就将同这份盟书所说的那样。"公子騑快步上前说："上天降祸郑国，让我国夹处两个大国之间。大国不对我们友好，反而以战乱逼迫我国结盟，使我们的鬼神不能得到祭祀，我们的人民不能享受土地出产之物，不分男女夫妇都那么辛苦羸弱，无处哭诉。从今日结盟以后，郑国要是不完全服从对我们有礼以及强大可以保护我们的国家，反而敢有别的打算的话，也如同这份盟书所记的一样。"荀偃说："修改这盟书。"公孙舍之说："已经把盟誓清楚报告给神明了。要是可以改动，大国也就可以背叛了。"知䓨对荀偃说道："实在是我们没有德行，反而用盟约来要挟别人，岂是合乎礼的！不合礼，凭什么主持盟会？暂且结盟而退，修养德行、休整军队后再来，一定能得到郑国，何必非要在今天不可呢？如果我们没有德行，人民将会抛弃我们，岂止是郑国？如果能够安逸和睦，远方的人将会归附，还要凭借郑国干什么？"于是结盟后回国了。

9.6　晋人不得志于郑①，以诸侯复伐之。十二月癸亥②，门其三门③。闰月戊寅④，济于阴阪⑤，侵郑。次于阴口而还⑥。子孔曰："晋师可击也，师老而劳，且有归志⑦，必大克之。"子展曰："不可。"

【注释】

①晋人不得志于郑：由上面子驷、子展的话，可以看出郑国并不完全服晋，因此说不得志于郑。

②癸亥：初五。

③门其三门：再进攻东、西、北门，独留下南门不攻，显然是用以待楚兵的到来。

④闰月：杜预认为应是“门五日”之误，应可信从。戊寅：二十日。

⑤阴阪：洧水渡口，在今河南新郑西稍北。

⑥阴口：在阴阪北面，阴阪对岸。

⑦师老而劳，且有归志：晋军连续作战已疲惫，无心再战。

【译文】

晋国没有能使郑国完全顺服，所以带领诸侯再次进攻郑国。十二月初五，攻打郑国都的三面城门，攻了五天。十二月二十日，在阴阪渡河，侵袭郑国。驻扎在阴口然后班师。子孔说：“晋军可以攻击，他们长期在外很疲劳了，而且萌生了撤回的念头，一定能大败他们。”子展曰：“不行。”

9.7 公送晋侯，晋侯以公宴于河上，问公年①。季武子对曰：“会于沙随之岁②，寡君以生。”晋侯曰：“十二年矣！是谓一终，一星终也③。国君十五而生子。冠而生子，礼也④。君可以冠矣！大夫盍为冠具⑤？”武子对曰：“君冠，必以祼享之礼行之⑥，以金石之乐节之⑦，以先君之祧处之⑧。今寡君在行，未可具也⑨。请及兄弟之国而假备焉。”晋侯曰：“诺。”公还，及卫，冠于成公之庙⑩，假钟磬焉，礼也。

【注释】

①问公年：问鲁襄公年龄。

②会于沙随之岁：在成公十六年。

③是谓一终，一星终也：一终，一星终，即十二年。星指木星，即岁星。岁星十二年行一周天。

④冠而生子，礼也：冠，古代由童子变为成人所举行的礼节，冠礼之后才能结婚生子。

⑤盍：何不。冠具：行冠礼的用具。

⑥祼(guàn)享之礼：有祼之仪式的享礼。祼，以配上香料煮成的酒倒于地，使受祭者闻到香气。

⑦节之：表示有节度。

⑧以先君之祧(tiāo)处之：冠礼必须在祖庙举行。祧，祖庙。

⑨今寡君在行，未可具也：行，道路。未可具，不能具备冠礼之具。

⑩成公：卫成公。

【译文】

襄公送晋悼公，晋悼公为襄公在黄河边设宴，打听襄公的年龄。季武子回答说："在沙随相会那年，我们国君出生。"晋悼公说："那就是十二年了！这叫做一终，就是岁星运行了一周天。国君十五岁即可生孩子。行冠礼后生子，是合乎礼仪的，贵国国君可以举行冠礼了！大夫何不准备好行冠礼的用品？"季武子回答说："国君行冠礼，一定要用祼享这种礼仪，用钟磬的音乐来节度，还要在前代君主的宗庙中举行。现在敝国君正在行途中，无法具备行冠礼的器具。请在到达兄弟国家以后向他们借用吧。"晋悼公说："可以。"襄公回国途中，到达卫国，在卫成公庙里举行冠礼，借用了钟磬，这是符合礼仪的。

9.8　楚子伐郑，子驷将及楚平。子孔、子蟜曰："与大国盟[①]，口血未干而背之[②]，可乎？"子驷、子展曰："吾盟固云：'唯强是从。'今楚师至，晋不我救，则楚强矣。盟誓之言，岂敢背之？且要盟无质[③]，神弗临也[④]。所临唯信[⑤]。信者，言之瑞也[⑥]，善之主也，是故临之。明神不蠲要盟[⑦]，背之可也。"乃及楚平。公子罢戎入盟[⑧]，同盟于中分[⑨]。楚庄夫人卒[⑩]，王未能定郑而归[⑪]。

【注释】

①大国：指晋国。

②口血未干：指刚结盟不久，因为结盟必歃(shà)血。

③要盟：要挟之盟。质：诚信。

④临：降临。

⑤所临唯信：诚信之盟，神才降临。

⑥瑞：符信，凭证。

⑦明神不蠲(juān)要盟：明神认为要盟不清洁。蠲，清洁。

⑧罢戎入盟：罢戎入郑国都城结盟。罢戎，楚国大夫。

⑨中分：郑国都城中里名。

⑩楚庄夫人：楚共王之母。

⑪王未能定郑而归：共王因母亲去世，未能安定郑国便匆忙回国。

【译文】

楚共王攻打郑国，子驷准备和楚国讲和。子孔、子蟜说："和大国结盟，口血还没干就背弃它，行吗？"子驷、子展说："我们的盟约本来就说：'只服从强国。'如今楚国军队打来了，晋国不救援我们，那么楚国就是强大的了。盟誓的话，岂敢背弃？况且在强力要挟下形成的盟誓没有诚信，神灵不会降临。神灵只降临有诚信的盟会。信用是言语的凭证，善良的主体，所以神灵会降临。明察一切的神认为在受要挟的情况下举行的盟会不干净，背弃它是完全可以的。"于是和楚国媾和。楚国派公子罢戎进入郑国结盟，双方在中分盟誓。楚庄王夫人去世，共王没能安定郑国就匆匆回国了。

9.9 晋侯归，谋所以息民①。魏绛请施舍②，输积聚以贷③。自公以下，苟有积者，尽出之。国无滞积④，亦无困人⑤，公无禁利⑥，亦无贪民⑦。祈以币更⑧，宾以特牲⑨，器用不作⑩，车服从给⑪。行之期年⑫，国乃有节⑬。三驾而楚不能与争⑭。

【注释】

①谋所以息民：谋求让百姓休养生息的办法。

②施舍：赐予恩惠。

③输积聚以贷：把积聚的财物运出来借给百姓。输，转运。

④国无滞积：财货流通，都散给了百姓。

⑤亦无困人：百姓也没有困乏者。

⑥公无禁利：不禁止百姓牟利。

⑦亦无贪民：也没有贪心的百姓。

⑧祈以币更：祈祷以币代替牺牲。币，指皮、裘、缯、帛等物。

⑨宾以特牲：招待宾客只用一种牲畜。特，牲一头。

⑩器用不作：不做新器，只用旧物。

⑪从给：够用即可。

⑫期年：一周年。

⑬有节：有法度，走上正轨。

⑭三驾：三次兴师，指襄公十年师于牛首，十一年夏师于向，秋观兵于郑国东门。驾，驾兵车。

【译文】

晋悼公回国后，谋求让百姓休养生息的对策。魏绛请求施予恩惠，把积聚的财物拿出来借给百姓。从悼公以下，有积蓄的，全都拿了出来。国内不再有不流通的财物，也没了困乏的民众，公家不禁止百姓牟利，也没有贪婪的百姓。祈祷时用财币代替牺牲，待客只用一种牲畜，新的器物不再制作，车马服饰只求够用。这样实行了一年，国家便有了法度。三次出兵楚国都不能和晋国抗衡。

十年

【经】

10.1　十年春[①]，公会晋侯、宋公、卫侯、曹伯、莒子、邾子、滕子、薛伯、杞伯、小邾子、齐世子光会吴于柤[②]。

10.2 夏，五月甲午[③]，遂灭偪阳[④]。

10.3 公至自会。

10.4 楚公子贞、郑公孙辄帅师伐宋。

10.5 晋师伐秦。

10.6 秋，莒人伐我东鄙。

10.7 公会晋侯、宋公、卫侯、曹伯、莒子、邾子、齐世子光、滕子、薛伯、杞伯、小邾子伐郑。

10.8 冬，盗杀郑公子骓、公子发、公孙辄。

10.9 戍郑虎牢[⑤]。

10.10 楚公子贞帅师救郑。

10.11 公至自伐郑。

【注释】

①十年：鲁襄公十年当周灵王九年，前563。

②柤(zhā)：楚地，在今江苏邳州北稍西的泇口。

③甲午：初八。

④偪(fù)阳：妘姓小国，在邳州。

⑤戍郑虎牢：晋军屯驻在郑国的虎牢。

【译文】

鲁襄公十年春，襄公会同晋悼公、宋平公、卫献公、曹成公、莒犁比公、邾宣公、滕成公、薛伯、杞孝公、小邾穆公、齐太子光在柤地与吴国人相会。

夏五月初八，灭了偪阳。

襄公从柤之会回国。

楚国公子贞、郑国公孙辄率领军队攻打宋国。

晋国军队进攻秦国。

秋，莒国军队侵袭我国东部边境。

襄公会合晋悼公、宋平公、卫献公、曹成公、莒犁比公、邾宣公、齐太子光、滕成公、薛伯、杞孝公、小邾穆公攻打郑国。

冬，盗贼杀死郑国公子骓、公子发、公孙辄。

戍守郑国虎牢。

楚国公子贞统率军队救援郑国。

襄公从攻打郑国前线回国。

【传】

10.1　十年春，会于柤，会吴子寿梦也①。

【注释】

①吴子寿梦：名乘。晋约诸侯会吴，意在联吴制楚。

【译文】

鲁襄公十年春，诸侯在柤相会，这是为了会见吴王寿梦。

三月癸丑①，齐高厚相大子光，以先会诸侯于钟离②，不敬。士庄子曰："高子相大子以会诸侯，将社稷是卫，而皆不敬，弃社稷也，其将不免乎③！"

【注释】

①癸丑：二十六日。

②钟离：古地名。在今安徽凤阳东稍北。

③不免：不免于祸。这是在为襄公十九年齐杀高厚、二十五年太子光（后为齐庄公）被崔杼所杀埋伏笔。

【译文】

三月二十六日，齐国高厚作为太子光的相礼，与诸侯先期在钟离会见，表现得不恭敬。士庄子说："高厚相礼太子来和诸侯会面，是为了保卫自己的国家，二人却都表现出不恭敬，这是丢弃国家，恐怕将不免于祸！"

夏四月戊午[5]，会于柤。

【注释】

①戊午：初一。

【译文】

夏四月初一，在柤相会。

10.2　晋荀偃、士匄请伐偪阳，而封宋向戌焉[1]。荀罃曰："城小而固，胜之不武，弗胜为笑。"固请[2]。丙寅[3]，围之，弗克。孟氏之臣秦堇父辇重如役[4]。偪阳人启门，诸侯之士门焉[5]。县门发[6]，郰人纥抉之以出门者[7]。狄虒弥建大车之轮[8]，而蒙之以甲，以为橹[9]。左执之，右拔戟，以成一队[10]。孟献子曰："《诗》所谓'有力如虎'者也[11]。"主人县布[12]，堇父登之，及堞而绝之[13]。队[14]，则又县之，苏而复上者三[15]。主人辞焉，乃退[16]。带其断以徇于军三日[17]。

【注释】

①封宋向戌：宋一向事晋，而向戌为宋国贤臣，因此请将偪阳送给向戌作为封邑。

②固请：荀偃等坚决要求。

③丙寅:初九。

④秦堇(jǐn)父:鲁国孟孙氏家奴。辇:用人拉车。重:辎重车。如役:到达战地。

⑤诸侯之士门:因城门开启,诸侯军队乘机进攻。

⑥县(xuán)门:内城闸门。发:放下。

⑦鄹(zōu)人纥抉之以出门者:鄹人纥高举城门让攻入城里的士卒出来。鄹,在今山东曲阜一带。纥,叔梁纥,鲁国鄹邑大夫,孔子之父。抉之,高举内城闸门。

⑧狄虒(sī)弥:鲁国人。建大车之轮:把大车轮子立起来。大车,平地载重之车,其轮高古尺九尺,轮周则过二丈八尺。

⑨橹:大盾。

⑩队:百人为队。这是冲锋陷阵的步兵。

⑪《诗》所谓"有力如虎"者也:鄹人纥、秦堇父与狄虒弥都是勇武之士,所以这样称赞他们。引《诗》见《诗经·国风·邶风·简兮》。

⑫主人:指偪阳守将。县布:把长布从城上垂下来。

⑬堞:女墙。绝:割断。

⑭队:同"坠"。

⑮苏而复上者三:秦堇父苏醒后再缘布登城,反复三次。

⑯主人辞焉,乃退:偪阳人赞赏其勇,不再悬布。

⑰带其断以徇于军:秦堇父以断布为带在军中显示其勇。

【译文】

晋国荀偃、士匄请求攻打偪阳,再把它作为宋国向戌的封邑。荀罃说:"这座城很小但很坚固,即便攻下也算不上勇武,而攻不下可就要被人耻笑。"荀偃、士匄一再请求。初九,包围偪阳,攻不下来。孟氏的家臣秦堇父用人力拉了辎重车来到战场。偪阳人打开城门,诸侯的军队乘机冲进去。内城闸门放下,鄹邑大夫叔梁纥双手托着闸门让攻进城的人马撤出。狄虒弥把大车轮子拆下立起,蒙上皮甲,作为大盾牌。他左手持盾，右手执戟，领一队步兵进攻敌人。孟献子说："这就是《诗》上所说的'有力如虎'的人啊。"偪阳里的人把布从城上垂下来引诱对方，秦堇父拉着布登城，爬到接近城垛时，守城者把布割断。秦堇父跌落城下，守城人又把布垂下来，秦堇父苏醒又往上爬，前后重复了三次。守城人表示钦佩，便不再垂布，退下城去。秦堇父把断布作为带子，在军营夸示了三天。

诸侯之师久于偪阳，荀偃、士匄请于荀罃曰："水潦将降①，惧不能归，请班师②。"知伯怒③，投之以机④，出于其间⑤，曰："女成二事⑥，而后告余。余恐乱命⑦，以不女违。女既勤君而兴诸侯，牵帅老夫以至于此⑧，既无武守，而又欲易余罪⑨，曰：'是实班师，不然克矣⑩。'余羸老也，可重任乎⑪？七日不克，必尔乎取之⑫！"五月庚寅⑬，荀偃、士匄帅卒攻偪阳，亲受矢石⑭。甲午⑮，灭之。书曰"遂灭偪阳"，言自会也⑯。

【注释】

①水潦：雨季。

②班师：退兵。班，还。

③知伯：即荀罃，这时为中军帅。

④机：发箭的弩机。

⑤出于其间：从二人中间飞过。

⑥女：同"汝"。二事：指攻占偪阳、封赐向戌。

⑦乱命：将帅各执己见。

⑧老夫：知罃自称。宣公十二年晋、楚邲之战，知罃曾经参战，其时必已成年。至此又历三十四年，计其年当在五十以上，故自称

“老夫”。

⑨易余罪：归罪于我。易，施，延及。

⑩是实班师，不然克矣：是荀罃要退兵，不然已经攻克了。按，这是荀罃假设荀偃、士匄二人归罪自己的设辞。

⑪重(chóng)任：再次承担罪责，因为在邲(bì)之战中荀罃曾被俘，这次任主帅再不攻克，就是“重任”了。

⑫必尔乎取之：一定要在限期内攻下，不然以你们抵罪。尔乎，于尔。

⑬庚寅：初四。

⑭亲受矢石：亲自出马冲锋攻城。矢，箭。石，也是守城武器。

⑮甲午：初八。

⑯书曰“遂灭偪阳”，言自会也：意思是自相之会后即攻占偪阳。

【译文】

诸侯人马长时间滞留偪阳，荀偃、士匄向荀罃请求说：“雨季快到了，恐怕到时候不能回去，请下令退兵吧。”荀罃发怒，把弩机向他们扔过去，从两人中间穿过，说道：“等你们把两件事办成了再来跟我说话。当初我怕我们之间意见不一致而乱了军令，因此没有违背你们的意愿。你们既已劳动了国君、调动了诸侯的军队，连我这老头子都被拉到这里，既不坚持进攻，又想要回去后归罪于我，说：‘实在是荀罃要撤兵，不然早已攻下了。’我已老弱，岂能再次承担罪责？要是七天不能攻克，一定要以你们的脑袋抵罪！”五月初四，荀偃、士匄率步兵攻打偪阳，二人亲冒箭石战斗在第一线。初八，攻占偪阳。《春秋》记载说“遂灭偪阳”，指的是从柤地相会之后就开始攻打偪阳。

以与向戌，向戌辞曰：“君若犹辱镇抚宋国，而以偪阳光启寡君①，群臣安矣，其何贶如之②？若专赐臣，是臣兴诸侯以自封也③，其何罪大焉？敢以死请。”乃予宋公。

【注释】

①光启寡君：使我的国境扩大疆土。光启，即广启，扩大疆土。

②何贶(kuàng)如之：所受赏赐没有比这更大的了。贶，赐予。

③兴诸侯以自封：调动诸侯军队为自己夺得封地。

【译文】

晋国要把偪阳封给向戌，向戌辞谢说："如果承蒙贵国国君镇抚宋国，而以偪阳来扩大敝国君的疆土，群臣们就放心了，还有什么比得上这样的赏赐呢？如果只是专门赐给下臣我，那就成了下臣劳动诸侯的军队而为自己求取封地，有什么罪过比这更大的呢？我谨以一死来相请。"于是把偪阳交给了宋平公。

宋公享晋侯于楚丘①，请以《桑林》②。荀罃辞③。荀偃、士匄曰："诸侯宋、鲁，于是观礼④。鲁有禘乐⑤，宾祭用之⑥。宋以《桑林》享君，不亦可乎⑦？"舞⑧，师题以旌夏⑨。晋侯惧而退入于房⑩。去旌⑪，卒享而还。及著雍⑫，疾⑬。卜，桑林见⑭。荀偃、士匄欲奔请祷焉⑮。荀罃不可，曰："我辞礼矣，彼则以之⑯。犹有鬼神⑰，于彼加之。"晋侯有间⑱，以偪阳子归，献于武宫⑲，谓之夷俘⑳。偪阳，妘姓也。使周内史选其族嗣㉑，纳诸霍人㉒，礼也。

【注释】

①楚丘：即宋都商丘，在今山东曹县东南。

②《桑林》：桑林本是桑山之林，商汤曾在此处祷雨，后殷商及宋国奉为圣地，立神以祀之。殷因有《桑林》之乐，乃天子之乐，宋国沿用了。

③荀罃辞：荀罃认为不敢当而辞让。

④诸侯宋、鲁，于是观礼：诸侯之中，宋为殷王之后，鲁为周公之后，都用的是天子礼乐，所以可以观礼。

⑤禘(dì)乐：禘祭时所用之乐。禘，三年大祭。

⑥宾祭用之：大祭与享大宾时都用此乐。

⑦宋以《桑林》享君，不亦可乎：既然宾能享鲁国禘乐，那晋悼公也能享《桑林》之舞。

⑧舞：舞《桑林》。

⑨师题以旌夏：意谓乐队首领举旌夏引乐人以入。师，乐队之帅。题，标志。旌夏，一种旌旗。以雉羽缀于竿首，羽又染以五色。

⑩房：指正屋东西两旁的屋子。

⑪去旌：撤除旌夏，仍舞《桑林》。

⑫著雍：晋国地名。

⑬疾：晋悼公生病。

⑭桑林见：这里指占卜晋悼公的疾病，从卜兆里看到桑林之神。

⑮欲奔请祷：想折回宋国祈祷。

⑯我辞礼矣，彼则以之：我们已经辞去《桑林》之礼，是宋国人还在用它。以，用。

⑰犹：假如。

⑱有间：不经祈祷而病愈。

⑲武宫：晋武公庙，晋国作为太庙，大事必在太庙举行，献俘也在太庙。

⑳夷俘：讳言中国，所以称其为夷。

㉑选其族嗣：不用偪阳子的近亲，而选取其宗族中的后嗣。

㉒霍人：晋邑，在今山西繁峙东郊。

【译文】

宋平公在楚丘设享礼招待晋悼公，请求使用《桑林》乐舞。荀罃谢绝了。荀偃、士匄说："诸侯中的宋国、鲁国，可以在那里观看礼仪。鲁国有褅乐，宴请重要宾客或重大祭祀使用。宋国用《桑林》乐舞招待国君，不也是可以的吗?”乐舞开始，乐队首领手举旌夏之旗带领乐队进来。晋悼公因害怕而退入厢房。撤去旌夏，悼公才参加享礼到结束，然后回国。到达著雍，悼公生病。占卜，从卜兆中发现是桑林神在作怪。荀偃、士匄要奔往宋国去祈祷请求。荀罃不同意，说：“我们已经辞谢这一礼仪了，是他们一定要这么做。如果有鬼神的话，应该把灾祸加给他们。”晋悼公病愈，带着偪阳国君回国，奉献于武宫，称之为夷人俘虏。偪阳是妘姓国。悼公让周内史选择妘姓宗族中的后人，把他们安顿在霍人，这是合乎礼仪的。

师归，孟献子以秦堇父为右①。生秦丕兹②，事仲尼。

【注释】

①以秦堇父为右：秦堇父有勇力，让他任车右之职。

②秦丕兹：或曰其即为《史记·仲尼弟子列传》之秦商。《孔子家语·七十二弟子解》云“秦商，鲁人，字丕兹”。

【译文】

军队回国，孟献子让秦堇父担任车右。秦堇父生下秦丕兹，拜孔子为师。

10.3 六月，楚子囊、郑子耳伐宋①，师于訾毋②。庚午③，围宋，门于桐门④。

【注释】

①楚子囊、郑子耳伐宋：楚、郑联军伐宋，其实是在向晋国挑衅。

②訾毋：宋地，在今河南鹿邑南。

③庚午：十四日。

④桐门：宋国北门。

【译文】

六月，楚国子囊、郑国子耳讨伐宋国，驻兵于訾毋。十四日，包围宋国，进攻桐门。

10.4　晋荀罃伐秦，报其侵也①。

【注释】

①报其侵：报复去年秦国对晋国的侵犯。

【译文】

晋国荀罃攻打秦国，报复它入侵晋国。

10.5　卫侯救宋，师于襄牛①。郑子展曰："必伐卫，不然，是不与楚也。得罪于晋，又得罪于楚，国将若之何？"子驷曰："国病矣②！"子展曰："得罪于二大国，必亡。病，不犹愈于亡乎？"诸大夫皆以为然。故郑皇耳帅师侵卫③，楚令也④。

【注释】

①襄牛：卫国东部边境，在今山东范县。

②病：困乏。

③郑皇耳：郑皇戌儿子。

④楚令：侵卫也是奉楚国的命令。

【译文】

卫献公援救宋国，屯兵襄牛。郑国子展说："一定要进攻卫国，不然的话，就是不听从楚国。得罪了晋国，又得罪了楚国，难以想象国家将会怎么样?”子驷说:“国家已经很困乏了!”子展说:“得罪两个大国,国家必亡。困乏难道不比亡国强吗?”大夫们认为子展的话有道理。所以郑皇耳率领军队进攻卫国,这也是奉了楚国的命令。

孙文子卜追之①,献兆于定姜②。姜氏问繇③。曰:“兆如山陵,有夫出征,而丧其雄④。”姜氏曰:“征者丧雄,御寇之利也。大夫图之!”卫人追之,孙蒯获郑皇耳于犬丘⑤。

【注释】

①孙文子:即孙林父,时为卫国的执政。卜追之:为追逐郑国军队而占卜。

②定姜:卫定公之妻,献公之母,成公十四年曾劝卫定公接纳孙林父。

③繇(zhòu):兆辞。兆是烧灼龟壳的裂纹,各有占辞。

④兆如山陵,有夫出征,而丧其雄:这三句为繇辞,意思是兆如山陵,有人出国征伐,将丧其英雄,说明卫军追赶郑军将大吉。

⑤孙蒯:孙林父之子。

【译文】

孙文子用占卜决定是否追赶郑国,把卜兆拿给定姜看。定姜问繇辞怎么说。孙文子说:“征兆如同山陵,有人出外征战,将丧其英雄。”定姜说:“出征者丧失其雄,这对御敌者是吉利的。大夫请考虑吧!”卫国人追逐郑军,孙蒯在犬丘擒获了郑国的皇耳。

10.6　秋七月,楚子囊、郑子耳伐我西鄙①。还,围萧②。八月丙寅③,克之。九月,子耳侵宋北鄙。孟献子曰:“郑其有灾乎!师竞已甚④。周犹不堪竞,况郑乎⑤?有灾,其执政之三士乎⑥！”

【注释】

①楚子囊、郑子耳伐我西鄙：楚、郑伐宋之后侵鲁。

②萧：宋国城邑，在今安徽萧县北稍西。

③丙寅：十一日。

④竞：相争。已：太。

⑤周犹不堪竞，况郑乎：以周天子之尊尚且不堪屡屡用兵，何况郑国。

⑥有灾，其执政之三士：因为当时郑简公年幼，有灾必定降于三位执政者身上。三士，指子驷、子国、子耳三人，这是在为下面三人被杀埋下伏笔。士，春秋时期卿大夫也称为士，到了战国，高级官吏泛称士大夫。

【译文】

秋七月，楚国子囊、郑国子耳袭击我国西部边境。回兵时包围了萧地。八月十一日，攻占萧。九月，子耳侵犯宋国北部边境。孟献子说：“郑国恐怕要有灾难了！军队征战太频繁了。周天子尚且经不起一再用兵，更何况郑国呢？要有灾祸的话，恐怕将落在执政的三位大夫头上吧！”

10.7 莒人间诸侯之有事也①，故伐我东鄙。

【注释】

①间：钻空子，乘机。有事：指当时晋、楚相争，鲁、宋等都卷入。

【译文】

莒国乘诸侯有战事的空子，侵犯我国东部边境。

10.8　诸侯伐郑。齐崔杼使大子光先至于师，故长于滕[①]。己酉[②]，师于牛首[③]。

【注释】

①齐崔杼使大子光先至于师，故长于滕：这是解释《经》文中齐国太子光所以会排在滕国国君的前面，是由于晋悼公要与楚争霸，一定要借助齐国的力量，故以太子光先到为理由把他排在前面。

②己酉：二十五日。

③牛首：郑地，在今河南通许稍北。

【译文】

诸侯讨伐郑国。齐国崔杼让太子光先到达军队，所以名次排在了滕国国君的前面。七月二十五日，军队驻扎在牛首。

10.9　初，子驷与尉止有争[①]，将御诸侯之师而黜其车[②]。尉止获[③]，又与之争。子驷抑尉止曰[④]："尔车非礼也[⑤]。"遂弗使献[⑥]。初，子驷为田洫[⑦]，司氏、堵氏、侯氏、子师氏皆丧田焉[⑧]，故五族聚群不逞之人[⑨]，因公子之徒以作乱[⑩]。

【注释】

①尉止：郑国大夫。

②御诸侯之师：抵御驻扎在牛首的各国军队。黜其车：减少其所率的兵车。

③获：俘获敌人。

④抑：压抑，有意限制。

⑤尔车非礼：你的战车过多，超过规定。

⑥弗使献：不让献俘。

⑦田洫(xù):田间沟洫及田塍。

⑧司氏、堵氏、侯氏、子师氏皆丧田:子驷修筑水沟田塍侵占了以上四氏之田。

⑨五族:指尉止与上述四氏,他们都怨恨子驷。不逞:不快。

⑩公子之徒:指襄公八年子驷所杀子狐、子熙、子侯、子丁等的党羽。

【译文】

起初,子驷和尉止有争执,在将要抵御诸侯军队的时候减少了尉止的兵车。尉止俘获敌人,子驷又和他争功。子驷压制尉止说:"你的兵车过多不合礼制。"于是不让他献俘。当初,子驷开挖田沟,司氏、堵氏、侯氏、子师氏的田地都受损,因此这五族汇聚一伙对子驷不满的人,依托公子的徒党发动叛乱。

于是子驷当国①,子国为司马,子耳为司空,子孔为司徒。冬十月戊辰②,尉止、司臣、侯晋、堵女父、子师仆帅贼以入,晨攻执政于西宫之朝,杀子驷、子国、子耳,劫郑伯以如北宫③。子孔知之,故不死④。书曰"盗",言无大夫焉⑤。

【注释】

①于是:当此之时。当国:掌握国政。

②戊辰:十四日。

③如:往。北宫:诸侯之宫有东宫、西宫、北宫。西宫为君臣治事场所。

④子孔知之,故不死:子孔事先知道此乱,但不告,只是自己免于难。子孔,公子嘉。

⑤书曰"盗",言无大夫焉:尉止等五人都是士,没有卿大夫参与此

乱，因此《经》文记载为“盗”。

【译文】

这时子驷执掌国政，子国任司马，子耳任司空，子孔任司徒。冬十月十四日，尉止、司臣、侯晋、堵女父、子师仆带领叛贼攻入宫门，清晨在西宫的朝堂攻击执政，杀死子驷、子国、子耳，劫持郑简公进入北宫。子孔事先知道这件事，所以免于一死。《春秋》记载说“盗”，是说没有大夫参与这次叛乱。

子西闻盗①，不儆而出②，尸而追盗③，盗入于北宫，乃归授甲。臣妾多逃，器用多丧④。子产闻盗⑤，为门者⑥，庀群司⑦，闭府库，慎闭藏，完守备，成列而后出⑧，兵车十七乘，尸而攻盗于北宫。子蟜帅国人助之⑨，杀尉止、子师仆，盗众尽死⑩。侯晋奔晋，堵女父、司臣、尉翩、司齐奔宋⑪。

【注释】

①子西：公孙夏，子驷之子。

②儆：戒备。

③尸：收殓尸骨。

④臣妾多逃，器用多丧：子西家臣及婢妾大多逃走，器物丧失，所以无法授甲追盗。

⑤子产闻盗：子产之父子国也被杀。

⑥为门者：设置守门人，严禁出入。

⑦庀(pǐ)群司：配齐所有官员。

⑧成列而后出：以私族之兵列队而出。

⑨子蟜：公孙虿。

⑩盗众：指上述“群不逞”之人。

⑪尉翩：尉止之子。司齐：司臣之子。

【译文】

子西听说有叛乱，不加戒备就出来了，收殓好其父尸骨就去追赶叛乱分子。叛贼进入北宫，他回去打算准备好武器再来。结果家臣妾婢多已逃走，器具也大多丢失。子产听说发生叛乱，安排好守门人，设置了所有官员，关闭府库，谨慎收藏，完善守备，把人马布列成队才出门，共有兵车十七辆，收殓尸骨后再去北宫攻打叛贼。子蟜率领其他国人来帮他，杀掉尉止、子师仆，叛乱分子尽数杀死。侯晋出奔晋国，堵女父、司臣、尉翩、司齐出奔宋国。

子孔当国[①]，为载书，以位序，听政辟[②]。大夫、诸司、门子弗顺[③]，将诛之[④]。子产止之，请为之焚书[⑤]。子孔不可，曰："为书以定国，众怒而焚之，是众为政也，国不亦难乎[⑥]？"子产曰："众怒难犯，专欲难成[⑦]，合二难以安国，危之道也。不如焚书以安众，子得所欲[⑧]，众亦得安，不亦可乎？专欲无成，犯众兴祸，子必从之。"乃焚书于仓门之外[⑨]，众而后定。

【注释】

①子孔当国：子孔接替子驷执政。

②为载书，以位序，听政辟：载书，盟书。辟，法令。位序、听政即盟书的内容，规定官员各守其位，听取执政的法令，实际是子孔想要独专国政。

③大夫：指诸卿。诸司：各主管部门。门子：指卿的嫡子。顺：顺从。

④将诛之：子孔想诛杀不顺从者。

⑤请为之焚书：请求烧掉载书。

⑥是众为政也，国不亦难乎：众人为政，国家难以治理。

⑦专欲：个人的专权、欲望。

⑧所欲：当国政。

⑨仓门：郑国都的东南门。按，这里特意在仓门而不在朝内烧载书，是为了让远近的人都能看到。

【译文】

子孔掌握国政，制作了盟书，规定官员要各守其位，听取执政的法令。大夫、官员以及卿的嫡子都不肯顺从，子孔准备加以诛杀。子产阻止他，请他把盟书烧掉。子孔不同意，说："制作盟书是为了使国家安定，因为众人发怒就烧了它，这岂不成了众人在当政，国家不就难于治理了吗？"子产说："众人的怒气难以触犯，专权的想法难以实现，把这两件难办的事放在一起来安定国家，是很危险的做法。不如焚毁盟书使大家安定，这样你得到你所想得到的，众人也可以放心，这不很好吗？专权的愿望行不通，冒犯大伙会发生祸乱，你一定要顺从他们！"便在仓门外烧毁盟书，众人也就安定了下来。

10.10 诸侯之师城虎牢而戍之。晋师城梧及制[1]，士鲂、魏绛戍之。书曰"戍郑虎牢"，非郑地也，言将归焉[2]。郑及晋平。

【注释】

①晋师城梧及制：晋在梧与制筑城以逼郑。梧，在虎牢附近。制，即虎牢。

②书曰"戍郑虎牢"，非郑地也，言将归焉：虎牢本郑国重镇，此时晋占领。晋准备等郑屈服后归还。《经》文曰"郑虎牢"，表明晋国的用意。

【译文】

诸侯的军队修筑虎牢城戍守在那里。晋国军队在梧和制两地筑城，由士鲂、魏绛戍守。《春秋》上说“戍郑虎牢”，其实这时它被晋国占领，不是郑国的领土，这样说是表示将要回归郑国了。郑国和晋国媾和。

10.11　楚子囊救郑。十一月，诸侯之师还郑而南①，至于阳陵②。楚师不退。知武子欲退，曰：“今我逃楚，楚必骄，骄则可与战矣。”栾黡曰：“逃楚，晋之耻也。合诸侯以益耻，不如死。我将独进。”师遂进。己亥③，与楚师夹颍而军④。子蟜曰：“诸侯既有成行⑤，必不战矣。从之将退，不从亦退⑥。退，楚必围我。犹将退也⑦，不如从楚，亦以退之⑧。”宵涉颍，与楚人盟⑨。栾黡欲伐郑师，荀罃不可，曰：“我实不能御楚，又不能庇郑，郑何罪⑩？不如致怨焉而还⑪。今伐其师，楚必救之。战而不克，为诸侯笑。克不可命⑫，不如还也！”丁未⑬，诸侯之师还⑭，侵郑北鄙而归。楚人亦还。

【注释】

①还：环绕而行。

②阳陵：郑地，在今河南许昌西北。

③己亥：十六日。

④颍：颍水。

⑤成行：完成退兵准备。

⑥从之将退，不从亦退：服晋与否，晋及诸侯军皆退。从，指服晋。

⑦犹：同样。

⑧不如从楚，亦以退之：不如同样用服楚的办法让楚国退兵。

⑨宵涉颍，与楚人盟：怕晋知道，故夜里渡过颍水和楚国结盟。

⑩我实不能御楚，又不能庇郑，郑何罪：我们既然不能保护郑国，那么郑国要服楚，就不能责怪郑国。

⑪致怨：郑国服楚，楚国如果诛求无厌，郑国必然怨楚。

⑫克不可命：胜利难以肯定。

⑬丁未：二十四日。

⑭诸侯之师还：晋国不敢与楚国争，只好退兵。

【译文】

楚国子囊援救郑国。十一月，诸侯的军队绕过郑国往南去，到达阳陵。楚国军队不退。荀䓨准备撤兵，说道："现在我们避让楚军，楚军一定会骄傲起来，他们骄傲就可以和他们交战了。"栾黡说："避让楚军，是晋军的耻辱。会合诸侯反而增添耻辱，还不如一死！我要单独进兵。"军队就向前挺进。十六日，和楚军隔着颍水驻军。子蟜说："诸侯都已经做好撤军的准备，一定不会再和楚国作战了。顺从晋国要退兵，不顺从也要退兵。诸侯退走了，楚国一定会包围住我们。同样是要退军，不如顺从楚国，以便让楚国也退兵。"于是在夜里渡过颍水，和楚国人结盟。栾黡要攻打郑军，荀䓨不同意，说："我们确实无法抵御楚国，又不能保护郑国，那么郑国又有什么罪呢？不如把郑国人的这份怨恨转到楚国然后回国。现在攻打他们，楚国一定来解救。交战而不能取胜，就会被诸侯笑话。既然胜利没有把握，那还不如回去吧！"二十四日，诸侯军队撤回，侵袭了郑国北部边境而回。楚国军队也退兵了。

10.12 王叔陈生与伯舆争政①。王右伯舆②，王叔陈生怒而出奔。及河，王复之，杀史狡以说焉③。不入，遂处之④。晋侯使士匄平王室⑤，王叔与伯舆讼焉⑥。王叔之宰与伯舆之大夫瑕禽坐狱于王庭⑦，士匄听之。王叔之宰曰："筚门闺窦之人而皆陵其上⑧，其难为上矣！”瑕禽曰：“昔平王东迁，吾七姓从王⑨，牲用备具⑩，王赖之，而赐之骍旄之盟⑪，曰：‘世世无失职。’若筚门闺窦，其能来东底乎⑫？且王何赖焉？今自王叔之相也⑬，政以贿成⑭，而刑放于宠⑮。官之师旅⑯，不胜其富，吾能无筚门闺窦乎⑰？唯大国图之⑱！下而无直，则何谓正矣⑲？”范宣子曰：“天子所右，寡君亦右之；所左⑳，亦左之。”使王叔氏与伯舆合要㉑，王叔氏不能举其契㉒。王叔奔晋。不书，不告也㉓。单靖公为卿士，以相王室㉔。

【注释】

①王叔陈生与伯舆争政：王叔陈生、伯舆，二人都是周王的卿士。争政，争权。

②右：支持。

③杀史狡以说焉：史狡为陈生所厌恶，陈生准备出奔晋国，周王杀史狡来取悦陈生。说，同“悦”。

④不入，遂处之：王叔陈生不回京师，就住在黄河边。

⑤平：调和。

⑥王叔与伯舆讼：二人在士匄跟前争曲直。

⑦宰：家臣之长。瑕禽：伯舆所属大夫。坐狱：他们作为双方诉讼代理人，当面争论是非。

⑧筚门闺窦：这里指伯舆乃微贱之家。筚门，柴门。闺窦，小户。陵：凌驾。

⑨昔平王东迁，吾七姓从王：平王东迁时，伯舆之祖等七姓大臣跟随。

⑩牲用：牺牲。备具：准备齐全。

⑪骍(xīng)旄：赤牛，用为牺牲。杜预《春秋左传注》曰：“举骍旄者，

言得重盟，不以犬鸡。”

⑫来东厎(zhǐ)：来到东方住下。厎，至。按，以上是瑕禽驳斥伯舆本是微贱的说法。

⑬王叔之相：王叔辅助朝政。

⑭政以贿成：把持朝政，贿赂公行。

⑮刑放于宠：由宠臣专刑。

⑯师旅：泛指军队及政府部门。

⑰吾能无筚门闺窦乎：意思是由于王叔为政贪污，因此伯舆贫困。

⑱大国：指晋国。

⑲下而无直，则何谓正矣：在下位虽有理而不能直，则不可谓公正。

⑳左：不支持。

㉑合要：对证讼词。

㉒王叔氏不能举其契：王叔拿不出证词。契，讼词的契卷。

㉓不书，不告也：因为此事没告诉鲁国，所以《经》文没有记载。

㉔单靖公：单顷公儿子。相王室：代替王叔相王室。

【译文】

王叔陈生和伯舆争夺执政权。周灵王支持伯舆，王叔陈生发怒而出奔。到了黄边河，周灵王请他回国复位，并杀了史狡来讨好他。王叔陈生不肯回去，就在河边住了下来。晋悼公使士匄来调停王室纠纷，王叔陈生和伯舆提出诉讼。王叔陈生的家宰和伯舆一边的大夫瑕禽在周王的朝堂上争辩是非曲直，士匄听取他们的申诉。王叔陈生的家宰说：“蓬门小户的卑贱人却要凌驾于他上面的人，在上者就很难办了！”瑕禽说：“当日周平王东迁，我们七姓大臣跟从平王，牺牲全都备齐，平王信赖他们，赐给赤牛为牲品的重盟，说：‘世世代代不要失去职守。’如果是蓬门小户人家，能来到东方安居下来吗？况且天子又凭什么信赖他们呢？现在自从王叔辅佐天子后，政事全凭贿赂才能办成，任用宠臣来专施刑罚。各有关官员，富到无法形容，我们能不变成蓬门小户吗？请大国好好想一想吧！在下者有理不能申诉辩白，那么什么叫做公正呢？”士匄说：“凡是天子所支持的，我国国君也支持他；天子所反对的，我国国君也同样反对他。”让王叔和伯舆相互对证，王叔拿不出令人信服的证词来。于是王叔逃奔晋国。《春秋》不记载，是因为没告诉我国的缘故。单靖公就做了卿士，由他辅佐王室。

十一年

【经】

11.1 十有一年春王正月①，作三军②。

11.2 夏四月，四卜郊，不从，乃不郊。

11.3 郑公孙舍之帅师侵宋③。

11.4 公会晋侯、宋公、卫侯、曹伯、齐世子光、莒子、邾子、滕子、薛伯、杞伯、小邾子伐郑。

11.5 秋七月己未④，同盟于亳城北⑤。

11.6 公至自伐郑。

11.7 楚子、郑伯伐宋。

11.8 公会晋侯、宋公、卫侯、曹伯、齐世子光、莒子、邾子、滕子、薛伯、杞伯、小邾子伐郑，会于萧鱼⑥。

11.9 公至自会。

11.10 楚人执郑行人良霄⑦。

11.11 冬，秦人伐晋⑧。

【注释】

①十有一年：鲁襄公十一年当周灵王十年，前562。

②作三军：鲁国本来无中军，只有上、下二军，皆属于公室。现重新

改组编制，增立中军，是为三军。军，一万二千五百人为军。

③公孙舍之：字子展。帅师侵宋：郑国侵宋是为了激怒晋国。

④己未：初十。

⑤亳(bó)城：郑地，在今河南郑州。

⑥萧鱼：郑地，在今河南许昌。

⑦良霄：即公孙辄子，字伯有。

⑧秦人伐晋：秦国用伐晋来救郑国。

【译文】

鲁襄公十一年春周历正月，建立三军。

夏四月，四次为郊祭占卜都不吉利，于是不举行郊祭。

郑国公孙舍之率领军队攻打宋国。

襄公会同晋悼公、宋平公、卫献公、曹成公、齐国太子光、莒犁比公、邾宣公、滕成公、薛伯、杞孝公、小邾穆公攻打郑国。

秋七月初十，共同结盟于亳城北。

襄公自讨郑战场回国。

楚共王、郑简公进攻宋国。

襄公会合晋悼公、宋平公、卫献公、曹成公、齐国太子光、莒犁比公、邾宣公、滕成公、薛伯、杞孝公、小邾穆公攻打郑国，在萧鱼相会。

襄公从萧之会回国。

楚国擒获郑国使节良霄。

冬，秦国人攻打晋国。

【传】

11.1 十一年春，季武子将作三军，告叔孙穆子曰[①]："请为三军，各征其军[②]。"穆子曰："政将及子，子必不能[③]。"武子固请之[④]，穆子曰："然则盟诸[⑤]？"乃盟诸僖闳[⑥]，诅诸五父之衢[⑦]。

【注释】

①告叔孙穆子：季氏想作三军，不向襄公请示，一则因襄公年尚幼，二因三家强大，叔孙氏世为司马，掌军政，因此先告叔孙穆子。

②各征其军：三家各有一军。

③政将及子，子必不能：此时季武子尚年少，穆子为政，但季氏世为鲁上卿，穆子因此说不久政权将由你执掌。同时古时诸侯大国有三军，作三军便要按大国等级向霸主纳贡，穆子担心鲁国负担不了。

④武子固请之：季武子有自己的打算，坚持作三军。

⑤然则盟诸：穆子提议盟誓取信。诸，“之乎（于）”的合音。

⑥僖闳（hóng）：鲁僖公庙的大门。

⑦诅诸五父之衢：诅，盟誓时祭神，诅咒不守盟誓者将受祸。五父之衢，道路名，在今曲阜。按，既盟又诅，可见三家互有猜疑。

【译文】

鲁襄公十一年春，季武子打算组建三军，告诉叔孙穆子说：“请组编为三个军，各家率领一个军。”穆子说：“国政将来要由你来执掌，你肯定承担不了。”武子执着地请求，穆子说：“那就为此设个盟誓如何？”于是就在僖公庙的门口盟誓，在五父之衢立下咒誓。

正月，作三军，三分公室而各有其一[①]。三子各毁其乘[②]。季氏使其乘之人，以其役邑入者无征，不入者倍征[③]。孟氏使半为臣，若子若弟[④]。叔孙氏使尽为臣，不然不舍[⑤]。

【注释】

①三分公室而各有其一：即把公室的军队一分为三，各有其一。三家各得一军之指挥权和编制权。有军队，就有兵员，也有了军赋，也就有了政治上的实力，此所谓“三分公室”。

②三子各毁其乘：三家原来各有私家车，现在各自毁除而并入自己管辖的一军中。

③季氏使其乘之人，以其役邑入者无征，不入者倍征：季氏释放其属邑奴隶为自由民，服兵役者免税，不服者加倍征税。

④孟氏使半为臣，若子若弟：孟孙氏使其中的一半即少壮者为奴隶兵。若子若弟，或自由民之子，或自由民之弟。若，或。

⑤叔孙氏使尽为臣，不然不舍：叔孙氏仍将私乘全编为奴隶兵，不如此则不改置。按，以上说明三家“毁其乘”的做法各自不同。

【译文】

正月，编定三个军，把公室的军队一分为三，各家掌握一军。三家各自把自己原有的私家车兵并入。季氏让他私族军队中的成员，凡服兵役的人免除征税，不服兵役的加倍征税。孟氏使自己私族军队中一半的人即少壮者留下当兵，他们或为自由民之子，或是其弟。叔孙氏使其私族兵全部编入军中，不然的话就不改置。

11.2 郑人患晋、楚之故①，诸大夫曰：“不从晋，国几亡。楚弱于晋，晋不吾疾也②。晋疾，楚将辟之③。何为而使晋师致死于我④，楚弗敢敌，而后可固与也⑤。”子展曰：“与宋为恶，诸侯必至，吾从之盟。楚师至，吾又从之，则晋怒甚矣。晋能骤来⑥，楚将不能，吾乃固与晋⑦。”大夫说之，使疆埸之司恶于宋⑧。宋向戌侵郑，大获。子展曰：“师而伐宋可矣⑨。若我伐宋，诸侯之伐我必疾，吾乃听命焉，且告于楚。楚师至，吾乃与之盟，而重赂晋师，乃免矣[10]。”夏，郑子展侵宋。

【注释】

①郑人患晋、楚之故：郑国国都在今河南新郑，北临晋国，南接楚地，西经周室可达关西秦地，东边是宋、陈等国。控制郑国，既可北上，又可南下。晋、楚争霸，必争郑国，因此自襄公以来，郑国几乎年年有战事。

②晋不吾疾：晋国不急于控制郑国。疾，急。

③辟：逃避。

④何为而使晋师致死于我：如何才能使晋国下死力攻打我使我顺服。

⑤楚弗敢敌，而后可固与：郑国大夫考虑如何使晋国能与楚国决一死战，打败楚国，然后坚定依附晋国。固与，坚决亲附。

⑥骤：屡次，频繁。

⑦楚将不能，吾乃固与晋：子展主张故意激起晋怒而来攻，楚不能抵挡，郑国便可亲附晋国。

⑧使疆埸(yì)之司恶于宋：让边境官员向宋国挑起事端。疆埸，边境。

⑨师：出师。

⑩乃免：免于年年遭兵患而亡国。

【译文】

郑国人担心晋国和楚国不断来侵，大夫们说：“不顺从晋国，国家几乎灭亡。楚国比晋国弱，而晋国并不急于要我国顺服。要是晋国态度积极，楚国会避让晋国的。怎样才能让晋国下死力攻打我们，楚国不敢抵敌，然后我们就可以坚决亲附晋国了。”子展说：“和宋国交恶，诸侯的军队一定会来进攻，我们就和诸侯结盟。楚国军队来了，我们再顺从他们，那么晋国一定大怒。晋国能够一再前来，而楚国却办不到，我国就可以坚定地亲附晋国。”大夫们都对这办法很满意，便让守边官员向宋国挑衅。宋国向戌入侵郑国，俘获很多。子展说：“可以出兵攻打宋国了。如果我们出兵打宋国，诸侯的军队一定会拼命来打我们，我们就服从他们，并且向楚国报告。楚兵到来，我们又和他们结盟，同时以重金贿赂晋军，就可以免除祸患了。”夏，郑国子展侵袭宋国。

11.3 四月，诸侯伐郑。己亥①，齐大子光、宋向戌先至于郑，门于东门。其莫②，晋荀䓨至于西郊③，东侵旧许④。卫孙林父侵其北鄙⑤。六月，诸侯会于北林⑥，师于向⑦。右还，次于琐⑧。围郑，观兵于南门⑨，西济于济隧⑩。郑人惧，乃行成。

【注释】

①己亥：十九日。

②莫：同“暮”。

③至于西郊：晋在郑的西边，所以先到西郊。

④旧许：许国于成公十五年迁于叶，地入于郑，故称“旧许”。在今河南许昌东。

⑤北鄙：卫国在郑的北边，所以先侵北部边境。

⑥北林：郑地，在今河南新郑北。

⑦向：郑地，在今河南尉氏西南。

⑧琐：郑地，在今河南新郑北。

⑨观兵于南门：诸侯军队北行向西，在郑国南门向郑、楚示威。

⑩济隧：水名。在今河南原阳西。

【译文】

四月，诸侯军队攻打郑国。十九日，齐国太子光、宋国向戌先到达郑国，驻扎在东门。当天晚上，晋国荀罃到达西郊，往东侵袭原属许国的地方。卫国孙林父攻打北部边境。六月，诸侯在北林会面，屯兵向地。又向右绕转，在琐驻扎。包围了郑国，在南门炫耀武力，往西渡过济隧。郑国人害怕了，于是求和。

秋七月，同盟于亳①。范宣子曰："不慎②，必失诸侯。诸侯道敝而无成③，能无贰乎？"乃盟，载书曰："凡我同盟，毋蕴年④，毋壅利⑤，毋保奸⑥，毋留慝⑦，救灾患⑧，恤祸乱⑨，同好恶⑩，奖王室⑪。或间兹命⑫，司慎、司盟⑬，名山、名川⑭，群神、群祀⑮，先王、先公，七姓十二国之祖⑯，明神殛之⑰，俾失其民，队命亡氏⑱，踣其国家⑲。"

【注释】

①同盟于亳：郑国与诸侯在亳结盟。

②不慎：指盟辞不谨慎。

③道敝：因为多次攻打郑国而困顿于道途之中。无成：没有结果。

④毋蕴年：不要囤积粮食而不救郑。蕴，囤积。年，粮食收成。

⑤毋壅利：不要垄断山川之利。

⑥毋保奸：不要庇护别国的罪人。

⑦毋留慝(tè)：不要收留邪恶的人。

⑧灾患：指自然灾害。

⑨祸乱：指权力斗争。

⑩同：统一。

⑪奖：辅助。

⑫间：违犯。

⑬司慎：察不敬的人。司盟：司盟者。按，二司为天神。

⑭名山、名川：大山大川之神。

⑮群神：各种天神。群祀：天神之外受祀祭之神。

⑯七姓十二国：实应为七姓十三国，即，晋、鲁、卫、郑、曹、滕，姬姓；郏、小郏，曹姓；宋，子姓；齐，姜姓；莒，己姓；杞，姒姓；薛，任姓。

⑰殛(jí)：诛杀。

⑱队命亡氏：君丧命，族被灭。队，同“坠”。

⑲踣(bó)：灭亡。

【译文】

秋七月，在亳结盟。范宣子说：“如果不谨慎，必然失去诸侯的拥护。诸侯在道途中疲于奔命而没能取得成功，能不背叛吗？”于是举行盟誓，盟书上说：“凡是我们同盟国家，不要囤积粮食而不互相支援，不要垄断利益不让人分享，不要庇护奸人，不要收留邪恶的人，救济灾荒，平定祸乱，统一好恶，辅助王室。有人违反这些命令，司慎、司盟，名山、名川之神，群神、群祀，先王、先公，七姓十二国的祖宗，明察的神灵诛杀他，让他失去百姓，死君灭国，亡国亡家。”

11.4 楚子囊乞旅于秦①，秦右大夫詹帅师从楚子，将以伐郑②。郑伯逆之。丙子③，伐宋④。

【注释】

①乞旅：求兵。

②将：率领。

③丙子：二十七日。

④伐宋：攻宋以激怒晋国。

【译文】

楚国子囊向秦国求援兵。秦国右大夫詹率领军队跟从楚共王，由共王指挥攻打郑国。郑简公前去迎接。二十七日，进攻宋国。

11.5 九月，诸侯悉师以复伐郑。郑人使良霄、大宰石臭如楚[①]，告将服于晋，曰："孤以社稷之故，不能怀君[②]。君若能以玉帛绥晋[③]，不然则武震以摄威之[④]，孤之愿也。"楚人执之[⑤]，书曰"行人"，言使人也[⑥]。

【注释】

①石臭(chuò)：良霄的副使。

②怀：亲近。

③绥：安抚。

④震：威胁。摄威：威慑。

⑤楚人执之：楚国怒而囚禁了两人。

⑥书曰"行人"，言使人：《经》文记作行人，是指他们是使者，并非他们的罪过。

【译文】

九月，诸侯全部出兵再次攻打郑国。郑国派良霄、太宰石臭到楚国去，报告打算顺服晋国，说："我因为国家的缘故，不能对君主您效忠。您如果能够用玉帛结好晋国，不然就用武力对其加以威慑，是寡人的愿望。"楚国囚禁了这两人，《春秋》记做"行人"，是说他们是使者不应该被拘禁。

诸侯之师观兵于郑东门，郑人使王子伯骈行成。甲戌[①]，晋赵武入盟郑伯。冬十月丁亥[②]，郑子展出盟晋侯。十二月戊寅[③]，会于萧鱼。庚辰[④]，赦郑囚，皆礼而归之。纳斥候[⑤]，禁侵掠。晋侯使叔肸告于诸侯[⑥]。公使臧孙纥对曰："凡我同盟，小国有罪，大国致讨，苟有以藉手，鲜不赦宥。寡君闻命矣[⑦]。"

【注释】

①甲戌：二十六日。

②丁亥：初九。

③戊寅：初一。

④庚辰：初三。

⑤纳：撤回。斥候：巡逻兵与侦察兵。

⑥叔肸（xī）：即羊舌肸，字叔向。

⑦苟有以藉手，鲜不赦宥。寡君闻命矣：意思是晋国讨伐小国之罪，稍有所得便赦免其罪，德义如此，小国不敢不承命。藉手，稍有所得。

【译文】

诸侯军队在郑国东门炫耀武力，郑国派王子伯骈前往求和。二十六日，晋国赵武入郑都和郑简公订立盟约。冬十月初九，郑国子展出城与晋悼公结盟。十二月初一，在萧鱼相会。初三，赦免郑国的俘虏，都以礼相待放回国。撤回巡逻兵，禁止抢掠。晋悼公派叔肸通告诸侯。襄公派臧孙纥答复说："凡是我们同盟国家，小国有了罪过，大国出兵讨伐，稍有所得便赦免其罪。敝国国君知道您的命令了！"

郑人赂晋侯以师悝、师触、师蠲①，广车、軘车淳十五乘②，甲兵备，凡兵车百乘③，歌钟二肆④，及其镈、磬⑤，女乐二八⑥。

【注释】

①师悝（kuī）、师触、师蠲（juān）：三人都是乐师。

②广车：横阵之车，用来攻击。軘（tún）车：屯守之车。淳（chún）：成对，指广车与軘车相配为一对，各十五对三十乘。

③甲兵备，凡兵车百乘：广车、軘车与其他兵车共百乘。

④钟:古代乐器。二肆:悬钟十六枚为一肆,二肆为三十二枚。

⑤镈(bó):大钟。磬(qìng):古乐器,以美石或玉雕成,形状如矩,打击发声。二者都用以配歌钟。

⑥女乐二八:奏乐之女十六人。二八,即二佾(yì)。古乐舞八人为一列,称为佾。

【译文】

郑国献给晋悼公师悝、师触、师蠲三名乐师,成对的广车、軘车各十五辆,并配备了衣甲、兵器。共计送了兵车一百辆,歌钟两架配上相应的镈和磬,女乐二队十六人。

晋侯以乐之半赐魏绛,曰:“子教寡人和诸戎狄以正诸华。八年之中①,九合诸侯②,如乐之和,无所不谐③。请与子乐之④。”辞曰:“夫和戎狄,国之福也;八年之中,九合诸侯,诸侯无慝⑤,君之灵也⑥,二三子之劳也⑦,臣何力之有焉?抑臣愿君安其乐而思其终也⑧!《诗》曰:‘乐只君子,殿天子之邦。乐只君子,福禄攸同。便蕃左右,亦是帅从⑨。’夫乐以安德⑩,义以处之,礼以行之,信以守之,仁以厉之⑪,而后可以殿邦国、同福禄、来远人,所谓乐也。《书》曰⑫:‘居安思危。’思则有备,有备无患,敢以此规⑬。”公曰:“子之教,敢不承命。抑微子,寡人无以待戎⑭,不能济河⑮。夫赏,国之典也,藏在盟府⑯,不可废也。子其受之!”魏绛于是乎始有金石之乐⑰,礼也。

【注释】

①八年之中:和戎在襄公四年,至今已八年。

②九合诸侯:襄公五年会于戚,又会于城棣救陈,七年会于郏,八年

会于邢丘，九年盟于戏，十年会于柤，又戍郑虎牢，十一年同盟于亳城北，又会于萧鱼。

③如乐之和，无所不谐：就像音乐一样和谐。

④请与子乐之：与你共同享受这音乐。

⑤无慝：指都顺从。

⑥灵：威信。

⑦二三子：指中军帅佐以下人等。

⑧抑臣愿君安其乐而思其终也：此时郑已归服，魏绛希望晋悼公居安思危。抑，但是，然而。

⑨"乐只君子"六句：引《诗》见《诗经·小雅·采菽》，但文字小有差异。只，语助词。攸，所。殿，镇抚。便蕃，治理。左右，指附近小国。帅从，即"率从"，相率服从。

⑩乐以安德：音乐用来巩固德行。

⑪厉：勉励。

⑫《书》：指的是逸《书》。

⑬规：规劝。

⑭待戎：和戎。

⑮济河：指渡河服郑。

⑯夫赏，国之典也，藏在盟府：赏勋是国家大典，盟府掌记载之职，应当遵行。盟府，管理盟约、文书档案的官府。

⑰金石之乐：钟磬之乐。

【译文】

晋悼公把乐器与乐队的一半赐给魏绛，说："你教我与各部戎狄和好以整顿中原诸国。八年里九次会合诸侯，就如音乐一样和谐，没有一处不谐调的。请让我和你共同享用它们。"魏绛辞谢说："与戎狄和好，是国家的福分；八年里面九次会合诸侯，诸侯没有不顺服的，这是君主的威灵，也和各位大夫的辛劳分不开，微臣哪里出过什么力呢？不过臣希望君主既安享这份快乐而能居安思危！《诗》说：'快乐啊君子，镇抚天子的家邦。快乐啊君子，他的福禄和别人共享。治理好附近的小国，使他们相率服从。'音乐是用来巩固德行的，用道义来处置它，用礼仪来推行它，用信用来保持它，用仁爱来勉励它，然后才能做到镇抚邦国，福禄同享，召来远方人，这就是所谓的快乐。《书》说：'在安定的环境中要想到危险。'想到了就有所防备，有了防备就不会有祸患，臣斗胆以此向您提出规劝。"悼公说："您的教诲，我岂敢不遵照去做。要是没有您，我就不能正确对待戎人，也不能渡过黄河。赏赐是国家的典章，藏在盟府中，是不能够废除的。您还是接受吧！"魏绛从此开始有了金石的音乐，这是合乎礼的。

11.6　秦庶长鲍、庶长武帅师伐晋以救郑①。鲍先入晋地，士鲂御之②，少秦师而弗设备③。壬午④，武济自辅氏⑤，与鲍交伐晋师⑥。己丑⑦，秦、晋战于栎⑧，晋师败绩，易秦故也⑨。

【注释】

①庶长：秦国官职名。

②士鲂御之：士鲂留守国内，抵御秦兵。

③少秦师：觉得秦军兵力少。

④壬午：初五。

⑤辅氏：在今陕西大荔东。

⑥交伐：夹攻。

⑦己丑：十二日。

⑧栎：晋地名，在今山西永济西。

⑨易秦：轻视秦军。

【译文】

秦国庶长鲍、庶长武带兵攻打晋国来救援郑国。鲍先进入晋国领地，士鲂抵御他们，见秦军人少而不加防备。初五，武从辅氏渡过黄河，和鲍夹击晋军。十二日，秦、晋军队在栎地交锋，晋军大败，这是由于轻视秦军的缘故。

十二年

【经】

12.1 十有二年春王二月①，莒人伐我东鄙，围台②。

12.2 季孙宿帅师救台，遂入郓③。

12.3 夏，晋侯使士鲂来聘。

12.4 秋九月，吴子乘卒④。

12.5 冬，楚公子贞帅师侵宋。

12.6 公如晋。

【注释】

①十有二年：鲁襄公十二年当周灵王十一年，前561。

②台：在今山东费县东南。

③郓：鲁地，鲁有东西二郓，此为东郓，在今山东沂水东。此时被莒国所占。

④吴子乘卒：乘，吴王寿梦。寿梦死，子诸樊继立。

【译文】

鲁襄公十二年春周历二月，莒国攻打我国东部边境，包围了台。

季孙宿带领军队救援台，于是攻入郓地。

夏，晋悼公派士鲂来我国聘问。

秋九月，吴王乘去世。

冬，楚国公子贞率军袭击宋国。

襄公到晋国去。

【传】

12.1　十二年春，莒人伐我东鄙，围台。季武子救台，遂入郓，取其钟以为公盘[①]。

【注释】

①盘：盛食器或浴器。

【译文】

鲁襄公十二年春，莒国侵犯我国东部边境，包围了台地。季武子救援台地，于是进入郓地，拿走他们的钟改铸为公室的盘。

12.2　夏，晋士鲂来聘，且拜师[①]。

【注释】

①拜师：拜谢前年出兵攻打郑国。

【译文】

夏，晋国士鲂来鲁国聘问，并拜谢鲁国出兵攻打郑国。

12.3　秋，吴子寿梦卒。临于周庙[①]，礼也。凡诸侯之丧，异姓临于外[②]，同姓于宗庙，同宗于祖庙[③]，同族于祢庙[④]。是故鲁为诸姬，临于周庙。为邢、凡、蒋、茅、胙、祭，临于周公之庙[⑤]。

【注释】

①临于周庙：因为吴祖泰伯、鲁祖周公都是姬姓周人，所以襄公临于周庙哭吊吴王乘。临，哭吊死者。周庙，也就是下文的宗庙，此指周文王庙，因鲁国没有吴泰伯庙。

②异姓临于外：异姓在城外向其国哭吊。

③祖庙：始封君之庙。

④同族：同一高祖谓同族。祢(nǐ)庙：父庙。

⑤为邢、凡、蒋、茅、胙、祭，临于周公之庙：以上六国都是周公支子，另封为国，都祖周公。

【译文】

秋，吴王寿梦去世。襄公在周文王庙中哭吊寿梦，这是合乎礼的。凡是诸侯的丧事，异姓的在城外哭吊，同姓的在宗庙哭吊，同宗的在祖庙哭吊，同族的在祢庙哭吊。因此，鲁国为姬姓诸国，在周文王庙哭吊。为邢、凡、蒋、茅、胙、祭六国，在周公庙哭吊。

12.4　冬，楚子囊、秦庶长无地伐宋，师于杨梁[①]，以报晋之取郑也。

【注释】

①杨梁：在今河南商丘东南。

【译文】

冬，楚国子囊、秦国庶长无地攻伐宋国，在杨梁驻兵，是报复晋国从楚国手里夺走郑国。

12.5　灵王求后于齐[①]。齐侯问对于晏桓子[②]，桓子对曰："先王之礼辞有之。天子求后于诸侯，诸侯对曰：'夫妇所生若而人[③]。妾妇之子若而人。'无女而有姊妹及姑姊妹[④]，则曰：'先守某公之遗女若而人[⑤]。'"齐侯许婚。王使阴里结之[⑥]。

【注释】

①求后：求娶王后。

②问对：询问如何答复。晏桓子：晏弱。

③夫妇所生：指自己的嫡配所生。若而人：若干人。

④姑姊妹：父亲的姊妹。

⑤先守：先君。某公：这里是用谥号称谓。

⑥阴里：周大夫。结：结言，口头约定。

【译文】

周灵王向齐国求婚。齐灵公向晏弱征求应对的意见，晏弱回答说："先王的礼仪辞令中有这样的话。天子向诸侯求婚，诸侯回答说：'有夫人所生的女儿若干人。妾妇所生的女儿若干人。'没有女儿但有姊妹和姑妈的，就说：'先君某公的遗女若干人。'"齐灵公同意了婚事。周灵王派阴里到齐国作了口头约定。

12.6　公如晋朝，且拜士鲂之辱①，礼也。

【注释】

①公如晋朝，且拜士鲂之辱：士鲂夏天聘问鲁国，襄公此行也是对士鲂聘鲁的报答。辱，谦辞，屈尊。

【译文】

襄公到晋国朝见，同时拜谢士鲂的聘问，这是合乎礼的。

12.7　秦嬴归于楚①。楚司马子庚聘于秦②，为夫人宁③，礼也。

【注释】

①秦嬴:秦景公妹,楚共王夫人。归于楚:返秦省母后回楚国。

②子庚:名午,楚庄王儿子。

③宁:妇女出嫁后返回母家省亲。

【译文】

秦嬴嫁到楚国。楚国司马子庚到秦国聘问,是为了夫人回娘家的事,这是合乎礼的。

十三年

【经】

13.1 十有三年春①,公至自晋。

13.2 夏,取邿②。

13.3 秋九月庚辰③,楚子审卒④。

13.4 冬,城防⑤。

【注释】

①十有三年:鲁襄公十三年当周灵王十二年,前560。

②邿(shī):妊姓小国名,在今山东济宁南。

③庚辰:十四日。

④楚子审卒:楚共王去世。

⑤城防:鲁地名,在今山东费县东北。世为臧氏食邑。

【译文】

鲁襄公十三年春,襄公从晋国回国。

夏,夺取邿国。

秋九月十四日,楚共王审去世。

冬,修筑防地的城墙。

【传】

13.1 十三年春，公至自晋，孟献子书劳于庙[①]，礼也。

【注释】

①书劳：又叫策勋，将功劳写在策上。

【译文】

鲁襄公十三年春，襄公从晋国回来，孟献子把功劳记载于宗庙，这是符合礼的。

13.2 夏，邿乱，分为三。师救邿，遂取之[①]。凡书“取”，言易也[②]，用大师焉曰“灭”，弗地曰“入”[③]。

【注释】

①师救邿，遂取之：鲁国出兵平乱，乘机灭了邿国。

②凡书“取”，言易：轻易可取，不必用大部队，则记做“取”。

③弗地曰“入”：得其国，但不占有其地叫“入”。

【译文】

夏，邿国发生动乱，国家分裂为三部分。鲁国出兵救援邿国，于是灭了邿国。凡是《春秋》记载为“取”的，是表示轻易可取，动用大部队的称为“灭”，攻破但不占领土地的为“入”。

13.3 荀罃、士鲂卒。晋侯蒐于绵上以治兵[①]，使士匄将中军[②]，辞曰：“伯游长[③]。昔臣习于知伯[④]，是以佐之，非能贤也。请从伯游。”荀偃将中军[⑤]，士匄佐之。使韩起将上军，辞以赵武。又使栾黡，辞曰：“臣不如韩起。韩起愿上赵武，君其听之！”使赵武将上军[⑥]，韩起佐之。栾黡将下军，魏绛佐之[7]。新军无帅，晋侯难其人[8]，使其什吏率其卒乘官属[9]，以从于下军，礼也。晋国之民，是以大和，诸侯遂睦[10]。

【注释】

①蒐(sōu)：打猎及训练军队。绵上：古地名。在今山西翼城西。治兵：阅兵。

②使士匄将中军：士匄本为中军佐，中军将荀罃死后由他递补。

③伯游：荀偃的字。长：能力更强。

④习于知伯：指与荀罃互相了解，能密切配合。

⑤荀偃将中军：晋悼公听从了士匄的建议，让荀偃当中军将。

⑥使赵武将上军：赵武本是新军帅，现在将上军，位由第七跃升为第三。

⑦魏绛佐之：魏绛代士鲂。

⑧难其人：难有合适的人选。

⑨什吏：每军都有军尉、司马、司空、舆尉和候奄共五吏，五吏又各有副手，因此合称为“十吏”。什，同“十”。

⑩诸侯遂睦：大夫谦让，唯贤是举，因此大为和睦。

【译文】

荀罃、士鲂去世。晋悼公在绵上打猎并检阅军队，派士匄统率中军，士匄推辞说：“荀偃比我强。过去因为下臣和知伯相知，所以辅佐他，并不是由于我能干。请任命荀偃。”于是荀偃率领中军，士匄辅佐他。任命韩起统率上军，韩起辞让给赵武。又任命栾黡，他也辞谢说：“下臣不如韩起。韩起希望让赵武在上位，请君主还是听从他吧！”于是任命赵武统领上军，韩起辅佐他。栾黡统率下军，魏绛辅佐他。新军无主帅，晋悼公对这个人选感到为难，便让新军的十个官吏率领徒兵骑兵和所属官员，附属于下军，这是合乎礼的。晋国民众，因此十分和睦团结，诸侯间也由此而和睦。

君子曰："让，礼之主也。范宣子让，其下皆让。栾黡为汏，弗敢违也[1]。晋国以平[2]，数世赖之[3]。刑善也夫[4]！一人刑善，百姓休和[5]，可不务乎？《书》曰：'一人有庆，兆民赖之，其宁惟永[6]。'其是之谓乎？周之兴也，其《诗》曰：'仪刑文王，万邦作孚[7]。'言刑善也。及其衰也，其《诗》曰：'大夫不均，我从事独贤[8]。'言不让也。世之治也，君子尚能而让其下[9]，小人农力以事其上[10]，是以上下有礼，而谗慝黜远，由不争也，谓之懿德[11]。及其乱也，君子称其功以加小人[12]，小人伐其技以冯君子[13]，是以上下无礼，乱虐并生[14]，由争善也[15]，谓之昏德。国家之敝，恒必由之。"

【注释】

①栾黡为汏(tài)，弗敢违也：栾黡虽然骄横，也不敢违背而只好谦让。汏，同"汰"，骄横。

②平：团结。

③赖：利。

④刑善：取法于善。刑，法。

⑤百姓：各族各姓。

⑥一人有庆，兆民赖之，其宁惟永：引文出自《尚书·吕刑》，意思是在上的一人为善，亿万人都受其利，国家可以长治久安。庆，善。

⑦仪刑文王，万邦作孚：引《诗》见《诗经·大雅·文王》。仪刑，效法。孚，信任。

⑧大夫不均，我从事独贤：引《诗》见《诗经·小雅·北山》。原意是讽刺周幽王役使不均，唯有自己劳役最多，此借指自夸贤能而不相让。独贤，独多，独劳。

⑨尚能：崇尚贤能。

⑩农力：努力。

⑪懿德：美德。

⑫君子：在位者。称：夸耀。加：凌驾。

⑬伐：夸耀。冯：凭，凌驾。

⑭乱虐：动乱残暴。

⑮争善：争相自夸以为善。

【译文】

君子说："谦让是礼的主体。范宣子谦让，其下属也就都谦让了。连栾黡那样骄横的人，也不敢违背。晋国因此而和平团结，几世都受益，这是由于取法于善的缘故啊！一个人取法于善，各族各姓都安逸和平，这样的事能不努力去做吗？《书》说：'一个人有善行，亿万人得利，国家就长治久安。'说的就是这种情况吧？周朝兴盛时，《诗》上说：'以文王为榜样，万国诸侯都信任。'说的就是取法于善。到了衰败时，《诗》上说：'大夫做事不公平，唯独我派的事最多。'这是说不肯谦让。当处在治世时，君子崇尚贤能而对下谦让，小人努力干活以事奉其上司，所以上下有礼，奸邪馋慝被废黜远离，这是由于不争的缘故，称为美德。到了乱世，君子夸耀自己的功劳而凌驾于小人之上，小人夸耀自己的技艺以凌驾君子，所以上下无礼，动乱暴虐一起发生，这是由于争相夸耀自己之故，称为昏德。国家的衰败，总是从这里开始。"

13.4 楚子疾①，告大夫曰："不穀不德，少主社稷②，生十年而丧先君③，未及习师保之教训而应受多福④，是以不德，而亡师于鄢⑤，以辱社稷，为大夫忧，其弘多矣⑥。若以大夫之灵，获保首领以殁于地⑦，唯是春秋窀穸之事⑧，所以从先君于祢庙者⑨，请为'灵'若'厉'⑩。大夫择焉！"莫对⑪。及五命乃许⑫。秋，楚共王卒。子囊谋谥。大夫曰："君有命矣。"

子囊曰："君命以共[13]，若之何毁之？赫赫楚国，而君临之，抚有蛮夷，奄征南海[14]，以属诸夏[15]，而知其过，可不谓共乎？请谥之'共'。"大夫从之[16]。

【注释】

①楚子疾：楚共王生病。

②少主社稷：楚共王十岁就为楚国君主。

③先君：指共王父亲楚庄王。

④师保：古代担任教导贵族子弟职务的官，教导太子的有太师、少师、太傅、少傅、太保、少保等。应：同"膺"，受。多福：指君主之位。

⑤亡师于鄢：成公十六年楚在鄢陵之战中战败。

⑥弘多：太多。

⑦获保首领以殁于地：意思是得以善终。

⑧春秋：指祭祀。窀穸(zhūn xī)：安葬。

⑨从先君于祢(nǐ)庙：共王死后，先君神主要迁入祖庙，原有祢庙作为新君祭祀共王的祢庙，所以说"从先君于祢庙"。祢庙，父庙。君主埋葬以后，春秋在祢庙祭祀，须先加谥号。

⑩"灵"若"厉"："灵"或"厉"都是恶谥。乱而不损曰灵，戮杀不辜曰厉。若，或。

⑪莫对：群臣不同意，所以没人答应。

⑫五命乃许：命令了五次，群臣才同意谥为"灵"或"厉"。

⑬君命以共：共，通"恭"。意谓共王的命令是表示他的谦恭。

⑭奄征：大举征伐。

⑮属诸夏：使中原各国附属于楚。

⑯大夫从之：大夫们同意子囊的意见。按，以上说明共王为何谥为"共"。

【译文】

楚共王生病，告诉大夫们说："不穀没有德行，幼年时便承担国君重任，出生十年就丧失先君，没能来得及好好学习师保们的教育训导，却承受了过多的福分，因而缺乏德行，在鄢地打了败仗，使国家蒙受耻辱，使大夫们忧虑，罪责够大的了。如果能托大夫们的福，得以善终入土，在诸如春秋祭祀安葬等事情上，能像当年先君那样安置在祢庙中，请谥为'灵'或'厉'。大夫们选定吧！"没人吭声赞同。直到命令了五次才同意。秋，楚共王去世。子囊和大家商议谥号。大夫们说："国君已经有命令了。"子囊说："国君的命令是体现他的谦恭，怎么能因此而诋毁他？我们声威赫赫的楚国，国君在上统治，安抚并统领蛮夷，大举征伐南海，让中原诸国服从于楚国，而国君又已自知其过，能说不是'共'？请谥他为'共'。"大夫们采纳了他的意见。

13.5　吴侵楚①，养由基奔命②，子庚以师继之③。养叔曰："吴乘我丧，谓我不能师也④，必易我而不戒⑤。子为三覆以待我⑥，我请诱之⑦。"子庚从之。战于庸浦⑧，大败吴师，获公子党。君子以吴为不吊⑨。《诗》曰："不吊昊天，乱靡有定⑩。"

【注释】

①吴侵楚：吴国乘楚国国丧侵犯楚国。

②养由基：即养叔，楚国大夫。奔命：应急出战的部队。

③子庚：楚国公子午，这时担任司马。

④谓我不能师：因为丧事而不能整军抗敌。

⑤易：轻视。不戒：丧失警惕，不戒备。

⑥三覆：三批伏兵。覆，同"伏"。

⑦我请诱之：养由基作先锋诱敌。

⑧庸浦：楚地名，在今安徽无为南长江北岸。

⑨吊(dì)：善。

⑩不吊昊天，乱靡有定：引《诗》见《诗经·小雅·节南山》。意思是上天认为你不善，动乱就不能平定。这里借以批评吴国乘着楚国国丧而进攻之。昊天，苍天。

【译文】

吴国侵袭楚国，养由基急速奔赴前线迎敌，子庚率军接着跟上。养由基说："吴国乘我国国丧侵犯我国，是认为我们不能出兵，必定会轻视我们而不加戒备。你安排好三支伏兵等着我，我前去诱敌。"子庚同意了。与吴国在庸浦接战，大败吴军，擒获公子党。君子认为吴国不对。《诗》上说："上天觉得你不对，动乱就不会平定。"

13.6 冬，城防，书事，时也。于是将早城[1]，臧武仲请俟毕农事，礼也[2]。

【注释】

①早城：提前筑城。

②臧武仲请俟毕农事，礼也：农事过后动工，合于时令，即合于礼。

【译文】

冬，在防筑城，《春秋》记载这件事，是因为合乎时令。本想早点筑城，臧武仲请求等农事完毕再动工，这是合于礼的。

13.7 郑良霄、大宰石臭犹在楚[1]。石臭言于子囊曰："先王卜征五年[2]，而岁习其祥[3]，祥习则行[4]。不习，则增修德而改卜[5]。今楚实不竞，行人何罪？止郑一卿[6]，以除其逼，使睦而疾楚[7]，以固于晋[8]，焉用之？使归而废其使[9]，怨其君以疾其大夫[10]，而相牵引也，不犹愈乎[11]？”楚人归之。

【注释】

①郑良霄、大宰石臭(chuò)犹在楚：二人在襄公十一年出使楚国被囚禁。

②卜征五年：为征伐连续占卜五年。征，征伐。

③岁习其祥：五年卜征，每年都吉祥。习，通“袭”，重复。

④祥习则行：每年都吉祥就出兵。

⑤改卜：重新起卜。

⑥止：留住。一卿：指良霄。

⑦以除其逼，使睦而疾楚：良霄刚愎自用，威逼郑国君臣，楚国扣留他，实际是在替郑国除去威逼，郑国内部和睦，怨恨楚国。

⑧以固于晋：服晋之心更加坚固。

⑨废其使：未能完成出使的任务。

⑩怨其君以疾其大夫：良霄回国，将会既怨国君又恨各位大夫。以，与。

⑪而相牵引也，不犹愈乎：与其扣留良霄不放，不如放他回国，使郑国内部不和睦而互相牵制。

【译文】

郑国良霄、太宰石臭仍被扣留在楚国。石臭对子囊说：“先王为了征伐之事而连续占卜了五年，每年都是吉祥，连续吉祥就出兵。要是有一年不吉祥就更加努力修明德行而重新占卜。现在楚国实在不能与晋国争强，使节又有什么罪过呢？扣留郑国一位卿，这就除去了对郑国君臣的威逼，使他们相互和睦而怨恨楚国，更坚定了他们顺服晋国的决心，这样做有什么好处呢？不如放他回国使他完不成使命，从而怨恨其国君、痛恨大夫们，使君臣之间互相牵制，不是更好吗？”楚国放良霄回国。

十四年

【经】

14.1　十有四年春王正月①，季孙宿、叔老会晋士匄、齐人、宋人、卫人、郑公孙虿、曹人、莒人、邾人、滕人、薛人、杞人、小邾人会吴于向②。

14.2　二月乙未朔，日有食之③。

14.3　夏四月，叔孙豹会晋荀偃、齐人、宋人、卫北宫括、郑公孙虿、曹人、莒人、邾人、滕人、薛人、杞人、小邾人伐秦④。

14.4　己未⑤，卫侯出奔齐。

14.5　莒人侵我东鄙⑥。

14.6　秋，楚公子贞帅师伐吴。

14.7　冬，季孙宿会晋士匄、宋华阅、卫孙林父、郑公孙虿、莒人、邾人于戚⑦。

【注释】

①十有四年：鲁襄公十四年当周灵王十三年，前559。

②叔老：鲁国大夫。向：郑地，在今安徽怀远西。

③二月乙未朔，日有食之：即前559年1月14日之日环食。乙未朔，初一。

④伐秦：晋国报复襄公十一年栎之战。按，秦、晋交兵，自鲁僖公三十三年崤之役开始，经历六十八年，此后《春秋》再不书晋、秦交兵。

⑤己未：二十六日。

⑥莒人侵我东鄙：报复襄公十二年季武子进攻郓之战。

⑦戚：卫孙林父的采邑，在今河南濮阳稍东北。

【译文】

鲁襄公十四年春周历正月，季孙宿、叔老会同晋国士匄、齐国人、宋国人、卫国人、郑国公孙虿、曹国人、莒国人、邾国人、滕国人、薛国人、杞国人和小邾国人与吴国人相会于向。

二月初一，日食。

夏四月，叔孙豹会同晋国荀偃、齐国人、宋国人、卫国北宫括、郑国公孙虿、曹国人、莒国人、邾国人、滕国人、薛国人、杞国人及小邾国人联合进攻秦国。

二十六日，卫献公出奔齐国。

莒国进犯我国东部边境。

秋，楚国公子贞带领军队攻打吴国。

冬，季孙宿与晋国士匄、宋国华阅、卫国孙林父、郑国公孙虿、莒国人、邾国人在戚地相会。

【传】

14.1　十四年春，吴告败于晋①。会于向，为吴谋楚故也②。范宣子数吴之不德也③，以退吴人。

【注释】

①吴告败于晋：晋、吴同盟，因此吴国向晋国报告被楚国打败的事。

②为吴谋楚故：打算伐楚为吴国报仇。

③数(shǔ)：责备。吴之不德：吴国乘楚国丧而伐楚是不道德的。

【译文】

鲁襄公十四年春，吴国向晋国通报去年被楚国战败的事。在向地相会，这是为了要替吴国策划攻打楚国的缘故。范宣子责备吴国人不讲道德，以此拒绝了吴国人的请求。

执莒公子务娄，以其通楚使也[①]。

【注释】

①以其通楚使：莒贰于楚，故连年伐鲁。晋因以与楚通使之罪扣留莒公子务娄。

【译文】

逮捕莒国公子务娄，这是因为他派使者和楚国往来。

将执戎子驹支[①]。范宣子亲数诸朝[②]，曰："来！姜戎氏[③]！昔秦人迫逐乃祖吾离于瓜州[④]，乃祖吾离被苫盖、蒙荆棘以来归我先君[⑤]。我先君惠公有不腆之田[⑥]，与女剖分而食之。今诸侯之事我寡君不如昔者，盖言语漏泄，则职女之由[⑦]。诘朝之事[⑧]，尔无与焉[⑨]！与，将执女！"对曰："昔秦人负恃其众，贪于土地，逐我诸戎[⑩]。惠公蠲其大德[⑪]，谓我诸戎是四岳之裔胄也[⑫]，毋是翦弃[⑬]。赐我南鄙之田，狐狸所居，豺狼所嗥[⑭]。我诸戎除翦其荆棘，驱其狐狸豺狼，以为先君不侵不叛之臣，至于今不贰[⑮]。昔文公与秦伐郑，秦人窃与郑盟而舍戍焉[⑯]，于是乎有崤之师[⑰]。晋御其上，戎亢其下[⑱]，秦师不复[⑲]，我诸戎实然[⑳]。譬如捕鹿，晋人角之[㉑]，诸戎掎之[㉒]，与晋踣之[㉓]，戎何以不免[㉔]？自是以来[㉕]，晋之百役，与我诸戎相继于时[㉖]，以从执政，犹崤志也[㉗]。岂敢离逷[㉘]？今官之师旅无乃实有所阙[㉙]，以携诸侯[㉚]，而罪我诸戎！我诸戎饮食衣服不与华同，贽币不通[㉛]，言语不达，何恶之能为[㉜]？不与于会，亦无瞢焉[㉝]！"赋《青蝇》而退[㉞]。宣子辞焉[㉟]，使即事于会，成恺悌也[㊱]。

【注释】

①驹支:戎部落头目之名。

②朝:盟会的地方也设朝位。

③姜戎氏:瓜州之戎有姜姓、允姓二支,这里是姜姓。

④吾离:姜戎祖父名。瓜州:古地名。在今甘肃敦煌。

⑤被苫(shān)盖,蒙荆棘:这里是形容其贫困。被,同“披”。苫盖,编茅草为衣。蒙荆棘,头戴用荆棘所编的冠。

⑥不腆:不多。

⑦职女之由:都是由于你的缘故。职,当。女,通“汝”。

⑧诘朝:明日。

⑨尔无与:你不要参加明天的会盟。

⑩昔秦人负恃其众,贪于土地,逐我诸戎:指秦穆公称霸西戎。

⑪蠲(juān):昭明,显示。

⑫四岳:尧时诸侯之长,姜姓。裔胄:后代。

⑬毋是翦弃:不要灭亡他们。翦弃,灭亡。

⑭嗥(háo):咆哮。

⑮不贰:不改变做法。

⑯昔文公与秦伐郑,秦人窃与郑盟而舍戍焉:指僖公三十年烛之武退秦师,秦国与郑国结盟,并派杞子等三人戍郑。舍,安置。

⑰崤之师:崤之战,在僖公三十三年。

⑱戎亢其下:戎人配合晋军抗秦。亢,同“抗”,抵抗。

⑲不复:战败而回不去。

⑳诸戎实然:所以如此,是诸戎之功。

㉑角之:从正面执其角。

㉒掎(jǐ)之:从后面拖其足。

㉓踣(bó):向前仆倒。

㉔不免:不能免于罪责。

㉕是：指崤之战。

㉖晋之百役，与我诸戎相继于时：晋国有战事，诸戎都共同从事，从未间断。

㉗以从执政，犹崤志也：从，追随。犹崤志，还是与崤之战时候一样无二心。

㉘逷（tì）：同“逖”，远。

㉙官之师旅：指晋国群臣大夫。有所阙：有过失。

㉚以携诸侯：使诸侯离心。

㉛贽币不通：财礼不相往来。

㉜言语不达，何恶之能为：这是驳范宣子责备戎人使得诸侯离晋、言语漏泄。达，通。

㉝瞢（méng）：惭愧。按，以上是驹支历举戎人帮助晋国打败秦国的事实，说明晋国的责难毫无根据。

㉞《青蝇》：《诗经·小雅》中的一篇。这里是取其中“恺悌君子，无信谗言”的意思。

㉟辞：道歉。

㊱成恺悌：不信谗。

【译文】

打算拘捕戎部落首领驹支。范宣子亲自在朝堂上责备他，说道：“过来，姜戎氏！当初秦国人在瓜州追赶你的祖父吾离，你祖父吾离身穿蓑衣、头戴荆冠来归附我国先君。我们先君惠公只有不多的田地，还和你们共同平分而食用。如今诸侯事奉我国国君不如以前，这是由于话语泄漏了机密，显然是你们传出去的。明天早晨的事，你们就不要参与了！如果参与，就要把你们逮起来！”驹支回答说：“从前秦国人倚仗人多，贪图土地，驱赶我们各部戎人。惠公显示了他的大德，认为我们戎人各部都是四岳的后裔，不应把我们丢弃不管。于是赐给我们南部边境的田地。这里都是狐狸出没、豺狼乱嚎的荒野之地。我们戎人砍掉这里的荆棘，赶走狐狸豺狼，成为贵国先君不离弃不背叛的臣下，至今没有二心。当初晋文公与秦国讨伐郑国，秦国人暗地里和郑国结盟而安排了戍守的兵力，于是有崤的战役。晋国在上面抵御，戎人在下面对抗，秦国军队无法撤回，正是我们戎人各部的功劳。譬如捕鹿，晋人抓住了它的角，戎人拖住了它的腿，与晋国一起把它放倒。戎人为何不能免于罪责呢？此后，晋国的各个战役，我各部戎人一个接一个地随时参与，以追随执事，如同崤之战一样。岂敢逃避远离？现在群臣官员恐怕有所失误，使得诸侯离心，反而怪罪我各部戎人！我们各部戎人饮食衣服与中原不同，财礼不相往来，言语不通，还能做什么坏事呢？不参加会见，我们也没什么好惭愧的。”赋了《青蝇》这首诗然后退下。范宣子听完之后表示了歉意，让他参加会见，成就了不信谗言的雅量。

于是子叔齐子为季武子介以会①，自是晋人轻鲁币而益敬其使②。

【注释】

①子叔齐子：叔老。子叔婴齐之子。介：副手。

②晋人轻鲁币而益敬其使：晋国减轻鲁国的财礼而更敬重其使者。

【译文】

当时，子叔齐子作为季武子的副手参加了会见，从此晋国减轻鲁国的财礼而更敬重其使者。

14.2 吴子诸樊既除丧①，将立季札②。季札辞曰：“曹宣公之卒也③，诸侯与曹人不义曹君④，将立子臧。子臧去之，遂弗为也，以成曹君⑤。君子曰‘能守节’⑥。君，义嗣也，谁敢奸君[7]？有国，非吾节也。札虽不才，愿附于子臧，以无失节[8]。"固立之。弃其室而耕。乃舍之。

【注释】

①诸樊既除丧：吴王寿梦死于襄公十二年秋七月，到现在丧期已满三年（实际是十七个月）。诸樊，吴王寿梦长子。除丧，除去丧服。

②季札：诸樊之弟，贤而有才。

③曹宣公之卒：曹宣公死于成公十三年。

④不义曹君：指鲁成公十三年负刍杀太子自立为君。曹君，指曹成公负刍。

⑤子臧去之，遂弗为也，以成曹君：事见成公十五、十六年《传》。去之，子臧离开曹国。

⑥能守节：当时子臧曾说"圣达节，次守节，下失节。为君非吾节也"。

⑦君，义嗣也，谁敢奸君：诸樊是嫡长子，继承君位是合法的。奸，冒犯。

⑧愿附于子臧，以无失节：季札愿意学子臧而不失节。

【译文】

吴王诸樊已经服丧期满，准备立季札为国君。季札推辞说："曹宣公去世的时候，诸侯与曹国人不赞成立曹成公，要立子臧为国君。子臧离开了曹国，所以计划没能实行，便成全了曹成公。君子认为子臧'能够保持节操'。你是合法的继承人，谁敢冒犯你？作国君，这不符合我的节操。我虽然不才，但愿意追随子臧，以不失节操。"诸樊坚持要拥立他，季札便抛弃家室而去种地，诸樊才不再勉强他。

14.3　夏，诸侯之大夫从晋侯伐秦，以报栎之役也[1]。晋侯待于竟[2],使六卿帅诸侯之师以进。及泾,不济[3]。叔向见叔孙穆子[4],穆子赋《匏有苦叶》,叔向退而具舟[5]。鲁人、莒人先济。郑子蟜见卫北宫懿子曰[6]:“与人而不固[7],取恶莫甚焉!若社稷何?”懿子说。二子见诸侯之师而劝之济[8]。济泾而次。秦人毒泾上流,师人多死[9]。郑司马子蟜帅郑师以进,师皆从之[10],至于棫林,不获成焉[11]。荀偃令曰:“鸡鸣而驾,塞井夷灶,唯余马首是瞻[12]!”栾黡曰:“晋国之命,未是有也。余马首欲东[13]。”乃归。下军从之[14]。左史谓魏庄子曰[15]:“不待中行伯乎[16]?”庄子曰:“夫子命从帅[17]。栾伯,吾帅也[18],吾将从之。从帅,所以待夫子也。”伯游曰:“吾令实过,悔之何及,多遗秦禽[19]。”乃命大还[20]。晋人谓之迁延之役[21]。

【注释】

①以报栎之役也:栎之役在襄公十一年。

②竟:通“境”。

③及泾,不济:诸侯之师不肯渡泾。泾,河水名,有南北二源,会合后经今陕西彬州、泾阳、高陵流入渭河。杨伯峻认为,这里的泾水济渡处当在泾阳南。

④叔向见叔孙穆子:叔向即叔肸(xī),叔孙穆子是鲁国的叔孙豹。

⑤穆子赋《匏有苦叶》,叔向退而具舟:此诗里有“匏有苦叶,济有深涉。深则厉,浅则揭”等句,叔孙穆子赋此诗,是表示愿意渡泾水,叔向会意,于是回去准备船只。《匏有苦叶》是《诗经·国风·邶风》中篇名。

⑥北宫懿子:即北宫括。

⑦与人而不固:亲附别人而不坚定。

⑧二子见诸侯之师而劝之济：鲁、莒已先渡河，于是劝诸侯各国也渡河。诸侯之师，指齐、宋、曹、邾、滕、薛、杞及小邾等国。二子，指郑子蟜和卫北宫括。

⑨秦人毒泾上流，师人多死：秦军在泾水上流放毒，晋兵饮用了毒水，死了很多。

⑩郑司马子蟜帅郑师以进，师皆从之：按，杨伯峻指出，襄公十九年子蟜去世，晋悼公向周王请求赐子蟜以大路行葬之礼，就是因为他的这次行动。

⑪至于棫(yù)林，不获成焉：棫林，秦地名，在泾水西南。不获成，秦不肯屈服求和。

⑫鸡鸣而驾，塞井夷灶，唯余马首是瞻：荀偃要大家听从自己指挥，准备明早决战。塞井夷灶是为了便于布阵。

⑬余马首欲东：栾黡不服气，想要回师。因为秦军在西，所以"欲东"就是撤兵回国。

⑭下军从之：栾黡是下军帅。

⑮左史：官名。杨伯峻指出，这里的左史是随军记述之官。魏庄子：即魏绛。

⑯不待中行伯乎：中行伯即荀偃，他作为中军帅还没有下达退兵的命令。

⑰夫子命从帅：夫子指荀偃。

⑱栾伯，吾帅也：魏绛是下军佐，故云。

⑲多遗秦禽：只会留下人马让秦军来俘获。多，只，适。

⑳大还：全军撤退。

㉑迁延之役：因为拖拉而贻误战机。这里指起初诸侯军队不肯渡泾水，鲁渡河后才在郑、卫的劝说下渡河，之后郑国军队前进了他们才跟着进兵，到了棫林又因将帅不和而大撤退。

【译文】

夏，诸侯各国大夫跟从晋悼公去讨伐秦国，以报复栎地的战役。晋悼公在边境等候，派六卿率领诸侯军队进军。到达泾水，诸侯军队都不愿意渡河。叔向进见叔孙穆子，穆子赋《匏有苦叶》一诗，叔向回去就备办船只。鲁国、莒国人马先行渡河了。郑国子蟜去见卫国的北宫懿子，说道："亲附别人却三心二意，没有比这更让人讨厌的了！又如何向国家交代？"懿子赞同他的话。二人去见诸侯的军队，劝他们渡河，于是都渡过泾水并驻扎下来。秦军在泾水上流放毒，诸侯军队的士兵死了很多。郑司马子蟜率领郑国军队前进，各国的军队也就都跟上来，便到达棫林，而秦国仍不肯服输求和。荀偃下令："鸡叫就出兵，填塞水井、铲平炉灶，只看我的马朝哪个方向就前进！"栾黡说："晋国从来没有过这样的命令。我可要撤兵回国。"便往回走，下军也都跟随他回去。左史对魏绛说："不等荀偃了吗？"魏绛说："正是他命令我们要跟从主帅。栾黡是我的主帅，我要跟从他。跟从主帅就是尊重荀偃他老人家。"荀偃说："我的命令确实错了，现在悔不当初，多留下军队只会让秦军俘虏。"于是命令全部撤军。晋国人把这次军事行动称为"迁延之役"。

栾鍼曰①："此役也，报栎之败也。役又无功，晋之耻也。吾有二位于戎路②，敢不耻乎？"与士鞅驰秦师③，死焉。士鞅反。栾黡谓士匄曰："余弟不欲往，而子召之。余弟死，而子来，是而子杀余之弟也④。弗逐，余亦将杀之。"士鞅奔秦⑤。

【注释】

①栾鍼：栾黡的弟弟，这时担任戎右。

②二位：指栾黡、栾鍼兄弟俩。戎辂：将帅所乘兵车。路，即辂。

③士鞅：士匄的儿子。

④"余弟不欲往"五句：栾黡认为栾鍼是受士鞅的怂恿才战死的，所以责怪士鞅。而子，你的儿子。而，你，你的。

⑤士鞅奔秦：按，从此栾、范两家结怨。

【译文】

栾鍼说："这次战役，本是为了报复在栎的失败，结果却无功而返，这是晋国的耻辱。我们家有两人这次出任将帅，能不感到耻辱吗？"便和士鞅一起冲进秦军，结果战死。士鞅跑了回来。栾黡对士匄说："我弟弟本不想去，都是你儿子叫他去的。结果我弟弟死了，你的儿子却活着回来，是你儿子杀了我的弟弟。你不把他赶走，我就要杀了他。"士鞅就逃往秦国。

于是，齐崔杼、宋华阅、仲江会伐秦①。不书，惰也②。向之会亦如之。卫北宫括不书于向，书于伐秦，摄也③。

【注释】

①仲江：宋国公孙师之子。

②不书，惰也：这是解释齐崔杼、宋华阅、仲江三人都参加讨秦，而《经》文所以只记作齐人、宋人而不记三人的名字，是因为他们临事怠慢。

③卫北宫括不书于向，书于伐秦，摄也：这次记下北宫括的名字，是由于他积极参与了讨秦战斗。摄，杨伯峻认为，这里作整顿或佐助讲均可通。

【译文】

这时齐国崔杼、宋国华阅、仲江合兵攻秦，《春秋》不记载其名，是由于他们临事怠慢。向地相会的情形也是这样。卫国北宫括在向之会的记载中没有留下姓名，可在这次伐秦有记载，是因为他这次积极参与了战斗。

秦伯问于士鞅曰："晋大夫其谁先亡？"对曰："其栾氏乎！"秦伯曰："以其汰乎？"对曰："然。栾黡汰虐已甚，犹可以免[1]，其在盈乎[2]！"秦伯曰："何故？"对曰："武子之德在民，如周人之思召公焉，爱其甘棠，况其子乎[3]？栾黡死，盈之善未能及人，武子所施没矣[4]，而黡之怨实章，将于是乎在[5]。"秦伯以为知言[6]，为之请于晋而复之。

【注释】

①犹：如果。

②盈：栾盈，栾黡之子。

③"武子之德在民"四句：因为栾武子有德，人们会像周人作《甘棠》怀念召公一样思念他，何况他的儿子呢。武子，即栾书，栾黡的父亲。甘棠，传说召公奭在甘棠树下听讼断狱，周人思念他而作《甘棠》之诗，见《诗经·国风·召南》。

④盈之善未能及人，武子所施没矣：栾盈的善行没有施及别人，栾书的恩泽也消失了。

⑤而黡之怨实章，将于是乎在：人们怨恨栾黡，其亡将在于此。这是为襄公二十三年栾氏被灭伏笔。章，明显。

⑥知言：有见识的话。知，同"智"。

【译文】

秦景公向士鞅打听："晋国大夫中谁会先灭亡？"回答说："可能是栾氏吧！"景公说："是因为他骄横吗？"回答说："是的。栾黡太过骄横暴虐，如果他可以免于灾祸，这灾祸大概要落到栾盈的头上吧！"景公问："这是什么缘故呢？"回答说："栾武子对人民有恩德，正如周民众思念召公那样，因爱其人而施及甘棠树，更何况他的儿子呢？但栾黡死后，栾盈的善行未能施及别人，栾武子所施的恩惠人们又已淡忘，而人们对栾黡的怨恨却越来越大，因而将会在栾盈这里爆发。”景公认为这是有见地的话，便为他向晋国求情，使他回国复位。

14.4　卫献公戒孙文子、甯惠子食①，皆服而朝②。日旰不召③，而射鸿于囿。二子从之④，不释皮冠而与之言⑤。二子怒。孙文子如戚，孙蒯入使⑥。公饮之酒，使大师歌《巧言》之卒章⑦。大师辞⑧，师曹请为之⑨。初，公有嬖妾，使师曹诲之琴，师曹鞭之。公怒，鞭师曹三百。故师曹欲歌之，以怒孙子，以报公⑩。公使歌之，遂诵之⑪。蒯惧，告文子。文子曰：“君忌我矣，弗先，必死⑫。”并帑于戚而入⑬，见蘧伯玉⑭，曰：“君之暴虐，子所知也。大惧社稷之倾覆，将若之何？”对曰：“君制其国，臣敢奸之⑮？虽奸之，庸知愈乎⑯？”遂行，从近关出⑰。

【注释】

①卫献公戒孙文子、甯惠子食：约请孙林父、甯惠子吃饭。戒食，约请吃饭。孙文子，即孙林父。甯惠子，即甯殖。

②皆服而朝：都穿朝服在朝堂等着。

③日旰(gàn)：天晚。

④二子从之：两人跟到园林里。

⑤不释皮冠而与之言：君见臣，臣穿朝服，君应脱去皮帽。卫献公不脱，是有意羞辱二人。

⑥孙蒯入使：孙林父恼怒地回到戚不再去上朝，而让儿子代替他。孙蒯，孙林父之子。

⑦大师：乐官之长。大，同“太”。《巧言》之卒章：《巧言》乃《诗经·小雅》的篇名。其卒章说：“彼何人斯，居河之麋。无拳无勇，职

为乱阶。”卫献公这是借以暗指孙氏跋扈不臣，又无能耐。

⑧大师辞：太师知道这样会更加激怒孙氏，所以不愿歌唱。

⑨师曹：太师所属的乐人。

⑩故师曹欲歌之，以怒孙子，以报公：这是插叙师曹“欲歌之”是为报复被鞭打之恨。

⑪公使歌之，遂诵之：怕孙蒯不知其意，又诵读一遍。歌，依谱歌唱。诵，诵读。杨伯峻曰，歌必依乐谱，诵仅有抑扬顿挫。

⑫君忌我矣，弗先，必死：孙林父决定先发制人。

⑬并帑(nú)于戚而入：将家众迁入戚地，然后入都攻卫献公。帑，指妻室儿女及子弟臣仆等家众。杨伯峻指出，孙氏家众本分二处，一在采邑戚，一在卫都帝丘。这时为发动叛乱，将家众聚于戚，而后率众如帝丘。

⑭见蘧(qú)伯玉：杨伯峻认为，这是孙林父如都时偶然遇见蘧伯玉，因伯玉见他率领兵众，孙氏不得不和他说。蘧伯玉，名瑗(yuàn)，谥成子，蘧无咎之子。

⑮奸：冒犯。

⑯虽奸之，庸知愈乎：意思是即使废旧君、立新君，哪里能知道新君就胜过旧君呢？庸知，岂知。

⑰遂行，从近关出：蘧伯玉担心遭祸，从最近的关口出国。

【译文】

卫献公约请孙文子、甯惠子吃饭，二人都穿好朝服等在朝堂上。直到太阳快落山了献公还不召见，反而在苑囿里射雁。二人跟到园里，献公不脱下皮帽就和他们说话。二人心中大怒。孙文子回戚地去，而派孙蒯入朝。献公招待他喝酒，让太师歌唱《巧言》的最后一章。太师推辞了，师曹却主动请求替他唱。起初，献公有个宠妾，师曹被派去教她弹琴，师曹鞭打过她。献公发怒，打了师曹三百鞭子。所以师曹想唱这诗，用以激怒孙蒯，达到报复献公的目的。献公让他唱，他就唱了又诵读了一遍。孙蒯害怕，回去告诉了孙文子。孙文子说："国君忌恨我了，不先下手就会被他杀死。"于是孙文子把所有家属、家众都集中到戚地，然后入都，途中遇见蘧伯玉，跟他说："国君的暴虐，是你所知道的。我很担心国家会倾覆，你看该怎么办？"蘧伯玉："君主控制着国家，臣下哪敢冒犯？即使冒犯他而另立新君，又怎么知道就一定比原来的强呢？"蘧伯玉就离开国都，从最近的边关出境。

公使子蟜、子伯、子皮与孙子盟于丘宫①，孙子皆杀之。四月己未②，子展奔齐③。公如鄄④，使子行请于孙子⑤，孙子又杀之。公出奔齐，孙氏追之，败公徒于河泽⑥。鄄人执之⑦。

【注释】

①公使子蟜、子伯、子皮与孙子盟于丘宫：孙氏之兵已迫临公宫，卫献公害怕了，派三人向孙林父求和。子蟜、子伯、子皮，三人是卫国群公子。丘宫，在卫都内。

②己未：二十六日。

③子展奔齐：卫献公打算奔齐，子展为之先行。子展，卫献公弟。

④鄄(juàn)：卫地名，在今山东鄄城。

⑤使子行请于孙子：卫献公再次派人去求和。子行，卫国群公子。

⑥河泽：古地名。今山东聊城。

⑦鄄人执之：逮住卫献公的败兵。

【译文】

卫献公派子蟜、子伯、子皮和孙文子在丘宫订立盟约，结果孙文子把三人都杀死。四月二十六日，子展出逃到齐国。献公到鄄地，派子行去向孙文子求和，孙文子又把他杀了。献公逃往齐国，孙文子追赶他，在河泽将其亲兵打败。鄄地人则把这些败兵都抓了起来。

初,尹公佗学射于庚公差,庚公差学射于公孙丁。二子追公[1],公孙丁御公。子鱼曰[2]:“射为背师,不射为戮,射为礼乎[3]?”射两軥而还[4]。尹公佗曰:“子为师,我则远矣[5]。”乃反之[6]。公孙丁授公辔而射之,贯臂[7]。

【注释】

①二子:尹公佗和庚公差。

②子鱼:庚公差的字。

③射为背师,不射为戮,射为礼乎:射是违背师恩,不射又将被杀,而射更合于礼。

④軥(qú):车轭下边夹马颈的曲木。

⑤子为师,我则远矣:你因为公孙丁是师傅而不射中,对于我,他只是我的师祖,关系较疏远。

⑥乃反之:回车再追卫献公。

⑦贯臂:公孙丁一箭射穿尹公佗的手臂,卫献公得以逃脱。

【译文】

当初,尹公佗向庚公差学射箭,庚公差向公孙丁学射箭。尹公佗和庚公差追赶献公,而公孙丁为献公驾车。庚公差说:“射是背叛师傅,不射又要被杀,以一种礼仪性的方式来射吧。”于是发箭射中车軥而回。尹公佗说:“你为了师傅而故意不射中,我和公孙丁的关系就又远了一层。”于是回车再追。公孙丁把缰绳交给献公后便向尹公佗射箭,一箭射穿他的手臂。

子鲜从公[1],及竟,公使祝宗告亡,且告无罪[2]。定姜曰[3]:“无神,何告?若有,不可诬也[4]。有罪,若何告无?舍大臣而与小臣谋,一罪也。先君有冢卿以为师保[5],而蔑之[6],二罪也。余以巾栉事先君[7],而暴妾使余[8],三罪也。告亡而已,无告无罪[9]。”

【注释】

①子鲜:卫献公同母弟。

②公使祝宗告亡,且告无罪:让祝宗将自己出奔之事告于宗庙,且声明自己无罪。祝宗,古代主持祭祀祈祷者。

③定姜:卫定公嫡夫人,卫献公嫡母。

④诬:欺骗。

⑤有冢卿以为师保:为卿佐即为其师保。冢卿,六卿中掌治国政的人,这里指孙林父、甯殖。师保,古代担任教导贵族子弟职务的官。

⑥蔑:轻视,鄙视。

⑦余以巾栉(zhì)事先君:意谓自己是先君的嫡夫人。巾栉,手巾梳子。

⑧暴妾使余:定姜非卫献公生母,卫献公待她暴虐无礼,如同对待婢妾。

⑨无告:不要。

【译文】

子鲜跟从卫献公。到了边境,献公派祝宗向祖宗神灵报告逃亡,同时告称自己无罪。定姜说:“如果没有神灵,报告什么?如果有,就不能欺骗。明明有罪,为何说没有?抛开大臣而与小臣商议,这是第一宗罪。先君有正卿为你作师保,你却蔑视他们,这是第二宗罪。我是先君的妻子,你对我却像对婢妾一样凶暴,这是第三罪宗。你就报告逃亡罢了,不要说自己无罪。”

公使厚成叔吊于卫[①]，曰："寡君使瘠，闻君不抚社稷[②]，而越在他竟[③]，若之何不吊？以同盟之故，使瘠敢私于执事[④]，曰：'有君不弔，有臣不敏，君不赦宥，臣亦不帅职[⑤]，增淫发泄，其若之何[⑥]？'"卫人使大叔仪对[⑦]，曰："群臣不佞[⑧]，得罪于寡君。寡君不以即刑[⑨]，而悼弃之[⑩]，以为君忧。君不忘先君之好，辱吊群臣[⑪]，又重恤之[⑫]。敢拜君命之辱，重拜大贶[⑬]。"厚孙归，复命，语臧武仲曰："卫君其必归乎[⑭]！有大叔仪以守[⑮]，有母弟鱄以出[⑯]。或抚其内，或营其外，能无归乎？"

【注释】

①厚成叔：鲁国大夫，名瘠。

②不抚社稷：指失去君位。抚，有。

③越：流亡。

④执事：卫国的各位大夫。

⑤有君不弔，有臣不敏，君不赦宥，臣亦不帅职：这里厚成叔对卫献公和孙林父都加以批评。不弔，不善。不敏，不明达。

⑥增淫发泄，其若之何：成公十四年卫献公初立，孙氏闻定姜对献公的评论即将私家宝器移于戚，献公因与孙氏有嫌隙，至此时间积久，终于大发作而驱逐卫献公。增淫，积久。

⑦大叔仪：卫国大夫，谥文子。大，同"太"。

⑧不佞：不才。

⑨不以即刑：不处罚群臣。

⑩而悼弃之：卫献公弃臣逃亡。悼，逃。

⑪辱吊群臣：慰问群臣失君。

⑫又重恤之：又哀怜群臣不明达，未尽职。

⑬敢拜君命之辱，重拜大贶(kuàng)：一谢吊失君，又谢哀怜群臣。贶，赠，赐。

⑭卫君其必归乎：预言卫献公将重回卫国。

⑮有大叔仪以守：有大叔仪留守国内。

⑯有母弟鱄(tuán)以出：有子鲜跟从卫献公出亡。鱄，即子鲜。

【译文】

襄公派厚成叔到卫国慰问说："我们国君派我来，是因为听说你们国君失去君位，逃亡到国外去了，怎么能不来慰问呢？由于是同盟的关系，派我私下对各位说：'国君不明智，臣子不敏达，国君不肯宽恕臣子，臣子又不尽职，时间久了而发作，又应该怎么办？'"卫国派太叔仪回应道："群臣不才，得罪了自己的国君。国君不处罚群臣，而是远远地抛弃了臣子，给贵国国君带来了忧虑。贵国君主不忘与先君的友好，承蒙您前来慰问敝国群臣，又加怜恤。谨此拜谢贵君主的好意，并拜谢对敝国群臣的哀怜。"厚成叔回国复命，对臧武仲说："卫献公应该能够回国的吧！有太叔仪留守国内，又有同母弟鱄一起出亡。这样，有人安抚国内，有人在国外经营事务，能回不去吗？"

齐人以郲寄卫侯①。及其复也②，以郲粮归③。

【注释】

①郲：即莱国，襄公七年为齐所灭。寄：寓居。

②及其复也：卫献公回国在十二年以后，这里提前叙述。

③以郲粮归：卫献公临回国时，把郲地的粮食席卷而归，可见其贪婪。

【译文】

齐国安排卫献公住在郲地。到他复位回国的时候，把郲地的粮食载运回国。

右宰穀从而逃归[①]，卫人将杀之。辞曰："余不说初矣[②]，余狐裘而羔袖[③]。"乃赦之。

【注释】

①右宰穀：卫国大夫。

②余不说初矣：意思是当初跟随卫献公出逃并非乐意。说，同"悦"。

③余狐裘而羔袖：意思是我一身皆善，唯有跟从国君出走这点小恶。狐裘，贵重，比喻善。羔，比喻恶。

【译文】

右宰穀随从献公出奔又逃回卫国，卫国人要杀他。右宰穀辩解道："我当初并不是心甘情愿走的，我只是有小过错而已。"卫国便宽赦了他。

卫人立公孙剽[①]，孙林父、甯殖相之，以听命于诸侯[②]。

【注释】

①公孙剽：卫殇公，卫穆公之孙。

②听命于诸侯：孙、甯辅佐殇公，听取诸侯的命令。命，杜预《春秋左传注》："听盟会之命。"

【译文】

卫国立公孙剽为君，孙林父、甯殖辅佐，以听取诸侯的命令。

卫侯在郲，臧纥如齐[①]，唁卫侯[②]。卫侯与之言，虐[③]。退而告其人曰："卫侯其不得入矣[④]！其言粪土也[⑤]，亡而不变，何以复国？"子展、子鲜闻之，见臧纥，与之言，道[⑥]。臧孙说[7]，谓其人曰："卫君必入。夫二子者，或輓之，或推之[8]，欲无入，得乎[9]？"

【注释】

①臧纥：鲁国臧武仲名。

②唁：慰问生者。

③虐：态度粗暴。

④其：大概。

⑤粪土：比喻其"虐"。

⑥道：顺。子展、子鲜说话通情达理。

⑦臧孙：即臧纥。

⑧或輓之，或推之：这里以推车作比喻，指子展、子鲜善于辅佐卫献公。輓，在前拉车。

⑨欲无入，得乎：这里为襄公二十六年卫献公回国伏笔。

【译文】

卫献公在郲地，臧纥到齐国来慰问他。献公和他交谈，态度粗暴。臧纥出来以后对手下人说："卫国国君大概不可能回国了！他的话就如同粪土，逃亡在外却不悔改，怎么能回国复位？"子展、子鲜听说了，进见臧纥，与他交谈，很通情达理。臧纥很高兴，对手下说："卫国国君一定能回国。这两人一个推一个拉，怎能不回国呢？"

14.5　师归自伐秦[1]，晋侯舍新军[2]，礼也。成国不过半天子之军[3]。周为六军，诸侯之大者，三军可也[4]。于是知朔生盈而死[5]，盈生六年而武子卒[6]，彘裘亦幼[7]，皆未可立也。新军无帅，故舍之[8]。

【注释】

①师归自伐秦：伐秦的诸侯之师回国。

②舍：废除。这里指晋国撤销新军。

③成国：大国。

④诸侯之大者，三军可也：古代诸侯大国三军，次国二军，小国一军。晋为大国，三军合于礼制。

⑤知朔：知蓥长子。

⑥武子：知蓥。

⑦彘裘：士鲂之子。

⑧新军无帅，故舍之：知氏、士氏都是晋国的强宗，无人继承卿位，是撤新军的原因。

【译文】

军队攻打秦国归来，晋悼公裁掉新军，这是合于礼的。大国的军队不超过周王军队的一半。周是六军，诸侯中的大国，三军就可以了。当时知朔生了知盈就去世了，知盈出生六年知蓥去世，彘裘也还年幼，都不能做继承人。新军没有主帅，所以把它撤销了。

14.6　师旷侍于晋侯①。晋侯曰："卫人出其君，不亦甚乎？"对曰："或者其君实甚②。良君将赏善而刑淫③，养民如子，盖之如天，容之如地④。民奉其君，爱之如父母，仰之如日月，敬之如神明，畏之如雷霆，其可出乎⑤？夫君，神之主而民之望也⑥。若困民之主⑦，匮神乏祀⑧，百姓绝望，社稷无主，将安用之⑨？弗去何为？天生民而立之君，使司牧之⑩，勿使失性。有君而为之贰⑪，使师保之，勿使过度⑫。是故天子有公，诸侯有卿，卿置侧室，大夫有贰宗，士有朋友⑬，庶人、工、商、皂、隶、牧、圉皆有亲昵⑭，以相辅佐也。善则赏之⑮，过则匡之[16]，患则救之，失则革之[17]。自王以下，各有父兄子弟以补察其政[18]。史为书[19]，瞽为诗[20]，工诵箴谏[21]，大夫规诲[22]，士传言[23]，庶人谤[24]，商旅于市[25]，百工献艺[26]。故《夏书》曰[27]：'遒人以木铎徇于路[28]。官师相规[29]，工执艺事以谏。'正月孟春，于是乎有之，谏失常也[30]。天之爱民甚矣，岂其使一人肆于民上[31]，以从其淫[32]，而弃天地之性？必不然矣[33]。"

【注释】

①师旷：晋国乐师子野。

②其君实甚：卫献公过分。

③刑淫：责罚邪恶。

④盖之如天，容之如地：覆盖百姓如天之高大，容载百姓如地之宽厚。

⑤其可出乎：其，同"岂"。

⑥夫君，神之主而民之望也：国君主持祭祀，是百姓的希望。

⑦若困民之主：使百姓财货匮乏。主，应为"生"，形近而误。

⑧匮神乏祀：鬼神失去祭祀。匮，缺乏。

⑨将安用之：如果国君如此，则不必有君。

⑩司牧：管理牧养，即统治。

⑪贰：卿佐。

⑫使师保之，勿使过度：上天又设立卿佐师保去辅佐国君，使他不超越法度。

⑬"是故天子有公"五句：公、卿、侧室、贰宗、朋友各为天子、诸侯、卿、大夫、士之辅佐。朋友，或指同宗，或指同师门。

⑭皂、隶：官府奴隶。牧：养牛的奴隶。圉：养马的奴隶。亲昵(nì)：亲近之人。

⑮赏:宣扬。

⑯匡:纠正。

⑰革:更改。

⑱补察其政:观察并补救政令得失。

⑲史为书:太史记录国君言行。

⑳瞽(gǔ)为诗:瞽用诗讽谏。古代以瞽者为乐官,因此指乐师。瞽,眼瞎。

㉑工:乐工。箴谏:规劝匡正的话。

㉒规诲:规谏教导。

㉓士传言:士人通过大夫传达他们的意见。

㉔谤:议论,指责。

㉕商旅于市:商旅在市中议论。商、旅,同义词连用。

㉖百工献艺:百工各就其事提出意见。百工,各种工匠。

㉗《夏书》:这是逸书,《古文尚书》羼入今《胤征篇》。

㉘遒(qiú)人以木铎徇于路:遒人摇着木铎在大路上巡行宣令。遒人,地方宣令之官。木铎,木舌的铜铃。

㉙官师相规:官师自相规劝。官师,大夫。

㉚正月孟春,于是乎有之,谏失常也:平常有谏官,待孟春之月才有遒人巡路之事,在下者可乘此机会进谏。谏失常,恐人君失常度而谏。

㉛肆:任意胡为。

㉜从:同"纵"。

㉝必不然矣:按,本段中师旷认为"民为邦本",卫人出君,过分的是君而不是卫人。

【译文】

师旷随侍在晋悼公身边。悼公说:"卫国人赶走了他们国君,不也太过分了吗?"回答说:"也许是国君太过分了。好的国君会奖励善良而处罚邪恶，抚育百姓如同对待子女，覆盖他们就像天一样，容纳他们就跟地一样。人民尊奉国君，爱戴他就像爱戴父母，景仰他如同景仰日月，敬重他如同敬重神明，畏惧他就像畏惧雷霆，又怎么会赶走他呢？作为国君，是祭神的主持者，又是民众的希望。要是使百姓财货匮乏，神灵失去祭祀，百姓绝望，国家无人主持，那还要国君何用？为什么不赶走他？上天化育万民并为他们设立国君，是要他治理民众，不使他们失去天性。上天又设立卿佐师保去辅佐国君，不使他超越法度。因此天子有公，诸侯有卿，卿设置侧室，大夫有贰宗，士有朋友，庶人、工、商、皂、隶、牧、圉都有亲近的人，用来互相帮助。好的就表彰，不对就纠正，灾患则援救，错失就改正。从天子以下各自有父兄子弟审察补救其行事的得失。太史作记录，乐师作歌诗，乐工诵读箴谏，大夫规劝教诲，士传达意见，庶人评议，商人在市场议论，工匠呈献技艺。所以《夏书》说：'道人摇着木铎在路上巡行，官员规劝，工匠通过技艺进行谏劝。'正月孟春时就有道人巡行，是为了让人谏劝君主失去常规的行为。上天对民众的关爱实在是够周全了，难道会让一个人在百姓头上胡作非为，放纵其邪恶，而丢弃天地的本性？一定不会这样的。"

14.7　秋，楚子为庸浦之役故[①]，子囊师于棠[②]，以伐吴，吴人不出而还。子囊殿，以吴为不能而弗儆。吴人自皋舟之隘要而击之[③]，楚人不能相救。吴人败之，获楚公子宜榖。

【注释】

①楚子为庸浦之役故：楚国去年在庸浦打败吴军。

②棠：古地名。在今江苏六合西北。

③皋舟：吴险隘之道。要：拦腰截击。

【译文】

秋，楚康王为庸浦战役的缘故，派子囊从棠地出师伐吴，吴国不出兵迎战，楚军便撤回。子囊断后，以为吴国不是对手而不加防备。吴国军队从皋舟的险隘拦腰截击楚军，楚军不能彼此相救。吴国打败楚国，俘获了楚国公子宜穀。

14.8 王使刘定公赐齐侯命①，曰："昔伯舅大公右我先王②，股肱周室，师保万民，世胙大师③，以表东海④。王室之不坏，繄伯舅是赖⑤。今余命女环⑥，兹率舅氏之典⑦，纂乃祖考⑧，无忝乃旧⑨。敬之哉，无废朕命！"

【注释】

①王使刘定公赐齐侯命：周灵王将娶齐女，所以先赐齐灵公荣宠。赐命，对诸侯赐以荣宠。

②伯舅：对异姓诸侯的称呼。大公：指吕尚，即姜太公。大，同"太"。右：辅佐。

③胙：酬谢。大师：大公。

④以表东海：使之在东海显扬光大。

⑤繄：发语词，无实义。

⑥环：齐灵公名。

⑦兹：借为"孳"，努力不懈。率：遵循。典：常法。

⑧纂：继承。祖考：指祖先。

⑨无忝（tiǎn）乃旧：无愧于祖先。忝，玷辱。

【译文】

周灵王派刘定公赐给齐灵公荣宠，说道："往昔伯舅太公辅佐我先王，成为周室的股肱，百姓的师保。为此世代酬谢太师，让他在东海显扬光大。周王室没有颓败，全仗了伯舅。现在我命令你环，你要孜孜不倦地遵循舅氏的常规，继承你的祖先，不要玷辱他们。你要恭敬啊，不要废弃我的命令！”

14.9 晋侯问卫故于中行献子[①]，对曰：“不如因而定之。卫有君矣[②]，伐之，未可以得志，而勤诸侯。史佚有言曰：‘因重而抚之[③]。’仲虺有言曰[④]：‘亡者侮之，乱者取之，推亡，固存[⑤]，国之道也。’君其定卫以待时乎[⑥]！”冬，会于戚，谋定卫也[⑦]。

【注释】

①晋侯问卫故于中行献子：卫人逐其君，悼公问是否应当讨伐。故，事。中行献子，即荀偃。

②卫有君矣：已经立了殇公。

③重：指殇公已定位。

④仲虺(huī)：商汤左相。

⑤推亡：推翻灭亡的。固存：巩固存在的。此荀偃意之所在。

⑥待时：待卫国昏乱之时再讨伐。

⑦会于戚，谋定卫也：按，孙林父也参与了此会，即所谓“以听命于诸侯”。

【译文】

晋悼公向荀偃征求对卫国的策略，回答说：“不如根据现状而先安定它。卫国已有国君，讨伐它，不见得能够达到目的，反而要劳动诸侯。史佚有句话说：‘在它安定的基础上安抚它。’仲虺有句话说：‘已经灭亡的可以欺侮，正在动乱的可以攻取，推翻灭亡的，巩固存在的，这才是治国之道。’国君您还是安定卫国以等待时机吧！”冬，在戚地相会，是为了商议安定卫国办法。

14.10　范宣子假羽毛于齐而弗归[①]，齐人始贰。

【注释】

①范宣子假羽毛于齐而弗归：此二物为齐国所有，范宣子借观之后不归还。羽，鸟羽。毛，旄牛尾。二物皆可用于舞，也可用作旗杆或仪仗装饰。

【译文】

范宣子向齐国借了鸟羽和旄牛尾而不还，于是齐国开始有二心。

14.11　楚子囊还自伐吴[①]，卒。将死，遗言谓子庚[②]："必城郢[③]。"君子谓："子囊忠。君薨，不忘增其名[④]，将死，不忘卫社稷，可不谓忠乎？忠，民之望也。《诗》曰：'行归于周，万民所望[⑤]。'忠也。"

【注释】

①子囊：公子贞。

②子庚：公子午，继子囊为令尹。

③必城郢：城郢以备吴。

④君薨，不忘增其名：楚共王死时谥其为共。

⑤行归于周，万民所望：引《诗》见《诗经·小雅·都人士》的首章，意思是德行归于忠信，即为万民所瞻仰。这里用来赞扬子囊。

【译文】

楚国子囊攻讨吴国回来，就去世了。临终时，留遗言给子庚："必须修筑郢地城墙。"君子认为："子囊忠诚。国君去世，不忘谥他为共，自己将死，不忘保卫国家，能不说是忠吗？忠诚是人民所希望的。《诗》说：'德行归于忠信，即为万民所仰望。'就是说忠诚的意思。"

十五年

【经】

15.1　十有五年春[①]，宋公使向戌来聘。二月己亥[②]，及向戌盟于刘[③]。

15.2　刘夏逆王后于齐[④]。

15.3　夏，齐侯伐我北鄙，围成[⑤]。公救成，至遇[⑥]。

15.4　季孙宿、叔孙豹帅师城成郛[⑦]。

15.5　秋八月丁巳，日有食之[⑧]。

15.6　邾人伐我南鄙。

15.7　冬十有一月癸亥[⑨]，晋侯周卒[⑩]。

【注释】

①十有五年：鲁襄公十五年当周灵王十四年，前558。

②己亥：十一日。

③刘：鲁地。在鲁都曲阜城外。

④刘夏：即十四年《传》的刘定公。

⑤成：鲁地。在今山东宁阳东北。也作“郕”。

⑥遇：鲁地，在曲阜和宁阳之间。

⑦郛：外城。

⑧八月丁巳，日有食之：此为前558年5月31日之日偏食。八月丁巳，八月无丁巳，应为七月初一。

⑨癸亥：初九。

⑩晋侯周卒：晋悼公死，在位十六年，年仅三十岁。

【译文】

鲁襄公十五年春，宋平公派向戌来我国聘问。二月十一日，和向戌在刘地结盟。

刘夏去齐国迎接王后。

夏，齐灵公攻打我国北部边境，包围了成地。襄公救援成地，到达遇。

季孙宿、叔孙豹率领军队修筑成地外墙。

秋七月初一，发生日食。

邾国攻打我国南部边境。

冬十一月初九，晋悼公周去世。

【传】

15.1 十五年春，宋向戌来聘，且寻盟[①]。见孟献子，尤其室[②]，曰："子有令闻[③]，而美其室，非所望也！"对曰："我在晋，吾兄为之，毁之重劳[④]，且不敢间[⑤]。"

【注释】

①宋向戌来聘，且寻盟：回报襄公二年叔孙豹聘问，重温襄公十一年亳之盟。

②尤其室：责备他的房子太漂亮。尤，责备。

③令闻：好名声。

④毁之重劳：要毁掉重建，反而加重劳役。

⑤且不敢间：不敢以兄之所为为非。间，非。

【译文】

鲁襄公十五年春，宋国向戌前来聘问，同时重温旧盟。进见孟献子，对孟献子的房屋不满，说："你有好名声，但房屋却修得这么漂亮，不是人们所希望与你的！"孟献子回答说："是我在晋国的时候，我哥哥造的，毁了它反而加重劳役，而且也不敢以哥哥所作为非。"

15.2　官师从单靖公逆王后于齐[①]。卿不行，非礼也[②]。

【注释】

①官师从单靖公逆王后于齐：《经》称“刘夏逆王后”，《经》、《传》记载不同。官师，指周大夫刘夏。

②卿不行，非礼也：按，此句《经》、《传》文有抵牾。按周朝制度，天子娶妻不亲迎，派上卿代为迎娶。据《经》文，刘夏不是上卿，说“非礼也”成立，而《传》文里的单靖公是卿，不应说“卿不行”，不存在“非礼”的问题。

【译文】

官师随从单靖公到齐国迎接王后。卿没有去，这是不符合礼的。

15.3　楚公子午为令尹，公子罢戎为右尹，䓕子冯为大司马[①]，公子櫜师为右司马，公子成为左司马，屈到为莫敖[②]，公子追舒为箴尹[③]，屈荡为连尹，养由基为宫厩尹，以靖国人。

【注释】

①䓕子冯：孙叔敖之侄。

②屈到：屈荡之子。

③追舒：楚庄王之子子南。箴尹：谏官。

【译文】

楚国公子午任令尹，公子罢戎任右尹，䓕子冯任大司马，公子櫜师任右司马，公子成任左司马，屈到任莫敖，公子追舒任箴尹，屈荡任连尹，养由基任宫厩尹，以使国内民众安定。

君子谓：“楚于是乎能官人[①]。官人，国之急也。能官人，则民无觎心[②]。《诗》云：'嗟我怀人，置彼周行[③]。'能官人也。王及公、侯、伯、子、男、甸、采、卫大夫，各居其列，所谓周行也[④]。"

【注释】

①能官人：恰当地安排官职人选。

②无觎(yú)心：不存非分之想。觎，觊觎，非分之想。

③嗟我怀人，置彼周行：引《诗》出自《诗经·国风·周南·卷耳》。本意指采卷耳的妇女把筐放在大路旁，思念远行的丈夫，这里借喻为想念君子，任用贤人。怀，思念。周行，大路。

④王及公、侯、伯、子、男、甸、采、卫大夫，各居其列，所谓周行也：自王以下，各人都在他应该在的行列里，即所谓"周行"。这是《左传》作者附会诗意的解释。古代王畿外围的地方，以五百里为标准，按照距离的远近分为五等，叫五服，依次为侯服、甸服、男服、采服、卫服。这里的甸、采、卫泛指各级大夫。

【译文】

君子认为："楚国在这件事上称得上善于安排官员。任命官员，这是国家的当务之急。能够合理任命官员，百姓就不会生出非分念头。《诗》说：'嗟叹我所怀念的贤人，要把他们都安排在恰当的位置上。'就是说能合理地安排官员。王和公、侯、伯、子、男、甸、采、卫各级大夫，各人都在自己应该在的位子上，这就是所谓的'周行'了。"

15.4　郑尉氏、司氏之乱[①]，其余盗在宋。郑人以子西、伯有、子产之故[②]，纳赂于宋，以马四十乘，与师茷、师慧[③]。三月，公孙黑为质焉[④]。司城子罕以堵女父、尉翩、司齐与之，良司臣而逸之[⑤]，托诸季武子，武子置诸卞[⑥]。郑人醢之三人也⑦。

【注释】

①郑尉氏、司氏之乱：襄公十年，尉止、司臣、侯晋、堵女父、子师仆帅贼晨攻执政于西宫之朝，杀子驷、子国、子耳。

②郑人以子西、伯有、子产之故：子西之父子驷、伯有之父子耳、子产之父子国都被尉氏、司氏等杀。

③以马四十乘，与师茷、师慧：以此作为换回"余盗"的礼物。乘，四匹为乘，这里一共一百六十匹。师茷、师慧，二人都是乐师。

④公孙黑为质焉：公孙黑为质于宋。公孙黑，字子皙，子驷之子。

⑤司城子罕以堵女父、尉翩、司齐与之，良司臣而逸之：堵女父、尉翩、司齐及司臣都是尉氏、司氏"余盗"。宋国子罕将堵女父、尉翩、司齐交还给郑国，认为司臣有才能而放走了他。

⑥卞：鲁地，在今山东泗水东。

⑦之三人：指堵女父等三人。之，这。

【译文】

郑国尉氏、司氏的叛乱，其残余的叛乱者逃在宋国。郑国因为子西、伯有、子产的关系，送礼给宋国，送去一百六十匹马和乐师师茷、师慧二人。三月，公孙黑去宋国当人质。宋国的司城子罕将堵女父、尉翩、司齐三人交给郑国，觉得司臣有才而将他放走，托付给季武子，季武子把他安顿在卞地。郑国将堵女父等三人施以醢刑。

师慧过宋朝①，将私焉②。其相曰③："朝也。"慧曰："无人焉。"相曰："朝也，何故无人？"慧曰："必无人焉。若犹有人，岂其以千乘之相易淫乐之矇④？必无人焉故也⑤。"子罕闻之，固请而归之⑥。

【注释】

①朝：朝堂。

②私：小便。

③相：古代乐师都是盲人，扶乐师的人叫相。

④岂其以千乘之相易淫乐之矇：意思是宋国不为子产等三人杀盗，而要等到给财礼之后才送回，是重淫乐而轻千乘之相。千乘之相，指子产等人。淫乐，旧称“郑声淫”，当时人或称郑乐为淫乐。矇，盲人，指乐师。

⑤必无人焉故也：暗指宋国没有明哲的人。

⑥固请而归之：向宋平公坚请送回师慧等。

【译文】

师慧经过宋国朝堂，要小便。扶持他的相说：“这是朝堂。”师慧：“并没有人啊。”相说：“朝堂怎么会没有人啊？”师慧说：“肯定没有人。如果有人，难道会轻千乘之国的国相而重演唱淫乐的盲人？一定没有人。”子罕听说之后，坚决向宋平公请求把师慧等送回郑国。

15.5 夏，齐侯围成，贰于晋故也[①]。于是乎城成郛[②]。

【注释】

①齐侯围成，贰于晋故也：齐国因上年范宣子借羽旄不还而怨晋，于是侵犯同盟的鲁国。

②于是乎城成郛：因此筑成地的外城。

【译文】

夏，齐灵公包围成地，是因为叛离晋国的缘故。正是在这样的情况下修筑成的外城。

15.6 秋，邾人伐我南鄙[①]。使告于晋，晋将为会以讨邾、

莒[2]。晋侯有疾,乃止。冬,晋悼公卒,遂不克会[3]。

【注释】

①邾人伐我南鄙:邾人也对晋国怀有二心,故伐鲁。

②晋将为会以讨邾、莒:襄公十二、十四年莒人侵鲁,晋都没有加以讨伐,这次打算一同讨莒。

③晋悼公卒,遂不克会:由于晋悼公去世,未能会合诸侯。

【译文】

秋,邾国侵犯我国南部边境。我国派人向晋国报告,晋国准备举行会盟来讨伐邾、莒二国。由于晋悼公生病,事情便搁置下来了。冬,晋悼公去世,没能举行会盟。

15.7 郑公孙夏如晋奔丧[5],子蟜送葬。

【注释】

①公孙夏:子西。郑卿。

【译文】

郑国公孙夏到晋国吊丧,又派子蟜前往送葬。

15.8 宋人或得玉,献诸子罕。子罕弗受。献玉者曰:“以示玉人[1],玉人以为宝也,故敢献之。”子罕曰:“我以不贪为宝,尔以玉为宝,若以与我,皆丧宝也。不若人有其宝[2]。”稽首而告曰:“小人怀璧,不可以越乡[3]。纳此以请死也[4]。”子罕置诸其里[5],使玉人为之攻之[6],富而后使复其所[7]。

【注释】

①玉人：治玉的工匠。

②不若人有其宝：不献不纳，二人各有其宝。

③小人怀璧，不可以越乡：越乡必被盗贼所害。意谓地位低下的人藏有宝物一定会遇害。

④请死：请求免于一死。

⑤子罕置诸其里：子罕把献玉者安置在自己居住的里巷。

⑥攻：治理。

⑦富而后使复其所：将玉卖掉，使献玉人富有并让他回归乡里。

【译文】

宋国有人得到一块玉石，把它献给子罕。子罕不接受。献玉的人说："我把玉拿给玉工看过，玉工认为是块宝玉，所以才敢献给您。"子罕说："我把不贪婪视为宝，你把玉视为宝，如果把玉给了我，你我就都丧失了宝物。不如各人保有各人的宝物吧。"献玉人叩头禀告说："小人怀藏玉璧，不可能走出所住乡里。请让我把它献纳给您以免一死。"子罕就把献玉人安置在自己居住的里巷，让玉工加工宝玉，将玉卖出，使献玉人富有以后让他回家去了。

15.9 十二月，郑人夺堵狗之妻，而归诸范氏①。

【注释】

①郑人夺堵狗之妻，而归诸范氏：堵狗是堵女父族人，娶晋国范氏女为妻。郑国杀了堵女父，怕堵狗依靠范氏作乱，所以先夺走其妻送回给范氏，以绝其援。

【译文】

十二月，郑国人抢堵狗的妻子，让她回到范氏娘家去。

十六年

【经】

16.1　十有六年春王正月①，葬晋悼公。

16.2　三月，公会晋侯、宋公、卫侯、郑伯、曹伯、莒子、邾子、薛伯、杞伯、小邾子于溴梁②。戊寅③，大夫盟。

16.3　晋人执莒子、邾子以归④。

16.4　齐侯伐我北鄙。

16.5　夏，公至自会。

16.6　五月甲子⑤，地震。

16.7　叔老会郑伯、晋荀偃、卫甯殖、宋人伐许。

16.8　秋，齐侯伐我北鄙，围成。

16.9　大雩。

16.10　冬，叔孙豹如晋⑥。

【注释】

①十有六年：鲁襄公十六年当周灵王十五年，前557。

②公会晋侯、宋公、卫侯、郑伯、曹伯、莒子、邾子、薛伯、杞伯、小邾子于溴(jú)梁：此会齐侯不来，派高厚参加，高厚逃归，所以不记齐国。溴梁，溴水的堤梁。溴水在今河南西北部，源出济源，东南流入黄河。溴梁在济源西。

③戊寅：二十六日。

④晋人执莒子、邾子以归：邾、莒屡次侵鲁，所以抓走二国国君。

⑤甲子：十三日。

⑥叔孙豹如晋：向晋国报告齐国伐鲁。

【译文】

鲁襄公十六年春周历正月，安葬晋悼公。

三月，襄公和晋平公、宋平公、卫殇公、郑简公、曹成公、莒犁比公、邾宣公、薛伯、杞孝公、小邾穆公在溴梁相会。二十六日，诸侯大夫们结盟。

晋国逮捕莒犁比公、邾宣公并带回国。

齐灵公攻打我国北部边境。

夏，襄公从溴梁之会回国。

五月十三日，发生地震。

叔老会同郑简公、晋国荀偃、卫国甯殖、宋国人进攻许国。

秋，齐灵公攻打我国北部边境，包围了成邑。

举行盛大的求雨祭祀。

冬，叔孙豹前往晋国。

【传】

16.1　十六年春，葬晋悼公。平公即位①，羊舌肸为傅②，张君臣为中军司马③，祁奚、韩襄、栾盈、士鞅为公族大夫④，虞丘书为乘马御⑤。改服、修官⑥，烝于曲沃⑦。警守而下⑧，会于溴梁。命归侵田⑨。以我故，执邾宣公、莒犁比公，且曰："通齐、楚之使⑩。"

【注释】

①平公：悼公之子彪。

②羊舌肸(xī)：即叔向。傅：平公太傅。《国语·晋语七》叙晋悼公以叔向熟悉《春秋》，乃召叔向使傅太子彪。今彪嗣为晋君，故以之为太傅。

③张君臣：即成公十八年《传》张老之子。

④韩襄：韩厥之孙，韩无忌之子。

⑤乘马御：晋国官名。

⑥改服：脱丧服，穿吉服。修官：选贤能。

⑦烝于曲沃：在曲沃晋国祖庙举行冬祭。烝，冬祭。

⑧警守：在国都布置守备。下：沿黄河而下。

⑨命归侵田：命诸侯皆退回侵占的别国田地。

⑩通齐、楚之使：谴责邾、莒二国使者往来于齐、楚之间。

【译文】

鲁襄公十六年春天，安葬晋悼公。晋平公即位，羊舌肸为太傅，张君臣为中军司马，祁奚、韩襄、栾盈、士鞅为公族大夫，虞丘书为乘马御。换上吉服，选贤任能，在曲沃举行烝祭。在国都布置守备后就顺黄河而下，在溴梁与诸侯相会。命令诸侯归还所侵占的别国田地。由于我国的缘故，逮捕了邾宣公、莒犁比公，并且说："你们二国使者往来于齐、楚之间。"

晋侯与诸侯宴于温[①]，使诸大夫舞，曰："歌诗必类[②]！"齐高厚之诗不类。荀偃怒，且曰："诸侯有异志矣[③]！"使诸大夫盟高厚，高厚逃归。于是，叔孙豹、晋荀偃、宋向戌、卫甯殖、郑公孙虿、小邾之大夫盟，曰："同讨不庭[④]。"

【注释】

①温：在今河南温县西南，溴水边。

②必类：唱的诗要和舞蹈相配，并能表达自己的思想。按，古人舞时必唱诗。

③诸侯有异志矣：荀偃怒高厚公然违反晋平公之命，并且从其诗知

道齐有二心。

④不庭：指不忠于盟主晋国者。

【译文】

晋平公和诸侯在温地宴饮，让大夫们起舞，说："所唱的诗必须和舞蹈相配！"齐国高厚所唱的诗不相配。荀偃发怒，并说："诸侯有叛离的念头了！"叫大夫们和高厚订立盟约，高厚逃回国去。当时，叔孙豹、晋国荀偃、宋国向戌、卫国甯殖、郑国公孙虿和小邾国的大夫订立盟约，说："共同讨伐不顺从的国家。"

16.2 许男请迁于晋①。诸侯遂迁许，许大夫不可。晋人归诸侯②。郑子蟜闻将伐许，遂相郑伯以从诸侯之师③。穆叔从公。齐子帅师会晋荀偃④。书曰"会郑伯"，为夷故也⑤。夏六月，次于棫林⑥。庚寅⑦，伐许，次于函氏⑧。

【注释】

①许男请迁于晋：许都本在今河南许昌东，成公十五年，许灵公为逃避郑国威胁，请楚将许迁于叶。现在请晋迁许，是要叛楚从晋。

②晋人归诸侯：晋国让诸侯各自回国，准备独立讨伐许国大夫。

③郑子蟜闻将伐许，遂相郑伯以从诸侯之师：郑国与许国有宿怨，因此积极参加伐许。

④齐子帅师会晋荀偃：按，以上补叙讨伐郑国之前郑、鲁两国的行动。齐子，即鲁大夫子叔齐子，叔老。

⑤书曰："会郑伯"，为夷故也：《经》文记叔老会郑伯，然后再记晋荀偃等人，是为了把次序摆平。夷，平。

⑥棫林：许地名，在今河南叶县东北，与襄公十四年《传》中秦地棫

林不是一个地方。

⑦庚寅：初九。

⑧函氏：许地名，在叶县北。

【译文】

许灵公向晋平公请求迁往晋地。诸侯帮助许国迁移，许国大夫们却不同意。晋国让诸侯们回国，打算独立讨伐许国。郑子蟜听说要讨伐许国，就辅佐郑简公随同诸侯军队。穆叔跟从襄公回国。齐子率领军队会合晋国荀偃。《春秋》记载说"会合郑简公"，是为了把次序摆平。夏六月，军队驻扎在棫林。初九，攻打许国，驻兵于函氏。

16.3　晋荀偃、栾黡帅师伐楚，以报宋杨梁之役[①]。楚公子格帅师及晋师战于湛阪[②]，楚师败绩。晋师遂侵方城之外[③]，复伐许而还。

【注释】

①晋荀偃、栾黡帅师伐楚，以报宋杨梁之役：晋师单独伐楚。按，襄公十二年冬，楚子囊、秦庶长无地伐宋，师于杨梁。

②湛阪：在今河南平顶山北。

③方城：山名，今河南叶县南有方城山。本为楚国北境，后来方城之外又有被楚国所占领的。

【译文】

晋国荀偃、栾黡带兵进攻楚国，以报复在宋国杨梁那一仗。楚国公子格领兵与晋军在湛阪交战，楚兵被打败。晋军便侵袭方城的外边，再次进击许国后班师。

16.4　秋，齐侯围成，孟孺子速徼之[①]。齐侯曰："是好勇[②]，去之以为之名[③]。"速遂塞海陉而还[④]。

【注释】

①孟孺子速:孟献子之子,名速,谥庄子。徼(yāo)之:拦截齐军。

②是:此人。

③去之以为之名:撤围以成全孟孺子好勇之名。

④海陉:齐、鲁间隘道。

【译文】

秋,齐灵公包围成邑,孟孺子速拦截齐军。齐灵公说:"这个人喜欢逞勇,我们离开这里成就他的名声吧。"孟孺子就堵塞了险道海陉而后回去。

16.5 冬,穆叔如晋聘,且言齐故[①]。晋人曰:"以寡君之未禘祀[②],与民之未息[③]。不然,不敢忘。"穆叔曰:"以齐人之朝夕释憾于敝邑之地,是以大请!敝邑之急,朝不及夕,引领西望曰:'庶几乎!'比执事之间[④],恐无及也!"见中行献子,赋《圻父》[⑤]。献子曰:"偃知罪矣!敢不从执事以同恤社稷[⑥],而使鲁及此。"见范宣子,赋《鸿雁》之卒章[⑦]。宣子曰:"匄在此[⑧],敢使鲁无鸠乎[⑨]?"

【注释】

①且言齐故:齐国再次侵鲁。

②禘祀:指三年丧期之后的吉禘。

③民之未息:刚刚讨伐楚国、许国。

④比执事之间:等到你有空。比,等待。

⑤《圻(qí)父》:《诗经·小雅》的篇名,现在作《祈父》。这里穆叔借

诗中责备祈父不尽其职，使百姓受困苦之句表示对晋国的不满。祈父，官名，掌封畿兵甲的司马。

⑥恤：忧虑。

⑦赋《鸿雁》之卒章：《鸿雁》，《诗经·小雅》的篇名。《鸿雁》末章有"鸿雁于飞，哀鸣嗷嗷。维此哲人，谓我劬(qú)劳"等句，献子借以表明鲁国已忧困不安。

⑧匄：即士匄，范宣子。

⑨鸠：安宁。

【译文】

冬，穆叔到晋国聘问，并报告齐国侵犯之事。晋国说："由于寡君还没有禘祀，百姓也没有休养生息，所以不能救援。不是这样的话，是不敢忘记盟誓的。"穆叔说："由于齐国人时刻在敝国土地上泄愤胡为，所以才郑重其事地来请求！敝国的危急，到了朝不保夕的地步，大家伸长了脖子望着西方说：'大概来了吧！'如果要等到你们有空，恐怕就来不及了！"于是进见荀偃，赋《圻父》一诗。荀偃说："我知道错了！岂敢不跟你们一起忧虑国家大计，而让鲁国陷入这样的境地。"荀偃去见士匄，赋《鸿雁》的末章。士匄说："有我在此，敢让鲁不得安宁？"

十七年

【经】

17.1　十有七年春王二月庚午①，邾子牼卒②。

17.2　宋人伐陈。

17.3　夏，卫石买帅师伐曹③。

17.4　秋，齐侯伐我北鄙，围桃④。高厚帅师伐我北鄙，围防。

17.5　九月，大雩。

17.6　宋华臣出奔陈。

17.7　冬，邾人伐我南鄙。

【注释】

①十有七年：鲁襄公十七年当周灵王十六年，前556。庚午：二十三日。

②邾子牼(kēng)：即邾宣公，名牼。他去年被晋国抓走，不久放回国。

③卫石买：卫石稷之子。

④桃：鲁地名。在今山东汶上北稍东。

【译文】

鲁襄公十七年春周历二月二十三日，邾宣公牼去世。

宋国攻打陈国。

夏，卫国石买带兵进攻曹国。

秋，齐灵公侵犯我国北部边境，包围桃城。高厚领兵进犯我国北部边境，包围了防。

九月，举行盛大的求雨祭祀。

宋国华臣奔亡到陈国。

冬，邾国攻打我国南部边境。

【传】

17.1　十七年春，宋庄朝伐陈，获司徒卬①，卑宋也②。

【注释】

①司徒卬：陈国大夫。

②卑宋：陈因轻视宋而不防备，因此败。

【译文】

鲁襄公十七年春，宋国庄朝讨伐陈国，俘获司徒卬，陈国由于轻视宋国而吃败仗。

17.2 卫孙蒯田于曹隧①,饮马于重丘②,毁其瓶③。重丘人闭门而询之④,曰:“亲逐而君,尔父为厉⑤。是之不忧,而何以田为?”夏,卫石买、孙蒯伐曹,取重丘。曹人诉于晋⑥。

【注释】

①卫孙蒯田于曹隧:孙蒯越过国境打猎。曹隧,曹国隧地。

②重丘:古地名。在今山东茌平西南。

③毁其瓶:孙蒯毁坏重丘人的瓶子。瓶,汲水器。

④询:同“诟”,责骂。

⑤为厉:为恶。

⑥曹人诉于晋:按,此为明年晋因此逮住石买、孙蒯做伏笔。

【译文】

卫国孙蒯越境到曹国隧地打猎,在重丘饮马,毁坏了汲水瓶。重丘百姓关起门来责骂,说道:“亲自赶走了自己的国君,你父亲做了坏事。你不去忧虑这事,来打猎做什么?”夏,卫国石买、孙蒯进攻曹国,攻重丘。曹国向晋国控诉。

17.3 齐人以其未得志于我故①,秋,齐侯伐我北鄙,围桃。高厚围臧纥于防②。师自阳关逆臧孙,至于旅松③。郰叔纥、臧畴、臧贾帅甲三百④,宵犯齐师,送之而复⑤。齐师去之⑥。

【注释】

①齐人以其未得志于我故:去年围成因避孟孺子而未遂。

②齐侯伐我北鄙,围桃。高厚围臧纥于防:齐分二军,一军围桃,一

军围防。防,在今山东费县东北,为臧纥采邑。

③师自阳关逆臧孙,至于旅松:鲁师畏惧齐师,不敢直接到防地,从阳关出来迎接臧纥,到旅松便停下来。阳关,鲁地名。在今山东泰安东偏南。旅松,鲁地名。距离防不远。

④郰叔纥:孔丘之父。臧畴、臧贾:臧纥兄弟。

⑤宵犯齐师,送之而复:三人与臧纥都在防城里,夜里护送臧纥到旅松,又回防城守卫。

⑥齐师去之:臧纥已经逃离防城,所以齐国撤兵。

【译文】

齐国因为没能从侵犯我国中满足要求,秋,齐灵公攻打我国北部边境,包围了桃地。高厚在防邑包围了臧纥。我军从阳关去接臧孙,到达旅松。郰叔纥、臧畴、臧贾带领甲士三百名,夜袭齐军,把臧纥送到旅松然后返回防邑。齐兵离开了鲁国。

齐人获臧坚①。齐侯使夙沙卫唁之,且曰:"无死!"坚稽首曰:"拜命之辱!抑君赐不终②,姑又使其刑臣礼于士③。"以杙抉其伤而死④。

【注释】

①臧坚:臧纥族人。

②抑:但,然而。赐不终:谓"无死"。

③姑又使其刑臣礼于士:虽赐不终,又故意叫贱人夙沙卫来慰问,是有意羞辱我。姑,借为"故",故意。刑臣,指夙沙卫,是宦官。士,臧坚自称。

④以杙(yì)抉其伤而死:臧坚用小木桩刺进伤口自杀。杙,小木桩。

【译文】

齐国俘获臧坚。齐灵公派夙沙卫去慰问他,并且说:"不要死!"臧坚叩头说："谨此拜谢国君的好意！然而国君赐命我不要死，却又故意派个受宫刑的臣子来慰问士。"就用杙刺进伤口而死。

17.4　冬，邾人伐我南鄙，为齐故也①。

【注释】

①为齐故也：为了帮助齐国。

【译文】

冬，邾国侵犯我国南部边境，这为了帮助齐国。

17.5　宋华阅卒，华臣弱皋比之室①，使贼杀其宰华吴。贼六人以铍杀诸卢门合左师之后②。左师惧，曰："老夫无罪。"贼曰："皋比私有讨于吴③。"遂幽其妻④，曰："畀余而大璧⑤！"宋公闻之⑥，曰："臣也不唯其宗室是暴，大乱宋国之政⑦，必逐之！"左师曰："臣也亦卿也⑧。大臣不顺⑨，国之耻也。不如盖之⑩。"乃舍之⑪。左师为己短策⑫，苟过华臣之门，必骋⑬。十一月甲午⑭，国人逐瘈狗⑮，瘈狗入于华臣氏，国人从之。华臣惧，遂奔陈⑯。

【注释】

①华臣：华阅之弟。弱：以为弱而加以侵害。皋比：华阅之子。

②贼六人以铍(pī)杀诸卢门合左师之后：贼人杀华吴于向戌屋后。铍，两刃的剑。卢门，宋城门。合左师，向戌，合是他的采邑，在今山东枣庄与江苏沛县之间。

③皋比私有讨于吴：谎称皋比私自讨华吴。

④遂幽其妻：囚禁华吴的妻子。幽，囚禁。

⑤畀(bì):给予。

⑥宋公:宋平公。

⑦臣也不唯其宗室是暴,大乱宋国之政:华臣此举,不仅欺凌宗室,而且大乱宋国政令。

⑧臣也亦卿也:华臣也是卿。向戌惧怕华臣,所以为其开脱。

⑨不顺:不和顺。

⑩盖:掩盖。

⑪乃舍之:不逐华臣。

⑫策:马鞭。

⑬苟过华臣之门,必骋:向戌不敢与华臣打照面,每过华臣家门,就帮助御者赶马,疾驰而过。骋,快跑。

⑭甲午:二十二日。

⑮瘈(zhì)狗:疯狗。

⑯华臣惧,遂奔陈:华臣心虚,国人追赶疯狗,他以为是追逐自己,于是逃往陈国。

【译文】

宋国华阅去世,华臣认为皋比家族力量微弱,派杀手去杀他的家宰华吴。六名杀手用铍把华吴杀死在卢门向戌家屋后。向戌害怕地说:"我老头子没罪。"杀手说:"是皋比私自讨伐华吴。"把华吴的妻子关起来,说:"把你的大玉璧给我!"宋平公听说后,说:"华臣不仅对其宗室这么残暴,而且使宋国的国政大乱,一定要把他赶走!"向戌说:"华臣也是卿。大臣间不和睦,是国家的耻辱。不如把它掩盖起来。"平公便不再追究此事。向戌为自己预备了短马鞭,只要经过华臣家门前,必定驱马快跑。十一月二十二日,国人驱赶疯狗,疯狗跑进华臣家,国人跟着追进去。华臣害怕了,就逃往陈国。

17.6 宋皇国父为大宰,为平公筑台,妨于农功①。子罕请俟农功之毕，公弗许。筑者讴曰："泽门之皙[②]，实兴我役。邑中之黔[③]，实慰我心。"子罕闻之，亲执扑[④]，以行筑者[⑤]，而抶其不勉者[⑥]，曰："吾侪小人皆有阖庐以辟燥湿寒暑[⑦]。今君为一台而不速成，何以为役？"讴者乃止。或问其故，子罕曰："宋国区区[⑧]，而有诅有祝，祸之本也[⑨]。"

【注释】

①妨于农功：周历十一月就是现在的九月，正是农业收获季节。

②泽门之皙：皇国父住在泽门，面孔白皙，因此被称为"泽门之皙"。

③邑中之黔：子罕住在城内，面黑，所以称作"邑中之黔"。

④扑：竹鞭。

⑤行：巡视。

⑥抶(chì)：鞭打。不勉者：不卖力者。

⑦阖庐：房屋。辟，躲避。

⑧区区：形容小。

⑨而有诅有祝，祸之本也：子罕认为，国内出现褒贬为官者的歌谣，是不团结出祸乱的根源。

【译文】

宋国皇国父为太宰，为平公建造一座台，影响了农事。子罕请求等到农事结束后再建，平公不同意。筑台者唱道："住在泽门的白面人，征发我们来服役。住在城里的黑脸汉，实在让我们欣慰。"子罕听到后，亲自拿了竹鞭，巡查筑台者，并鞭打不好好干活的人，说道："我辈小人都有房屋躲避干湿寒暑。如今国君要造一座台你们却不赶快建，又怎么能做其他事情呢？"歌唱的人才停止不唱。有人问子罕这样做的原因，子罕说："宋国区区小国，却有人被诅咒有人被歌颂，这是祸乱的根源所在。"

17.7 齐晏桓子卒[①],晏婴粗缞斩[②],苴绖、带、杖,菅屦,食鬻,居倚庐,寝苫,枕草[③]。其老曰[④]:“非大夫之礼也[⑤]。”曰:“唯卿为大夫[⑥]。”

【注释】

①晏桓子:即晏弱,晏婴之父。

②粗缞(cuī)斩:粗布的斩衰。斩缞,最重的一种丧服,用最粗的麻布做成,不缝边。

③苴(jū)绖(dié)、带、杖,菅屦(jù),食鬻(zhōu),居倚庐,寝苫(shān),枕草:都是晏婴所行的丧礼。苴绖、带、杖,指苴绖、苴带、苴杖。苴绖,戴在头上的麻带。苴带,系在腰间的麻带。苴杖,竹杖。苴,结子的麻。菅屦,丧服中的草鞋。鬻,粥。居倚庐,住在草棚里。苫,禾秆编的席子。

④其老:晏婴的家宰。

⑤非大夫之礼也:当时士与大夫丧礼各有不同,家宰认为晏婴是以大夫而行士礼。

⑥唯卿为大夫:古代广义的大夫可包括卿。晏婴的意思是只有卿才是大夫,我还够不上大夫的身份。

【译文】

齐国晏弱去世。晏婴穿粗麻丧服,头系麻带,腰系麻绳,手拄竹杖,脚穿草鞋,喝粥,住草棚子,睡草垫子,用草做枕头。他的家臣说:“这不是大夫的丧礼。”晏婴说:“只有卿才是大夫。”

十八年

【经】

18.1 十有八年春[①],白狄来[②]。

18.2 夏，晋人执卫行人石买[3]。

18.3 秋，齐师伐我北鄙。

18.4 冬十月，公会晋侯、宋公、卫侯、郑伯、曹伯、莒子、邾子、滕子、薛伯、杞伯、小邾子同围齐[4]。

18.5 曹伯负刍卒于师[5]。

18.6 楚公子午帅师伐郑。

【注释】

①十有八年：鲁襄公十八年当周灵王十七年，前555。

②白狄来：白狄来鲁通好。

③石买：石买上年伐曹，曹告于晋，所以今年晋国将他逮捕。

④公会晋侯、宋公、卫侯、郑伯、曹伯、莒子、邾子、滕子、薛伯、杞伯、小邾子同围齐：齐国多次伐鲁而且对晋二心，所以晋国会合诸侯讨齐。

⑤曹伯负刍卒于师：曹成公死于伐齐的军中。负刍，曹成公名。

【译文】

鲁襄公十八年春，白狄来我国。

夏，晋国逮捕卫国使节石买。

秋，齐国军队攻打我北部边境。

冬十月，襄公会和晋平公、宋平公、卫殇公、郑简公、曹成公、莒犁比公、邾悼公、滕子、薛伯、杞孝公、小邾穆公一起包围齐国。

曹成公负刍在讨伐齐国的军中去世。

楚国公子午带兵进攻郑国。

【传】

18.1 十八年春，白狄始来[1]。

【译文】

鲁襄公十八年春天，白狄第一次来我国。

18.2　夏，晋人执卫行人石买于长子[①]，执孙蒯于纯留[②]，为曹故也[③]。

【注释】

①长子：古地名。在今山西长子西郊。

②纯留：古地名。在今山西屯留南。

③为曹故也：去年孙蒯与石买一起攻打曹国。

【译文】

夏，晋国在长子逮住卫国使节石买，在纯留逮住孙蒯，是因为曹国被侵之事。

18.3　秋，齐侯伐我北鄙。中行献子将伐齐，梦与厉公讼，弗胜[①]。公以戈击之，首队于前[②]，跪而戴之，奉之以走[③]，见梗阳之巫皋[④]。他日，见诸道[⑤]，与之言，同[⑥]。巫曰："今兹主必死[⑦]，若有事于东方，则可以逞[⑧]。"献子许诺。

【注释】

①中行献子将伐齐，梦与厉公讼，弗胜：按，成公十七、十八年荀偃杀晋厉公。

②首队于前：梦见头被晋厉公砍掉。队，同"坠"。

③跪而戴之，奉之以走：把头安上，用两手捧着以防再坠落。

④梗阳：古地名。在今山西清徐。皋：巫名。按，以上是荀偃的梦境。

⑤见诸道：在路上遇见巫皋。

⑥与之言，同：荀偃告诉巫皋自己所做的梦，巫皋同时也梦见荀偃与晋厉公讼争事。

⑦今兹：今年。主：对荀偃的称呼。

⑧若有事于东方，则可以逞：意思是如果东伐齐国，可以有功。事，指战事。

【译文】

秋，齐灵公进犯我国北部边境。荀偃准备讨伐齐国，梦见与晋厉公争讼，没有胜诉，厉公用戈击打他，头被砍掉落下来，他跪着把头安好，捧着头跑走，遇见梗阳的巫皋。一天，在路上遇见巫皋，和他交谈起来，发现巫皋和自己做了同样的梦。巫皋说："今年你一定会死，但要是东边有战事，是可以有功的。"荀偃答应了。

晋侯伐齐，将济河，献子以朱丝系玉二瑴①，而祷曰："齐环怙恃其险②，负其众庶③，弃好背盟，陵虐神主④。曾臣彪将率诸侯以讨焉⑤，其官臣偃实先后之⑥。苟捷有功，无作神羞⑦，官臣偃无敢复济⑧。唯尔有神裁之⑨！"沉玉而济。

【注释】

①瑴(jué)：又作"珏"，玉一双。

②环：齐灵公名。

③负：依仗。众庶：人多。

④神主：指百姓。

⑤曾臣：陪臣。按，天子对神自称臣，诸侯为天子之臣，所以诸侯对于神而言称陪臣。彪：晋平公名。

⑥官臣：负具体职责之臣。先后：辅佐。

⑦无作神羞:不让神灵羞耻。

⑧官臣偃无敢复济:不再渡河而归,表示以死求胜。

⑨有:词头,无实义。

【译文】

晋平公攻打齐国,将要渡过黄河。荀偃用红丝线系着两对玉,祷告道:"齐国的环倚仗地势险要,人口众多,背弃友好抛弃盟誓,欺凌虐待百姓。陪臣彪将要率领诸侯去讨伐,他的官臣偃在旁边辅佐。如果得胜有功,就不使神明蒙受羞辱,否则官臣偃不敢再渡河回来。请神灵明鉴!"把玉沉入水中后渡过河去。

冬十月,会于鲁济①,寻湨梁之言②,同伐齐。齐侯御诸平阴③,堑防门而守之,广里④。夙沙卫曰:"不能战,莫如守险⑤。"弗听。诸侯之士门焉⑥,齐人多死。范宣子告析文子⑦,曰:"吾知子⑧,敢匿情乎?鲁人、莒人皆请以车千乘自其乡入⑨,既许之矣。若入,君必失国⑩。子盍图之⑪?"子家以告公,公恐。晏婴闻之曰:"君固无勇,而又闻是,弗能久矣。"

【注释】

①鲁济:济水流经鲁国处。

②寻湨梁之言:襄公十六年湨梁之盟有"同讨不庭"的盟辞。

③平阴:古地名。在今山东平阴东北。

④堑防门而守之,广里:堑,挖壕沟。防门,在平阴南。广里,所挖壕沟宽一里。

⑤不能战,莫如守险:夙沙卫认为防门无险可守,不能对抗晋军。

⑥门:攻打城门。

⑦析文子：齐国大夫子家。

⑧知：相知，了解。

⑨鲁人、莒人皆请以车千乘自其乡入：鲁在齐都临淄西南，莒在齐都东南，则莒从东南向西北、鲁从西南向东北，并攻齐都。乡，通“向”。

⑩君必失国：意谓齐国必定灭亡。

⑪子盍图之：按，范宣子以上所说的几句话意在恐吓齐灵公。

【译文】

冬十月，襄公和晋平公等各国国君在鲁国的济水边会合，重温溴梁会盟的誓言，共同讨伐齐国。齐灵公在平阴抵御，在防门挖了壕沟固守，沟宽达一里。夙沙卫说：“没法和诸侯交战，不如据守险要。”灵公没有采纳。诸侯的甲士攻打防城门，齐军士兵很多战死。士匄告诉子家说：“我了解你，怎敢隐匿真情？鲁国、莒国都请求带一千辆战车从各自国家进攻齐国，我们已经同意了。一旦攻入，贵国国君一定会丢掉国家。你何不考虑出路？”子家把这话告诉灵公，灵公害怕了。晏婴听到后说：“国君本来就没有勇气，现在又听到这话，坚持不了多久了。”

齐侯登巫山以望晋师①。晋人使司马斥山泽之险②，虽所不至，必旆而疏陈之③。使乘车者左实右伪④，以旆先⑤，舆曳柴而从之⑥。齐侯见之，畏其众也，乃脱归⑦。丙寅晦⑧，齐师夜遁。师旷告晋侯曰：“鸟乌之声乐⑨，齐师其遁。”邢伯告中行伯曰⑩：“有班马之声⑪，齐师其遁。”叔向告晋侯曰：“城上有乌，齐师其遁⑫。”

【注释】

①巫山：一名孝堂山，在今山东肥城西北。

②斥：侦察。

③虽所不至，必旆而疏陈之：即使军队无法达到的险要之地，也插起大旗为军阵。

④左实右伪：车左实有人，车右为假人。这样原来一车三人，现为二人，多出的人可以多排出兵车。

⑤以旆先：用大旗做先导。

⑥舆曳柴而从之：车后拖着树枝，扬起灰尘，以迷惑对方。

⑦脱归：齐灵公离开齐军，脱身而归。

⑧丙寅晦：二十九日。

⑨鸟乌之声乐：乌鸦叫声欢快，表明敌营已经没人。

⑩邢伯：晋国大夫邢侯。中行伯：即荀偃。

⑪班马：马盘桓不前。

⑫城上有乌，齐师其遁：城，指平阴城。按，以上几句写晋军用物候的方法判断敌情。

【译文】

齐灵公登上巫山眺望晋军。晋国派司马侦察山林河泽的险阻，即使大部队无法到达的险要地方，也一定插上旗帜布成稀疏的阵地。让战车上左边站着真甲士右边用假人，打着大旗作先导，车辆后面拉拽着树枝跟进。齐灵公见了，害怕晋军人马众多，便逃离前线回到国都。二十九日，齐军连夜逃走。师旷告诉晋平公说："乌鸦的叫声很欢快，齐军可能已经逃跑了。"邢侯告诉荀偃说："有马徘徊不前的声音，齐军可能已经逃跑了。"叔向告诉晋平公："城墙上有乌鸦，齐军可能已经逃跑了。"

十一月丁卯朔①，入平阴，遂从齐师②。夙沙卫连大车以塞隧而殿③。殖绰、郭最曰："子殿国师，齐之辱也④。子姑先乎！"乃代之殿。卫杀马于隘以塞道也⑤。晋州绰及之⑥，射殖绰，中肩，两矢夹脰[7]，曰："止，将为三军获；不止，将取其衷[8]。"顾曰："为私誓[9]。"州绰曰："有如日[10]！"乃弛弓而自后缚之[11]。其右具丙亦舍兵而缚郭最[12]，皆衿甲面缚[13]，坐于中军之鼓下。

【注释】

①丁卯朔：初一。

②从：追赶。

③隧：山中小路。殿：殿后。

④子殿国师，齐之辱也：夙沙卫是宦官，充当殿后的重任，有辱齐国。

⑤卫杀马于隘以塞道：夙沙卫怀恨在心，杀马塞道以挡住殖绰、郭最二人的退路。

⑥及：赶上。

⑦射殖绰，中肩，两矢夹脰(dòu)：先射一箭中殖绰的肩，又射两箭，从他颈项的两边飞过去。脰，颈项。

⑧止，将为三军获；不止，将取其衷：不逃跑还只是被捕，如果逃跑就一箭射死。衷，中心。

⑨为私誓：殖绰要求两人私下里立誓不加伤害。

⑩有如日：指日为誓。

⑪乃弛弓而自后缚之：解下弓弦从后边反捆殖绰的手。

⑫其右：州绰车右。

⑬衿甲：不解甲。面缚：从后边反捆。

【译文】

十一月初一，晋军进入平阴，随即又去追赶齐军。夙沙卫把大车连接起来堵住山中小道并断后。殖绰、郭最说："你来为我国军队殿后，是齐国的耻辱。你还是先走吧！"便代替他断后。卫夙沙杀掉战马堵塞住险隘小道。晋国州绰赶上齐军,用箭射殖绰,射中他的肩部,两箭又从其脖子的左右边穿过,说道:"站住不动,被我军抓获;不站住,就要射中你的心窝。"殖绰回头说道:"你私下发个誓。"州绰说:"有太阳在上为证!"州绰便卸下弓弦从背后把殖绰捆了。他的车右具丙也放开手中兵器来绑郭最,二人都穿着铠甲反绑着,坐在中军的鼓下。

晋人欲逐归者①,鲁、卫请攻险②。己卯③,荀偃、士匄以中军克京兹④。乙酉⑤,魏绛、栾盈以下军克邿⑥。赵武、韩起以上军围卢⑦,弗克。十二月戊戌⑧,及秦周,伐雍门之萩⑨。范鞅门于雍门,其御追喜以戈杀犬于门中⑩。孟庄子斩其橁以为公琴⑪。己亥⑫,焚雍门及西郭、南郭。刘难、士弱率诸侯之师焚申池之竹木⑬。壬寅⑭,焚东郭、北郭。范鞅门于扬门⑮。州绰门于东闾⑯,左骖迫⑰,还于门中⑱,以枚数阖⑲。

【注释】

①晋人欲逐归者:追赶齐国逃兵。

②攻险:攻打据险死守的齐军。

③己卯:十三日。

④京兹:古地名。在山东平阴东南。

⑤乙酉:十九日。

⑥邿:齐地名。在平阴西。

⑦卢:齐地名。在今山东长清西南。

⑧戊戌:初二。

⑨及秦周,伐雍门之萩(qiū):诸侯军队已经逼近齐都临淄城下。秦周,雍门附近。雍门,齐都西门。萩,梓树。

⑩其御追喜以戈杀犬于门中：追喜杀犬以示悠闲自得。

⑪孟庄子斩其櫄(chūn)以为公琴：制琴以作为胜利的纪念品。孟庄子，鲁国大夫孺子速。櫄，椿树，木材可做琴。公琴，颂琴。

⑫己亥：初三。

⑬刘难、士弱：都是晋国大夫。申池：在齐城南门外。

⑭壬寅：初六。

⑮扬门：齐城西北门。

⑯东闾：齐东门。按，以上表明齐都四门都被包围。

⑰左骖迫：左边骖马由于拥挤不能前进。

⑱还于门中：不能进去，在东门中盘旋。还，旋转，回旋。

⑲以枚数阖：犹云数阖之枚。州绰用马鞭点数门上的乳钉，表示从容不惧。枚，门扇上乳形钉子。阖，门扇。

【译文】

晋军准备追赶逃走的齐士兵，鲁、卫二国请求攻打险隘。十三日，荀偃、士匄率中军攻克京兹。十九日，魏绛、栾盈带下军占领邿。赵武、韩起统率上军包围了卢地，但没攻下。十二月初二，到达秦周，砍伐雍门的萩树。范鞅攻打雍门，他的车夫追喜在门里用戈杀死一条狗。孺子速砍了櫄树制作颂琴。初三，焚烧雍门和西面、南面的外城。刘难、士弱率领诸侯军队焚烧申池的竹子树木。初六，焚烧东部、北部的外城。范鞅攻打扬门。州绰攻打东闾门，左骖马因为路窄无法前进，只在城门洞里盘旋，州绰用马鞭点数城门上的乳钉。

齐侯驾，将走邮棠[①]。大子与郭荣扣马[②]，曰："师速而疾，略也[③]。将退矣[④]，君何惧焉！且社稷之主不可以轻[⑤]，轻则失众。君必待之。"将犯之[⑥]。大子抽剑断鞅，乃止[⑦]。甲辰[⑧]，东侵及潍[⑨]，南及沂[⑩]。

【注释】

①郿棠:齐地名。即棠,有说在今山东平度东南。

②大子:太子光。郭荣:齐大夫。扣:拉住。

③师速而疾,略也:疾,攻击奋勇。略,抢夺财物。

④将退矣:诸侯军队没有久战取地的想法。

⑤轻:不持重,即逃走。

⑥将犯之:齐灵公不听,想冲过二人而去。

⑦大子抽剑断鞅,乃止:太子砍断马鞅,则居中的两马与车辕前端的横木分离,不能驾车,齐灵公才停下来。鞅,套在马颈上的皮带。

⑧甲辰:初八。

⑨东侵及潍:晋军往东打到潍水。潍,潍水,发源于山东莒县西北的潍山,经昌邑入海。

⑩南及沂:南抵沂水。沂,沂水,即大沂河,源出山东蒙阴北。

【译文】

齐灵公驾车,打算逃往郿棠。太子和郭荣拉住马,说:“敌军行动迅速勇猛,只是在掠夺财物。马上就要退兵了,国君有什么可怕的呢!再说作为一国之主,不能轻举妄动,轻举妄动就会失去民众。您一定要留下来。”灵公想直冲过去,太子拔剑砍断马鞅,才停了下来。初八,诸侯军队向东一直打到潍水,向南到达沂水。

18.4 郑子孔欲去诸大夫,将叛晋而起楚师以去之[①]。使告子庚[②],子庚弗许。楚子闻之,使杨豚尹宜告子庚曰[③]:“国人谓不穀主社稷而不出师,死不从礼[④]。不穀即位,于今五年,师徒不出[⑤],人其以不穀为自逸而忘先君之业矣。大夫图之!其若之何[⑥]?”子庚叹曰:“君王其谓午怀安乎[⑦]!吾以利社稷也。”见使者[⑧],稽首而对曰:“诸侯方睦于晋,臣请尝之。

若可，君而继之。不可，收师而退，可以无害，君亦无辱。”

【注释】

①郑子孔欲去诸大夫，将叛晋而起楚师以去之：郑国从襄公十一年萧鱼之会从晋至今，已经八年。子孔想要专权，襄公十年为载书，遭到子产等人的反对。现在想要叛晋而请楚国出兵除掉各位大夫。

②子庚：楚国令尹公子午。

③杨豚尹宜：豚尹，使者。杨是其氏，宜是其名。

④国人谓不穀主社稷而不出师，死不从礼：指现在不能继承先君的霸业，死后就不能用先君的礼仪祭祀。

⑤师徒不出：自己未尝统帅出兵。

⑥大夫图之！其若之何：按，楚康王主张出兵。

⑦怀安：贪图安逸。

⑧使者：即杨豚尹宜。

【译文】

郑子孔想把大夫们免掉，准备背叛晋国而利用楚军来达到这一目的。他派人告诉子庚，子庚不同意。楚康王听到消息，派豚尹杨宜告诉子庚说：“国人在说寡人主持国家却不出兵打仗，死后就不能用先君的礼仪祭祀。我即位到现在已经五年，军队从未打过仗，人们大概以为我只顾自己安逸，忘记了先君的大业。大夫们考虑一下吧！该怎么办呢？”子庚叹气道：“君王可能是认为我在贪图安逸吧！我这样做是为了国家啊。”会见使者，稽首回答说：“诸侯目前正与晋国和睦，请让下臣去试探一下。如果可行，君王就接着来。不行的话，收兵退回，可以没有损害，君王也不会蒙受羞辱。”

子庚帅师治兵于汾[①]。于是子蟜、伯有、子张从郑伯伐齐[2]，子孔、子展、子西守[3]。二子知子孔之谋[4]，完守入保[5]。子孔不敢会楚师[6]。

【注释】

①汾：古地名。在今河南许昌西南，颍水南岸。

②子张：公孙黑肱。

③子孔、子展、子西守：三人留守国内。

④二子：子展、子西。

⑤完守入保：加强守备，入城堡固守。保，同“堡”。

⑥子孔不敢会楚师：子孔的阴谋没能得逞。

【译文】

子庚领军在汾地练兵。这时候子蟜、伯有、子张正跟随郑简公攻打齐国，子孔、子展、子西留守国内。子展、子西察觉子孔阴谋，便加强守备入城坚守。子孔不敢和楚军会合。

楚师伐郑，次于鱼陵[1]。右师城上棘，遂涉颍[2]，次于旃然[3]。蒍子冯、公子格率锐师侵费滑、胥靡、献于、雍梁[4]，右回梅山[5]，侵郑东北，至于虫牢而反[6]。子庚门于纯门[7]，信于城下而还[8]，涉于鱼齿之下[9]。甚雨及之[10]，楚师多冻，役徒几尽[11]。

【注释】

①鱼陵：古地名。具体地点不详。

②右师城上棘，遂涉颍：楚右军渡颍水前，在上棘筑小城作防备。上棘，古地名。在今河南禹州颍水边上。

③旃然：水名，即索水，源出河南荥阳南。

④苈子冯：即薳子冯。费滑：古地名。在今河南偃师南之缑氏镇。胥靡、献于、雍梁：这三处都是郑国的地盘。胥靡，在今偃师东。献于，今地不详。雍梁，或曰在今禹州东北。

⑤右回梅山：向右绕过梅山。梅山，在今郑州西南，与新郑接界。

⑥虫牢：古地名。在今河南封丘北。

⑦纯门：郑都外郭门。

⑧信：住二宿。

⑨鱼齿：古地名。在今河南平顶山西北。

⑩甚雨：大雨。

⑪楚师多冻，役徒几尽：天寒多雨，军中役徒几乎都冻死，楚军无功而还。

【译文】

楚军进攻郑国，驻军鱼陵。右翼部队在上棘筑城，又徒步涉水渡过颍水，驻扎在旃然。苈子冯、公子格率领精锐人马侵袭费滑、胥靡、献于、雍梁，往右绕过梅山，攻打郑国东北，到达虫牢后回师。子庚进攻纯门，在城下住了两夜后回师，在鱼齿山下涉水渡河。赶上大雨，楚军中很多人被冻坏，服杂役的人几乎都死光了。

晋人闻有楚师，师旷曰："不害。吾骤歌北风[①]，又歌南风。南风不竞[②]，多死声。楚必无功[③]。"董叔曰："天道多在西北，南师不时，必无功[④]。"叔向曰："在其君之德也[⑤]。"

【注释】

①骤：屡次。风：指曲调，如《诗经》中的《国风》。

②不竞：不强劲。

③楚必无功：古人常以乐律占卜出兵吉凶。

④天道多在西北，南师不时，必无功：这里指岁星（木星）在西北，对

南方不利，楚军出征不合天时。天道，岁星所行之道。

⑤在其君之德也：意思是不在天时地利，而在人和。

【译文】

晋国听说楚国发兵，师旷说："不要紧。我屡次歌唱北方的歌曲，又唱南方的歌曲。南曲不强，多为象征死亡的声音。楚国一定不能成功。"董叔说："今年岁星多在西北，南边军队不合天时，肯定不会成功。"叔向说："胜败取决于国君的德行。"

十九年

【经】

19.1 十有九年春王正月①，诸侯盟于祝柯②。晋人执邾子。

19.2 公至自伐齐。

19.3 取邾田，自漷水③。

19.4 季孙宿如晋④。

19.5 葬曹成公。

19.6 夏，卫孙林父帅师伐齐。

19.7 秋七月辛卯⑤，齐侯环卒⑥。

19.8 晋士匄帅师侵齐，至谷，闻齐侯卒，乃还⑦。

19.9 八月丙辰⑧，仲孙蔑卒⑨。

19.10 齐杀其大夫高厚。

19.11 郑杀其大夫公子嘉⑩。

19.12 冬，葬齐灵公。

19.13 城西郛⑪。

19.14 叔孙豹会晋士匄于柯⑫。

19.15 城武城⑬。

【注释】

①十有九年：鲁襄公十九年当周灵王十八年，前554。

②诸侯：指去年围齐各国。祝柯：古地名。在今山东长清东北。

③取邾田，自漷（kuò）水：晋国为鲁取回邾国所占的田地，并以漷水划定鲁、邾疆界。漷水，源出今山东峄城西北，经鱼台东北入泗水。

④季孙宿如晋：拜谢晋国。

⑤辛卯：二十八日。

⑥齐侯环卒：齐灵公去世。

⑦谷：齐地名，在今山东东阿南的东阿镇。

⑧丙辰：二十三日。

⑨仲孙蔑卒：鲁国孟献子死。

⑩郑杀其大夫公子嘉：郑国杀了子孔。

⑪城西郛：鲁国修筑西边外城城墙。

⑫柯：古地名。在今河南内黄东北。

⑬武城：古地名。在今山东嘉祥，靠近齐国。

【译文】

鲁襄公十九年春周历正月，诸侯在祝柯结盟。晋国逮捕了邾悼公。

襄公从讨齐前线归来。

取得邾国田地，从漷水起都归我国。

季孙宿到晋国。

安葬曹成公。

夏，卫国孙林父带兵进攻齐国。

秋七月二十八日，齐灵公环去世。

晋国士匄领兵侵袭齐国，到达谷地，听到齐灵公的死讯，便撤军回国。

八月二十三日，仲孙蔑去世。

齐国杀了他们的大夫高厚。

郑国杀了他们的大夫公子嘉。

冬，安葬齐灵公。

修筑都城西边外城。

叔孙豹和晋国士匄在柯会面。

修筑武城城墙。

【传】

19.1 十九年春，诸侯还自沂上，盟于督扬[①]，曰："大毋侵小[②]。"执邾悼公，以其伐我故[③]。遂次于泗上[④]，疆我田[⑤]。取邾田，自漷水归之于我[⑥]。

【注释】

①督扬：即祝柯。

②大毋侵小：大国不要侵略小国。

③执邾悼公，以其伐我故：襄公十七年邾国攻打鲁国。

④泗上：泗水边上。

⑤疆我田：划定鲁国疆界。

⑥取邾田，自漷水归之于我：漷水以西的田地，有的是鲁田，被邾占去，有的本来就是邾田。现在以漷水为界，凡漷水以西的田地都归鲁国。

【译文】

鲁襄公十九年春，诸侯从沂水边回来，在督扬结盟，盟誓说："大国不得侵犯小国。"逮捕邾悼公，因为他进攻我国之故。诸侯军队又驻在泗水边，划定我国与邾国边界。取得被邾国占有的田地，从漷水起都归我国所有。

晋侯先归。公享晋六卿于蒲圃[①]，赐之三命之服；军尉、司马、司空、舆尉、候奄，皆受一命之服。贿荀偃束锦[②]，加璧，乘马[③]，先吴寿梦之鼎[④]。

【注释】

①蒲圃：鲁国场圃名。

②束：五匹为一束。

③乘：四马为乘。

④先吴寿梦之鼎：先送束锦等物，再送吴寿梦之鼎。按，因为荀偃是中军帅，所以加赐。

【译文】

晋平公先回国。襄公在蒲圃设享礼招待晋国六卿，赐给他们三命的车服；军尉、司马、司空、舆尉、候奄，都得到一命车服。送给荀偃五匹锦，加上玉璧，四匹马，再送吴寿梦铜鼎。

荀偃瘅疽，生疡于头[①]。济河，及著雍[②]，病，目出[③]。大夫先归者皆反。士匄请见，弗内。请后[④]，曰："郑甥可[⑤]。"二月甲寅[⑥]，卒，而视，不可含[⑦]。宣子盥而抚之[⑧]，曰："事吴敢不如事主[⑨]！"犹视。栾怀子曰[⑩]："其为未卒事于齐故也乎[⑪]？"乃复抚之曰："主苟终，所不嗣事于齐者[⑫]，有如河！"乃瞑，受含。宣子出，曰："吾浅之为丈夫也[⑬]。"

【注释】

①荀偃瘅（dàn）疽，生疡于头：瘅疽，恶疮。疡，疮。

②著雍：晋地名。

③病，目出：荀偃病危，连眼珠都鼓出来。

④请后：问谁为继承人。

⑤郑甥：指荀吴，其母为郑女，他是郑国外甥。

⑥甲寅：十九日。

⑦而视，不可含：荀偃死后眼睛睁着，口紧闭，不能含玉。含，古人以珠玉放在死者口中。

⑧宣子盥而抚之：士匄为荀偃盥洗并抚尸。

⑨事吴敢不如事主：将像事奉你一样事奉荀吴。

⑩栾怀子：即栾盈。

⑪为未卒事于齐故也乎：恐怕是伐齐之事未完成而死不瞑目。

⑫嗣事：继续从事。

⑬吾浅之为丈夫也：自恨浅薄，不理解荀偃的心志。

【译文】

荀偃生恶疮，头上长了个疮。渡过黄河，到达著雍的时候，病危，眼睛都鼓出来了。大夫先回国的都赶回来。士匄请求见他，不接纳。派人问他谁可以做继承人，回答："可立郑国女子所生的荀吴。"二月十九日，去世，眼睛睁着，口紧闭无法放入珠玉。士匄替他盥洗后抚摸着遗体，说："事奉荀吴，怎敢不如事奉您！"还是睁着眼睛。栾盈说："大概是因为攻打齐国的事还没完成的缘故吧？"便又抚摸着遗体说："如果您死后我们不继续进攻齐国的话，有河神为证！"荀偃这才合上眼睛，松开嘴巴接受做口含的珠玉。士匄出来后，说道："作为一个男人，我实在太浅薄了啊。"

19.2 晋栾魴帅师从卫孙文子伐齐①。

【注释】

①晋栾魴帅师从卫孙文子伐齐：上面栾盈说将"嗣事于齐"，因此晋、卫再次伐齐。

【译文】

晋国栾鲂率军随从卫国孙文子讨伐齐国。

19.3　季武子如晋拜师①，晋侯享之。范宣子为政②，赋《黍苗》③。季武子兴④，再拜稽首，曰："小国之仰大国也，如百谷之仰膏雨焉⑤！若常膏之，其天下辑睦，岂唯敝邑？"赋《六月》⑥。

【注释】

①季武子如晋拜师：谢晋国讨伐齐国以及为鲁取邾田。

②范宣子为政：范宣子以中军佐升为中军将。

③《黍苗》：《诗经·小雅》的篇名，本是赞美召伯慰劳诸侯，这里借喻为晋国国君关怀鲁国。

④兴：从座位上起来。

⑤小国之仰大国也，如百谷之仰膏雨焉：《黍苗》的开头两句是"芃芃黍苗，阴雨膏之"，季武子就是承这两句而说。膏，润泽。

⑥《六月》：《诗经·小雅》的篇名，赞颂尹吉甫辅佐周王出征之事，这里用尹吉甫比晋平公而赞颂之。

【译文】

季孙宿往晋国拜谢出兵，晋平公设享礼款待他。范宣子任执政，赋《黍苗》一诗。季孙宿从座位上起来，再拜叩头说："小国仰望大国，就如百谷仰望润泽的雨水！如果能经常滋润，将会使天下和睦安定，岂止敝国？"他赋了《六月》一诗。

19.4　季武子以所得于齐之兵作林钟而铭鲁功焉①。臧武仲谓季孙曰："非礼也。夫铭，天子令德②，诸侯言时计功③，大夫称伐[4]。今称伐,则下等也[5];计功,则借人也[6],言时,则妨民多矣,何以为铭?且夫大伐小,取其所得,以作彝器[7],铭其功烈[8],以示子孙,昭明德而惩无礼也。今将借人之力以救其死[9],若之何铭之?小国幸于大国[10],而昭所获焉以怒之,亡之道也[11]。"

【注释】

①季武子以所得于齐之兵作林钟而铭鲁功焉:季武子用所获齐国兵器铸成林钟,并用铭文记载鲁国的武功。林钟,又称大林。

②天子令德:天子作铭文记载德行而不记功。令,动词,令德即铭德。

③诸侯言时计功:诸侯举动合于时令且有功劳,才作铭文。

④大夫称伐:大夫则记载征伐之劳。

⑤今称伐,则下等也:称伐就是向下等同于大夫。

⑥计功,则借人也:借晋国之力。

⑦彝器:宗庙常用的礼器,如钟、鼎。

⑧功烈:同义词连用。烈,功。

⑨今将借人之力以救其死:现在鲁国只是借晋国之力挽救自己的危亡。

⑩小国:指鲁国。幸:侥幸战胜。大国:指齐国。

⑪而昭所获焉以怒之,亡之道也:现在侥幸取胜就铸钟铭功,更会激怒齐国,因此臧武仲反对铸钟。

【译文】

季孙宿把在齐国所得到的兵器熔铸成林钟,铭刻上记述鲁国功劳的文字。臧武仲对他说:"这是不合于礼的。铭文,天子用来记载德行,诸侯用来记载符合时令的举动和建立的功劳,大夫用来记载征伐。现在记载征伐，那已是降了一等了；如果说是记载功劳，那是凭别人的力量而取胜的，说是记载合乎时令的举动，其实这一仗对民众的妨害太多了，用什么来记入铭文？况且以大国打小国，把缴获他们的东西制成彝器，铭刻上功业告诉子孙后代，是为了宣扬美德而惩戒无礼。现在却是借他人之力来挽救自己的死亡，怎么能铭刻这些呢？小国侥幸胜了大国，反而宣扬所获战利品以激怒对方，这是亡国之道啊。”

19.5 齐侯娶于鲁，曰颜懿姬，无子。其侄鬷声姬[①]，生光，以为大子。诸子仲子、戎子[②]。戎子嬖。仲子生牙，属诸戎子。戎子请以为大子，许之。仲子曰："不可。废常[③]，不祥；间诸侯[④]，难[⑤]。光之立也，列于诸侯矣[⑥]。今无故而废之，是专黜诸侯[⑦]，而以难犯不祥也。君必悔之。"公曰："在我而已[⑧]。"遂东大子光[⑨]。使高厚傅牙，以为大子，夙沙卫为少傅[⑩]。

【注释】

①其侄鬷（zōng）声姬：鬷声姬作为侄女陪嫁。

②诸子：诸妾中姓子的。仲子、戎子：都是宋女。

③常：常规。按，嫡妻无子，立年长者为常，光最长，应立。

④间：触犯。

⑤难：事难成。

⑥光之立也，列于诸侯矣：从襄公三年以来，光多次参加盟会与诸侯征伐，所以说是“列于诸侯”。

⑦今无故而废之，是专黜诸侯：光为太子已为诸侯承认，现在要废掉他，是专横而轻视诸侯。黜，摈弃。

⑧在我而已：废立由我，不在诸侯，灵公坚持废光。

⑨遂东大子光：废太子光并把他迁到东部边境。

⑩夙沙卫为少傅：按，以上是补叙以前的事。

【译文】

齐灵公娶鲁国女子为妻，名颜懿姬，没生儿子。随同他陪嫁来的侄女鬷声姬生下光，被立为太子。姬妾中有仲子、戎子。戎子得到宠爱。仲子生下牙，被托付给戎子抚育。戎子请求把牙立为太子，灵公应许了。仲子说："不可以。废除常规，不吉祥；触犯诸侯，难于成事。光立为太子，已经多次参与诸侯盟会的行列。现在无故废掉他，这是专横而蔑视诸侯，用难以成功的事去触犯'废常'这不吉祥的事。国君一定会后悔的。"灵公说："一切由我决定。"就把太子光迁移到东部边境。派高厚做牙的太傅，立牙为太子，任命夙沙卫为少傅。

齐侯疾，崔杼微逆光①。疾病而立之②。光杀戎子，尸诸朝③，非礼也。妇人无刑④。虽有刑，不在朝市⑤。

【注释】

①微：暗中。

②疾病而立之：乘齐灵公病危，复立光为太子。

③尸诸朝：陈尸于朝。

④妇人无刑：没有专为妇女订立的刑罚条目。

⑤虽有刑，不在朝市：即便犯死刑，也不可暴尸于朝。

【译文】

齐灵公生病，崔杼暗地里把光接回来。灵公病危时，崔杼立光为太子。光杀了戎子，把尸体陈列在朝堂上，这是不合乎礼的。妇女没有专门的刑罚。即便受刑，也不能陈尸在朝堂。

夏五月壬辰晦，齐灵公卒①。庄公即位②，执公子牙于句渎之丘③。以夙沙卫易己④，卫奔高唐以叛⑤。

【注释】

①夏五月壬辰晦，齐灵公卒：《经》文记载灵公七月死，是按庄公即位后的报告而记。杨伯峻则认为，《经》书七月，《传》书五月，是因为齐用夏历，《经》为鲁史，改从周历。壬辰晦，二十九日。

②庄公：即太子光。

③句渎之丘：即谷丘。在齐国境内。

④以夙沙卫易己：太子光认为是夙沙卫教齐灵公废掉自己。

⑤高唐：古地名。在今山东高唐东。

【译文】

夏五月二十九日，齐灵公去世。庄公即位，在句渎之丘逮捕了公子牙。他认定自己被废是夙沙卫出的主意，夙沙卫逃往高唐叛变齐国。

19.6　晋士匄侵齐，及谷，闻丧而还，礼也①。

【译文】

晋国士匄进攻齐国，到谷地，听到齐灵公的死讯就撤兵了，这是合乎礼的。

19.7　于四月丁未①，郑公孙虿卒，赴于晋大夫②。范宣子言于晋侯，以其善于伐秦也③。六月，晋侯请于王，王追赐之大路④，使以行⑤，礼也。

【注释】

①丁未：十三日。

②郑公孙虿卒，赴于晋大夫：这是追述四月公孙虿死的事。

③善于伐秦：指襄公十四年伐秦，公孙虿劝诸侯之师渡泾。

④王追赐之大路：周王赐公孙虿大路以为褒奖。大路，天子所赐车的总称。

⑤使以行：出葬时让赐车跟在柩车后。行，行葬。士以上之葬，柩车在前，道车、槁车序从，大夫以上更有遣车。

【译文】

四月十三日，郑国公孙虿去世，向晋国大夫发去讣告。士匄告知晋平公，因为公孙虿在攻打秦国的战事中表现突出。六月，晋平公向周灵王请求对公孙虿奖赏，周灵王追赐给他大路，让它跟随出葬的车列，这是合于礼的。

19.8 秋八月，齐崔杼杀高厚于洒蓝[①]，而兼其室[②]。书曰"齐杀其大夫"，从君于昏也[③]。

【注释】

①洒蓝：齐地名。在今山东临淄城外。

②室：指财货封邑。

③从君于昏也：这是解释《经》文的意思。齐灵公废太子光而改立公子牙，实属昏庸，高厚顺从齐灵公昏聩之令，做公子牙的太傅，因而被杀，是咎由自取。

【译文】

秋八月，齐国崔杼在洒蓝杀了高厚，兼并了他的家财采邑。《春秋》记载"齐国杀了他们的大夫"，这是由于高厚顺从了国君昏聩的命令。

19.9 郑子孔之为政也专。国人患之,乃讨西宫之难与纯门之师[①]。子孔当罪[②]。以其甲及子革、子良氏之甲守[③]。甲辰[④],子展、子西率国人伐之,杀子孔,而分其室。书曰“郑杀其大夫”,专也。

【注释】

①西宫之难:事在襄公十年,尉止等作乱,子孔知道而不告发。纯门之师:去年子孔欲去诸大夫布专政,招楚来伐,楚子庚门于纯门。

②子孔当罪:上述二个事件中子孔都有责,应当抵罪。

③以其甲及子革、子良氏之甲守:子孔已听到风声,招集甲士自保。

④甲辰:十一日。

【译文】

郑国子孔执政独断专行。郑国人很担忧,就追究西宫那次祸难和楚国攻打纯门之战的罪责。子孔应该抵罪,他带领自家甲士和子革、子良家的甲士保卫自己。十一日,子展、子西率领国人讨伐他,杀死子孔,瓜分了他的家财采邑。《春秋》记载“郑国杀了他们的大夫”,是因为子孔专横。

子然、子孔,宋子之子也[①];士子孔,圭妫之子也[②]。圭妫之班亚宋子[③],而相亲也;二子孔亦相亲也[④]。僖之四年[⑤],子然卒。简之元年[⑥],士子孔卒。司徒孔实相子革、子良之室[⑦],三室如一,故及于难[⑧]。子革、子良出奔楚,子革为右尹[⑨]。郑人使子展当国,子西听政,立子产为卿[⑩]。

【注释】

①子然、子孔，宋子之子也：子然，子革之父。宋子，郑穆公妾。

②士子孔，圭妫之子也：士子孔，即公子志。圭妫，郑穆公妾。

③班：位置。亚宋子：次于宋子。

④二子孔：指子孔与士子孔，两人为同父异母兄弟。相亲：其母相亲，两人也相亲。

⑤僖之四年：郑僖公四年即鲁襄公六年。

⑥简之元年：郑简公元年即鲁襄公八年。

⑦司徒孔：子孔，襄公十年前子驷执政时为司徒。子革：子孔胞侄。子良：士子孔之子，也是子孔侄子。

⑧三室如一，故及于难：三家相亲，所以子革、子良的甲士为子孔守，两家也卷入事件中。

⑨子革为右尹：子革后来为楚国右尹，又称为郑丹、然丹，见昭公十二、十三年《传》。

⑩立子产为卿：按，子产始登上郑国政治舞台。

【译文】

子然、子孔，是宋子的儿子；士子孔，是圭妫的儿子。圭妫的位次在宋子之下，但两人关系亲密；两个子孔也关系亲近。郑僖公四年，子然去世。简公元年，士子孔去世。司徒子孔辅助子革、子良两家，三家亲如一家，所以子革、子良也受牵连而遭难。子革、子良逃往楚国，子革任楚国右尹。郑国让子展主政，子西负责日常政务，立子产为卿。

19.10　齐庆封围高唐①，弗克。冬十一月，齐侯围之，见卫在城上，号之②，乃下。问守备焉，以无备告③。揖之，乃登④。闻师将傅⑤，食高唐人⑥。殖绰、工偻会夜缒纳师，醢卫于军⑦。

【注释】

①齐庆封围高唐:按,因夙沙卫据高唐而叛。

②见卫在城上,号之:叫夙沙卫。

③问守备焉,以无备告:夙沙卫下城,二人隔着护城河对话。齐庄公问守备情况,夙沙卫告诉他无备。

④揖之,乃登:齐庄公向夙沙卫作揖,卫还礼后又登上城墙,准备与齐庄公死战。

⑤傅:缘城进攻。

⑥食高唐人:夙沙卫让高唐人饱吃一顿。

⑦殖绰、工偻会夜缒纳师,醢卫于军:二人夜里垂下绳子让齐军入城。齐军攻入高唐,杀夙沙卫。殖绰、工偻会,都是齐国大夫。

【译文】

齐国庆封包围高唐,没攻下。冬十一月,齐庄公包围了高唐,看见夙沙卫在城上,就高声喊他,夙沙卫就下城来见庄公。问他高唐守备的情况,夙沙卫告诉说没有防备。庄公向他作揖,夙沙卫又返回城上。夙沙卫听说齐军将缘城进攻,就让高唐人马饱吃一顿。殖绰、工偻会夜里垂下绳子让齐军入城,将夙沙卫在军中剁成肉酱。

19.11　城西郛,惧齐也①。

【注释】

①惧齐也:鲁国去年和晋国一起伐齐,又以齐兵器铸钟,所以怕齐国来攻。

【译文】

修筑都城西边的外城,是因为怕齐国报复。

19.12　齐及晋平,盟于大隧①。故穆叔会范宣子于柯。穆叔见叔向，赋《载驰》之四章②。叔向曰：“肸敢不承命③。”穆叔归，曰：“齐犹未也④，不可以不惧。”乃城武城⑤。

【注释】

①大隧：古地名。在今山东高唐。

②赋《载驰》之四章：《载驰》是《诗经·国风·鄘风》的篇名，其第四章有“控于大邦，谁因谁极”二句，穆叔借此表示希望晋国能及时救援。

③肸敢不承命：叔向答应救鲁。可见齐虽然与晋盟，但并没有真正服晋。

④齐犹未也：齐国不会停止攻伐。

⑤城武城：防备齐国。

【译文】

齐国和晋国讲和，在大隧结盟。因此穆叔和士匄在柯地相会。穆叔进见叔向，赋《载驰》第四章。叔向说：“我岂敢不接受命令。”穆叔回国后说：“齐国不会就此罢休，不能不小心。”便在武城筑城。

19.13 卫石共子卒①，悼子不哀②。孔成子曰③：“是谓蹷其本④，必不有其宗⑤。”

【注释】

①石共子：石买。

②悼子：石买之子石恶。

③孔成子：卫卿孔烝钼，庄叔达之孙。

④蹷(jué)：同“蹶”，拔掉。

⑤不有其宗：不能保有其宗族。按，这里是在为襄公二十八年石恶

奔晋作伏笔。

【译文】

卫国石买去世，石恶并不悲伤。孔成子说："这叫做丧失了本性，必定不能保全他的宗族。"

二十年

【经】

20.1 二十年春王正月辛亥①，仲孙速会莒人盟于向②。

20.2 夏六月庚申③，公会晋侯、齐侯、宋公、卫侯、郑伯、曹伯、莒子、邾子、滕子、薛伯、杞伯，小邾子盟于澶渊④。

20.3 秋，公至自会。

20.4 仲孙速帅师伐邾⑤。

20.5 蔡杀其大夫公子燮⑥。蔡公子履出奔楚⑦。

20.6 陈侯之弟黄出奔楚。

20.7 叔老如齐⑧。

20.8 冬十月丙辰朔，日有食之⑨。

20.9 季孙宿如宋⑩。

【注释】

①二十年：鲁襄公二十年当周灵王十九年，前553。辛亥：二十一日。

②仲孙速：鲁宗族臣，孟庄子，孟孺子速。向：莒国城邑，在今山东莒县南。

③庚申：初三。

④澶渊：在今河南濮阳西北。原为卫地，现晋已取之。

⑤仲孙速帅师伐邾：对邾国攻打鲁国进行报复。

⑥公子燮：蔡庄公之子。

⑦蔡公子履：燮的同母弟。

⑧叔老如齐：鲁国叔老聘齐。

⑨冬十月丙辰朔，日有食之：此应为前553年8月31日之日环食。丙辰朔，初一。

⑩季孙宿如宋：季武子聘宋。

【译文】

鲁襄公二十年春周历正月二十一日，仲孙速和莒国人相会并在向地结盟。

夏六月初三，襄公与晋平公、齐庄公、宋平公、卫殇公、郑简公、曹武公、莒犁比公、邾悼公、滕成公、薛伯、杞孝公，小邾穆公在澶渊会盟。

秋，襄公从盟会回国。

仲孙速领兵进攻邾国。

蔡国杀了他们的大夫公子燮。蔡国公子履逃往楚国。

陈哀公弟弟黄出逃到楚国。

叔老前往齐国。

冬十月初一，发生日食。

季孙宿去宋国。

【传】

20.1 二十年春，及莒平。孟庄子会莒人盟于向，督扬之盟故也①。

【注释】

①督扬之盟故也：莒多次犯鲁，去年督扬之盟诸侯和解，现在两国再相盟结好。

【译文】

鲁襄公二十年春天，和莒国和好。仲孙速和莒国人相会并在向地结盟，这是由于先有督扬盟会的缘故。

20.2　夏，盟于澶渊，齐成故也[①]。

【注释】

①盟于澶渊，齐成故也：齐国去年已经和晋国讲和，为此诸侯再盟于澶渊。

【译文】

夏，在澶渊结盟，是由于和齐国讲和。

20.3　邾人骤至[①]，以诸侯之事弗能报也[②]。秋，孟庄子伐邾以报之[③]。

【注释】

①邾人骤至：襄公十五、十七年邾国几次攻打鲁国。骤，屡次。

②以诸侯之事弗能报也：邾国认为鲁国连年随同晋国征伐盟会，不能报复。

③孟庄子伐邾以报之：按，上年晋国为鲁国逮捕邾国国君，取得邾国田土，也是对邾伐鲁的报复。

【译文】

邾国人屡次来犯，我国因为连年参加诸侯间的盟会征伐，没能报复。秋，孟庄子讨伐邾国作为报复。

20.4　蔡公子燮欲以蔡之晋[①]，蔡人杀之。公子履，其母弟也，故出奔楚[2]。

【注释】

①蔡公子燮欲以蔡之晋：蔡本是楚的盟国，燮想要以蔡服晋。

②公子履，其母弟也，故出奔楚：杨伯峻认为，杜预说公子履与燮同谋，如果真是这样，就应出奔晋国。也许他并未参与，只是担心因为兄弟的关系而受牵连，所以到楚国去以免除嫌疑。

【译文】

蔡国公子燮想让蔡国顺从晋国，蔡国人杀了他。公子履是他的同母弟，所以出逃到楚国。

陈庆虎、庆寅畏公子黄之逼[1]，诉诸楚曰："与蔡司马同谋[2]。"楚人以为讨。公子黄出奔楚[3]。初，蔡文侯欲事晋，曰："先君与于践土之盟[4]，晋不可弃，且兄弟也[5]。"畏楚，不能行而卒[6]。楚人使蔡无常[7]。公子燮求从先君以利蔡，不能而死。书曰"蔡杀其大夫公子燮"，言不与民同欲也[8]。"陈侯之弟黄出奔楚"，言非其罪也[9]。公子黄将出奔，呼于国曰："庆氏无道，求专陈国，暴蔑其君[10]，而去其亲[11]，五年不灭，是无天也[12]。"

【注释】

①陈庆虎、庆寅畏公子黄之逼：怕公子黄夺其政权。庆虎、庆寅，陈国卿大夫。

②与蔡司马同谋：指与蔡公子燮同谋叛楚服晋。

③公子黄出奔楚：楚国讨伐陈国，公子黄奔楚辩解。

④先君：指蔡文侯之父庄侯，名甲午。践土之盟：在僖公二十八年。

⑤且兄弟也:晋、蔡同为姬姓国。

⑥畏楚,不能行而卒:蔡文侯虽有事晋之心,终因畏楚而不能实现,并在宣公十七年去世。

⑦使:役使。无常:没有一定的准则。

⑧言不与民同欲也:当时蔡国大多数人(主要是士大夫)想要从楚,公子燮则要从晋,所以说“不与民同欲”。

⑨“陈侯之弟黄出奔楚”,言非其罪也:《经》文称“弟”以示公子黄无罪,罪在陈哀公与庆虎、庆寅。

⑩暴蔑:轻慢。

⑪而去其亲:公子黄是陈哀公亲属。

⑫五年不灭,是无天也:五年之内不灭亡,就是没有天理了。按,襄公二十三年,二庆被杀。

【译文】

陈国庆虎、庆寅害怕公子黄的威逼,向楚国报告:“公子黄和蔡国司马共同谋划要顺服晋国。”楚国为此发起讨伐。公子黄出逃到楚国。当初,蔡文侯想顺服晋国,说道:“先君参加了践土之盟,晋不应丢弃,况且我们还是兄弟关系呢。”但因为怕楚国,没能施行就去世了。楚国役使蔡国全无常规法度,公子燮要求继承先君遗志以有利于蔡国,没办成就死了。《春秋》记载说“蔡国杀了大夫公子燮”,是说公子燮不能与百姓同意愿;“陈哀公弟弟黄出逃到楚国”,说的是并非他的罪过。公子黄临出逃前,在国都高声呼喊:“庆氏无道,想要在陈国专权,轻慢国君,铲除国君的亲属,五年之内不灭亡,就是没有天理了。”

20.5 齐子初聘于齐,礼也①。

【注释】

①齐子初聘于齐,礼也:澶渊之盟,齐、鲁也和好,齐庄公又新即位,

鲁国派叔老聘齐以示友好。齐子，即《经》文的叔老。

【译文】

叔老第一次到齐国聘问，这是合于礼的。

20.6　冬，季武子如宋，报向戌之聘也[①]。褚师段逆之以受享[②]，赋《常棣》之七章以卒[③]。宋人重贿之。归，复命，公享之[④]。赋《鱼丽》之卒章[⑤]。公赋《南山有台》[⑥]。武子去所[⑦]，曰："臣不堪也[⑧]。"

【注释】

①报向戌之聘：向戌聘鲁在襄公十五年。

②褚师：官名，这里是以官为氏。段：宋共公之子子石。受享：武子受宋平公的享礼。

③赋《常棣》之七章以卒：七章以卒，第七章与最后一章（即第八章）。《常棣》，《诗经·小雅》的篇名。武子借《常棣》第七、第八章中妻子和兄弟和睦之意，表示鲁、宋两国将和睦相处。

④公享之：襄公设宴招待季武子。

⑤赋《鱼丽》之卒章：《鱼丽》为宴饮宾客之诗，末章称赞食物丰盛，都是时鲜。季武子借以说明聘宋适时。《鱼丽》，《诗经·小雅》的篇名。

⑥公赋《南山有台》：襄公取本诗中"乐只君子，邦家之基"称赞季武子出色完成使命。《南山有台》，《诗经·小雅》的篇名。

⑦去所：离席。

⑧臣不堪也：季武子表示谦让。

【译文】

冬，季孙宿到宋国，这是回报向戌的聘问。褚师段迎接他并让他接受宋平公的享礼，季孙宿赋《常棣》的第七、第八章。宋国送他一份厚礼。他回国复命，襄公设享礼慰劳，季孙宿赋《鱼丽》的末章。襄公赋《南山有台》一诗。季孙宿离开坐席，说道："下臣不敢当。"

20.7　卫甯惠子疾①，召悼子曰②："吾得罪于君，悔而无及也③。名藏在诸侯之策，曰：'孙林父、甯殖出其君。'君入，则掩之④。若能掩之，则吾子也。若不能，犹有鬼神，吾有馁而已，不来食矣⑤。"悼子许诺⑥，惠子遂卒。

【注释】

①甯惠子：甯殖。

②召：借用为"诏"，告诉。悼子：甯喜。甯殖之子。

③吾得罪于君，悔而无及也：襄公十四年，甯殖与孙林父一起驱逐了卫献公。

④君入，则掩之：卫献公回国，才能掩盖逐君的罪名。

⑤若不能，犹有鬼神，吾有馁而已，不来食矣：甯殖以死后不享受祭祀要挟甯喜，要他迎回卫献公。犹，假如。馁，饿。

⑥悼子许诺：按，这为襄公二十六年卫献公回国伏笔。

【译文】

卫国甯殖有病，对甯喜说："我得罪了国君，后悔已经来不及了。我的名字已记在诸侯的简策上，写着：'孙林父、甯殖驱逐国君。'只有国君回国才能掩盖这个恶名。你要是掩盖我的罪名，你就是我的好儿子。如果不能，假如有鬼神的话，我宁可挨饿，也不来享受你的祭祀。"甯喜答应，甯殖就死了。

二十一年

【经】

21.1　二十有一年春王正月①，公如晋。

21.2　邾庶其以漆、闾丘来奔②。

21.3　夏，公至自晋。

21.4　秋，晋栾盈出奔楚。

21.5　九月庚戌朔，日有食之③。

21.6　冬十月庚辰朔，日有食之④。

21.7　曹伯来朝⑤。

21.8　公会晋侯、齐侯、宋公、卫侯、郑伯、曹伯、莒子、邾子于商任⑥。

【注释】

①二十有一年：鲁襄公二十一年当周灵王二十年，前552。

②邾庶其以漆、闾丘来奔：庶其逃奔鲁国，以漆、闾丘二地献给鲁国。庶其，邾国大夫。漆，古地名。在今山东邹城。闾丘，在漆东北。

③九月庚戌朔，日有食之：这是前522年8月20日之日环食。庚戌朔，初一。

④冬十月庚辰朔，日有食之：九月已经日环食，十月不应该再有日食，此日食是史官（天文官）误记。庚辰朔，初一。

⑤曹伯来朝：曹武公朝鲁。

⑥商任：古地名。在今河北任县东南。

【译文】

鲁襄公二十一年春周历正月，襄公去晋国。

邾国庶其带着漆与闾丘二地来投奔我国。

夏，襄公从晋国回来。

秋，晋国栾盈出逃楚国。

九月初一，发生日食。

冬十月初一，发生日食。

曹武公来我国朝见。

襄公与晋平公、齐庄公、宋平公、卫殇公、郑简公、曹武公、莒犁比公、邾悼公在商任相会。

【传】

21.1 二十一年春，公如晋，拜师及取邾田也[①]。

【注释】

①拜师及取邾田也：拜谢襄公十八年晋伐齐师及取邾田。

【译文】

鲁襄公二十一年春，襄公到晋国去，拜谢晋国出兵和为鲁国取得邾国田地。

21.2 邾庶其以漆、闾丘来奔。季武子以公姑姊妻之[①]，皆有赐于其从者。于是鲁多盗。季孙谓臧武仲曰："子盍诘盗[②]？"武仲曰："不可诘也，纥又不能[③]。"季孙曰："我有四封[④]，而诘其盗，何故不可？子为司寇[⑤]，将盗是务去，若之何不能？"武仲曰："子召外盗而大礼焉[⑥]，何以止吾盗？子为正卿，而来外盗[⑦]，使纥去之[⑧]，将何以能？庶其窃邑于邾以来，子以姬氏妻之，而与之邑[⑨]，其从者皆有赐焉。若大盗，礼焉以君之姑姊与其大邑[⑩]，其次皂牧舆马[⑪]，其小者衣裳剑带[12],是赏盗也。赏而去之,其或难焉[13]。纥也闻之,在上位者洒濯其心[14],壹以待人[15],轨度其信,可明征也[16],而后可以治人。夫上之所为,民之归也[17]。上所不为,而民或为之,是以加刑罚焉,而莫敢不惩[18]。若上之所为,而民亦为之,乃其所也[19],又可禁乎?《夏书》曰[20]:'念兹在兹,释兹在兹,名言兹在兹,允出兹在兹,惟帝念功[21]。'将谓由己壹也[22]。信由己壹,而后功可念也[23]。"

【注释】

①姑姊:姑母。

②诘:禁止。

③不可诘也,纥又不能:臧纥自称无能力诘盗。

④四封:四方边界。

⑤司寇:主刑官员。

⑥子召外盗而大礼焉:指庶其奔鲁而季武子妻之以鲁公之姑母并与之邑。

⑦而来外盗:接纳外盗。

⑧之:指国内盗贼。

⑨而与之邑:另外赏给庶其封邑。

⑩焉:同"之",指大盗。

⑪其次皂牧舆马:次一等的给予皂牧舆马。皂,皂役,杂役。牧,牧人。

⑫其小者衣裳剑带:最低等的给予衣裳剑带。

⑬赏而去之,其或难焉:一边赏赐盗贼,一边要除掉盗贼,恐怕很难了。

⑭洒濯其心:洗涤其心,使之知礼仪。

⑮壹以待人：待人以诚。

⑯轨度其信，可明征也：轨度，纳之于轨范。信，诚心。征，征信。

⑰夫上之所为，民之归也：上行下效。

⑱惩：警戒。

⑲若上之所为，而民亦为之，乃其所也：上行下效是势所必然。

⑳《夏书》：逸书，《古文尚书》羼入《大禹谟》篇。

㉑"念兹在兹"五句：意思是所思念而为者在于此，所舍弃而不为者在于此，所号令要说者在于此，诚信所行者也在于此。只有天帝才能记下这成功。兹，此，这个，指当时的规范、标准。释，舍弃。名，号令。允，诚信。念功，记功。

㉒将谓由己壹也：《夏书》所说，大概指要由自身来体现标准的一致。将，殆，大概。

㉓信由己壹，而后功可念也：诚信由于自己的一致，然后才可以记录功劳。按，臧武仲在这里意在批评季孙为贪求土地而诚信不一。

【译文】

邾国庶其带着漆、闾丘二地来投奔我国。季孙宿把襄公的姑妈嫁给他，他的随从也都有赏赐。当时鲁国的盗贼很多。季孙宿对臧纥说："你为什么不捕治盗贼？"臧纥说："盗贼无法捕治，我也没有能力捕治。"季孙宿说："我国有四面边境的限制用来禁治盗贼，为什么做不到呢？你官居司寇，捕盗是你的职责，为什么做不到呢？"臧纥说："你把国外的大盗招来，给予优渥的礼遇，又怎么能禁止国内的盗贼呢？你是正卿，把外国的盗贼引来，却要我去除掉国内的盗贼，我怎么可能办得到？庶其在邾国偷盗城邑而来，你把姬氏嫁给他做妻子，还赏给城邑，他的随从也都有赏赐。对大盗，你给他国君的姑妈和大城邑以表示优待，次一等的给予奴隶车马，最差的也给予衣裳剑带，这是在奖赏盗贼。奖赏盗贼又要除去盗贼，这恐怕有难度。我听说，在上位的要洗涤自己的心，专一待人，诚信待人，使它合于法度，有明确的行动做证明，然后才可以治理人民。在上者的所作所为，是人民的榜样。在上者不做而百姓有人做了，由此对他们施以刑罚，就没有人敢不当心。如果在上者做了而百姓也这样做了，这是势所必然的，又怎么能够禁止住呢？《夏书》说：'想要干的就是这个，想丢弃的就是这个，所要命令的就是这个，诚信所在的就是这个，只有天帝才能记下这功劳。'大约说的就是要由自己来体现标准的一致性。诚信出于自己的一致，而后才可以记录功劳。"

庶其非卿也，以地来，虽贱，必书，重地也①。

【注释】

①"庶其非卿也"四句：这是解释《经》文。按《春秋》例，非卿不记载其名。庶其献了土地，虽不是卿，但因重视土地而特记其名。

【译文】

庶其不是卿，但他带着城邑来，所以虽然地位卑贱，《春秋》也要加以记载，是因为重视土地。

21.3 齐侯使庆佐为大夫，复讨公子牙之党①，执公子买于句渎之丘②。公子鉏来奔。叔孙还奔燕。

【注释】

①齐侯使庆佐为大夫，复讨公子牙之党：齐庄公即位，清除公子牙同党，崔杼、庆佐的势力日益强大。庆佐，崔杼的同党。

②公子买：与下面的公子鉏、叔孙还都是齐国的公族。

【译文】

齐庄公任命庆佐为大夫，再次讨伐公子牙的党羽，在句渎之丘逮捕了公子买。公子鉏逃来我国。叔孙还出逃燕国。

21.4　夏，楚子庚卒，楚子使薳子冯为令尹。访于申叔豫[1]，叔豫曰："国多宠而王弱，国不可为也[2]。"遂以疾辞。方暑，阙地，下冰而床焉[3]。重茧，衣裘，鲜食而寝[4]。楚子使医视之，复曰："瘠则甚矣，而血气未动[5]。"乃使子南为令尹[6]。

【注释】

①访：与人商议。申叔豫：申叔时之孙。

②国不可为也：国事没法做好，意思是不能去当令尹。

③阙地，下冰而床焉：挖地，放上冰块再安置床，使寒气更重。

④重茧，衣裘，鲜食而寝：薳子冯用装病来推辞当令尹。重茧，两层棉袍。鲜食，吃得很少。

⑤瘠则甚矣，而血气未动：虽然很瘦，但血气正常。说明没病。

⑥子南：即公子追舒。

【译文】

夏，楚国子庚去世，楚康王任命薳子冯当令尹。薳子冯向申叔豫请教。申叔豫说："国家宠臣众多而君王年轻，国家没办法管好。"于是薳子冯以疾病为辞不当令尹。正当大暑天，他挖地，埋进冰块后架上床。身穿两层棉衣，又穿上皮袍，吃得很少，躺在床上。楚王派医生去探视，回来报告说："虽然很瘦，但血气没亏。"楚王便任命子南为令尹。

21.5　栾桓子娶于范宣子，生怀子[1]。范鞅以其亡也，怨栾氏[2]，故与栾盈为公族大夫而不相能[3]。桓子卒，栾祁与其老州宾通[4]，几亡室矣[5]。怀子患之。祁惧其讨也，诉诸宣子曰："盈将为乱，以范氏为死桓主而专政矣[6]，曰：'吾父逐鞅也，不怒而以宠报之[7]，又与吾同官而专之[8]，吾父死而益富[9]。死吾父而专于国，有死而已，吾蔑从之矣[10]。’其谋如是，惧害于主[11]，吾不敢不言。”范鞅为之征[12]。怀子好施[13]，士多归之。宣子畏其多士也，信之[14]。怀子为下卿[15]，宣子使城著而遂逐之[16]。

【注释】

①栾桓子娶于范宣子，生怀子：栾桓子娶士匄之女。栾桓子，即栾黡。怀子，即栾盈。

②范鞅以其亡也，怨栾氏：襄公十四年，诸侯伐秦，栾黡之弟栾鍼主动要求与范鞅冲击秦师，结果范鞅生还而栾鍼战死，栾黡认为栾鍼是受范鞅的怂恿才战死的，所以责怪其父范宣子，迫其驱逐范鞅。范鞅出逃秦国，后回国复位。范氏与栾氏结怨。范鞅，士鞅，范宣子士匄之子。

③故与栾盈为公族大夫：襄公十六年，范鞅与栾盈同为公族大夫。不相能：不能共处。

④栾祁：栾黡妻，士匄女，栾盈母。杨伯峻指出，范氏传为尧的后代，本祁姓。周时妇女举姓不氏，所以叫栾祁。其老州宾：老，室老，大夫家臣之长，名州宾。通：通奸。

⑤几亡室矣：栾氏家财几乎全为州宾侵占。

⑥盈将为乱，以范氏为死桓主而专政矣：栾祁诬陷栾盈，说他认为是范氏弄死栾黡。桓主，栾黡。

⑦吾父逐鞅也，不怒而以宠报之：范鞅由秦国回晋后，栾黡不怒，反而让他为公族大夫。

⑧又与吾同官而专之：同为公族大夫而范鞅独断专行。

⑨吾父死而益富：范氏更富。

⑩死吾父而专于国，有死而已，吾蔑从之矣：栾祁诬陷栾盈将以死作难。蔑，无。

⑪主：指范宣子士匄。

⑫范鞅为之征：替栾祁作证。征，证。

⑬好施：好施舍。

⑭宣子畏其多士也，信之：怕栾盈得人心而势力更大，便相信栾祁的话。

⑮怀子为下卿：栾盈当时任下军佐，位居第六。

⑯宣子使城著而遂逐之：范宣子令栾盈到著地筑城乘机赶走他。著，晋国城邑，可能即著雍。

【译文】

栾黡娶范宣子士匄之女为妻，生下栾盈。范鞅因为曾被迫逃亡一事，怨恨栾氏，所以虽然和栾盈同为公族大夫却不能友好相处。栾黡去世后，其妻栾祁和家宰州宾私通，州宾几乎把栾家家产全都侵吞。栾盈感到很烦恼。栾祁害怕他讨伐，向士匄诉说道："栾盈将要发动叛乱，认为是范氏把栾黡弄死从而把持国政，他说：'我父亲赶走范鞅，待他回国以后不但不愤怒反而报以宠信，又和我同任公族大夫官，而他则大权独揽，我父亲去世后他更富了。弄死我父亲而掌国政，我宁可死，也不愿服从他！'他的阴谋就是这样，我担心会伤害您，所以不敢不告知您。"范鞅也证实她的话是事实。栾盈喜好施舍周济别人，很多士人都归附他。士匄害怕归附栾盈的士人众多，就相信了栾祁的话。栾盈任下卿，士匄派他负责修筑著地城墙遂乘机赶走他。

秋，栾盈出奔楚。宣子杀箕遗、黄渊、嘉父、司空靖、邴豫、董叔、邴师、申书、羊舌虎、叔罴①。囚伯华、叔向、籍偃②。人谓叔向曰："子离于罪，其为不知乎③？"叔向曰："与其死亡若何④？《诗》曰：'优哉游哉，聊以卒岁。'知也⑤。"

【注释】

①宣子杀箕遗、黄渊、嘉父、司空靖、邴豫、董叔、邴师、申书、羊舌虎、叔罴：以上十人都是晋国大夫，栾盈同党。

②叔向：他并非栾盈同党，因其弟羊舌虎与栾盈同党而牵连入狱。籍偃：当时任上军司马。

③子离于罪，其为不知乎：离，遭遇。知，同"智"。

④与其死亡若何：虽受囚而胜于死亡。

⑤《诗》曰："优哉游哉，聊以卒岁。"知也：叔向认为优游于乱世，能避害而终其寿，就是智。引诗为逸诗，今《诗经》中有和它相近的诗句。

【译文】

秋，栾盈逃往楚国。士匄杀了箕遗、黄渊、嘉父、司空靖、邴豫、董叔、邴师、申书、羊舌虎、叔罴。囚禁了伯华、叔向、籍偃。有人对叔向说："你被牵连入狱，是不明智的结果吧？"叔向说："比起死与逃亡来说又怎么样？有《诗》说：'优哉游哉，能避害而终寿。'这就是明智啊。"

乐王鲋见叔向曰[①]："吾为子请[②]！"叔向弗应。出，不拜[③]。其人皆咎叔向。叔向曰："必祁大夫[④]。"室老闻之[⑤]，曰："乐王鲋言于君，无不行，求赦吾子，吾子不许。祁大夫所不能也[⑥]，而曰必由之，何也？"叔向曰："乐王鲋，从君者也[⑦]，何能行？祁大夫外举不弃仇，内举不失亲[⑧]，其独遗我乎？《诗》曰：'有觉德行，四国顺之[⑨]。'夫子，觉者也[⑩]。"

【注释】

①乐王鲋：晋国大夫乐桓子。

②请：请求释放。

③出，不拜：乐王鲋出，叔向不拜。

④必祁大夫：只有祁奚能救我。

⑤室老：羊舌氏家臣之长。

⑥不能：做不到。

⑦从君：只会看国君脸色行事。

⑧祁大夫外举不弃仇，内举不失亲：襄公三年祁奚请老时推荐其仇解狐、其子祁午和羊舌赤，君子赞曰："祁奚于是能举善矣。称其仇，不为谄。立其子，不为比。举其偏，不为党。"

⑨有觉德行，四国顺之：引《诗》见《诗经·大雅·抑》。意思是德行公正，则天下顺从。觉，通"梏"。正直，高大。

⑩夫子，觉者也：祁奚是正直的人。夫子，对第三人的敬称，这里指祁奚。

【译文】

乐王鲋去见叔向，说："我可以为你去求情！"叔向没应声。乐王鲋走的时候，叔向也不拜送。叔向的随从都责备他。叔向说："一定要祁大夫才能救我。"他的家宰听说后，对他说："乐王鲋对国君说的话，没有不被采纳的，他要去请求赦免你，你不答应。可这是祁大夫所无法办到的，你却说一定要通过他，这是为什么？"叔向说："乐王鲋，只是顺从国君的人，他怎么能行？祁大夫举荐外族人不丢弃仇家，举拔族内人时不失去亲人，他难道会单单把我遗漏掉吗？《诗》说：'有正直的德行，四方的人都会归顺他。'祁大夫正是这样正直的人啊。"

晋侯问叔向之罪于乐王鲋，对曰："不弃其亲，其有焉[①]。"于是祁奚老矣[②]，闻之，乘驲而见宣子[③]，曰："《诗》曰：'惠我无疆，子孙保之[④]。'《书》曰：'圣有谟勋，明征定保[⑤]。'夫谋而鲜过、惠训不倦者[⑥]，叔向有焉，社稷之固也[⑦]。犹将十世宥之[8]，以劝能者。今壹不免其身[9]，以弃社稷，不亦惑乎？鲧殛而禹兴[10]；伊尹放大甲而相之，卒无怨色[11]；管、蔡为戮，周公右王[12]。若之何其以虎也弃社稷？子为善，谁敢不勉[13]？多杀何为？”宣子说，与之乘[14]，以言诸公而免之[15]。不见叔向而归[16]。叔向亦不告免焉而朝[17]。

【注释】

①不弃其亲，其有焉：乐王鲋怀恨而落井下石，说叔向不弃兄弟，可能同谋。亲，指羊舌虎。

②于是祁奚老矣：祁奚请老在襄公三年，十六年又出为公族大夫，现又已告老退休。

③驲(rì)：传车。杨伯峻指出，当时祁奚住处可能离晋都新绛远，所以乘传，取其快速。

④惠我无疆，子孙保之：引《诗》见《诗经·周颂·烈文》。意思是恩赐我们无边际，子子孙孙保持它。

⑤圣有谟勋，明征定保：引《书》为逸书，今纂入《古文尚书·胤征》篇。意思是圣人有谋略功勋，应当明信而保护。谟，谋略。按，祁奚在这里引诗、书都是用来称赞叔向。

⑥夫谋而鲜过：此即“圣有谟勋”。惠训不倦：此即“惠我无疆”。

⑦社稷之固：国家柱石。

⑧犹将十世宥之：其十代子孙犯罪都要追念其功业而加以赦宥。

⑨壹：指羊舌虎这件事。身：自身。

⑩鲧殛(jí)而禹兴：鲧治水无功，舜将他流放，而用其子禹。这是不以父罪废其子。

⑪伊尹放大甲而相之，卒无怨色：太甲为汤之孙，即位荒淫，伊尹把他放逐到桐宫三年，待他改过后复位，自己为相，太甲始终没有

怨色。伊尹，商汤之相。这是君臣不相怨。

⑫管、蔡为戮，周公右王：管叔、蔡叔和周公是三兄弟，管、蔡叛周助殷，周公杀了管、蔡而辅佐成王。这是兄弟不同，不能同罪。按，以上三例都是意在说明不能搞株连。

⑬勉：尽力。

⑭与之乘：因为祁奚是乘传车，不可以朝，所以士匄“与之乘”。

⑮言诸公而免之：劝说晋平公赦免叔向。

⑯不见叔向而归：叔向已被赦免，祁奚不见他就回去了。

⑰叔向亦不告免焉而朝：叔向也不告谢祁奚，只朝晋平公。按，二人都是不讲私情，秉公办事。

【译文】

晋平公向乐王鲋询问叔向的罪责，乐王鲋回答说：“他这人不会背弃自己的亲人，他可能参与了叛乱的策划。”这时祁奚已告老退休，听说此事后，乘坐驿车去见士匄，说道：“《诗》说：‘赐给我们的恩惠无边无际，子子孙孙永远保有它。’《书》说：‘圣贤有谋略功勋，应当对他信任保护。’说到谋划而少有过错，教诲别人不知疲倦，叔向都具备了，这是国家的柱石啊。即使他的子孙十代有罪都要赦免，用来激励有能力的人。可现在因一点罪过却连自身都无法免罪，国家的栋梁弃之不顾，不也太让人疑惑不解吗？鲧被杀而他的儿子禹受重用；伊尹曾放逐太甲而太甲后来用他为相，并且始终没有怨恨的情绪；管叔、蔡叔被杀，而他们的兄长周公却辅佐成王。为什么要因为一个羊舌虎，而损失一个国家栋梁？您如果做此好事，谁敢不努力？何必要多杀人呢？”士匄听了觉得说得对，就和祁奚一起乘车入朝，劝说晋平公赦免了叔向。祁奚没有去见叔向就回家了。叔向出来后也没有去拜谢祁奚，只是朝见晋平公。

初，叔向之母妒叔虎之母美而不使①，其子皆谏其母。其母曰：“深山大泽，实生龙蛇。彼美，余惧其生龙蛇以祸女。女，敝族也[②]。国多大宠[③]，不仁人间之[④]，不亦难乎？余何爱焉[⑤]！”使往视寝，生叔虎。美而有勇力，栾怀子嬖之，故羊舌氏之族及于难[⑥]。

【注释】

①不使：不让她侍寝。

②敝：衰败。

③国多大宠：六卿专权，都受大宠。

④不仁人间之：不仁人挑拨六卿。间，离间。

⑤余何爱焉：意思是自己是为羊舌氏考虑，不是为个人打算。爱，爱惜。

⑥故羊舌氏之族及于难：以上补叙羊舌虎出生及羊舌氏遭此难的预言。

【译文】

当初，叔向的母亲嫉妒叔虎的母亲漂亮而不让她侍寝，她的儿子们都劝谏她。她说：“深山大泽，是产生龙蛇一类妖异的地方。她这么美，我担心她生下龙蛇似的人来祸害你们。你们是衰败的家族。国家受宠信的大族很多，坏人又从中挑拨，想要太平无事不也很难了吗？我自己又有什么舍不得的呢！”便让她去侍寝，生下叔虎。叔虎长得美而有勇力，栾盈很宠爱他，于是羊舌氏家族遭受祸害。

栾盈过于周，周西鄙掠之[①]。辞于行人曰[②]：“天子陪臣盈得罪于王之守臣[③]，将逃罪。罪重于郊甸[④]，无所伏窜，敢布其死[⑤]。昔陪臣书能输力于王室[⑥]，王施惠焉。其子黡不能保任其父之劳[⑦]。大君若不弃书之力[⑧]，亡臣犹有所逃[⑨]。若弃书之力，而思黡之罪，臣，戮余也[⑩]，将归死于尉氏[⑪]，不敢还矣。敢布四体[12]，唯大君命焉！”王曰：“尤而效之，其又甚焉[13]！”使司徒禁掠栾氏者，归所取焉。使候出诸轘辕[14]。

【注释】

①周西鄙掠之：西鄙的人劫掠其财物。

②辞于行人：栾盈向周室使者申诉。

③陪臣：诸侯之臣对天子的自称。王之守臣：王室守土之臣，这里指晋平公。

④罪重于郊甸：栾盈被西鄙的人劫掠，委婉地说是重得罪于郊甸。郊、甸，古代城郭外叫郊，郊外叫甸。

⑤敢布其死：冒死进言。

⑥书：栾书。输力：献力，效力。

⑦保任：保、任，同义词，即保持。

⑧大君：指周王。

⑨亡臣犹有所逃：希望周王看在栾书的功劳上庇护自己。

⑩戮余：逃亡之人幸免于被戮杀，故自云戮余。

⑪尉氏：古代刑狱之官。

⑫敢布四体：杜预曰，一说表示无所隐藏，一说将受刑戮。

⑬尤而效之，其又甚焉：晋国驱逐栾盈，周王以为非，自己如果再掠夺之，罪将更大。

⑭候：候人，迎送宾客之官。轘辕：山名，在今河南登封西北。

【译文】

栾盈经过周，周西部边境的人劫掠了他的财物。栾盈去向周室使者申诉，说：“天子的陪臣栾盈，得罪了天子的守臣，打算逃避惩罚。却又在天子的郊外得罪，无处逃避藏匿，大胆冒死进言。当初陪臣栾书能为王室效力，天子施与恩惠。他的儿子栾黡，不能保住他父亲的功勋。天王如果不忘却栾书的功劳，逃亡在外的陪臣我还有地方逃匿。如果丢弃栾书的功劳,而计较栾黡的罪过,那么臣本是刑余的人,就将要回国死在狱官手里,不敢再回来了。谨此直诉衷曲,唯天王的命令是听!”周灵王说:“别人有过错而去效仿,那过错就更大了!”命令司徒制止抢掠栾氏财物的人,把抢走的财物归还栾氏。派遣候人把栾盈送过轘辕山。

21.6 冬,曹武公来朝,始见也①。

【注释】

①始见也:曹武公即位三年,第一次朝见襄公。

【译文】

冬,曹武公前来朝见,这是第一次朝见襄公。

21.7 会于商任,锢栾氏也①。齐侯、卫侯不敬②。叔向曰:“二君者必不免③。会朝,礼之经也④;礼,政之舆也⑤;政,身之守也⑥。怠礼,失政;失政,不立,是以乱也⑦。”

【注释】

①会于商任,锢栾氏也:晋国在商任会诸侯,要求他们不要收留栾盈。锢,禁锢。

②齐侯、卫侯:齐庄公、卫殇公。不敬:实际上是齐、卫两国不想遵守不收留栾盈的盟约。

③必不免:将不免于祸。

④礼之经:礼之常,礼仪的规范。

⑤礼,政之舆也:政载礼而行。

⑥政,身之守也:政事是存身之所。

⑦怠礼，失政；失政，不立，是以乱也：政治有失，难以立身。这是在为襄公二十五年齐庄公被杀、二十六年卫殇公被杀伏笔。

【译文】

诸侯在商任相会，是为了禁锢栾氏。齐庄公、卫殇公不想遵从。叔向说："这两国国君肯定不能免于祸难。会盟和朝见，这是礼仪中的规范；礼仪，这是政事的载体；政事，这是存身之所。轻慢礼仪，政事便会有错失；政事错失就难以立身，因此就会发生动乱。"

21.8 知起、中行喜、州绰、邢蒯出奔齐①，皆栾氏之党也。乐王鲋谓范宣子曰："盍反州绰、邢蒯？勇士也②。"宣子曰："彼栾氏之勇也，余何获焉③？"王鲋曰："子为彼栾氏，乃亦子之勇也④。"

【注释】

①知起、中行喜、州绰、邢蒯出奔齐：四人都是晋国大夫。

②盍反州绰、邢蒯？勇士也：建议让这二人回来。

③彼栾氏之勇也，余何获焉：其勇只为栾氏，不为己用。获，得。

④子为彼栾氏，乃亦子之勇也：如果你待之如栾氏，也将为你所用。按，据后文，范宣子没有采纳乐王鲋的意见。

【译文】

知起、中行喜、州绰、邢蒯出逃齐国，他们都是栾氏的党羽。乐王鲋对士匄说："何不让州绰、邢蒯回国，他们都是勇士啊。"士匄说："他们是栾氏的勇士，我又能得到什么？"乐王鲋说："您如果像栾氏那样待他们，他们也就会成为您的勇士。"

齐庄公朝，指殖绰、郭最曰："是寡人之雄也①。"州绰曰：

"君以为雄,谁敢不雄?然臣不敏[②],平阴之役,先二子鸣[③]。"庄公为勇爵[④]。殖绰、郭最欲与焉[⑤]。州绰曰:"东闾之役,臣左骖迫,还于门中,识其枚数[⑥]。其可以与于此乎?"公曰:"子为晋君也[⑦]。"对曰:"臣为隶新[⑧]。然二子者,譬于禽兽,臣食其肉而寝处其皮矣[⑨]。"

【注释】

①雄:雄鸡。这里用来比喻二人之勇。

②不敏:不才。

③平阴之役,先二子鸣:襄公十八年平阴之役,州绰曾抓获殖绰、郭最二人,因此自比于雄鸡斗胜了先打鸣。这是州绰不服气的话。

④勇爵:勇士的爵位。或曰此为用以觞勇士之饮酒器。

⑤殖绰、郭最欲与焉:二人自以为勇,因此想要有一份。

⑥东闾之役,臣左骖迫,还于门中,识其枚数:见襄公十八年《传》。

⑦子为晋君也:指那时是为晋国君而不是为齐国。

⑧臣为隶新:初到齐为臣。

⑨然二子者,譬于禽兽,臣食其肉而寝处其皮矣:平阴之役州绰曾射中殖绰,因此州绰这话的意思是当时要不是手下留情,早已食其肉寝其皮了。

【译文】

齐庄公上朝,指着殖绰、郭最说:"这是我的雄鸡。"州绰说:"国君认为他们是雄鸡,谁敢说他们不是?不过下臣不才,在平阴之役中,可是比二人先打鸣。"庄公设立勇士的爵位。殖绰、郭最想得到这爵位。州绰说:"东闾之役中,下臣的左骖马由于路窄进不去,在城门洞中盘旋,我把城门上的乳钉都数了个遍。是不是在这里可以有一份呢?"庄公说:"那时是为晋国国君啊。"回答说:"下臣充当国君仆从的时间不长。

但那两个人，用禽兽来打比方的话，下臣早已吃了他们的肉睡在他们的皮上了。”

二十二年

【经】

22.1　二十有二年春王正月①，公至自会。

22.2　夏四月。

22.3　秋七月辛酉②，叔老卒③。

22.4　冬，公会晋侯、齐侯、宋公、卫侯、郑伯、曹伯、莒子、邾子、薛伯、杞伯、小邾子于沙随④。

22.5　公至自会。

22.6　楚杀其大夫公子追舒⑤。

【注释】

①二十有二年：鲁襄公二十二年当周灵王二十一年，前551。

②辛酉：十六日。

③叔老：鲁国大夫子叔齐子。

④沙随：宋地，在今河南宁陵西北。

⑤追舒：楚庄王之子子南。去年为令尹。

【译文】

鲁襄公二十二年春周历正月，襄公从商任之会回国。

夏四月。

秋七月十六日，鲁国大夫子叔齐子去世。

冬，襄公和晋平公、齐庄公、宋平公、卫殇公、郑简公、曹武公、莒犁比公、邾悼公、薛伯、杞孝公、小邾穆公在沙随相会。

襄公从沙随之会回国。

楚国杀死他们的大夫公子追舒。

【传】

22.1 二十二年春，臧武仲如晋①。雨，过御叔②。御叔在其邑，将饮酒，曰：“焉用圣人③！我将饮酒，而己雨行，何以圣为④？”穆叔闻之，曰：“不可使也，而傲使人⑤，国之蠹也。”令倍其赋⑥。

【注释】

①臧武仲：臧孙纥。

②过：探望。御叔：鲁国御邑大夫。

③焉用圣人：指臧孙纥，他多智，时人称之为圣人。

④我将饮酒，而己雨行，何以圣为：御叔意思是说，我正打算饮酒，而他自己却冒雨出行，聪明何用。

⑤不可使也，而傲使人：意思是御叔自己不配出使，反而傲视使者。使人，指臧孙纥。

⑥令倍其赋：将御叔赋税增加一倍以示惩罚。

【译文】

鲁襄公二十二年春天，臧孙纥到晋国去。下着雨，他顺道去看望御叔。御叔在他的封邑里，正准备饮酒，说：“要这个圣人有什么用？我将要饮酒，而他却冒雨出行，要这聪明做什么？”穆叔听说了，说道：“这个人自己不堪出使，反而傲视出使的人，是国家的蛀虫。”下令把他的赋税增加一倍。

22.2 夏，晋人征朝于郑①。郑人使少正公孙侨对②，曰：“在晋先君悼公九年，我寡君于是即位。即位八月，而我先大夫子驷从寡君以朝于执事[3]，执事不礼于寡君。寡君惧。因是行也，我二年六月朝于楚[4]，晋是以有戏之役[5]。楚人犹竞[6]，而申礼于敝邑[7]。敝邑欲从执事，而惧为大尤[8]，曰：'晋其谓我不共有礼[9]。'是以不敢携贰于楚[10]。我四年三月，先大夫子蟜又从寡君以观衅于楚[11]，晋于是乎有萧鱼之役[12]。谓我敝邑，迩在晋国，譬诸草木，吾臭味也，而何敢差池[13]？楚亦不竞，寡君尽其土实[14]，重之以宗器[15]，以受齐盟[16]。遂帅群臣随于执事，以会岁终[17]。贰于楚者，子侯、石盂[18]，归而讨之。溴梁之明年[19]，子蟜老矣，公孙夏从寡君以朝于君，见于尝酎[20]，与执燔焉[21]。间二年，闻君将靖东夏[22]，四月，又朝以听事期[23]。不朝之间，无岁不聘，无役不从[24]。以大国政令之无常，国家罢病，不虞荐至，无日不惕[25]，岂敢忘职[26]？大国若安定之，其朝夕在庭，何辱命焉[27]？若不恤其患，而以为口实[28]，其无乃不堪任命，而翦为仇雠[29]？敝邑是惧，其敢忘君命[30]？委诸执事[31]，执事实重图之[32]。"

【注释】

①晋人征朝于郑：晋国召郑国来朝。

②少正：亚卿。公孙侨：即子产，当时任少正。

③而我先大夫子驷从寡君以朝于执事：襄公八年，郑国朝晋国，并献捷于邢丘，这时郑简公仅仅六岁。执事，这里是对晋国国君的敬称。

④我二年六月朝于楚：意思是晋国不礼郑君，郑国才朝楚国。

⑤晋是以有戏之役：襄公九年，晋率鲁、宋、卫、曹、莒、邾、滕、薛、杞、小邾、齐等诸侯伐郑，之后同盟于戏。

⑥竞:强。

⑦而申礼于敝邑:楚国多次救援郑国,是对郑国有礼仪。

⑧而惧为大尤:怕犯下大错。尤,过错。

⑨晋其谓我不共有礼:对有礼的楚国不恭敬。共,通“恭”。有礼,指楚国。

⑩是以不敢携贰于楚:其时郑国子驷主张从楚,子产这是掩饰之词。

⑪观衅:即朝,这是委婉掩饰的说法。

⑫晋于是乎有萧鱼之役:襄公十一年,晋率鲁、宋、卫、曹、莒、邾、滕、薛、杞、小邾、齐等诸侯伐郑,会于萧鱼。

⑬“谓我敝邑”五句:郑国自认为离晋国近,两国同姓,晋国譬如草木,郑国只是它发出来的气味,事晋不敢有二心。差(cī)池,不一致。

⑭土实:土地所出产之物。

⑮重(chóng):加上。

⑯齐盟:斋盟。

⑰遂帅群臣随于执事,以会岁终:说明郑国真心服晋。会岁终,朝正,这里指正月朝见霸主。

⑱贰于楚者,子侯、石盂:二人都是郑国大夫,勾结楚国。

⑲溴梁之明年:溴梁会盟在襄公十六年。

⑳尝酎(zhòu):用醇酒进行尝祭。尝,尝祭。在夏正七月。《礼记·月令》所谓“孟秋之月,农乃登谷,天子尝新,先荐寝庙”。酎,连酿三次的醇酒。

㉑与执燔(fán)焉:公孙夏和郑简公朝见晋国,参与了尝祭,祭后分得膰肉。执燔,祭祀宗庙后把祭肉分发给有关人员。燔,通“膰”。

㉒间二年,闻君将靖东夏:襄公十八年围攻齐国,二十年盟于澶渊,

是往东使齐国服晋。

㉓四月,又朝以听事期:澶渊之盟在六月,郑国国君又提前二月朝见,以听取结盟的日期。

㉔不朝之间,无岁不聘,无役不从:表明郑国为晋国奔走不暇,事奉晋国不敢有丝毫的怠慢。

㉕不虞荐至,无日不惕:不虞,忧患。荐,屡次。惕,戒惧。

㉖岂敢忘职:虽然国家疲惫,忧患屡至,郑国也不忘朝晋之职。

㉗大国若安定之,其朝夕在庭,何辱命焉:晋国能够安定郑国,郑国自然会去朝见,何须你征召。辱命,召郑国使朝晋国。

㉘口实:借口。

㉙其无乃不堪任命,而翦为仇雠:晋国若不体恤郑国的忧患,一味逼迫,郑国将成为晋国的仇敌。翦,弃除。

㉚其:犹“岂”,难道。

㉛委:托付。

㉜执事实重图之:希望晋国认真考虑。

【译文】

夏,晋国征召郑国来朝见。郑国派少正公孙侨应答说:“在晋国先君悼公九年时,我国国君在那时即位。即位八个月,而我国先大夫子驷跟随我国国君朝见晋国,可是贵国对我国国君不尊重。我国国君很是害怕。因为这一次的出行,我国就在二年六月去朝见楚国,晋国由此而发动了戏地战役。这时楚国还很强大,但对我国表现出了应有的礼节。敝国想要顺从贵国,又怕犯下大错,说:‘晋国将会认为我们不尊敬有礼仪的国家。’因此不敢背叛楚国。在四年三月,先大夫子蟜又随从我国国君朝见楚国,晋于是有了萧鱼战役。认为敝国,近在晋国边上,以草木作比方,晋国是草木,我们只是它的气味罢了,哪里敢有不一致?楚国这时逐渐衰弱,我国国君拿出土地上的全部出产,再加上宗庙中的礼器,来接受盟约。并带领群臣随同晋国参加年终的朝会。对楚国亲附的，是子侯、石盂，我们回国后就讨伐了他俩。溴梁会盟的第二年，公孙子蟜告老退休，公孙夏随从我国国君来朝见晋国国君，在尝祭的时候拜见，参与了祭祀。过了两年，听说贵国国君准备平定东方，四月，又到贵国朝见，听取结盟的日期。没有朝见的年头，我们没有一年不派使者聘问，也没有一次盟会征伐没参加。由于贵国的政令没有常规，我国疲惫困乏，意外的事情屡屡发生，没有一天不警惕，但哪敢忘掉我们的职责？大国如果能使我国安定，我们会不断来朝见，又何劳你们下令呢？要是不体恤我们的忧患，而以不朝见作为借口，难道不会使我们无法忍受贵国的命令，被你们丢弃而成为敌国？敝国对此十分担心，哪敢忘记国君的命令？我们把一切都交你们，请贵国认真考虑一下。”

22.3 秋，栾盈自楚适齐。晏平仲言于齐侯曰[①]：“商任之会，受命于晋[②]。今纳栾氏，将安用之？小所以事大，信也。失信，不立[③]。君其图之。”弗听。退告陈文子曰[④]：“君人执信，臣人执共[⑤]，忠、信、笃、敬，上下同之，天之道也。君自弃也，弗能久矣[⑥]！”

【注释】

①晏平仲：即晏婴。

②商任之会，受命于晋：晋国有禁锢栾氏之命。

③失信，不立：失信将难以立国立身。

④陈文子：名须无，陈完曾孙。

⑤共：通“恭”，恭敬。

⑥君自弃也，弗能久矣：按，襄公二十五年齐庄公被杀。

【译文】

秋，栾盈从楚国去往齐国。晏婴对齐庄公说：“商任会上，我们接受了晋国的命令。现在接纳栾氏，准备怎么任用他？小国所用以事奉大国的，是信用。失去信用，就无法站住脚。请国君好好考虑一下。”庄公不听。晏婴出来后告诉陈须无说：“做人君的守住信用，当臣子的保持恭敬，忠诚、信用、笃实、恭敬，上下共同保持它，这是天道。国君自暴自弃，不可能长久了！”

22.4　九月，郑公孙黑肱有疾①，归邑于公②。召室老、宗人立段③，而使黜官、薄祭④。祭以特羊⑤，殷以少牢⑥。足以共祀⑦，尽归其余邑。曰：“吾闻之，生于乱世，贵而能贫，民无求焉，可以后亡。敬共事君与二三子⑧。生在敬戒，不在富也。”己巳⑨，伯张卒⑩。君子曰：“善戒⑪。《诗》曰：‘慎尔侯度，用戒不虞⑫。’郑子张其有焉⑬。”

【注释】

①黑肱：字子张。

②归邑于公：将封邑归还给郑简公。

③召室老、宗人立段：立段为后嗣。宗人，也叫宗老，掌管宗室礼仪。段，黑肱之子。

④而使黜官、薄祭：子张要段减省家臣，祭祀从简。

⑤特羊：一只羊。

⑥殷：三年一次的盛祭，通常要用太牢。少牢：只用羊、猪。

⑦足以共祀：只留足以供给祭祀的土地。

⑧敬共事君与二三子：希望段恭敬地事奉国君与诸大臣。

⑨己巳：二十五日。

⑩伯张：即子张。

⑪善戒：子张善于警戒。

⑫慎尔侯度,用戒不虞:引《诗》见《诗经·大雅·抑》篇。侯度,公侯的法度。用戒,用来警戒。不虞,不测。

⑬郑子张其有焉:子张能做到如诗所说的慎用法度,以警戒意外。

【译文】

九月,郑国公孙黑肱有病,将封邑归还给郑简公。召集家宰、宗人立段为后嗣,并要他减少家臣、降低祭祀规格。普通的祭祀用一只羊,殷祭只用羊和猪。留下足以供祭祀的田地,其余的全部归还给国君。他说:"我听说,生在乱世,地位显贵而能清贫,不向民众索求,可以比他人后消亡。你要恭敬地事奉国君和各位大夫。生存在于能警戒,不在于富有。"二十五日,公孙黑肱去世。君子说:"公孙黑肱善于警戒。《诗》说:'谨慎地奉行公侯的法度,用以防备意外的祸患。'公孙黑肱可谓有此德行。"

22.5 冬,会于沙随,复锢栾氏也①。栾盈犹在齐。晏子曰:"祸将作矣。齐将伐晋,不可以不惧②。"

【注释】

①会于沙随,复锢栾氏也:晋国知道栾盈在齐,因此再召诸侯,重申各国不得收留栾氏。

②齐将伐晋,不可以不惧:按,为明年齐国攻打晋国伏笔。

【译文】

冬,在沙随相会,是晋国为了重申禁锢栾氏。这时栾盈还在齐国。晏婴说:"祸乱将要降临了!齐国将会讨伐晋国,不能不使人担忧。"

22.6 楚观起有宠于令尹子南①,未益禄而有马数十乘②。楚人患之,王将讨焉。子南之子弃疾为王御士③,王每见之,必泣。弃疾曰："君三泣臣矣④，敢问谁之罪也？"王曰："令尹之不能⑤，尔所知也。国将讨焉，尔其居乎⑥？"对曰："父戮子居，君焉用之？泄命重刑⑦，臣亦不为。"王遂杀子南于朝，轘观起于四竟⑧。

【注释】

①观起：楚国大夫。

②未益禄而有马数十乘：子南偏宠观起，观起也恃宠招权纳贿。杨伯峻曰："《荀子·强国篇》云：'大功已立，士大夫益爵，官人益秩，庶人益禄。'此云未益禄，则观起乃庶人之在官者（语见《孟子·万章下》及《礼记·王制》）。《尚书大传》云：'庶人木车单马。'今观起有马数十乘，子南之势焰可知。"

③御士：侍御的人。

④三：多次。

⑤不能：不善。

⑥国将讨焉，尔其居乎：楚康王意在试探弃疾的态度。居，不逃走。

⑦泄命重刑：泄漏君命，更加重刑罚。

⑧轘（huán）观起于四竟：将观起车裂并在四方示众。竟，通"境"。

【译文】

楚国观起得到令尹子南的宠信，没增加俸禄，却有能驾几十辆车子的马。楚国人对此深感忧虑，楚康王准备讨伐他。子南的儿子弃疾任康王的御士，康王每次见到他，必定哭泣。弃疾说："君王已经多次在下臣跟前哭泣了，请允许我问一下是谁的罪过？"康王说："令尹的不善，你是知道的。国家将要讨伐他，你仍会留下不走吗？"回答说："父亲被杀儿子不离开，国君还怎么能任用他？泄漏国君的命令而加重刑罚，下臣也不会这么做。"康王便在朝堂上杀了子南，把观起车裂并在四方示众。

子南之臣谓弃疾:“请徙子尸于朝[①]。”曰:“君臣有礼,唯二三子[②]。”三日,弃疾请尸,王许之。既葬,其徒曰:“行乎[③]?”曰:“吾与杀吾父[④],行将焉入?”曰:“然则臣王乎[⑤]?”曰:“弃父事仇,吾弗忍也。”遂缢而死。

【注释】

①请徙子尸于朝:古代杀人,陈尸三日。子南之臣要偷盗子南之尸于朝。子,这里指子南。

②君臣有礼,唯二三子:移尸有规定的礼仪,弃疾不愿违命盗尸。二三子,诸大臣。

③行乎:问弃疾是否出走。

④与:与闻,知道而不告。

⑤臣王:仍做楚王之臣。

【译文】

子南的家臣对弃疾说:“请让我们把主人的遗体从朝堂上搬出来。”弃疾回答说:“君臣间有规定的礼仪,看那几位大夫怎么处理吧。”过了三天,弃疾请求收尸,康王同意了。安葬后,随从问:“出走吗?”弃疾说:“我参与了杀我父亲的事,出走又有什么地方可去呢?”随从说:“那么还当康王的臣子吗?”回答说:“抛弃父亲事奉仇人,我不能忍受这种情况。”就上吊死了。

复使薳子冯为令尹,公子齮为司马,屈建为莫敖[①]。有宠于薳子者八人,皆无禄而多马。他日朝,与申叔豫言,弗应而退[②]。从之,入于人中[③]。又从之,遂归。退朝,见之[④],曰:“子三困我于朝[⑤],吾惧,不敢不见。吾过,子姑告我。何疾我也[⑥]?”对曰:“吾不免是惧[⑦],何敢告子?”曰:“何故?”对曰:“昔观起有宠于子南,子南得罪,观起车裂。何故不惧[8]?”自御而归[9],不能当道[10]。至,谓八人者曰:“吾见申叔,夫子所谓生死而肉骨也[11]。知我者,如夫子则可[12]。不然,请止[13]。”辞八人者,而后王安之。

【注释】

①屈建:屈到儿子子木。

②弗应而退:申叔豫躲避不回答。

③入于人中:申叔豫避入人群中。

④退朝,见之:薳子冯退朝之后往申叔豫家里见他。

⑤三困我:三次不见。

⑥疾:厌恶。

⑦吾不免是惧:害怕不免于祸。

⑧“昔观起有宠于子南”四句:申叔豫此言是希望薳子冯以子南、观起为鉴戒。

⑨自御而归:薳子冯亲自驾车。

⑩不能当道:因心中惶恐,车都不能走在正道上。当道,车行正道。

⑪生死而肉骨也:使死者复生,使白骨长肉,比喻能救人。

⑫知我者,如夫子则可:能像申叔那样理解我的请留下。夫子,指申叔。

⑬不然,请止:否则就作罢。

【译文】

楚康王再次任命薳子冯当令尹,公子齮任司马,屈建为莫敖。受到薳子冯宠信的有八个人,都没有禄位而马匹却很多。一天,薳子冯上朝,想和申叔豫说话,申叔豫不吭声就退走。他又追上去,申叔豫钻进人群中去。薳子冯再次追过去,申叔豫就回家去了。退朝后,薳子冯到申叔豫家见他,说道:“你在朝廷上三次让我受窘,我心中恐惧,不敢不来见你。我有过错,你不妨告诉我。为什么要厌恶我呢?”申叔豫回答说:“我担心的是无法免于祸患,又哪里敢告诉你?”问道:“什么缘故?”回答说:“当初观起得到子南的宠信,结果子南获罪,观起被车裂,怎么能不害怕?”薳子冯亲自驾车而回,车子都无法走在车道上。到家后,对那八个人说:“我刚刚见过申叔,他就是所谓能使死者复生让白骨长肉的人啊。能够像他那样理解我的,就请留下。不然的话,请就此分手。”辞退了这八个人,康王才对他感到放心。

22.7 十二月,郑游贩将归晋①,未出竟,遭逆妻者,夺之②,以馆于邑③。丁巳④,其夫攻子明,杀之,以其妻行。子展废良而立大叔⑤,曰:“国卿,君之贰也,民之主也,不可以苟⑥。请舍子明之类。”求亡妻者,使复其所⑦。使游氏勿怨⑧,曰:“无昭恶也⑨。”

【注释】

①游贩:公孙虿儿子,字子明。

②遭逆妻者,夺之:游贩夺人妻子。

③以馆于邑:在其邑留宿不走。

④丁巳:十二月无丁巳日,此日应为十一月十四日。

⑤子展废良而立大叔:游贩父子皆为恶,因此不立良。良,游贩之子。大叔,游吉,游贩弟。

⑥苟:苟且,不慎重。

⑦求亡妻者,使复其所:杀子明者必逃亡,子展让他仍回乡里。

⑧使游氏勿怨:勿怨杀子明者。

⑨无昭恶也:如果再报复更加使子明罪恶昭彰。

【译文】

十二月，郑国游眅准备回晋国去，还没走出国境，碰到迎亲的，他夺走了人家的妻子，就在那里住下了。十一月十四日，那女人的丈夫攻打游眅，杀了他，带着妻子逃走了。子展废黜了游良而立太叔，说道："国卿是国君的副手，民众的主宰，不能不慎重。请舍弃游眅一类的恶人。"寻找妻子被抢的人，让他回到自己乡里生活。告诫游氏不要怨恨报复，说道："不要再显扬游眅的罪恶了。"

二十三年

【经】

23.1　二十有三年春王二月癸酉朔[①]，日有食之[②]。

23.2　三月己巳[③]，杞伯匄卒[④]。

23.3　夏，邾畀我来奔[⑤]。

23.4　葬杞孝公。

23.5　陈杀其大夫庆虎及庆寅。

23.6　陈侯之弟黄自楚归于陈[⑥]。

23.7　晋栾盈复入于晋，入于曲沃。

23.8　秋，齐侯伐卫，遂伐晋。

23.9　八月，叔孙豹帅师救晋，次于雍榆[⑦]。

23.10　己卯[⑧]，仲孙速卒[⑨]。

23.11　冬十月乙亥[⑩]，臧孙纥出奔邾。

23.12　晋人杀栾盈。

23.13　齐侯袭莒[⑪]。

【注释】

①二十有三年:鲁襄公二十三年当周灵王二十二年,前550。癸酉朔:初一。

②日有食之:此为前550年1月5日之日环食。

③己巳:二十八日。

④杞伯匄卒:杞孝公去世。

⑤邾畀我来奔:畀我是庶其同党,同样有窃邑叛君之罪,所以逃奔鲁国。

⑥陈侯之弟黄自楚归于陈:襄公二十年公子黄出奔楚国。

⑦雍榆:古地名。在今河南浚县西南、滑县西北。

⑧己卯:初十。

⑨仲孙速卒:鲁国孟庄子死。

⑩乙亥:初七。

⑪齐侯袭莒:攻打晋国之后又侵袭莒国。

【译文】

鲁襄公二十三年春周历二月初一,发生日食。

三月二十八日,杞孝公匄去世。

夏,邾国畀我投奔我国。

安葬杞孝公。

陈国杀他们的大夫庆虎和庆寅。

陈哀公的弟弟黄从楚国回到陈国。

晋国栾盈又回到晋国,进入曲沃。

秋,齐庄公讨伐卫国,接着攻打晋国。

八月,叔孙豹领兵救援晋国,驻扎在雍榆。

初十,孟庄子去世。

冬十月初七,臧孙纥出逃到邾国。

晋国杀了栾盈。

齐庄公袭击莒国。

【传】

23.1 二十三年春，杞孝公卒，晋悼夫人丧之①。平公不彻乐②，非礼也。礼，为邻国阙③。

【注释】

①晋悼夫人：晋平公母亲，杞孝公的姊妹。丧之：为杞孝公服丧。

②彻乐：撤除音乐。

③礼，为邻国阙：按照礼仪，邻国有丧，诸侯应不举乐。晋平公与杞孝公为甥舅关系，不撤除音乐，竟连邻国关系都不如。

【译文】

鲁襄公二十三年春，杞孝公去世，晋悼公夫人为他服丧。平公竟然不撤除音乐，这是不合乎礼仪的。按照礼仪，邻国有丧，应该撤除音乐。

23.2 陈侯如楚①，公子黄诉二庆于楚②，楚人召之③。使庆乐往，杀之④。庆氏以陈叛。夏，屈建从陈侯围陈。陈人城⑤，板队而杀人⑥。役人相命⑦，各杀其长，遂杀庆虎、庆寅⑧。楚人纳公子黄。君子谓庆氏："不义，不可肆也⑨。故《书》曰：'惟命不于常⑩。'"

【注释】

①陈侯如楚：朝楚。

②公子黄诉二庆于楚：襄公二十年，陈庆虎、庆寅畏公子黄夺其政，诬其与蔡公子燮同谋叛楚，楚人以讨，公子黄奔楚自诉。

③楚人召之：楚国召二庆前往对质。

④使庆乐往，杀之：二庆不敢去，派庆乐去。楚国相信公子黄的申诉，杀了庆乐。

⑤陈人城：二庆筑城抗拒。

⑥板队而杀人：夹板坠落，二庆杀死筑工。板，古代筑城，两板夹土打夯，叫板筑。队，同“坠”。

⑦相命：互相传令，即秘密联络。

⑧各杀其长，遂杀庆虎、庆寅：二庆的暴虐激起役人反抗。

⑨不义，不可肆也：不可以放纵不义之心。肆，放纵。

⑩惟命不于常：引《书》见《尚书·康诰》。意思是有义则存，无义则亡。这里指二庆之罪当杀。

【译文】

陈哀公去楚国朝见，公子黄在楚国控诉庆虎、庆寅，楚国召二庆来对质。二庆派庆乐前往，结果被楚国杀了。庆氏便让陈国背叛楚国。夏，屈建跟从陈哀公包围陈国。陈国人筑城，夹板坠落，庆氏就杀了那个筑城工。民工们互相转告，各自杀死他们的领工者，并趁势杀死庆虎、庆寅。楚国送公子黄回国。君子认为庆氏：“行动不合道义，不能赦免。因此《书》说：‘天命不会长在。’”

23.3 晋将嫁女于吴，齐侯使析归父媵之[①]，以藩载栾盈及其士[②]，纳诸曲沃[③]。栾盈夜见胥午而告之[④]。对曰：“不可。天之所废，谁能兴之？子必不免[⑤]。吾非爱死也[⑥]，知不集也[⑦]。”盈曰：“虽然，因子而死，吾无悔矣。我实不天，子无咎焉[⑧]。”许诺。伏之而觞曲沃人[⑨]，乐作，午言曰：“今也得栾孺子何如[⑩]？”对曰：“得主而为之死，犹不死也[⑪]。”皆叹，有泣者。爵行[⑫]，又言[⑬]。皆曰：“得主，何贰之有？”盈出，遍拜之[⑭]。

【注释】

①齐侯使析归父媵之：派析归父送媵妾给晋女陪嫁。

②以藩载栾盈及其士：将栾盈及其武士一起藏于藩车中。藩，有篷的车。

③纳诸曲沃：此曲沃为栾盈封邑，可能是桃林塞，在今河南三门峡陕州区西南，并非山西闻喜之曲沃。

④栾盈夜见胥午而告之：栾盈要胥午共同发难。胥午，守曲沃大夫。

⑤子必不免：栾氏为天所弃，必定不能免于死。

⑥爱死：惜死。

⑦不集：不能成功。

⑧我实不天，子无咎焉：意思是我虽然不被天所助，你无过错，可因你行事。

⑨伏之而觞曲沃人：胥午藏匿栾盈而宴请众人。

⑩今也得栾孺子何如：胥午想让栾盈和众人见面，先行试探。栾孺子，即栾盈。

⑪得主而为之死，犹不死也：曲沃是栾盈封地，因此说为主而死，虽死犹生。

⑫爵行：互相举杯。

⑬又言：胥午再说此话，看众人是否真心。

⑭盈出，遍拜之：谢众人忠于自己。

【译文】

晋国将要把女儿嫁到吴国，齐庄公派析归父送陪嫁女子到晋国去，他就用篷车载上栾盈及其门下士，把他们安顿在曲沃。栾盈夜里去见胥午，把自己的打算告诉他。胥午回答："不能那么做。上天所废弃的人，谁能使他兴起？你肯定免不了一死。我不是怕死，是明知事情不可能成功。"栾盈说："尽管如此，依靠你而死去，我不后悔。我确实得不到上天的保佑，可是你没有错，也许可以靠你而成事。”胥午答应了。他把栾盈藏好后请曲沃人喝酒，音乐演奏起来。胥午说道：“现在栾盈要在这儿的话，各位会怎么办？”回答说：“找到主人而为他死去，虽死犹生。”都在叹息，有的还哭起来。酒过几巡，胥午又提起刚才的话题。大伙儿都说：“要是找到主人，还有什么三心二意的？”栾盈就走出来，对大家一一拜谢。

四月，栾盈帅曲沃之甲，因魏献子，以昼入绛①。初，栾盈佐魏庄子于下军②，献子私焉③，故因之。赵氏以原、屏之难怨栾氏④，韩、赵方睦⑤。中行氏以伐秦之役怨栾氏⑥，而固与范氏和亲⑦。知悼子少，而听于中行氏⑧。程郑嬖于公。唯魏氏及七舆大夫与之⑨。

【注释】

①因魏献子，以昼入绛：栾盈靠着魏舒进入绛。魏献子，魏绛之子魏舒。绛，晋国都城，在今山西侯马。

②魏庄子：即魏绛。

③献子私焉：二人相友善。

④赵氏以原、屏之难怨栾氏：成公八年，赵庄姬谗害原同、屏括，栾氏为之作证，二人被杀。

⑤韩、赵方睦：襄公十三年，韩起让赵武将上军，二人因此和睦。

⑥中行氏以伐秦之役怨栾氏：襄公十四年伐秦，栾黡违抗荀偃命令，说“余马首欲东”。

⑦而固与范氏和亲：范宣子佐荀偃于中军，二人相亲。

⑧知悼子少，而听于中行氏：知氏与中行氏同祖，因此听从中行氏。知悼子，知䓨之子荀盈。

⑨唯魏氏及七舆大夫与之：以上介绍两派力量，与栾盈为敌的有赵氏、韩氏、中行氏和智（知）氏、范氏及程郑等，支持者仅魏氏与七舆大夫。七舆大夫，晋国下军的将官。

【译文】

四月，栾盈带领曲沃的甲士，借助魏舒的帮助，白天进入绛城。起初，栾盈在下军辅佐魏庄子，与魏舒私交好，所以依靠他。赵氏由于赵原、赵屏被杀的事而怨恨栾氏，这时候韩、赵两方关系正和睦。中行氏因为讨伐秦国战役的事怨恨栾氏，他们本来就和范氏关系亲密。知悼子还年幼，听从中行氏的话。程郑得到晋平公的宠爱。因此唯有魏氏和七舆大夫亲附栾氏。

乐王鲋侍坐于范宣子①。或告曰："栾氏至矣②！"宣子惧。桓子曰③："奉君以走固宫，必无害也④。且栾氏多怨，子为政，栾氏自外，子在位，其利多矣⑤。既有利权，又执民柄⑥，将何惧焉？栾氏所得，其唯魏氏乎，而可强取也⑦。夫克乱在权，子无懈矣。"

【注释】

①侍坐：范宣子坐，乐王鲋也坐侍。

②栾氏至矣：因为他是大白天进入绛地，所以人们得以知道。

③桓子：即乐王鲋。

④奉君以走固宫，必无害也：把国君控制在自己手中就不要紧了。固宫，晋悼公的别宫。

⑤其利多矣：有利条件多。

⑥民柄：赏罚。

⑦而可强取也：可以用武力强迫魏氏为我所用。

【译文】

乐王鲋侍坐在范宣子旁边。有人来报告："栾氏来了！"范宣子很害怕。乐王鲋说："簇拥国君进入固宫，肯定没有危险。况且栾氏怨敌众多，您是执政，栾氏从外边来，您处在掌权的地位，有利的条件很多。既有利有权，又掌握着赏罚百姓的大权，有什么可害怕的呢？栾氏所能得到的支持，应该只有魏氏，而我们可以通过武力强迫他。平定叛乱凭的是权力，您不要懈怠。"

公有姻丧①，王鲋使宣子墨缞冒绖，二妇人辇以如公②，奉公以如固宫。范鞅逆魏舒，则成列既乘，将逆栾氏矣③。趋进④，曰："栾氏帅贼以入，鞅之父与二三子在君所矣⑤，使鞅逆吾子。鞅请骖乘。"持带，遂超乘⑥。右抚剑，左援带，命驱之出⑦。仆请⑧，鞅曰："之公⑨。"宣子逆诸阶，执其手⑩，赂之以曲沃⑪。

【注释】

①姻丧：即上文所说晋悼公夫人服杞孝公之丧。

②王鲋使宣子墨缞冒绖，二妇人辇以如公：乐王鲋让范宣子装扮成晋悼公夫人的侍御，与二名妇人乘辇去见晋悼公。缞，粗麻丧服。冒，头巾。绖，腰带。

③成列既乘，将逆栾氏矣：魏舒已列好队，驾好马，做好迎接栾盈的准备。

④趋进：范鞅赶紧跑到魏舒车前。

⑤二三子：诸大夫。

⑥持带，遂超乘：范鞅抓住车上之带跳上魏舒的车。带，挽以上车的带子。

⑦右抚剑，左援带，命驱之出：以武力劫持魏舒离开行列。

⑧仆请：驾车的问去哪里。

⑨之：前往。公：指晋平公。

⑩宣子逆诸阶，执其手：迎接魏舒。

⑪赂之以曲沃：答应将栾盈的封地给魏舒，加以笼络。

【译文】

晋平公有姻亲去世，乐王鲋让范宣子穿着黑色的丧服，戴上麻巾，系上麻带，由二名妇人拉车去晋平公那里，簇拥平公到固宫。范鞅前往迎接魏舒，这时魏舒的军队已经排成行列，登上战车，准备去迎接栾氏了。范鞅赶快上前，说道："栾氏率领叛乱分子进了城，我的父亲和各位大夫都在国君那里，派我来迎接您，请让我作为您的骖乘。"说着就拉住挽带，跳上魏舒的车。他右手拿剑，左手抓紧带子，下令驱车离开队列。车夫问到哪儿去，范鞅说："到国君那儿去。"到了固宫，范宣子在台阶前迎接魏舒，拉住他的手，答应把曲沃给他。

初，斐豹，隶也，著于丹书①。栾氏之力臣曰督戎，国人惧之。斐豹谓宣子曰："苟焚丹书，我杀督戎。"宣子喜，曰："而杀之②，所不请于君焚丹书者，有如日！"乃出豹而闭之③。督戎从之。逾隐而待之④，督戎逾入，豹自后击而杀之⑤。

【注释】

①斐豹，隶也，著于丹书：斐豹犯罪，没为官奴，其罪用红字记载在竹简上。

②而：你。

③乃出豹而闭之：让斐豹出宫后关上宫门。

④逾隐而待之：斐豹跳过短墙，藏在墙下等候督戎。隐，短墙，

矮墙。

⑤督戎逾入，豹自后击而杀之：等督戎也跳墙过来，斐豹从后面击杀了他。按，劫持了魏舒，又杀死力士督戎，栾盈就孤立无援了。

【译文】

起初，斐豹因犯罪被罚为奴隶，用红字记载在竹简上。栾氏有一个力士名叫督戎，国内民众都怕他。斐豹对范宣子说："如果烧掉带红字的竹简，我就杀死督戎。"范宣子大喜，说："你要杀了他，我如果不请求国君焚毁那竹简的话，有当头的太阳作证！"便把斐豹放出宫而后关闭宫门。督戎跟踪在他后面。斐豹翻越一堵矮墙等待督戎，督戎也翻进墙来，斐豹从后面猛击他，杀死了督戎。

范氏之徒在台后①，栾氏乘公门②。宣子谓鞅曰："矢及君屋，死之③！"鞅用剑以帅卒④，栾氏退，摄车从之⑤。遇栾乐⑥，曰："乐免之。死，将讼女于天⑦。"乐射之，不中；又注⑧，则乘槐本而覆⑨。或以戟钩之，断肘而死⑩。栾鲂伤。栾盈奔曲沃。晋人围之⑪。

【注释】

①台后：公台之后。

②乘：登。

③矢及君屋，死之：栾氏之箭如果射到国君的房屋，威胁到国君的安全，你就要死。

④鞅用剑以帅卒：用剑率领步兵迎战。

⑤摄车从之：乘车追赶栾氏兵。

⑥栾乐：栾盈族人。

⑦乐免之。死，将讼女于天：如果栾乐不战，可赦免他；要是栾乐

战，范鞅战死，将向上天起诉栾乐，决不赦免其罪。

⑧注：箭上弦。

⑨则乘槐本而覆：栾乐的车轮撞上槐树根而翻车，不能射。

⑩断肘而死：栾乐死。

⑪晋人围之：包围曲沃。

【译文】

范氏手下人藏在台后，栾氏登上了宫门。范宣子对范鞅说："箭要是射到国君的房屋，你就要去死！"范鞅用剑指挥步兵迎战，栾氏败退。范鞅跳上战车追赶，遇到栾乐，范鞅说："栾乐，别抵抗了，不然，我死了也将向上天控诉你。"栾乐用箭射他，没射中；又搭箭瞄准，结果车轮碰上槐树根而翻车。有人用戟钩他，把他的手臂拉断而死。栾鲂受伤。栾盈逃往曲沃，晋军包围了曲沃。

23.4　秋，齐侯伐卫。先驱①，縠荣御王孙挥，召扬为右②；申驱③，成秩御莒恒，申鲜虞之傅挚为右④。曹开御戎，晏父戎为右⑤。贰广⑥，上之登御邢公，卢蒲癸为右⑦；启⑧，牢成御襄罢师，狼蘧疏为右⑨。胠⑩，商子车御侯朝，桓跳为右⑪；大殿⑫，商子游御夏之御寇，崔如为右⑬；烛庸之越驷乘⑭。自卫将遂伐晋⑮。

【注释】

①先驱：前锋军。

②縠荣御王孙挥，召扬为右：縠荣、王孙挥、召扬都是齐国大夫。

③申驱：次于先驱的第二军。

④成秩御莒恒，申鲜虞之傅挚为右：成秩、莒恒、申鲜虞也都是齐国大夫。傅挚，申鲜虞之子。

⑤曹开御戎，晏父戎为右：曹开、晏父戎这两名齐国大夫任齐庄公的车御与车右。

⑥贰广：国君的副车。

⑦上之登御邢公，卢蒲癸为右：上之登、邢公、卢蒲癸也是齐国大夫。

⑧启：军的左翼。

⑨牢成御襄罢师，狼蘧疏为右：牢成、襄罢师、狼蘧疏都是左军将领。

⑩胠(qū)：军的右翼。

⑪商子车御侯朝，桓跳为右：商子车、侯朝、桓跳是右军将领。

⑫大殿：后军。

⑬商子游御夏之御寇，崔如为右：商子游、夏之御寇、崔如是殿军将领。

⑭烛庸之越：也是殿军将领。驷乘：四人同乘一车。按，以上是齐国的兵力部署，齐庄公亲征。

⑮自卫将遂伐晋：先伐卫，目的在于伐晋。

【译文】

秋，齐庄公攻打卫国。先锋部队，穀荣为王孙挥驾驭战车，召扬为车右。第二队，成秩为莒恒驾驭战车，申鲜虞的儿子傅挚为车右。曹开为庄公驾驭战车，晏父戎为车右。庄公的副车，上之登为邢公驾驭战车，卢蒲癸为车右。左翼部队，牢成为襄罢师驾驭战车，狼蘧疏为车右。右翼部队，商子车为侯朝驾驭战车，桓跳为车右。后军，商子游为夏之御寇驾驭战车，崔如为车右，烛庸之越等四人共乘一车殿后。从卫国准备进攻晋国。

晏平仲曰："君恃勇力，以伐盟主，若不济，国之福也。不德而有功，忧必及君①。"崔杼谏曰："不可。臣闻之，小国间大国之败而毁焉，必受其咎[②]。君其图之！”弗听[③]。陈文子见崔武子[④]，曰：“将如君何？”武子曰：“吾言于君，君弗听也。以为盟主，而利其难[⑤]。群臣若急，君于何有[⑥]？子姑止之。”文子退，告其人曰：“崔子将死乎！谓君甚，而又过之[⑦]，不得其死[⑧]。过君以义，犹自抑也，况以恶乎[⑨]？”

【注释】

①不德而有功，忧必及君：晏婴反对伐卫攻晋。

②小国间大国之败而毁焉，必受其咎：不能乘人之乱而攻之。间，钻空子。大国之败，指晋有栾氏之变。

③弗听：按，齐庄公有意与晋国为敌，先是抗命收留栾盈，继又暗送栾盈回晋国为乱，现在是要乘乱进攻晋国，以雪洗平阴大败的耻辱，因此不听晏、崔二人的劝阻。

④崔武子：即崔杼。

⑤以为盟主，而利其难：既以晋为盟主，就不能以其难为有利可图。

⑥群臣若急，君于何有：有急则顾不上国君了，暗中透露出将杀国君以取悦于晋国。

⑦谓君甚，而又过之：既认为齐庄公不应乘乱伐人，己又将乘此机会弑君，其罪更胜。

⑧不得其死：崔杼有不轨之心，必不得善终。

⑨过君以义，犹自抑也，况以恶乎：以义行超过国君，尚且要自己抑制，何况自己将行恶。按，这里为襄公二十五年崔杼杀齐庄公伏笔。

【译文】

晏平仲说：“国君凭借勇力去攻打盟主，如果不能成功，那是国家的福气啊。无德行而取得功勋，其忧患必然累及国君。”崔杼进谏说：“不能去攻打晋国。我听说,小国乘大国失利而以武力相加,必定会受到灾祸。还是请国君从长计议!”齐庄公不予采纳。陈文子去见崔杼,说:“打算把国君怎么办?”崔杼说:“我向国君进谏,他不听。我国奉晋国为盟主,却乘其危难谋取利益。群臣要是遇到国家有急难,又哪里还会顾及国君?您暂时就不要管这事了。”陈文子退出后,告诉他的随从说:“崔杼恐怕快要死了吧!觉得国君太过分,自己反而比他更甚,不会有善终的。推行道义超过了国君,尚且要自我抑制,更何况是做坏事呢?”

齐侯遂伐晋,取朝歌①。为二队,入孟门,登大行②。张武军于荧庭③,戍郫邵④,封少水⑤,以报平阴之役⑥,乃还。赵胜帅东阳之师以追之⑦,获晏牦⑧。八月,叔孙豹帅师救晋,次于雍榆,礼也⑨。

【注释】

①朝歌:古地名。在今河南淇县。

②为二队,入孟门,登大行:攻取朝歌后,兵分两路,一入孟门,一登太行陉。孟门,古地名。在今河南辉县西。大行,即太行陉,古地名。在今河南沁阳西北。

③张武军于荧庭:在此筑营垒。或曰,此是收晋尸而建表木。荧庭,古地名。在今山西翼城东南,西距晋都不过百里。

④郫(pí)邵:古地名。在今河南济源西。

⑤封少水:在少水堆积晋军尸体以作京观,炫耀武功。少水,即沁水,源出山西沁源。

⑥以报平阴之役:平阴之役见襄公十八年《传》。

⑦赵胜:赵旃之子,谥倾子,食采邑于邯郸,又称邯郸胜,邯郸午之父。东阳之师:指晋国太行山以东的军队。

⑧获晏牦：晋国由于栾盈之乱，未能大举反攻。晏牦，齐国大夫，晏婴之子。

⑨叔孙豹帅师救晋，次于雍榆，礼也：盟主有难，鲁国出师相救，所以称之合于礼。

【译文】

齐庄公于是攻打晋国，占领朝歌。兵分两路，一路攻入孟门，一路登上太行陉。在荧庭筑起营垒，派人戍守郫邵，在少水集中堆积晋军尸体，用以报复平阴之役的耻辱，然后撤回。赵胜率东阳军队追击，俘获晏牦。八月，叔孙豹领兵救晋，驻扎在雍榆，这是合于礼的。

23.5　季武子无適子①，公弥长，而爱悼子②，欲立之。访于申丰曰③："弥与纥，吾皆爱之，欲择才焉而立之④。"申丰趋退，归，尽室将行⑤。他日，又访焉，对曰："其然，将具敝车而行⑥。"乃止⑦。

【注释】

①適子：嫡妻所生之子。適，同"嫡"。

②公弥长，而爱悼子：二人都是姬妾所生。公弥，即公钼。悼子，名纥。

③申丰：季氏家臣。

④弥与纥，吾皆爱之，欲择才焉而立之：不立长而立少，择才只是借口。

⑤尽室将行：申丰知道季武子的意图，怕生事变，因此不答而退，打算全家出走。

⑥其然，将具敝车而行：果真如此，申丰将套车出走。其，如果。

⑦乃止：暂时不立悼子。

【译文】

季武子没有嫡子，庶子中公钼年长，但他喜爱悼子，想立他为继承人。他去征求申丰的看法，说道："公钼和悼子，我都很喜欢，我想从中挑选有才干的人立为继承人。"申丰听后立即退出，回家后打算全家出走。过了几天，季武子又去问申丰的意见，申丰回答说："果真如此的话，我将驾车离去。"季武子才暂停此事。

访于臧纥，臧纥曰："饮我酒，吾为子立之。"季氏饮大夫酒，臧纥为客①。既献②，臧孙命北面重席，新尊洁之③。召悼子，降，逆之④。大夫皆起⑤。及旅⑥，而召公钼，使与之齿⑦。季孙失色⑧。

【注释】

①臧纥为客：以臧纥为上宾。

②既献：向宾客献酒。

③臧孙命北面重席，新尊洁之：这一系列做法表明对来者极其尊重。臧孙，即臧纥。北面，是尊位。重席，铺二层席子。新尊洁之，用新的酒杯并加以洗涤。

④召悼子，降，逆之：然后召悼子，臧纥下阶迎接。

⑤大夫皆起：上宾既起，众宾也必须起来。臧纥特意以此造成悼子是合法继承人的印象。

⑥旅：按次序宾主互相敬酒酬答。

⑦而召公钼，使与之齿：让公钼与众人按年龄次序排列座位，表明只把他当作一般庶子。

⑧季孙失色：臧纥此举突然，季孙深感意外。

【译文】

季武子又去征求臧孙纥的意见，臧孙纥说："招待我喝酒，我为你立悼子。"季武子请大夫们都来喝酒，尊臧纥为上宾。向宾客敬酒完毕，臧孙纥让在北面铺上二重席子，换上新酒尊并且洗涤洁净。然后召见悼子，他亲自走下台阶迎接他。大夫门见状也都起立迎候。到宾主互相敬酒酬答后，才召见公鉏，让他和其他人按年龄大小排列座位。季武子感到很意外，脸色都变了。

季氏以公鉏为马正①，愠而不出②。闵子马见之③，曰："子无然④！祸福无门，唯人所召。为人子者，患不孝，不患无所⑤。敬共父命，何常之有⑥？若能孝敬，富倍季氏可也⑦。奸回不轨⑧，祸倍下民可也。"公鉏然之。敬共朝夕⑨，恪居官次⑩。季孙喜，使饮己酒，而以具往，尽舍旃⑪。故公鉏氏富，又出为公左宰⑫。

【注释】

①季氏以公鉏为马正：以此职安抚公鉏。马正，大夫家的司马，主管土地、军赋。

②愠而不出：公鉏因恼恨而不出任马正。

③闵子马：闵马父，鲁国大夫。

④无然：不要这样。

⑤不患无所：不怕没地位。

⑥敬共父命，何常之有：敬恭父亲之命，事物不会固定不变，而是会起变化的。

⑦季氏：这里专指悼子。

⑧奸回：奸邪。不轨：不合法度。

⑨敬共朝夕：对其父恭敬，早晚问安。

⑩恪(kè)：谨慎。官次：官职，职位。

⑪季孙喜，使饮己酒，而以具往，尽舍旃(zhān)：季孙让公鉏招待自己饮酒，并带去酒器，喝过后把酒器全部留给公鉏。具，宴饮的器物。旃，"之焉"的合音。

⑫故公鉏氏富，又出为公左宰：公鉏后来出任鲁公左宰，果然如闵子马所说的那样。

【译文】

季武子让公鉏任马正，公鉏因怨恨而不肯上任。闵子马见了，说道："你不要这样！祸福无门，由人自召。当儿子的，怕的是不孝，而不怕没地位。你能恭敬地按父亲的要求去做，事情怎么可能固定不变呢？如果能够孝顺恭敬，可以远比悼子还富有。如果奸邪而不守规矩，祸患可能要远远大过普通百姓了。"公鉏听从了他的话，早晚恭敬地问候请安，恪守自己的职责。季武子很高兴，让他招待自己喝酒，而带了宴会所用的器具前往，酒后把它们全部留给了公鉏。因此公鉏氏变得很富，又任命他当了鲁公的左宰。

孟孙恶臧孙，季孙爱之[①]。孟氏之御驺丰点好羯也[②]，曰："从余言，必为孟孙[③]。"再三云，羯从之。孟庄子疾，丰点谓公鉏："苟立羯，请仇臧氏[④]。"公鉏谓季孙曰："孺子秩固其所也[⑤]。若羯立，则季氏信有力于臧氏矣[⑥]。"弗应[⑦]。己卯，孟孙卒[⑧]。公鉏奉羯立于户侧[⑨]。季孙至，入，哭，而出，曰："秩焉在？"公鉏曰："羯在此矣[⑩]！"季孙曰："孺子长[⑪]。"公鉏曰："何长之有？唯其才也[⑫]。且夫子之命也[⑬]。"遂立羯。秩奔邾[⑭]。

【注释】

①孟孙恶臧孙，季孙爱之：因为臧孙助其立悼子，故季孙爱之。

②御驺：养马兼驾车之官。丰点：姓丰名点。羯：孟庄子庶子，孺子秩的弟弟。

③从余言，必为孟孙：将帮助羯立为孟孙氏继承人。

④苟立羯，请仇臧氏：臧孙用计使季孙废长立少，现在丰点也使孟孙废长立少，以报复臧氏。仇臧氏，报复臧氏。

⑤孺子秩固其所也：本当为孟氏继承人。

⑥若羯立，则季氏信有力于臧氏矣：季孙当时只是想舍公钼而立悼子，臧孙助其成，现在孺子秩已经定为继承人，季孙能废秩立羯，说明季氏力量比臧孙强。

⑦弗应：季孙不应答。

⑧孟孙卒：仲孙速死。

⑨公钼奉羯立于户侧：古代丧礼，死者尚在室内，丧主立于门边接受宾客吊唁。公钼以此姿态表示羯是孟孙继承人。

⑩羯在此矣：季孙问秩，说明仍以秩为孟氏后。公钼答以“羯在此”，则说明以羯为孟氏后。

⑪孺子长：意思是孺子秩年长，是继承人，应立于户侧。

⑫何长之有？唯其才也：这是用季孙立悼子时说过的话报复季孙。

⑬且夫子之命也：假称这是孟庄子的命令。

⑭秩奔邾：孺子秩不出逃，则有被杀的危险。

【译文】

孟庄子讨厌臧孙纥，但季武子却喜欢他。孟氏的御驺丰点喜欢羯，对羯说：“照我的话去做，一定能成为孟氏继承人。”他再三地说，羯听从了。孟庄子有病，丰点对公钼说：“要是立羯为继承人，就让他仇恨臧氏。”公钼对季武子说：“孺子秩本应立为继承人。但要立了羯，那么季氏就确实要比臧氏的实力大多了。”季武子不作回应。八月十日，孟庄子去世。公钼拥立羯站在门边接受宾客的吊唁。季武子到来，进门，哭吊毕，出门，问："孺子秩在哪里?"公钼说："羯在这里了!"季武子说："孺子秩年长。"公钼说："有什么年长不年长的? 以才能为标准啊。再说这是他父亲的遗命。"于是立羯为继承权人。孺子秩出奔邾国。

臧孙入哭，甚哀，多涕。出，其御曰："孟孙之恶子也，而哀如是①。季孙若死，其若之何?"臧孙曰："季孙之爱我，疾疢也②；孟孙之恶我，药石也③。美疢不如恶石④。夫石犹生我⑤，疢之美，其毒滋多⑥。孟孙死，吾亡无日矣⑦。"孟氏闭门，告于季孙曰："臧氏将为乱，不使我葬⑧。"季孙不信。臧孙闻之，戒。冬十月，孟氏将辟⑨，藉除于臧氏⑩。臧孙使正夫助之⑪，除于东门⑫，甲从己而视之⑬。孟氏又告季孙。季孙怒⑭，命攻臧氏。乙亥⑮，臧纥斩鹿门之关以出奔邾⑯。

【注释】

①孟孙之恶子也，而哀如是：孟孙厌恶你，你还如此悲哀。

②季孙之爱我，疾疢(chèn)也：季孙爱我，就如小病害人，没什么痛苦。疢，小病。

③孟孙之恶我，药石也：孟孙恶我如药石可治病。石，古代以石为针砭，用以治病。

④美疢不如恶石：没痛苦的病不如使人痛苦的药石。

⑤夫石犹生我：药石能治病，使我生。

⑥滋多：更多。

⑦孟孙死，吾亡无日矣：臧孙认为，孟孙恶我，可使我提高警觉；季孙爱我，将使我放纵。现在孟孙死了，我也将亡。

⑧臧氏将为乱，不使我葬：孟孙恨臧孙，以此陷害臧孙。

⑨辟：开掘墓道。

⑩藉除：借用开掘墓道的役夫。

⑪正夫：正徒，常备的徒卒。

⑫除于东门：在东门挖墓道。

⑬甲从己而视之：臧孙又带上甲士去视察。

⑭季孙怒：季孙得知臧孙带有甲士，以为是要攻自己，便相信了孟氏的话。其实臧孙只为防备孟氏。

⑮乙亥：初七。

⑯臧纥斩鹿门之关以出奔邾：臧孙砍断鹿门门栓出逃。鹿门，鲁国都城南城的东门。

【译文】

臧孙纥入门吊唁，哭得很伤心，流了很多眼泪。出门后，他的御者说："孟庄子这么讨厌你，你却哭得这么伤心。要是孙武子死的话，又该怎么悲哀呢？"臧孙纥说："季武子喜欢我，就像是无痛苦而有病；孟庄子讨厌我，则是治我病的药石啊。没痛苦而有病比不上治病的恶石。药石虽苦却能使我生存，无痛的疾病毒害更甚。孟庄子死了，我离灭亡的日子也不远了。"孟氏关起大门，告诉季武子说："臧孙纥将要叛乱，不让我们下葬。"季武子不相信。臧孙纥听到风声，暗做防备。冬十月，孟氏准备开挖墓道，向臧氏处借人工。臧孙纥派出正徒相助，在东门开掘，自己则带领甲士前往视察。孟氏又对季武子说了臧孙纥的坏话。季武子发怒，下令攻打臧氏。十月初七，臧孙纥砍断鹿门的门栓出奔邾国。

初，臧宣叔娶于铸①，生贾及为而死。继室以其侄②，穆姜之姨子也③。生纥，长于公宫。姜氏爱之，故立之④。臧贾、臧为出在铸⑤。臧武仲自邾使告臧贾，且致大蔡焉⑥，曰："纥不佞，失守宗祧⑦，敢告不吊⑧。纥之罪不及不祀⑨。子以大蔡纳请，其可[10]。”贾曰：“是家之祸也，非子之过也。贾闻命矣。”再拜受龟。使为以纳请[11]，遂自为也[12]。臧孙如防[13]，使来告曰：“纥非能害也，知不足也[14]。非敢私请[15]！苟守先祀，无废二勋[16]，敢不辟邑[17]！”乃立臧为。臧纥致防而奔齐[18]。其人曰[19]：“其盟我乎[20]？”臧孙曰：“无辞[21]。”将盟臧氏，季孙召外史掌恶臣，而问盟首焉[22]。对曰：“盟东门氏也，曰：‘毋或如东门遂不听公命，杀適立庶[23]。’盟叔孙氏也，曰：‘毋或如叔孙侨如欲废国常，荡覆公室[24]。’”季孙曰：“臧孙之罪，皆不及此。”孟椒曰：“盍以其犯门斩关[25]？”季孙用之。乃盟臧氏，曰：“毋或如臧孙纥干国之纪[26]，犯门斩关。”臧孙闻之，曰：“国有人焉[27]，谁居[28]？其孟椒乎[29]！”

【注释】

①铸：古国名，在今山东肥城南。

②继室以其侄：铸国女死，宣叔又以其妻之侄女为继室。

③穆姜之姨子也：其妻之侄女就是穆姜妹妹的女儿。

④姜氏爱之，故立之：臧纥被立为宣叔继承人，也是以庶出得立。按，以上是追述前事。姜氏，即穆姜。

⑤臧贾、臧为出在铸：二人住在舅家铸国。

⑥大蔡：大龟。杨伯峻指出，古代以龟为卜，龟越大，便以为越神灵。

⑦纥不佞，失守宗祧（tiāo）：不能祭祀宗庙。

⑧不吊：不善。

⑨纥之罪不及不祀：是说臧孙氏应该有后嗣。

⑩子以大蔡纳请，其可：臧纥逃亡在邾，因此请臧贾献大龟而请立臧氏后嗣。

⑪使为以纳请：臧贾让臧为为自己请求立嗣。

⑫遂自为也：臧为不为臧贾请，而为自己请。

⑬防：臧孙封邑。

⑭知不足：指自己带甲氏巡视，正好给他们以诬告的把柄。知，同“智”。

⑮非敢私请：请立后非为自己，是为氏族。

⑯无废二勋：不废掉文仲、宣叔二人的功劳。

⑰敢不辟邑：如能立臧氏为后，臧纥愿意让出封邑他往。

⑱臧纥致防而奔齐：献出防地奔齐。

⑲其人：跟随臧纥出奔的人。

⑳其盟我乎：古代对于恶臣，有公布其罪恶、盟于诸大夫以为戒的做法。臧纥随从怕季孙也这样做。

㉑无辞：臧孙真正的罪过，是助季孙废长立少，但季孙不敢说此事，因此盟辞将不好写。

㉒季孙召外史掌恶臣，而问盟首焉：问盟辞如何写。恶臣，指逃亡在外之臣。盟首，盟辞。

㉓毋或如东门遂不听公命，杀適立庶：东门遂之罪是杀嫡立庶。他杀了嫡子恶而立宣公，事见文公十八年《传》。东门遂，即襄仲。

㉔毋或如叔孙侨如欲废国常，荡覆公室：叔孙侨如通于鲁成公母穆姜，欲去季氏、孟氏而取其室，穆姜为其言于成公，且以废成公威胁之。又向晋进谗使之执季文子，后晋人赦免季文子，叔孙侨如奔齐。事见成公十六年《传》。

㉕盍以其犯门斩关：宣布臧孙之罪是犯门斩关。

㉖干国之纪：触犯国家法纪。干，犯。

㉗国有人焉：国内有人才。

㉘居：同“欤”，疑问助词。

㉙其孟椒乎：臧孙知道以犯门斩关盟臧氏者一定是孟椒。孟椒，孟

献子之孙子服惠伯。

【译文】

当初,臧宣叔娶铸国女子为妻,生下贾和为就死了。臧宣叔又将妻子的侄女娶为继室,她就是穆姜妹妹的女儿,生下纥,从小在鲁国公宫长大。穆姜很喜欢他,所以立他为臧宣叔的继承人。臧贾、臧为离开鲁国住在铸国。臧孙纥从邾国派人告诉臧贾,并且送上一只大龟,说道:“我不才,不能守祭宗庙,谨向您报告我的无能。但我的罪还不到绝祀的程度,您把这只大龟献上,请求立我们家族的继承人,大概能办成。”臧贾说:“这是我们家族的不幸,不是您的过错。我谨遵嘱咐。”二次行拜礼后收下大龟。他让臧为去代他传述请求立自己为臧氏继承人,臧为却请求立他自己。臧孙纥去往防地,派人来报告说:“我不是能伤害他人者,只是智谋不足。我不敢为一己之私而提出请求!如果能够保住先人的祭祀,不废二位先人的勋劳,我怎敢不让出封邑!”于是鲁国便立了臧为。臧孙纥献出防邑并奔往齐国。他的随从问:“将会为我们设立盟誓吗?”臧孙纥说:“盟会不好措辞。”季武子准备为臧氏写盟辞,召见掌管恶臣的外史,问他该怎么写盟辞。回答说:“照着盟东门氏那样写,说:‘不要有人像东门遂那样不听从国君的命令,杀嫡子而立庶子。’或是照着盟叔孙氏那样写,说:‘不要有人像叔孙侨如那样,想要废弃国家的常道,颠覆公室。’”季武子说:“臧孙纥的罪过都还没到这程度。”孟椒说:“何不归咎于他破坏门禁斩断门栓?”季武子采纳了这说法。于是为臧氏设盟誓,说:“不要像臧孙纥那样触犯国家法纪,破坏门禁斩断门栓。”臧孙纥听到盟辞,说:“国内有人才啊,会是谁呢?应该是孟椒吧!”

23.6 晋人克栾盈于曲沃,尽杀栾氏之族党。栾鲂出奔宋。书曰:“晋人杀栾盈。”不言大夫,言自外也[①]。

【注释】

①不言大夫，言自外也：栾盈逃亡齐国后又回国作乱，于是不再视其为大夫。

【译文】

晋人在曲沃攻克栾盈，把栾氏族党斩尽杀绝。栾鲂出逃宋国。《春秋》记载说："晋人杀栾盈。"不说他是大夫，是说他从国外回国发动叛乱。

23.7 齐侯还自晋，不入，遂袭莒。门于且于①，伤股而退。明日，将复战，期于寿舒②。杞殖、华还载甲夜入且于之隧③，宿于莒郊。明日，先遇莒子于蒲侯氏④。莒子重赂之，使无死⑤，曰："请有盟。"华周对曰⑥："贪货弃命，亦君所恶也。昏而受命，日未中而弃之，何以事君⑦？"莒子亲鼓之，从而伐之，获杞梁⑧。莒人行成⑨。

【注释】

①且于：当时是莒邑，在今山东莒县境内。

②寿舒：古地名。在今山东莒县境内。齐庄公与其军队约定在寿舒集中。

③杞殖、华还：都是齐国大夫。隧：隘道。

④蒲侯氏：古地名。靠近莒的城邑。

⑤莒子重赂之，使无死：莒犁比公遇到这二人，以重礼贿赂他们不要死战。按，二人率军夜自险道入莒郊邑，遇到莒子所帅的大军，势必拼死作战，莒子想要免战请盟，故使无死战。

⑥华周：即华还。

⑦昏而受命，日未中而弃之，何以事君：华还不同意免战。昏而受

命，昨晚才接受的命令。

⑧获杞梁：杞殖战死。获，死获。杞梁，即杞殖。

⑨莒人行成：莒国仍然主动讲和。

【译文】

齐庄公从晋国回来，不入国境，就去袭击莒国。攻打且于城门，大腿受伤而退军。第二天，准备再去进攻，约好军队在寿舒集合。杞殖、华还用战车载着甲士乘夜进入且于的隘道，在莒都郊外宿营。第二天，先在蒲侯氏与莒犁比公相遇。莒犁比公送他俩厚礼，让他们不要死战，说："愿意和你们订立盟誓。"华还回答说："贪财而背弃君命，这也是国君您所憎恶的啊。昨晚刚刚接受命令，现在太阳还没到中天就抛弃了它，还凭什么去事奉国君？"莒犁比公亲自击鼓进攻齐军，并杀死杞殖。莒国主动与齐国媾和。

齐侯归，遇杞梁之妻于郊[①]，使吊之。辞曰："殖之有罪，何辱命焉[②]？若免于罪，犹有先人之敝庐在，下妾不得与郊吊[③]。"齐侯吊诸其室[④]。

【注释】

①遇杞梁之妻于郊：杞梁战死，其妻郊迎灵柩。

②殖之有罪，何辱命焉：杞殖如果有罪，则不足以吊唁。

③下妾不得与郊吊：古代贱者才受郊吊，杞殖是齐国大夫，因此其妻不受郊吊。

④齐侯吊诸其室：到死者家里吊唁。按，杞梁之妻后来演变为孟姜女的故事。

【译文】

齐庄公回国，在郊外遇到杞殖的妻子，便派人向她吊唁。杞殖妻拒绝了，说："如果杞殖有罪，岂敢劳驾国君派人吊唁？如果能够免罪，还有先人的破旧房屋在，下妾不能接受在郊外的吊唁。”于是齐庄公就到她家去吊唁。

23.8　齐侯将为臧纥田。臧孙闻之，见齐侯，与之言伐晋①。对曰：“多则多矣②！抑君似鼠③。夫鼠，昼伏夜动，不穴于寝庙④，畏人故也。今君闻晋之乱而后作焉⑤，宁将事之，非鼠如何⑥？”乃弗与田⑦。

【注释】

①与之言伐晋：齐庄公自夸伐晋之功。

②多：指战功。

③抑：但是。

④寝庙：宗庙。

⑤作：起兵。

⑥宁将事之，非鼠如何：趁人之乱而攻伐，是鼠窃狗盗的行为。

⑦乃弗与田：按，臧孙预料齐庄公将有难，有意以鼠讥笑他，激怒齐庄公而使他不给自己田地，以此保持与齐庄公的距离。

【译文】

齐庄公准备封给臧孙纥田地。臧孙纥听说了，去见庄公，庄公向他说起伐晋的事。臧孙纥回答道：“您的功劳确实很多！不过您就像那老鼠。老鼠白天潜伏夜里活动，但不在宗庙里打洞做窝，是因为怕人的缘故。现在您听说晋国动乱而乘机起兵，那不如去事奉他呢，您不是老鼠又是什么？”庄公就没给他封地。

仲尼曰：“知之难也。有臧武仲之知①，而不容于鲁国②，抑有由也③。作不顺而施不恕也④。《夏书》曰：‘念兹在兹。’

顺事、恕施也。”

【注释】

①知：同“智”。

②不容于鲁国：臧孙能预知齐庄公将有难而使自己免于祸，但在鲁国却被逼逃亡在外。

③由：原由。

④作不顺而施不恕也：臧孙废长立少，这是做事不顺于事理，所为不合于恕道。

【译文】

孔子说：“要做个智者确实难啊。像臧武仲这样有智慧，却不容于鲁国，是有原因的。所作所为不顺于事理而且不合恕道。《夏书》说：‘想着这个就一心做这个。’这就是说做事要顺乎理合于恕道。”

二十四年

【经】

24.1 二十有四年春①，叔孙豹如晋②。

24.2 仲孙羯帅师侵齐。

24.3 夏，楚子伐吴。

24.4 秋七月甲子朔，日有食之，既③。

24.5 齐崔杼帅师伐莒。

24.6 大水。

24.7 八月癸巳朔，日有食之④。

24.8 公会晋侯、宋公、卫侯、郑伯、曹伯、莒子、邾子、滕子、薛伯、杞伯、小邾子于夷仪⑤。

24.9　冬，楚子、蔡侯、陈侯、许男伐郑。

24.10　公至自会。

24.11　陈鍼宜咎出奔楚⑥。

24.12　叔孙豹如京师⑦。

24.13　大饥⑧。

【注释】

①二十有四年：鲁襄公二十四年当周灵王二十三年，前549。

②叔孙豹如晋：赴晋祝贺晋平定栾氏之乱。

③秋七月甲子朔，日有食之，既：此为前549年6月19日之日全食。甲子朔，初一。既，尽。

④八月癸巳朔，日有食之：七月朔日全食，八月朔不会再日食，当为史官误记。

⑤夷仪：在今山东聊城西。

⑥陈鍼宜：陈鍼子八世孙，陈国二庆同党。

⑦叔孙豹如京师：鲁穆叔聘问周天子。

⑧大饥：《穀梁传》以为五谷都无收成为大饥。

【译文】

鲁襄公二十四年春，叔孙豹去晋国。

仲孙羯率领军队侵袭齐国。

夏，楚康王攻打吴国。

秋七月初一，发生日食，是日全食。

齐国崔杼率领军队讨伐莒国。

发大水。

八月癸巳朔日，发生日食。

襄公与晋平公、宋平公、卫殇公、郑简公、曹武公、莒犁比公、邾悼公、滕成公、薛伯、杞文公、小邾穆公在夷仪相会。

冬，楚康王、蔡景公、陈哀公、许灵公攻打郑国。

襄公从夷仪之会回来。

陈鍼宜咎出逃到楚国。

叔孙豹前往京师。

发生大饥荒。

【传】

24.1 二十四年春，穆叔如晋。范宣子逆之，问焉，曰："古人有言曰，'死而不朽'①，何谓也？"穆叔未对。宣子曰："昔匄之祖，自虞以上，为陶唐氏，在夏为御龙氏，在商为豕韦氏②，在周为唐杜氏③，晋主夏盟为范氏④，其是之谓乎⑤？"穆叔曰："以豹所闻，此之谓世禄，非不朽也。鲁有先大夫曰臧文仲，既没，其言立⑥。其是之谓乎！豹闻之：'大上有立德，其次有立功，其次有立言。'虽久不废，此之谓不朽⑦。若夫保姓受氏⑧，以守宗祊⑨，世不绝祀，无国无之。禄之大者，不可谓不朽⑩。"

【注释】

①死而不朽：指身死而名不朽灭。

②昔匄之祖，自虞以上，为陶唐氏，在夏为御龙氏，在商为豕韦氏：据昭公二十九年《传》，陶唐氏之后裔刘累学驯龙于豢龙氏，夏以事孔甲，孔甲赐氏曰御龙氏，以更豕韦之后。其所驯之龙一雌死，潜醢以食孔甲。孔甲为久又欲食此味，刘累不能得，惧而迁于鲁县，范氏即其后。陶唐氏，尧之后。豕韦氏，祝融之后。杜预《春秋左传注》云："以刘累代彭姓之豕韦。累寻迁鲁县，豕韦

复国，至商而灭。累之后世复承其国为豕韦氏。”相传河南旧滑县治东南五十里有韦乡，即古豕韦国。

③唐杜：国名。杨伯峻认为，今陕西西安东南、长安东北有杜陵，应该就是唐杜故国。

④晋主夏盟：指晋国为中原各国盟主。

⑤其是之谓乎：意思是范氏能保持贵族姓氏，保有世卿世禄，是不朽的业绩。

⑥其言立：其言世代不废弃。

⑦虽久不废，此之谓不朽：穆叔认为，所谓的不朽，在于对后世所作的不可磨灭的贡献中。

⑧保姓：世代保持贵族地位。受氏：官世代有功则受氏。

⑨宗祊（bēng）：宗庙。

⑩禄之大者，不可谓不朽：如范氏，虽然禄及子孙，也不能说是不朽。

【译文】

鲁襄公二十四年春，穆叔到晋国去。范宣子迎接他，问他说：“古人这么说，‘死而不朽’，是什么意思呢？”穆叔没有作答。范宣子说：“当初我范匄的祖上，虞舜以上是陶唐氏，在夏朝是御龙氏，在商朝是豕韦氏，在周朝是唐杜氏，晋国主持中原诸侯盟会的是我范氏，‘不朽’大概指的就是这种情况吧？”穆叔说：“以我所知，这叫做世禄，不是不朽。鲁国有已故大夫叫臧文仲，他死以后，所说的话世代流传。这才称得上不朽！我听说：‘最高的是树立德行，其次是建功立业，再其次是留下言论。’即便逝去久远也不会废弃，这才是不朽。至于保持贵族地位、世代有功，以此来守护宗庙，世代祭祀不断，没有哪一个国家没有这种情况。这只是禄位的显赫，不能称为不朽。”

24.2　范宣子为政，诸侯之币重①。郑人病之。二月，郑伯如晋。子产寓书于子西，以告宣子[②]，曰："子为晋国[③]，四邻诸侯不闻令德，而闻重币[④]，侨也惑之。侨闻君子长国家者，非无贿之患，而无令名之难[⑤]。夫诸侯之贿聚于公室，则诸侯贰[⑥]。若吾子赖之，则晋国贰[⑦]。诸侯贰则晋国坏[⑧]；晋国贰，则子之家坏[⑨]，何没没也[⑩]！将焉用贿？夫令名，德之舆也[⑪]；德，国家之基也。有基无坏，无亦是务乎[⑫]！有德则乐，乐则能久。《诗》云：'乐只君子，邦家之基[⑬]。'有令德也夫！'上帝临女，无贰尔心[⑭]。'有令名也夫！恕思以明德[⑮]，则令名载而行之，是以远至迩安。毋宁使人谓子'子实生我'，而谓'子浚我以生'乎[⑯]？象有齿以焚其身，贿也[⑰]。"宣子说，乃轻币。

【注释】

①诸侯之币重：晋国对诸侯所定的贡赋数量很大。

②子产寓书于子西，以告宣子：子西陪伴郑简公去晋国，子产让他带信给范宣子。子西，郑国大夫公孙夏，公子騑之子。

③为：治理。

④重币：很重的贡赋。

⑤非无贿之患，而无令名之难：不患无钱财，只患无好名声。贿，财货。难，患。

⑥夫诸侯之贿聚于公室，则诸侯贰：国君聚敛钱财，内部将分裂。贰，离心。

⑦若吾子赖之，则晋国贰：如果您也如此，则晋国将分裂。

⑧诸侯贰则晋国坏：晋国是盟主，诸侯乱，晋国也将受害。

⑨晋国贰，则子之家坏：晋国内部分裂，则当道之臣受祸。

⑩没没：糊涂，不明白。

⑪夫令名，德之舆也：德靠美名而远传。

⑫有基无坏，无亦是务乎：有德，国家才不会崩溃，治国应致力于此。

⑬乐只君子，邦家之基：引《诗》见《诗经·小雅·南山有台》，意思是君子之乐在于有美德，这是国家的基石。

⑭上帝临女，无贰尔心：引《诗》见《诗经·大雅·大明》，意思是天帝在上，武王不怀二心。

⑮恕思以明德：心存忠厚，对人谅解，就会显出美德。

⑯毋宁使人谓子"子实生我"，而谓"子浚(jùn)我以生"乎：晋国应该宁可减轻贡赋而使人感激，也不要因掠夺剥削而使人怨恨。浚，剥削，掠夺。

⑰象有齿以焚其身，贿也：象因牙齿值钱而毙命。晋国应该考虑到积聚财富的危险。

【译文】

范宣子执政，诸侯的贡赋很重。郑国感到难以承受。二月，郑简公前往晋国。子产托子西给范宣子捎去一封信，信上说："您治理晋国，四邻各诸侯国没有听到您有什么美德，却知道要交很重的贡赋，敝人感到困惑。敝人听说君子掌管国家大政，并不担心缺少财货，而害怕难有好名声。如果诸侯的财货都被集中到国君手里，那么诸侯就会生出二心。如果您把这些据为己有，那么晋国的内部就会生出二心。诸侯有二心，晋国就难以保存。晋国内部有二心，您的家族就会遭劫。您怎么会这么糊涂呢！要这些财货又有什么意义呢？好的名声是美德的载体。德行是国家和家族的基石。有好基石，国家就不至于毁坏，难道不应该致力于此吗！有德行就快乐，快乐就能长久。《诗》说：'君子之乐在于有美德，这是国家的基石。'这就是有美德吧！'天帝在上，武王不怀二心。'这就是有好名声吧！心存忠厚，对人体谅，就会显出美德，美德并能远扬，远方的人就归服，邻近的人也安心。宁可减轻贡赋而使人感激地说'你让我得以生活',也不要因掠夺剥削而使人怨恨地说'你靠掠夺我为生'。象因牙齿值钱而毙命,这是因为人们贪财的缘故啊。"宣子听后很高兴,便减轻了各国的贡赋。

是行也,郑伯朝晋,为重币故,且请伐陈也。郑伯稽首,宣子辞①。子西相,曰:"以陈国之介恃大国②,而陵虐于敝邑,寡君是以请罪焉③,敢不稽首?"

【注释】

①郑伯稽首,宣子辞:不敢接受此重礼。

②介恃:依仗。大国:指楚国。

③请罪焉:请得罪于陈,意思是请求伐陈。

【译文】

这次郑简公去晋国朝见,是为了贡赋太重的缘故,同时请求讨伐陈国。郑简公叩头,范宣子辞谢不敢接受这大礼。子西相礼,说道:"由于陈国倚仗楚国而欺凌敝国,我们国君所以请求向陈国兴师问罪,岂敢不叩头?"

24.3 孟孝伯侵齐,晋故也①。

【注释】

①孟孝伯侵齐,晋故也:去年齐伐晋,鲁国为晋国报复齐国。孟孝伯,即仲孙羯。

【译文】

孟孝伯侵犯齐国,是为了晋国的缘故。

24.4 夏，楚子为舟师以伐吴①，不为军政②，无功而还。

【注释】

①舟师：水军。

②不为军政：不对军队进行训练。军政，军中政教，如赏罚、训诫等。

【译文】

夏，楚康王率领水军攻打吴国，因为不对军队进行训导，结果没有取得成功而撤兵。

24.5 齐侯既伐晋而惧，将欲见楚子。楚子使薳启彊如齐聘，且请期①。齐社②，蒐军实，使客观之③。陈文子曰："齐将有寇④。吾闻之，兵不戢，必取其族⑤。"

【注释】

①请期：问会见的日期。

②社：祭社神。

③蒐军实，使客观之：向楚国显示军力。蒐军实，大检阅。军实，指车徒以及军器。客，指薳启彊。

④齐将有寇：齐国将受到侵犯。

⑤兵不戢，必取其族：夸耀武力，必以武力害己。不戢，不藏。族，类。

【译文】

齐庄公侵犯了晋国，随后又感到害怕，想要和楚康王见面。康王派薳启彊到齐国聘问，同时商量会见的时间。齐国在军中祭祀社神，举行大阅兵，让薳启彊参观。陈文子说："齐国将会受到侵犯。我听说，不收藏武力，必然要伤害到自己的族类。”

24.6 秋，齐侯闻将有晋师[①]，使陈无宇从薳启彊如楚，辞[②]，且乞师。崔杼帅师送之，遂伐莒，侵介根[③]。

【注释】

①晋师：指夷仪之师。

②辞：因为有晋国军队，不能与楚王相见，故辞。

③遂伐莒，侵介根：去年齐国与莒国讲和，现在又侵莒，是不守信义。介根，莒国地名，在今山东高密东南。

【译文】

秋，齐庄公听说晋军将要侵袭齐国，便派陈无宇跟随薳启彊到楚国去，提出取消会见，并且请求楚国派兵救援。崔杼带领军队送他，乘机进攻莒国，侵袭了介根。

24.7 会于夷仪，将以伐齐，水，不克。

【译文】

晋国和诸侯在夷仪相会，准备攻打齐国，赶上发大水，没能行动。

24.8 冬，楚子伐郑以救齐[①]，门于东门，次于棘泽[②]。诸侯还救郑。晋侯使张骼、辅跞致楚师[③]，求御于郑[④]。郑人卜宛射犬[⑤]，吉。子大叔戒之曰[⑥]：“大国之人，不可与也[⑦]。”对曰：“无有众寡，其上一也[⑧]。”大叔曰：“不然，部娄无松柏[⑨]。”二子在幄[⑩]，坐射犬于外，既食而后食之。使御广车而行，己皆乘乘车[⑪]。将及楚师，而后从之乘，皆踞转而鼓琴[⑫]。近，不告而驰之[13]。皆取胄于橐而胄[14]，入垒，皆下，搏人以投[15]，收禽挟囚[16]。弗待而出[17]。皆超乘[18]，抽弓而射[19]。既免[20]，复踞转而鼓琴，曰："公孙！同乘，兄弟也，胡再不谋[21]？"对曰："曩者志入而已，今则怯也[22]。"皆笑，曰："公孙之亟也[23]。"

【注释】

①楚子伐郑以救齐：因陈无宇请求出兵的缘故。

②次于棘泽：楚军攻打郑国都城东门，大军驻扎在棘泽。棘泽，在今河南新郑东南。

③张骼、辅跞：晋国大夫。致楚师：向楚军挑战。

④求御于郑：因郑人熟悉地形，故请郑国派御者。

⑤宛射犬：郑公族。食邑于宛，故曰宛射犬。

⑥子大叔：郑国大夫游吉。

⑦大国之人，不可与也：告诫宛射犬，对晋国的人不能平行抗礼，而应谦卑有礼。与，对当。

⑧无有众寡，其上一也：无论兵众多寡，御者都在车右、车左之上，哪国都是这样。

⑨部(pǒu)娄无松柏：小土山不生大树，小国不能与大国平行。部娄，小山丘。

⑩二子：指张骼、辅跞。

⑪使御广车而行，己皆乘乘车：让宛射犬驾广车，自己乘乘车前进。广车，攻敌的兵车。乘车，平时所乘的战车。

⑫转：轸，车后横木。

⑬近，不告而驰之：宛射犬心中有怨气，车近楚营，不告诉二人，疾驰而入。

⑭胄：头盔。橐(gāo)：装甲胄的袋子。

⑮搏人以投：抓起敌兵投向其他敌人。

⑯收禽挟囚：将抓获的俘虏捆好，夹在腋下。禽，同“擒”，这里指擒获的楚兵。

⑰弗待而出：宛射犬仍然不等待二人，独自驰车出敌垒。

⑱皆超乘：二人急忙跳上车。

⑲抽弓而射：杨伯峻指出，弓本插于兵车两旁，二人既上车，为抗击追赶的敌兵，所以抽弓射击。

⑳既免：已脱离险境。

㉑胡再不谋：何故两次都不商量。

㉒曩者志入而已，今则怯也：“不告而驰”是因专注于入敌营，“弗待而出”是由于心中畏惧，所以两次都未商量。这是宛射犬的解释，其实是掩饰之词。

㉓公孙之亟也：二人知其心中怨恨，以性急笑其不能受屈。亟，急。

【译文】

冬，楚康王讨伐郑国以救援齐国，攻打东门，驻扎在棘泽。诸侯回师救郑国。晋平公派张骼、辅跞向楚军挑战，并向郑国提出派给驾车者。郑国占卜派宛射犬，吉利。子太叔告诫宛射犬：“对大国的人，你不能和他们分庭抗礼。”宛射犬回答：“对驾车者来说，不论兵多兵少，御者都在车右、车左之上，哪里都是这样。”太叔说：“不对，小土丘上是长不出松柏来的。”张骼、辅跞在帐篷中休息，让宛射犬坐在外面；自己吃了饭才招呼宛射犬吃饭。让宛射犬驾着攻敌的广车前进，自己则都坐普通的战车。将要到达楚营时，才坐到宛射犬的车上，还都是蹲在后部的横木上弹琴。车子逼近楚营时，宛射犬不告知二人就急速前进。二人都赶紧从袋子里取出头盔戴好，进入敌营，二人都跳下车，把楚兵抓起来抛出去，把俘虏捆好夹在腋下。宛射犬不等这二人就自己驱车而出。二人只得跳上车，抽弓射击追赶的楚军。脱险后，又蹲在车后的横木上弹琴，说：“公孙！同坐一辆车，就是兄弟，为什么两次都不和我们商量一下？”宛射犬回答说：“头一次是由于我一心想着冲进去，后一次则是因为害怕了。”二人都笑了，说道：“公孙的性子真急啊。”

楚子自棘泽还[1]，使薳启彊帅师送陈无宇。

【注释】

①楚子自棘泽还：楚伐郑，目的在转移诸侯之师以救齐，因舒鸠人叛，于是撤兵。

【译文】

楚康王从棘泽回来，就派薳启彊率兵送陈无宇回国。

24.9 吴人为楚舟师之役故，召舒鸠人[1]。舒鸠人叛楚。楚子师于荒浦[2]，使沈尹寿与师祁犁让之[3]。舒鸠子敬逆二子，而告无之，且请受盟。二子复命，王欲伐之。薳子曰[4]：“不可。彼告不叛，且请受盟，而又伐之，伐无罪也。姑归息民，以待其卒[5]。卒而不贰，吾又何求？若犹叛我，无辞[6]，有庸[7]。”乃还。

【注释】

①舒鸠：楚的属国，故址在今安徽舒城。

②荒浦：舒鸠之地。

③沈尹寿、师祁犁：楚国大夫。让：责备。

④薳子：即薳子冯。

⑤卒：终了，结果。

⑥若犹叛我，无辞：舒鸠如果再背叛，讨伐他就无话可说。

⑦有庸：有功。

【译文】

吴国因为楚国水军侵犯自己的缘故，召唤舒鸠人。舒鸠人便背叛了楚国。楚康王陈兵荒浦，派沈尹寿和师祁犁前往责备舒鸠人。舒鸠国国君恭敬地迎接二人，告诉他们并无背叛之事，并请求接受盟约。二人回见康王复命，康王想讨伐舒鸠国。薳启冯说："不合适。他们告说没有背叛我国，并请求接受盟约，我们去攻打，这是讨伐无罪者。不如暂且回国，让百姓休养生息，静待结果。要是最终没有背叛，我们又有什么别的要求呢？如果还是背叛我国，他们就无话可说了，我们也能成功了。"于是退兵回国。

24.10　陈人复讨庆氏之党，鍼宜咎出奔楚。

【译文】

陈国又讨伐庆氏的余党，鍼宜咎出逃到楚国。

24.11　齐人城郏①。穆叔如周聘，且贺城。王嘉其有礼也，赐之大路②。

【注释】

①齐人城郏：齐国叛晋，于是城郏以讨好天子。郏，郏鄏，王城。

②大路：即大辂，天子所赐之车的总名。

【译文】

齐国在郏地筑城。穆叔到周朝聘，同时祝贺筑城竣工。周灵王赞赏穆叔有礼，赐给他大辂车。

24.12　晋侯嬖程郑，使佐下军①。郑行人公孙挥如晋聘②。

程郑问焉,曰:"敢问降阶何由③?"子羽不能对,归以语然明④。然明曰:"是将死矣。不然,将亡⑤。贵而知惧,惧而思降,乃得其阶⑥。下人而已⑦,又何问焉?且夫既登而求降阶者,知人也⑧,不在程郑⑨。其有亡衅乎⑩?不然,其有惑疾⑪,将死而忧也⑫。"

【注释】

①晋侯嬖程郑,使佐下军:按,以代替栾盈。

②公孙挥:即子羽。

③降阶:降级。

④然明:郑国大夫鬷蔑。

⑤亡:逃亡。

⑥得其阶:得到适合其才德的地位。

⑦下人:以位让人,在人下。

⑧且夫既登而求降阶者,知人也:既登高位,自感难保而求降位,是明智之人。

⑨不在程郑:程郑以佞媚得宠而升上卿位,不是明智者。

⑩亡衅:逃亡的迹象。

⑪惑疾:疑心病,指程郑本小人。

⑫将死而忧也:按,此为明年程郑死伏笔。

【译文】

晋平公宠爱程郑,让他做下军佐。郑国行人公孙挥到晋国聘问。程郑向他请教,说:"请问怎样才能降级?"公孙挥无法回答,回国后把此事告诉了然明。然明说:"这人将要死了。不然的话,就是将要逃亡。地位尊贵而知道戒惧,害怕了而想要降级,从而得到合适的地位。这只要甘居人下就可以了,又问什么呢?再说既已登上高位而要求降级的,是聪明人，但程郑不属于这种人。他大概已经有了要逃亡的想法了吧？不然的话，就是他有疑心病，将要死了而为自己担心。”

二十五年

【经】

25.1　二十有五年春①，齐崔杼帅师伐我北鄙。

25.2　夏五月乙亥②，齐崔杼弑其君光③。

25.3　公会晋侯、宋公、卫侯、郑伯、曹伯、莒子、邾子、滕子、薛伯、杞伯、小邾子于夷仪④。

25.4　六月壬子⑤，郑公孙舍之帅师入陈⑥。

25.5　秋八月己巳⑦，诸侯同盟于重丘⑧。

25.6　公至自会。

25.7　卫侯入于夷仪⑨。

25.8　楚屈建帅师灭舒鸠。

25.9　冬，郑公孙夏帅师伐陈⑩。

25.10　十有二月，吴子遏伐楚⑪，门于巢⑫，卒⑬。

【注释】

①二十有五年：鲁襄公二十五年当周灵王二十四年，前548。

②乙亥：十七日。

③齐崔杼弑其君光：崔杼杀死齐庄公。

④公会晋侯、宋公、卫侯、郑伯、曹伯、莒子、邾子、滕子、薛伯、杞伯、小邾子于夷仪：晋国召集诸侯攻打齐国。

⑤壬子：二十四日。

⑥郑公孙舍之帅师入陈：郑国为了报复去年陈、楚二国侵袭郑国而

讨伐陈国。

⑦八月己巳：应为七月十二日，不是八月。

⑧诸侯：指在夷仪相会的诸侯。重丘：齐地名，在今山东聊城东南。

⑨卫侯入于夷仪：夷仪本来是邢地，卫国灭亡邢国后成了卫地。卫侯，即卫献公。

⑩郑公孙夏帅师伐陈：子西再次进伐陈国。

⑪吴子遏：吴王诸樊。

⑫巢：古地名。在今安徽巢湖。

⑬卒：诸樊受伤而死。

【译文】

鲁襄公二十五年春，齐国崔杼领兵攻打我国北部边境。

夏五月十七日，齐国崔杼杀了他的国君庄公光。

襄公与晋平公、宋平公、卫殇公、郑简公、曹武公、莒犁比公、邾悼公、滕成公、薛伯、杞文公、小邾穆公在夷仪相会。

六月二十四日，郑国公孙舍之率领军队进入陈国。

秋七月十二日，诸侯一起在重丘结盟。

襄公从重丘之会回国。

卫献公进入夷仪。

楚国屈建领兵灭掉舒鸠国。

冬，郑国公孙夏带兵攻打陈国。

十二月，吴王诸樊进攻楚国，攻打巢邑城门，受伤而死。

【传】

25.1　二十五年春，齐崔杼帅师伐我北鄙，以报孝伯之师也①。公患之，使告于晋。孟公绰曰②："崔子将有大志，不在病我③，必速归，何患焉？其来也不寇④，使民不严⑤，异于他日。"齐师徒归[6]。

【注释】

①以报孝伯之师也：报复去年孟孝伯侵齐。

②孟公绰：鲁国大夫。

③崔子将有大志，不在病我：崔杼志在弑君，不在侵鲁。

④不寇：不劫掠。

⑤使民不严：役使百姓不严，意在收买人心。

⑥徒归：空手而归，无所获。

【译文】

鲁襄公二十五年春，齐国崔杼领兵攻打我国北部边境，以报复孟孝伯对他们的进攻。襄公感到担忧，派人向晋国报告。孟公绰说："崔杼将有大动作，目的不在损害我们，肯定很快回国，有什么可担心的呢？他到我国不行掳掠，役使百姓不严厉，和往常不一样。"齐军一无所获地撤兵回去。

25.2 齐棠公之妻[1]，东郭偃之姊也。东郭偃臣崔武子[2]。棠公死，偃御武子以吊焉。见棠姜而美之，使偃取之[3]。偃曰："男女辨姓[4]，今君出自丁，臣出自桓，不可[5]。"武子筮之，遇《困》䷮之《大过》䷛[6]。史皆曰："吉[7]。"示陈文子，文子曰："夫从风，风陨妻[8]，不可娶也。且其《繇》曰：'困于石，据于蒺梨，入于其宫，不见其妻，凶[9]。'困于石，往不济也[10]。据于蒺梨，所恃伤也[11]。入于其宫，不见其妻，凶，无所归也[12]。"崔子曰："嫠也[13]，何害？先夫当之矣[14]。"遂取之。

【注释】

①棠公：齐国棠邑大夫。

②崔武子：崔杼。

③使偃取之：崔杼让东郭偃为自己娶棠姜为妻。

④男女辨姓：指同姓不通婚。

⑤今君出自丁，臣出自桓，不可：丁，指齐丁公。桓，指齐桓公，同为姜姓，故不能通婚。

⑥遇《困》䷮之《大过》䷛：《困》卦为《坎》下《兑》上，《大过》卦为《巽》下《兑》上，《困》卦变为《大过》卦，即第三爻由阴爻变为阳爻。

⑦史皆曰"吉"：史仅就《困卦》言之，《兑》为少女，《坎》为中男，以少女配中男，故吉。这是太史为了逢迎崔杼。

⑧夫从风，风陨妻：上面的变卦，是《困》卦的《坎》变为《巽》，《坎》为中男，故曰夫，《巽》为风，是夫变为风。《大过》卦是风吹掉其妻。陈文子根据卦象断言不可娶。

⑨"困于石"五句：这是《困》卦"六三"的爻辞，下面是陈文子的解释。

⑩困于石，往不济也：人走路竟被石头绊倒，前进也没有用。

⑪据于蒺梨，所恃伤也：绊倒而两手抓在蒺藜上，是受到所依靠者的伤害。

⑫"入于其宫"四句：回到家中，将看不到妻子，家破人亡，无可归宿。

⑬嫠(lí)：寡妇。

⑭先夫当之矣：意思是棠公已受棠姜之凶而死。先夫，指棠公。

【译文】

齐国棠公的妻子，是东郭偃的姐姐。东郭偃是崔杼的家臣。棠公死后，东郭偃驾车送崔杼前往吊唁。崔杼见到棠姜而觉得她很美，让东郭偃把她嫁给自己。东郭偃说："男女结婚前要辨明姓氏，您是丁公的后代，下臣出自桓公，同姓不能结婚。”崔杼让人卜筮，得到《困》卦变成《大过》卦。史官都说：“吉利。”崔杼把卦象拿给陈文子看，陈文子说：“丈夫变为风，风把妻子吹落，不能娶她。而且这卦的《繇》辞说：‘被石头所困，以蒺藜为依靠，回到家里，不见他的妻子，凶。’为石头所困，意味着做了不会成功。以蒺藜为依靠，意味着所依靠的对象会使人受伤。回到家中，不见他的妻子，凶，意味着无家可归。”崔杼说：“她是个寡妇，有什么妨碍？即便有，他的前夫已经承担了这凶险。”于是娶了她。

庄公通焉①，骤如崔氏②。以崔子之冠赐人，侍者曰：“不可。”公曰：“不为崔子，其无冠乎③？”崔子因是④，又以其间伐晋也⑤，曰：“晋必将报。”欲弑公以说于晋，而不获间⑥。公鞭侍人贾举，而又近之⑦，乃为崔子间公⑧。

【注释】

①庄公通焉：齐庄公私通棠姜。

②骤：屡次。

③不为崔子，其无冠乎：意思是不用崔杼之冠，岂无他冠可用。这是庄公目无崔杼，有意侮辱他。不为，不是。其，犹“岂”，难道。

④崔子因是：崔杼因此怨恨齐庄公。

⑤间伐晋：乘晋国有难而攻打它。

⑥不获间：没有找到机会。间，机会。

⑦公鞭侍人贾举，而又近之：庄公鞭打贾举，过后又亲宠他。

⑧乃为崔子间公：贾举为崔杼寻找机会杀庄公。

【译文】

齐庄公与棠姜私通，多次到崔宅。把崔杼的帽子赐给别人，侍者说:"不能这样。"庄公说:"不用崔杼的帽子,难道就没有别人的帽子可用了吗?"崔杼因此怨恨庄公,又因为庄公曾乘晋国的内乱而进攻晋国,崔杼说:"晋国必然要报复。"他想要杀死庄公以取悦晋国,只是没找到机会。庄公鞭打侍人贾举而又亲宠他,贾举便为崔杼窥察机会。

夏五月,莒为且于之役故①,莒子朝于齐。甲戌②,飨诸北郭,崔子称疾,不视事③。乙亥,公问崔子④,遂从姜氏。姜入于室⑤,与崔子自侧户出。公拊楹而歌⑥。侍人贾举止众从者而入,闭门⑦。甲兴⑧,公登台而请⑨,弗许;请盟,弗许;请自刃于庙,弗许。皆曰:"君之臣杼疾病,不能听命⑩。近于公宫,陪臣干掫有淫者⑪,不知二命⑫。"公逾墙,又射之,中股,反队⑬,遂弑之。贾举、州绰、邴师、公孙敖、封具、铎父、襄伊、偻堙皆死⑭。祝佗父祭于高唐⑮,至,复命,不说弁而死于崔氏⑯。申蒯,侍渔者⑰,退,谓其宰曰:"尔以帑免⑱,我将死。"其宰曰:"免,是反子之义也⑲。"与之皆死⑳。崔氏杀鬷蔑于平阴㉑。

【注释】

①且于之役:发生在去年。

②甲戌:十六日。

③崔子称疾,不视事:崔杼称病不上朝,意在诱使庄公来崔家。

④公问崔子:庄公果然来问候。

⑤姜入于室:棠姜进入内室,意在将庄公引入彀中。

⑥公拊楹而歌:庄公以此暗示棠姜。拊,拍打。楹,柱子。

⑦侍人贾举止众从者而入,闭门:贾举将庄公的随从关在门外。

⑧甲兴:崔杼预先埋伏的甲士一拥而上。

⑨请：请求免死。

⑩君之臣杼疾病，不能听命：崔杼自己不露面，下人称他病重而不能听取庄公的命令，实际是不准许庄公的请求。

⑪近于公宫，陪臣干掫（zōu）有淫者：由于地近公宫，所以要严防奸盗。近于公宫，指崔宅靠近国君宫室。陪臣，家臣自称。干掫，巡夜捕击不法的人。

⑫不知二命：只知奉崔杼之命捕杀淫者，不知其他。这里是不把庄公视为国君，只当作淫者。

⑬中股，反队：庄公中箭，仍跌到墙里。队，同“坠”。

⑭贾举、州绰、邴师、公孙敖、封具、铎父、襄伊、偻堙皆死：以上八人都是庄公的宠臣，不过其中的贾举不是那个侍人贾举。

⑮高唐：齐国别庙所在。在今山东高唐东。

⑯不说弁而死于崔氏：祭服还没脱就被杀。说，通“脱”。弁，祭服。

⑰侍渔者：主管渔业之官。

⑱尔以帑免：申蒯托他保护自己的家室。帑，指申蒯的妻子。

⑲免，是反子之义也：我如果逃走，是违背了死君之义。

⑳皆：偕，一同。

㉑崔氏杀鬷（zōng）蔑于平阴：庄公之母曰鬷声姬，鬷蔑或其母党，又守平阴，平阴为临淄外围险邑，故崔子杀之。以上包括鬷蔑这些被杀者都是庄公的党羽。鬷蔑，平阴大夫。平阴，在今山东平阴东北。

【译文】

夏五月，莒国由于去年进攻且于的缘故，莒犂比公去齐国朝见庄公。十六日，庄公在北城设享礼招待莒犂比公，崔杼推说有病，不理政事。十七日，庄公来探望崔杼，乘机和姜氏见面。姜氏进入内室，又和崔杼一起从侧门避出去。庄公拍着柱子唱歌。侍人贾举拦住庄公的随从不让进，自己进去后又把门关上。埋伏的甲士一拥而出，庄公登上高台请求免死，不被允许；请求结盟，也不答应；请求在太庙自杀，还是不同意。都说："国君的下臣崔杼病得厉害，不能来听取命令。这里离公宫很近，我们只知道巡夜搜捕淫乱者，不知有其他的命令。"庄公爬墙逃跑，甲士们向他射箭，射中大腿，坠落在墙里，便被杀了。贾举、州绰、邴师、公孙敖、封具、铎父、襄伊、偻堙也都被杀死。祝佗父在高唐祭祀，回到都城，复命，还没脱掉祭服便被杀。申蒯是主管渔业之官，退出来，对自己的家宰说："你带着我的妻儿逃命去，我准备一死。"家宰说："如果我逃命，这是违背了您所持的道义之义了。"便和申蒯一起自杀。崔杼又在平阴杀了鬷蔑。

晏子立于崔氏之门外①，其人曰②："死乎③？"曰："独吾君也乎哉，吾死也④？"曰："行乎？"曰："吾罪也乎哉，吾亡也⑤？"曰："归乎⑥？"曰："君死，安归？君民者，岂以陵民？社稷是主⑦。臣君者，岂为其口实，社稷是养⑧。故君为社稷死，则死之；为社稷亡，则亡之。若为己死，而为己亡，非其私昵，谁敢任之⑨？且人有君而弑之⑩，吾焉得死之？而焉得亡之？将庸何归⑪？"门启而入，枕尸股而哭⑫。兴，三踊而出⑬。人谓崔子："必杀之⑭！"崔子曰："民之望也⑮！舍之，得民⑯。"卢蒲癸奔晋，王何奔莒⑰。

【注释】

①晏子立于崔氏之门外：晏婴得知崔氏之乱而来到崔宅。晏子，即晏婴。

②其人：指晏婴的随从。

③死乎：是否为国君而死。

④独吾君也乎哉，吾死也：岂独是我一人的国君吗？为什么要为其死。

⑤吾罪也乎哉，吾亡也：我有什么罪要逃亡。

⑥归：回去。

⑦君民者，岂以陵民？社稷是主：民之君不可凌驾于民之上，应好好主持国政。

⑧臣君者，岂为其口实，社稷是养：为臣的，不能只为俸禄，应保养国家。口实，俸禄。

⑨“若为己死”四句：晏婴认为，国君不是为国家而是为个人的私欲而死，不必为其死或逃亡。私昵，私下亲昵宠爱的人。谁敢任之，谁能承担此祸。

⑩人：指崔杼。有君：得到国君的信任。

⑪吾焉得死之？而焉得亡之？将庸何归：崔杼弑君不对，但也不必为国君而死，应该分辨公义和私情。焉得，怎么能。庸，何。

⑫枕尸股而哭：头枕在尸体的大腿上号哭。

⑬兴，三踊而出：当时哭君之礼，三次顿足表示哀痛。兴，哭完起来。

⑭必杀之：杀晏婴。

⑮民之望也：晏婴是民心所向的人。

⑯舍之，得民：不杀晏婴能得民心。

⑰卢蒲癸奔晋，王何奔莒：卢蒲癸、王何都是庄公党羽。

【译文】

晏婴站在崔杼门外，他的随从问他：“准备去死吗？”回答说：“难道他只是我一个人的国君吗，为什么要死？”又问：“那么逃亡吗？”说：“他的死是我的罪过吗，为什么要逃亡？”“那么回去吗？”说：“国君死了，回到哪里去？作为百姓的君主，难道可用来凌驾在民众之上吗？是让他来主持国政的。当臣子的，岂能只为俸禄，应保养国家。所以国君是为了国家而死，那么臣子就要为他而死；国君是为了国家而逃亡，那么臣子就要随他逃亡。要是国君是因为自己个人而死，为自己逃亡，不是他所亲昵宠爱的人，谁敢承担这责任？况且别人得到国君信任而把他杀死，我哪能为他而死？哪能为他而逃亡？不过我又能回到哪里去呢？”崔家把门打开，晏婴进入，头枕在庄公尸体的大腿上号哭。然后站起来，顿足三次而后出去。有人对崔杼说：“一定要杀了他！”崔杼说：“他是民心所仰望的人。放过他，可以得民心。”卢蒲癸逃往晋国，王何出奔莒国。

叔孙宣伯之在齐也①，叔孙还纳其女于灵公②，嬖，生景公③。丁丑④，崔杼立而相之，庆封为左相，盟国人于大宫⑤，曰：“所不与崔、庆者……⑥”晏子仰天叹曰：“婴所不唯忠于君、利社稷者是与，有如上帝⑦。”乃歃⑧。辛巳⑨，公与大夫及莒子盟⑩。

【注释】

①叔孙宣伯之在齐也：鲁国大夫叔孙侨如在成公十六年出奔齐国。叔孙宣伯，即叔孙侨如。

②叔孙还纳其女于灵公：将叔孙侨如女儿送给齐灵公。叔孙还，齐国公子。

③景公：名杵臼，庄公同父异母弟。

④丁丑：十九日。

⑤大宫：齐太公庙。

⑥所不与崔、庆者……：崔、庆二人宣读盟辞，要与盟的人都和自己结党，但没读完，晏婴插话改变了它。

⑦婴所不唯忠于君、利社稷者是与，有如上帝：言外之意指崔、庆

二人不忠于君，不利于社稷，不可与盟。

⑧乃歃：晏婴先歃血定盟。

⑨辛巳：二十三日。

⑩公与大夫及莒子盟：莒犁比公朝齐，因崔氏之乱而未能结盟，现在和齐景公结盟。

【译文】

叔孙侨如在齐国的时候，叔孙还把他的女儿嫁给齐灵公，受到宠爱，生下景公。十九日，崔杼立景公为国君，自己为相辅佐他，庆封任左相，与国人在太公庙中结盟，说："有不亲附崔氏、庆氏的……"晏婴仰天叹息道："我如果不亲附忠君利国的人，有上帝作证。"于是率先歃血定盟。二十三日，景公与大夫和莒犁比公结盟。

大史书曰："崔杼弑其君。"崔子杀之。其弟嗣书，而死者二人①。其弟又书，乃舍之②。南史氏闻大史尽死，执简以往③。闻既书矣，乃还④。

【注释】

①其弟嗣书，而死者二人：太史弟弟仍然秉笔直书，接连二人被杀。

②其弟又书，乃舍之：崔杼不敢再杀。

③南史氏闻大史尽死，执简以往：南史氏也欲直书其罪，准备前往。简，竹简。

④闻既书矣，乃还：按，此段记齐国史官都是不畏权势，秉笔直书。

【译文】

太史记载说："崔杼杀了他的国君。"崔杼杀了太史。太史弟弟接着这样写，因而又连接有两人被杀。太史另一个弟弟又这样记载，崔杼只得放过他。南史氏听说太史都被杀死了，带着同样写好的竹简前去。听到已经如实记载了，这才回去。

闾丘婴以帷缚其妻而载之，与申鲜虞乘而出[①]。鲜虞推而下之[②]，曰："君昏不能匡，危不能救，死不能死，而知匿其昵[③]，其谁纳之？"行及弇中[④]，将舍[⑤]。婴曰："崔、庆其追我！"鲜虞曰："一与一，谁能惧我[⑥]？"遂舍，枕辔而寝[⑦]，食马而食[⑧]，驾而行。出弇中，谓婴曰："速驱之！崔、庆之众，不可当也[⑨]。"遂来奔[⑩]。

【注释】

①闾丘婴以帷缚其妻而载之，与申鲜虞乘而出：仓促逃难，闾丘婴用车帷包捆其妻，放在车上逃跑。闾丘婴、申鲜虞都是齐庄公近臣。

②鲜虞推而下之：推闾丘婴妻子于车下。

③匿：藏。昵：亲爱，指其妻。

④弇(yǎn)中：峪名，狭道。

⑤舍：住宿。

⑥一与一，谁能惧我：道狭窄，车不能并行，一对一，不足为惧。与，敌。

⑦枕辔而寝：怕失去马匹。

⑧食马而食：先喂马然后自己才吃饭。

⑨速驱之！崔、庆之众，不可当也：出弇中，路变宽敞，人多便抵挡不住。

⑩遂来奔：二人出奔鲁国。

【译文】

闾丘婴用车上的帷布捆好妻子放到车上，和申鲜虞乘坐一辆车出逃。申鲜虞将闾丘婴妻子推到车下，说道："国君昏聩而不能匡正，危难不能解救，死了不能殉死，只知道藏匿自己亲昵的人，会有谁接纳我们？"走到狭道中，准备住宿。闾丘婴说："崔、庆他们恐怕要追上我们！"申鲜虞说："一对一，谁能让我们害怕？"就停下住宿，枕着马缰而睡，喂好马才用餐，然后驾车上路。走出狭道后，对闾丘婴说："赶紧走！崔、庆的人多，无法抵挡他们。"于是逃来我国。

崔氏侧庄公于北郭①。丁亥②，葬诸士孙之里③。四翣④，不跸⑤，下车七乘⑥，不以兵甲⑦。

【注释】

①侧庄公于北郭：不殡于祖庙。侧，用砖把棺材围砌住。

②丁亥：二十九日。

③葬诸士孙之里：士孙是人名，用来作里名。按，依礼诸侯应五月而葬，现在只有十三天便把庄公葬了。

④四翣(shà)：按礼，诸侯应该六翣，大夫四翣，葬庄公也只用四翣，是有意贬低他。翣，为一种长柄扇形物，古代本以羽毛为之，葬时随柩车持之两旁而行，葬则置立于墓坑中。

⑤不跸：不戒严清除道路。

⑥下车七乘：齐旧依上公礼，送葬的车本应九辆，今减为七辆；本应用好车，今用粗恶之车，故云下车。

⑦不以兵甲：按礼，古代大出殡有甲兵，国君还应列军阵，现在都没用。按，本段都意在说明崔氏不以国君之礼而只草草埋葬齐庄公。

【译文】

崔杼在城北用砖把庄公的棺材草草围砌住。二十九日，埋葬在士孙里。只用四把长柄羽扇，也不戒严清除道路，送葬只用下车七辆，也没用甲士列出军阵。

25.3　晋侯济自泮[①]，会于夷仪，伐齐，以报朝歌之役[②]。齐人以庄公说[③]，使隰鉏请成[④]，庆封如师。男女以班[⑤]。赂晋侯以宗器、乐器[⑥]。自六正、五吏、三十帅、三军之大夫、百官之正长、师旅及处守者皆有赂[⑦]。晋侯许之。使叔向告于诸侯[⑧]。公使子服惠伯对曰："君舍有罪[⑨]，以靖小国，君之惠也。寡君闻命矣！"

【注释】

①晋侯济自泮：晋平公渡过泮水。泮，泮水，源出于泰山分水岭。

②朝歌之役：襄公二十三年，齐趁晋有栾盈之乱伐晋，取朝歌。

③齐人以庄公说：以杀庄公向晋国解释。说，解释。

④隰鉏：齐桓公时大夫隰朋曾孙。

⑤男女以班：男女奴隶分开排列、捆绑，以送晋国。

⑥宗器：祭祀的器具。乐器：钟磬一类。

⑦自六正、五吏、三十帅、三军之大夫、百官之正长、师旅及处守者皆有赂：晋国军政大小官吏都得到财礼。六正，六卿。五吏、三十帅、三军之大夫，都是军中官职。百官之正长、师旅，晋国各部门长官及其属官。

⑧使叔向告于诸侯：告知齐国服晋。

⑨有罪：指齐国。

【译文】

晋平公渡过泮水，与诸侯在夷仪会合，攻打齐国，以报复朝歌战役。齐国以杀庄公来向晋国解释，派隰鉏来请求媾和，庆封来到军中。男女奴隶分列并捆绑好送给晋国。送给晋平公宗庙的祭器、乐器。从晋国的六卿、五吏、三十帅、三军的大夫，到各部门的长官、属官，以及留守国内的人，都得到礼物。晋平公同意讲和。派叔向告知诸侯。襄公派子服惠伯回复说："晋君赦免有罪的齐国，以安定小国，这是晋君的恩惠。敝国君遵命了！"

25.4　晋侯使魏舒、宛没逆卫侯①，将使卫与之夷仪②。崔子止其帑，以求五鹿③。

【注释】

①卫侯：指卫献公，襄公十四年逃到齐国。

②将使卫与之夷仪：晋国强迫卫国分出夷仪的一部分给献公居住。

③崔子止其帑，以求五鹿：崔杼想得到卫国的五鹿，便扣留卫献公的妻室为质。

【译文】

晋平公派魏舒、宛没去齐国迎接卫献公，准备让卫国把夷仪给献公居住。崔杼扣留卫献公的家小，要求得到五鹿。

25.5　初，陈侯会楚子伐郑①，当陈隧者，井堙木刊②。郑人怨之。六月，郑子展、子产帅车七百乘伐陈，宵突陈城③，遂入之。陈侯扶其大子偃师奔墓④，遇司马桓子，曰："载余！"曰："将巡城⑤。"遇贾获⑥，载其母妻，下之，而授公车⑦。公曰："舍而母⑧！"辞曰："不祥⑨。"与其妻扶其母以奔墓，亦免。

【注释】

①陈侯会楚子伐郑：事在去年冬天。

②当陈隧者，井堙(yīn)木刊：陈军经过之处，井被塞，树被砍。隧，道路。堙，堵塞。刊，除。

③突：突然进攻。

④奔墓：逃到墓地。

⑤将巡城：司马回答正要巡城，不载二人。

⑥贾获：陈国大夫。

⑦载其母妻，下之，而授公车：贾获让其母、妻下车，将车交给陈哀公。

⑧舍而母：让贾获母亲同载。舍，安置。

⑨不祥：男女同车不祥。

【译文】

起初，陈哀公会同楚康王进攻郑国，凡是陈军经过之处，水井被填树木被砍。郑国人对此怨气很大。六月，郑国子展、子产率领战车七百辆讨伐陈国，夜里对陈国都城发起突击，便攻进城。陈哀公扶着太子偃师逃往墓地，路遇司马桓子，说："让我们上车吧！"司马桓子回答："我要去巡城。"又遇到贾获，正载着母亲、妻子，贾获让母亲、妻子下车，把车给哀公坐。哀公说："也让你母亲坐车上吧！"贾获推辞说："男女同车不吉利。"便和他的妻子扶着母亲逃往墓地，也得免于难。

子展命师无入公宫，与子产亲御诸门①。陈侯使司马桓子赂以宗器。陈侯免②，拥社③，使其众男女别而累，以待于朝④。子展执絷而见，再拜稽首，承饮而进献⑤。子美入，数俘而出⑥。祝祓社⑦，司徒致民，司马致节，司空致地，乃还⑧。

【注释】

①子展命师无入公宫，与子产亲御诸门：只为服陈，所以不让军队入公宫掳掠。

②免（wèn）：穿上丧服。

③拥社：怀抱土地神神主。

④使其众男女别而累，以待于朝：百官及众将佐男女等人分别自捆绑以待命，表示顺服。

⑤子展执絷而见，再拜稽首，承饮而进献：此外臣于战胜时见敌国君之礼。承饮，捧着酒杯。

⑥子美入，数俘而出：清点俘获数目，并不准备带回。子美，即子产。

⑦祝祓(fú)社：郑军入陈，怕触怒陈国鬼神，因此祝告社神，祓除不祥。祓，除去。

⑧司徒致民，司马致节，司空致地，乃还：陈国自以为已亡国，郑则收其人民、兵马，并驻其土地而又归还。与陈军入郑的"井堙木刊"不同，郑入陈国，秋毫无犯，示其有礼。司徒、司马、司空都是郑国官员。致，送还。节，兵符，指军权。

【译文】

子展命令军队不得进入哀公的宫室，他和子产亲自守在门口。陈哀公派司马桓子向郑国献上宗庙的祭器。陈哀公穿上丧服，捧着土地神的木主，让手下众男女分别排列并自捆绑，在朝堂等待处置。子展手持绊马索入见陈哀公，再拜叩头，捧杯向陈哀公敬酒。子产进来，清点完俘虏的人数就退出去了。郑国人向土地神祝告除灾祛邪，司徒归还百姓，司马交还符节，司空归还土地，便回郑国。

25.6 秋七月己巳，同盟于重丘，齐成故也。

【译文】

秋七月十二日，诸侯一起在重丘结盟，这是因为与齐国讲和的缘故。

25.7 赵文子为政①，令薄诸侯之币，而重其礼②。穆叔见

之，谓穆叔曰："自今以往，兵其少弭矣[③]。齐崔、庆新得政，将求善于诸侯。武也知楚令尹[④]。若敬行其礼[⑤]，道之以文辞[⑥]，以靖诸侯，兵可以弭[⑦]。"

【注释】

①赵文子为政：范宣子士匄已死，赵武代为执政。

②令薄诸侯之币，而重其礼：减轻诸侯的贡赋，以重礼待诸侯。

③少：稍，略。弭(mǐ)：消除。

④武也知楚令尹：赵武和楚令尹关系亲近。楚令尹，指楚国的屈建。

⑤若敬行其礼：晋国依礼而行。

⑥道之以文辞：外交辞令有礼。道，辞令。

⑦以靖诸侯，兵可以弭：晋国有弭兵的愿望，为后面襄公二十七年晋、楚二国弭兵伏笔。

【译文】

赵文子执政，下令减轻诸侯的贡赋，以重礼相待。穆叔进见，赵文子对穆叔说："从今以后，战争应该可以稍稍平息了。齐国崔氏、庆氏新近掌握国政，将会力求与诸侯改善关系。我和楚令尹交好。要是恭敬地依礼而行，施以有礼的外交辞令，以此安定诸侯，战争就可以止息。"

25.8　楚薳子冯卒，屈建为令尹[①]，屈荡为莫敖[②]。舒鸠人卒叛楚，令尹子木伐之，及离城[③]，吴人救之。子木遽以右师先[④]，子强、息桓、子捷、子骈、子盂帅左师以退。吴人居其间七日[⑤]。子强曰："久将垫隘，隘乃禽也[⑥]，不如速战！请以其私卒诱之[⑦]，简师，陈以待我[⑧]。我克则进，奔则亦视之[⑨]，乃可以免。不然，必为吴禽。"从之。五人以其私卒先击吴师，吴师奔，登山以望，见楚师不继，复逐之[10]，傅诸其军[11]，简师会之[12]。吴师大败。遂围舒鸠，舒鸠溃。八月，楚灭舒鸠[13]。

【注释】

①楚薳子冯卒，屈建为令尹：此事在重丘之盟以前。屈建，即下文的子木。

②屈荡：此屈荡不是宣公十二年提到的屈建祖父屈荡。

③离城：舒鸠城西。

④子木遽以右师先：右师先出动。遽，急。

⑤吴人居其间七日：在楚军左、右师之间七天。

⑥久将垫隘，隘乃禽也：时间长了，将士疲弱，势必被擒。垫隘，疲弱。禽，擒拿。

⑦以其私卒诱之：以私卒诱敌。私卒，各将领的家兵。

⑧简师，陈以待我：正规部队选择精兵，摆开阵势等待。

⑨我克则进，奔则亦视之：根据情况而救助。

⑩见楚师不继，复逐之：吴军回头追赶楚方的私卒。

⑪傅诸其军：迫近楚军。傅，迫近。

⑫简师会之：正规军和私卒会合攻打吴军。

⑬楚灭舒鸠：子强等五人打败吴师后，又和屈建一起围灭舒鸠国。

【译文】

楚国薳子冯去世，屈建任令尹，屈荡任莫敖。舒鸠国最终还是背叛了楚国。令尹屈建率兵讨伐，到达离城，吴国出兵救援舒鸠人。屈建急忙让右翼军先出动，子强、息桓、子捷、子骈、子盂率领左翼人马撤退。吴国军队在楚国左、右翼军队之间待了七天。子强说："时间久了兵士将会疲弱，疲弱就将束手就擒，不如速战！我请求带领家兵去引诱他们，你们挑选精兵，摆开阵势等我的消息。如果我打胜了就前进，要是败逃也看情况采取行动，才能免于被俘。不然的话，肯定要被吴国俘虏。”屈建采纳了他的建议。子强等五人带着家兵先去袭击吴军，吴军败逃，后来登山眺望，看见楚兵没有后援，就又来追赶楚军，当快要靠近时，楚国精兵和子强等人的家兵会合起来，吴军大败。于是包围了舒鸠，舒鸠溃败。八月，楚国灭亡舒鸠。

25.9　卫献公入于夷仪[①]。

【注释】

①卫献公入于夷仪：按，此句为下面从夷仪与甯喜说事做铺垫。

【译文】

卫献公进入夷仪。

25.10　郑子产献捷于晋[①]，戎服将事[②]。晋人问陈之罪[③]。对曰：“昔虞阏父为周陶正，以服事我先王[④]。我先王赖其利器用也，与其神明之后也[⑤]，庸以元女大姬配胡公[⑥]，而封诸陈，以备三恪[⑦]。则我周之自出，至于今是赖[⑧]。桓公之乱，蔡人欲立其出[⑨]，我先君庄公奉五父而立之[⑩]，蔡人杀之[⑪]，我又与蔡人奉戴厉公[⑫]。至于庄、宣，皆我之自立[⑬]。夏氏之乱，成公播荡，又我之自入，君所知也[⑭]。今陈忘周之大德，蔑我大惠[⑮]，弃我姻亲，介恃楚众，以凭陵我敝邑，不可亿逞[⑯]，我是以有往年之告[⑰]。未获成命[⑱]，则有我东门之役[⑲]。当陈隧者，井堙木刊。敝邑大惧不竞，而耻大姬，天诱其衷，启敝邑之心[⑳]。陈知其罪，授手于我[㉑]。用敢献功[㉒]！”晋人曰：“何故侵小[㉓]？”对曰：“先王之命，唯罪所在，各致其辟[㉔]。且昔天子之地一圻[㉕]，列国一同[㉖]，自是以衰[㉗]。今大国多数圻矣，若无侵小，何以至焉[28]？”晋人曰：“何故戎服？”对曰：“我先君武、庄为平、桓卿士[29]。城濮之役[30]，文公布命[31]，曰：‘各复旧职[32]！’命我文公戎服辅王，以授楚捷[33]。不敢废王命故也[34]。”士庄伯不能诘[35]。复于赵文子。文子曰：“其辞顺。犯顺，不祥。”乃受之。

【注释】

①郑子产献捷于晋：献伐陈之功，请求认可。

②戎服将事：穿着军服处理事情。

③晋人问陈之罪：责问以何罪伐陈。去年郑曾请伐陈，晋人未许。

④昔虞阏(è)父为周陶正，以服事我先王：虞阏父，人名。虞舜后人。陶正，主管陶业的官职。先王，指周武王。

⑤我先王赖其利器用也，与其神明之后也：武王嘉奖他能作器物，又是虞舜的后人。赖，善，嘉奖。神明，指虞舜。

⑥庸以元女大姬配胡公：把长女太姬嫁给他儿子。庸，乃。元女大姬，武王长女。胡公，虞阏父儿子。

⑦三恪：周封黄帝、尧、舜的后人，以表示诚敬。

⑧则我周之自出，至于今是赖：陈是周的外甥，至今依赖周朝。

⑨桓公之乱，蔡人欲立其出：事见鲁桓公五年。陈桓公死后，子弟争位，于是乱。其出，指陈桓公之子厉公，是蔡女所生。

⑩五父：陈桓公弟五父佗，由郑庄公所立。

⑪蔡人杀之：桓公六年，蔡人杀陈佗。

⑫奉戴：奉事拥戴。

⑬至于庄、宣，皆我之自立：陈庄公、宣公也都是依靠郑国帮助而继位。

⑭“夏氏之乱”四句：宣公十年，夏徵舒杀陈灵公，陈成公午流亡晋

国,得到郑国的帮助才返国即位。播荡,流离失所。按,以上说明郑国对陈国一向有恩。

⑮蔑:抛弃。

⑯亿逞:满足。

⑰我是以有往年之告:去年郑简公告晋请求伐陈。

⑱未获成命:去年晋国没答应。

⑲则有我东门之役:不讨伐陈国,于是去年陈与楚国一起攻打郑国东门。

⑳天诱其衷,启敝邑之心:陈国如此无道,才开启郑国伐陈之心。

㉑授手:即“授首”,有罪得到惩罚。

㉒用敢献功:以上子产历数陈国背恩侵郑之罪,说明伐陈原因。

㉓何故侵小:郑大陈小,盟辞常称“大无侵小”,所以晋国以此责问。

㉔唯罪所在,各致其辟:有罪就应该给予惩罚。辟,刑罚。

㉕一圻(qí):方圆千里。

㉖一同:方圆百里。

㉗自是以衰(cuī):以此递减。衰,差降。

㉘今大国多数圻矣,若无侵小,何以至焉:晋国也是大国,如果不侵小也不成其大。

㉙我先君武、庄为平、桓卿士:郑武公、庄公为周平王、桓王的卿士。

㉚城濮之役:在僖公二十八年。

㉛文公:指晋文公。

㉜各复旧职:这样的话,郑国国君仍然是周王的卿士。

㉝命我文公戎服辅王,以授楚捷:郑文公戎服帮助周王接受晋国所献的楚国俘虏。

㉞不敢废王命故也:意谓穿着戎服是天子所命。

㉟士庄伯:士弱。诘:责问。

【译文】

郑国子产向晋国奉献从陈国缴获的战利品，他穿着军服处理事务。晋国质问陈国有何罪过。子产回答说："往昔虞阏父任周朝的陶正，为周先王效力。周先王嘉奖他能制作器物于人有用，而且是虞舜的后裔，就把长女太姬许配给虞阏父的儿子胡公，封在陈地，以示诚敬。所以陈国是我周朝的外甥，至今还依赖着周朝。桓公死后陈国动乱，蔡国想要扶立蔡女所生的人，我国先君庄公拥立五父佗，蔡国又杀了他，我国又和蔡国拥戴厉公登位。直到庄公、宣公，都是我国所拥立的。夏徵舒动乱，成公流亡，又是我们帮助他回国，这是您所知道的。现在陈国忘记周朝大德，丢弃我国的大恩，抛掉我们这姻亲，倚仗楚国人多，欺凌我国，欲望没有止境，所以我国有去年请求攻打陈国的报告，但是没有得到贵国的同意，于是有陈国进攻我国东门的战役。凡是陈国军队所过之处，水井被填，树木被砍。我们实在担心被削弱，而让太姬蒙羞，幸亏上天厌恶他们，开启我们攻打陈国的念头。陈国自知罪过，得到应有的惩罚。所以我们大胆地献上俘获！"晋国说："为什么进攻小国？"回答说："周先王有命令，只要有罪，就要给予惩处。再说从前天子的土地只有方圆千里，诸侯各国的土地不过方圆百里，并依此递降。现在大国多达方圆数千里，要是没侵犯小国，怎么能到这地步呢？"晋国说："为何穿着军服？"回答说："我国先君武公、庄公是平王、桓王的卿士。城濮战役时，贵国文公发布命令，说：'你们各自恢复原来的职务！'命令我国文公穿着军装辅佐周王，以接受楚国俘虏。所以我们不敢废弃周王的命令。"士庄伯无法反驳。向赵文子汇报。赵文子说："他的言辞合乎情理，违背情理不吉利。"于是接受了郑国献上的战利品。

冬十月，子展相郑伯如晋，拜陈之功。子西复伐陈，陈及郑平。

【译文】

冬十月，子展担任郑简公的相礼随同去晋国，拜谢晋国接受郑国所献陈国的战利品。子西又讨伐陈国，陈国与郑讲和。

仲尼曰："《志》有之[1]：'言以足志，文以足言[2]。'不言，谁知其志？言之无文，行而不远。晋为伯，郑入陈，非文辞不为功。慎辞哉[3]！"

【注释】

①《志》：古书。

②言以足志，文以足言：言语用来表达心志，文采用来修饰语言。足，完成。

③晋为伯，郑入陈，非文辞不为功。慎辞哉：晋国成为霸王，郑国进入陈国，非善言就不能成功。孔子称赞子产言辞谨慎得体。

【译文】

孔子说："《志》上有这样的话：'言语用来表达心志，文采用来修饰语言。'不说话，谁能知道他的心志？言辞没有文采，就不能传到远处。晋国成为盟主，郑国进入陈国，不是（子产）善于辞令也不会成功。要慎重地使用言辞啊！"

25.11　楚芀掩为司马[1]，子木使庀赋[2]，数甲兵。甲午[3]，芀掩书土田[4]，度山林[5]，鸠薮泽[6]，辨京陵[7]，表淳卤[8]，数疆潦[9]，规偃猪[10]，町原防[11]，牧隰皋[12]，井衍沃[13]，量入修赋[14]，赋车籍马[15]，赋车兵、徒卒、甲楯之数。既成，以授子木[16]，礼也。

【注释】

①蒍掩：蒍子冯之子。又作“薳奄”。

②庀(pǐ)赋：治理军赋。

③甲午：初八。

④书土田：记载土地、田泽的情况。

⑤度山林：度量山林之材。

⑥鸠薮(sǒu)泽：聚集水泽的出产。鸠，聚集。薮，水少的泽地。

⑦辨京陵：区别、测量各种高地。

⑧表淳卤：标出盐碱地。淳卤，盐碱地。

⑨数疆潦：计算水淹地。按，盐碱地和水淹地可以减轻赋税。疆，即“强”。疆潦，土性刚硬，受水则潦。

⑩规偃猪：规划蓄水池塘。偃，同“堰”。猪，同“潴”。偃猪，陂池。

⑪町(tǐng)原防：划分小块田地。町，作动词。原防，堤防间的狭小耕地。

⑫牧隰皋：在低下沼泽地放牧牛羊。隰皋，低下沼泽地。

⑬井衍沃：在肥沃平整土地上划定井田。衍沃，肥沃平整的土地。

⑭量入修赋：计量全国收入，制定赋税制度。

⑮赋车籍马：用所收赋税来准备战车和马匹。赋、籍，作动词，都指税收。

⑯既成，以授子木：子木为令尹，所以交付给子木。按，令尹屈建这次所进行的赋税制度的整顿改革，重在量入为用，一律按土地占有征取军赋。这样一来，楚国仍保持了强大的国力。

【译文】

楚国蒍掩任司马，屈建让他征收赋税，清点盔甲兵器。十月初八，蒍掩记载土泽地田的情况，度量山林的木材，聚集水泽的产品，区别高地山陵的情况，标明盐碱地，计算水淹地，规划蓄水池的建立，划分小块地，在沼泽地放牧，在平坦肥沃的田地划定井田，根据收入制订赋税多少，规定百姓缴纳的战车、马匹数，以及战车、步卒所用武器、盔甲和盾牌数。办妥以后，把它们移交给屈建，这是合乎礼的。

25.12 十二月，吴子诸樊伐楚，以报舟师之役①。门于巢。巢牛臣曰："吴王勇而轻，若启之，将亲门②。我获射之，必殪③。是君也死，疆其少安④。"从之。吴子门焉，牛臣隐于短墙以射之，卒。

【注释】

①舟师之役：在去年夏天。

②若启之，将亲门：意即打开城门引诱他进入。

③殪（yì）：死。

④是君也死，疆其少安：诸樊一死，楚国边境可得安宁。

【译文】

十二月，吴王诸樊攻打楚国，以报复舟师之役。吴兵攻打巢邑城门。巢牛臣说："吴王勇敢但轻率，如果打开城门，他将会亲自冲入。我们乘机用箭射他，一定能射杀。这个人一死，我国边疆就可以稍稍安定了。"听从了他的意见。吴王真的冲进来，牛臣藏在短墙后面用箭射他，他被射死了。

25.13 楚子以灭舒鸠赏子木。辞曰："先大夫蒍子之功也①。"以与蒍掩。

【注释】

①先大夫蒍子之功也：去年楚国打算讨伐舒鸠，薳子冯请退兵，等舒鸠背叛楚国再攻打。现在攻灭舒鸠，是薳子冯出谋的成功。

【译文】

楚康王因为屈建攻灭舒鸠有功而奖赏他。屈建辞谢道："这是已去世的大夫芳子冯的功劳。"就把赏赐给了芳掩。

25.14 晋程郑卒，子产始知然明[1]，问为政焉。对曰："视民如子。见不仁者诛之，如鹰鹯之逐鸟雀也[2]。"子产喜，以语子大叔，且曰："他日吾见蔑之面而已，今吾见其心矣[3]。"

【注释】

①晋程郑卒，子产始知然明：去年然明曾预言程郑将死。

②鹰鹯(zhān)：老鹰。

③他日吾见蔑之面而已，今吾见其心矣：子产意即以前只见然明面貌丑陋，如今才了解他才智出众。蔑，鬷蔑，即然明。其相貌丑陋。

【译文】

晋国程郑死了，子产于是开始了解然明，向他询问治国方略。然明告诉他："看待人民有如自己的儿子。见到不仁的人就诛灭他，犹如老鹰追赶鸟雀一样。"子产很高兴，把这些话告诉了子太叔，并且说："以前我见到的只是然明的外貌，如今我看清他的心地了。"

子大叔问政于子产。子产曰："政如农功，日夜思之，思其始而成其终，朝夕而行之[1]。行无越思[2]，如农之有畔[3]，其过鲜矣。"

【注释】

①"政如农功"四句：治政如农活，应该朝夕考虑它。

②行无越思：先思后行。

③畔：田埂，借指界限。

【译文】

子太叔向子产询问政事。子产说：“国政就像农事，日夜想着它，开始深思熟虑接着又想法去取得成功，早晚都照想的做。先思后行，就如农田有田埂那样。这样，过错就会少了。”

25.15 卫献公自夷仪使与甯喜言①，甯喜许之。大叔文子闻之②，曰：“乌乎！《诗》所谓‘我躬不说，皇恤我后’者，甯子可谓不恤其后矣③。将可乎哉？殆必不可。君子之行，思其终也④，思其复也⑤。《书》曰：‘慎始而敬终，终以不困⑥。’《诗》曰：‘夙夜匪解，以事一人⑦。’今甯子视君不如弈棋，其何以免乎？弈者举棋不定，不胜其耦⑧，而况置君而弗定乎？必不免矣⑨。九世之卿族⑩，一举而灭之，可哀也哉！”

【注释】

①卫献公自夷仪使与甯喜言：请求返国复位。

②大叔文子：即大叔仪。

③《诗》所谓“我躬不说，皇恤我后”者，甯子可谓不恤其后矣：引《诗》见《诗经·国风·邶风·谷风》，意思是我自身还不能被容，何暇顾念后人。意思是甯喜自身尚不能被容，何暇顾及后人。躬，自身。说，通“阅”，容。遑，暇。恤，顾念。

④思其终也：应想到结果。

⑤思其复也：应想到下次能够再做。

⑥慎始而敬终，终以不困：这里所引《书》为逸书，意思是开始慎重，最终也不怠慢，结果便不会困顿。

⑦夙夜匪解，以事一人：引《诗》见《诗经·大雅·烝民》，意思是专诚事君。解，通"懈"。一人，借指国君。

⑧耦：下棋的对方。

⑨必不免矣：襄公二十年甯殖死时，说自己得罪献公，让甯喜为他补救，甯喜因为个人打算答应复献公位，大叔仪预言甯喜必将有祸。

⑩九世之卿族：甯氏出自卫武公，到甯喜已经九代。

【译文】

卫献公从夷仪派人和甯喜商谈复位的事，甯喜答应了。太叔文子听说了，说道："啊呀！《诗》所说的'我自身还不被人容纳，怎能顾及我的后人'，甯喜可称得上不考虑自己的后代了。这怎么可以呢？恐怕肯定不行的。君子行事，要想到结果，要考虑下次能再做。《书》说：'慎重地开始而不怠慢于结果，最终就不会窘迫。'《诗》说：'早晚都不懈怠，全心全意奉事一人。'现在甯喜看待国君不如下棋那样慎重，他怎么能免于灾祸呢？棋手举棋不定，就无法战胜对手，何况在安置国君时犹豫不决呢？他肯定免除不了灾难。传承了九世的卿族，就此一下子被消灭，真是可悲呀！"

25.16 会于夷仪之岁[①]，齐人城郏[②]。其五月，秦、晋为成[③]。晋韩起如秦莅盟，秦伯车如晋莅盟[④]，成而不结[⑤]。

【注释】

①会于夷仪之岁：指去年会于夷仪。

②齐人城郏：也在去年。

③秦、晋为成：二国讲和。

④伯车：秦公弟弟鍼。

⑤不结：不巩固。按，此本与下年"二十六年春，秦伯之弟如晋修

成"一段为一体,被割裂置此。

【译文】

在夷仪相会那一年,齐国在郏地修筑城墙。当年五月,秦、晋二国讲和。晋国的韩起到秦国参加盟会,秦伯车到晋国参加盟会,虽然讲和却不牢固。

二十六年

【经】

26.1　二十有六年春王二月辛卯①,卫甯喜弑其君剽②。

26.2　卫孙林父入于戚以叛③。

26.3　甲午④,卫侯衎复归于卫⑤。

26.4　夏,晋侯使荀吴来聘⑥。

26.5　公会晋人、郑良霄、宋人、曹人于澶渊⑦。

26.6　秋,宋公杀其世子痤⑧。

26.7　晋人执卫甯喜。

26.8　八月壬午⑨,许男宁卒于楚⑩。

26.9　冬,楚子、蔡侯、陈侯伐郑⑪。

26.10　葬许灵公。

【注释】

①二十有六年:鲁襄公二十六年当周灵王二十五年,前547。辛卯:初七。

②卫甯喜弑其君剽:甯喜杀卫殇公。

③卫孙林父入于戚以叛:以戚邑投奔晋国。

④甲午:二月初十。

⑤卫侯衎复归于卫:卫献公返国复位。

⑥荀吴：荀偃之子，奉命聘鲁。

⑦公会晋人、郑良霄、宋人、曹人于澶渊：晋国会合诸侯以讨伐卫国。澶渊，在今河南濮阳西北。原为卫地，现晋已取之。

⑧宋公杀其世子痤(cuó)：宋国太子痤被逼自杀。

⑨壬午：初一。

⑩许男宁卒于楚：许灵公去世。

⑪楚子、蔡侯、陈侯伐郑：为许国攻打郑国。

【译文】

鲁襄公二十六年春周历二月初七，卫国甯喜杀其国君剽。

卫国孙林父进入戚发动叛乱。

二月初十，卫献公衎又回到卫国为国君。

夏，晋平公派荀吴来鲁国聘问。

鲁襄公与晋国人、郑国良霄、宋国人、曹国人在澶渊相会。

秋，宋平公杀太子痤。

晋国拘禁卫国甯喜。

八月初一，许灵公宁在楚国去世。

冬，楚康王、蔡景侯、陈哀公攻打郑国。

安葬许灵公。

【传】

26.1　二十六年春，秦伯之弟鍼如晋修成[①]，叔向命召行人子员。行人子朱曰："朱也当御[②]。"三云，叔向不应。子朱怒，曰："班爵同[③]，何以黜朱于朝[④]？"抚剑从之[⑤]。叔向曰："秦、晋不和久矣！今日之事，幸而集[⑥]，晋国赖之。不集，三军暴骨[⑦]。子员道二国之言无私，子常易之[⑧]。奸以事君者，吾所能御也[⑨]。"拂衣从之[⑩]。人救之[⑪]。平公曰："晋其庶乎[12]！吾臣之所争者大[13]。”师旷曰：“公室惧卑。臣不心竞而力争[14]，不务德而争善[15]，私欲已侈，能无卑乎[16]？”

【注释】

①秦伯之弟鍼如晋修成：此文应同上年《传》末章连读。

②当御：当值。

③班爵同：职位级别相同。

④黜：退，不用。

⑤抚剑从之：以武力威胁叔向。抚，持。

⑥集：成功。

⑦三军暴骨：指发生战争。

⑧子员道二国之言无私，子常易之：子员无私心，子朱则不是这样。易，违反。

⑨奸以事君者，吾所能御也：叔向认为子朱有私心是为国不忠，所以道义在自己这边，凭此就可以抵御他。御，抗御。

⑩拂衣从之：准备和他搏斗。拂衣，振衣，撩衣。

⑪救：劝止。

⑫晋其庶乎：大约可以大治。

⑬吾臣之所争者大：臣下能为大问题而争。

⑭臣不心竞而力争：不竞争于心而竞争于力。

⑮不务德而争善：都以己为善。

⑯私欲已侈，能无卑乎：师旷认为，臣下竟为私欲而以武力争，只怕公室地位要降低了。

【译文】

鲁襄公二十六年春，秦景公的弟弟鍼到晋国议和，叔向命令召唤行人子员来接待。行人子朱说：“是我在当班。”连说三次，叔向都没理他。子朱发怒，说：“我的职务、地位都和子员相同，为何在朝廷上黜退我？”

便持剑跟了上去。叔向说："秦、晋两国不和已经很久！今日的事情，如果幸而成功，晋国赖以安定。不成功的话，就会发生战争。子员沟通二国的话没有私心，你却常常不是这样。以邪恶事奉国君的人，我是能够抗御的。"就撩起衣服迎了上去。大家把他们劝解开了。晋平公说："晋国该要大治了吧！我的臣下所争执的是大事。"师旷说："公室的地位怕要降低。臣下不以心智竞争而诉诸武力，不致力于德行而争执是非，私欲已经膨胀，公室的地位能不降低吗？"

26.2 卫献公使子鲜为复①，辞。敬姒强命之②。对曰："君无信，臣惧不免③。"敬姒曰："虽然，以吾故也。"许诺。初，献公使与甯喜言④，甯喜曰："必子鲜在，不然，必败⑤。"故公使子鲜⑥。子鲜不获命于敬姒⑦，以公命与甯喜言，曰："苟反⑧，政由甯氏，祭则寡人⑨。"甯喜告蘧伯玉。伯玉曰："瑗不得闻君之出⑩，敢闻其入⑪？"遂行，从近关出⑫。告右宰穀⑬。右宰穀曰："不可。获罪于两君⑭，天下谁畜之？"悼子曰⑮："吾受命于先人⑯，不可以贰。"穀曰："我请使焉而观之⑰。"遂见公于夷仪。反，曰："君淹恤在外十二年矣⑱，而无忧色，亦无宽言⑲，犹夫人也⑳。若不已，死无日矣㉑。"悼子曰："子鲜在。"右宰穀曰："子鲜在，何益？多而能亡，于我何为㉒？"悼子曰："虽然，不可以已。"

【注释】

①子鲜：献公同母弟弟鱄(zhuān)。为复：为自己求复君位。

②敬姒：献公与子鲜的母亲。

③君无信，臣惧不免：献公不讲信用，所以子鲜不愿为他求复位。

④献公使与甯喜言：即上年《传》所谓"卫献公自夷仪使与甯喜言"。

⑤必子鲜在，不然，必败：子鲜贤明，得国人信任，所以要子鲜在场。

⑥故公使子鲜：按，以上补叙为何让子鲜为复。

⑦子鲜不获命于敬姒：敬姒强令子鲜为献公复位活动，又没有具体的指示。

⑧反：回国。

⑨政由甯氏，祭则寡人：献公只求恢复君位，政事仍由甯喜主持。祭，祭祖先宗庙，由国君主祭。

⑩瑗不得闻君之出：襄公十四年孙氏逐献公，蘧伯玉"从近关出"。瑗，蘧伯玉名瑗。

⑪敢闻其入：蘧伯玉反对让卫献公复位。

⑫遂行，从近关出：按，《论语·卫灵公》载孔子之言曰："君子哉蘧伯玉！邦有道，则仕；邦无道，则可卷（捲）而怀之。"蘧瑗两次从近关出国，或即孔子所谓"卷而怀之"之事。

⑬右宰穀：卫国大夫。

⑭获罪于两君：前逐献公，今又杀殇公。

⑮悼子：即甯喜。

⑯吾受命于先人：指襄公二十年甯殖吩咐甯喜一定要复献公之位。

⑰我请使焉而观之：先去观察献公的态度，再决定可否让他复位。

⑱淹恤：避难。

⑲亦无宽言：没有宽容的言语。

⑳犹夫人也：献公还是老样子，没有改悔之心。夫人，那人。

㉑若不已，死无日矣：预言献公回国必将进行报复。已，停止，指停止让献公复位。

㉒多而能亡，于我何为：子鲜在，至多不过自己逃亡，于我无益。

【译文】

卫献公指使子鲜操办复位的事，子鲜拒绝了。敬姒一定要他答应。子鲜回答道："国君不讲信用，下臣担心不免于祸难。"敬姒说："即便这样，你也看在我的份上去办吧。”子鲜答应了。当初，献公派人和甯喜商量这事，甯喜说：“一定要由子鲜在场，不然必定办不成。”因此献公指使子鲜操办。子鲜没从敬姒那儿得到具体指示，就将献公的命令告诉甯喜，说：“如果回国，国政由甯氏主持，祭祀则由我本人主持。”甯喜告诉了蘧伯玉。伯玉说：“我不知道国君出走之事，哪敢与闻他的回国？”于是出走，从最近的边境出国。甯喜把这事告诉了右宰穀。右宰穀说：“不能这样做。得罪了两个国君，天下谁会接纳你？”甯喜说：“我接受了先人的遗命，不能够违背。”右宰穀说：“我请求出使去观察一下。”就在夷仪进见献公。回来说：“国君在外避难已经十二年了，却没有忧愁的神色，也没有宽容的话语，而是依然故我。如不终止计划，我们将离死不远了。”甯喜说：“有子鲜在。”右宰穀说：“子鲜在又有什么用？他至多不过自己逃亡，又能为我们做什么事？”甯喜说：“尽管如此，但不能停下来了。”

孙文子在戚，孙嘉聘于齐，孙襄居守①。二月庚寅②，甯喜、右宰穀伐孙氏③，不克。伯国伤④。甯子出，舍于郊⑤。伯国死，孙氏夜哭。国人召甯子，甯子复攻孙氏，克之⑥。辛卯，杀子叔及大子角⑦。书曰“甯喜弑其君剽”，言罪之在甯氏也。孙林父以戚如晋。书曰“入于戚以叛”，罪孙氏也⑧。臣之禄，君实有之⑨。义则进，否则奉身而退。专禄以周旋，戮也⑩。

【注释】

①孙文子在戚，孙嘉聘于齐，孙襄居守：戚地是孙氏封邑，所以孙林父在戚。孙嘉、孙襄，孙林父的两个儿子。居守，留守在卫国都城家中。

②庚寅：初六。

③甯喜、右宰穀伐孙氏：孙林父、孙嘉都不在，只有孙襄一人在，甯喜与右宰穀乘机攻打。

④伯国：即孙襄。

⑤甯子出，舍于郊：因攻孙氏不胜，准备逃亡。

⑥国人召甯子，甯子复攻孙氏，克之：乘孙襄死，孙氏哀丧之时再进攻。

⑦子叔：卫殇公剽。其父为子叔黑背，此或以其父之号称之为子叔。

⑧书曰"入于戚以叛"，罪孙氏也：孙林父以戚邑投奔晋国，也是有罪，《经》文特称其为"叛"。

⑨臣之禄，君实有之：臣下的俸禄，是国君所给予的。禄包括封邑。

⑩专禄以周旋，戮也：孙林父以封邑作为私有而事奉大国，其罪应当受到诛戮。按，这是作者对孙氏叛卫的议论。专禄，指孙林父带着戚邑投晋。

【译文】

孙林父在戚地，孙嘉去齐国聘问，孙襄在都城家中留守。二月初六，甯喜、右宰穀攻打孙氏，没能攻克。孙襄受了伤，甯喜退走郊外。孙襄死了，孙家人在夜里号哭。都城的人召唤甯喜，甯喜再次进攻孙氏，这次成功了。初七，杀了卫殇公和太子角。《春秋》记载说"甯喜杀了他的国君剽"，这是说罪过在于甯氏。孙林父带着戚地投奔晋国。《春秋》记载说"入于戚以叛"，是归罪于孙氏。臣下的俸禄，是国君所给予的。合于义则进，不合于义则全身引退。以封邑作为私有而事奉大国，其罪应当受到诛戮。

甲午，卫侯入。书曰"复归"，国纳之也[①]。大夫逆于竟者，执其手而与之言。道逆者，自车揖之。逆于门者，颔之而已[②]。公至，使让大叔文子曰："寡人淹恤在外，二三子皆使寡人朝夕闻卫国之言[③]，吾子独不在寡人[④]。古人有言曰：'非所怨，勿怨。'寡人怨矣[⑤]。"对曰："臣知罪矣。臣不佞，不能负羁绁以从扞牧圉[⑥]，臣之罪一也。有出者，有居者[⑦]。臣不能贰[⑧]，通外内之言以事君，臣之罪二也。有二罪，敢忘其死？"乃行，从近关出。公使止之[⑨]。

【注释】

①书曰"复归"，国纳之也：复归，复其位。国纳之，国人让他回来。

②"大夫逆于竟者"六句：写卫献公对迎接者的三种不同态度，显出献公心胸狭窄。颔，点头。

③二三子皆使寡人朝夕闻卫国之言：诸位大夫都向我报告卫国消息。二三子，诸位大夫。

④在：关心，问候。

⑤"古人有言曰"四句：献公引古人的话，说明不抱怨不应抱怨的人，那么我现在所怨恨的，就是该怨恨的人。去年太叔文子曾反对甯喜接纳献公，献公因此怨恨。

⑥不能负羁绁以从扞牧圉：不能跟从国君避难以保护财物。

⑦有出者，有居者：出者，指献公。居者，指殇公。

⑧臣不能贰：不能事二君。

⑨乃行，从近关出。公使止之：之，指太叔文子。按，献公回国后责怨旧臣，报复异己，是"无信"而不改其本性。

【译文】

二月初十，卫献公返国。《春秋》说"复其位"，是国人让他回来的。到边境迎接的大夫，献公拉着他们的手跟他们说话。对于在大路上迎接的大夫，献公仅仅站在车上向他们作揖。在城门迎接的，点点头而已。献公回城后，派人责备太叔文子说："寡人流亡在外，诸位大夫都使寡人早晚了解卫国的情况，唯独你不关心寡人。古人说：'不抱怨不应抱怨的人。'那么我现在所怨恨的，就是该怨恨的人。"太叔文子回答说："下臣知罪了。下臣不才，不能跟从国君避难以保护财物，这是下臣的头条罪状。有在国外的，有在国内的。下臣不能事奉两个国君，传递内外消息来事奉您，这是下臣第二桩罪状。有两条罪状，岂敢忘记一死？"于是出走，从近处城门出关。献公派人阻止他。

26.3　卫人侵戚东鄙①，孙氏诉于晋，晋戍茅氏②。殖绰伐茅氏③，杀晋戍三百人。孙蒯追之，弗敢击。文子曰："厉之不如④。"遂从卫师，败之圉⑤。雍钼获殖绰⑥。复诉于晋⑦。

【注释】

①卫人侵戚东鄙：卫献公派兵攻打戚邑东境。按，戚在卫都帝丘东约八十里。

②茅氏：古地名。在戚邑东境。

③殖绰：齐国勇士，齐庄公被杀后逃到卫国。

④文子曰："厉之不如"：孙文子斥责孙蒯还不如那三百个被杀的厉鬼。厉，恶鬼。文子，孙林父，孙蒯之父。

⑤遂从卫师，败之圉：孙蒯为父亲的言语所刺激，于是追逐殖绰。圉，古地名。在今河南濮阳东。

⑥雍钼：孙氏家臣。

⑦复诉于晋：孙氏再次向晋国控诉，于是晋国讨伐卫国。

【译文】

卫人侵袭戚邑东部边境，孙林父向晋国控诉，晋国派兵戍守茅氏。殖绰攻打茅氏，杀死晋国守军三百人。孙蒯追赶殖绰，却不敢攻击。孙林父说："你真是连厉鬼都不如！"孙蒯终于追上卫军，并在圉地打败了对方。雍鉏俘获了殖绰。孙林父再次向晋国控诉。

26.4 郑伯赏入陈之功，三月甲寅朔①，享子展，赐之先路三命之服，先八邑②；赐子产次路再命之服，先六邑。子产辞邑，曰："自上以下，降杀以两③，礼也。臣之位在四④，且子展之功也，臣不敢及赏礼，请辞邑。"公固予之，乃受三邑。公孙挥曰："子产其将知政矣，让不失礼⑤。"

【注释】

①甲寅朔：初一。

②赐之先路三命之服，先八邑：先赐先路，再赐八邑。古礼，轻礼先赏。先路，天子、诸侯乘车叫路，卿大夫接受天子、诸侯所赐之车也叫路。三命之服，卿大夫所受的最高等级的礼服。

③自上以下，降杀以两：从上而下，礼数以二的数目递降。

④臣之位在四：子产之上还有子展、伯有、子西，子产位在第四，依次序子产不敢得六邑。

⑤子产其将知政矣，让不失礼：子产谦让而不失礼。预言子产将要执政。

【译文】

郑简公赏赐攻入陈国的功劳，三月初一，设享礼宴请子展，赐给他先路、三命的车服，又赐给八座城邑；赐给子产次路、再命的车服，赐给他六座城邑。子产推辞城邑，说："从上到下，按礼依次以二数递减。下臣排位第四，况且这是子展的功劳，下臣不敢接受这种赏赐和礼仪，请求辞去城邑。"郑简公坚持要给他，于是接受三座城。公孙挥说："子产大约将要执政了，他谦让而不失礼。"

26.5　晋人为孙氏故，召诸侯，将以讨卫也。夏，中行穆子来聘[①]，召公也[②]。

【注释】

①中行穆子：即《经》文的荀吴。

②召公也：来聘的目的是召鲁襄公参加澶渊盟会。

【译文】

晋国因为孙林父的缘故，召集诸侯，打算攻打卫国。夏，荀吴来我国聘问，是为了召请襄公赴会。

26.6　楚子、秦人侵吴，及雩娄[①]，闻吴有备而还。遂侵郑。五月，至于城麇[②]。郑皇颉戍之，出，与楚师战，败。穿封戌囚皇颉[③]，公子围与之争之[④]，正于伯州犁。伯州犁曰："请问于囚[⑤]。"乃立囚。伯州犁曰："所争，君子也，其何不知[⑥]？"上其手，曰："夫子为王子围，寡君之贵介弟也[⑦]。"下其手，曰："此子为穿封戌，方城外之县尹也。谁获子？"囚曰："颉遇王子，弱焉[⑧]。"戌怒，抽戈逐王子围，弗及。楚人以皇颉归。

【注释】

①雩娄：古地名。在今河南商城东、安徽金寨北。

②城麇(jūn)：古地名。今址不详。

③穿封戌：楚国大夫。

④公子围：即后来的楚灵王，此时为王子。

⑤囚：指俘虏皇颉。

⑥君子也，其何不知：君子指皇颉。称其为君子，说他什么都清楚，是在暗示皇颉。

⑦贵介:地位高贵。介,大。

⑧弱:抵挡不住,意思是被王子俘获。

【译文】

楚康王、秦国人侵袭吴国,到达雩娄,听说吴国已有防备而退兵。顺道攻打郑国。五月,到达城麇。郑国皇颉在城麇戍守,出城与楚兵交战,被打败。穿封戌逮住皇颉,公子围和他争功,要伯州犁做评判。伯州犁说:"那就问一下俘虏吧。"便让俘虏站在前面。伯州犁说:"他们所争夺的是你,你是个君子,会有什么不明白的呢?"举起手,说:"那一位是王子围,国君尊贵的弟弟。"手向下指,说:"这人是穿封戌,是方城外的县尹。究竟是谁俘获你的?"俘虏说:"我碰上王子,战他不过被擒。"穿封戌大怒,抽出戈追打王子围,没能追上。楚国人带着皇颉归国了。

印堇父与皇颉戍城麇[1],楚人囚之,以献于秦。郑人取货于印氏以请之[2],子大叔为令正[3],以为请[4]。子产曰:"不获[5]。受楚之功,而取货于郑,不可谓国,秦不其然[6]。若曰:'拜君之勤郑国。微君之惠,楚师其犹在敝邑之城下[7]。'其可。"弗从,遂行。秦人不予。更币,从子产,而后获之[8]。

【注释】

①印堇父:郑国大夫。

②郑人取货于印氏以请之:从印氏那里取财物向秦赎印堇父。

③令正:起草文件的官。

④以为请:拟定请赎的辞令。

⑤不获:肯定不能赎回印堇父。

⑥"受楚之功"四句:出卖楚国所献俘虏而贪求郑国财物,有失国家体统,秦国不会这样干。按,这是说明"不获"的原因。

⑦“拜君之勤郑国”三句：秦国虽然出兵，但并未和郑军交战。所以子产欲把请词改写成“若不是秦国助郑，楚军恐怕仍兵临郑国城下”，这样秦国必释放印堇父。

⑧更币，从子产，而后获之：改派使者持币前往，按子产的话说，秦国才放回印堇父。说明子产辞令的严谨。

【译文】

印堇父与皇颉一起戍守城麇，楚国人抓住他，献给秦国。郑国向印堇父家要了一份财物向秦国请求赎回印堇父，子太叔是令正，照这意思拟定的文书。子产说：“这样是不可能得到印堇父的。秦国接受楚国奉献的俘虏，却接受郑国的财物，不能说合乎国家体统，秦国不会这样做的。而如果说：‘感谢国君帮助郑国。如果不是国君施恩，楚军恐怕还在我国城下。’这才可以。”子太叔没接受这建议，就去了。秦国没同意释放。再派使者带着礼品，按照子产的话去说，果然接回了印堇父。

26.7 六月，公会晋赵武、宋向戌、郑良霄、曹人于澶渊以讨卫，疆戚田①。取卫西鄙懿氏六十以与孙氏②。赵武不书，尊公也③。向戌不书，后也④。郑先宋，不失所也⑤。

【注释】

①疆戚田：划定戚地的疆界。

②取卫西鄙懿氏六十以与孙氏：名为划定戚地疆界，实为扩大戚地。懿氏，古地名，在今河南濮阳西北，戚邑西北。六十，指六十邑。

③赵武不书，尊公也：《经》文写“晋人”，不写“赵武”，是因为将晋国大夫与襄公并列，有辱襄公身份。

④向戌不书，后也：《经》文不记向戌的名字，是因为他迟到。

⑤郑先宋，不失所也：因向戌迟到，郑国如期到达，所以列郑于宋国之上。

【译文】

六月,鲁襄公和晋国赵武、宋国向戌、郑国良霄、曹国人在澶渊相会以讨伐卫国,划定戚邑的疆界。划取卫国西部边境懿氏的六十座城邑给孙林父。《春秋》不记载赵武的名字,是由于尊重襄公。不记载向戌的名字,是因为他迟到了。把郑国排在宋国前面,是因为郑国准时到会。

于是卫侯会之①。晋人执甯喜、北宫遗②,使女齐以先归③。卫侯如晋,晋人执而囚之于士弱氏④。

【注释】

①于是卫侯会之:卫献公参加澶渊盟会。

②北宫遗:北宫括之子。

③使女齐以先归:让女齐带着甯喜、北宫括先回晋国。女齐是晋国大夫司马侯。按,甯氏二人杀殇公又攻孙氏,因此抓走他们。

④士弱:晋国主管刑狱的大夫。

【译文】

这时卫献公也到会。晋国人逮捕了甯喜、北宫遗,派女齐把他们先押回去。卫献公到晋国,晋国将他拘禁并关在士弱那里。

秋七月,齐侯、郑伯为卫侯故如晋①,晋侯兼享之。晋侯赋《嘉乐》②。国景子相齐侯③,赋《蓼萧》④。子展相郑伯,赋《缁衣》⑤。叔向命晋侯拜二君⑥,曰:"寡君敢拜齐君之安我先君之宗祧也,敢拜郑君之不贰也⑦。"国子使晏平仲私于叔向,曰:"晋君宣其明德于诸侯,恤其患而补其阙⑧,正其违而治其烦⑨,所以为盟主也。今为臣执君⑩,若之何?"叔向告赵文子，文子以告晋侯。晋侯言卫侯之罪[11]，使叔向告二君。国子赋《辔之柔矣》[12]，子展赋《将仲子兮》[13]，晋侯乃许归卫侯。叔向曰："郑七穆[14]，罕氏其后亡者也。子展俭而壹[15]。"

【注释】

①齐侯、郑伯为卫侯故如晋：齐、郑二国为卫献公说情。

②《嘉乐》：《诗经·大雅》篇名，又作《假乐》。晋平公取诗中"假乐君子，显显令德，宜民宜人，受禄于天"等诗句，赞美齐、郑二君。

③国景子：齐国大夫国弱。

④《蓼萧》：《诗经·小雅》篇名。国弱取诗中"孔燕岂弟，宜兄宜弟"诗句，指出晋、卫为兄弟之国，晋国应该宽大为怀。

⑤《缁衣》：《诗经·国风·郑风》篇名。子展借诗中"适子之馆兮，还，予授子之灿兮"诗句，希望晋平公能因齐景公、郑简公亲自到来，释放卫献公。

⑥命：告诉。

⑦寡君敢拜齐君之安我先君之宗祧也，敢拜郑君之不贰也：齐、郑二国君赋诗，意在请求释放卫献公，叔向知道晋平公不愿意释放，故意曲解齐、郑二国君赋诗之意。宗祧，宗庙。

⑧恤其患而补其阙：忧诸侯之患而补诸侯之缺。恤，忧。

⑨正其违而治其烦：纠正诸侯违礼之行并治其乱。违，违礼。烦，乱。

⑩今为臣执君：指为孙林父而抓卫献公。为臣执君，增加其乱，非盟主所为。

⑪晋侯言卫侯之罪：晋平公以卫国杀晋国戍卒三百人作为辩解。

⑫《辔之柔矣》：逸诗。《逸周书·大子晋篇》引《诗》云："马之刚矣，辔之柔矣。马亦不刚，辔亦不柔。志气麃麃，取予不疑。"当即此诗。这里是以柔辔御烈马比喻晋国应该宽政安定诸侯。

⑬《将仲子兮》:《诗经·国风·郑风》篇名。子展取诗中“畏人之多言”告诫晋平公:卫献公虽然有罪,但大家仍会认为晋国是“为臣执君”。

⑭七穆:指郑穆公后代七个家族。按,郑穆公有十一子,子然、子孔、士子孔三族已亡,子羽不在卿位,所存当政者只剩七族,称为七穆。七穆中子展公孙舍之为罕氏,子西公孙夏为驷氏,子产公孙侨为国氏,伯有良霄为良氏,子太叔游吉为游氏,子石公孙段为丰氏,伯石印段为印氏。

⑮子展俭而壹:子展节俭而专一,所以罕氏能后亡。子展,子罕之子。

【译文】

秋七月,齐景公、郑简公为卫献公的事到晋国去,晋平公设享礼一起招待他们。晋平公赋《嘉乐》。国景子任齐景公相礼,赋《蓼萧》。子展任郑简公相礼,赋《缁衣》。叔向让晋平公拜谢二国国君,说:“我们国君谨此拜谢齐国国君安定我先君的宗庙,拜谢郑国国君对我国忠心不贰。”国景子让晏婴私下去对叔向说:“晋国国君在诸侯中宣扬其美德,同情他们的忧患而补正其缺失,纠正他们的错误而治理他们的动乱,因此才为盟主。可如今他为了臣下而抓捕国君,该怎么办呢?”叔向把这些话告诉赵文子,赵文子又告诉给晋平公。晋平公列举卫献公杀晋国戍卒的罪状,让叔向告知齐、郑二国国君。国景子赋《辔之柔矣》,子展赋《将仲子兮》,晋平公于是答应释放卫献公。叔向说:“郑穆公的七支后代,罕氏大概是最后灭亡的。子展俭朴而专一。”

26.8 初,宋芮司徒生女子①,赤而毛,弃诸堤下,共姬之妾取以入②,名之曰弃。长而美。平公入夕③,共姬与之食。公见弃也,而视之,尤④。姬纳诸御⑤,嬖,生佐⑥。恶而婉⑦。大子痤美而很⑧,合左师畏而恶之⑨。寺人惠墙伊戾为大子内师而无宠⑩。

【注释】

①芮司徒:宋国大夫。

②共姬:宋共公夫人伯姬。

③平公:共姬之子。入夕:傍晚问候请安。

④尤:绝美。

⑤姬纳诸御:共姬将弃送给平公做侍妾。

⑥佐:宋元公。

⑦恶而婉:面貌丑恶,但性情温顺。

⑧大子痤美而很:太子痤貌美而心地狠毒。

⑨合左师畏而恶之:向戌讨厌太子痤。合左师,即向戌。

⑩惠墙伊戾:内师的名字。惠墙是氏,伊戾是名。内师:太子宫内宦官之长。

【译文】

当初,宋国芮司徒生了个女儿,皮肤发红并长着毛,芮司徒把她抛弃在大堤之下,共姬的侍妾捡了回来,取名为弃。长大后容貌美丽。平公一天晚上入宫给共姬请安,共姬留他吃饭。平公看到弃,发现她非常漂亮。共姬就把她给了平公当侍妾,受到宠爱,生下佐。佐长相很丑但性格温顺。太子痤相貌英俊但性情狠毒,向戌对他又怕又恨。宦官惠墙伊戾是太子的内师,但不受宠。

秋,楚客聘于晋,过宋。大子知之①,请野享之,公使往。伊戾请从之。公曰:“夫不恶女乎②?”对曰:“小人之事君子也,恶之不敢远,好之不敢近,敬以待命,敢有贰心乎③?纵有共其外,莫共其内④,臣请往也。”遣之。至,则欿,用牲,加书，征之[⑤]，而骋告公[⑥]，曰："大子将为乱，既与楚客盟矣。"公曰："为我子[⑦]，又何求？"对曰："欲速[⑧]。"公使视之，则信有焉[⑨]。问诸夫人与左师[⑩]，则皆曰："固闻之。"公囚大子。大子曰："唯佐也能免我[⑪]。"召而使请[⑫]，曰："日中不来，吾知死矣。"左师闻之，聒而与之语[⑬]。过期[⑭]，乃缢而死。佐为大子。公徐闻其无罪也，乃亨伊戾[⑮]。

【注释】

①大子知之：太子痤与楚客相识。知，相识。

②夫：代词，那人，指太子痤。女：你。

③"小人之事君子也"五句：意思是不论主人喜欢还是不喜欢，我都不敢有二心。

④纵有共其外，莫共其内：伊戾是宦官，因此以太子虽然有人在外侍候，但恐没人在内侍候为理由请求前往。共，通"供"。

⑤至，则欿（kǎn），用牲，加书，征之：这是伊戾伪造太子与楚客结盟的证据，并加以验证，以陷害太子。欿，用牲，加书，指挖坑于地，加盟书于牺牲之上。欿，通"坎"。

⑥骋：驰马。

⑦为我子：已是太子。子，嗣子，太子。

⑧欲速：想快点即位。

⑨则信有焉：确有结盟的证据。信，确实。

⑩夫人：佐的母亲弃。左师：即向戌。

⑪唯佐也能免我：佐性情温和诚实，能为他作证。

⑫召而使请：召佐为之请免。

⑬左师闻之，聒（guō）而与之语：向戌惧恨太子痤，故意和佐长谈以拖延时间。聒，说话絮絮不休。

⑭过期：过约定的时间而佐没来。

⑮亨：同“烹”。

【译文】

秋，楚国使者去晋国聘问，途经宋国。太子因与其是老相识，便请求在野外设宴招待他，平公同意让他前往。伊戾请求跟随前去。平公说：“太子不是不喜欢你吗？”伊戾回答道：“小人事奉君子的规矩是，他讨厌你，你不应该离得太远；他喜欢你，你不应该过分亲近，恭敬地等候指令，岂敢有三心二意呢？即便有人在外边侍候太子，却没人在里面侍候，下臣请求前往。”平公便派他去。到了郊外，伊戾挖了个坑，杀了只牲口作牺牲，又放了份盟书在上面，检查好后，驰马回来告诉平公说：“太子将要作乱，已经和楚国使者结盟了。”平公说：“他已是我的继承人了，还想要什么？”伊戾说：“想尽快即位。”平公派人查看，果真有此事。平公问夫人和左师向戌，他们都说：“的确听说过。”平公把太子囚禁了起来。太子说：“只有佐能帮我免于灾祸。”让人去请佐向平公求情，并说：“如果他中午不来，我就只有一死了。”向戌听说了，就去和佐絮语闲聊。过了中午，太子就上吊死了。佐被立为太子。平公慢慢得知痤其实无罪，就把伊戾煮杀。

左师见夫人之步马者①，问之，对曰：“君夫人氏也。”左师曰：“谁为君夫人？余胡弗知②？”圉人归③，以告夫人。夫人使馈之锦与马，先之以玉，曰：“君之妾弃使某献④。”左师改命曰“君夫人”⑤，而后再拜稽首受之。

【注释】

①步马：蹓马。

②谁为君夫人？余胡弗知：弃本出身低微，现在为君夫人，向戌假

装不知道，是提醒她不得无视自己。

③圉人：即步马者。

④君之妾弃使某献：称“君之妾”、直称自己的名字“弃”，是表示自知地位卑下而尊左师。可见弃很知趣。

⑤左师改命曰“君夫人”：向戌得到贿赂，便向使者改称“君夫人”。

【译文】

向戌遇见夫人弃的遛马人，问他是谁，回答说：“是君夫人家的。”向戌问：“谁是君夫人？我怎么不知道？”遛马人回去后，把这话告诉夫人。夫人派人给向戌先送上玉，又送去锦缎与马匹，说：“国君的侍妾弃派我把这些送给您。”向戌便改口称弃为“君夫人”，而后再拜叩头接受了礼物。

26.9 郑伯归自晋，使子西如晋聘[①]，辞曰：“寡君来烦执事，惧不免于戾[②]，使夏谢不敏[③]。”君子曰：“善事大国。”

【注释】

①使子西如晋聘：回聘答谢。

②寡君来烦执事，惧不免于戾：担心失敬于大国而得罪。戾，罪过。

③夏：子西的名字。

【译文】

郑简公从晋国回来，派子西去晋国聘问，致辞说：“寡君来麻烦执事，害怕失敬而不免于罪过，他派下臣夏来表示歉意。”君子说：“郑国善于事奉大国。”

26.10 初，楚伍参与蔡太师子朝友[①]，其子伍举与声子相善也[②]。伍举娶于王子牟[③]，王子牟为申公而亡[④]，楚人曰：“伍举实送之[⑤]。”伍举奔郑，将遂奔晋。声子将如晋，遇之于郑郊[⑥]，班荆相与食[⑦]，而言复故[⑧]。声子曰：“子行也！吾必复子[⑨]。”

【注释】

①子朝：蔡公子朝。

②伍举：伍子胥祖父椒举。声子：子朝之子，即公孙归生。

③王子牟：即申公子牟。

④王子牟为申公而亡：担任申公时获罪逃亡。

⑤伍举实送之：认为伍举与此事有牵连。送，护送。

⑥遇之于郑郊：遇伍举。

⑦班荆：拔草而铺于地以代席，坐在上面。班，布，铺。荆，草名。

⑧而言复故：谈论重返楚国的事。故，事。

⑨吾必复子：必能使伍举回楚国。按，以上是追述前事。

【译文】

当初，楚国伍参与蔡太师子朝是好朋友，他的儿子伍举和声子关系融洽。伍举娶王子牟女儿为妻，王子牟任申公时获罪逃亡，楚国人说：“是伍举护送他逃走的。”伍举便出奔郑国，并准备逃往晋国。声子赴晋途中，与伍举相遇于郑国郊外，坐在草地上共同进食，并谈到重返楚国的事。声子说：“你走吧！我一定想办法让你回来。”

及宋向戌将平晋、楚，声子通使于晋，还如楚[①]。令尹子木与之语，问晋故焉[②]，且曰：“晋大夫与楚孰贤？”对曰：“晋卿不如楚，其大夫则贤，皆卿材也[③]。如杞、梓、皮革[④]，自楚往也。虽楚有材，晋实用之。”子木曰：“夫独无族姻乎[⑤]？”对曰：“虽有，而用楚材实多。归生闻之：‘善为国者，赏不僭而刑不滥[⑥]。’赏僭，则惧及淫人；刑滥，则惧及善人[⑦]。若不幸而过，宁僭，无滥。与其失善，宁其利淫[⑧]。无善人，则国从之[⑨]。《诗》曰：‘人之云亡，邦国殄瘁[⑩]。’无善人之谓也。故《夏书》曰：‘与其杀不辜，宁失不经[⑪]。’惧失善也。《商颂》有之曰：‘不僭不滥，不敢怠皇，命于下国，封建厥福[⑫]。’此汤所以获天福也。古之治民者，劝赏而畏刑[⑬]，恤民不倦[⑭]。赏以春夏，刑以秋冬[⑮]。是以将赏，为之加膳，加膳则饫赐[⑯]，此以知其劝赏也[⑰]。将刑，为之不举，不举则彻乐[⑱]，此以知其畏刑也。夙兴夜寐，朝夕临政，此以知其恤民也。三者[⑲]，礼之大节也。有礼无败。今楚多淫刑，其大夫逃死于四方，而为之谋主[⑳]，以害楚国，不可救疗，所谓不能也[㉑]。子仪之乱，析公奔晋[㉒]。晋人置诸戎车之殿，以为谋主[㉓]。绕角之役[㉔]，晋将遁矣，析公曰：‘楚师轻窕，易震荡也[㉕]。若多鼓钧声[㉖]，以夜军之[㉗]，楚师必遁。’晋人从之，楚师宵溃。晋遂侵蔡，袭沈，获其君，败申、息之师于桑隧，获申丽而还[㉘]。郑于是不敢南面[㉙]。楚失华夏，则析公之为也。雍子之父兄谮雍子[㉚]，君与大夫不善是也[㉛]，雍子奔晋，晋人与之鄐[㉜]，以为谋主。彭城之役，晋、楚遇于靡角之谷[㉝]。晋将遁矣，雍子发命于军曰：‘归老幼，反孤疾，二人役，归一人[㉞]，简兵蒐乘[㉟]，秣马蓐食[㊱]，师陈焚次[㊲]，明日将战。’行归者[㊳]，而逸楚囚[㊴]。楚师宵溃，晋降彭城而归诸宋，以鱼石归[㊵]。楚失东夷，子辛死之，则雍子之为也[㊶]。子反与子灵争夏姬[㊷]，而雍害其事[㊸]，子灵奔晋，晋人与之邢[㊹]，以为谋主。扞御北狄，通吴于晋，教吴叛楚，教之乘车、射御、驱侵，使其子狐庸为吴行人焉[㊺]。吴于是伐巢、取驾、克棘、入州来[46]，楚罢于奔命[47]，至今为患，则子灵之为也。若敖之乱，伯贲之子贲皇奔晋[48]，晋人与之苗[49]，以为谋主。鄢陵之役，楚晨压晋军而陈。晋将遁矣。苗贲皇曰：'楚师之良在其中军王族而已，若塞井夷灶，成陈以当之，栾、范易行以诱之[50]，中行、二郤必克二穆[51]。吾乃四萃于其王族[52]，必大败之。'晋人从之，楚师大败，王夷师熸[53]，子反死之[54]。郑叛，吴兴，楚失诸侯，则苗贲皇之为也[55]。"子木曰："是皆然矣。"声子曰："今又有甚于此。椒举娶于申公子牟，子牟得戾而亡[56]，君大夫谓椒举：'女实遣之。'惧而奔郑，引领南望，曰：'庶几赦余。'亦弗图也。今在晋矣。晋人将与之县，以比叔向[57]。彼若谋害楚国，岂不为患？"子木惧，言诸王，益其禄爵而复之。声子使椒鸣逆之[58]。

【注释】

①声子通使于晋，还如楚：晋、楚弭兵在明年，这里先作疏通工作，声子也参加。

②故：事，情况。

③皆卿材也：晋国大夫都是当卿的人才。

④杞、梓：都是树木名。

⑤夫：彼，指代晋国。族姻：国君的宗族和亲戚，指晋国的贵族。

⑥善为国者，赏不僭而刑不滥：赏不僭越，刑不泛滥，赏罚都应该恰当。

⑦赏僭，则惧及淫人；刑滥，则惧及善人：赏赐过分，邪恶的人也可能得到；刑罚过滥，好人恐怕也因此被罚。

⑧与其失善，宁其利淫：与其失去好人，不如利于坏人。

⑨无善人，则国从之：国无善人，则国家也将从此灭亡。

⑩人之云亡，邦国殄瘁：引《诗》见《诗经·大雅·瞻卬》，意思是说

国无能人，国家就会遭受灾害。殄瘁，困苦。

⑪与其杀不辜，宁失不经：所引《夏书》为逸书，《古文尚书·大禹谟》袭用此文，意思是与其杀无辜，不如对罪人失于刑罚。不经，不用常法。

⑫不僭不滥，不敢怠皇，命于下国，封建厥福：引《诗》见《诗经·商颂·殷武》，意思是说商汤赏不过分，刑不滥用，所以天命统治下国，大建其福，安享其禄。怠，懈怠。皇，通“遑”，闲暇，指不敢偷闲。封，大。

⑬劝赏而畏刑：尽量多用赏而少用刑。

⑭恤民：忧民，为百姓操心。

⑮赏以春夏，刑以秋冬：赏刑各有季节。

⑯是以将赏，为之加膳，加膳则饫（yù）赐：古时治者将行赏，便加膳，加膳之后可把剩余菜肴赐给下边。饫，饱足。

⑰此以知其劝赏也：以此表示乐于行赏。

⑱为之不举，不举则彻乐：不杀牲，不用盛馔，食时不奏乐，都是表示哀伤。举，丰富饮食，兼以乐助食。

⑲三者：指劝赏、畏刑、恤民。

⑳谋主：主要策划者。

㉑所谓不能也：楚国不能用其才。

㉒子仪之乱，析公奔晋：文公十四年，公子燮与子仪作乱，城郢，而使贼杀子孔，不克而还。八月，二人挟持楚庄王离开郢都去商密，被庐戢梨及叔麇诱杀。

㉓晋人置诸戎车之殿，以为谋主：置析公于国君戎车后边，作为谋主。

㉔绕角之役：成公六年，晋栾书救郑，与楚师遇于绕角。楚师还。

㉕楚师轻窕，易震荡也：楚军轻佻，容易动摇军心。

㉖若多鼓钧声：故作大举进攻的声势以恐吓楚军。钧声，相同声音。

㉗军之：全军同时进攻。

㉘“晋遂侵蔡”五句：成公六年，楚师还后，晋遂侵蔡，侵楚，获申骊；八年，又侵沈，获沈子揖初。

㉙郑于是不敢南面：郑国服于晋国，不再南面事楚。

㉚谮(zèn)：诬陷。

㉛善是：正确判断是非。

㉜鄐(chù)：古地名。在今河南温县附近。

㉝彭城之役，晋、楚遇于靡角之谷：成公十八年，楚纳宋国叛臣鱼石等于彭城，宋告急于晋，晋、楚遇于靡角之谷，楚师还。

㉞归老幼，反孤疾，二人役，归一人：老、幼者及孤儿、病人，都可回家。兄弟二人在军中，可回一人。反，返回。

㉟简兵蒐乘：精选徒兵，检阅车兵。

㊱秣马蓐食：喂饱马，让士兵吃饱。

㊲师陈焚次：摆好阵势，烧掉帐篷，表示决一死战。陈，同“阵”。次，行军至某处留驻三宿以上。此指住宿的帐篷。

㊳归者：即老幼孤疾等。

㊴而逸楚囚：放松看守，故意让楚囚逃跑以通风报信。

㊵楚师宵溃，晋降彭城而归诸宋，以鱼石归：襄公元年，楚师还后，彭城降晋，晋人将鱼石等五位宋国叛臣带回晋国，安置在瓠丘。鱼石，宋国叛臣。

㊶楚失东夷，子辛死之，则雍子之为也：楚国不能救彭城，陈国及东夷各国都叛楚。东夷，楚国东边各个小国。子辛死之，子辛并非死于是役，襄公五年，楚国讨伐陈国之叛，杀令尹子辛。

㊷子反与子灵争夏姬：宣公十一年，楚讨陈夏徵舒，杀之。当时子反欲纳夏徵舒之母夏姬，申公巫臣劝止，而己与夏姬相约嫁娶。成公二年，巫臣借聘齐之机至郑会夏姬，遂奔晋。子灵，申公巫臣。

㊸而壅害其事：子反怨巫臣，成公七年，子重、子反杀巫臣之族子阎、子荡及清尹弗忌及襄老之子黑要，而分其室。子重取子阎之室，使沈尹与王子罢分子荡之室，子反取黑要与清尹之室。雍，通“壅”。雍害，破坏，加害。

㊹邢：即今河南温县平皋故城。

㊺“扞御北狄”五句：成公七年，申公巫臣得知族人被害，家产被分于是报复楚国。

㊻驾：古地名。在今安徽无为。棘：古地名。在今河南永城南。州来：古地名。在今安徽凤台。

㊼罢：疲惫。

㊽若敖之乱，伯贲之子贲皇奔晋：宣公四年，伯贲以若敖氏之族攻楚庄王，被打败，遂灭若敖氏。伯贲，宣公四年作“伯棼”，又称斗越椒，子越，为若敖氏之族长，时为楚司马。

㊾苗：晋国地名，在今河南济垣。

㊿栾：栾书，当时统率中军。范：士燮，当时任中军佐。易行：交换位置。

51中行：即荀偃，当时任上军佐。二郤：郤锜、郤至，当时郤锜将上军，郤至佐新军。二穆：指子重、子辛，都是楚穆王后人。子重为左军帅，子辛为右军帅。

52四萃：四面集中攻击。

53夷：受伤。当时晋国吕锜射中楚共王眼睛。熸(jiān)：火熄灭，比喻士气不振。

54子反死之：以上鄢陵之战，见成公十六年《传》。

55郑叛，吴兴，楚失诸侯，则苗贲皇之为也：按，声子以上所举四人四事，都是楚才晋用，反害楚国的例子。

56得戾：得罪。

57以比叔向：爵禄可和叔向相比。

(58)椒鸣：伍举儿子，伍奢弟弟。

【译文】

当宋国向戌准备调解晋、楚两国关系的时候，声子出使晋国，从晋国回来时去楚国。令尹子木和他交谈，问起晋国的情况，并说："晋国大夫和楚国比谁更贤明？"声子回答说："晋国的卿不如楚国，他们的大夫却是贤能的，都是任卿的材料。就如杞、梓、皮革，是从楚国运去的。虽然楚国有良材，却被晋国所用。"子木说："他们难道就没有国君的宗族和亲戚吗？"声子回答说："虽然有，但是更多的是使用楚国人才。我听说：'善于治理国家的人，赏赐不过分而刑罚不滥用。'赏赐过分，就怕会奖励了坏人；刑罚滥用，担心会牵连好人。如果不幸而出现过分，那就宁可多赏而不滥罚。与其对好人处理不当，宁可让奸人沾光。没有好人，国家将跟着受害。《诗》说：'良臣贤士都跑光了，国家就会受到伤害。'说的就是国家没有好人的情况。所以《夏书》说：'与其杀无罪者，还不如放过有罪的，让他逃过刑罚。'这是因为怕失去好人。《商颂》有这样的话：'不过分不滥用，不敢懈怠与偷懒。向下国发布命令，大力培植其福。'这是汤所以获得上天赐福的原因。古时治理人民者乐于赏赐而慎用刑罚，操心民情不知疲倦。在春夏进行赏赐，到秋冬才施以刑法。因此将要行赏时，就加膳，加膳之后可以把剩余的食品赏赐给下边，从而让人明白他是乐于赏赐的。将要动刑，为此而减膳，减膳就要撤去音乐，由此而知道他是怕用刑罚。早起晚睡，早晚亲自临朝办理国事，由此而知他在为百姓操心。这三件事，是礼仪的大关键。有礼仪就不会失败。现在楚国滥用刑罚，大夫们四处逃命，而成为所去国家的谋士，为之出谋划策，来危害楚国，到了无法制止挽救的地步，这就是楚国不能用其才的情况。子仪之乱，析公逃往晋国。晋国人把他安置在国君戎车的后面，让他当谋士出谋献策。绕角之役时，晋军快要逃跑了，析公说：'楚军轻佻，容易被威慑震住。如果增加鼓一起敲击，趁夜晚全军出击，楚军必定溃逃。'晋国人采纳了他的意见，楚军果然当夜溃败。

晋国于是侵袭蔡国，攻打沈国，并俘获其国君，在桑隧打败申邑、息邑军队，擒获申丽而班师。郑国这时再不敢服从他南面的楚国。楚国失去中原诸侯，都是析公造成的。雍子父兄诬陷雍子，国君与大夫不能正确辨明是非曲直，雍子只好逃往晋国，晋国把鄐地给他住，并以他为自己的谋士。彭城之役时，晋、楚两军在靡角之谷相遇。晋国军队打算逃走，雍子对军队发布命令说：'把年老年幼的都打发回家，独生子和病人也离开，一家有二人服役的，也遣返一人，精选步兵检阅车兵，喂饱马，让士兵都吃饱，排好军阵，烧掉军帐，明日将要决一死战。'于是让该回去的都回去了，又故意放松看守，将楚国俘虏放跑。楚师当夜溃败，晋军收复彭城并将它归还宋国，押解着鱼石回国。楚国失去东夷，子辛战死，都是雍子所起的作用。子反与子灵争夺夏姬而破坏子灵的婚事，子灵逃往晋国，晋人给他邢地，让其为谋士。子灵献计抵御北狄，与吴国通好，动员吴国背叛楚国，教他们乘车、射箭、车战，派他的儿子狐庸担任吴国外交官。吴国这时便攻打巢地，夺取驾地，攻克棘地，进入州来，楚军疲于奔命，直到今天还是楚国的祸患，这一切都是子灵所做的。若敖之乱，伯贲的儿子贲皇逃往晋国，晋国封给他苗地，让他做谋士出谋划策。鄢陵之役，楚军清晨直逼晋军，摆设阵势。晋军准备逃走。苗贲皇说：'楚军的精良，在于中军的王族，如果填塞水井填平炉灶，摆开阵势抵挡他们的进攻，栾书、士燮改用家兵去诱敌，中行和郤锜、郤至一定能战胜对方的子重、子辛。我们再把军队从四面集中起来攻击楚国的中军王族，一定能够大败他们。'晋国听从他的意见，楚军果然大败，楚共王受伤，军队士气低落，子反战死。郑国叛楚，吴国兴起，楚国失去诸侯，这都是苗贲皇所起的作用。"子木说："的确是这样的。"声子说："现在还有更甚于此的。椒举娶了申公子牟的女儿，子牟得罪逃亡，国君和大夫对椒举说：'是你送他逃跑的。'椒举害怕而出奔郑国，伸长脖子望着南方，说道：'希望能赦免我。'可楚国并没放在心上。现在椒举已到晋国。晋人准备给他封邑，而且和叔向的待遇一样。他要是出谋危害楚国，岂不是祸患？”子木害怕，报告给楚康王，增加了椒举的禄爵，让他回国官复原职。声子派椒鸣到晋国接他回来。

26.11 许灵公如楚，请伐郑①，曰：“师不兴，孤不归矣。”八月，卒于楚。楚子曰：“不伐郑，何以求诸侯②？”冬十月，楚子伐郑。郑人将御之，子产曰：“晋、楚将平，诸侯将和，楚王是故昧于一来③。不如使逞而归④，乃易成也⑤。夫小人之性，衅于勇，啬于祸，以足其性，而求名焉者，非国家之利也⑥，若何从之⑦？”子展说⑧，不御寇。十二月乙酉⑨，入南里⑩，堕其城。涉于乐氏⑪，门于师之梁⑫。县门发⑬，获九人焉⑭。涉于汜而归⑮，而后葬许灵公。

【注释】

①许灵公如楚，请伐郑：郑、许二国有宿怨，襄公十六年郑简公又亲自出马带兵随同晋国攻许，许国因此怨恨。

②不伐郑，何以求诸侯：不讨伐郑国，将失去诸侯的拥护。

③昧于一来：冒昧而来。

④使逞而归：让楚国满足快意。

⑤乃易成也：楚国满足，易于讲和。

⑥“夫小人之性”五句：子产认为，主张御楚者不过是见有机会就表现血气之勇，贪求在祸乱中得利，以此满足其本性罢了。以此追求虚名的人，并非为国家利益考虑。衅于勇，借机表现其勇。衅，动。啬于祸，以祸贪利。啬，贪。小人，指想要抵御楚国的郑人。

⑦若何从之：为何听从他。子产反对御楚。

⑧说：同“悦”。

⑨乙酉：初五。

⑩入南里：郑国不抵抗，楚国进入南里。南里，郑国地名，在今河南新郑。

⑪乐氏：古地名。在今河南新郑。

⑫师之梁：郑国城门。

⑬县门发：楚军攻门，郑军放下内城门的闸板坚守。县门，古时守城之闸板，安装于内城门，无事则悬起，寇至则下之。

⑭获九人焉：楚兵在城外俘获九名郑国人。

⑮涉于汜而归：楚军从汜城下涉汝水南归。汜，指南汜，在今河南襄城南，汝水流经汜城下。

【译文】

许灵公去楚国，请求楚国出兵伐郑，说："如果不派军队，我就不回去了。"八月，在楚国去世。楚康王说："不讨伐郑国，怎么能得到诸侯的拥护？"冬十月，楚康王攻郑。郑国准备抵抗，子产说："晋、楚准备讲和，诸侯即将和好，楚王实是冒昧来犯。不如让他快意而归，和议就容易达成了。小人的本性是喜欢表现血气之勇，贪求在祸乱中获得好处，以满足其本性并求取虚名，这不符合国家的利益，怎么能听他的呢？"子展同意他的意见，就不派兵御寇。十二月初五，楚军进入南里，拆毁了城墙。从乐氏渡过洧水，攻打师之梁城门。内城的悬门放下，楚军抓获没能进城的九名郑国人。楚军又从汜城下涉汝水南归，然后安葬许灵公。

26.12 卫人归卫姬于晋，乃释卫侯①。君子是以知平公之失政也②。

【注释】

①卫人归卫姬于晋，乃释卫侯：数月前齐侯、郑伯亲为卫献公向晋平公求情，晋平公答应放而一直未放，直到卫国嫁女才放了卫

献公。

②平公之失政也：晋平公此举有失常道。

【译文】

卫国嫁卫姬到晋国，晋国才把卫献公释放回国。君子由此看出晋平公失去治国常道。

26.13　晋韩宣子聘于周。王使请事[1]。对曰："晋士起将归时事于宰旅[2]，无他事矣。"王闻之，曰："韩氏其昌阜于晋乎[3]！辞不失旧[4]。"

【注释】

①请事：问事，问何事来聘。

②晋士起将归时事于宰旅：前来向天子奉献贡品。士，诸侯大夫入天子之国自称士。起，韩宣子名字。宰旅，冢宰所属之官，这里代指天子。

③昌阜：昌盛。

④辞不失旧：周朝衰微，韩起仍然不失旧礼，天子因此嘉许他必能昌盛。

【译文】

晋国韩起到宗周聘问。周灵王派人询问来意。韩起回答说："晋国的士韩起前来向宰旅献上贡品，此外并无他事。"周灵王听了，说："韩氏恐怕将会在晋国昌盛发达吧！他依然保持着以往的辞令。"

26.14　齐人城郏之岁[1]，其夏，齐乌馀以廪丘奔晋[2]，袭卫羊角[3]，取之。遂袭我高鱼[4]。有大雨，自其窦入[5]，介于其库[6]，以登其城，克而取之。又取邑于宋。于是范宣子卒[7]，诸侯弗能治也[⑧]。及赵文子为政，乃卒治之。文子言于晋侯曰："晋为盟主。诸侯或相侵也，则讨而使归其地[⑨]。今乌馀之邑，皆讨类也[⑩]，而贪之，是无以为盟主也[⑪]。请归之。"公曰："诺。孰可使也？"对曰："胥梁带能无用师[⑫]。"晋侯使往[⑬]。

【注释】

①齐人城郏之岁：襄公二十四年。

②乌馀：齐国大夫。廪丘：古地名。在今山东范县东南。廪丘本卫邑，或齐取之以与乌馀，故乌馀得以之奔晋。

③羊角：古地名。在今山东郓城西北与范县交接处。

④高鱼：古地名。在今山东郓城北，羊角城东，鄄城东北。

⑤有大雨，自其窦入：下雨开窦，乌馀乘机率众由窦入城。窦，城里排水道。

⑥介于其库：进入高鱼兵库，取出甲胄装备士兵。

⑦范宣子卒：范宣子即士匄，死于襄公二十五年。

⑧诸侯弗能治也：不能惩治乌馀。

⑨诸侯或相侵也，则讨而使归其地：诸侯相侵，盟主应出面讨伐，并归还侵夺之地。

⑩今乌馀之邑，皆讨类也：乌馀之邑都是侵夺而来，应加以讨伐。

⑪而贪之，是无以为盟主也：作为盟主，不可贪乌馀之地。

⑫胥梁带：晋国大夫。无用师：不用兵就可完成任务。

⑬晋侯使往：按本段本与下年《传》之首章为一体，被割裂置此。

【译文】

齐国修筑郏城那一年，夏，齐国乌馀带着廪丘叛逃到晋国，并且侵袭卫国的羊角，占领了它。随后又攻打鲁国高鱼。碰上大雨天，乌馀人马从城墙的水洞钻进去，打开城里的武库装备自己，登上城墙，攻下了高鱼，又攻取宋国的城邑。这时范宣子已经去世，诸侯没能制裁乌馀。等到赵文子执政，才惩治。赵文子对晋平公说："晋国是盟主。诸侯如有互相侵犯，就应征讨他并归还他所侵占之地。现在乌馀所有的城邑，都在讨伐之列，而我国却贪图它，这就不是盟主所应有的做法了。请把它归还给诸侯吧。"平公说："好的。谁能担当这一使命？"赵文子说："胥梁带能不用军队而完成任务。"晋平公便派胥梁带前去办理。

二十七年

【经】

27.1 二十有七年春①，齐侯使庆封来聘②。

27.2 夏，叔孙豹会晋赵武、楚屈建、蔡公孙归生、卫石恶、陈孔奂、郑良霄、许人、曹人于宋③。

27.3 卫杀其大夫甯喜。

27.4 卫侯之弟鱄出奔晋④。

27.5 秋七月辛巳⑤，豹及诸侯之大夫盟于宋⑥。

27.6 冬十有二月乙亥朔，日有食之⑦。

【注释】

①二十有七年：鲁襄公二十七年当周灵王二十六年，前546。

②齐侯使庆封聘：齐景公新即位，派庆封聘鲁通好。

③夏，叔孙豹会晋赵武、楚屈建、蔡公孙归生、卫石恶、陈孔奂、郑良霄、许人、曹人于宋：诸侯会于宋，召开弭兵大会。

④卫侯之弟鱄出奔晋：甯喜被杀，子鲜逃亡晋国。鱄，即子鲜。

⑤辛巳：初五。

⑥豹及诸侯之大夫盟于宋：弭兵大会完成，十三个诸侯国结盟。

⑦冬十有二月乙亥朔，日有食之：即前546年10月13日之日全蚀。

【译文】

鲁襄公二十七年春，齐景公派庆封来鲁国聘问。

夏，叔孙豹和晋国赵武、楚国屈建、蔡国公孙归生、卫国石恶、陈国孔奂、郑国良霄及许国人、曹国人在宋国会盟。

卫国杀死他们的大夫甯喜。

卫献公弟弟鱄出奔晋国。

秋七月初五，叔孙豹和各国诸侯大夫在宋订盟。

冬十二月初一，发生日食。

【传】

27.1 二十七年春，胥梁带使诸丧邑者具车徒以受地，必周[①]。使乌馀具车徒以受封[②]。乌馀以众出，使诸侯伪效乌馀之封者，而遂执之[③]，尽获之[④]。皆取其邑，而归诸侯[⑤]。诸侯是以睦于晋。

【注释】

①胥梁带使诸丧邑者具车徒以受地，必周：胥梁带想智取乌馀，所以让各失地的诸侯准备好车兵、徒兵，来接受土地，行动必须秘密。按，此段应与上年《传》末章连读。丧邑者，失地的诸侯国。周，行动秘密。

②使乌馀具车徒以受封：诈请乌馀来受地。

③使诸侯伪效乌馀之封者，而遂执之：让齐、鲁等国假装把土地送给乌馀，乘机逮住乌馀。效，献。

④尽获之：乌馀随从也都被抓。

⑤皆取其邑，而归诸侯：将乌馀所夺诸侯之地归还给诸侯。以廪丘

归齐，以羊角归卫，以高鱼归鲁。

【译文】

鲁襄公二十七年春，胥梁带让失去城邑的各诸侯国准备好车兵、步兵前来接受城邑，要求行动须秘密。让乌馀也备好车兵步卒来受封。乌馀带领部众出来，胥梁带要诸侯装做向乌馀献上封地，乘机逮捕了乌馀，他身边的人也无一漏网。把他侵占的城邑，统统归还给诸侯。因此诸侯都顺服晋国。

27.2　齐庆封来聘，其车美。孟孙谓叔孙曰："庆季之车①，不亦美乎？"叔孙曰："豹闻之：'服美不称，必以恶终②。'美车何为？"叔孙与庆封食③，不敬。为赋《相鼠》④，亦不知也。

【注释】

①庆季：即庆封。

②服美不称，必以恶终：古人衣着、车马、装饰都有严格的等级规定，因此当时人认为超越等级，必有恶果。

③叔孙与庆封食：设便宴招待庆封。

④《相鼠》：《诗经·国风·鄘风》的篇名，其中有"相鼠有皮，人而无仪。人而无仪，不死何为"句，叔孙赋此以讥刺庆封，庆封也不明白，可见他愚昧无知。此事为明年庆封逃亡做铺垫。

【译文】

齐国庆封来鲁国聘问，他的车子十分华美。孟孙对叔孙说："庆封的车，不显得太漂亮了吗？"叔孙说："我听说：'车马服饰的漂亮和人不相称，必将得到恶果。'华美的车子又有什么用？"叔孙招待庆封宴饮，庆封表现得很不恭敬。叔孙为此赋《相鼠》，庆封也不知道是在讽刺自己。

27.3　卫甯喜专[①]，公患之。公孙免馀请杀之[②]。公曰："微甯子，不及此[③]。吾与之言矣[④]。事未可知[⑤]，只成恶名，止也。"对曰："臣杀之，君勿与知。"乃与公孙无地、公孙臣谋，使攻甯氏[⑥]。弗克，皆死[⑦]。公曰："臣也无罪，父子死余矣[⑧]！"夏，免馀复攻甯氏，杀甯喜及右宰榖，尸诸朝。石恶将会宋之盟，受命而出[⑨]。衣其尸，枕之股而哭之[⑩]。欲敛以亡[⑪]，惧不免，且曰："受命矣。"乃行[⑫]。

【注释】

①卫甯喜专：甯喜把持朝政。

②公孙免馀：卫国大夫。

③微甯子，不及此：靠甯喜之力才得以返国。

④吾与之言矣：当初有"政由甯氏，祭则寡人"的约言，见上年《传》。

⑤事未可知：指杀甯喜未必能成功。

⑥乃与公孙无地、公孙臣谋，使攻甯氏：卫献公终究容不得"政由甯氏"，默许免馀杀掉甯氏。

⑦弗克，皆死：公孙无地和公孙臣都死了。

⑧臣也无罪，父子死余矣：献公出亡时，公孙臣之父为孙氏所杀。死余，为我而死。

⑨石恶将会宋之盟，受命而出：石恶受命赴宋国参加弭兵大会。

⑩衣其尸，枕之股而哭之：石恶也是甯氏一党，于是给甯喜尸体穿好衣服，枕尸体而哭。

⑪欲敛以亡：准备大殓甯喜后逃亡。

⑫惧不免，且曰："受命矣。"乃行：石恶想逃亡，又怕受祸，只好先受命赴宋。

【译文】

卫国甯喜专权，卫献公很不满。公孙免馀请求杀掉甯喜。献公说："没有甯喜我就不会有今天。我和他曾有约定。事情成功与否没把握，只会得到坏名声，不能做。"公孙免馀说："下臣去杀他，国君您不要参与。"于是和公孙无地、公孙臣商量，让他们去攻讨甯氏。没能成功，二人都战死。献公说："公孙臣没罪，他们父子都是为我而死！"夏，免馀又攻甯氏，杀甯喜和右宰穀，把他们的尸体陈列在朝堂。石恶将要参加宋国的盟会，受命出使。给甯喜尸体穿上衣服，头枕在尸体的大腿上号哭。想把甯喜入殓后逃亡，又担心无法免祸，便说："我已受命要走了。"就动身去宋国。

子鲜曰："逐我者出，纳我者死①。赏罚无章，何以沮劝②？君失其信，而国无刑，不亦难乎③？且鱄实使之④。"遂出奔晋。公使止之，不可。及河，又使止之。止使者而盟于河⑤。托于木门⑥，不乡卫国而坐⑦。木门大夫劝之仕，不可，曰："仕而废其事⑧，罪也，从之，昭吾所以出也⑨。将谁诉乎？吾不可以立于人之朝矣。"终身不仕。公丧之如税服终身⑩。

【注释】

①逐我者出，纳我者死：孙林父逐卫献公，逃亡晋国；甯喜纳卫献公，被杀。

②沮：止，止恶。劝：勉，勉励为善。

③君失其信，而国无刑，不亦难乎：献公失信无刑，难以治国。

④鱄实使之：当初子鲜劝甯喜接纳献公。

⑤止使者而盟于河：子鲜拒绝使者的挽留，并指河为誓，表示决不

返回。

⑥托于木门：子鲜寓居木门，发誓终身不仕。托，寄寓而不仕。木门，晋国城邑，在今河北河间西北。

⑦不乡卫国而坐：子鲜不肯面对卫国而坐，表示深恶痛绝。乡：通“向”。

⑧仕而废其事：指废弃自己的职责。

⑨昭吾所以出也：再出仕，等于宣扬了自己逃亡的原因。

⑩公丧之如税服终身：子鲜死后，卫献公为他服丧一直到死。税服，即缌服，一种稀疏细布所制的丧服。

【译文】

子鲜说：“驱逐我们的出逃在外，接纳我们的又已死去。赏罚没有章法，用什么来止恶劝善？国君失其信用，国家没有正确的刑罚，要维持下去不是太难了吗？何况这事其实是我让甯喜做的。”便出奔晋国。献公派人劝止他，不听。到黄河边，献公又派人挽留。他不让使者再前来，面对黄河发誓。他寓居在木门，不肯面对卫国的方向坐。木门大夫劝他出来做官，他不同意，说：“做官而不努力做事，这是罪过，尽力去做，则把我出亡之事彰明于世。我的苦衷又能向谁诉说呢？我不能够立于别人的朝廷上了。”于是终身不再做官。他去世后，卫献公为他服丧到死。

公与免馀邑六十，辞曰：“唯卿备百邑，臣六十矣。下有上禄，乱也①，臣弗敢闻②。且甯子唯多邑，故死，臣惧死之速及也③。”公固与之，受其半。以为少师。公使为卿，辞曰：“大叔仪不贰，能赞大事，君其命之④。”乃使文子为卿⑤。

【注释】

①下有上禄，乱也：免馀为大夫，不能有上卿的爵禄，否则将有祸乱。

②臣弗敢闻：谢绝不受。

③且甯子唯多邑，故死，臣惧死之速及也：甯喜多邑而死，免馀引以为戒。

④大叔仪不贰，能赞大事，君其命之：上年《传》太叔仪曾说“臣不能贰”，因此建议任命太叔仪。

⑤文子：太叔仪。

【译文】

献公赐给公孙免馀六十座城，公孙免馀辞谢道：“只有卿才能有百座城邑，下臣已六十了。官居下位而有上位的禄封，将有祸乱，下臣不敢接受。而且甯喜正是因为城邑过多，所以被杀，下臣也怕死期会很快到来。”献公坚持要给他，只接受一半。献公任命他为少师。又要他任卿职，他辞谢说：“太叔仪忠心耿耿，能主持大事，请国君任命他吧。”于是任命太叔仪为卿。

27.4 宋向戌善于赵文子，又善于令尹子木，欲弭诸侯之兵以为名[①]。如晋，告赵孟。赵孟谋于诸大夫，韩宣子曰：“兵，民之残也，财用之蠹[②]，小国之大灾也。将或弭之，虽曰不可，必将许之[③]。弗许，楚将许之，以召诸侯，则我失为盟主矣。”晋人许之。如楚，楚亦许之。如齐，齐人难之。陈文子曰：“晋、楚许之，我焉得已？且人曰‘弭兵’，而我弗许，则固携吾民矣[④]，将焉用之？”齐人许之。告于秦，秦亦许之。皆告于小国，为会于宋。

【注释】

①宋向戌善于赵文子，又善于令尹子木，欲弭诸侯之兵以为名：宋国向戌和赵文子、子木相友善，并想为自己取得名誉，因此力促弭兵大会的召开。弭兵，停止战争。以为名，取得名声。按，弭兵之意，各诸侯国早已有之。襄公二十五年晋国赵文子就说过“自今以往，兵其少弭矣”。此时晋、齐等国因内部斗争消耗了国力，无法大规模对外用兵，楚国受吴国牵制，也无力和晋国争雄，因此具备弭兵的条件。

②兵，民之残也，财用之蠹：战争残害民众，又耗费财用。蠹，蛀虫。

③将或弭之，虽曰不可，必将许之：战争未必能长久停止，但不可不答应。

④携吾民矣：百姓将对执政者有怨言离心。

【译文】

宋国向戌与晋国赵文子友好，又和楚国令尹子木有交情，想以消除诸侯之间的争战博得名声。他来到晋国，把这想法告诉了赵文子。赵文子和各位大夫商议，韩起说：“战争是对民众的残害，又是消耗国家财力的蠹虫，是小国的大灾难。有人想制止战争，即便办不成，也要答应他。要是不答应，楚国就将应许他，以此号召诸侯，那么我们将失去盟主的地位。”晋国答应了向戌。向戌来到楚国，楚国也答应了。到齐国，齐国感到为难。陈文子说：“晋、楚都答应了，我们怎么能阻止这事？而且人家说‘停止战争’，我们不同意，那就会使我国民众生出二心，将怎么使用他们？”齐国也答应了。又告知秦国，秦国也赞成。于是遍告各小国，在宋国举行盟会。

五月甲辰①，晋赵武至于宋。丙午②，郑良霄至。六月丁未朔③，宋人享赵文子，叔向为介④。司马置折俎，礼也⑤。仲尼使举是礼也，以为多文辞⑥。戊申⑦，叔孙豹、齐庆封、陈须无、卫石恶至。甲寅[8]，晋荀盈从赵武至[9]。丙辰[10]，邾悼公至。壬戌[11]，楚公子黑肱先至，成言于晋[12]。丁卯[13]，宋向戌如陈，从子木成言于楚[14]。戊辰[15]，滕成公至。子木谓向戌："请晋、楚之从交相见也[16]。"庚午[17]，向戌复于赵孟。赵孟曰："晋、楚、齐、秦，匹也[18]，晋之不能于齐，犹楚之不能于秦也[19]。楚君若能使秦君辱于敝邑，寡君敢不固请于齐[20]？"壬申[21]，左师复言于子木[22]，子木使驲谒诸王[23]。王曰："释齐、秦，他国请相见也[24]。"秋七月戊寅[25]，左师至[26]。是夜也，赵孟及子皙盟[27]，以齐言[28]。庚辰[29]，子木至自陈。陈孔奂、蔡公孙归生至。曹、许之大夫皆至。以藩为军[30]。

【注释】

①甲辰：二十七日。

②丙午：二十九日。

③丁未朔：初一。

④为介：做副手，陪客。

⑤司马置折俎，礼也：把熟牲切成小块盛于俎上，这合乎诸侯享卿之礼。

⑥仲尼使举是礼也，以为多文辞：向戌很得意于自己的弭兵之举，宴享赵武时辞藻甚美，后来孔子见到这次礼仪的记载，认为辞藻修饰太多。举，记录。

⑦戊申：初二。

⑧甲寅：初八。

⑨晋荀盈从赵武至：晋国以赵武为主，荀偃十天后到。

⑩丙辰：初十。

⑪壬戌：十六日。

⑫成言：征询和约条件。

⑬丁卯：二十一日。

⑭宋向戌如陈，从子木成言于楚：当时楚国令尹屈建在陈国。

⑮戊辰：二十二日。

⑯请晋、楚之从交相见也：请晋、楚二国的附属国属晋的朝楚，属楚的朝晋。

⑰庚午：二十四日。

⑱晋、楚、齐、秦，匹也：四大国地位对等。

⑲晋之不能于齐，犹楚之不能于秦也：晋不能指挥齐，楚也不能指挥秦。

⑳楚君若能使秦君辱于敝邑，寡君敢不固请于齐：楚能让秦朝于晋，则晋必能让齐朝于楚。赵武有意以此为难楚国。

㉑壬申：二十六日。

㉒左师：即向戌。

㉓驲（rì）：传车。谒诸王：报告楚王。

㉔释齐、秦，他国请相见也：楚国提出"晋、楚之从交相见也"的要求，即要原先分别从属于晋、楚的中小国家现在同时负担向晋、楚二国朝贡的义务。原来从属晋的侯国占多数，这样对晋不利。由于晋国的反对，楚国同意免去齐、秦，其他各国仍"交相见"。

㉕戊寅：初二。

㉖左师至：向戌从陈国回来。

㉗子皙：楚国公子黑肱。

㉘以齐言：商定同意盟辞，到时不能再反悔争讼。

㉙庚辰：初四。

㉚以藩为军：虽是盟会，诸侯仍各带有军队，只是不互相表示敌意。藩，藩篱，不筑营垒，仅以篱笆为营墙。

【译文】

五月二十七日，晋国赵文子到达宋国。二十九日，郑国良霄到。六月初一，宋国设享礼招待赵文子，叔向为副主宾。司马把煮好的熟肉切好放在俎上，这是合于礼的。后来孔子看到这次礼仪的记载，认为宾主间文辞修饰过多。初二，叔孙豹、齐国庆封、陈国须无、卫国石恶也到了。初八，晋国荀盈随赵文子之后到达。初十，邾悼公到。十六日，楚国公子黑肱先来，与晋国商议和约条款。二十一日，宋国向戌到陈国，与子木商谈有关楚国的条件。二十二日，滕成公到。子木对向戌说："请晋、楚二国的服从国互相交换朝见。"二十四日，向戌把子木的意见回复给赵文子。赵文子说："晋、楚、齐、秦四国地位对等，晋国不能指挥齐国，就如楚国不能指使秦国一样。楚国国君要能让秦国国君屈尊到敝国，我们国君岂敢不坚持向齐国提出这种请求？"二十六日，向戌又向子木转告此话，子木派人坐传车请示楚康王。康王说："除去齐、秦二国，其他国家要互相朝见。"秋七月初二，向戌到达。当晚，赵文子和公子黑肱谈妥盟书的条款，统一了口径。初四，子木从陈国到达。陈国孔奂、蔡国公孙归生也来到。曹、许二国的大夫都来了。各国军队以藩篱为分界。

晋、楚各处其偏[①]。伯夙谓赵孟曰[②]："楚氛甚恶，惧难[③]。"赵孟曰："吾左还[④]，入于宋，若我何[⑤]？"辛巳[⑥]，将盟于宋西门之外，楚人衷甲[⑦]。伯州犁曰："合诸侯之师，以为不信，无乃不可乎？夫诸侯望信于楚，是以来服。若不信，是弃其所以服诸侯也。"固请释甲[⑧]。子木曰："晋、楚无信久矣，事利而已[⑨]。苟得志焉，焉用有信？"大宰退[⑩]，告人曰："令尹将死矣，不及三年。求逞志而弃信，志将逞乎[⑪]？志以发言[⑫]，言以出信[⑬]，信以立志[⑭]，参以定之[⑮]。信亡[⑯]，何以及三[17]?”赵孟患楚衷甲,以告叔向。叔向曰:“何害也?匹夫一为不信,犹不可,单毙其死[18]。若合诸侯之卿,以为不信,必不捷矣[19]。食言者不病[20],非子之患也。夫以信召人,而以僭济之[21],必莫之与也,安能害我?且吾因宋以守病[22],则夫能致死[23]。与宋致死[24],虽倍楚可也[25]。子何惧焉?又不及是[26]。曰弭兵以召诸侯,而称兵以害我[27],吾庸多矣[28],非所患也。”

【注释】

①晋、楚各处其偏:晋在北,楚在南,各在两头。

②伯夙:即荀盈。

③楚氛甚恶,惧难(nàn):伯夙发觉楚国心怀不轨,气氛不对,担心楚国发难攻晋。难,祸难。

④左还:向左而行。还,旋转,回旋。

⑤入于宋,若我何:赵孟认为,有事就跑进宋国都城,不怕楚人发难。

⑥辛巳:初五。

⑦楚人衷甲:楚国心怀不轨,暗中穿甲做好战斗准备。衷甲,在外衣里穿上铠甲。

⑧固请释甲:伯州犁主张以信用服诸侯。释甲,脱去铠甲。

⑨事利而已:事情有利于我则可,不必讲信义。

⑩大宰:即伯州犁。

⑪求逞志而弃信,志将逞乎:意谓弃信必不能得志。

⑫志以发言:有意志于是发之于语言。志,指意志、思想。

⑬言以出信:有语言则必须有相应的行动,才产生信用。

⑭信以立志:言行相符,其志才得以树立。

⑮参以定之：志、言、信三者俱备才能安定。参，通"三"。

⑯信亡：楚与向戌本来有约言，现在要动武，是无信。

⑰何以及三：按，此为明年子木死伏笔。

⑱单毙其死：无信的人必定没有善终。单，通"殚"，尽。毙，踣，仆倒。

⑲捷：成功。

⑳不病：不能害人。

㉑僭：诈伪。济：利用。

㉒且吾因宋以守病：我们为楚所困，则进入宋国都城。病，指为楚所困。

㉓则夫能致死：这样晋军人人能拼死命。夫，指晋军。

㉔与宋致死：宋军也能拼命。

㉕虽倍楚可也：楚军再增一倍也不怕。按，以上是从楚军进攻考虑。

㉖又不及是：此句是叔向估计楚国不敢贸然进攻。

㉗称兵：举兵。

㉘庸：用，好处。

【译文】

晋、楚人马各自驻扎在两头。伯夙对赵文子说："楚军的气氛很不好，怕会发动袭击。"赵文子说："我们从左边绕过去，进入宋都，他能把我们怎么样？"初五，将在宋国西门外会盟，楚人贴身穿着铠甲。伯州犁说："会合诸侯的军队，却对他们不讲信用，恐怕不合适吧？诸侯希望得到楚国的信任，所以前来表示顺服。如果不守信，就是丢弃让诸侯顺服的东西了。"坚持请求脱去铠甲。子木说："晋、楚之间相互无信用已经很久了，只做对我们有利的事就行了。如果获得成功，又要什么信用？"伯州犁退了出来，告诉别人说："子木快死了，用不了三年。为了满足自己的意愿而背信弃义，目的能实现吗？有意愿便发而为言语，说出话就形成信用,有了信用便可以实现意愿,这三者是互相关联着的。没了信用,又怎么能活三年呢?”赵文子对楚国人身穿甲衣感到不放心,把此事告诉叔向。叔向说:“这有什么可担心的?普通人一旦做出不守信用的事,尚且不行,一概不得好死。如果会合诸侯的卿做出不守信的事情,必定不会成功的。说话不算数的人不可能对人产生危害,这不会是你的祸患。以信用召集他人,却用虚伪待人,必然没人听他的,怎么能危害我们?而且我们依凭宋国来防御他们制造的威胁,那么人人都会拼命。我们和宋国拼死抗争,即使楚军增加一倍也抵挡得了。你又担心什么呢?何况事情未必就会到这个地步。说是要消除战争而把诸侯召来,却发动战事来危害我们,我们将得到的好处可就多了,你不要担心。”

季武子使谓叔孙以公命,曰:“视邾、滕[①]。”既而齐人请邾,宋人请滕[②],皆不与盟[③]。叔孙曰:“邾、滕,人之私也[④];我,列国也,何故视之?宋、卫,吾匹也。”乃盟[⑤]。故不书其族,言违命也。

【注释】

①视邾、滕:由于“交相见”,中小国家要负担双重贡赋,因此季武子以襄公之命告诉叔孙豹,将鲁国等同于邾、滕小国,以求减轻贡赋。

②既而齐人请邾,宋人请滕:齐、宋请求以邾、滕作为自己的属国,不再向晋、楚朝贡。

③皆不与盟:邾、滕因此失去独立国地位,不参与盟会。

④私:私属之国。

⑤乃盟:鲁国和宋、卫相等,于是参加盟会。

【译文】

季武子派人以襄公的名义告诉叔孙豹，说："把我国的地位等同于邾、滕二国。"不久齐国提出把邾国作为其属国的要求，宋国则提出滕国为属国，都不参加结盟。叔孙豹说："邾、滕是人家的私属；我们是诸侯国，为什么要和他们等同起来？宋、卫二国才是和我们对等的。"于是参加结盟。《春秋》因此不记载其族名，是说叔孙豹违背了命令的缘故。

晋、楚争先①。晋人曰："晋固为诸侯盟主，未有先晋者也。"楚人曰："子言晋、楚匹也，若晋常先，是楚弱也。且晋、楚狎主诸侯之盟也久矣②，岂专在晋？"叔向谓赵孟曰："诸侯归晋之德只③，非归其尸盟也④。子务德，无争先。且诸侯盟，小国固必有尸盟者⑤，楚为晋细，不亦可乎⑥？"乃先楚人。书先晋，晋有信也。

【注释】

①晋、楚争先：二国争先歃血，实际是争当盟主。

②且晋、楚狎主诸侯之盟也久矣：许多诸侯国时而服楚，时而服晋，因此楚国也有主持盟会的时候。狎，更替。

③只：语尾助词，无意义。

④尸盟：主盟。

⑤小国固必有尸盟者：小国主持会盟的琐细事务。固必，当然。

⑥楚为晋细，不亦可乎：叔向用这话宽慰赵孟，实际上准备作出让步。细，指歃血为盟琐细的具体事务。

【译文】

晋、楚二国争着要先歃血。晋国人说："晋国本来就是诸侯盟主，从来没有先于晋国歃血的国家。”楚国人说:“你说过晋、楚是对等的国家,如果总是晋国在先,这是意味着楚国弱于晋国。再说晋、楚轮流主持诸侯盟会已经很久了,怎么能总由晋国当盟主?”叔向对赵文子说:“诸侯归服的是晋国的德行,不是归服它是否主持盟会。您致力于修明德行,不要去争歃血的先后。而且诸侯结盟,小国本来就要为主盟做具体事务,让楚国为晋国做具体琐细的事务,不就行了吗?”于是让楚国先歃血。《春秋》记载把晋国放在前面,这是由于晋国有信用。

壬午①,宋公兼享晋、楚之大夫,赵孟为客②,子木与之言,弗能对。使叔向侍言焉③,子木亦不能对也④。

【注释】

①壬午:初六。

②客:上宾。

③使叔向侍言焉:叔向在旁边帮着答对。

④子木亦不能对也:晋、楚相争激烈,互不相让。

【译文】

初六,宋平公同时设享礼招待晋、楚两国大夫,赵文子为主宾,子木和他交谈,赵文子无法应对。让叔向在一旁帮着回应,结果子木也不能应对。

乙酉①,宋公及诸侯之大夫盟于蒙门之外②。子木问于赵孟曰:“范武子之德何如③?”对曰:“夫子之家事治,言于晋国无隐情。其祝史陈信于鬼神无愧辞④。”子木归,以语王⑤。王曰:“尚矣哉⑥!能歆神、人⑦,宜其光辅五君以为盟主也⑧。”子木又语王曰:“宜晋之伯也⑨,有叔向以佐其卿,楚无以当之，不可与争[10]。”

【注释】

①乙酉：初九。

②蒙门：宋国都东北门。

③范武子之德何如：士会以贤闻名诸侯，所以屈建问赵孟。范武子，士会。

④其祝史陈信于鬼神无愧辞：士会以诚事鬼神。无愧辞，没有言不由衷的话。

⑤王：指楚康王。

⑥尚：高尚。

⑦能歆神、人：使神享其祭，人怀其德。歆，享。

⑧五君：指晋文公、襄公、灵公、成公和景公五位国君。

⑨宜晋之伯也：晋国该为盟主。

⑩楚无以当之，不可与争：晋国多贤臣，楚国自愧不如。

【译文】

初九，宋平公和诸侯国大夫们在蒙门外结盟。子木问赵文子：“范武子的德行怎么样？”赵文子回答：“此人治理家事井井有条，对晋国来说没有需要隐瞒的事情。他的祝史祭祀时对鬼神很真诚，没有言不由衷的话。”子木回国后，把这话告诉了楚康王。康王说：“范武子真是位高尚的人！能够让神、人都高兴，难怪他能辅佐五世国君成为盟主。”子木对康王说：“晋国的确够格当诸侯的领袖，有叔向辅佐正卿，楚国没人能和他匹敌，不能和他们相争。”

晋荀盈遂如楚莅盟[1]。

【注释】

①晋荀盈遂如楚莅盟：晋、楚重新结好。弭兵之盟，前后花了二个月时间，终于在晋、楚等国中达成协议。按，据杨伯峻统计，弭兵后，晋、楚怠于大规模出兵侵伐，不被侵伐者，宋凡六十五年，鲁凡四十五年，卫凡四十七年，曹凡五十九年；然小战仍有。

【译文】

晋国荀盈便到楚国参加结盟。

27.5 郑伯享赵孟于垂陇[①]，子展、伯有、子西、子产、子大叔、二子石从[②]。赵孟曰："七子从君，以宠武也。请皆赋，以卒君贶[③]，武亦以观七子之志[④]。"子展赋《草虫》[⑤]，赵孟曰："善哉，民之主也！抑武也，不足以当之[⑥]。"伯有赋《鹑之贲贲》[⑦]，赵孟曰："床笫之言不逾阈[⑧]，况在野乎[⑨]？非使人之所得闻也[⑩]。"子西赋《黍苗》之四章[⑪]，赵孟曰："寡君在，武何能焉[⑫]？"子产赋《隰桑》[⑬]，赵孟曰："武请受其卒章[⑭]。"子大叔赋《野有蔓草》[⑮]，赵孟曰："吾子之惠也[⑯]。"印段赋《蟋蟀》[⑰]，赵孟曰："善哉，保家之主也！吾有望矣。"公孙段赋《桑扈》[⑱]，赵孟曰："'匪交匪敖'，福将焉往[⑲]？若保是言也，欲辞福禄，得乎[⑳]？"

【注释】

①郑伯享赵孟于垂陇：晋国赵武一行从宋返国，经过郑国国境，受到郑简公的宴享招待。垂陇，古地名。在今河南郑州。

②二子石：指印段、公孙段，二人的字都是子石。

③七子从君，以宠武也。请皆赋，以卒君贶(kuàng)：七大夫跟随郑简公宴享赵武，是特别尊重赵武，因此赵武请各人赋诗，以完成

郑简公的恩赐。贶，赐。

④武亦以观七子之志：古人有赋诗言志的习惯，通过赋诗表达各人之志。

⑤《草虫》：《诗经·国风·召南》篇名。诗中有“未见君子，忧心忡忡。亦既见止，亦既觏止，我心则降”句，子展借此称赞赵武为君子。

⑥抑武也，不足以当之：赵武自认为不足以当君子。抑，但。

⑦《鹑之贲贲》：《诗经·国风·鄘风》篇名。《诗序》认为此诗为讥刺卫宣姜淫乱而作，所以赵武说是“床第之言”。伯有取其中“人之无良，我以为君”句以讥刺郑简公。

⑧床笫（zǐ）之言：指男女枕边的情话。阈（yù）：门坎。

⑨况在野乎：垂陇之宴在野外。

⑩非使人之所得闻也：赵武含蓄批评伯有赋诗不得体。使人，赵武自指。

⑪《黍苗》之四章：《黍苗》是《诗经·小雅》篇名。其中第四章歌颂召伯营治谢邑之功，子西以赵武比召伯。

⑫寡君在，武何能焉：赵武归功于晋平公。

⑬《隰桑》：《诗经·小雅》篇名。诗中有思见君子尽心以事之的意思，其中有“既见君子，其乐如何”句，子产借以表示尽心事晋与仰慕赵武。

⑭武请受其卒章：《隰桑》末章写心中不忘所喜爱的人，赵武以此表示对子产的感谢与称赞。

⑮《野有蔓草》：《诗经·国风·郑风》篇名。其中有“邂逅相遇，适我愿兮”句，子太叔借以表示与赵武相见的喜悦。

⑯吾子之惠也：赵武表示感谢子太叔。

⑰《蟋蟀》：《诗经·国风·唐风》篇名。以诗中“无以大康，职思其居。好乐无荒，良士瞿瞿”句来表示应能戒惧而不荒唐，眼光四

顾,讲礼仪。

⑱《桑扈》:《诗经·小雅》篇名。取其君子有礼有文采,因此能受天之福的含义。

⑲“匪交匪敖”,福将焉往:《桑扈》末章说“彼交匪敖,万福来求”,意思是不骄不傲,福禄能跑到哪儿去?

⑳若保是言也,欲辞福禄,得乎:能以诗中所说行事,必能保住福禄。按,郑国诸臣除伯有外,都是志在称美赵孟,以联络晋、郑二国的友谊,因此赵孟或是谦虚不受,或是回敬几句好话。

【译文】

郑简公在垂陇设享礼宴请赵文子,子展、伯有、子西、子产、子太叔、两位子石随从郑简公。赵文子说:“七位跟从国君,这是给我的莫大宠荣。请各位都赋诗以完成国君的恩赏,我也借此了解七位的心志。”子展赋《草虫》,赵文子说:“真好啊,这位是人民的主人!不过我没有资格承受这褒美。”伯有赋《鹑之贲贲》,赵文子说:“床第之间的话语不应传出门外,更何况是在野外呢?这不是应该让人听到的。”子西赋《黍苗》的第四章,赵文子说:“是因为我们国君在,我又有什么能力呢?”子产赋《隰桑》,赵文子说:“我只敢接受那最后一章。”子太叔赋《野有蔓草》,赵文子说:“这是您赐予的恩惠。”印段赋《蟋蟀》,赵文子说:“真好啊,这位是保住家族的大夫!我有希望了。”公孙段赋《桑扈》,赵文子说:“‘不求侥幸不骄傲’,福禄还能跑到哪里去?如果能按照这话去做,即便想拒绝福禄,又哪儿能行呢?”

卒享,文子告叔向曰:“伯有将为戮矣①。诗以言志,志诬其上,而公怨之,以为宾荣②,其能久乎?幸而后亡③。”叔向曰:“然,已侈④,所谓不及五稔者,夫子之谓矣⑤。”文子曰:“其余皆数世之主也。子展其后亡者也,在上不忘降⑥。印氏其次也，乐而不荒[29]。乐以安民，不淫以使之[7]，后亡，不亦可乎！”

【注释】

①伯有将为戮矣：按，赵孟预料伯有将有难。

②志诬其上，而公怨之，以为宾荣：伯有赋诗取“人之无良，我以为君”句，其诗有诬蔑怨恨其君的意思，又是在宾客面前炫耀。

③幸而后亡：即使侥幸不被杀，也一定逃亡。

④已侈：太骄奢。已，太，甚。

⑤所谓不及五稔(rěn)者，夫子之谓矣：叔向预言伯有不及五年必被杀。五稔，五年。

⑥在上不忘降：子展所赋之诗有“我心则降”，说明他虽处在上位而不忘记降抑自己。

⑦印氏其次也，乐而不荒：印氏赋诗有“好乐无荒”句，说明他也能谨慎检束。

⑧不淫以使之：不过分役使百姓。淫，过分。

【译文】

宴会结束后，赵文子告诉叔向说：“伯有将要受诛戮之祸了。诗是用来表达心志的，他心里在诬蔑国君，而又公开抱怨，并以此作为对宾客的荣宠，他能长久吗？能够侥幸多活些日子，将来也是一定要流亡的。”叔向说：“不错，他太骄奢了，所谓不到五年这句话，指的就是他这种人。”赵文子说：“其他大夫都是可以传承数世的人。子展或许是最后灭亡的，他在上位而不忘降抑自己。印氏也许仅次于他，欢乐而不放纵。欢乐用来安定民众，又不过分地役使百姓，他比较迟衰亡，不也是正常的吗？”

27.6　宋左师请赏[1]，曰：“请免死之邑[2]。”公与之邑六十。

以示子罕[3]。子罕曰："凡诸侯小国，晋、楚所以兵威之，畏而后上下慈和，慈和而后能安靖其国家，以事大国，所以存也[4]。无威则骄，骄则乱生，乱生必灭，所以亡也[5]。天生五材[6]，民并用之，废一不可，谁能去兵[7]？兵之设久矣，所以威不轨而昭文德也[8]。圣人以兴，乱人以废[9]。废兴、存亡、昏明之术，皆兵之由也，而子求去之，不亦诬乎[10]！以诬道蔽诸侯，罪莫大焉[11]。纵无大讨，而又求赏，无厌之甚也[12]。"削而投之[13]。左师辞邑[14]。

【注释】

①宋左师请赏：向戌有奔走发起弭兵之功，于是请赏。

②请免死之邑：弭兵盟会，晋、楚相争激烈，如不成功，向戌不免于死，因此他说臣下免于一死，请赐给城邑，其实也是表功的意思。

③以示子罕：向戌将所得赏邑的文书向子罕炫耀。

④"凡诸侯小国"六句：小国所以生存，是大国以武力相威胁，才使它们上下慈爱和睦，安定团结。慈和，慈爱和睦。

⑤"无威则骄"四句：没有外来威胁，必定骄傲而生内乱，从而导致亡国。

⑥五材：指金、木、水、火、土。

⑦废一不可，谁能去兵：兵器材料用金、木，铸造用水、火，又取于土地，是五材皆用。

⑧所以威不轨而昭文德也：战争是威胁不法行为、伸张正义的工具。

⑨圣人以兴，乱人以废：圣人因战争而兴起，作乱者因战争而被废弃。

⑩而子求去之，不亦诬乎：子罕认为战争不可能真正清除。

⑪以诬道蔽诸侯，罪莫大焉：子罕认为兵不可弭，所以向戌奔走弭兵，是欺骗之道，不但无功，反而有罪。诬道，欺诈术。蔽，蒙蔽。

⑫纵无大讨，而又求赏，无厌之甚也：向戌没受到惩罚，已属便宜，又求赏赐，可见心不知足。

⑬削而投之：古代文书写在竹简上，子罕削其字而投于地，表示反对。

⑭左师辞邑：向戌原自诩有功，不料受到子罕一顿批评，只好辞去赏邑。

【译文】

向戌向宋平公请赏，说道："我有幸做成此事免于一死，请赐给城邑。"平公给他六十座城邑。向戌把赏赐的简册给子罕看。子罕说："凡是诸侯中的小国，晋、楚就用武力来威慑，小国害怕了就能上下慈爱和睦，上下慈爱和睦了便能使国家安定，以事奉大国，小国才因此得以生存。不受到威慑就会骄傲，骄傲便要发生动乱，动乱就必然被消灭，因此而灭亡。上天生育五种材料，人民都要用到，缺一不可，谁又能够去除武器？战争的设置已经很久远了，是用来威慑不法行为和昭明文德的。圣人依靠它而兴起，作乱者因为它而遭废弃。兴起和废弃、生存和灭亡、昏愦与贤明的办法，都由战争而来，而你却想去除它，这不是在骗人吗！以欺骗的手段蒙蔽诸侯，没有比这更大的罪过了。不受到大的讨伐已是幸运，现在又去求赏，真是太贪得无厌了。"就把简册上的文字删削后扔到地上。向戌于是推辞不接受赐给的城邑。

向氏欲攻司城①。左师曰："我将亡，夫子存我，德莫大焉。又可攻乎②？"君子曰："'彼己之子，邦之司直③。'乐喜之谓乎④！'何以恤我，我其收之⑤。'向戌之谓乎⑥！"

【注释】

①向氏欲攻司城：子罕任司城，向氏族人要攻子罕以为向戌出气。

②"我将亡"四句：向戌认为子罕指出过失，于己有大德，故阻止族人攻子罕。

③彼己之子，邦之司直：引《诗》见《诗经·国风·郑风·羔裘》，意思是那个人是邦国中主持正义的人。司，主。

④乐喜之谓乎：称赞子罕正直不阿。乐喜，即子罕。

⑤何以恤我，我其收之：引《诗》为逸诗，意思是用什么赐我，我都将接受。

⑥向戌之谓乎：赞扬向戌能知过，又乐于接受批评。

【译文】

向戌族人要去攻打子罕。向戌说："我将要灭亡，是他保存了我，再没有比这更大的恩德了。又怎么可以去攻打他呢？"君子说："'那个人，他是国家主持正义的人。'说的就是子罕这样的人吧！'你拿什么赐给我，我都打算收下它。'说的就是向戌这样的人吧！"

27.7 齐崔杼生成及强而寡①，娶东郭姜②，生明。东郭姜以孤入，曰棠无咎③，与东郭偃相崔氏。崔成有疾而废之，而立明。成请老于崔④，崔子许之，偃与无咎弗予，曰："崔，宗邑也，必在宗主⑤。"成与强怒，将杀之，告庆封曰："夫子之身⑥，亦子所知也，唯无咎与偃是从，父兄莫得进矣。大恐害夫子，敢以告⑦。"庆封曰："子姑退，吾图之。"告卢蒲嫳⑧。卢蒲嫳曰："彼，君之仇也⑨。天或者将弃彼矣。彼实家乱，子何病焉？崔之薄，庆之厚也⑩。"他日又告⑪。庆封曰："苟利夫子，必去之。难，吾助女⑫。"

【注释】

①齐崔杼生成及强而寡：崔杼妻子在生下成和强后就死了。寡，古代无夫无妻通称寡。

②娶东郭姜：襄公二十五年，崔杼不顾占卜结果不吉而娶东郭偃的寡姐。东郭氏为姜姓，故曰东郭姜。

③东郭姜以孤入，曰棠无咎：东郭姜带了前夫棠公的儿子棠无咎进门。孤，指东郭姜前夫之子。因其生父已死，故云。

④成请老于崔：崔成准备居住在崔邑终老。崔，古地名。在今山东济阳东稍北。

⑤崔，宗邑也，必在宗主：宗邑是宗庙所在，应归宗主。宗主，这里是崔明。按，东郭偃是崔明的舅舅，棠无咎是崔明的同母异父兄长。

⑥夫子：指崔杼。

⑦大恐害夫子，敢以告：二人向庆封求援。

⑧告卢蒲嫳(piè)：庆封将成、强的话告诉自己的下属大夫卢蒲嫳。

⑨彼，君之仇也：崔杼杀齐庄公。彼，指崔杼。

⑩崔之薄，庆之厚也：暗示崔杼家乱，正可利用，崔败，则庆封专权。家乱，家族内出乱子。

⑪他日又告：成、强又告诉庆封。

⑫“苟利夫子”四句：庆封假意告诉二人，愿意帮助他们除掉棠无咎与东郭偃，若有危难，将去救助。

【译文】

齐国崔杼生下崔成和崔强后妻子去世，又娶东郭姜，生崔明。东郭姜带着前夫的儿子棠无咎嫁到崔家，和东郭偃一起辅佐崔氏。崔成有病被废，立崔明为继承人。崔成请求在崔邑生活到老，崔杼答应了，东郭偃与棠无咎不肯给，说：“崔是宗庙所在地，理应归宗主居住。”崔成与崔强大怒，准备要杀他们，告诉庆封说：“我父亲的情况，您是知道的，他只听从棠无咎与东郭偃的话，父老兄长都说不上话。我们很担心对他老人家产生危害，特地向您报告。”庆封说：“你们先回去，待我慢慢想办法解决。”庆封把这事告诉了卢蒲嫳。卢蒲嫳说：“他是国君的对头。上天大概要抛弃崔氏了。这其实是其家族的内乱，你伤什么脑筋？崔家没落，正是庆家强盛之时。”过不久崔成他们又来诉说。庆封说：“只要对你父亲有利，一定要把他们除掉。有什么困难，有我帮助你们。”

九月庚辰①，崔成、崔强杀东郭偃、棠无咎于崔氏之朝②。崔子怒而出，其众皆逃，求人使驾，不得。使圉人驾，寺人御而出③，且曰：“崔氏有福，止余犹可④。”遂见庆封。庆封曰：“崔、庆一也⑤。是何敢然？请为子讨之。”使卢蒲嫳帅甲以攻崔氏。崔氏堞其宫而守之⑥。弗克，使国人助之，遂灭崔氏，杀成与强，而尽俘其家，其妻缢⑦。嫳复命于崔子，且御而归之。至，则无归矣。乃缢⑧。崔明夜辟诸大墓⑨。辛巳⑩，崔明来奔，庆封当国。

【注释】

①庚辰：初五。

②朝：指大夫之朝，这里指崔氏之朝。

③使圉人驾，寺人御而出：圉人只管养马，现在只好让他套车，由宦官驾车。

④崔氏有福，止余犹可：这是崔杼的话，意思是希望祸只及于己身，不要再延续下去以至灭族。

⑤崔、庆一也：崔、庆亲如一家。

⑥崔氏堞其宫而守之：崔氏家众加固短墙以抵抗。堞，短墙。

⑦遂灭崔氏，杀成与强，而尽俘其家，其妻缢：庆封乘机消灭崔氏，

东郭姜上吊自杀。

⑧至，则无归矣。乃缢：崔杼已无家可归，猛然醒悟中了庆封的圈套，便上吊自杀。按，襄公二十五年崔杼娶东郭姜的繇辞曰“入于其宫，不见其妻，凶”，应验于此。

⑨崔明夜辟诸大墓：崔明避于墓，所以没死。

⑩辛巳：初六。

【译文】

九月初五，崔成、崔强在崔氏朝堂上杀死了东郭偃、棠无咎。崔杼怒气冲冲地出走，他的手下人都已四散逃命，崔杼找人驾车都找不到。只好让养马人套车，由宦官驾车而出，并留下话：“崔氏如果有福的话，灾祸就到我本身为止吧。”便去见庆封。庆封说：“崔、庆本是一家。他们怎么敢这么做？请允许我为您去讨伐他们。”就派卢蒲嫳带领甲士去攻打崔氏。崔家加固了围墙上的短墙坚守。卢蒲嫳攻不下来，庆封让国人来助攻，就灭了崔氏，杀死崔成与崔强，掠取崔家所有的人口和财物，崔杼妻子上吊自杀。卢蒲嫳向崔杼复命，并驾车送他回家。崔杼到家一看，已经无家可归了。便上吊死了。崔明连夜避难到墓地。初六，崔明逃奔鲁国，庆封执掌了齐国大权。

27.8　楚薳罢如晋莅盟，晋将享之。将出，赋《既醉》①。叔向曰：“薳氏之有后于楚国也，宜哉②！承君命，不忘敏③。子荡将知政矣④。敏以事君，必能养民，政其焉往？”

【注释】

①《既醉》：《诗经·大雅》篇名。诗中有“既醉以酒，既饱以德。君子万年，介尔景福”等句，这里借以赞美晋平公为太平君主。

②薳氏之有后于楚国也，宜哉：称赞薳罢，预言薳氏以后将长享禄位。

③承君命，不忘敏：薳罢赋《既醉》，既谢享礼，又赞美晋平公，将出而赋，甚得其时，更体现其聪敏。

④子荡将知政矣：预见薳罢很快将在楚国执政。子荡，即薳罢。

【译文】

楚国薳罢到晋国参加盟会，晋平公设享礼招待他。将要退席时，薳罢赋《既醉》。叔向说："薳氏后代在楚国长盛不衰，是理所当然的啊！秉承国君的命令，能够不忘敏捷应对。薳罢将要执国政了。能敏捷地奉事国君，就必定能教养民众，国政还能落到哪里去呢？"

27.9　崔氏之乱[①]，申鲜虞来奔[②]，仆赁于野，以丧庄公[③]。冬，楚人召之，遂如楚为右尹。

【注释】

①崔氏之乱：指襄公二十五年崔杼弑齐庄公。

②申鲜虞来奔：襄公二十五年，申鲜虞有勇有谋，甩掉追兵，与闾丘婴一起奔鲁。

③仆赁于野，以丧庄公：申鲜虞出逃鲁国，在郊外雇佣了仆人，为齐庄公服丧。

【译文】

崔氏叛乱时，申鲜虞逃来鲁国，在郊外雇人为仆，为庄公服丧。冬，楚国召他前往，申鲜虞便到楚国当了右尹。

27.10　十一月乙亥朔，日有食之。辰在申，司历过也，再失闰矣[①]。

【注释】

①辰在申，司历过也，再失闰矣：辰即斗柄。斗柄指申，于周正当为九月，《经》文记作十二月，《左传》作者认为《经》文有误，这是由于主持历法官员的过错，两次应置闰而未置，所以产生差错。

【译文】

十一月初一，发生日食。这时斗柄指着申，是主管历法者的失误，应该两次置闰月却都没有置闰。

二十八年

【经】

28.1 二十有八年春①，无冰②。

28.2 夏，卫石恶出奔晋③。

28.3 邾子来朝。

28.4 秋八月，大雩。

28.5 仲孙羯如晋④。

28.6 冬，齐庆封来奔⑤。

28.7 十有一月，公如楚。

28.8 十有二月甲寅⑥，天王崩⑦。

28.9 乙未⑧，楚子昭卒⑨。

【注释】

①二十有八年：鲁襄公二十八年当周灵王二十七年，前545。

②无冰：周历春正月应是夏历冬十一月，无冰反常，所以加以记载。

③卫石恶出奔晋：石恶为甯喜同党，逃亡晋国。

④仲孙羯：即鲁国孟孝伯。

⑤齐庆封来奔：齐人攻庆氏，庆封逃亡鲁国。

⑥甲寅：十六日。

⑦天王崩：周灵王去世。

⑧乙未：十二月无乙未，记日有误。

⑨楚子昭卒：楚康王去世。

【译文】

鲁襄公二十八年春，没有结冰。

夏，卫国石恶出逃到晋国。

邾悼公来鲁国朝见。

秋八月，举行盛大的求雨雩祭。

仲孙羯前往晋国。

冬，齐国庆封逃来鲁国。

十一月，襄公去楚国。

十二月十六日，周灵王去世。

乙未，楚康王昭去世。

【传】

28.1　二十八年春，无冰。梓慎曰①："今兹宋、郑其饥乎！岁在星纪，而淫于玄枵②，以有时灾③，阴不堪阳④。蛇乘龙⑤，龙，宋、郑之星也⑥。宋、郑必饥⑦。玄枵，虚中也⑧。枵，耗名也⑨。土虚而民耗，不饥何为⑩？"

【注释】

①梓慎：鲁国大夫。

②岁在星纪，而淫于玄枵（xiāo）：据梓慎推算，这年的岁星应在星纪，而观察所得，实在玄枵，所以说过头到了玄枵。岁，岁星，即木星。淫，过。星纪、玄枵，古人为了量度日、月、行星的位置和

运动，把黄道带按照由西到东的次序分为星纪、玄枵等十二等分，叫十二次，每次都有二十八宿中的某些星宿作为标志。十二次主要用于记木星位置。

③以有时灾：有天时不正常之灾。

④阴不堪阳：古人认为寒冷为阴，温暖为阳。时节应有冰而无冰，即应寒而暖，所以是阴不胜阳。

⑤蛇乘龙：古人以岁星为木，木为青龙，龙指岁星。玄枵有女、虚、危三宿。虚、危古以为蛇。岁星次于玄枵，是龙行疾而失位，出于虚、危宿下，是龙在下而蛇在上，所以说蛇乘龙。

⑥龙，宋、郑之星也：岁星是宋、郑二国的星宿。古人根据地上的区域来划分天上的星宿，把天上的星宿分别指配于地上的州国，使它们互相对应，说某星是某国的分野，某某星宿是某某州国的分野。古人因此将在该天区发生的天象作为各对应地方的吉凶预兆。

⑦宋、郑必饥：以上由天象应地气来推断宋、郑二国必有饥荒。实际上冬暖无冰，土中害虫不能消灭，土壤干燥，必然影响耕种，与天上星宿之象无关。

⑧玄枵，虚中也：玄枵有女、虚、危三宿，虚宿在中。

⑨枵，耗名也：凡物虚耗叫枵，肚饥叫枵腹，因此，枵是消耗的别称。

⑩土虚而民耗，不饥何为：按，以上又由玄枵之名说明宋、郑必饥。

【译文】

鲁襄公二十八年春，没有结冰。梓慎说：“今年宋、郑二国大概要发生饥荒吧！岁星当在星纪，却走过了头到达玄枵，这是因为有天时不正的灾难，所以阴气不敌阳气。蛇位在龙的上面，龙是宋、郑二国的星宿。所以宋、郑必定会发生饥荒。玄枵的中间是虚宿。枵是消耗的名称。土地空虚而百姓消耗，怎么会不发生饥荒呢？”

28.2 夏，齐侯、陈侯、蔡侯、北燕伯、杞伯、胡子、沈子、白狄朝于晋，宋之盟故也①。

【注释】

①齐侯、陈侯、蔡侯、北燕伯、杞伯、胡子、沈子、白狄朝于晋，宋之盟故也：陈、蔡等国原属楚国，依照上年在宋会盟时的约定朝晋。北燕，姬姓燕国，都城在蓟，即今北京市。胡，有姬姓胡与归姓胡二国，这是归姓胡，故城在今安徽阜阳。

【译文】

夏，齐景公、陈哀公、蔡景侯、北燕懿公、杞文公、胡子、沈子、白狄去晋国朝见，这是为了遵从在宋国所订盟约。

齐侯将行，庆封曰："我不与盟，何为于晋①？"陈文子曰："先事后贿，礼也②。小事大，未获事焉③，从之如志，礼也④。虽不与盟，敢叛晋乎？重丘之盟⑤，未可忘也。子其劝行⑥！"

【注释】

①我不与盟，何为于晋：去年弭兵大会，齐、秦没参加，所以庆封反对朝晋。

②先事后贿，礼也：朝晋必送贡礼，庆封反对朝晋，是出于惜财，因此陈位子认为应先事奉大国，然后才考虑财礼的事。

③未获事焉：指齐国没参加宋国之盟。

④从之如志，礼也：晋为大国，还是顺从大国的意图行事为好。

⑤重丘之盟：襄公二十五年，晋攻齐，齐赂晋国，盟于重丘。

⑥劝行：劝国君出行。

【译文】

齐景公将要上路，庆封说："我们没有参加结盟，为什么要去晋国朝见？"陈文子说："先考虑大事再考虑财货，这是合于礼的。小国事奉大国，即便没有参与盟誓，但顺从大国的意愿，也是合乎礼的。我国虽然没有参加盟会，岂敢背叛晋国呢？重丘的盟会，不能忘记。您还是劝国君去吧！"

28.3　卫人讨甯氏之党，故石恶出奔晋。卫人立其从子圃①，以守石氏之祀，礼也②。

【注释】

①从子：兄弟的儿子。圃：从子名。

②以守石氏之祀，礼也：石恶的先人石碏对卫国有大功，于是立圃以继承石氏之祀。

【译文】

卫国人讨伐甯氏同党，因此石恶出逃到晋国。卫国立其侄子圃，以保存石氏的祭祀，这是合于礼的。

28.4　邾悼公来朝，时事也①。

【注释】

①时事也：邾悼公朝鲁，属于四时朝聘，与宋之盟无关。

【译文】

邾悼公来鲁国朝见，这只是按时令而行的礼节。

28.5　秋八月，大雩，旱也。

【译文】

秋八月，举行盛大的求雨雩祭，是由于旱情严重。

28.6 蔡侯归自晋，入于郑。郑伯享之，不敬。子产曰：“蔡侯其不免乎！日其过此也①，君使子展廷劳于东门之外②，而傲。吾曰犹将更之③。今还，受享而惰，乃其心也④。君小国，事大国⑤，而惰傲以为己心，将得死乎⑥？若不免，必由其子⑦。其为君也，淫而不父⑧。侨闻之，如是者，恒有子祸⑨。”

【注释】

①日：往日。指前往晋国时。

②廷(wàng)：前往。劳：慰劳。

③更：改，指改变傲慢无礼的态度。

④乃其心也：本性难改。

⑤君小国，事大国：小国，指蔡国。大国，指郑国。郑国大于蔡国。

⑥将得死乎：意思是岂将得死乎，也就是不得善终。得死，指善终。

⑦若不免，必由其子：若不免于祸难，则由儿子起。

⑧淫而不父：蔡景侯与太子班之妻通奸，不是当父亲者应有的。

⑨如是者，恒有子祸：为襄公三十年蔡太子班杀蔡景侯伏笔。子祸，由儿子发动的祸乱。

【译文】

蔡景侯从晋国回国，进入郑都。郑简公设享礼宴请，他却表现得不恭敬。子产说：“蔡侯恐怕要不免于祸难吧！前几天他路过这里，国君派子展在东门外犒劳他，他就态度傲慢。我还以为他会改正的，现在回程，接受享礼仍然这么不恭敬，这就是他的本性了。作为小国的国君事奉大国，反而以不恭敬和傲慢为本性，能有好死吗？如果不能免于祸难，那一定是由儿子引起。他作为国君，淫荡而不像父亲的样子。我听说过，像这样的人，必然会有来自儿子的祸乱。”

28.7　孟孝伯如晋，告将为宋之盟故如楚也。

【译文】

孟孝伯去晋国，报告将为履行在宋国所订盟约而去楚国朝见。

28.8　蔡侯之如晋也，郑伯使游吉如楚。及汉，楚人还之①，曰：“宋之盟，君实亲辱②。今吾子来，寡君谓吾子姑还！吾将使驲奔问诸晋而以告③。”子大叔曰：“宋之盟，君命将利小国，而亦使安定其社稷，镇抚其民人，以礼承天之休④，此君之宪令，而小国之望也⑤。寡君是故使吉奉其皮币⑥，以岁之不易，聘于下执事⑦。今执事有命曰：‘女何与政令之有⑧？必使而君弃而封守⑨，跋涉山川，蒙犯霜露，以逞君心⑩。’小国将君是望，敢不唯命是听⑪？无乃非盟载之言，以阙君德，而执事有不利焉，小国是惧。不然，其何劳之敢惮⑫？”

【注释】

①及汉，楚人还之：游吉到汉水，楚国让他转回去。

②宋之盟，君实亲辱：指郑简公亲自参加弭兵大会。

③吾将使驲奔问诸晋而以告：楚国对郑简公没有亲自前来表示不满，因此托词问晋国郑国君是否应该来朝。

④“宋之盟”五句：意即弭兵之盟，本应让小国得到安定。休，福禄。

⑤此君之宪令，而小国之望也：弭兵大会双方以晋、楚为主，所以子

太叔这样说。

⑥皮币：指聘礼所用礼物。皮，狐貉之皮。币，缯帛之类。

⑦以岁之不易，聘于下执事：因为国内有饥荒，所以郑简公无法亲自朝楚。下执事，不直接称说楚国君，而谦称“下执事”。

⑧女何与政令之有：游吉不足以参与郑国的政令。女，你，你的。

⑨而：你，这里指郑国。封守：疆土守备。

⑩以逞君心：让楚国君快意。

⑪小国将君是望，敢不唯命是听：如果一定要郑国君亲自朝楚，楚国才能快意，那么郑国一定唯命是听。

⑫“无乃非盟载之言”六句：一定要郑国君前来，只怕违犯盟书的规定，使楚国失德。否则，郑国君必不畏任何劳苦，前来朝楚。这里，子太叔委婉地批评楚王贪而傲，恃强凌弱。

【译文】

蔡景侯去晋国时，郑简公派游吉到楚国。到达汉水时，楚国让游吉回去，说：“宋国的盟会，贵国国君亲自到会。如今却派你来，我们国君说你先回去吧！我国将派人乘传车到晋国问清楚再告知你们。”游吉说道：“宋国的盟会上，贵国国君命说将会有利于小国，使小国国家安定，安抚人民，按礼仪承接上天的赐福，这是贵国君颁布的法令，也是我们小国所希望的。由于今年饥荒，我们国君派我带了礼物，前来贵国朝聘。现在贵国却说：‘你怎么能参与郑国的政令？一定要让你的国君扔下国土，跋山涉水，蒙霜冒露前来，以使我国国君快意。’我们小国对贵国国君充满了希望，哪敢不唯命是从呢？不过这并不符合盟约的规定，会使贵国国君由此而失德，也对你们有所不利，我们对此有顾虑。否则，岂敢害怕劳苦呢？”

子大叔归，复命。告子展曰：“楚子将死矣。不修其政德，而贪昧于诸侯[①]，以逞其愿，欲久，得乎？《周易》有之，在

《复》䷗之《颐》䷚[2]，曰：‘迷复，凶[3]。’其楚子之谓乎！欲复其愿，而弃其本[4]，复归无所，是谓迷复，能无凶乎[5]？君其往也，送葬而归，以快楚心[6]。楚不几十年，未能恤诸侯也[7]，吾乃休吾民矣[8]。”裨灶曰[9]：“今兹周王及楚子皆将死。岁弃其次，而旅于明年之次[10]，以害鸟帑，周、楚恶之[11]。”

【注释】

①贪昧于诸侯：贪图诸侯的进奉。

②在《复》䷗之《颐》䷚：《复》卦是《震》下《坤》上，《颐》卦则《震》下《艮》上。

③迷复，凶：《复》卦变《颐》卦，即上爻由阴爻变为阳爻。这里用《复》卦上的六爻辞，意思是迷路往回走，不吉利。

④欲复其愿，而弃其本：复，实践。弃其本，指不修德。

⑤复归无所，是谓迷复，能无凶乎：这里用爻辞来评论楚康王，意思是他不修德而忘本，因此不能免祸。复归无所，是谓迷复，迷了路才想回来，希望回到自己所喜爱的地方，然而忘掉了原来的路径，结果是无处可归。

⑥君其往也，送葬而归，以快楚心：预言楚康王必死，郑君前往，必定是去给他送葬。

⑦楚不几十年，未能恤诸侯也：指楚国失道已远，没有近十年时间，不能争霸。几，近。

⑧吾乃休吾民矣：楚国不能再为害，不必惧怕。

⑨裨(pí)灶：郑国大夫。

⑩岁弃其次，而旅于明年之次：即今年《传》首段岁星不在星纪而在玄枵。旅，行，运行。

⑪以害鸟帑，周、楚恶之：二十八宿中，南方为朱雀七宿。以十二次

为纲，周、楚是十二次中鹑火、鹑尾的分野，岁星运行到玄枵，将危害鸟尾，周、楚要有灾祸。因此裨灶预言周灵王和楚康王将死。鸟，即朱雀。帑，鸟尾。

【译文】

游吉回国，向郑简公复命。他告诉子展说："楚康王快要死了。他不修明政事德行，却一味贪图诸侯的进奉，以满足自己的私欲，想活得长久，怎么可能呢？《周易》有这样的情况，在《复》䷗变成《颐》䷚，说：'迷入歧途不能回复，有凶险。'说的就是楚康王吧！想实现他的愿望，却丢弃了自己的根本，想回来却找不着地方，这就叫迷复，能够没有凶险吗？国君尽管前往吧，去为楚康王送葬，让楚国人痛快一下。楚国没有近十年，无法称霸诸侯，我们可以让民众好好休养生息了。"裨灶说："今年周灵王和楚康王都将死去。岁星失去它应有的位置，却运行到明年的地方，会危及鸟尾，周朝、楚国都将有灾。"

九月，郑游吉如晋，告将朝于楚，以从宋之盟。子产相郑伯以如楚。舍不为坛①。外仆言曰②："昔先大夫相先君适四国③，未尝不为坛。自是至今亦皆循之。今子草舍④，无乃不可乎？"子产曰："大适小，则为坛；小适大，苟舍而已⑤，焉用坛？侨闻之，大适小有五美：宥其罪戾⑥，赦其过失，救其灾患，赏其德刑⑦，教其不及⑧。小国不困，怀服如归。是故作坛以昭其功，宣告后人，无怠于德⑨。小适大有五恶：说其罪戾⑩，请其不足，行其政事⑪，共其职贡⑫，从其时命⑬。不然，则重其币帛⑭，以贺其福而吊其凶⑮，皆小国之祸也，焉用作坛以昭其祸？所以告子孙，无昭祸焉可也⑯。"

【注释】

①舍不为坛：古代国君到他国朝聘，应除草筑坛以受郊劳，现在只搭帐篷而不筑坛。

②外仆：官名，主管设坛和为舍。

③先大夫相先君：泛指郑国以前的君臣。四国：四方之国。

④今子草舍：不除草而为舍。

⑤苟舍：草草地设置帐篷。

⑥宥：宽宥，赦免。

⑦德刑：德行与典范。刑，法。

⑧教其不及：教育它所未想到的。

⑨宣告后人，无怠于德：大国去到小国，于是筑坛以宣扬它的功德，并昭示后人应努力进德修业。按，这是筑坛的目的。

⑩说：解释，解说。其：指大国。

⑪请其不足，行其政事：请求得到所缺乏的东西并奉行它的命令。

⑫共其职贡：小国要对大国缴纳贡品。共，通“供”，供给贡品。

⑬从其时命：服从大国不时之命。

⑭币帛：指一切贡赋。

⑮以贺其福而吊其凶：大国有喜有祸，都将向小国追加额外贡赋。

⑯“皆小国之祸也”四句：小国去朝大国，对小国来说，都是祸患，无须筑坛以宣扬，只让子孙知道就可以了。按，郑国是被迫朝楚，所以子产这样说。

【译文】

九月，郑国游吉去晋国，报告郑简公将到楚国朝见，以履行在宋国订立的盟约。子产相礼郑简公前往楚国。搭建帐篷而不设坛。外仆进言说：“从前先大夫辅相先君前往四方各国，从不曾不设坛。从那以后都是照此办理的。现在您不除草就搭建帐篷，恐怕不可以吧？”子产说：“大国到小国去，就要筑坛；小国前往大国，只要草草搭建帐篷就行了，哪里用得着筑坛？我听说，大国去小国有五样好处：原谅其罪过，赦免其过失，救助其灾难，奖励其德行与典范，教导其不完善之处。小国因此而不困乏，感念和顺服大国犹如回到家一样。因此要筑坛以显扬其功劳，昭示后人，不要在修明德行上懈怠。小国去大国有五样坏处：向大国解释自己的罪过，索要自己缺少的东西，奉行大国的命令，奉献贡品，听从大国下达的不时之命令。不然，就是将加重小国进贡的财物，用来祝贺其喜事和吊唁其凶祸，这些都是小国的祸患，哪里用得着筑坛来显扬自己的灾祸？把这些告诉子孙，不要显扬祸患就行了。”

28.9 齐庆封好田而耆酒，与庆舍政①，则以其内实迁于卢蒲嫳氏②，易内而饮酒③。数日，国迁朝焉④。使诸亡人得贼者，以告而反之⑤，故反卢蒲癸⑥。癸臣子之⑦，有宠，妻之⑧。庆舍之士谓卢蒲癸曰⑨：“男女辨姓。子不辟宗⑩，何也？”曰：“宗不余辟，余独焉辟之⑪？赋诗断章，余取所求焉，恶识宗⑫？”癸言王何而反之，二人皆嬖⑬。使执寝戈而先后之⑭。

【注释】

①齐庆封好田而耆酒，与庆舍政：庆封虽然专朝政，却不理事，一概交与庆舍。田，打猎。耆，同“嗜”。庆舍，庆封之子。

②则以其内实迁于卢蒲嫳氏：将妻室宝物尽数搬移到卢蒲嫳家。内实，妻室宝物。

③易：交换。内：妻妾。

④国迁朝焉：庆封虽然不理政，但仍然专权，因为居住在卢蒲氏处，诸大夫只好到卢蒲氏家朝见他。

⑤使诸亡人得贼者，以告而反之：亡人，避崔杼之难者。贼，崔氏之党。告，告于庆氏。反，返回。令告发者返国。

⑥故反卢蒲癸：卢蒲癸曾为齐庄公的车右，襄公二十五年崔杼弑齐庄公，卢蒲癸奔晋。现在让卢蒲癸返回。

⑦癸臣子之：卢蒲癸做了子之的家臣。子之，庆舍的字。

⑧有宠，妻之：庆舍将女儿嫁给卢蒲癸。

⑨士：也指家臣。

⑩子不辟宗：古代同姓不婚。庆氏和卢蒲氏都姓姜。不辟宗，不回避同宗。辟，回避。

⑪宗不余辟，余独焉辟之：指庆舍要将女儿嫁给我，我何必避开。焉，疑问助词。

⑫赋诗断章，余取所求焉，恶识宗：春秋时赋诗言志，各取所需，不顾本义断章取义。这里用赋诗做比喻，如果有求于庆氏，不顾辨姓与否。

⑬癸言王何而反之，二人皆嬖：卢蒲癸与王何都是庄公党羽，襄公二十五年崔杼之乱时王何奔莒。此时卢蒲癸说通庆舍，让王何回来，并且都受到宠信，准备为庄公报仇。

⑭使执寝戈而先后之：二人都为庆舍的近卫，或在其先，或在其后。寝戈，一种护卫用的武器。

【译文】

齐国庆封喜好田猎并且贪杯嗜酒，把政务都交给庆舍去处置，自己带着妻妾财宝搬到卢蒲嫳家去住，互换妻妾喝酒。几天后，官员们都改到卢蒲嫳家去朝见庆封。他还让逃亡在外而知道崔氏余党的人，如果前来告发就允许他回来，于是就让卢蒲癸回来了。卢蒲癸还做了庆舍的家臣，受到宠信，庆舍把女儿嫁给他。庆舍的家臣对卢蒲癸说："男女婚姻时应该辨别是否同姓。你却不避同宗，这是为什么？"卢蒲癸说："同宗的人不避我，我怎么能独独去避开呢？就如同赋诗时断章取义一样，我得到我所要的就行了，哪里顾得上是不是同宗？"卢蒲癸又说通庆舍，让王何回国，二人都得到宠信。庆舍让他们持寝戈在前后护卫自己。

公膳日双鸡[①]，饔人窃更之以鹜[②]。御者知之[③]，则去其肉，而以其洎馈[④]。子雅、子尾怒[⑤]。庆封告卢蒲嫳[⑥]。卢蒲嫳曰："譬之如禽兽，吾寝处之矣[⑦]。"使析归父告晏平仲[⑧]。平仲曰："婴之众不足用也，知无能谋也。言弗敢出，有盟可也[⑨]。"子家曰[⑩]："子之言云[⑪]，又焉用盟？"告北郭子车[⑫]。子车曰："人各有以事君，非佐之所能也[⑬]。"陈文子谓桓子曰[⑭]："祸将作矣，吾其何得？"对曰："得庆氏之木百车于庄[⑮]。"文子曰："可慎守也已。"

【注释】

①公膳：卿大夫在朝办事用餐，公家供给卿大夫伙食。

②饔(yōng)人：主烹饪之事者。更之以鹜：将鸡换成鸭。鹜，家鸭。

③御者：送饭的人。

④则去其肉，而以其洎(jì)馈：饔人、御者有意挑拨诸大夫和庆氏的关系，于是偷换伙食。洎，肉汁。按，这可能是卢蒲癸、王何的主意。

⑤子雅、子尾：二人都是齐惠公的孙子。

⑥庆封告卢蒲嫳：公膳之事，当国者有责任。所以子雅、子尾怒，庆封知道后告诉卢蒲嫳。

⑦譬之如禽兽，吾寝处之矣：古时杀兽，食其肉而寝其皮。这里意思是杀掉二人。

⑧使析归父告晏平仲：庆封想拉晏婴一起攻子雅、子尾。

⑨"婴之众不足用也"四句：按，这是晏婴不愿参与庆封之谋，托词拒绝，但答应不泄密。

⑩子家：即庆封。

⑪云：如此。

⑫子车：齐国大夫。

⑬人各有以事君，非佐之所能也：人各有以事君，各人用不同方式事君。佐，子车名。按，子车也拒绝与庆封同谋。

⑭桓子：陈文子之子陈无宇。

⑮得庆氏之木百车于庄：陈桓子预言庆氏必败，唯陈氏可以得利。庄，临淄城大街名。

【译文】

朝廷供应卿大夫的伙食标准是每天两只鸡，管伙食的偷偷换成了鸭子。上菜的知道了，就把肉拿走而只留下肉汤。子雅、子尾大怒。庆封告诉了卢蒲嫳。卢蒲嫳说："这两人就好比是禽兽，我要睡在他们的皮上了。"庆封派析归父告知晏婴。晏婴说："我的手下不堪使用，我的智慧也无法出谋划策。但我决不会泄漏此事，可以设盟发誓。"庆封说："你已经这样表态了，还要盟誓做什么？"庆封又告知北郭子车。子车说："每个人都用自己的方式事奉国君，这事不是我所能做到的。"陈文子对儿子陈无宇说："祸乱即将发作，我们能得到什么呢？"陈无宇回答："可以在庄街上得到庆氏的木头一百车。"陈文子曰："你要谨慎地保住它。"

卢蒲癸、王何卜攻庆氏，示子之兆[1]，曰："或卜攻仇，敢献其兆[2]。"子之曰："克，见血[3]。"冬十月，庆封田于莱[4]，陈无宇从。丙辰[5]，文子使召之，请曰："无宇之母疾病，请归[6]。"庆季卜之[7]，示之兆，曰："死。"奉龟而泣，乃使归[8]。庆嗣闻之[9]，曰："祸将作矣。"谓子家："速归，祸作必于尝，归犹可及也[10]。"子家弗听，亦无悛志[11]。子息曰[12]："亡矣！幸而获在吴越[13]。"陈无宇济水，而戕舟发梁[14]。

【注释】

①兆:龟甲的裂纹,由此判断吉凶。

②或卜攻仇,敢献其兆:二人准备攻庆氏,故意托言别人要攻打仇家让庆舍断吉凶。

③克,见血:庆舍预言不但可成功,而且能得到仇人的血。

④莱:古地名。在今山东昌邑东南。

⑤丙辰:十七日。

⑥无宇之母疾病,请归:陈文子知道要出事,以妻子病重为名,将儿子召回。

⑦庆季:庆封。

⑧"示之兆"四句:庆封占卜之后给陈无宇看,无宇故意说是死兆,言其母必死,又捧着龟甲哭泣,庆封只好让他回去。这是陈无宇担心庆封不放他回去有意做戏。

⑨庆嗣:庆封族人。

⑩速归,祸作必于尝,归犹可及也:庆嗣由陈无宇之行知道必有祸事发生,因此劝庆封赶紧回朝。尝,秋祭。

⑪悛(quān)志:悔改之意。

⑫子息:庆嗣字。

⑬亡矣!幸而获在吴越:庆封必逃亡,能逃到吴越算是侥幸。

⑭陈无宇济水,而戕舟发梁:陈无宇由莱地回临淄,渡潍河后便破坏了船和桥梁,以断绝庆封的归路和对他的救援。戕,破坏。发,即拆毁。梁,桥梁。

【译文】

卢蒲癸、王何为进攻庆氏而占卜,把卦象给庆舍看,说:"有人为攻打仇人而占卜,请你看看征兆如何。"庆舍说:"能成功,见到了血。"冬十月,庆封在莱地打猎,陈无宇随从。十七日,陈文子派人把陈无宇叫回来,陈无宇向庆封请求说:"我母亲病重,请允许我回去。"庆封为陈无宇占卜，把卦兆给他看，陈无宇说："这是死的卦象。"捧着龟甲大哭，庆封就让他回去了。庆嗣听说了，说道："祸乱将要发生了。"对庆封说："赶紧回去，祸乱必将发生在尝祭的时节，回去还来得及制止。"庆封不听，也没有悔改之意。庆嗣说："他将要逃亡了！幸运的话能逃到吴国或是越国。"陈无宇渡过河后，把船凿沉桥梁拆毁。

卢蒲姜谓癸曰①："有事而不告我，必不捷矣。"癸告之。姜曰："夫子愎，莫之止，将不出。我请止之②。"癸曰："诺。"十一月乙亥③，尝于大公之庙，庆舍莅事④。卢蒲姜告之，且止之，弗听，曰："谁敢者⑤？"遂如公⑥。麻婴为尸⑦，庆奊为上献⑧。卢蒲癸、王何执寝戈。庆氏以其甲环公宫⑨。陈氏、鲍氏之圉人为优⑩。庆氏之马善惊，士皆释甲束马，而饮酒，且观优，至于鱼里⑪。栾、高、陈、鲍之徒介庆氏之甲⑫。子尾抽桷，击扉三⑬，卢蒲癸自后刺子之，王何以戈击之，解其左肩⑭。犹援庙桷，动于甍⑮。以俎、壶投，杀人而后死⑯。遂杀庆绳、麻婴⑰。公惧⑱，鲍国曰："群臣为君故也⑲。"陈须无以公归，税服而如内宫⑳。

【注释】

①卢蒲姜：卢蒲癸的妻子，庆舍的女儿。

②"夫子愎(bì)"四句：卢蒲姜支持丈夫，又知道庆舍性情刚愎，献计由自己故意劝阻庆舍不要去参加尝祭，庆舍必不听从，由此给卢蒲癸制造机会。夫子，指庆舍。愎，刚愎自用。

③乙亥：初七。

④尝于大公之庙，庆舍莅事：庆舍准备亲临祭事。

⑤谁敢者：庆舍果然不听，认为无人敢胡作非为。

⑥遂如公：至公所，即到太公庙。

⑦麻婴：齐国大夫。尸：古时祭祀以活人代替受祭者，这个人称为“尸”。

⑧庆奊(xié)：齐国大夫。上献：即上宾，在属吏中遴选。《仪礼·有司彻》“上宾洗爵以升”。亦曰宾长。

⑨庆氏以其甲环公宫：庙在宫内，庆氏派甲士围住公宫。

⑩圉人：养马者。优：俳优，以乐舞戏谑为业的艺人。

⑪“庆氏之马善惊”五句：庆氏士兵都释甲束马，饮酒观优，因此毫无准备。善，喜欢，容易。束马，系住马不让奔跑。鱼里，里名。这里指优在鱼里表演，众人都前往观看。

⑫栾、高、陈、鲍之徒介庆氏之甲：庆氏之兵都解甲，四族之兵于是取而穿上。栾，子雅。高，子尾。陈，陈须无，即陈文子。鲍，鲍国。

⑬子尾抽桷(jué)，击扉三：抽桷击扉是动手的暗号。桷，这里指槌子。扉，门扇。

⑭卢蒲癸自后刺子之，王何以戈击之，解其左肩：王何砍掉庆舍的左肩。

⑮犹援庙桷，动于甍(méng)：庆舍虽受伤，还抽房椽，把房屋都拉动了。桷，方形椽子。甍，栋梁。

⑯以俎、壶投，杀人而后死：庆舍力大勇猛，重伤之下仍搏斗而死。俎，盛肉祭器。壶，盛酒器。

⑰遂杀庆绳、麻婴：二人都是庆氏同党。庆绳，即庆奊。

⑱公：指齐景公。

⑲群臣为君故也：意思是为公室利益而除庆氏，不是作乱。

⑳税服而如内宫：脱了祭服送齐景公回内宫。税，通“脱”。

【译文】

卢蒲姜对卢蒲癸说：“有事情而不告诉我，必然不能成功。”卢蒲癸把情况告诉了她。卢蒲姜说："我父亲为人刚愎，没人劝阻他，他将不出来。就让我去劝阻他。"卢蒲癸说："好吧。"十一月初七，在太公庙举行尝祭，庆舍将到场主持。卢蒲姜把情况告诉了他，并且阻止他前往，庆舍不听，说："谁敢作乱？"便到太公庙去了。麻婴充当祭尸，庆奊任上献。卢蒲癸、王何手持寝戈侍卫。庆氏带着甲士包围住公宫。陈氏、鲍氏的养马人演戏。庆氏家的马容易受惊，甲士们都解下身上的甲衣拴好马，在那儿喝酒，又到鱼里看戏。栾、高、陈、鲍家的人都把庆氏家人解下的甲衣穿上。子尾抽出槌子，敲击门板三下，卢蒲癸从后面刺击庆舍，王何用戈朝庆舍砍去，砍下他的左肩。庆舍仍能拽着庙宇的椽子，连屋梁都被扯动了。又用俎、壶掷人，把人打死后自己才死去。众人便杀了庆绳、麻婴。齐景公很害怕，鲍国说："群臣是为了国君而杀死这些人的。"陈文子护着景公回到宫中，脱去祭服后进入内宫。

庆封归，遇告乱者①。丁亥②，伐西门，弗克。还伐北门，克之。入，伐内宫③，弗克。反，陈于岳④，请战，弗许，遂来奔。献车于季武子，美泽可以鉴⑤。展庄叔见之⑥，曰："车甚泽，人必瘁，宜其亡也⑦。"叔孙穆子食庆封⑧，庆封氾祭⑨。穆子不说，使工为之诵《茅鸱》，亦不知⑩。既而齐人来让，奔吴。吴句馀予之朱方⑪，聚其族焉而居之，富于其旧⑫。子服惠伯谓叔孙曰："天殆富淫人⑬，庆封又富矣。"穆子曰："善人富谓之赏，淫人富谓之殃⑭。天其殃之也，其将聚而歼旃⑮。"

【注释】

①庆封归，遇告乱者：庆封原先在莱地打猎，从莱回齐都。

②丁亥：十九日。

③伐内宫：陈、鲍及齐景公都在内宫。

④岳：杨伯峻指出，《山东通志》称岳里在临淄南街，未必可信。里巷狭小，不足以列阵，岳应该也是大街。

⑤献车于季武子，美泽可以鉴：庆封的车子很华丽，光彩照人。

⑥展庄叔：鲁国大夫。

⑦车甚泽，人必瘁，宜其亡也：庆封车美，必定是大肆聚敛搜刮，人受其害，憔悴不堪，这样，庆封必亡。

⑧食：设便宴招待。

⑨氾祭：古人饮食前必先祭，氾祭是遍祭诸神，非礼所宜，表明庆封不知礼。

⑩穆子不说，使工为之诵《茅鸱》，亦不知：穆子让乐工诵《茅鸱》讥刺庆封，他也听不出来，可见其愚蠢。工，乐师。《茅鸱》，逸诗，内容是讥刺不敬者。

⑪句馀：吴王馀祭。朱方：古地名。在今江苏镇江东丹徒南。

⑫富于其旧：庆封居朱方，比在齐国时更富。

⑬淫人：淫恶的人。

⑭淫人富谓之殃：淫人得富必有祸殃。

⑮天其殃之也，其将聚而歼旃（zhān）：这里为昭公四年杀庆封伏笔。旃，"之焉"的合音。

【译文】

庆封在回来的路上，遇到前来报告动乱的人。十九日，庆封攻打西门，没能攻下。又去攻北门，攻克了。进入城里，攻打内宫，没攻下。回兵在岳布阵，提出决战，没有得到回应，于是逃来鲁国。庆封献给季武子一辆车，十分华美，光彩照人。展庄叔见了，说："车这么漂亮，人民必定憔悴，他出亡在外是必然的。"叔孙穆子宴请庆封，庆封在宴会上先遍祭群神。叔孙穆子很不高兴，让乐工为他诵读《茅鸱》，庆封也听不懂。不久齐国人来责备鲁国收留庆封，庆封便逃到吴国。吴王句馀把朱方给了他，庆封召集其族众住在那里，比原先还要富有。子服惠伯对叔孙穆子说："上天大概是专门要让坏人富起来，你看庆封又富了。"叔孙穆子说："善人富有是奖赏，坏人富有则是灾殃。上天大概要降灾给他，所以让他们聚拢一起全部歼灭掉吧。"

28.10　癸巳[①]，天王崩[②]。未来赴，亦未书，礼也[③]。

【注释】

①癸巳：十一月二十五日。

②天王崩：周灵王死，子景王贵立。

③未来赴，亦未书，礼也：周灵王死于十一月，因当月未来讣告，《经》文于十一月未加记载，这是合于礼的。按，这里是在解释《经》文。

【译文】

十一月二十五日，周天子驾崩。没有发来讣告，《春秋》也没有记载，这是合于礼的。

28.11　崔氏之乱，丧群公子，故鉏在鲁，叔孙还在燕，贾在句渎之丘[①]。及庆氏亡，皆召之，具其器用，而反其邑焉[②]。与晏子邶殿其鄙六十[③]，弗受。子尾曰："富，人之所欲也，何独弗欲？"对曰："庆氏之邑足欲，故亡[④]。吾邑不足欲也，益之以邶殿，乃足欲。足欲，亡无日矣[⑤]。在外，不得宰吾一邑[⑥]。不受邶殿，非恶富也，恐失富也。且夫富，如布帛之有幅焉，为之制度，使无迁也[⑦]。夫民，生厚而用利，于是乎正德以幅之[⑧]，使无黜嫚[⑨]，谓之幅利[⑩]。利过则为败。吾不敢贪多，所谓幅也。"与北郭佐邑六十，受之。与子雅邑，辞多受少。与子尾邑，受而稍致之[⑪]。公以为忠，故有宠。释卢蒲嫳于北竟⑫。

【注释】

①“崔氏之乱”五句：这是襄公二十一年齐庄公复讨伐公子牙同党的事。齐庄公为崔杼所立，故溯其源曰“崔氏之乱”。贾在句渎之丘，襄公二十一年《传》作“执公子买于句渎之丘”，应是“买”与“贾”形近而误。

②“及庆氏亡”四句：公子鉏、叔孙还、公子贾等都返回，并归还他们的器物封邑。

③邶殿其鄙：即邶殿之郊鄙，很广阔。邶殿，齐国大邑，在今山东昌邑。“其”在这里作“之”用。

④庆氏之邑足欲，故亡：庆氏贪得封邑的欲望满足了，结果却是逃亡。

⑤足欲，亡无日矣：晏子意谓不义所得，必有灾祸。

⑥在外，不得宰吾一邑：如果逃亡在外，就连一邑也保不住。

⑦“且夫富”四句：布帛的幅度有定制，不可改变，一个人的富有也是如此。富、幅谐音，晏婴用来作比。

⑧夫民，生厚而用利，于是乎正德以幅之：民都喜欢生厚用利，却必须端正道德加以限制。生厚，生活享受丰厚。用利，器物财货富饶。幅，引申为限制。

⑨使无黜嫚：不可不足，也不可过分。黜，不足。嫚，过分。

⑩谓之幅利：限制其利，不可纵欲奢侈。

⑪受而稍致之：接受后又全部送还。稍，尽。

⑫释卢蒲嫳于北竟：卢蒲嫳为庆封同党，所以放逐于北部边境。释，放逐。竟，通“境”。

【译文】

崔氏动乱，公子们四散逃亡，所以公子鉏在鲁国，叔孙还在燕国，公子贾在句渎之丘。到庆氏灭亡后，把他们全都召回，归还他们的日常器物，把封邑也归还他们。赐给晏婴邶殿边境六十座城邑，晏婴辞谢不接受。子尾说："富裕是人人都想得到的，为何唯独你不要？"晏婴回答说："庆氏的封邑满足了他的欲望，所以逃亡。我的城邑的确还没有满足欲望，但加上邶殿六十邑，就可满足欲望了。欲望满足，离逃亡的日子也就不远了。如果逃亡在外，连一座城邑也不能保住。不接受邶殿城邑，并非讨厌富裕，正是怕失去富裕。何况富有就如布帛有一定的尺寸，给它设定一定的幅度，让它不能改变。民众总是想生活富足，器用丰富，所以要端正道德观念来加以限制，使它既不缺乏也不过分，这就是所谓限制欲望。欲望过分了就会败坏。我不敢贪多，就是所谓限制。"于是赐给他北郭佐邑六十座，他接受了。也赐给子雅城邑，他辞掉大多数，只接受少量地盘。赐给子尾城邑，他接受而后又全部还给景公。景公觉得子尾忠诚，所以宠信他。把卢蒲嫳流放到北部边境。

求崔杼之尸，将戮之，不得。叔孙穆子曰："必得之，武王有乱臣十人①，崔杼其有乎？不十人，不足以葬②。"既，崔氏之臣曰："与我其拱璧，吾献其柩③。"于是得之。十二月乙亥朔④，齐人迁庄公⑤，殡于大寝⑥。以其棺尸崔杼于市⑦，国人犹知之⑧，皆曰："崔子也。"

【注释】

①武王有乱臣十人：相传武王有十个治世之臣。乱，治。

②不十人，不足以葬：意思是崔杼不得人心。武王有治臣十人而得天下，崔杼连十个和他同心的人都没有，因此尸体必定能找到。

③与我其拱璧，吾献其柩：崔杼有大璧，其家臣以得璧为条件，愿献出崔杼尸体。拱璧，大璧。

④乙亥：应为己亥，初一。

⑤齐人迁庄公：迁葬庄公。

⑥殡于大寝：齐庄公葬前先殡于路寝。

⑦以其棺尸崔杼于市：崔杼杀庄公，又不以礼葬庄公，于是用崔杼的棺材装上崔杼的尸体暴露在街市，以显示他的罪恶。其，指崔杼。

⑧知：认识。

【译文】

寻求崔杼的尸体，打算戮尸，但找不到。叔孙穆子说："一定能找到，武王有十个治世臣子，崔杼有吗？他没有十个这样的人，就一定不能安葬。"不久，崔氏家臣说："如果把崔氏的大璧给我，我就献出他的棺材。"于是得到了崔杼的尸体。十二月初一，齐国迁葬庄公，停棺在大寝。把崔杼的棺材装上其尸体暴露在街市，国人还能认识，都说："这是崔杼。"

28.12　为宋之盟故，公及宋公、陈侯、郑伯、许男如楚[①]。公过郑，郑伯不在[②]，伯有廷劳于黄崖[③]，不敬。穆叔曰："伯有无戾于郑，郑必有大咎[④]。敬，民之主也，而弃之，何以承守[⑤]？郑人不讨，必受其辜[⑥]。济泽之阿，行潦之蘋藻，置诸宗室，季兰尸之，敬也[⑦]。敬可弃乎[⑧]？"

【注释】

①为宋之盟故，公及宋公、陈侯、郑伯、许男如楚：诸侯朝楚。

②公过郑，郑伯不在：郑简公已在楚国。

③伯有廷劳于黄崖：异国之君过境，不入国都，东道国大夫应到郊外慰劳。黄崖，古地名。在今河南新郑北。

④伯有无戾于郑，郑必有大咎：伯有不被治罪，必成为郑国的祸害。戾，罪。

⑤敬，民之主也，而弃之，何以承守：不敬就不能保持祖宗的家业。

⑥郑人不讨，必受其辜：不讨伯有，必有祸乱。辜，祸殃。

⑦“济泽之阿”五句：水边的薄土，阿泽中的蘋藻，虽然菲薄，仍可作为祭品；由少女作祭尸，神能享用，就在于恭敬。济，渡口。泽，水草相交的地方。阿，水崖，这里指水边薄土。行，道路。潦，积水。蘋藻，蘋草水藻。置诸宗室，将蘋藻作为祭品，献于宗庙。季兰，季女，少女。

⑧敬可弃乎：伯有不敬，必不免祸。这为襄公三十年郑国杀伯有伏笔。

【译文】

为践行在宋国订立的盟约，鲁襄公和宋平公、陈哀公、郑简公、许悼公去朝见楚国。襄公路过郑国，郑简公不在国内，由伯有到黄崖慰劳襄公，举止不恭敬。穆叔说：“伯有如果不在郑国获罪，郑国必有大灾祸。恭敬是民众的主心骨，他却丢弃了，怎么继承先人保守家业？郑国人不讨伐他，必定会受到他的连累。渡口水泽边的薄土、道路积水中所生的浮蘋水藻，放在宗庙中当祭品，少女作为祭尸而被接受，是由于恭敬。恭敬岂是可以丢弃的？”

及汉，楚康王卒。公欲反。叔仲昭伯曰[①]：“我楚国之为，岂为一人？行也[②]！”子服惠伯曰：“君子有远虑，小人从迩[③]。饥寒之不恤，谁遑其后[④]？不如姑归也。”叔孙穆子曰：“叔仲子专之矣，子服子，始学者也[⑤]。”荣成伯曰[⑥]：“远图者，忠也。”公遂行[⑦]。宋向戌曰：“我一人之为，非为楚也。饥寒之不恤，谁能恤楚[⑧]？姑归而息民，待其立君而为之备[⑨]。”宋公遂反。

【注释】

①叔仲昭伯:鲁国大夫叔仲带。

②我楚国之为,岂为一人?行也:此行为楚国,不是为康王一人。

③小人从迩:小人只看眼前。迩,近。

④饥寒之不恤,谁遑其后:饥寒都顾不上,更无暇顾及以后。惠伯主张回去。遑,暇。

⑤叔仲子专之矣,子服子,始学者也:叔仲带之言可听从,子服惠伯却如刚学习的人,没远见。穆子赞同叔仲带的意见。

⑥荣成伯:荣驾鹅,宣公弟叔肸曾孙。

⑦公遂行:群臣争论结果,为长远考虑,襄公仍去楚国。

⑧"我一人之为"四句:楚康王既死,楚国一时必不能为害他国,所以向戌认为可以暂不朝楚。

⑨姑归而息民,待其立君而为之备:让国内百姓休息整顿,以防备楚人。

【译文】

襄公达到汉水时,楚康王去世。襄公打算回国。叔仲昭伯说:"我们是为了楚国而来的,岂是为康王一人?还是去吧!"子服惠伯说:"君子有远虑,小人只考虑眼前。饥寒都顾不上了,谁还能顾及以后?不如先回去吧。"叔孙穆子说:"叔仲昭伯可以被专门任用了,子服惠伯只是初学者。"荣成伯说:"考虑长远的人,是忠诚者。"襄公于是继续前进。宋国向戌说:"我们是为了一个人而来,不是为楚国而来。饥寒都顾不上,谁能顾及楚国?姑且回去,让民众休养生息,等立了新国君后再戒备他们。"宋平公就回国了。

28.13 楚屈建卒①,赵文子丧之如同盟,礼也②。

【注释】

①屈建卒：令尹子木死。

②赵文子丧之如同盟，礼也：襄公二十七年弭兵大会，晋国以赵武为主，楚国以屈建为主，楚国虽有衷甲之举，晋国不计前嫌，吊丧时如同对待同盟国一样。

【译文】

楚国屈建去世，赵文子去吊丧就如对待同盟国一样，这是合乎礼的。

28.14　王人来告丧，问崩日，以甲寅告[①]，故书之，以徵过也[②]。

【注释】

①王人来告丧，问崩日，以甲寅告：周灵王实死于癸巳，使者误以甲寅告。

②故书之，以徵(chéng)过也：《经》文记以甲寅，以惩戒使者之过。徵，通"惩"，罚。

【译文】

周朝使者来告知周灵王去世的事，问其死期，回答说是十二月十六日，所以《春秋》就这样记载，用以惩戒其过错。

二十九年

【经】

29.1　二十有九年春王正月[①]，公在楚[②]。

29.2　夏五月，公至自楚。

29.3　庚午[③]，卫侯衎卒[④]。

29.4 阍弑吴子馀祭⑤。

29.5 仲孙羯会晋荀盈、齐高止、宋华定、卫世叔仪、郑公孙段、曹人、莒人、滕人、薛人、小邾人城杞。

29.6 晋侯使士鞅来聘。

29.7 杞子来盟。

29.8 吴子使札来聘⑥。

29.9 秋九月，葬卫献公。

29.10 齐高止出奔北燕⑦。

29.11 冬，仲孙羯如晋⑧。

【注释】

①二十有九年：鲁襄公二十九年当周景王元年，前544。

②公在楚：襄公上年十一月朝楚未归。

③庚午：初五。

④卫侯衎卒：卫献公死。卫献公，前576年即位，但前558—前547年之间，由卫殇公执政。扣除这十二年，卫献公共在位二十一年。

⑤阍(hūn)弑吴子馀祭：吴王馀祭被守门人杀死。阍，守门人。

⑥吴子使札来聘：吴国开始和鲁国通好，馀祭在被杀之前派季札聘鲁，季札在赴鲁途中，所以还不知道馀祭被杀的事。札，也叫季札，吴王寿梦第四子，因封邑在延陵、州来二地，又称延陵季子或延州来季子。

⑦齐高止出奔北燕：齐国驱逐高止。

⑧仲孙羯如晋：鲁国为回报士鞅聘鲁，派孟孝伯到晋国去。

【译文】

鲁襄公二十九年春周历正月，襄公在楚国。

夏五月，襄公从楚国回国。

六月初五，卫献公衎去世。

看门人杀死吴王馀祭。

仲孙羯会同晋国荀盈、齐国高止、宋国华定、卫国世叔仪、郑国公孙段、曹国人、莒国人、滕国人、薛国人和小邾国人修筑杞国都城的城墙。

晋平公派士鞅来鲁国聘问。

杞文公来鲁国结盟。

吴王馀祭派季札来鲁国聘问。

秋九月，安葬卫献公。

齐国高止出逃到北燕。

冬，仲孙羯去晋国。

【传】

29.1　二十九年春王正月，公在楚，释不朝正于庙也[①]。

【注释】

①释不朝正于庙也：鲁国国君每年正月有朝庙告朔之礼。现在襄公不在，国内仍行此礼。《经》文记“公在楚”，是解释襄公不在祖庙听政的原因。

【译文】

鲁襄公二十九年春周历正月，襄公在楚国，这是解释为什么不去太庙朝正的原因。

楚人使公亲襚[①]，公患之。穆叔曰：“祓殡而襚，则布币也[②]。”乃使巫以桃茢先祓殡[③]。楚人弗禁，既而悔之[④]。

【注释】

①楚人使公亲襚(suì):襚是外国使臣吊邻国国君丧所行之礼,楚国让襄公行此礼,是将他当作使臣,有意羞辱他。襚,为死者穿衣。

②祓(fú)殡而襚,则布币也:祓殡而后行襚礼,与朝而布币无异。祓殡,祓除不祥之祭。布币,陈列朝聘的皮币。

③乃使巫以桃茢(liè)先祓殡:据《礼记·檀弓下》"君临臣丧,以巫祝桃茢执戈,恶之也",则桃茢祓殡,乃君临臣丧之礼。桃茢,以桃枝作帚,扫除凶邪。茢,笤帚。

④楚人弗禁,既而悔之:楚人起初不知其意,未加制止,后来发现受愚弄,后悔莫及。本来是要羞辱鲁国,反而被鲁国所辱。

【译文】

楚国让襄公亲自为康王的尸体穿衣,襄公对此很不高兴。穆叔说:"先举行为殡葬而祓除不祥的祭祀然后再给死者穿衣,这就等于朝聘时送礼物了。"于是让巫者用桃枝作笤帚先祓除不祥。楚国人没加制止,后来又为此而后悔。

29.2　二月癸卯①,齐人葬庄公于北郭②。

【注释】

①癸卯:初六。

②齐人葬庄公于北郭:上年十二月,齐人将庄公之棺殡于正寝,现在出葬。因为不是善终,所以葬于外城北边。

【译文】

二月初六,齐国人在北面的外城安葬庄公。

29.3　夏四月,葬楚康王,公及陈侯、郑伯、许男送葬,至于西门之外，诸侯之大夫皆至于墓。楚郏敖即位①。王子围为令尹②。郑行人子羽曰："是谓不宜，必代之昌③。松柏之下，其草不殖④。"

【注释】

①郏敖：楚康王之子熊麇。

②王子围：楚康王的弟弟。

③是谓不宜，必代之昌：预言王子围必将取代郏敖。

④松柏之下，其草不殖：王子围强霸如松柏，郏敖幼弱如小草，必不长久。此为昭公元年王子围杀郏敖预设伏笔。

【译文】

夏四月，安葬楚康王，襄公和陈哀公、郑简公、许悼公送葬，送到西门外，诸侯国大夫都送到墓地。楚国郏敖即位。王子围任令尹。郑国行人子羽说："这就叫做不恰当，令尹必定会取代楚王而昌盛。松柏的下面，草是长不好的。"

29.4　公还，及方城。季武子取卞①，使公冶问②。玺书追而与之③，曰："闻守卞者将叛，臣帅徒以讨之，既得之矣。敢告④。"公冶致使而退⑤，及舍，而后闻取卞⑥。公曰："欲之而言叛，只见疏也⑦。"公谓公冶曰："吾可以入乎⑧？"对曰："君实有国，谁敢违君⑨？"公与公冶冕服⑩。固辞，强之而后受⑪。公欲无入，荣成伯赋《式微》⑫，乃归。五月，公至自楚。公冶致其邑于季氏⑬，而终不入焉⑭。曰："欺其君，何必使余⑮？"季孙见之，则言季氏如他日；不见，则终不言季氏⑯。及疾，聚其臣⑰，曰："我死，必无以冕服敛，非德赏也⑱。且无使季氏葬我。”

【注释】

①卞：原是鲁国公室之邑，在今山东泗水东。

②公冶：季氏家臣。问：问候襄公。

③玺(xǐ)书追而与之：公冶已走，追送玺书给他，让带去给襄公。玺，印章。按，秦朝以前尊卑印章都可称为玺。

④“闻守卞者将叛”四句：这是玺书的内容。季武子想要占卞邑，就乘襄公不在国内之机占取，所谓“守卞者将叛”是季武子强占卞邑的借口。

⑤致使：表达使命，既问安，又交信。

⑥及舍，而后闻取卞：公冶本不知信中内容，回到休息处才得知，应是襄公看信后传到他的耳里。

⑦欲之而言叛，只见疏也：意思是季氏想要卞邑，却不明说，而找借口，是对国君表示疏远。这是襄公愤怒的话语。而季氏专权逼君，襄公也无可奈何。

⑧吾可以入乎：怕季氏有不轨行为，因此发问。

⑨君实有国，谁敢违君：公冶认为国内无人敢拒绝襄公。

⑩公与公冶冕服：赏给公冶卿服玄冕。

⑪固辞，强之而后受：公冶坚决辞谢，襄公强迫他，他才接受。可见他洁身奉公。

⑫《式微》：《诗经·国风·邶风》篇名，其中有“式微式微，胡不归”句，荣成伯以此劝襄公回国。

⑬公冶致其邑于季氏：退还季氏所送之邑，表示不再为其家臣。

⑭而终不入焉：不入季孙家，不做季氏家臣。

⑮欺其君，何必使余：公冶明白季孙问候襄公起居是假，致书告取卞是真，而取卞邑是欺君，自己受使也被欺骗。

⑯“季孙见之”四句：按，公冶以此表示对季氏的不满。

⑰臣：这里指为公冶服务的人。

⑱我死，必无以冕服敛，非德赏也：公冶自认为替季孙送信是为季孙欺骗国君，襄公赏给自己冕服，并非因为自己有德，而是惧怕季氏，因此拒绝以冕服入殓。

【译文】

襄公回国，到达方城。季武子攻占了卞邑，派公冶去问候襄公。公冶走后，又以印封好书信派人追上公冶，让他交给襄公，信中说：“听到守卞人要叛变，下臣率领部下讨伐，已经占领了卞邑。谨此报告。”公冶拜见襄公后退出，到了住处以后才知道攻取卞邑之事。襄公说：“想要得到它却借口说它叛变，只能说对我表示疏远。”襄公问公冶道：“我可以入境吗？”公冶回答说：“国君拥有国家，谁敢违背国君？”襄公奖励公冶冕服。公冶坚决推辞，襄公坚持要给才接受了。襄公想不进入国境，荣成伯赋《式微》一诗，襄公才回国。五月，襄公从楚国回来。公冶把自己的封邑还给季武子，就再也不进季氏的家门。他说：“他要欺骗国君，何必派我去？”季孙去见他，公冶则和季孙氏像往日一样交往；不见面的时候，便始终不提到季氏。到病危时，公冶召集身边人，说道：“我死后，一定不要用冕服入殓，因为这不是靠德行得来的奖赏。同时不要让季氏来安葬我。”

29.5　葬灵王①，郑上卿有事，子展使印段往②。伯有曰：“弱③，不可。”子展曰：“与其莫往，弱不犹愈乎④？《诗》云：‘王事靡盬，不遑启处⑤。’东西南北，谁敢宁处？坚事晋、楚，以蕃王室也。王事无旷，何常之有⑥？”遂使印段如周。

【注释】

①葬灵王：鲁襄公没参加会葬，所以《经》文未记载。

②郑上卿有事，子展使印段往：郑简公正在楚国，上卿子展留守国内，于是派印段参加。

③弱：年少。

④与其莫往，弱不犹愈乎：年少总比没人去好。莫，没人。

⑤王事靡盬（gǔ），不遑启处：引《诗》见《诗经·小雅·四牡》，意思是王事应当细致，没有工夫安居。这里借用来表示坚定地事奉晋、楚二国，也就是捍卫王室。靡，无。盬，不细致。启处，安居。

⑥"坚事晋、楚"四句：子展认为，坚事晋、楚也是维护王室，派印段前往也不能算是违反常例。蕃，通"藩"，捍卫。无旷，没有缺失。

【译文】

安葬周灵王，郑国上卿子展因国事在身不能去，派了印段前往。伯有说："他太年轻，不行。"子展说："与其没人去，派个年轻的不是比无人去好吗？《诗》说：'王家差事做不完，哪有时间去休息。'东西南北，谁敢安居？坚定地事奉晋国、楚国，用以捍卫王室。王事无缺失，管他什么常例？"就派印段到宗周去。

29.6 吴人伐越，获俘焉，以为阍，使守舟。吴子馀祭观舟，阍以刀弑之。

【译文】

吴国人讨伐越国，抓回了俘虏，让他做看门人，去看守船只。吴王馀祭来观看船只，看门人用刀杀死馀祭。

29.7 郑子展卒，子皮即位①。于是郑饥，而未及麦，民病②。

子皮以子展之命，饩国人粟，户一钟[③]，是以得郑国之民，故罕氏常掌国政[④]，以为上卿。宋司城子罕闻之，曰："邻于善[⑤]，民之望也。"宋亦饥，请于平公，出公粟以贷；使大夫皆贷[⑥]。司城氏贷而不书[⑦]，为大夫之无者贷[⑧]。宋无饥人。叔向闻之，曰："郑之罕[⑨]，宋之乐[⑩]，其后亡者也，二者其皆得国乎[⑪]！民之归也。施而不德，乐氏加焉[⑫]，其以宋升降乎[⑬]！"

【注释】

①郑子展卒，子皮即位：子皮代父为上卿。

②于是郑饥，而未及麦，民病：没到麦收闹饥荒，百姓陷入困境。

③子皮以子展之命，饩(xì)国人粟，户一钟：还在子展丧期，因此子皮以子展之命分粮。饩，赠送粮食。一钟，合今天的一又十分之三石。

④罕氏：子展、子皮为罕氏。

⑤邻于善：接近于善，指输粟于民的善行。

⑥请于平公，出公粟以贷；使大夫皆贷：因子罕之请，宋平公和大夫都借粮给百姓。

⑦不书：不写契约，表示不求归还。

⑧为大夫之无者贷：子罕又为缺少粮食的大夫借粮给百姓。

⑨郑之罕：子展、子皮为罕氏。

⑩宋之乐：宋子罕为乐氏。

⑪其后亡者也，二者其皆得国乎：指二氏都能长掌二国之政。

⑫施而不德，乐氏加焉：乐氏施舍于民，而不求百姓感激，是更胜一筹。

⑬其以宋升降乎：乐氏将长盛不衰，与宋国同命运。

【译文】

郑国子展去世，子皮继承他的职位。当时郑国饥荒，还没到麦收时节，百姓困乏。子皮用子展的遗命，送给国人粮食，每户一钟，由此得到郑国民众的拥护，所以罕氏一直执掌国政，担任上卿。宋国的司城子罕听说了，说道："与善为邻，这是百姓的期望。"宋国也饥荒，子罕向宋平公请求，拿出公室的粮食借给人民；让大夫都借粮给百姓。司城子罕借粮给百姓而不立借条，并替没粮可借的大夫代为放粮。于是宋国没有挨饿的人。叔向听说后，说："郑国的罕氏，宋国的乐氏，大概会是最后消亡的，两家都将会长久执掌国政吧！因为百姓归服于他们。施恩而不求感激，乐氏显得更胜一筹，他家大概会与宋国同盛衰吧！"

29.8 晋平公，杞出也，故治杞①。六月，知悼子合诸侯之大夫以城杞②，孟孝伯会之。郑子大叔与伯石往。子大叔见大叔文子③，与之语。文子曰："甚乎，其城杞也④！"子大叔曰："若之何哉！晋国不恤周宗之阙，而夏肄是屏⑤，其弃诸姬，亦可知也已⑥。诸姬是弃，其谁归之？吉也闻之，弃同即异⑦，是谓离德。《诗》曰：'协比其邻，昏姻孔云⑧。'晋不邻矣，其谁云之⑨？"

【注释】

①晋平公，杞出也，故治杞：晋平公母亲为杞国女，平公是杞国外甥，所以杞国迁都淳于，即今山东安丘，平公为之修城。

②知悼子：荀盈。

③大叔文子：卫大夫大叔仪。

④甚乎，其城杞也：太叔文子认为，晋平公召集诸侯为舅家修城太过分。

⑤晋国不恤周宗之阙，而夏肄是屏：这里指责晋国不考虑周室之衰而只想保护夏朝的残余。周宗，指周室，它已衰微。夏肄，杞为夏之后。肄，余。屏，蕃屏，保护。

⑥其弃诸姬，亦可知也已：周室为姬姓之本，晋国不恤周宗，其他姬姓诸国也必将被弃。

⑦弃同即异：晋国的行为，是弃同姓之国而亲近异姓之国。即，就，亲近。

⑧协比其邻，昏姻孔云：引《诗》见《诗经·小雅·正月》，这里指晋国应该先亲近近亲之国，婚姻之国才会和它友好。协比，亲附。孔，甚。

⑨晋不邻矣，其谁云之：晋国既不以近亲为亲，谁还能和它友好？这是诸侯对晋国表示不满。

【译文】

晋平公是杞国女子所生，所以整修杞国的城墙。六月，知悼子会合各诸侯国大夫修筑杞城，孟孝伯前往参加。郑国子太叔和伯石也去。子太叔见到太叔文子，与他交谈。文子说："为杞国修城的事做得太过分了！"子太叔说："拿他怎么办呢！晋国不顾念周朝宗室的衰微，却保护夏朝的残余，他将抛弃各姬姓国，也是可以预料到的了。各姬姓国被抛弃，又会有谁归服于他？我听说过，抛弃同姓接近异姓，这叫做离德。《诗》说：'亲附近亲与同姓，姻亲往来周旋忙。'晋国不亲近同姓近亲，还有谁来和他友好交往？"

29.9 齐高子容与宋司徒见知伯，女齐相礼[①]。宾出，司马侯言于知伯曰："二子皆将不免。子容专[②]，司徒侈[③]，皆亡家之主也。"知伯曰："何如？"对曰："专则速及，侈将以其力毙，专则人实毙之，将及矣[④]。"

【注释】

①齐高子容与宋司徒见知伯，女齐相礼：高子容，高止。宋司徒，华定。知伯，晋国荀盈。女齐，晋国大夫司马侯。

②专：独断专权。

③侈：奢侈。

④“专则速及”四句：为今年秋天高止逃亡燕国和昭公二十年华定出奔陈国伏笔。及，及于祸。侈将以其力毙，奢侈将由于力尽而自毙。

【译文】

齐国高子容与宋国司徒来见知伯，女齐作相礼。宾客出门后，司马侯对知伯说：“这两人都将难以避免祸难。子容专横，司徒骄纵，都是败亡家族的罪魁祸首。”知伯说：“何以见得？”女齐回答说：“专横会很快遭殃，骄纵则因自己力量强大而致死，专横则人们将消灭他，他们遭难的日子快要到了。”

29.10 范献子来聘，拜城杞也①。公享之，展庄叔执币②。射者三耦③。公臣不足，取于家臣④。家臣，展瑕、展王父为一耦；公臣，公巫召伯、仲颜庄叔为一耦，鄫鼓父、党叔为一耦。

【注释】

①范献子来聘，拜城杞也：拜谢鲁国为杞国筑城。

②展庄叔执币：主人劝宾客饮酒，宾送上束帛，名叫酬币。展庄叔，鲁国大夫。币，束帛。

③射：这里指宴饮之中的射礼，叫燕射。三耦：三对人。二人为耦。古代天子与诸侯射六耦，诸侯与诸侯射四耦，此诸侯与卿大夫

射，则三耦。依古礼，三耦先射，每射四箭；然后主人与宾射。

④公臣不足，取于家臣：三耦要六人，并要习于礼仪又善射的。公室已经找不到六个这样的人，只好在家臣中选取，表明鲁国公室衰微，私家势力之盛。

【译文】

范献子来鲁国聘问，拜谢帮助修筑杞国城墙。襄公设享礼款待，由展庄叔捧着礼物。参加射礼的要三对人。公臣不够数，就从家臣中选取。家臣中展瑕、展王父为一对；公臣中公巫召伯、仲颜庄叔为一对，鄫鼓父、党叔为一对。

29.11 晋侯使司马女叔侯来治杞田①，弗尽归也②。晋悼夫人愠曰③："齐也取货。先君若有知也，不尚取之④。"公告叔侯。叔侯曰："虞、虢、焦、滑、霍、杨、韩、魏⑤，皆姬姓也，晋是以大⑥。若非侵小，将何所取？武、献以下，兼国多矣⑦，谁得治之？杞，夏余也，而即东夷⑧。鲁，周公之后也，而睦于晋。以杞封鲁犹可，而何有焉⑨？鲁之于晋也，职贡不乏，玩好时至⑩，公卿大夫相继于朝，史不绝书，府无虚月⑪。如是可矣，何必瘠鲁以肥杞⑫？且先君而有知也，毋宁夫人，而焉用老臣⑬？"

【注释】

①司马女叔侯：即女齐，官司马。上文称司马侯，下文又称叔侯。治杞田：让鲁国归还以前所侵占的杞国田地。

②弗尽归也：鲁国没有全部归还。

③晋悼夫人：即晋平公的母亲，杞国女。愠(yùn)：怒，怨。

④齐也取货。先君若有知也，不尚取之：晋悼夫人以为女齐一定是

受了鲁国之贿,鲁国才不全部归还杞田。尚,《尔雅·释诂》:"右也。"佑助。

⑤虞、虢、焦、滑、霍、杨、韩、魏:这八个国家都先后被晋国灭。焦,古地名。在今河南三门峡东。杨,古地名。在今山西洪洞东南。

⑥晋是以大:晋国灭此八国,才成为大国。

⑦武、献以下,兼国多矣:晋国到武公、献公大量兼并小国,开始强盛。

⑧杞,夏余也,而即东夷:杞国接近东夷,行夷礼。

⑨以杞封鲁犹可,而何有焉:即使将杞国封给鲁国,也不必可惜。女齐认为,不应该心目中只有杞国。

⑩职贡不乏,玩好时至:职贡,贡物。玩好,各种玩物。

⑪公卿大夫相继于朝,史不绝书,府无虚月:鲁国公卿大夫不断朝晋,晋国府库没有哪一个月不接受鲁国贡品。

⑫瘠(jí):瘦弱,这里引申为削弱。

⑬且先君而有知也,毋宁夫人,而焉用老臣:意即先君如果有知,只会责怪夫人,不会责怪我。女齐认为自己做的事并没错。

【译文】

晋平公派司马女齐前来鲁国办理退还鲁国所占杞国土地的事,女齐没让鲁国将土地尽数归还杞国。晋悼夫人发火说:"女齐一定得了鲁国的好处。如果先君有知,绝对不会同意他这样做。"平公告诉了女齐。女齐说:"虞、虢、焦、滑、霍、杨、韩、魏,都是姬姓国,晋国由此而得发展壮大。如果不是掠取小国,将从哪里取得土地?武公、献公以来,兼并的国家很多,谁能够退还?杞国是夏朝的残余,而靠近东夷。鲁国是周公的后代,而与晋国和睦。把杞国封给鲁国都是可以的,为何心中只有杞国?鲁国对我们晋国,朝贡不断,玩物时时送来,公卿大夫络绎来朝,史书记载不绝,国库没有一月没收到他们的财物。这就可以了,何必要削弱鲁国来养肥杞国呢?再说先君如果有知的话,就宁可让夫人自己去办,哪里用得着老臣我?"

29.12 杞文公来盟①。书曰"子",贱之也②。

【注释】

①杞文公来盟:鲁国归还所侵之田,所以来结盟拜谢。

②书曰"子",贱之也:杞文公用夷礼,因此《经》文称为"子",以示鄙贱。

【译文】

杞文公来鲁国结盟。《春秋》称他为"子",是鄙视他。

29.13 吴公子札来聘,见叔孙穆子,说之①。谓穆子曰:"子其不得死乎!好善而不能择人。吾闻君子务在择人。吾子为鲁宗卿②,而任其大政,不慎举,何以堪之?祸必及子③!"

【注释】

①说:同"悦"。

②宗卿:与国君同宗的世卿。

③祸必及子:昭公四年,叔孙穆子为其儿子竖牛所害。

【译文】

吴国公子季札来鲁国聘问,会见叔孙穆子,很喜欢他。他对叔孙穆子说:"您怕要不得好死吧!喜欢行善却不懂得选择善人。我听说君子应当致力于选择善人。您任鲁国宗卿,掌管国家大政,举拔人不慎重,怎么能维持得下去?祸患必然要降到您的身上!"

请观于周乐①。使工为之歌《周南》、《召南》②,曰:"美哉！始基之矣，犹未也，然勤而不怨矣③。”为之歌《邶》、《鄘》、《卫》④，曰：“美哉，渊乎！忧而不困者也⑤。吾闻卫康叔、武公之德如是，是其《卫风》乎⑥！”为之歌《王》⑦，曰：“美哉！思而不惧，其周之东乎⑧？”为之歌《郑》⑨，曰：“美哉！其细已甚，民弗堪也⑩。是其先亡乎⑪！”为之歌《齐》⑫，曰：“美哉，泱泱乎！大风也哉⑬！表东海者，其大公乎！国未可量也⑭。”为之歌《豳》⑮，曰：“美哉，荡乎⑯！乐而不淫，其周公之东乎⑰！”为之歌《秦》⑱，曰：“此之谓夏声⑲。夫能夏则大⑳，大之至也，其周之旧乎㉑！”为之歌《魏》㉒，曰：“美哉，沨沨乎㉓！大而婉㉔，险而易行㉕，以德辅此，则明主也㉖。”为之歌《唐》㉗，曰：“思深哉㉘！其有陶唐氏之遗民乎！不然，何其忧之远也㉙？非令德之后㉚，谁能若是？”为之歌《陈》㉛，曰：“国无主，其能久乎㉜！”自《郐》以下，无讥焉㉝。为之歌《小雅》㉞，曰：“美哉！思而不贰㉟，怨而不言㉟，其周德之衰乎？犹有先王之遗民焉㊲。”为之歌《大雅》㊳，曰：“广哉，熙熙乎㊴！曲而有直体㊵，其文王之德乎！”为之歌《颂》㊶，曰：“至矣哉㊷！直而不倨㊸，曲而不屈㊹，迩而不逼㊺，远而不携㊻，迁而不淫㊼，复而不厌㊽，哀而不愁，乐而不荒㊾，用而不匮㊿，广而不宣51，施而不费52，取而不贪53，处而不底54，行而不流55。五声和56，八风平57。节有度57，守有序59，盛德之所同也60。”

【注释】

①请观于周乐：鲁为国公之后，所以有天子之乐，季札请求聆听观看周朝的音乐和舞蹈。

②工：乐工。歌：弦歌，用各国的乐曲伴奏。《周南》、《召南》：《诗

经·国风》的前两篇。南，乐名。一说周公旦、召公奭之风化自北而南，从岐周被于江、汉，南方之国亦可谓南。

③美哉！始基之矣，犹未也，然勤而不怨矣：美哉，是赞美其音乐。始基之矣，"二南"产生的时代较早，所以季札认为从"二南"中可以听出周的教化已经奠基了。未，指尚未尽善。勤而不怨，指民虽劳而不怨。按，季札观乐，是把音乐看成政治的象征，从各国的"风"(民歌)的乐调，判断它们的政治情况，从四代乐舞的姿态，体察出舜、禹、汤、武四位帝王的政教业绩，以下所论，都是由此而发。

④《邶》(bèi)、《鄘》(yōng)、《卫》：分别指《诗经·国风》中的《邶风》、《鄘风》和《卫风》。邶，周代诸侯国名，在今河南淇县东北到河北南部一带。鄘，也是周代诸侯国名，今河南新乡的鄘城即古鄘国。卫，同样是周代诸侯国名，在今河南淇县。按，这三地本是三国，武王灭纣，分其地为三监，三监叛周，周平王平叛后将邶、鄘并入卫国。所以季札后面的评论单指卫。

⑤美哉，渊乎！忧而不困者也：渊乎，这时候赞叹其声音的深远。忧而不困，指民虽有忧思，但还没到困穷的地步。

⑥吾闻卫康叔、武公之德如是，是其《卫风》乎：季札由音乐的优美深远联想到康叔、武公二君的贤能。康叔，周公弟弟。武公，康叔九世孙，二人都是卫国的贤君。

⑦《王》：指《诗经》中的《王风》，是东周洛邑王城的乐曲。

⑧美哉！思而不惧，其周之东乎：《王风》是忧伤宗周陨灭的诗歌。季札认为它虽有忧思，但无恐惧之意，或许是周室东迁以后的诗。

⑨《郑》：指《诗经》中的《郑风》。

⑩美哉！其细已甚，民弗堪也：季札认为由此可知郑国风化日衰，政情可见，因此百姓不能忍受。细，指民歌反映男女恋情过于琐

碎。已，太。弗堪，受不了。

⑪是其先亡乎：由此预言郑国将先灭亡。郑亡于前376年，即周安王二十六年，韩哀侯灭郑，韩徙都于郑，故战国韩亦称郑。

⑫《齐》：指《诗经》中的《齐风》。

⑬美哉，泱(yāng)泱乎！大风也哉：齐是大国，季札论其音乐有大国之风。泱泱，宏大的声音。大风，绰绰宏大的大国之风。

⑭表东海者，其大公乎！国未可量也：齐为姜姓国，姜太公是其远祖。季札认为这种声音象征着齐国可以做东海一带诸侯的表率，齐国大有希望。大公，太公。

⑮《豳》(bīn)：指《诗经》中的《豳风》。按，今本《诗经》中《豳风》是十五国风中最后一国。豳为周的旧国，在今陕西彬州、旬邑一带。

⑯荡乎：博大的样子。

⑰乐而不淫，其周公之东乎：周公遭管、蔡之变，东征三年，为成王陈述后稷、先公不敢荒淫，以成王业。季札认为，此音乐欢乐而有节制，不是荒淫无度之音，或许为周公东征后的诗。淫，过度，没有节制。

⑱《秦》：指《诗经》中的《秦风》。

⑲夏声：也就是指西周王畿的声调。按，秦地在今陕、甘一带，本是西周旧都。

⑳夫能夏则大：这里指《秦风》既为京声，自然声音宏大。夏，即大。

㉑其周之旧乎：秦国处在西周旧地域。

㉒《魏》：指《诗经》中的《魏风》。按，魏指古魏国，在今山西芮城，闵公元年为晋献公所灭。

㉓沨(féng)：音节轻飘浮泛。

㉔大而婉：声音虽大而委婉曲折。

㉕险：狭隘、迫促，这里指乐歌的节拍急促。易行：指乐调易于使转，并不艰涩难歌。

㉖以德辅此，则明主也：季札观乐时，魏国早已为晋国所灭，所以此乐乃是晋乐的风格。此句仍然以音乐为政治教化的象征，指音乐如此，正如政治方面德教不足；如果有人用德教来辅助，一定是一位贤君。

㉗《唐》：指《诗经》中的《唐风》。唐为唐叔虞始封之地，在今山西太原。

㉘思：忧思。

㉙其有陶唐氏之遗民乎！不然，何其忧之远也：尧本封陶，后迁徙于唐，古唐为尧旧都。季札认为，其乐反映了唐尧时代的旧风俗，所以忧思深远。

㉚令德：美德。后：指尧的后裔。

㉛《陈》：指《诗经》中的《陈风》。陈国之地在今河南开封以东、安徽亳州以北。

㉜国无主，其能久乎：陈乐淫靡放荡，说明国无贤君，将不能长久。哀公十七年，楚国灭陈，距此仅六十五年。

㉝自《郐》(kuài)以下，无讥焉：因为国家微小，季札不再加以分析评论。《郐》，指《诗经》中的《郐风》，下面还有《曹风》。郐，古国，在今河南新密。讥，评论。

㉞《小雅》：指《诗经·小雅》。雅，王畿的音乐。《小雅》多是周室衰微到平王东迁后的作品。

㉟美哉！思而不贰：思文、武之德，无背叛之心。

㊱怨而不言：虽有怨恨而不敢尽情倾吐。

㊲先王：指周代文、武、成、康诸王。

㊳《大雅》：指《诗经·大雅》，大部分是周初的作品。

㊴熙熙：和美，融洽。

㊵曲而有直体：乐曲音节表面曲折柔缓而内容刚劲有力。

㊶《颂》：指《诗经》中的《周颂》、《鲁颂》和《商颂》三部分，是祭祀的

乐歌。

㊷至矣哉:尽善尽美。

㊸直:正直无私。倨:倨傲不逊。

㊹曲而不屈:婉顺而不屈挠。

㊺迩而不逼:亲近而不避促。

㊻远而不携:疏远而不离异。

㊼迁而不淫:虽有变异而不淫乱。淫,乱。

㊽复而不厌:多反复重叠而不使人厌倦。

㊾哀而不愁,乐而不荒:哀伤而不忧愁,欢乐而不过分。荒,过度。

㊿用而不匮:乐调表现出道德宏大,可用之无穷。匮,穷困。

51广而不宣:宽广而又不夸张炫耀。

52施而不费:如施惠于人而不损耗。

53取而不贪:如有征收而不贪婪。

54处而不底:声音好似静止了,实则并未停滞。处,不动。底,停滞。

55行而不流:此句意思正与上句相对。流,放荡。按,从“直而不倨”以下都是形容《颂》的乐调之美。

56五声:指宫、商、角、徵(zhǐ)、羽。和:和谐。

57八风:八方之气,这里指乐曲协调。

58节有度:八音和谐。八音指金、石、丝、竹、匏、土、革、木八类乐器。

59守有序:乐器交相鸣奏,有一定次序,不互相干扰。

60盛德之所同也:这里仍以音乐作为政治的象征,意思是文、武、周公同有如此的盛德。

【译文】

公子札请求观赏周朝乐舞。于是让乐工为他歌唱《周南》、《召南》,公子札说:“真美妙啊!周朝的教化已经开始奠定基础了,不过还没到尽善,但民众已经勤劳而不埋怨了。”为他歌唱《邶风》、《鄘风》、《卫风》,公子札说:“真美妙啊,这样地深厚!虽有忧思但不至于困穷。我听说卫康叔、武公的德行就是这样,它应该是《卫风》吧!”为他歌唱《王风》,公子札说:“真美妙啊!虽有忧思但不至于恐惧,它该是周室东迁以后的诗吧?”为他歌唱《郑风》,公子札说:“真美妙啊!它的音节过于琐细,人民受不了啦。它恐怕要先灭亡吧!”为他歌唱《齐风》,公子札说:“真美妙啊,这样深广宏大!这是大国的音乐吧!做东海诸侯表率的,该是太公的国家吧!国家的前程不可限量。”为他歌唱《豳风》,公子札说:“真美妙啊,如此坦荡博大!欢乐而有节制,它是周公东征的歌吧!”为他歌唱《秦风》,公子札说:“这就叫做西方的夏声。能发出夏声,自然声音洪亮,而且洪亮到极点了,它应是周朝的旧乐吧!”为他歌唱《魏风》,公子札说:“真美妙啊,多么轻飘浮泛!声音虽大而委婉曲折,节拍局促却容易歌唱,如果再用道德加以辅佐,就是贤明的君主了。”为他歌唱《唐风》,公子札说:“思虑很深啊!也许是陶唐氏的遗民吧!不然怎么会忧思这么深远呢?不是美德者的后代,谁能这样?”为他唱歌《陈风》,公子札说:“国家没有主人,怎么能长久呢!”从《郐风》以下公子札不再加以评论。为他歌唱《小雅》,公子札说:“真美妙啊!虽有忧思却无背叛之心,虽有怨恨而不形于言语,莫不是周德衰落时的音乐吧?还有先王的遗民在啊。”为他歌唱《大雅》,公子札说:“真宽广啊,多和美啊!柔婉曲折而本体则刚劲有力,那该是表现文王的美德吧!”为他歌唱《颂》,公子札说:“美极了!正直而不倨傲,柔婉曲折而不卑下靡弱,亲近而不冒犯,疏远而不离心,变化多端而不淫乱,反复重叠而不使人厌倦,哀伤而不忧愁,欢乐而不放浪过度,使用而不会匮乏,宽广而不夸张炫耀,施予而不耗损,收取而不贪婪,静止而不停滞,流动而不放荡。五声和谐,八风协调。节拍有一定的尺度,乐器鸣奏有一定的顺序,这都是盛德之人所共同具有的。”

见舞《象箾》、《南籥》者[①]，曰："美哉！犹有憾[②]。"见舞《大武》者[③]，曰："美哉！周之盛也，其若此乎[④]！"见舞《韶濩》者[⑤]，曰："圣人之弘也，而犹有惭德，圣人之难也[⑥]。"见舞《大夏》者[⑦]，曰："美哉！勤而不德，非禹，其谁能修之[⑧]？"见舞《韶箾》者[⑨]，曰："德至矣哉，大矣！如天之无不帱也，如地之无不载也。虽甚盛德，其蔑以加于此矣[⑩]。观止矣[⑪]！若有他乐，吾不敢请已[⑫]。"

【注释】

①《象箾(xiāo)》、《南籥(yuè)》：两种舞蹈名。象，武舞。箾，舞者所持的竿子。"象箾"是执竿而舞。南，文舞。籥，似笛的乐器。"南籥"是持籥而舞。二者都是歌颂文王的乐舞。

②憾：有遗憾，感到美中不足。

③《大武》：武王的乐舞。

④美哉！周之盛也，其若此乎：文王未致太平，所以季札见《象箾》、《南籥》而说"犹有憾"。武王时周室开始兴盛，因此见《大武》而称颂"周之盛"。

⑤《韶濩(hù)》：商汤的乐舞。

⑥圣人之弘也，而犹有惭德，圣人之难也：季札认为，汤虽伟大，但汤伐桀，未免有失君臣之义。弘，伟大。惭德，缺点。

⑦《大夏》：夏禹的乐舞。

⑧美哉！勤而不德，非禹，其谁能修之：禹勤劳于民事，不自以为功，非禹不能成此大业。不德，不自以为德。

⑨《韶箾》：虞舜的乐舞。

⑩"德至矣哉"六句：季札认为，从《韶箾》可知舜之德崇高到极点，如天之覆盖一切，地之周载万物。舜之德无以复加了。帱

(dào),覆盖。蔑,没有。

⑪观止矣:观乐至此,实在是达到顶点了。

⑫若有他乐,吾不敢请已:尽善尽美已到最大限度,再有别的音乐,也不想再欣赏了。按,杨伯峻引姜宸英《湛园札记》云:"季札观乐,使工歌之,初不知其所歌者何国之诗也。闻声而后别之,故皆为想像之辞,曰:'此其《卫风》乎!''其周之东乎!'至于见舞,则便知其为何代之乐,直据所见以赞之而已,不复有所拟议也。"

【译文】

公子札见到跳《象箾》、《南籥》舞,说:"真美妙啊!不过还有遗憾。"见到跳《大武》舞,说:"真美妙啊!周朝兴盛时大约就是这样的吧!"见到跳《韶濩》舞,说:"圣人这么伟大,尚且有所惭愧,当圣人真难啊。"见到跳《大夏》舞,说:"真美妙啊!勤劳于民事而不自以为功,不是大禹,谁能做得到?"见到跳《韶箾》舞,说:"德性到达顶点了,真伟大啊!就好像天无所不覆盖,地无所不承载。即使是再高的德性,也没办法在此之上增加什么了。观乐到此,已达到顶点了!如果还有其他乐舞,我也不敢再欣赏了。"

其出聘也,通嗣君也①。故遂聘于齐,说晏平仲②,谓之曰:"子速纳邑与政③。无邑无政,乃免于难。齐国之政将有所归,未获所归,难未歇也。"故晏子因陈桓子以纳政与邑,是以免于栾、高之难④。

【注释】

①其出聘也,通嗣君也:季札为馀祭与鲁通好。嗣君,指夷昧。

②说:同"悦"。

③子速纳邑与政:建议晏婴将封邑和政权归还给国君。

④栾、高之难：发生在昭公八年。

【译文】

公子札出国聘问，是因为新君嗣立而与各国通好。于是就到齐国聘问，与晏婴很谈得来，对晏婴说："您赶快把封邑与政权交还给国君。没有封邑和政权，才能免于灾祸。齐国的政权将会有所归属，不得到归属，祸难就不会停止。"因此晏婴通过陈桓子交出了政权与封邑，在栾、高发起的动乱中幸免于难。

聘于郑，见子产，如旧相识。与之缟带，子产献纻衣焉①。谓子产曰："郑之执政侈，难将至矣②。政必及子。子为政，慎之以礼。不然，郑国将败。"

【注释】

①与之缟(gǎo)带，子产献纻(zhù)衣焉：二人互赠礼物。缟带，白绢大带。缟，白色生绢。纻衣，麻织衣服。

②郑之执政侈，难将至矣：伯有放肆刚愎，明年为驷氏所杀。执政，指伯有。

【译文】

公子札到郑国聘问，见到子产，如同旧相识那样。送给子产白绢大带，子产回送他麻布衣服。公子札对子产说："郑国的执政者放肆刚愎，祸难将要降临了。国政必然会落到您的手中。您执政，要用礼仪谨慎从事。不然的话，郑国将衰败。"

适卫，说蘧瑗、史狗、史鳕、公子荆、公叔发、公子朝①，曰："卫多君子，未有患也。"自卫如晋，将宿于戚②。闻钟声焉，曰："异哉！吾闻之也，辩而不德，必加于戮③。夫子获罪于君以在此[4]，惧犹不足，而又何乐？夫子之在此也，犹燕之巢于幕上[5]。君又在殡[6]，而可以乐乎？”遂去之[7]。文子闻之，终身不听琴瑟[8]。

【注释】

①蘧瑗(yuàn)：即蘧伯玉。史狗：史朝之子文子。史鳅(qiū)：即史鱼。公叔发：即公叔文子。公子朝：杨伯峻指出，此人不是昭公二十年《传》中的那个公子朝，梁玉绳《史记志疑》疑乃“公孙朝”之误。

②戚：古地名。在今河南濮阳，是孙文子的封邑。

③辩而不德，必加于戮：孙林父驱逐卫献公，现在又奏钟作乐，所以说发动变乱而没有德行，必然遭到诛戮。辩，通“变”。

④夫子获罪于君以在此：指孙林父据戚而叛。

⑤燕之巢于幕上：帐幕随时可撤，燕筑巢其上，非常危险。幕，帐幕。

⑥君又在殡：这时卫献公死而未葬。

⑦遂去之：不在戚留宿。

⑧文子闻之，终身不听琴瑟：孙文子知过能改，不再作乐。

【译文】

公子札到卫国，喜欢蘧瑗、史狗、史鳅、公子荆、公叔发、公子朝，公子札说：“卫国的君子很多，不会有祸患。”从卫国前往晋国，将在戚邑住宿。听到敲钟声，他说：“奇怪啊！我听说，发动变乱而没有德行，必定会受到诛戮。这个人得罪国君因而呆在这里，害怕还来不及，又有什么可高兴的呢？他住在这里，就如同燕子在帐幕上筑巢。国君还没有安葬，怎么可以作乐呢？”便离开了戚邑。孙林父听到了，终身不再作乐。

适晋，说赵文子、韩宣子、魏献子[①]，曰："晋国其萃于三族乎[②]！"说叔向。将行，谓叔向曰："吾子勉之！君侈而多良[③]，大夫皆富，政将在家[④]。吾子好直，必思自免于难[⑤]。"

【注释】

①赵文子：赵武。韩宣子：韩起。魏献子：魏舒。

②晋国其萃(cuì)于三族乎：预言晋国政权将集于韩、赵、魏三家。萃，聚集。

③良：良臣。

④大夫皆富，政将在家：大夫富，必然厚施于民，政权将由公室落入大夫手中。

⑤吾子好直，必思自免于难：叔向耿直，恐不免于难，季札劝他戒备。按，季札出使各国，作者借此分析各国政治形势的发展趋势。

【译文】

公子札到了晋国，很喜欢赵文子、韩宣子、魏献子，说："晋国的国政将会集中在三族了！"喜欢叔向。将离开时，对叔向说："您好好努力吧！国君过分放纵而良臣很多，大夫都很富有，国政将归于大夫。你喜欢直言不讳，一定要设法让自己免于祸难。"

29.14　秋九月，齐公孙虿、公孙灶放其大夫高止于北燕[①]。乙未，出[②]。书曰"出奔"，罪高止也[③]。高止好以事自为功[④]，且专，故难及之。

【注释】

①齐公孙虿：子尾。公孙灶：子雅。

②乙未，出：九月初二被逐。乙未，初二。

③书曰“出奔”，罪高止也：《经》文记载为出奔而不写被逐，是认为罪在高止。

④高止好以事自为功：高止喜欢生事且自以为功。

【译文】

秋九月，齐国公孙虿、公孙灶把该国大夫高止放逐到北燕。初二，高止出境。《春秋》记载说他“出逃”，是归罪于高止。高止喜欢生事而且居功，又专横，所以招来祸难。

29.15 冬，孟孝伯如晋，报范叔也①。

【注释】

①范叔：即士鞅。

【译文】

冬，孟孝伯去晋国，这是为了回报范叔的聘问。

29.16 为高氏之难故，高竖以卢叛①。十月庚寅②，闾丘婴帅师围卢。高竖曰：“苟请高氏有后，请致邑。”齐人立敬仲之曾孙酀，良敬仲也③。十一月乙卯④，高竖致卢而出奔晋，晋人城绵而置旃⑤。

【注释】

①为高氏之难故，高竖以卢叛：高止被逐，其子高竖据卢而叛。卢，古地名。在今山东长清西南、平阴东北。

②庚寅：二十七日。

③齐人立敬仲之曾孙酀，良敬仲也：因敬仲贤良，因此立酀。敬仲，

高傒。鄰，高偃。良，贤。

④乙卯：二十三日。

⑤晋人城绵而置旃：晋国让高竖在绵居住。绵，即绵上，也称介上，在今山西介休东南。旃，“之焉”的合音。

【译文】

由于高氏受到惩罚的缘故，高竖占据卢邑发动叛乱。十月二十七日，闾丘婴率军包围卢邑。高竖说：“如果让高氏在齐国有后代，我就交出卢邑。”齐国人立敬仲曾孙鄰为高氏继承人，这是因为钦佩敬仲。十一月二十三日，高竖交出卢邑而出逃到晋国，晋国在绵地筑城安置他。

29.17 郑伯有使公孙黑如楚①，辞曰：“楚、郑方恶，而使余往，是杀余也。”伯有曰：“世行也②。”子皙曰：“可则往，难则已，何世之有③？”伯有将强使之。子皙怒，将伐伯有氏，大夫和之④。十二月己巳⑤，郑大夫盟于伯有氏⑥。裨谌曰⑦：“是盟也，其与几何⑧？《诗》曰：‘君子屡盟，乱是用长⑨。’今是长乱之道也。祸未歇也，必三年而后能纾⑩。”然明曰：“政将焉往？”裨谌曰：“善之代不善，天命也，其焉辟子产⑪？举不逾等，则位班也⑫。择善而举，则世隆也⑬。天又除之⑭，夺伯有魄⑮，子西即世，将焉辟之⑯？天祸郑久矣，其必使子产息之，乃犹可以戾⑰。不然，将亡矣⑱。”

【注释】

①公孙黑：即子皙。

②世行也：伯有认为，既然世代为行人，就应使楚。世行，世代为行人，即外交使者。

③可则往，难则已，何世之有：子皙认为，无危难则去，有危难则止，

无所谓世代为使者。

④和：和解。

⑤己巳：初七。

⑥郑大夫盟于伯有氏：为调解而在伯有家结盟。

⑦裨(pí)谌(chén)：郑国大夫。

⑧其与几何：即“其几何与”，指此盟不能长久。

⑨君子屡盟，乱是用长：引《诗》见《诗经·小雅·巧言》，意思是君子多次结盟，动乱反而因此增添。

⑩必三年而后能纾：三年后子产平定郑国大族之乱。纾，解除。

⑪焉辟子产：指政必归子产。辟，避开。

⑫举不逾等，则位班也：只要不越级，按次序应由子产执政。班，次序。

⑬择善而举，则世隆也：选择善人选用，子产是为世人所尊重者。隆，尊重。

⑭除之：为子产清除道路。

⑮夺伯有魄：伯有将不得善终。为人作恶，称为天夺魄。

⑯子西即世，将焉辟之：按班次，伯有之后应为子西，而他已死，所以子产必执政。

⑰戾：安定。

⑱不然，将亡矣：按，子产明年执政，这里为之渲染铺垫。

【译文】

郑国伯有派公孙黑去楚国，公孙黑推辞说：“楚、郑二国正交恶，却让我前往，这等于杀我。”伯有说：“你家世代都是外交使者。”公孙黑说：“可以去就去，有危难就不去，与世代办外交有什么关系？”伯有想强迫他去。公孙黑大怒，打算讨伐伯有氏，大夫们为两人劝和。十二月初七，郑国大夫们在伯有家里结盟。裨谌说：“这次结盟，能维持多久呢？《诗》说：‘君子频繁结盟，动乱反而滋长。’现在这样正是滋长动乱的做法。祸乱不会停止，一定要到三年后才能解除。”然明说：“国政又将落到谁的手中？”裨谌说：“善人代替坏人，这是天命，国政怎能避开子产？如果举拔人才不超越等级，按班次就应该是子产。如果选择善人并加以举荐，那么子产正是为世人所尊重的人。上天又替子产扫除了障碍，夺去伯有的魂魄，子西又去世，执政的人哪里能避开他呢？上天降祸郑国很久了，一定是要子产来平息祸难，这样郑国才可以得到安宁。不然的话，郑国就要灭亡了。”

三十年

【经】

30.1 三十年春王正月①，楚子使薳罢来聘。

30.2 夏四月，蔡世子般弑其君固②。

30.3 五月甲午③，宋灾，宋伯姬卒④。

30.4 天王杀其弟佞夫。

30.5 王子瑕奔晋。

30.6 秋七月，叔弓如宋⑤，葬宋共姬。

30.7 郑良霄出奔许⑥，自许入于郑，郑人杀良霄。

30.8 冬十月，葬蔡景公。

30.9 晋人、齐人、宋人、卫人、郑人、曹人、莒人、邾人、滕人、薛人、杞人、小邾人会于澶渊，宋灾故⑦。

【注释】

①三十年：鲁襄公三十年当周景王二年，前543。

②固：蔡景侯之名。

③甲午：初五。

④宋灾，宋伯姬卒：宋国发生火灾，宋伯姬被烧死。宋伯姬，宋共公

夫人。

⑤叔弓：叔老之子，鲁宣公弟叔肸曾孙。

⑥良霄：即伯有。

⑦晋人、齐人、宋人、卫人、郑人、曹人、莒人、邾人、滕子、薛人、杞人、小邾人会于澶渊，宋灾故：宋国遭火灾，诸侯会于澶渊商量援助宋国。澶渊，在今河南濮阳西北。原为卫地，后晋取之。

【译文】

鲁襄公三十年春周历正月，楚国郏敖派薳罢来鲁国聘问。

夏四月，蔡国太子般杀死国君固。

五月初五，宋国发生火灾。宋伯姬被烧死。

周景王杀其弟弟佞夫。

王子瑕逃往晋国。

秋七月，叔弓到宋国，参加宋共姬的葬礼。

郑国良霄出奔许国，又由许国回到郑国，郑国人杀了良霄。

冬十月，安葬蔡景公。

晋国人、齐国人、宋国人、卫国人、郑国人、曹国人、莒国人、邾国人、滕国人、薛国人、杞国人、小邾国人在澶渊会面，这是为了宋国火灾的缘故。

【传】

30.1 三十年春王正月，楚子使薳罢来聘，通嗣君也①。穆叔问王子围之为政何如②。对曰："吾侪小人，食而听事③，犹惧不给命，而不免于戾，焉与知政④？"固问焉，不告。穆叔告大夫曰："楚令尹将有大事⑤，子荡将与焉助之，匿其情矣⑥。"

【注释】

①楚子使薳罢(pí)来聘,通嗣君也:楚国郏敖即位,薳罢为新君通好。

②王子围:即后来的楚灵王,此时为令尹。

③食而听事:吃饭听使唤。

④犹惧不给命,而不免于戾,焉与知政:薳罢推脱,不愿谈王子围之为政。不给命,不足以完成使命。戾,罪过。

⑤大事:指杀王夺位。

⑥子荡将与焉助之,匿其情矣:由薳罢隐匿不告,可知他一定参与了王子围之谋。昭公元年,王子围杀郏敖自立,这里为伏笔。子荡,即薳罢。

【译文】

鲁襄公三十年春周历正月,郏敖派薳罢来鲁国聘问,是为新立的国君通好。穆叔问他王子围为政怎么样,薳罢回答说:"我辈小人物吃饭听使唤,还担心难以完成使命,而不免于获罪,哪里还能参与政事?"再三问他,薳罢始终不说。穆叔对大夫说:"楚国令尹将要有大举动,薳罢将参与其间,所以帮着隐匿实情。"

30.2 子产相郑伯以如晋,叔向问郑国之政焉。对曰:"吾得见与否,在此岁也①。驷、良方争,未知所成②。若有所成,吾得见,乃可知也③。"叔向曰:"不既和矣乎?"对曰:"伯有侈而愎④,子皙好在人上,莫能相下也。虽其和也,犹相积恶也,恶至无日矣⑤。"

【注释】

①吾得见与否,在此岁也:意思是今年可见分晓。

②驷、良方争,未知所成:驷、良相争,未能调停平息。驷,驷氏,即子皙。良,良氏,即伯有。成,和,调解。

③若有所成,吾得见,乃可知也:郑国内大族争斗是个严重问题,因此子产认为,只有驷、良等大族争斗平息,才能预知政事的前景。

④伯有侈而愎:伯有放肆而刚愎。

⑤恶至无日矣:虽已结盟,但怨仇未解,总有一天爆发。这为今年秋伯有逃亡伏笔。

【译文】

子产相礼郑简公去晋国,叔向向他问起郑国的政务。子产回答说:"就在今年我便可以将形势判断清楚了。子皙、伯有正在争斗,不知道能否调解。如果能和解,我能由此作出判断,那就可以知道了。"叔向说:"不是已经讲和了吗?"子产回答说:"伯有放肆而刚愎,子皙喜欢凌驾于别人之上,两人互不相让。虽说讲和,其实仍然在累积恶感,爆发的日子不远了。"

30.3　二月癸未[①],晋悼夫人食舆人之城杞者[②],绛县人或年长矣[③],无子而往,与于食[④]。有与疑年,使之年[⑤]。曰:"臣,小人也,不知纪年。臣生之岁,正月甲子朔[⑥],四百有四十五甲子矣。其季于今三之一也[⑦]。"吏走问诸朝[⑧]。师旷曰:"鲁叔仲惠伯会郤成子于承匡之岁也[⑨]。是岁也,狄伐鲁,叔孙庄叔于是乎败狄于咸,获长狄侨如及虺也、豹也,而皆以名其子[⑩]。七十三年矣[⑪]。"史赵曰:"亥有二首六身,下二如身,是其日数也[⑫]。"士文伯曰:"然则二万六千六百有六旬也[⑬]。"赵孟问其县大夫,则其属也[⑭]。召之,而谢过焉[⑮],曰:"武不才,任君之大事,以晋国之多虞[⑯],不能由吾子,使吾子辱在泥涂久矣,武之罪也[⑰]。敢谢不才。"遂仕之,使助为政。辞以老。与之田，使为君复陶，以为绛县师[18]，而废其舆尉[19]。

【注释】

①癸未：二十二日。

②舆人：众人，指筑杞的晋国人。按，筑杞城在去年。

③或：有人。

④无子而往，与于食：无儿子代服劳役者，虽年老也只好亲自去筑杞城。夫人赏役卒饭吃，他也在场。

⑤有与疑年，使之年：有人怀疑其年龄太大，于是问他年纪。

⑥臣生之岁，正月甲子朔：老人生于正月初一甲子日。

⑦四百有四十五甲子矣。其季于今三之一也：老人活了四百四十五个甲子，在最近这一个甲子中，又到了癸未，共二十天，是一个甲子的三分之一。按，古代用干支记日，六十天为一周期，称为一个甲子。其季，其余。

⑧吏走问诸朝：小吏不知是多少岁，因此问于朝廷。

⑨鲁叔仲惠伯会郤成子于承匡之岁也：在文公十一年。

⑩“是岁也”五句：文公十一年《传》记叙叔孙得臣，即庄叔，俘获长狄侨如，以侨如命名儿子宣伯。宣伯弟弟叔孙豹、叔孙虺也是以敌俘名字命名。

⑪七十三年矣：绛老人生于文公十一年，即前 616 年，到今年虚岁七十四，实岁七十三。

⑫亥有二首六身，下二如身，是其日数也：亥字篆文作“”，上半为“二”，下半的“”，均像数码的“六”字。古人筹算，六或摆作“丄”，或摆作“丅”，总之，一横为五，一竖为一，五加一为六。“”都是六之数字所构成。所以说是二首六身。下二如身，是其日数，把二移下成“”，是数码的二万六千六百六十。

⑬有六旬：又六十日。

⑭赵孟问其县大夫，则其属也：问老人谁是其县大夫，原来是赵武下属。

⑮召之，而谢过焉：之，指老人。谢过，道歉。

⑯虞：忧患。

⑰不能由吾子，使吾子辱在泥涂久矣，武之罪也：以不能及早发现老人，择才而使为歉。由，任用。泥涂，田间野处。

⑱使为君复陶，以为绛县师：老人为君复陶，同时也为绛县师。复陶，管理衣服的官。杨伯峻认为是办理免役之事。县师，掌管地域的官。

⑲废其舆尉：舆尉征发老人，因此罢免其职。

【译文】

二月二十二日，晋悼夫人赐给修筑杞国城墙的役夫酒饭，绛县人中有个老人，没有儿子，自己前往修城，也参加了酒席。有人怀疑他的年龄，让他报出年纪。他说："下臣是小人，不知道记住年龄。只知道下臣出生那年，是正月初一甲子，如今已经过去四百四十五个甲子了。最末一个甲子到今天刚好过了三分之一。"官吏到朝廷去请教那老人的岁数。师旷说："是鲁国叔仲惠伯在承匡会见郤成子那一年。这一年，狄人进攻鲁国，叔孙庄叔那时在咸地打败狄人，俘获了长狄侨如和虺、豹，用俘虏的名字来给儿子取名。到现在已经七十三年啦。"史赵说："亥字是'二'字头'六'字身，把'二'下移到身上，就是他在世的天数了。"士文伯说："那么就是二万六千六百六十旬了。"赵孟问绛县的大夫，原来正是他的下属。赵孟把老人召来，向他道歉，说："我没有才能，却担负国君委任的重职，由于晋国忧患重重，没能任用你，使你埋没在田间野处，这是我的过错。谨致歉意。"于是让他为官，使他辅助自己执政。老人以年老为由谢绝了。便给他田地，让他为国君管理衣服，担任绛县师，而罢免了绛县的舆尉。

于是鲁使者在晋，归以语诸大夫。季武子曰："晋未可媮也①。有赵孟以为大夫②，有伯瑕以为佐③，有史赵、师旷而咨度焉④，有叔向、女齐以师保其君⑤。其朝多君子，其庸可媮乎？勉事之而后可⑥。"

【注释】

①媮(tōu)：这里指轻视。

②有赵孟以为大夫：赵武为上卿，主晋国大政。

③伯瑕：即士匄，士文伯。

④咨度：咨询、作顾问。

⑤师保：太子的师傅，这里作动词。

⑥其朝多君子，其庸可媮乎？勉事之而后可：季武子认为，晋国多良臣，因此能长久保住盟主地位，只有尽力事奉晋国才好。

【译文】

这时鲁国使者正在晋国，回国后把此事告诉了大夫们。季武子说："晋国不可轻视啊。有赵孟执政，有伯瑕辅佐，有史赵、师旷供咨询，有叔向、女齐以为国君的师保。他们的朝廷上君子很多，怎么能轻视晋国呢？要尽力事奉他们才行。"

30.4 夏四月己亥①，郑伯及其大夫盟②。君子是以知郑难之不已也。

【注释】

①四月己亥：四月不当有己亥日，当是史官记载有误。

②郑伯及其大夫盟：因驷氏与良氏相争，郑简公与大夫结盟。

【译文】

夏四月己亥，郑简公和大夫们订立盟约。君子由此知道郑国的祸难不断。

30.5 蔡景侯为大子般娶于楚，通焉①。大子弑景侯。

【注释】

①通焉：蔡景侯与儿媳通奸。

【译文】

蔡景侯替太子般娶楚国女，却和楚女私通。太子杀了景侯。

30.6 初，王儋季卒①，其子括将见王②，而叹。单公子愆期为灵王御士③，过诸廷，闻其叹，而言曰："乌乎！必有此夫④！"入以告王，且曰："必杀之！不戚而愿大，视躁而足高，心在他矣⑤。不杀，必害。"王曰："童子何知⑥！"及灵王崩，儋括欲立王子佞夫⑦。佞夫弗知。戊子⑧，儋括围苪⑨，逐成愆⑩。成愆奔平畤⑪。五月癸巳⑫，尹言多、刘毅、单蔑、甘过、巩成杀佞夫⑬。括、瑕、廖奔晋⑭。书曰："天王杀其弟佞夫。"罪在王也⑮。

【注释】

①儋季：周灵王的弟弟。

②括：儋季之子。

③御士：侍御之士。

④必有此夫：指儋括有野心，想占有朝廷大权。

⑤不戚而愿大，视躁而足高，心在他矣：其父刚死，无悲哀而有大愿

望，目光不定，四处张望，趾高气扬，必有他心。戚，哀伤。视躁，四处张望。

⑥童子何知：灵王未理会单愆期的话。童子，指单愆期，大概当时尚年少。按，以上是灵王未死之事。

⑦王子佞夫：周灵王之子，景王之弟。

⑧戊子：二十八日。

⑨蒍：在今河南孟津东北。

⑩成愆：蒍邑大夫。

⑪平畤(zhì)：周邑，在今洛阳附近。按，儋括想立王子佞夫，因此围蒍作乱。

⑫癸巳：初四。

⑬尹言多、刘毅、单蔑、甘过、巩成：五人都是周大夫。

⑭括、瑕、廖奔晋：王子瑕与廖为儋括同党。

⑮书曰："天王杀其弟佞夫。"罪在王也：此次周王室之乱，罪魁是儋括，王子佞夫本人并不知情，杀佞夫实为冤枉。《经》文如此记载，意在归罪周王。

【译文】

起初，周灵王的弟弟儋季去世，儋季儿子儋括将要进见灵王，却叹气。单国的公子愆期担任灵王的侍御，经过朝廷，听见儋括的叹气，说："啊！他一定是想占据这里吧！"就进去告诉灵王，并说："一定要把他杀掉！父亲死了，他不哀伤，却野心勃勃，四处张望，趾高气扬，他的心思在别的地方了。不杀他必然造成危害。"灵王说："小孩子知道什么！"到灵王去世，儋括想立王子佞夫。佞夫自己并不知道。二十八日，儋括包围蒍地，赶走成愆。成愆逃到平畤。五月初四，尹言多、刘毅、单蔑、甘过、巩成杀了佞夫。儋括、瑕、廖逃往晋国。《春秋》记载："周景王杀死弟弟佞夫。"这是说罪责在周王。

30.7　或叫于宋大庙①，曰："嘻嘻，出出②！"鸟鸣于亳社③，如曰"嘻嘻"④。甲午，宋大灾。宋伯姬卒，待姆也⑤。君子谓宋共姬"女而不妇。女待人，妇义事也"⑥。

【注释】

①叫：呼喊。大庙：宋国始封君微子之庙。

②嘻嘻，出出：象声词，皆为鸟叫声。

③亳社：殷社。

④如曰"嘻嘻"：按，以上是宋国发生火灾之前的两件怪异之事。

⑤宋伯姬卒，待姆也：火起，宋伯姬必等保姆来后才走，结果被烧死。姆，指保姆，女师傅。

⑥女而不妇。女待人，妇义事也：未婚女应待保姆而后行动；已婚之妇则可便宜行事。宋共公死于成公十五年，宋伯姬守寡已三十四年，年纪已大。君子之意是讥伯姬不知权变。女子未嫁叫女，已嫁叫妇。

【译文】

宋国太庙中有大声呼喊的声音，说："嘻嘻，出出！"鸟在亳社鸣叫，叫声如同"嘻嘻"。五月初五，宋国发生大火灾。宋共姬被烧死，她是为了等保姆。君子认为宋共姬"奉行的是当闺女而不是当媳妇的原则。闺女要等待保姆，已出嫁的媳妇就可以随机应变了"。

30.8　六月，郑子产如陈莅盟。归，复命。告大夫曰："陈，亡国也，不可与也。聚禾粟，缮城郭，恃此二者，而不抚其民。其君弱植①，公子侈②，大子卑③，大夫敖④，政多门⑤，以介于大国⑥，能无亡乎？不过十年矣⑦。"

【注释】

①弱植:根基不牢。

②公子:指公子留。

③大子卑:太子偃师卑弱,不受宠。

④敖:傲慢。

⑤政多门:政事不由一人,而是各行其是。

⑥介:间,处于。

⑦不过十年矣:按,此为昭公八年楚灭陈国伏笔。

【译文】

六月,郑国子产到陈国参加盟会。回国复命后,告诉大夫们说:"陈国是将要灭亡的国家,不可与它亲近。他们积聚粮食,修缮城墙,依仗这二者,却不安抚民众。国君根底浅薄,公子过分放纵,太子卑微,大夫傲慢,政出多门,又处于大国之间,能不灭亡吗?要不了十年了。"

30.9 秋七月,叔弓如宋,葬共姬也①。

【注释】

①秋七月,叔弓如宋,葬共姬也:按礼,鲁国不必派卿参加宋共姬葬礼,因哀怜伯姬被火烧死,特派叔弓参加。

【译文】

秋七月,叔弓到宋国去,是去参加共姬的葬礼。

30.10 郑伯有耆酒,为窟室①,而夜饮酒,击钟焉②。朝至,未已③。朝者曰:"公焉在④?"其人曰:"吾公在壑谷⑤。"皆自朝布路而罢⑥。既而朝⑦,则又将使子皙如楚⑧,归而饮酒。庚子⑨,子皙以驷氏之甲伐而焚之。伯有奔雍梁,醒而后知之[10]，遂奔许。

【注释】

①窟室：地下室。

②击钟焉：击钟奏乐。

③朝至，未已：伯有通宵达旦饮酒作乐，众大夫来朝伯有，伯有饮酒尚未停止。

④公：指伯有。伯有之家臣尊称伯有为公，朝者亦因其称以问。

⑤壑谷：指窟室，含有讽刺的意思。

⑥皆自朝布路而罢：朝者只好分散回去。布路，分散。

⑦既而朝：伯有与群臣朝国君。

⑧则又将使子皙如楚：上年伯有曾强使子皙使楚，子皙不去。

⑨庚子：十一日。

⑩伯有奔雍梁，醒而后知之：伯有逃到雍梁时酒醒，才知道发生了事变。雍梁，古地名。在今河南新郑西南、长葛西北。

【译文】

郑国伯有嗜好喝酒，造了间地下室，整夜饮酒，还敲钟奏乐。众大夫来朝见他，他还不肯停杯。朝见的人问："主人在哪里？"伯有手下人说："我们主人在沟壑里呢。"大夫们都四散回去了。不久朝见郑简公，又提出派子皙出使楚国，回家后又饮酒。七月十一日，子皙率领驷氏家族的甲士攻打伯有家，并放火烧了他家。伯有逃到雍梁，酒醒后才明白发生了什么事，于是出奔许国。

大夫聚谋，子皮曰："《仲虺之志》云[1]：'乱者取之，亡者侮之[2]。'推亡固存，国之利也[3]。罕、驷、丰同生[4]。伯有汰侈，故不免[5]。"人谓子产就直助强[6]。子产曰："岂为我徒[7]？

国之祸难，谁知所敝[8]？或主强直，难乃不生[9]。姑成吾所[10]。”辛丑[11]，子产敛伯有氏之死者而殡之，不及谋而遂行[12]。印段从之[13]。子皮止之[14]。众曰：“人不我顺，何止焉[15]？”子皮曰：“夫子礼于死者，况生者乎[16]？”遂自止之。壬寅[17]，子产人。癸卯[18]，子石入[19]。皆受盟于子皙氏。乙巳[20]，郑伯及其大夫盟于大宫[21]，盟国人于师之梁之外[22]。

【注释】

①仲虺：商汤左相。

②乱者取之，亡者侮之：意思是攻取动乱的，欺负灭亡的。

③推亡固存，国之利也：子皮的意思是应消灭伯有。推，借为“摧”，摧毁。固，巩固。

④罕、驷、丰同生：三家本是同母兄弟。罕，罕氏子皮。驷，驷氏子皙。丰，丰氏公孙段。

⑤伯有汰侈，故不免：三家同生，伯有孤立，又汰侈，所以必亡。汰，骄傲自大。

⑥人谓子产就直助强：时人认为子皙直，三家强，于是建议子产支持这一边。

⑦岂为我徒：子产既不与驷氏同党，又不与良氏同党。徒，同党。

⑧敝：同“弊”，停止，指祸难平息。

⑨或主强直，难乃不生：主持国政的人强大而正直，就不会有祸难。现在三家与伯有都不能如此，因此子产对双方都不支持。

⑩成：定，保住。所：指不偏袒任何一方的地位。

⑪辛丑：十二日。

⑫不及谋而遂行：子产怕有变，未及和大夫们商量就出走了。

⑬印段从之：印段认为子产贤良，所以一同出走。

⑭子皮止之：子皮挽留子产。

⑮人不我顺，何止焉：因为子产收伯有氏的死者，三家之众反对挽留子产。

⑯夫人礼于死者，况生者乎：子产此举是有礼，不是偏袒伯有氏。

⑰壬寅：十三日。

⑱癸卯：十四日。

⑲子石：即印段。

⑳乙巳：十六日。

㉑大宫：太庙，始封君桓叔之庙。

㉒盟国人于师之梁之外：郑简公与众结盟，反对伯有。师之梁，郑国城门。

【译文】

大夫们聚集在一起商议怎么办，子皮说："《仲虺之志》说：'动乱的就攻取它，灭亡的就欺侮它。'摧毁灭亡的巩固存在的，是对国家有利的。罕氏、驷氏、丰氏本是同胞兄弟。伯有骄傲又放肆，所以不免于祸难。"有人劝子产靠近正直的帮助强盛的。子产说："他们莫非是我的同伙？国家的祸难，谁能知道该怎么平息它？要是主持国政的人强大而正直，祸难就不会发生。先保持自己的立场再说吧。"十二日，子产收殓伯有家族死者的尸体葬埋了，没和大夫们打招呼就离开都城。印段跟随着他。子皮阻止子产。大家说："他既然不肯顺服我们，劝阻他做什么？"子皮说："他对死去的人尚且有礼，更何况对生者呢？"便亲自劝止子产。十三日，子产进入国都。十四日，印段也进入国都。两人都在子皙家和大夫们订立盟约。十六日，郑简公和大夫们在太庙订立盟约，在师之梁门外和国人订立盟约。

伯有闻郑人之盟己也①，怒。闻子皮之甲不与攻己也，喜，曰："子皮与我矣②。"癸丑③，晨，自墓门之渎入④，因马师颉介于襄库[5]，以伐旧北门。驷带率国人以伐之[6]。皆召子产[7]。子产曰："兄弟而及此，吾从天所与[8]。"伯有死于羊肆[9]，子产襚之[10]，枕之股而哭之，敛而殡诸伯有之臣在市侧者[11]，既而葬诸斗城[12]。子驷氏欲攻子产，子皮怒之曰："礼，国之干也[13]。杀有礼，祸莫大焉[14]。"乃止。

【注释】

①盟己：因己而盟。伯有以为郑人是想共同抵抗自己。

②子皮与我矣：伯有知道子皮没有派兵攻自己，误以为是支持自己。

③癸丑：二十四日。

④墓门：郑国城门。渎：排水洞。

⑤因马师颉介于襄库：通过颉用襄库的皮甲来装备士兵。马师颉，子羽之孙。

⑥驷带：子西之子，子皙同宗。

⑦皆召子产：驷氏、伯有都召子产。

⑧兄弟而及此，吾从天所与：子产反对同室操戈，哪一方都不卷入。伯有、驷带都是穆公曾孙，则兄弟辈；子产、子皙、伯石都是穆公孙，亦兄弟辈。

⑨羊肆：即羊市，卖羊的街市。

⑩襚之：为伯有尸体穿衣。

⑪敛：大殓，将尸体装入棺材。

⑫既而葬诸斗城：子产安葬伯有。斗城，地名，在今河南通许东北。

⑬国之干也：国家的支柱。

⑭杀有礼，祸莫大焉：子产殓伯有有礼，不可攻。

【译文】

伯有听说郑国人盟誓共同对付自己，大怒。又听说子皮的甲士没参与攻打自己，很高兴，说："子皮站在我一边。"二十四日清晨，伯有等人从墓门的出水洞潜入，通过马师颉从襄库取得衣甲装备，带人攻打旧北门。驷带率领国人讨伐伯有。双方都召请子产。子产说："兄弟却到了这个地步，我顺从上天所护佑的一方。"伯有死在羊市，子产给他的尸体穿衣，枕着他的大腿号哭，收殓入棺，停放在街市伯有部下的家中，接着又安葬在斗城。驷氏想攻打子产，子皮怒斥道："礼是国家的主干。攻杀有礼的人，没有比这更大的祸患了。"驷氏才停止行动。

于是游吉如晋还，闻难，不入，复命于介[①]。八月甲子[②]，奔晋。驷带追之，及酸枣[③]。与子上盟，用两珪质于河[④]。使公孙肸入盟大夫。己巳[⑤]，复归[⑥]。

【注释】

①复命于介：使副手入都代为复命。介，游吉的副手。

②甲子：初六。

③酸枣：古地名。在今河南延津西南。

④与子上盟，用两珪质于河：结盟时沉珪玉于河表示信用。子上，即驷带。

⑤己巳：十一日。

⑥复归：游吉回国。

【译文】

当时游吉出使晋国归来，听说国内发生祸难，就不入境，让副手回来复命。八月初六，游吉逃往晋国。驷带追赶他，在酸枣赶上。游吉和驷带立盟，把两件玉珪沉入黄河表示诚意。游吉派公孙肸入都与大夫们订立盟约。十一日，游吉回到国内。

书曰："郑人杀良霄。"不称大夫，言自外入也[①]。

【注释】

①不称大夫，言自外入也：伯有是逃亡于外后再回来的，已失去大夫之位，所以不称其为大夫。按，这是解释《经》文。

【译文】

《春秋》记载说："郑国人杀了良霄。"不称良霄为大夫，是说他从国外回来，已经不具有大夫身份。

于子蟜之卒也[①]，将葬，公孙挥与裨灶晨会事焉。过伯有氏，其门上生莠[②]。子羽曰[③]："其莠犹在乎[④]？"于是岁在降娄[⑤]，降娄中而旦[⑥]。裨灶指之[⑦]，曰："犹可以终岁[⑧]，岁不及此次也已[⑨]。"及其亡也，岁在娵訾之口[⑩]，其明年乃及降娄[⑪]。

【注释】

①子蟜：即公孙虿。死于襄公十九年。

②莠（yǒu）：狗尾草。

③子羽：即公孙挥。

④其莠犹在乎：以莠比喻伯有，指其不能长久。

⑤于是岁在降娄：当时岁星正运行到降娄。岁，岁星。降娄，也叫奎类，十二星次之一。

⑥降娄中而旦：公孙虿死于襄公十九年周历四月，葬时当在七月，此时降娄在中天而天亮。

⑦之：指降娄。

⑧终岁：指岁星绕日一周，约需十二年。

⑨岁不及此次也已：指伯有活的时间不会再等到岁星回到降娄了，即不会超过十二年。

⑩及其亡也，岁在娵訾（jū zī）之口：岁星此时正过娵訾，尚未到降娄。娵訾，十二星次之一。

⑪其明年乃及降娄：以上由天象说明裨灶预言正确。

【译文】

子蟜去世后，将要安葬，公孙挥与裨灶清晨去子蟜家会商办理丧事。路过伯有家，看到门上已经长草。公孙挥说："这棵草还能存在多久呢？"这时岁星在降娄，降娄在天空中顶时天亮了。裨灶指着说："还可以让岁星绕行一周，不过他到不了岁星再到这里就会枯萎了。"到伯有被杀时，岁星正好处在娵訾口上，第二年才到达降娄。

仆展从伯有[①]，与之皆死。羽颉出奔晋，为任大夫[②]。鸡泽之会[③]，郑乐成奔楚，遂适晋。羽颉因之，与之比而事赵文子[④]，言伐郑之说焉。以宋之盟故[⑤]，不可。子皮以公孙鉏为马师[⑥]。

【注释】

①仆展：郑国大夫，伯有同党。

②羽颉出奔晋，为任大夫：逃到晋国后为任大夫。羽颉，即马师颉，助伯有伐北门。任，晋邑，在今河北任县东南。

③鸡泽之会：在襄公三年。

④比：勾结。

⑤宋之盟：弭兵大会之盟。

⑥公孙鉏：子罕之子，代替羽颉。

【译文】

仆展跟从伯有，和伯有一起战死。羽颉逃往晋国，担任任地大夫。鸡泽之会时，郑国的乐成出逃楚国，又前往晋国。羽颉接近他，和他相勾结一起事奉赵文子，提议攻打郑国。因为有宋国盟约的制约，赵文子没有采纳。子皮让公孙鉏担任马师。

30.11 楚公子围杀大司马蒍掩而取其室①。申无宇曰："王子必不免。善人，国之主也。王子相楚国，将善是封殖②，而虐之③，是祸国也。且司马，令尹之偏④，而王之四体也⑤。绝民之主，去身之偏，艾王之体⑥，以祸其国，无不祥大焉⑦。何以得免⑧？"

【注释】

①蒍掩：蒍子冯之子。为楚贤臣，参见襄公二十五年《传》。

②封殖：扶植，培养。

③虐：残害。

④偏：佐，辅佐。

⑤而王之四体也：司马也是王的股肱之臣。

⑥艾（yì）：斩除。

⑦无：发语词，无义。

⑧何以得免：公子围弑郏敖为楚灵王，昭公十三年，被杀。

【译文】

楚国公子围杀了大司马蒍掩而占有他的家财。申无宇说："公子围肯定不免于祸难。善人是国家的栋梁。公子围执掌楚国大权，应该培植善人，反而加以残害，这是祸害国家。再说司马就如令尹的半边身子，有如国君的四肢。杀死国家的栋梁之材，去掉身子的半边，砍掉国君的手脚，如此祸害国家，真是极大的不祥。他又怎么能免于祸难呢？”

30.12 为宋灾故，诸侯之大夫会，以谋归宋财[①]。冬十月，叔孙豹会晋赵武、齐公孙虿、宋向戌、卫北宫佗、郑罕虎及小邾之大夫[②]，会于澶渊[③]。既而无归于宋，故不书其人[④]。君子曰：“信其不可不慎乎！澶渊之会，卿不书，不信也。夫诸侯之上卿，会而不信，宠名皆弃[⑤]，不信之不可也如是。《诗》曰：‘文王陟降，在帝左右[⑥]。’信之谓也。又曰：‘淑慎尔止，无载尔伪[⑦]。’不信之谓也。”书曰“某人某人会于澶渊，宋灾故”，尤之也[⑧]。不书鲁大夫，讳之也[⑨]。

【注释】

①为宋灾故，诸侯之大夫会，以谋归宋财：商量支援宋国财物以救灾。归，同“馈”。

②北宫佗：北宫括之子。

③澶渊：古地名。在今河南濮阳西北。

④既而无归于宋，故不书其人：此次会后却没馈送宋国什么财物，因此《经》文不记与会卿大夫姓名，以示批评。

⑤宠：尊荣。名：指氏族与名字。

⑥文王陟(zhì)降，在帝左右：引《诗》见《诗经·大雅·文王》，意思是文王有信，或升或降，都在天帝左右。陟，升。

⑦淑慎尔止，无载尔伪：这是逸诗，意思是要谨慎你的行动，不要表现你的虚伪。淑，善。止，举止。

⑧尤之：责备诸侯之卿大夫。

⑨不书鲁大夫，讳之也：鲁国叔孙豹其实参加了澶渊之会，《经》文不加记载，是为之隐讳。按，以上是解释《经》文的意思。

【译文】

为了宋国火灾之故，诸侯国大夫们相会，商量资助宋国财物。冬十月，叔孙豹会同晋国赵武、齐国公孙虿、宋国向戌、卫国北宫佗、郑国罕虎以及小邾国的大夫，在澶渊相会。因为结果并没给宋国财物，所以《春秋》没有记载参加会议的人。君子说："信用能不谨慎对待吗！澶渊之会连上卿的名字都不记载，就是因为不守信用！诸侯上卿，相会而不守信，尊贵与姓名全都丢掉了，不能不守信用就是这样啊。《诗》说：'文王或升或降，都是在天帝的左右。'说的就是讲信用。又说：'好好地谨慎你的举止，不要做出虚伪事。'说的是不守信用。"《春秋》记载说"某人某人会于澶渊，是因为宋国火灾的缘故"，这是表示责备。不记载鲁国大夫，是在为之隐讳。

30.13 郑子皮授子产政①。辞曰："国小而逼②，族大宠多③，不可为也④。"子皮曰："虎帅以听，谁敢犯子⑤？子善相之。国无小，小能事大，国乃宽⑥。"

【注释】

①郑子皮授子产政：伯有死后，子皮执政，因子产贤能，让与子产。

②逼：逼进大国。

③族大宠多：郑国公族盛大，而恃宠专横的人甚多。

④不可为：不可治。按，子产辞谢。

⑤虎帅以听，谁敢犯子：子皮愿意率公族以听命于子产。虎，罕虎，即子皮。

⑥国无小，小能事大，国乃宽：国不在于小，只要善治，可以宽舒缓和。这是子皮打消子产的顾虑。

【译文】

郑国子皮把国政交给子产。子产推辞说："国家小而逼近大国，公族庞大,受宠者多,没法治理。”子皮说:“我带领众人听你的命令,谁敢冒犯你?你好好地辅佐国政吧。国家不在于小,小国能事奉大国,国家就能宽舒缓和。”

子产为政,有事伯石①,赂与之邑②。子大叔曰:“国皆其国也,奚独赂焉③?”子产曰:“无欲实难。皆得其欲,以从其事,而要其成④。非我有成,其在人乎⑤?何爱于邑,邑将焉往⑥?”子大叔曰:“若四国何⑦?”子产曰:“非相违也,而相从也,四国何尤焉⑧?《郑书》有之曰⑨:‘安定国家,必大焉先⑩。’姑先安大,以待其所归⑪。”既,伯石惧而归邑,卒与之。伯有既死,使大史命伯石为卿,辞。大史退,则请命焉⑫。复命之,又辞。如是三,乃受策入拜⑬。子产是以恶其为人也,使次己位⑭。

【注释】

①有事伯石:有政事让伯石去办。伯石,即公孙段,字子石。

②赂与之邑:给伯石田邑作为报偿。

③国皆其国也,奚独赂焉:大家为国出力,伯石为何特别奖赏?

④要(yāo):求。

⑤非我有成,其在人乎:只要事情成功,就达到目的,赏邑只是一种手段。其,难道。

⑥何爱于邑,邑将焉往:虽赏之田邑,田邑却不会跑掉,仍在郑国。爱,爱惜。

⑦若四国何:子太叔担心这样做将被邻国所笑。

⑧非相违也,而相从也,四国何尤焉:赏之田邑,是使大夫相顺从,团结一致,邻国没理由责怪。

⑨《郑书》:指郑国的史籍。

⑩必大焉先:即“必先大”。大,大族。

⑪姑先安大,以待其所归:先安定大族,再观其后果。

⑫请命:请求重新发布命令,愿就任卿位。

⑬如是三,乃受策入拜:可见伯石虚伪矫情。

⑭子产是以恶其为人也,使次己位:子产恶其虚伪,又怕他作乱,因此加以笼络。按,以上都是子产安抚大族的政策。

【译文】

子产执政,有事要伯石去办,就送给他城邑。子太叔说:“国家是大家的国家,为何唯独送他城邑?”子产说:“人没欲望其实很难。我使他们的欲望得到满足,好让他们为国办事,并以此要求他们把事办好。这不是我的成功,难道还是他人的成功?为什么要舍不得城邑,城邑还能跑到哪里去?”子太叔说:“要是周边邻国议论怎么办?”子产说:“我这样做不是分裂国家,而是使大家和睦,各国又有什么可非议的呢?《郑书》有这样的话:‘安定国家,一定要优先考虑大族。’先安定大族,以观察其结果。”不久,伯石因害怕而交出了城邑,但子产最终还是给了他。伯有死后,子产让太史命令伯石为卿,伯石推辞。太史走后,伯石却又请求重新发布任命。再次下命令,伯石又推辞。这样往返了三次,伯石才接受任命入朝拜谢。子产由此厌恶伯石的为人,但还是让他居于仅次于自己的职位。

子产使都鄙有章①,上下有服②,田有封洫③,庐井有伍④。大人之忠俭者⑤,从而与之⑥;泰侈者因而毙之⑦。

【注释】

①子产使都鄙有章:国都与乡间一切事情都有一定的规章。都,国都。鄙,乡野。

②上下有服：各有职责。服，职责。

③田有封洫（xù）：子产作封洫，是清理田亩，划定田界，将侵占他人的土地归还原主的一项经济政策。封，田界。洫，灌田水沟。

④庐井有伍：将居民按照户口有一定的安排，使房舍和耕地互相适应。庐，房舍。

⑤大人：指卿大夫。

⑥与之：亲近他，举拔他。

⑦泰侈者因而毙之：骄傲放肆者依法惩办，赏罚分明。泰侈，汰侈。

【译文】

子产使国都与乡间的一切事物都有章法，上下各司其责，田地有疆界和沟渠，耕地房舍合理配套。大夫中忠诚俭朴的，就听从他亲近他；骄横放肆的就惩罚他。

丰卷将祭①，请田焉②。弗许，曰："唯君用鲜，众给而已③。"子张怒，退而征役④。子产奔晋，子皮止之，而逐丰卷。丰卷奔晋。子产请其田、里⑤，三年而复之⑥，反其田、里及其入焉⑦。

【注释】

①丰卷：郑穆公后裔，字子张。

②田：田猎。猎取祭品。

③唯君用鲜，众给而已：国君祭祀时才用"鲜"，群臣只要一般祭品齐备就可以了。鲜，指新杀的动物。给，指一般的供应。

④子张怒，退而征役：子张招聚兵众，准备攻打子产。子张，丰卷。

⑤子产请其田、里：子产请求国君不没收丰卷的田、里。里，住宅。

⑥三年而复之：三年后让丰卷回国。

⑦入:指三年的收入。

【译文】

丰卷将要祭祀,请求让他打猎获得祭品。子产不批准,说:“唯有国君祭祀才用新杀的动物,其他人只要普通的祭品齐备就行了。”丰卷大怒,退出后就召集兵卒。子产要逃往晋国,子皮拦住了他,而驱逐丰卷。丰卷出逃晋国。子产请求不要没收丰卷的田产、房舍,三年后便把丰卷召回,并把田地、房舍和三年来的收入都归还给他。

从政一年,舆人诵之,曰:“取我衣冠而褚之①,取我田畴而伍之②。孰杀子产,吾其与之③!”及三年,又诵之,曰:“我有子弟,子产诲之④;我有田畴,子产殖之⑤。子产而死,谁其嗣之⑥?”

【注释】

①取我衣冠而褚之:指骄奢逾制的衣冠不敢用。褚,即“贮”,储藏。

②取我田畴而伍之:指把田亩进行重新划分、安排。畴,耕地。

③与之:助之,帮助杀子产。按,以上舆人之诵,表明部分贵族对子产改革政策的反对。

④诲:教诲。

⑤殖:繁殖,增产。

⑥子产而死,谁其嗣之:子产的政治措施取得成就,受到众人歌颂。而,如果。嗣,继承。

【译文】

子产从政一年,人们评议他,说:“将我的衣冠藏起来,把我的田地重安排。谁要杀子产,我一定跟从他!”三年后,又有评议,说:“我有子弟,子产教导他;我有田地,子产使它增产。子产如果死了,谁能继承他?”

三十一年

【经】

31.1 三十有一年春王正月①。

31.2 夏六月辛巳②，公薨于楚宫③。

31.3 秋九月癸巳④，子野卒⑤。

31.4 己亥⑥，仲孙羯卒⑦。

31.5 冬十月，滕子来会葬⑧。

31.6 癸酉⑨，葬我君襄公。

31.7 十有一月，莒人弑其君密州⑩。

【注释】

①三十有一年：鲁襄公三十一年当周景王三年，前542。

②辛巳：二十八日。

③公薨于楚宫：鲁襄公去世。

④癸巳：十一日。

⑤子野：鲁国公子。

⑥己亥：十七日。

⑦仲孙羯：即孟孝伯。

⑧滕子来会葬：滕成公来参加鲁襄公葬礼。

⑨癸酉：二十一日。

⑩密州：莒国君犁比公。

【译文】

鲁襄公三十一年春周历正月。

夏六月二十八日，鲁襄公在楚宫去世。

秋九月十一日，子野去世。

十七日，仲孙羯去世。

冬十月，滕成公来鲁国参加襄公葬礼。

二十一日，安葬我国国君襄公。

十一月，莒国人杀死他们的国君密州。

【传】

31.1 三十一年春王正月，穆叔至自会[①]。见孟孝伯，语之曰："赵孟将死矣。其语偷，不似民主[②]。且年未盈五十[③]，而谆谆焉如八九十者[④]，弗能久矣。若赵孟死，为政者其韩子乎[⑤]！吾子盍与季孙言之，可以树善[⑥]，君子也[⑦]。晋君将失政矣[⑧]，若不树焉[⑨]，使早备鲁[⑩]，既而政在大夫，韩子懦弱，大夫多贪，求欲无厌，齐、楚未足与也，鲁其惧哉[⑪]！"孝伯曰："人生几何？谁能无偷？朝不及夕，将安用树？"穆叔出而告人曰："孟孙将死矣。吾语诸赵孟之偷也，而又甚焉。"又与季孙语晋故，季孙不从。及赵文子卒[⑫]，晋公室卑，政在侈家[⑬]，韩宣子为政，不能图诸侯[⑭]。鲁不堪晋求[⑮]，谗慝弘多[⑯]，是以有平丘之会[⑰]。

【注释】

①穆叔至自会：从澶渊之会返鲁。

②其语偷，不似民主：赵孟本为晋国执政，但听他说话毫无远虑，不像个掌权的人。偷，说话毫无远虑。

③且年未盈五十：赵孟约生于成公二年，至此才四十七八岁。

④谆谆：说话唠叨絮絮不休的样子。

⑤韩子：韩起。

⑥树善：结好。

⑦君子也：韩起有君子之德，必不会忘记鲁国的结好。

⑧晋君将失政矣：晋国大夫日益强大，国君将渐渐失去治国权力。

⑨树：树善。

⑩使早备鲁：让韩起早点为鲁国着想。

⑪齐、楚未足与也，鲁其惧哉：齐、楚两国不足以让鲁国依附，一旦晋国大权落入大夫手里，鲁国将陷入困境。

⑫及赵文子卒：赵文子死于明年。

⑬侈家：即上面说的“多贪，求欲无厌”的大夫。

⑭韩宣子为政，不能图诸侯：晋国政局正如穆叔所料。图诸侯，继续为诸侯霸主。

⑮鲁不堪晋求：鲁国难以负担晋国的贡赋要求。

⑯谗慝：奸邪小人。弘多：很多，同义词连用。

⑰是以有平丘之会：平丘之会在昭公十三年，晋国执季孙意如。

【译文】

鲁襄公三十一年春周历正月，穆叔从澶渊盟会回国。见到孟孝伯，告诉他说：“赵孟快要死了。他说话毫无远虑，不像个主持国政的人。而且他年龄还不满五十，却唠唠叨叨像八九十的人，活不久了。要是赵孟死了，掌权的恐怕是韩起吧！您何不跟季孙去说，这个人可以早日和他搞好关系，他是个君子。晋国国君将失去政权，如不早日搞好关系，让他早些为鲁国着想，到时候大权落到大夫手里，韩起性格软弱，大夫又大多贪婪，要求和欲望没有满足的时候，齐、楚两国又靠不住，鲁国恐怕就危险了！”孟孝伯说：“人的一生能有多长？谁能不得过且过？早晨好好的也许就活不到晚上，哪里用得着早做准备？”穆叔出来告诉别人说：“孟孙将要死了。我告诉他赵孟在得过且过，他可比赵孟更甚。”穆叔又和季孙说起晋国的情况，季孙也没有听从他的意见。到赵孟死后，晋国公室地位卑下，国政掌握在骄纵的大夫手里，韩起执政，不能使诸侯拥护晋国。鲁国无法负担晋国的要求，奸邪小人又多，于是就有平丘之会。

31.2　齐子尾害闾丘婴[①]，欲杀之，使帅师以伐阳州[②]。我问师故。夏五月，子尾杀闾丘婴，以说于我师[③]。工偻洒、渻灶、孔虺、贾寅出奔莒[④]。出群公子。

【注释】

①害：恐其为害。闾丘婴：齐大夫。襄公二十年崔杼之乱，闾丘婴奔鲁，庆封灭崔氏后返齐。

②阳州：此时为鲁地，在今山东东平。

③说：解释。

④工偻洒、渻(shěng)灶、孔虺、贾寅出奔莒：四人都是闾丘婴同党。

【译文】

齐国子尾担心闾丘婴为害，想杀了他，便让闾丘婴领兵去攻打阳州。我国质问出兵的理由。夏五月，子尾杀死闾丘婴，以此来向我国做出交代。工偻洒、渻灶、孔虺、贾寅逃往莒国。把公子们都放逐了。

31.3　公作楚宫[①]。穆叔曰："《大誓》云：'民之所欲，天必从之[②]。'君欲楚也夫[③]，故作其宫。若不复适楚，必死是宫也。"六月辛巳，公薨于楚宫。

【注释】

①楚宫：襄公到楚国去，喜欢其宫室，回来效仿而建的宫室。

②民之所欲，天必从之：天必听从百姓的要求；国君的私欲，天则不一定听从。这里穆叔引用《大誓》的话，有批评襄公的意思。《大誓》，已逸。

③欲楚：喜欢楚国。

【译文】

襄公建造楚国式宫殿。穆叔说："《大誓》说：'民众所希望的，上天一定满足他。'国君是喜欢楚国吧，所以建造这样的宫殿。如果不再去楚国，一定会死在这座宫殿里。"六月二十八日，襄公在楚宫去世。

叔仲带窃其拱璧①，以与御人，纳诸其怀，而从取之②，由是得罪③。

【注释】

①拱璧：襄公的大玉璧。

②以与御人，纳诸其怀，而从取之：叔仲带将大玉璧送给御者，后来又取了回去。

③由是得罪：鲁国因此鄙视叔仲带，所以其子孙不得志于鲁国。

【译文】

叔仲带偷走襄公的大璧，给了御者，就放在他的怀里，出宫后又从御者怀里取走，由此而被鲁国人鄙视。

立胡女敬归之子子野①，次于季氏②。秋九月癸巳，卒，毁也③。

【注释】

①胡：归姓国。敬归：鲁襄公妾。

②次于季氏：子野住在季氏家里。

③卒，毁也：子野哀痛过度而死。

【译文】

立胡国女子敬归的儿子子野为国君，暂时住在季氏家里。秋九月十一日死了，是由于哀伤过度。

31.4 己亥，孟孝伯卒。

【译文】

九月十七日，孟孝伯去世。

立敬归之娣齐归之子公子裯[1]。穆叔不欲，曰："大子死，有母弟，则立之，无，则立长[2]。年钧择贤[3]，义钧则卜[4]，古之道也。非適嗣，何必娣之子[5]？且是人也，居丧而不哀，在戚而有嘉容[6]，是谓不度[7]。不度之人，鲜不为患。若果立之，必为季氏忧。"武子不听，卒立之。比及葬，三易衰，衰衽如故衰[8]。于是昭公十九年矣，犹有童心，君子是以知其不能终也[9]。

【注释】

①娣：妹妹。公子裯(chóu)：即鲁昭公。

②"大子死"五句：都是庶子，就立年长者。

③年钧择贤：年纪相当则选贤者。钧，通"均"。

④义钧则卜：同样贤能就以占卜选择。义，贤能。

⑤非適嗣，何必娣之子：子野不是嫡子，也未必一定要立其母亲妹妹的儿子。適，同"嫡"。娣之子，公子裯。

⑥在戚：父母死。嘉容：面有喜色。

⑦不度：不孝。《礼记·祭统》孔《疏》引《孝经援神契》云"天子之孝曰就，诸侯曰度"。

⑧三易衰，衰衽如故衰：到襄公下葬已换三次孝服，孝服的衣襟还

是蹭蹋得像破旧衣服一样,说明他嬉戏无度如儿童。三易衰,到襄公下葬已换三次孝服,这是不合礼节的。衰,孝服。衽,衣襟。

⑨君子是以知其不能终也:预言昭公不得善终。按,昭公二十五年逃亡齐国。

【译文】

立敬归的妹妹齐归的儿子公子裯为君。穆叔不同意,说:"太子死了,有同母弟就立同母弟,没有的话,就在庶子中立年长的。年龄相当就选择贤能的,同样贤能就通过占卜决定,这是古代传下来的规矩。死去的并非嫡子,何必要立其母亲妹妹的儿子?再说这个人居丧而不哀伤,服孝期间面有喜色,这叫做不孝。不孝之人很少有不造成祸患的。要是立了他,必定给季氏带来忧患。"季武子不听,最终还是立了裯。到安葬襄公的时候,三次给裯换丧服,他还是把丧服的衣襟蹭蹋得跟旧衣服一样。这时昭公已经十九岁了,还像小孩子一样贪玩,君子由此而知他不会有什么好结果。

31.5 冬十月,滕成公来会葬,惰而多涕①。子服惠伯曰:"滕君将死矣。怠于其位②,而哀已甚③,兆于死所矣④。能无从乎⑤?"

【注释】

①惰:不恭敬。

②怠于其位:滕成公"惰",这是在临吊之位上表现懈怠。

③而哀已甚:多涕是哀伤太过分的表现。

④兆于死所矣:滕成公有将死的先兆。死所,指会葬。

⑤能无从乎:为昭公三年滕成公死伏笔。从,从死。

【译文】

冬十月,滕成公前来参加葬礼,表现得不恭敬却流了很多眼泪。子服惠伯说:“滕成公将要死了。他在临吊的位子上表现懈怠,却过分的悲哀,他的死兆已经在葬礼中表现出来了。他能不跟着死吗?”

31.6 癸酉,葬襄公。

【译文】

十月二十一日,安葬襄公。

公薨之月,子产相郑伯以如晋,晋侯以我丧故,未之见也。子产使尽坏其馆之垣而纳车马焉①。士文伯让之②,曰:“敝邑以政刑之不修,寇盗充斥,无若诸侯之属辱在寡君者何③,是以令吏人完客所馆④,高其闬闳⑤,厚其墙垣,以无忧客使⑥。今吾子坏之,虽从者能戒⑦,其若异客何?以敝邑之为盟主,缮完葺墙⑧,以待宾客,若皆毁之,其何以共命⑨?寡君使匄请命⑩。”对曰:“以敝邑褊小,介于大国,诛求无时⑪,是以不敢宁居,悉索敝赋,以来会时事⑫。逢执事之不间⑬,而未得见,又不获闻命,未知见时⑭。不敢输币⑮,亦不敢暴露⑯。其输之,则君之府实也⑰,非荐陈之,不敢输也⑱。其暴露之,则恐燥湿之不时而朽蠹,以重敝邑之罪⑲。侨闻文公之为盟主也⑳,宫室卑庳㉑,无观台榭㉒,以崇大诸侯之馆,馆如公寝㉓;库厩缮修,司空以时平易道路㉔,圬人以时塓馆宫室㉕;诸侯宾至,甸设庭燎㉖,仆人巡宫㉗,车马有所㉘,宾从有代㉙,巾车脂辖㉚,隶人、牧、圉,各瞻其事㉛;百官之属,各展其物㉜;公不留宾,而亦无废事㉝;忧乐同之,事则巡之㉞;教其不知,而恤其不足㉟。宾至如归,无宁灾患㊱;不畏寇盗,而亦不患燥湿。今铜鞮之宫数里[37]，而诸侯舍于隶人[38]，门不容车，而不可逾越[39]；盗贼公行，而天厉不戒[40]。宾见无时，命不可知[41]。若又勿坏[42]，是无所藏币以重罪也。敢请执事将何以命之[43]？虽君之有鲁丧，亦敝邑之忧也[44]。若获荐币，修垣而行，君之惠也，敢惮勤劳[45]！"文伯复命[46]。赵文子曰："信[47]。我实不德，而以隶人之垣以赢诸侯[48]，是吾罪也。"使士文伯谢不敏焉[49]。晋侯见郑伯，有加礼[50]，厚其宴好而归之[51]。乃筑诸侯之馆。叔向曰："辞之不可以已也如是夫[52]！子产有辞，诸侯赖之[53]，若之何其释辞也[54]？《诗》曰：'辞之辑矣，民之协矣；辞之绎矣，民之莫矣[55]。'其知之矣。"

【注释】

①子产使尽坏其馆之垣而纳车马焉：拆毁客馆的围墙，将车马赶进去。

②士文伯：即士匄。《广韵》引《世本》："司功氏，士匄弟佗为晋司功，因官为氏。"则士匄此时或亦为司功，诸侯宾馆是其所职掌。让：责问。

③寇盗充斥，无若诸侯之属辱在寡君者何：因盗贼很多，若客馆破旧，将无法保证诸侯宾客的安全。

④是以令吏人完客所馆：特意修好宾馆。

⑤闬(hàn)、闳(hóng)：都指门。

⑥以无忧客使：外宾可不用担心寇盗为患。

⑦从者：指郑国的随从。戒：戒备，防备寇盗。

⑧完：借用为"院"，也指墙。葺(qì)：修补。

⑨共命：供给所求。

⑩寡君使匄请命：请问毁垣的理由。匄，士文伯名匄。

⑪以敝邑褊小,介于大国,诛求无时:晋国随时要小国贡纳物品。诛求,责求。

⑫是以不敢宁居,悉索敝赋,以来会时事:郑国不敢安生,搜尽国内财富以作朝聘之礼。

⑬不间:无暇。

⑭又不获闻命,未知见时:晋国又不通知何时接见。

⑮不敢输币:因晋国君未接见,不能献纳贡品。

⑯暴露:指礼品日晒夜露。

⑰其输之,则君之府实也:其,如果。府实,府库中的物品。

⑱非荐陈之,不敢输也:不经一定的仪式,又不敢进献。荐陈,将贡品陈列于庭,此时要举行一定的仪式。

⑲其暴露之,则恐燥湿之不时而朽蠹,以重敝邑之罪:贡品日晒雨淋,虫咬朽坏,将加重郑国之罪。朽,腐烂。蠹,虫咬坏。

⑳侨:子产名。文公:晋文公。

㉑卑庳(bì):同义词连用,指低矮。

㉒无观台榭:没有供游观的台榭。

㉓以崇大诸侯之馆,馆如公寝:文公把客馆修得又高又大,如同自己的路寝。寝,路寝,古代天子、诸侯的正厅。

㉔司空以时平易道路:道路按时修整。司空,周为六卿之一,即冬官大司空,掌管工程。

㉕圬(wū)人以时塓(mì)馆宫室:房间按时涂饰。圬人,泥工。塓,涂墙。

㉖甸:即甸人,管理柴薪者。庭燎:古代庭中照明的火炬。

㉗巡宫:巡视客馆。

㉘车马有所:马厩已修好,车马有地方安置。

㉙宾从有代:外宾的仆从有人代为服役。

㉚巾车:管理车辆的官。脂辖:用油脂涂轮轴。

㉛隶人、牧、圉，各瞻其事：各人负责各自的差事。隶人，洒扫房舍、清除厕所的人。牧，看守牛羊的人。圉，看马的人。瞻，照管。

㉜百官之属，各展其物：百官陈列各种物品招待外宾。

㉝而亦无废事：虽接见迅速，外交仪式仍然齐备，并不废除。

㉞事则巡之：有意外情况，格外注意警卫巡行。事，指意外事件。

㉟教其不知，而恤其不足：对外宾热心指教，尽量照顾。

㊱宾至如归，无宁灾患：文公如此礼遇外宾，何来灾患。宁，语助词。

㊲铜鞮(dī)之宫：晋国君离宫。铜鞮宫在今山西沁县南。

㊳而诸侯舍于隶人：诸侯外宾住在隶人的房舍。

㊴门不容车，而不可逾越：门小，车又不能越墙而入。

㊵天厉：瘟疫。不戒：不能预防。

㊶命：指晋国君接见之命。

㊷若又勿坏：不坏馆垣。

㊸敢请执事将何以命之：子产反诘士匄有何指教。

㊹虽君之有鲁丧，亦敝邑之忧也：鲁国有丧，郑国同哀。意思是晋国不应该以鲁丧为借口不接见。按，晋、郑同鲁都是姬姓，故鲁君去世，郑、晋都要表示忧戚。

㊺敢惮勤劳：按，子产这番话是批评晋国内政不修，以致"盗则公行"；对小国掠夺和压榨，又骄横奢侈，对诸侯无礼。

㊻复命：向国君复命。

㊼信：子产的话有道理。

㊽赢：受，指接待。

㊾使士文伯谢不敏焉：晋国表示歉意。

㊿晋侯见郑伯，有加礼：礼节特别隆重。

(51)厚其宴好而归之：宴会更加隆重，回赠更加丰厚。宴，宴礼。好，好货。

⑫辞之不可以已也如是夫：外交辞令不可忽视。辞，辞令。

⑬子产有辞，诸侯赖之：子产善辞令，诸侯得其利。

⑭释辞：废弃辞令。

⑮辞之辑矣，民之协矣，辞之绎矣，民之莫矣：引《诗》见《诗经·大雅·板》，意思是辞令和谐，人民团结；辞令愉快，人民安定。叔向引这段诗句称赞子产善辞令，而且知道辞令的重要。辑，和谐。协，今作"洽"，融洽。绎，喜悦。莫，安定。

【译文】

襄公去世那个月，子产相礼郑简公到晋国去，晋平公因为鲁国有丧事，没有会见。子产派人把招待外宾的宾馆围墙全部拆毁，把车马都赶进馆舍。士文伯责备他，说："我国由于政事刑罚没搞好，以致寇盗很多，这对于屈尊来存问的诸侯臣属没有什么好办法，所以派官吏把宾馆修缮好，大门造得高高的，墙垣筑得厚厚的，以使来宾无忧。现在您拆毁了它，虽然您的随从能做好警戒，别国的宾客又怎么住呢？由于敝国忝为盟主，所以修缮馆舍，筑好围墙，以接待宾客，您把它们都毁掉，又如何满足宾客的需要呢？我们国君派我来向你请教。"子产回答说："由于敝国狭小，又夹在大国之间，大国随时要敝国进贡财物，所以我们不敢安居，搜尽敝国的财物，前来朝见。恰逢你们不得空，没能得见，又没有得到明示，不知什么时候能接见。既不敢献纳财物，又不敢把它们放在露天。如果献纳，这些财物是国君府库里的物品，不经过一定的仪式，我们不敢献纳。如果放在露天，又怕时而干燥时而潮湿，或被虫咬，使东西朽坏，从而加重敝国的罪责。我听说晋文公当盟主的时候，宫室低小，没有可供观览的台榭，却把接待诸侯的宾馆建得高大宽敞，宾馆就如同国君的路寝正厅。修缮馆舍的仓库、马厩，司空按时平整道路，泥水匠按时粉刷馆舍宫室墙壁；诸侯的宾客来了，甸人在庭院中点起火把，仆人巡视客馆，车马有安置的场所，宾客的仆从有专人替代，管车官员给车轴加好油，管洒扫的隶人和养牛羊、看马的，各司其责；百官各人陈列其礼品；文公不让宾客耽搁，也没有失礼的事情；与宾客忧乐与共，有意外情况就加以安抚；对宾客热情教导，所缺乏的给予周济照顾。宾至如归，不但没有灾患，不怕盗贼，也不怕干湿。如今贵国的铜鞮宫绵延数里，而把诸侯安顿在像给下人住的地方，大门进不去车，又无法越墙进入；盗贼公然横行，而天灾又无法防止。宾客进见没有一定的时间，国君的命令也不知道什么时候发出。如果不拆毁围墙，就没有地方藏贡品而加重罪责。谨此请问贵执事对我们有什么指教？虽然贵国国君遭到鲁国丧事，可这同样也是敝国感到忧戚的事。如果能让献纳财礼，我们愿把围墙修好再离开，这就是国君的恩惠了，岂敢害怕辛劳？”士文伯回去复命。赵文子说：“他说的是实情。是我们德行有亏，用下人住的房屋接待诸侯，这是我们的过错。”派士文伯去赔礼道歉。晋平公接见郑简公，礼仪有加，厚加款待，赠送了丰厚的礼物，然后让他们回去了。于是新建了接待诸侯的宾馆。叔向说：“辞令不能废弃就如这个例子！子产善于辞令，诸侯因此获益，为何要放弃辞令呢？《诗》说：‘辞令和谐，民众团结；辞令动听，百姓安定。’子产懂得这道理。”

31.7　郑子皮使印段如楚，以适晋告，礼也①。

【注释】

①郑子皮使印段如楚，以适晋告，礼也：弭兵大会规定诸侯“交相见”，因此印段使楚，行前先向晋国报告此事。

【译文】

郑子皮派印段前往楚国，行前去晋国报告此事，这是合于礼的。

31.8　莒犁比公生去疾及展舆①。既立展舆，又废之。犁比

公虐，国人患之。十一月，展舆因国人以攻莒子，弑之，乃立[2]。去疾奔齐，齐出也。展舆，吴出也[3]。书曰“莒人弑其君买朱钽”，言罪之在也[4]。

【注释】

①犁比：莒国君密州之号。

②展舆因国人以攻莒子，弑之，乃立：展舆自立为君。因，依靠。

③展舆，吴出也：展舆之母为吴女。此为展舆明年奔吴伏笔。

④书曰“莒人弑其君买朱钽”，言罪之在也：解释《经》文的意思，认为罪在莒君。买朱钽，莒犁比公。

【译文】

莒犁比公生去疾和展舆。已经立展舆为太子，又把他废除了。犁比公残暴，国人忧闷发愁。十一月，展舆依靠国人攻打犁比公，杀了他，自立为君。去疾逃往齐国，因为他是齐女所生。展舆是吴女所生。《春秋》记载“莒国人杀死他们的国君买朱钽”，是说罪责在于犁比公。

31.9 吴子使屈狐庸聘于晋[1]，通路也[2]。赵文子问焉，曰：“延州来季子其果立乎[3]？巢陨诸樊[4]，阍戕戴吴[5]，天似启之，何如？”对曰：“不立。是二王之命也[6]，非启季子也。若天所启，其在今嗣君乎[7]！甚德而度[8]。德不失民，度不失事。民亲而事有序，其天所启也[9]。有吴国者，必此君之子孙实终之[10]。季子，守节者也。虽有国，不立[11]。”

【注释】

①屈狐庸：申公巫臣儿子。成公七年至吴为行人。

②通路也：沟通两国往来之路。

③延州来季子其果立乎：问季札是否立为国君。延州来季子，即季札。

④巢陨诸樊：襄公二十五年，吴王诸樊死于攻巢之役。

⑤阍戕戴吴：襄公二十九年馀祭被守门人所杀。戴吴，即馀祭。

⑥是二王之命也：诸樊、馀祭二王之死，是命运所定。

⑦今嗣君：指吴王夷昧。

⑧甚德而度：甚有品德，行有法度。

⑨“德不失民”四句：吴王夷昧有德有度，得民拥护。

⑩有吴国者，必此君之子孙实终之：指夷昧及其子孙能长久保有吴国。据《史记·吴太伯世家》，吴王僚为馀昧之子，公子光，即吴王阖庐，为诸樊之子，公子光杀王僚而自立，传太子夫差而灭于越。而据《世本》，公子光是夷昧之子。《公羊传·襄公二十九年》曰夷昧生光而废之，僚是夷昧的庶兄。

⑪季子，守节者也。虽有国，不立：按，相传季札曾多次让国，为后人所称道。

【译文】

吴王派屈狐庸到晋国聘问，是为了沟通两国的友好关系。赵文子问他说：“延州来季子是否一定会被立为国君呢？巢地战役死了诸樊，守门人杀死戴吴，上天似乎为季子打开了做国君的大门，结果怎么样？”屈狐庸回答说：“季子不会立为国君。你所说的只是二位君王的命运不佳，并非打开季子当国君的大门。如果上天打开大门，应该是在现在继立国君的身上吧！他很有德行而且合乎法度。有德行的人不会失去人民的拥护，有法度就不会办错事。人民亲附而事情有次序，他才是上天所为之打开大门的人。享有吴国的，一定是这位国君的子孙。季子是讲究节操的人，即便把国家交给他，他也不会当国君。”

31.10 十二月，北宫文子相卫襄公以如楚①，宋之盟故也②。

过郑，印段迋劳于棐林[3]，如聘礼而以劳辞[4]。文子入聘[5]。子羽为行人，冯简子与子大叔逆客。事毕而出，言于卫侯曰："郑有礼，其数世之福也，其无大国之讨乎[6]！《诗》曰：'谁能执热，逝不以濯[7]。'礼之于政，如热之有濯也。濯以救热，何患之有[8]？"

【注释】

①北宫文子：北宫佗。卫襄公：卫献公之子。

②宋之盟故也：指弭兵大会规定的"交相见"。

③迋劳：前往慰劳。棐林：即北林，古地名。在今河南新郑。

④如聘礼而以劳辞：仪节如聘问之礼，而用郊劳之辞。

⑤文子入聘：北宫文子入郑回报印段之劳。

⑥郑有礼，其数世之福也，其无大国之讨乎：郑国此时正值子产执政，实是称赞子产贤能，必将安定郑国。其，恐怕。

⑦谁能执热，逝不以濯：引《诗》见《诗经·大雅·桑柔》，本意为天气闷热，谁能不去洗澡。这里以此比喻礼对于政的重要。

⑧"礼之于政"四句：礼仪对于政事，如天热必须洗澡。以礼治国，国可长久。

【译文】

十二月，北宫文子相礼卫襄公前往楚国，是为了履行在宋国订立的盟约。路过郑国，印段在棐林慰劳他们，行聘问之礼，用郊劳的辞令。文子进入郑国国都聘问。郑国子羽为行人，冯简子与子太叔出来迎宾。聘礼结束后，北宫文子出来，对卫襄公说："郑国有礼仪，他们几代都将有福，大概不会被大国讨伐了！《诗》说：'谁能忍受炎热，谁能不去洗澡。'礼对于政事，就如天热要洗澡一样。通过洗澡以消除酷热，还会有什么祸患？"

子产之从政也，择能而使之。冯简子能断大事，子大叔美秀而文[①]，公孙挥能知四国之为[②]，而辨于其大夫之族姓、班位、贵贱、能否[③]，而又善为辞令。裨谌能谋，谋于野则获，谋于邑则否[④]。郑国将有诸侯之事，子产乃问四国之为于子羽，且使多为辞令[⑤]；与裨谌乘以适野，使谋可否；而告冯简子使断之[⑥]。事成，乃授子大叔使行之，以应对宾客，是以鲜有败事[⑦]。北宫文子所谓有礼也。

【注释】

①子大叔美秀而文：子太叔貌美举止文雅，谈吐又有文采。文，谓习典章制度诗乐。

②公孙挥能知四国之为：子羽是个出色的外交官。为，指政令。公孙挥，即子羽。

③辨：明察。族姓：家族姓氏。班位：禄秩爵位。贵贱：指身份。能否：才能高低。

④裨谌能谋，谋于野则获，谋于邑则否：裨谌喜静不喜闹，考虑问题要到野外去，才能有收获。野，郊外。邑，城里。

⑤多为辞令：多拟几份外交辞令稿。

⑥而告冯简子使断之：谋划之后，让冯简子判断，再作最后决定。

⑦“事成”四句：以上综述子产执政有方，量才使用，择能而使，以证实北宫文子的话。

【译文】

子产从政，选择贤能者加以使用。冯简子能决断大事；子太叔美秀而有文采；子羽能了解四方诸侯的政令，明辨各国大夫的家族姓氏、爵禄职位、身份贵贱、能干与否，又善于辞令；裨谌能够出谋划策，他在野外思考便能有正确的判断，在城里就不行。郑国一旦有和诸侯交往的事情，子产就向子羽询问四方诸侯的情况，并让他多准备几份外交辞令；和裨谌乘车到野外，让他思考良策；然后告诉冯简子让他作出决断；计划完成，就交给子太叔去办理，与来宾交往应对，所以很少有办错事的。这就是北宫文子所说的有礼。

31.11 郑人游于乡校①，以论执政。然明谓子产曰："毁乡校何如②？"子产曰："何为？夫人朝夕退而游焉，以议执政之善否。其所善者，吾则行之；其所恶者，吾则改之，是吾师也。若之何毁之？我闻忠善以损怨，不闻作威以防怨③。岂不遽止④？然犹防川。大决所犯，伤人必多⑤，吾不克救也。不如小决使道⑥，不如吾闻而药之也⑦。"然明曰："蔑也今而后知吾子之信可事也⑧。小人实不才，若果行此，其郑国实赖之，岂唯二三臣⑨？"仲尼闻是语也，曰："以是观之，人谓子产不仁，吾不信也⑩。"

【注释】

①乡校：乡间的公共场所，既是学校，又是乡人聚会议事场所。

②毁乡校何如：众人在乡校议论行政得失，然明建议毁掉乡校。

③我闻忠善以损怨，不闻作威以防怨：只有多行忠善以减少怨恨，不可用威势来防止怨恨。

④岂不遽止：作威防怨，怨可以马上止住。遽，马上。

⑤大决所犯，伤人必多：子产以防水打比方，河水大决口，伤人一定多。大决，河水大决口。

⑥不如小决使道：开小口使水流通。即发扬舆论，让意见随时说出来。道，引导。

⑦不如吾闻而药之也：舆论既出，取之以作药。这是子产所主张的

实行贵族内部的民主政治。

⑧蔑也今而后知吾子之信可事也：然明称赞子产。蔑，名鬷蔑，即然明，这里是他自指。信可事，实在可以成事。

⑨"小人实不才"四句：按照子产主张行事，郑国就有希望了。

⑩以是观之，人谓子产不仁，吾不信也：孔子生于襄公二十二年，这时才十一岁，这话应是后来称赞子产时才说的。

【译文】

郑国人休闲时就到乡校相聚，在那里议论执政得失。然明对子产说："毁掉乡校怎么样？"子产说："为什么呢？人们早晚休息时到那里走走，评议执政的好坏。他们认为好的，我就照办；他们不赞成的，我就改正，他们实际上是我的老师。为什么要毁掉？我听说凭借忠善可以减少怨言，没听说用威势可以防止怨恨。用强硬办法难道不能立刻把人们的口堵住？但就如预防河水决口一样。如果大决口，伤害人必定很多，我没办法解救。不如开小口加以引导，不如让我听到批评后作为药石来改正。"然明说："我从今以后知道您的确能成大事。我实在没能力，如果真按您的想法去做，郑国就有了可靠的保障，岂止我们几个大臣得到好处？"孔子后来听说了子产那番话，说道："由此看来，人们说子产不仁，我才不相信呢。"

31.12 子皮欲使尹何为邑①。子产曰："少②，未知可否。"子皮曰："愿③，吾爱之，不吾叛也。使夫往而学焉，夫亦愈知治矣④。"子产曰："不可。人之爱人，求利之也⑤。今吾子爱人则以政，犹未能操刀而使割也，其伤实多⑥。子之爱人，伤之而已，其谁敢求爱于子⑦？子于郑国，栋也，栋折榱崩，侨将厌焉，敢不尽言⑧？子有美锦，不使人学制焉⑨。大官、大邑，身之所庇也，而使学者制焉⑩，其为美锦不亦多乎⑪？侨闻学而后入政，未闻以政学者也[12]。若果行此，必有所害。譬如田猎，射御贯，则能获禽[13]，若未尝登车射御，则败绩厌覆是惧，何暇思获[14]？”子皮曰：“善哉！虎不敏。吾闻君子务知大者、远者，小人务知小者、近者[15]。我，小人也。衣服附在吾身，我知而慎之，大官、大邑所以庇身也，我远而慢之[16]。微子之言，吾不知也。他日我曰[17]：子为郑国，我为吾家，以庇焉，其可也[18]。今而后知不足。自今请，虽吾家，听子而行[19]。”子产曰：“人心之不同如其面焉，吾岂敢谓子面如吾面乎[20]？抑心所谓危，亦以告也[21]。”子皮以为忠，故委政焉，子产是以能为郑国[22]。

【注释】

①尹何：子皮家臣。为邑：治理私邑。

②少：尹何年少。

③愿：为人老实。

④使夫往而学焉，夫亦愈知治矣：子皮认为，若派尹何学为邑宰，会更增进他行政的能力。

⑤人之爱人，求利之也：爱其人，总要对他有利。

⑥今吾子爱人则以政，犹未能操刀而使割也，其伤实多：年少而授予政事，就像让不会拿刀的人割东西，必将自伤。

⑦子之爱人，伤之而已，其谁敢求爱于子：爱人反而伤人，人必疏远你。

⑧“子于郑国”五句：子产由子皮举荐为政，子皮犹如国家栋梁，栋梁一断，屋椽也会崩塌，自己也将受到影响。榱(cuī)，屋椽。厌，压。

⑨子有美锦，不使人学制焉：既是美锦，是不会让人用它练习做衣服的。锦，有彩色花纹的绸缎。学制，学裁缝。

⑩大官、大邑，身之所庇也，而使学者制焉：大官和封邑是自身的庇护，更不能让人来练习治理。庇，庇护，依赖。

⑪其为美锦不亦多乎：让毫无经验的人去学做大官，比让不会裁缝的人去剪裁美锦还要糟糕。

⑫侨闻学而后入政，未闻以政学者也：先经训练再为政，而不是借做官的机会来学习为政。

⑬射御贯，则能获禽：御，指驾车。贯，通“惯”，娴熟。禽，走兽的总称。

⑭若未尝登车射御，则败绩厌覆是惧，何暇思获：不会驾车的人去射猎，恐怕一心只考虑是否翻车被压，无暇顾及猎获了。按，子产的话多比喻，这里仍然是用比喻说理。

⑮吾闻君子务知大者、远者，小人务知小者、近者：君子有远虑，其了解的一定是大的远的；小人只是看见眼前的小的。

⑯“衣服附在吾身”四句：衣服在身，我知爱惜，官职、采邑，反而疏远轻视了。

⑰他日：往日。

⑱“子为郑国”四句：原来认为你治理国事，我治理家事，有所托庇就可以了。为，治理。

⑲虽吾家，听子而行：今后连家事都听你的。

⑳人心之不同如其面焉，吾岂敢谓子面如吾面乎：意思是人心各有打算，我不能干预你的家事。

㉑抑心所谓危，亦以告也：意思是只是心里认为不妥，因此以实相告。抑，表转折，不过。

㉒子皮以为忠，故委政焉，子产是以能为郑国：子产知无不言，忠于国事；子皮虚心改过，支持子产。

【译文】

子皮想让尹何管理封邑。子产说：“尹何太年轻，不知道行不行。”

子皮说："这个人忠厚老实，我喜欢他，他不会背叛我的。让他去学习一下，他就更知道该怎么治理了。"子产说："可不行。喜欢一个人，是希望对他有利。现在您爱一个人，就把政事交给他去办理，就像还不会拿刀却让他去割东西，会对他造成很大伤害的。您这样爱人，只会伤害他，那么谁还敢求得您的喜爱呢？您对于郑国，是栋梁，如果栋梁折断椽子也就崩塌，我将被压在下面，怎敢不把话全部说出来呢？您有漂亮的缎锦，是不会让人用它来学裁剪的。大官、大邑，是您身家性命的庇护，反而让人去学着治理，岂不是比让不会裁缝的人去剪裁美锦更糟糕吗？我听说要学习以后再做官，没听说过把做官作为学习手段的。如果这样做去，一定有所伤害。譬如打猎，熟悉了射箭驾车，就能获得猎物，如果不曾驾车射箭，那他一心害怕车翻被压，哪有时间顾及猎获呢？"子皮说："说得太好了！我实在考虑不周。我听说君子致力于重大、长远的事务，小人只知道小的、眼前的。我是一个目光短浅的人。衣服穿在我身上，我知道爱惜它，大官、大邑恰恰是用以护身的，我却疏远轻视它。没有你这番话，我还不明白。以前我说过：你治理郑国，我管理我的家，让我有所依托庇护，这就可以了。现在看来还不行。请从现在起，即便是我的家事，也听你的。"子产说："人心不相同，就像人的面目各不相同一样，我哪敢说您的面目就跟我的一样呢？不过我是觉得这有危险，所以就实言相告。"子皮觉得子产是个忠诚的人，就把郑国的国政托付给他，子产因此能够致力于郑国的管理。

31.13　卫侯在楚，北宫文子见令尹围之威仪①，言于卫侯曰："令尹似君矣②，将有他志③。虽获其志，不能终也④。《诗》云：'靡不有初，鲜克有终⑤。'终之实难，令尹其将不免。"公曰："子何以知之？"对曰："《诗》云：'敬慎威仪，惟民之则⑥。'令尹无威仪，民无则焉。民所不则，以在民上，不可以终[7]。"公曰:"善哉!何谓威仪?"对曰:"有威而可畏谓之威,有仪而可象谓之仪[8]。君有君之威仪,其臣畏而爱之,则而象之[9],故能有其国家,令闻长世[10]。臣有臣之威仪,其下畏而爱之,故能守其官职,保族宜家[11]。顺是以下皆如是,是以上下能相固也[12]。《卫诗》曰:'威仪棣棣,不可选也[13]。'言君臣、上下、父子、兄弟、内外、大小皆有威仪也。《周诗》曰:'朋友攸摄,摄以威仪[14]。'言朋友之道必相教训以威仪也。《周书》数文王之德,曰:'大国畏其力,小国怀其德。'言畏而爱之也[15]。《诗》云:'不识不知,顺帝之则[16]。'言则而象之也。纣囚文王七年[17],诸侯皆从之囚,纣于是乎惧而归之,可谓爱之[18]。文王伐崇,再驾而降为臣[19],蛮夷帅服[20],可谓畏之。文王之功,天下诵而歌舞之,可谓则之[21]。文王之行,至今为法,可谓象之[22]。有威仪也。故君子在位可畏,施舍可爱[23],进退可度[24],周旋可则[25],容止可观[26],作事可法,德行可象,声气可乐[27],动作有文[28],言语有章[29],以临其下,谓之有威仪也[30]。"

【注释】

①令尹围:王子围,后来的楚灵王,此时为令尹。

②令尹似君矣:令尹围已有国君的威仪。

③将有他志:必将杀王自立。

④虽获其志,不能终也:指令尹围的野心虽然能实现,但不能善终。

⑤靡不有初,鲜克有终:引《诗》见《诗经·大雅·荡》,意思是虽有好的开头,却很少能有好的结果。

⑥敬慎威仪,惟民之则:引《诗》见《诗经·大雅·抑》,意思是不要

滥用威仪，它是百姓的准则。

⑦民所不则，以在民上，不可以终：百姓所不效法的人，位居于百姓之上，必不能善终。不则，不效法的人。

⑧仪：仪容、举止、言语等。象：仿效。

⑨则而象之：作为准则并仿效。

⑩令闻：好名声。

⑪保族宜家：保护家族，家庭和睦。

⑫顺是以下皆如是，是以上下能相固也：上下都如此，因此国家巩固。

⑬威仪棣棣，不可选也：引《诗》见《诗经·国风·邶风·柏舟》，意思是人各有威仪，不可随便退让。棣棣，雍容娴雅的样子。选，屈挠退让。按，《邶》、《鄘》、《卫》都是卫诗。

⑭朋友攸摄，摄以威仪：引《诗》见《诗经·大雅·既醉》，意思是朋友之间互相辅助，所用的就是威仪。

⑮“《周书》数文王之德”五句：文王有威仪，因此大国惧怕他的力量，小国怀念他的恩德。按，这里的《周书》指逸《书》。

⑯不识不知，顺帝之则：引《诗》见《诗经·大雅·皇矣》，意思是文王行事，唯顺着天帝的准则并加以仿效。

⑰纣囚文王七年：相传商纣囚文王于羑里，七年后才释放。

⑱可谓爱之：诸侯都爱文王。

⑲文王伐崇，再驾而降为臣：文王两次伐崇，崇国降服。

⑳蛮夷帅服：蛮夷相继归服。

㉑文王之功，天下诵而歌舞之，可谓则之：天下赞颂文王，并以之为准则。

㉒文王之行，至今为法，可谓象之：文王之法，成为规范，大家都仿效。

㉓施舍可爱：施舍可使人爱他。

㉔进退可度：进退可作为法度。度，法度，准则。

㉕周旋：行礼时进退揖让的动作。

㉖容止可观：行为举止值得观看。

㉗声气可乐：声音气度可使人高兴。

㉘有文：有修养。

㉙有章：有条理。

㉚以临其下，谓之有威仪也：所谓威仪，应可畏可爱，可度可则，可观可法，可象可乐，归为一点，即应有德。文王有德，故有威仪。如楚令尹围，非真有威仪。

【译文】

卫襄公在楚国，北宫文子见到令尹围的举止仪表，对卫襄公说："令尹像国君一样了，他将要有其他的打算。不过他虽然能满足愿望，却不能善终。《诗》说：'都可以有开头，却很少有好的结果。'好的结果实在太难，令尹他将不免于祸难。"卫襄公说："你是从哪里看出来的？"北宫文子回答说："《诗》说：'举止行为要谨慎，因为人民以此为标准。'令尹举没有威仪，人民就不仿效。人民所不效法的人，却居民上，是不会有好结果的。"卫襄公说："说得好！那么什么是威仪呢？"北宫文子回答说："有威严使人敬畏叫做威，有仪表可让人效仿叫做仪。国君有国君的威仪，臣下就会敬畏并拥护他，以他为榜样而效仿他，所以能保有他的国家，美名流芳百世。臣子有臣子的威仪，他的下属就敬畏并拥护他，所以能保住他的官职，保护家族使家庭和睦。依此类推都是如此，所以上上下下能相互巩固。《卫诗》说：'威仪安祥，不可随便。'是说君臣、上下、父子、兄弟、内外、大小都有各自的威仪。《周诗》说：'朋友之间相互辅助，所用的就是威仪。'是说朋友之道一定要用威仪来教导。《周书》列举文王的美德，说：'大国怕他的力量，小国感他的恩德。'是说怕他并拥护他。《诗》说：'无识无知，顺着天帝的准则。'是说以他为榜样而效仿他。纣囚禁文王七年，诸侯都跟他一起去坐牢，纣于是害怕而释放了文王，可称得上诸侯爱戴文王了。文王攻打崇国，两次出兵，崇国降服，蛮夷也相继归服，也称得上诸侯爱戴文王了。文王的功绩，天下赞诵歌舞，可称得上以他为榜样。文王的举措，至今仍然被奉为法则，可称得上被人仿效。这就是因为他有威仪啊。因此君子在位使人敬畏，赏赐给人让人拥戴，进退可以作为法度，行礼揖让可以作为准则，仪容举止值得观摩，做事可以让人效法，德行可以视为典范，声音气度可以使人高兴，举止文明优雅，言语有条有理，这样对待下人，就叫做有威仪了。”